경찰학사전

〈연구진〉

책임연구원: 신현기(한세대학교 경찰행정학과 교수)

전임연구원: 박억종(한세대학교 경찰행정학과 연구교수)
안성률(한세대학교 경찰행정학과 연구교수)

공동연구원: 남재성(한라대학교 경찰행정학과 교수)
이상열(한국복지사이버대 경찰행정학과 교수)
임준태(동국대학교 경찰행정학과 교수)
조성택(선문대학교 경찰행정법학과 교수)
최미옥(인천대학교 위기관리연구센터 연구교수)
한형서(중원대학교 경찰행정학과 교수)

자 문 교 수: 박동균(대구한의대 경찰행정학과 교수/한국치안행정학회장)
한상암(원광대 경찰행정학과 교수/한국경찰학회장)

法 文 社

"이 경찰학사전은 2010년도 정부재원(교육과학기술부 인문사회연구 역량강화사업비)으로 한국연구재단의 지원을 받아 연구되었음(NRF-2010-322-B00042)."

머 리 말

1945년 8월 15일 2차대전에서 연합국에 패한 히로히토 일왕의 조건없는 항복 이후 남북이 분단되고 남한에서는 미군정이 통치하게 되었다. 같은 해 10월 21일 미군정하에서 국가경찰이 창설되어 오늘에 이르고 있는데 이 날이 우리나라 국가경찰의 창설일로 정착되었다. 3년간의 미군정기를 거쳐 1948년 8월 15일 이승만 초대정부가 출범하게 되었는데 결국 우리나라 국가경찰은 초대정부보다 3년이나 긴 역사를 갖게 됐으며 건국경찰로서 적지 않은 일익을 담당했다. 이어서 우리나라 국가경찰은 1950년 발발한 한국전쟁에 주요 일원으로 참여하게 되었고 나라를 구하는 데 크게 기여함으로써 구국경찰이라는 또한번의 큰 공적을 남겼고, 호국경찰 더 나아가 민주경찰이라는 위치로 우뚝 서게 되었다.

이러한 경찰사 속에서 주요 관심사 중의 하나는 역대 정부들이 주장해 온 자치경찰제의 도입이었다. 비록 제주도에 국한된 것이기는 했지만 2006년 7월 1일을 기해 제주특별자치도지사 직속으로 127명(2012년 11월 현재 107명)을 정원으로 자치경찰제를 도입하게 되었다. 일부지역이긴 하나 자치경찰제가 탄생한 것이다. 이것이 전국적으로 확대될지에 대해서는 미지수이며 아직도 논의가 반복되는 긴 숙제로 남아 있다.

한편 우리나라 국가경찰은 2012년 10월 창경 67주년의 길목에서 볼 때 양적, 질적으로 많은 변화와 발전을 보여주었다. 우선 경찰조직적인 측면에서 2012년 10월 21일 기준 16개 지방경찰청 산하에 249개의 경찰서가 설치 및 운영 중이며 경찰인력의 측면에서도 총인원이 101,349명에 달했고 향후 2~3만명의 증원이 예고되어 있다. 우리나라 경찰은 이러한 규모적 발전뿐만 아니라 경찰학의 토대를 구축하는 학문적 차원에서도 많은 발전을 보여주고 있다. 이미 49년 전인 1963년 3월에 동국대에 경찰행정학과가 설치된 것을 시작으로 1981년에는 정규 4년제 국립경찰대학이 설립되어 120명이 입학하고 1985년 1회 졸업생부터 경위로 임용되는 등 경찰간부를 배출했는데 그 졸업생 수가 2012년 10월 기준 3,234명에 달한다. 사립대학에서는 두 번째로 1992년 관동대에 경찰행정학과가 설치되었고, 연이어 원광대, 계명대, 한세대, 선문대, 원주한라대, 중원대, 대구한의대, 우석대, 한국복지사이버대, 가천대, 오산대를 비롯해 전국 4년제와 2년제

130여개 대학에 설치되었다. 이는 우리나라 대학에 경찰행정학과가 학문적으로 깊게 뿌리내리게 하는 데 크게 기여했다고 평가된다. 이러한 경찰행정학의 발전 및 변화들과 함께 경찰학자들 간의 학문적 교류의 장을 위한 많은 학회들도 창설되었다. 예를 들어 우리나라 대표적인 경찰 관련 학회는 한국경찰연구학회, 한국자치경찰학회, 한국치안행정학회, 한국민간경비학회, 한국경찰학회, 한국공안행정학회, 한국테러학회, 한국유럽경찰학회, 대한경찰복지학회, 한국범죄학회 등 무려 27개에 달한다.

특히 우리 9명의 집필진은 창경 67주년의 역사에 발맞추어 국내 역사상 처음으로 교육과학기술부 산하 한국연구재단의 국고지원을 받아 2년간(2010.9~2012.10) 심혈을 기울인 끝에 『경찰학사전』을 집필 · 완성하여 출판의 빛을 보게 되었다. 저자 9인이 이러한 단 · 중기 계획을 세웠던 목적은 날로 발전하는 경찰학의 학문연구 속에서 경찰관련 용어의 해석과 사용이 중구난방이라는 점을 인지하게 된 데 기인했다. 예를 들어 지역사회경찰활동이라는 용어 하나만 보아도 학자들 간에 여러 가지 해석을 하고 있어 혼란을 보여주었다. 본 집필진은 이러한 문제들을 여러 경찰 관련 학회에 소속된 구성원들의 의견을 적극 반영해 체계화 및 통일성을 기하고자 노력했다. 우리는 중 · 장기적 차원에서 남북통일을 대비해야 하며, 우선 남한 내에서만이라도 경찰학 관련 용어를 통일시켜 그 개념을 정립하는 작업이 시급하다고 본다.

금번 집필진들이 『경찰학사전』이라는 방대한 작업을 성공적으로 완성해 냄으로써 우리나라 경찰학 연구사에 적지 않은 족적을 남기게 되었다고 자부한다.

특히 본 『경찰학사전』은 우리나라 경찰학 관련 용어들을 가급적 많이 담아내고자 노력했으며, 그 해설 측면에서는 여러 각도에서 깊이 있게 분석하고 기술함은 물론 가장 최신의 자료를 수록하는 데 심혈을 기울였다. 경찰청 관계자와 학계, 경찰승진후보자들 그리고 경찰행정학과 학생과 대학원생들이 경찰학을 연구할 때 훌륭한 참고자료가 될 것으로 믿는다.

아울러 국내외 경찰학 관련 전 분야에 걸쳐 경찰학사전의 영역을 확정해 조명하고 객관적인 근거를 제시했다는 점에서 전체적인 가치를 평가해 주길 바란다. 이 사전의 출간이 우리나라 경찰학사전이 다루어야 할 정확한 영역에 대한 평가 작업과 무엇이 그리고 어디까지를 경찰학사전의 영역인가에 대한 폭넓은 토론과 관심을 불러 일으키는 계기가 됨과 동시에 우리나라 경찰학 연구의 길라잡이로서 작은 기여를 하길 기대한다.

본 『경찰학사전』이 출판의 빛을 보고 우리나라 경찰학 발전에 기여할 수 있도록 재정적 지원을 아끼지 않은 교육과학기술부 산하 한국연구재단의 학술연구지원에 대해 이 자리를 빌려 다시 한번 무한한 감사를 표한다.

바쁜 학술연구 중에서도 많은 시간을 할애해 원고를 집필해 준 집필진의 노고에 한없는 감사를 다시 한번 전하며 동시에 해냈다는 찬사의 기쁨을 함께 나누고자 한다. 그리고 본 『경찰학사전』이 완성되는데 있어서 함께 참여하지는 못했지만 늘 가까운 거리에서 학문적으로 공감하고 응원하며 뜻을 함께해 준 관동대 이영남 교수, 원광대 한상암 교수, 대구한의대 박동균 교수, 우석대 박상주 교수, 한양대 임종헌 교수, 오산대 곽태석 교수, 극동대 이종복 교수, 가천대 윤민우 교수, 호원대 이만종 교수, 조선대 강혁신 교수, 대구대 이승철 교수, 충남청양대 곽영길 교수, 대구가톨릭대 류준혁 교수, 신경대 박성원 교수, 대구예술대 박주상 교수, 경북과학대 백석기 교수, 공주영상대 신인봉 교수, 초당대 이승주 교수, 한국국제대 한동효 교수, 가야대 홍태경 교수, 선린대 김미호 교수, 수성대 배철효 교수, 한세대 유용봉 교수와 조선호 교수, 한림대 박노섭 교수, 계명대 이성용 교수와 허경미 교수를 비롯해 여러 동료교수들에게도 이 자리를 빌어 감사드린다. 또한 이 자리를 빌려 방대한 원고작업이 진행되는 동안 복잡한 국고지원 영수증을 정리하며 궂은 일을 도맡아 고생해 준 한세대학교 경찰행정학과 윤상호 강사에게도 고마움을 전한다. 그리고 늘 부지런히 우리나라 경찰학 학문발전에 앞장서서 전진하는 박승훈 박사, 김재주 박사, 양현호 박사, 전준석 박사, 김태수 박사, 김재화 박사후보, 곽영걸 박사후보, 오정석 박사후보, 이상훈 박사후보의 학문세계에도 무궁한 발전을 기원한다. 저자들은 향후에도 더 훌륭한 『경찰학사전』을 완성하고자 지속적인 개정작업을 게을리 하지 않을 것이다.

끝으로 현실적인 어려움에도 불구하고 우리나라 최초의『경찰학사전』이 세상의 빛을 볼 수 있도록 흔쾌히 출판을 결정해 주신 법문사 사장님께 감사의 말씀을 전한다. 목차 배열에서부터 마지막 교정까지 애써 준 편집부의 예상현 과장님과 여러 모로 수고해 준 법문사 영업부의 권혁기 선생님께 진심으로 감사드린다.

2012년 11월
연구진을 대표하여
신 현 기

ㄱ

ㄱ

가급 · 나급 · 다급시설(施設)　　국가안전에 미치는 중요도에 따라 분류한 중요시설로써 가급은 국가의 안전보장에 고도의 영향을 미치는 행정 · 산업시설을 말하며, 나급은 국가보안상 국가경제나 사회생활에 중대한 영향을 미치는 행정 및 산업시설을, 다급은 국가보안상 국가경제 또는 사회생활에 중요하다고 인정되는 행정 및 산업시설을 의미한다. 가급으로는 청와대, 국회의사당, 대법원이 나급으로는 중앙행정기관의 청, 국책은행 및 시중은행 본점, 다급으로는 가 · 나급 외에 특별히 보호를 요하는 시설이 있다.

가변차선(可變車線)　　시간적 · 공간적으로 변화하는 도로교통의 원활한 소통을 위하여 교통량이 많은 쪽의 차선을 더 확보토록 중앙선을 가변시키는 것을 말한다. 교통량이 많은 대도시에서 많이 활용하고 있으며, 서울의 고대앞, 신설동 등이 대표적 예라 할 수 있다.

가변표시(可變標識)　　도로의 효과적 이용과 안전 확보, 도로이용자의 편리를 도모하기 위하여 시간적 · 공간적으로 변화하는 도로교통 환경의 필요한 사항을 시시각각으로 적정하게 표시할 수 있는 시설이다. 도로교통이용자들에게 상황에 따라 도로 교통, 기상 상황 등을 신속 정확하게 알리기 위해 전광표시 장치 등을 설치한다.

가상조직(假想組織/virtual organization)　　실세계와 다른 사이버 공간 속의 전자 공동체로 이해하려는 관점과 조직을 물리적 영역과 지각적 영역으로 이분화하여 지각적 영역을 가상조직으로 이해하려는 관점, 그리고 각 조직이 물리적으로 분산된 상태에서 전자네트워크에 의해 실제 조직과 같이 기능하는 조직, 즉 전자 네트워크를 조직으로 이해하는 관점 등으로 다양하게 이해되고 있다. 가상조직은 둘 이상의 조직이 전략적 목적으로 제휴하여 일정기간 동안 특정 목적을 달성하기 위해 만들어진 조직으로 목표가 달성되고 나면 해체되는 임시적인 조직이다.

가언명법(假言命法)　　어떤 상황이나 조건에 따라 타당성을 갖는 것. 즉 이것을 원하면 이렇게 하고 저것을 원하면 저렇게 하는 식.

가예산(假豫算)　　일반적으로 가예산이라 함은 프랑스 제3 · 4공화국 및 과거 한국의 제1공화국에서 사용했던 예산불성립시에 행하는 예산집행의 방법 중 하나이다. 이것은 어떤 면에서 보면 잠정예산과 매우 유사하나 사용 기간이 단지 1개월이라는 점에서 그 차이를 보여주고 있다.

가장(假裝) 비밀공작활동의 하나로써 비밀공작이 결코 외부에 드러나지 않도록 꾸며지는 모든 활동을 말한다. 가장은 비밀공작의 성패를 좌우하는 보안성을 확보하는 것이 가장 효과적인 방법이다.

가점평정(加點評定) 공무원의 근무성적평정에서는 특정 자격증 소지, 특수지 근무경력 등을 점수로 계산하여 가산점을 부여하는 것이다. 공무원은 승진임용의 기준이 되는 5급 이하 공무원, 연구사, 지도사 및 기능직 공무원의 승진 후보자 명부를 작성할 때 해당 공무원이 직무와 관련된 자격증을 취득 및 소지하고 있거나 근무환경이 열악한 도서 · 벽지 등에 근무한 경력에 대해서 일정한 점수를 가산해줌으로써 해당 공무원에 대한 근무유인 및 사기앙양을 하는 데 그 목적이 있다.

가정폭력(家庭暴力) 배우자, 자기 또는 배우자의 직계존비속, 동거하는 친족 등 관계있는 사람 사이에서 신체적 · 정신적 또는 재산상 피해를 주는 행위. 곧 폭행으로 인한 상해 · 유기 · 학대 · 혹사 · 감금 · 협박 · 공갈 · 강요 · 명예훼손 및 재물손괴 등의 행위. 과거와는 달리 지금은 가정폭력에 대해 경찰의 적극적인 권력발동 또는 사법 조치를 요구하고 있다.

가족수당(家族手當) 공직에 근무하는 공무원의 생활비 지원을 위해 부양가족의 수에 따라 기본적으로 지급하는 본봉 이외에 추가로 지급하는 수당을 의미한다. 가족수당제도는 이미 선진국을 중심으로 정착되어 있다. 특히 이 제도의 도입은 경제적인 상황에 따라 생계비의 증가와 그에 따른 실질적인 임금감소요인을 고려해 공무원들에게 생계를 지원하기 위한 제도라고 볼 수 있다.

가족주의(家族主義) 가족제도에 의한 국가 또는 사회의 여러 가지 정책의 수행을 주장하는 주의. 즉 부모형제로 구성되는 가족 혹은 가까운 친족에 대한 관계를 의미한다.

가출인(家出人) 보호자로부터 이탈된 14세 이상의 자로서, 보호자가 찾고 있는 14세 이상에서 20세 미만의 자를 '가출청소년'이라 하고, 보호자가 찾고 있는 20세 이상의 자를 '가출성인'이라 말한다.

가치(價値) 어떤 대상에 대한 인간 주체와의 관계에 있어서 그것이 가지는 의의. 즉 가치는 어떤 규범을 정당화시키는 데 기반을 두고 경험적인 면에서 규범은 실질적이고 지향적이며 구체적인 면에서 가치와 행동을 연결시킨다. 때문에 규범은 가치보다 훨씬 구체적이고 명령적일 수 있다. 경찰윤리학은 경찰관의 가치 있는 행위의 표준을 제시하는 규범적 학문이라고 볼 수 있다.

각성제(Stimulates) 통상 잠을 쫓고 피로를 풀기 위해 사용되는 페네틸아민 계열의 중추흥분제를 통칭하는 것으로 알려져 있다. 좁은 의미로는 각성제 단속의 대상인 암페타민, 메탐페타민 및 그 염류를 가리킨다. 유효량을 섭취할 경우 대뇌피질과 중추신경계가 자극 · 흥분되어 졸음이 사라지고 피로감이 제거되어 단순작업의 능률은 상승되나 복잡한 학습이나 신중한 판단, 집중력을 필요로 하는 일의 능률은 저하된다고 한다. 만약 과용량복용과 연용(連用)하면 약물에 대한 강한 정신적 의존성이 생기기 쉽다고 한다. 각성제에 중독되면 정신병과 같은 증상이 나타나고 환각(幻覺) · 망상(妄想) 등도 생긴다고 한다. 각성제의 남용은 자살 · 범죄 등과 관련되는 경우가 많아 사회문제화되고 있어 향정신성의약품관리법에 의해서 암페타민을 비롯한 여러 각성제의 제조 · 매매 · 소지 · 사용 · 투약 등이 규제되고 있다(http://enc.daum.net/dic100/ contents).

간부후보생(幹部候補生) 경찰간부(경위)가 되기 위하여 국가가 시행하는 공개채용시험에 의해 선발되어 경찰교육기관에서 간부후보생 과정의 교육훈련을 받고 있는 교육생을 말한다. 간부후보생으로 교육을 마친 자를 경위로 임용하는 경우에는 시보임용절차를 거치지 아니한다. 경찰간부후보생 제도는 지적수준이 높은 고급경찰간부를 충원하고 경찰의 자질향상을 통한 식민지 경찰의 잔재를 불식시키기 위해 우리나라 최초의 고급경찰간부 양성제도로 탄생하였다. 1947년 9월 1일 1기 93명 모집을 시작으로 2000년부터 여자간부후보생 5명을 모집하였으며, 2012년 현재까지 59기 총 4,114명 이상을 배출하였다. 2012년에는 3월에는 경찰간부후보생 61기를 모집했다. 지금까지 우리나라 경찰총수를 14명이나 배출해 냈다.

간선도로(幹線道路) 도시의 주요지점을 연결하는 주요한 도로를 말하며, 도시별로 도로명이 지정되어 있다. 간선도로의 교통소통의 원활성을 유지하기 위해 교통안전시설을 설치하거나 지속적인 지도단속 등이 필요하다.

간이서식(簡易書式) 간이형사기소제도의 일환으로서 사안이 단순하고 정형적인 형사사건처리에 관한 서식을 말한다. 간이서식의 목적은 ① 동일내용을 2중, 3중으로 기재하는 낭비 방지, ② 서류의 기재량을 최소한도로 줄여 사무량 절감, ③ 내용을 일목화 · 명확화하여 절차진행 촉진 등이다. 한편 간이서식화 종류에는 ① 피의자신문조서(제1항): 공통, 교통(업무상과실치상, 도로교통법위반사건을 의미), 폭력(폭력행위등처벌에관한법률위반, 폭행, 폭행치상, 상해의 기수 · 미수사건), 절도, 향토예비군설치법위반, 도박양식, ② 진술조서(제2항): 교통 · 폭력 · 절도, ③ 진술서(제4항): 공통, 교통, 폭력, 절도 등이 있다.

간접적 실력행사(間接的 實力行使) 경비경찰의 특징 가운데 조직적 부대활동의 하나로써 경비사태 발생시에 경비부대를 상대방 집단의 면전에 배치하거나 또는 상대방 면전까지 전진시키거나 혹은 상대방에게 경고를 주어 심리적 압박을 가함으로써 범죄의 실행의사(의도)를 자율적으로 포기하도록 하는 것을 말한다.

6 간첩(間諜/Spy, espionnage)

간첩(間諜/Spy, espionnage) 타국에 대한 전복행위 · 태업행위 · 첩보수집행위 등 간접침략 등을 목적으로 대상국내에 잠입한 자 또는 이를 지원 동조하는 자를 말한다. 밀정 · 밀사 · 군사정찰 · 첩자 · 첩보근무자가 이에 해당된다. 우리 형법상 간첩의 정의는 "적국을 위하여 간첩하거나 적국의 간첩을 방조한 자"로 되어 있다. 반국가단체인 북한은 적국은 아니지만 적국에 준한 준적국으로 취급되기 때문에(58.10.10大判) 북한의 공작원도 간첩이 된다. 즉 여기의 적국은 적대하는 외국(형102)과 마찬가지로 반드시 승인을 받은 국가이거나 또는 국제법상 국가로 취급받는 단체에 국한할 필요가 없고 국가에 준하는 집단은 모두 여기에 해당된다.

간첩은 평시 · 전시를 막론하고 군사 · 외교 · 정치 등 각 분야에 걸쳐 내정적 혹은 외정적으로 이용되고 있으나, 이 제도가 특히 발달된 것은 나폴레옹 1세 때이며, 영 · 독 · 불 · 러시아 등 유럽 각국의 간첩조직의 통제와 그 이용에 많이 힘썼다. 대외적으로 이용되는 간첩의 종류에는 외교간첩, 군사간첩, 선동간첩, 역간첩, 이중간첩 등이 있다. 외교간첩은 주로 외국의 외교방침을 탐지하는 것이며, 군사간첩은 육 · 해 · 공군의 기밀사항을 절취하는 것으로서 다시 전략간첩, 전술간첩으로 구분된다. 선동간첩은 허위정보나 날조된 뉴스를 진실한 것처럼 선전하고 적의 간첩에게 첩보를 전하여 전국내에 정치적 또는 사상적 반란을 일으키게 하는 것이다. 역간첩은 적의 간첩을 잡는 것이 목적이다. 간첩은 변장술에 익숙하고 거처에 조심한다. 거처지나 출입처는 호텔, 당구장, 술집 등이며 또 그 분장에 있어서도 정체의 은폐를 위하여 여러 가지 계급과 직업의 사람을 대상으로 삼아 교묘한 분장을 하며 그 임무를 수행한다. 오늘날에는 암호, 모략, 선전, 공공시설의 파괴 등의 임무도 수행하고 있다. 그들의 비밀통신은 암호, 부호를 쓰거나 또는 서간문의 체제를 가장하여 요건을 알리며 신문의 광고란, 라디오 방송 등을 이용하는 수도 있다. 또 창문의 개폐, 발연 등으로 전하거나 비밀잉크, 무선전신 등을 이용하는 일도 있다. 이런 밀서나 보고문은 권연, 물뿌리, 의치, 편지봉투, 우표 등을 이용한다. 첩자란 아국을 위하여 간첩행위에 임한 자를 말하고 밀정은 첩자와 동의어이다. 공작원이란 은밀한 혹은 비밀의 목적을 위하여 포섭된 자나 은밀한 공작임무에 종사하는 자로서 그 임무의 비합법성 혹은 은밀성을 의식하고 있는 자를 말한다. 견문수집보고(견문수집보고) 경찰관이 근무 또는 일상생활 중에 국내외의 제견문을 신속 · 정확하게 수집하여 국내치안 등에 활용되도록 제공함을 말한다. 견문수집보고의 목적은 치안질서유지, 국가안전보장, 건전한 국민생활의 보호 등에 있다. 견문수집보고요령은 다음과 같다. ① 견문된 사항은 객관적으로 보고할 것: 수집견문을 주관적으로 해석하거나 과장 · 조작되는 일이 없이 사실 그대로 보고해야 한다. ② 확실성의 저오를 명확히 보고할 것: 보고할 견문수집자료의 내용 중에 어떤 부분에 대하여 의문이 생기면 의문 되는 점과, 확실하지 않을 경우에는 그 정도를 명확히 보고하여야 한다. ③ 견문자료를 유지 · 관리할 것: 견문수집자는 보고가 끝날 때까지 견문자료가 변질되거나 망실되지 않도록 유지 · 관리하여야 한다. ④ 신속히 보고할 것: 수집된 견문내용은 신속히 보고하여 적시성있는 보고가 되도록 노력해야 한다. 신속한 보고는 사용의 시기를 놓치지 않기 위해서 뿐만 아니라 첩보가치의 보전을 위해서도 필요하기 때문이다.

간첩망(間諜網) 간첩이 대상국에 침투하여 간첩행위를 함에 있어서 공작원을 포섭하고 지하당을 조직하는 형태를 말한다.

간트 차트(Gantt Charts) 1900년 대 초 간트에 의해 개발된 것으로 일반적 스케줄링에 사용되며 사람, 자원, 시간의 사용에 관한 계획을 할 때 경영자에 의해 채택된 초기의 계획 수립 기법이다. 간트 차트는 수평적인 차원에서 시간을 나타내고 수직적인 차원에서 업무와 작업을 나타내는 감독표이다. 수평적 막대는 계획된 스케줄과 각 업무가 요구된 시간을 표시하였고 각각의 수평적 막대 위에 부과된 표시들은 실제 업무성과를 표시하여 모든 것이 시간에 의해 기입되었다. 따라서 간트 차트는 항목별 작업 또는 활동계획과 실적을 일목요연하게 알 수 있게 해준다.

갈등(葛藤/Conflict) 일반적으로 인간의 심리적 대립이나 대립적 행동을 가리키는 매우 다양성을 띤 개념을 말한다. 조직에 있어서 갈등은 개인이나 집단 등 행동주체간에 현재적 · 잠재적으로 나타나는 동태적 과정으로서의 대립적 상호작용을 의미한다. 경찰행정에서 발생하는 갈등은 주로 각 부(部) · 국(局) · 과(課)간이나 비공식집단 · 행정인 등 행동주체간의 대립적 행동이나 심리적 대립의식과 각 조직 단위의 목표 · 자원 · 업무 · 절차 등에 관한 의견대립 등에 기인하고 있다.

갈등관리(葛藤管理/conflict management) 조직에서의 갈등은 행동 주체 간의 대립적인 마찰을 의미하는 것으로 조직이 목표와 가치, 인지구조 등이 다른 다수의 행위자들의 협동이라 할 때 필연적 현상이다. 갈등관리는 이러한 조직 갈등의 역기능을 방지하고 순기능적 갈등의 조장을 위한 전략적 노력을 의미한다. 갈등방지를 위해 갈등관리자는 조직 구성원들에게 현실적이고 구체적인 목표를 제시하고 의사결정에 대한 명확한 지침을 제공해야 한다.

갈취(Shakedown) 경찰관이 범죄 행위 중에 있는 범인들로부터 돈이나 물건들을 압수하는 행위를 말한다.

감각적 직관주의(感覺的 直觀主義) 어떤 일에 대해 행동의 옳고 그름이나 도덕성에 비추어 생각하기보다는 양심에 의해 직관적이고 직설적으로 생각하는 입장. 여기에는 윤리나 도덕적 원리란 찾을 수 없다.

감독관청(監督官廳) 감독권을 가지는 관청을 의미하며 하급행정관청에 대하여 지휘감독권을 가지는 상급행정관청이 감독기관이 된다. 그밖에 사인 또는 공공단체의 사업 또는 사무에 대하여 감독권을 가지는 행정관청과 기타 행정관청에 대한 감사의 업무에 당하는 기관(감사기관)도 일종의 감독관청의 성질을 가진다.

감독자훈련(監督者訓練) 한 사람 이상의 부하에 대한 직무수행을 지휘하고 책임을 지는 감독자의 감독능력의 향상을 위한 훈련을 말한다. 훈련의 내용은 업무의 기획 · 개선 · 직원의 근무성적평정, 안전관리, 커뮤니케이션, 인간관계 등이며,

훈련방법으로서는 강의 외에도 사례연구 · 회의 · 감수성훈련 등이 다각적으로 사용된다. 대체로 감독자훈련은 계층제의 중급 이하(우리나라의 경우 과장 · 계장 이하)의 감독자를 대상으로 한다는 점에서 관리자훈련과 구분할 수 있다.

감독책임(監督責任) 상사가 그 부하를 감독해야 할 직무상의 책임을 말한다. 감독이란 그 조직체의 기능을 충분히 발휘시켜 사명을 효율적으로 완수하기 위하여 상사가 부하를 감시하고, 지휘명령 또는 제재를 하는 것을 말한다. 감찰의 경우는 감독책임을 강화하기 위해서 감독자 연대책임제를 적용하고 있다.

감별수사(鑑別搜查) 감별수사란 범인과 피해자 또는 범행지 및 그 주변 지역간에 존재하는 관계 및 사정 등에 근거를 두고 수사하는 방법을 말한다. 감별수사 가운데 범인과 피해자, 그 가족 · 피해가옥과의 관계를 연고감이라 하고, 범인과 범행지 및 그 주변지역과의 관계를 지리감이라 한다. 이밖에도 감별수사에는 농감, 박감, 직접감, 간접감 등이 있다. 감별수사의 가치(용도)는 크게 수사방침의 기초, 용의자에 대한 결정적인 판단자료, 유력한 정황증거가 있다.

감봉(減俸) 공무원의 직무에 태만하거나 문제가 발생된 경우에 경징계의 수단으로 일정한 기간 동안의 지급액을 감하는 것을 뜻한다. 경찰관 징계 가운데 교정징계의 일종으로써 1월 이상 3월 이하의 기간동안 처해지는 징계처분을 말한다. 경찰공무원으로 신분은 보유하고, 직무수행도 가능하다. 감봉기간 동안 봉급의 1/3이 공제되며 감봉기간 동안은 승진소요연수에 산입되지 않는다. 감봉처분을 종료하고 12개월이 경과하지 않으면 승진심사와 시험승진의 대상이 되지 못한다.

감사(監査/Audit) 일반적으로 사무집행의 적합여부 또는 비위를 적발 · 시정하기 위해 행하는 검사를 말한다. 경찰에 있어서 감사는 경찰행정 전반에 걸쳐 실시하는 감사를 말한다. 감사의 종류에는 종합감사, 부분감사, 특별감사, 자체감사 등이 있다.

감사관(監査官) 경찰청의 감사 · 감찰업무를 담당하는 최고책임자를 말한다. 감사관은 경무감독관, 보안감사관, 수사감사관 등이 있다. 감사관은 각각 해당 사무에 3년 이상 실무경험이 있는 능통한 경찰간부로 구성함을 원칙으로 하며 초임자, 징계처분을 받고 경찰공무원승진임용의 제한 기간 중에 있는 자, 직무에 성실치 못한 자는 제외된다. 경찰청은 경찰창설 이후 계속해서 경찰공무원 가운데 경무관급에서 감사관직을 수행해 오다가 독립적이고 엄정한 감찰활동을 위해 대외적으로 개방직 감사관을 공모하여 2010년 12월 27일자로 최초로 개방직 감사관을 선발하였다.

감사기관(監査機關) 행정기관의 사무집행을 검사하여 그 비위를 고발 시정함을 임무로 하는 국가기관을 말한다. 감사를 전담하는 기관으로서 감사원이 있다면 또 피감사기관의 제1차 감독기관 외에도 감사를 전담하는 기구가 있다. 치안본부 치안감독관, 감사담당관, 시도경찰국 감사계가 이러한 기구이다. 감사기관이 감독기관과 구별되는 요점은 감독기관이 직계감독기관인 데 반하여, 감사기관은 어느 방계의 행정기관이 행하는 고유사무가 동시에 타기관의 행위를 감독하는 결과가 되기도 한다.

감사원의 결산 확인 감사원은 정부의 결산을 검사하고 확인한 후 8월 20일까지 기획재정부장관에게 다시 송부한다. 감사원에 의한 결산 확인의 의의는 결산이 합법성과 정확성에 관한 최종적인 판정에 있다. 그렇다고 이미 수입·지출한 행위가 비록 위법적이었거나 부당한 행위였을지라도 무효로 하거나 취소할 수 있는 것은 아니다. 다만 감사 중에 발견된 비위에 대한 처벌이나 시정의 조치는 취할 수 있다.

감사의 목적(監査의 目的) 경찰감사의 목적은 경찰행정 전반의 실정을 감사하여 경찰사무의 적법성과 엄정한 규율을 확보하고 상부의 시책 및 방침의 이행을 철저히 하여 민주적이고 효율적인 경찰업무를 수행함에 있다. 특히 감사결과에 따라 우수한 점을 장려·찬양보급함과 아울러 결함이나 부족한 점은 시정조치하여 효율적인 경찰조직을 운영함에 있다.

감속구간(減速區間) 고속도로로부터 이탈하려는 차량이 고속도로에서 이탈하여 낮은 설계기준의 차선으로 진입하려 할 때 이용하는 차선을 말한다. 차량 운전 중 고속도로에서 이탈할 때 속도를 낮추어 안전운행을 함으로써 사고를 예방하려는 목적에서 고속도로 상에 표시된 차선 구간을 만드는 것이다.

감속운행(減速運行) 비·안개·눈 등으로 인한 악천후 시 차량의 운행 속도를 감속하여야 하는 것을 말한다. ① 최고속도의 100분의 20을 줄인 속도로 운행하여야 하는 경우(비가 내려 노면이 젖어있는 경우, 눈이 20밀리미터 미만 쌓인 경우)와 ② 최고속도의 100분의 50을 줄인 속도로 운행하여야 하는 경우(폭우·폭설·안개 등으로 가시거리가 100미터 이내인 경우, 노면이 얼어붙은 경우, 눈이 20밀리미터 이상 쌓인 경우) 등이다(도로교통법 시행규칙 제19조 2).

감수성 훈련(感受性 訓練/sensitivity training) 대략 한집단에 10~20명 정도의 교육생들이 기존의 모든 집단귀속관계를 벗어나 인간관계를 매개로 하여 타인에 대한 자신의 태도와 행위의 영향에 대하여 자유롭게 조사하고, 효과적인 인간관계를 인지하고, 경찰업무에 있어서 관리능력을 개발하는 교육훈련방법이다. 또한 개방적인 분위기를 갖는 자유로운 상황 하에 모인 사람들이 상호간에 깊은 관계를 맺게 하고 자기가 그룹 내의 다른 구성원들로부터 어떻게 인지되고 있는가에 대한 능력을 개발하는데 중점을 둔 훈련 방법이다. T-Group 훈련이라고도 하며, 1947년 브래드퍼드(L. P. Bredford)에 의해 개발되었다.

감시(監視/Observation) 방첩활동의 유형 가운데 첩보수집의 하나로써 반국가단체나 적국 등 위해요인 활동에 관한 정보를 획득할 목적으로 시청각을 활용해 은밀하게 관찰해 나가는 일련의 기술적 활동을 말한다. 즉, 공작대상의 인물, 물자, 지역 등에 대한 정보를 얻을 목적으로 시각이나 청각을 사용해 관찰하는 기술을 말한다.

감원(減員) 공공분야에서의 조직개편, 감축관리, 구조조정 등의 이유를 들어 현재 조직구성원을 퇴직시키는 것을 의미한다. 이것은 조직구성원이 무능력하거나 직무태만, 법규위반, 부정부패 등을 하지 않았더라도 조직관리를 보다 효율적으로 하기 위해서 작은 조직으로 개편하는 경우에 발생하게 된다. 우리나라 공무원의 경우에 조직편제와 정원의 조정, 그리고 예산의 감소 등에 의해 폐직 또는 과원(過員)이 되었을 때에 임용권자가 공무원을 직권으로 면직시킬 수 있도록 국가공무원법 제70조에 규정되어 있다.

감정(鑑定) 법원 또는 수사기관이 특별한 전문지식이 있는 자로 하여금 그 전문지식을 적용하여 일정한 사실을 판단하도록 하는 것을 말한다. 검사 또는 사법경찰관은 수사상 필요한 경우에 감정을 위촉할 수 있다.

감정유치(鑑定留置) 피의자의 정신 또는 신체를 감정하기 위하여 일정기간 병원 기타 적당한 장소에 피의자를 유치하는 강제처분을 말한다. 수사상 감정유치의 대상은 피의자이며, 피의자가 아닌 제3자에 대하여 감정유치를 청구할 수 없다.

감찰(監察/Inspection) 경찰조직의 업무효과성을 확보하기 위한 통제장치로서 조직의 기강유지와 비위방지 그리고 조직업무의 체계성과 능률성 및 적법성을 위한 내부통제장치를 말한다. 즉, 경찰공무원의 위법 · 비위의 소행에 관한 조사와 정보의 수집, 비행공무원에 대한 징계처분과 그 소속장에 대한 정보의 제공 또는 처분의 요청 및 수사기관에의 고발 등을 내용으로 하는 감사기간의 직무행위를 말한다.

감찰기관(監察機關) 공무원의 위법 · 비위의 소행에 관한 조사와 정보의 수집, 비행공무원에 대한 징계처분의 요청과 그 소속장에 대한 정보의 제공 및 수사기관에의 고발 등의 임무를 수행하는 기관을 말한다. 현행법상 이를 임무로 하는 기관은 감사원이다. 감찰의 경우는 경찰청에 치안감독관을 두고, 그 밑에 감찰과가 있으며, 각 시 · 도감독국은 경무과에 감찰계를 두어 감찰업무를 수행한다. 경찰서는 경무과에 감찰계 또는 반을 두고 있다.

감찰의 종류(監察의 種類) 경찰감찰규칙(제11조)에 의하면 감찰활동은 다음과 같이 구분 실시한다. ① 예방감찰: 지휘관 방침 및 관심사항에 대한 구현방안과 실행정도를 관찰하여 불합리한 요소를 제거하고 기능을 촉진케 하는 계획된 감찰활동이다. ② 감찰조사: 감찰대상자의 비위와 관련된 사안을 모든 증거에 의거 명확하게 사실을 심리 또는 규명하고 결론을 지어 시정방책을 건의하는 감찰활동이다. ③ 감찰검열: 지휘관의 명령에 의거 경찰업무 수행에 있어 지휘 감찰면에 현저한 결함이 있다고 인정되는 하급기관에 대하여 기강, 사기, 능률, 교육, 회계 등 특정업무를 단기적 검열로써 개선책을 강구하는 지휘관의 불시 감독수단이다. ④ 청문수리: 소속 직원에 대하여 애로와 건설적인 의견을 연 2회 이상 서면 또는 구두로 청문하여 경찰운영에 반영하도록 건의한다.

감축관리(減縮管理/cutback management) 조직이 소비하는 자원의 양을 줄이고 사업과 인력 및 조직 규모를 줄이는 조직 관리를 말한다. 역기능적이거나 불필요하고 과다한 기능과 조직 · 정책 프로그램을 정비 또는 종결하는 행위로서 단순히 정책 프로그램이나 조직을 폐지하는 것이 아니라 조직 전반의 효과성을 증진시키기 위한 정비운동을 말한다.

갑오개혁(甲午改革) 1894년(고종 31) 7월 초부터 1896년 2월 초까지 약 19개월간 3차에 걸쳐 추진된 일련의 개혁운동을 말한다. 경찰에 있어 우리나라에 근대적 의미의 경찰개념이 도입된 시기는 갑오경장 이후의 일이다. 동학농민항쟁을 구실로 청과 함께 공동 출병한 일본은 그 기회에 조선에서 청의 세력을 완전히 축출하려는 의도 하에 청에 공동으로 조선에서 내정개혁을 추진할 것을 제의하였다. 이러한 제의는 청에 의해 거절되고 일본의 공격으로 시작된 청 · 일전쟁에서 승리한 일본은 내정개혁의 실시를 조선정부에 요구하였다. 1894년 일본이 조선에 요구한 내정개혁 중에는 '경성(京城) 및 중요 도시에 완전한 경찰을 설치할 것'이 포함되어 2년 이내 실시토록 요구하였다. 일본의 요구에 따라 영의정 김홍집이 총재관이 되어 군국기무처를 두고 내정개혁에 착수(갑오개혁)하였고, 1894년 6월 28일(음력) '각아문관제'에서 '법무아문 관리사법행정경찰'이라고 정하면서 처음으로 경찰이라는 용어를 사용하였으며, 경찰을 법무아문하에 창설할 것을 정하였다(후에 내무아문 소속으로 변경).

강도죄(强盜罪) 상대방의 반항을 억압할 정도의 폭행 또는 협박으로 타인의 재물을 강취하거나 기타 재산상의 이익을 취득하거나 제3자로 하여금 취득하게 함으로써 성립하는 범죄이다. 강도죄의 기본적 구성요건은 단순강도죄, 준강도죄, 인질강도죄, 특수강도죄, 강도상해 · 치상죄, 강도살인 · 치사죄, 강도강간죄, 해상강도죄, 상습강도죄 등이 있다. 강도죄 수법의 유형으로는 침입강도, 노상강도, 인질강도 등이 있다.

강등(降等) 경찰관 징계 가운데 중징계(배제징계)의 하나로서 2010년 7월 경찰공무원징계령에 의해 신설되었다. 강등처분을 받게 되면 3개월간의 정직기간을 거쳐 한 단계 낮은 계급의 보직을 받게 되며, 21개월이 지나야 승진후보자가 될 수 있다.

강력범(强力犯) 일반적으로 살인 · 강도 · 강간 · 방화 · 폭력 등과 같이 그 범죄수법이 폭행 · 협박을 수단으로 범죄를 말하는데, 이는 지능범과 대립되는 개념이고, 실정법상의 용어가 아니라 실무상의 용어이다. 강력범의 성질은 강한 유형력의 행사가 전제되고 대부분 중한 결과 발생이 뒤따르는 범행도구로써 흉기를 이용하거나 강한 물리적 유형력을 이용하는 경우가 많다. 1차적으로 생명 · 신체에 피해를 가하고 2차적 또는 부수적으로 재산상 피해를 가져오는 범죄이다. 한편 강력범죄의 특성은 다음과 같이 정의할 수 있다. ① 전통적 · 원시적 범죄, ② 현재성, ③ 정형성, ④ 피해회복이 어려운 범죄, ⑤ 증거가 남는 범죄, ⑥ 현장검증을 요하는 범죄, ⑦ 신원파악의 곤란성 등이다.

강압적 조직(强壓的 組織/coercive organization)　　강제가 중요한 통제 수단이 되는 조직유형으로서 구성원은 조직에 대하여 고도의 소외감을 느끼는 조직형태이다. 강압적 조직은 경찰서, 강제수용소, 교도소, 감금하는 정신병원 등이 있다.

강의(講義)　　교육자가 훈련대상자를 한곳에 모아놓고 일방적으로 정보전달을 하는 방법으로 지식전달하는데 경제적이기 때문에 이 방법이 일반적으로 사용되고 있다. 그러나 일방적인 강의형태는 교육생이 배우는 것이 수동적이기 때문에 배운 것을 실습하는 것이 불가능하다는 단점이 있다. 또 피교육자가 일방적인 의사전달방식을 취하고 있어 교육의 환류나 토론이 거의 이뤄지지 않고 진행된다는 데 문제가 있다.

강임(降任)　　공직의 상위직위에서 하위직위로 이동하는 내부임용 중 하나의 유형이다. 일반적으로 강임은 같은 직렬 내에서 하위 직급으로 이동하는 것을 뜻하나, 동일한 직렬 내에서 하위 직급이 없다면 다른 직렬의 하위 직급으로 이동하게 된다. 여기서 공무원의 강임은 직제와 정원이 변경되거나, 예산의 감소 등으로 폐직이 되었을 경우, 그리고 본인의 뜻에 따라 가능한 제도이다. 강임이 해당 공무원을 위해서나 조직을 위해서나 필요할 때가 있으므로 이를 제도적으로 인정해 왔다. 앞으로 조직의 유동성이 높아지고 계급보다는 역할을 중요시하는 관념변화가 진행되면 강임은 더 자유롭게 활동될 것이다. 일반적으로 공무원에 대하여 강임을 징계방법으로 활용하는 것은 보편화되어 있지 않다. 그러나 강임을 시켜야 할 징계사유가 있으면 차라리 퇴직시키는 것이 좋다고 한다. 우리 정부에서는 과거 한때 강임을 일반공무원의 징계방법으로 정한 일이 있었으나, 지금은 이를 인정하지 않고 있다.

강제배분법(强制配分法)　　경찰공무원 근무성적평정방법의 하나로써 등급별로 인원을 강제배분하는 방법을 말한다. 장점으로는 집중화와 관대화의 폐단을 방지하기가 가능하다는 점이다. 단점으로는 피평정자의 수가 적고, 탁월한 인물이 없을경우에도 강제로 배분해야 하는 모순이 발생한다는 점이다.

강제송환(强制送還/Deportation)　　자국 내에 있는 외국인을 강제로 자기나라 영역으로부터 퇴거시키는 것을 말한다. 보통 재입국금지(Expulsion) 조치를 수반한다. 강제송환은 국내질서유지를 위하여 이를 위반한 외국인을 국외로 추방하는데 주된 목적이 있다.

강제처분 법정주의(强制處分 法定主義) 수사상 강제처분은 법률에 특별한 규정이 없으면 하지 못한다는 원칙을 말한다. 강제처분의 발동에 법적근거를 요한다는 형식적 원칙에 그치는 것이 아니라 적정절차의 요구를 강제수사절차에 실현하는 실질적인 원칙이다. 강제처분 법정주의는 임의수사의 원칙과 표리관계에 있으며 영장주의가 전제가 된다.

강제퇴거(强制退去) 외국인이 우리나라에 불법입국하였거나 합법적 절차에 의해 입국한 경우라도 체류기간 중 체류자격, 기간, 신고의무 사항 등을 위반하거나 기타 국익에 위배되는 범법행위를 하였을 경우 해당 외국인을 대한민국 영역 밖으로 추방하는 행정처분을 말한다.

강제퇴직(强制退職) 조직구성원이 비자발적으로 퇴직하게 되는 것을 의미한다. 공무원의 강제퇴직 속에는 징계에 의한 파면, 해임과 직권면직, 그리고 정년퇴직과 당연퇴직, 또 감원에 의한 퇴직 등으로 다양하게 포함된다. 반면에 임의퇴직은 조직의 구성원이 자발적으로 퇴직하는 것을 의미한다.

개량 이웃지향 경찰활동(Innovative Neighborhood-Oriented Policing) 1990년부터 미국 법무지원국이 시작한 연방정부 주도의 프로그램으로 주로 지역사회의 마약문제 감소를 목적으로 실시된 프로그램이다. 이 프로그램은 여러 목표와 다양한 개입기술이 소개되었는데, 구체적으로 경찰의 전통적 법집행전략, 지역사회조직, 교육프로그램, 마약치료프로그램 등을 활용하였다. 이 프로그램은 특히 명시적으로 경찰과 지역사회 내의 여러 집단, 기관, 사람들의 협조관계를 규정하였다.

개방형 인사제도(開放型 人事制度) 개방형 인사제도는 공직의 모든 계층이나 직위에 신규임용을 개방하는 제도이다. 이것은 외부 전문가에게 공직의 문호를 개방하여 공직 내부의 변화와 경쟁력을 높이기 위한 제도이며, 특정 영역에서 외부 경험이 풍부한 인사를 임용함으로써 공직의 침체를 방지하고 행정의 효율성과 생산성을 높이려는 목적에서 도입되었다. 특히 개방형 인사제도는 직위분류제를 도입하고 있는 국가에서 도입하고 있는데, 그 대표적인 국가로 미국을 들 수 있다. 이와 반대의 개념으로 폐쇄형 인사제도는 공공부분에 신규 채용되는 공무원은 누구나 원칙적으로 계급에 따라 임용되며, 상위계급으로 승진하기 위해서는 연공서열에 따라 내부승진되거나 충원되는 것을 뜻한다.

개방형 임용제(開放型 任用制) 공직사회에 폐쇄적인 임용을 타파하고, 모든 공직사회에 새로운 경쟁을 불어넣기 위해 중앙부처의 일부 고위직 자리에 민간인을 충원할 수 있도록 개방하는 제도이다. 이것은 지금까지 공직사회에서 내부 승진심사나 시험을 통해서 공무원을 충원하는 제도와는 다르게 민간인에게 공직을 개방함으로써 공직에 새로운 변화를 유도하는 제도이다.

개방형 직위(開放型 職位) 폐쇄된 공직사회의 경쟁력을 높이기 위해 고도 전문성이 요구되거나 효율적인 정책수립이 필요하다고 판단되는 직위에 공직 내외를 불문한 공개모집과 공개경쟁시험을 통해 해당 직위에 가장 적합한 인재를 충원하도록 지정된 직위를 말한다. 예를 들면, 외국의 경우에는 환경분야, 건축분야, 농어분야, 도시계획 등 고도의 전문성이 요구되는 영역에서 개방형 직위를 도입하고 있다.

개인면접(個人面接) 공무원 시험에 합격한 자를 개별면접을 통해서 직무에 대한 지식과 능력, 그리고 국가관 등 공무원의 자격을 검증하는 것이다. 이것은 한 수험자를 대상으로 집단 혹은 여러 면접관들이 개인의 능력을 평가하는 면접시험을 뜻한다.

개인윤리(個人倫理) 개인윤리는 대부분 행위의 주체를 개인의 양심이나 개인의 덕목에 두고 있다. 개인 윤리에서 관심을 가져야 할 부분은 인간의 행동에 대해 이성의 법칙에 따라서 행동하라는 언명과 인간 내부에 내제하는 절대적인 도덕적 법칙에 따라 행동하라는 명제이다.

객관적 책임(客觀的 責任) 외부에서 부여된 행위 결과를 보고 그 결과가 비난 받을만하거나 공무원으로서의 품행을 손상했을 경우, 행위자에게 부과되는 법적인 책임을 말한다.

거래적 리더십(transaction leadership) 교환과 거래, 즉 상관은 부하를 인정해 주고 일에 흥미를 부여해 주고 금전적으로 보상하며, 높은 실적을 올린 직원에게는 인센티브를, 실적이 낮은 직원에게는 처벌을 하는 것으로 상관과 부하의 상호작용을 강조하는 리더십이다. 리더와 추종자의 관계는 서비스에 대한 보상의 교환에 치중한 리더십 이론이다.

거리의 재판관(裁判官) 경찰관의 업무가 대부분 거리(현장)에서 이루어지기 때문에 경찰관들이 법집행에 있어서 정당성과 공정성 그리고 책임성을 확보해야 함을 말한다. 이러한 이유로 인해 경찰관은 법집행 현장에서 더더욱 침착성과 냉정한 판단력을 요구하고 있다.

거버넌스(Governance) 공동체 운영의 새로운 체제나 제도, 메커니즘(Mechanism) 및 운영 양식을 다루는 것으로 기존의 통치나 관리 패턴을 대체하는 것을 말한다. 이는 단순히 정부 등의 전통적인 행정 패턴(Pattern)을 대체하는 개념이 아니라 세계화, 정보화, 민주화 등의 21세기 새로운 시대에 적응하는 공동체의 운영 체제와 양식에 대한 새로운 이해와 인식의 변화를 요청한다.

거점근무(據點勤務) 지역경찰관은 관내 우범지역, 범죄취약지, 최근 범죄발생지 등에서 고정 또는 유동하면서 통행인과 차량에 대한 관찰 및 검문검색을 통한 근무지 주변에 대한 범죄예방활동을 실시하는 바 이를 거점근무라 한다. 순찰근무자는 순찰시간 내 거점근무를 병행 실시하여야 한다.

거짓말탐지기(Polygraph System) 거짓말탐지기란 피의자, 피내사자, 중요 참고인 기타 수사사항에 대하여 알고 있거나 관련되어 있다고 믿을 만한 상당한 이유가 있는 자를 대상으로 정신적인 동요로 인한 생리적 변화의 과정에서 일어나는 심장의 움직임과 혈압, 맥박의 변화 및 전류에 대한 피부 저항도의 변화와 호흡운동의 변화상태 등을 기록하여 진술의 진위발견에 응용하는 장치를 말한다. 거짓말탐지기의 적용범위는 강 · 폭력 일반사건에서 수명의 용의자 중 범인구별, 진술의 진위판단, 사건의 단서 및 증거수집, 상반되는 진술의 비교확인, 진술의 입증, 자백의 기회부여 및 수사의 방향전환을 위한 경우, 기타 용의자들의 심문자료, 구속영장 신청자료 등에 주로 사용한다.

건강검진(健康檢診) 응시자가 경찰공무원으로서 직무수행을 하는데 있어서 신체적인 측면에서 적합한지 확인하기 위해 실시한다. 건강검진은 고질적인 질병을 갖고 있는 사람들의 채용을 예방하는 기능을 한다. 건강검진의 기준은 경찰관리자의 주관적 평가에 의하여 결정되어서는 안되고, 전문적인 의료센터에게 직무분석자료를 제공하여 경찰공무원으로서 적절한지, 의학적 검사기준을 마련해야 할 것이다.

건국경찰(建國警察) 우리나라가 일본제국주의 식민지하에서 36년만에 해방된 후 국가를 건국하는데 있어 극도로 혼란한 사회 속에 빠져 있었는바 이를 안정시키고 대한민국을 굳건히 건국하는데 크게 공헌한 경찰을 일명 건국경찰이라고 부른다. 특히 혼란했던 사회를 경찰이 강력한 역할을 수행하여 대한민국의 국정이 튼튼하게 뿌리를 내리도록 기여했다. 이 당시 경찰정신이 경찰기본이념 중 하나로 정립되기도 했으며 오늘날까지 그 전통이 이어져 내려오고 있는 것이다. 경찰청 경찰대사전에 따르면 우리나라의 건국경찰은 1948년 정부수립에서부터 1950년 6월 25일 한국전쟁 이전까지로 보고 있다. 종합적으로 볼 때 우리나라 건국경찰은 초대정부가 수립되고 1950.6.25 한국전쟁이 발발하기 이전까지 많은 공적을 남긴 경찰을 지칭하는 것으로 정리된다.

건널목 도로와 철도 간의 평면교차되는 부분으로, 차량이 건널목을 통과할 때에는 건널목 직전에서 일시 정지하였다가 통과하여야 한다. 단 신호기에 의한 통과 시에는 예외이다. 건널목의 차단기가 내려져 있거나 내려지려 하는 경우, 건널목의 경보기가 울리고 있는 동안에는 그 건널목으로 진입해서는 아니 된다. 만약 건널목을 통과하다가 고장 등의 사유로 인하여 건널목 안에서 차를 운행할 수 없는 경우에는 즉시 승객을 대피시키고 비상신호기 등을 이용하거나 다른 방법으로 철도공무원 및 경찰공무원에게 이를 알려야 한다.

검문검색(檢問檢索) 검문(檢問)이란 검사하고 묻는 것을, 검색(檢索)이란 검사하고 색출(조사)함을 뜻한다. 검문검색이란 경찰관이나 거동이 수상하다고 인정되는 자를 그 장소에서 정지시켜 질문을 실시하는 것을 말한다. 즉, 경찰관이 범죄의 예방과 이미 발생한 범죄의 진압 및 제지 그리고 범인검거를 위해서 실시하는 직무수행 방법이다. 검문검색은 경찰관직무집행법에 규정된 대인적·대물적·대가택적 강제수단으로 행정경찰상의 즉시강제 수단의 하나로 종류에는 고정검문검색, 유동검문검색, 일제검문검색, 특별검문검색 등이 있다.

검문소(檢問所/roadblock) 불순분자와 범법자의 색출을 위한 검문검색 등을 위한 경찰관의 근무장소로 감독자는 관할 지구대장(파출소장)과 경찰서장이다. 검문소의 종류에는 상설검문소인 경찰초소와 군·경 합동검문소, 임시검문소와 야간검문소가 있다. 근무방법은 평상시는 경찰관은 3교대, 전투경찰순경은 시차제 교대근무를 원칙으로 하고 있다.

검시(檢視) 죽음에 대한 법률적인 판단 즉, 사람의 사망이 범죄에 기인한 것인가를 판단하기 위하여 수사기관이 변사체 및 그 주변현장을 포함하여 종합적으로 조사하는 것을 말한다. 검시는 사법검시와 행정검시로 구분할 수 있다. ① 사법검시: 변사자 또는 변사의 의심있는 시체로서 범죄로 인한 사망여부를 조사함을 목적으로 한다. 주체는 검사이다. ② 행정검시: 범죄로 인한 사망이 아닌 시체(수재·낙뢰·파선 등 자연재해사 또는 행려병자)를 대상으로 하며, 신원확인 등 행정목적을 목적으로 한다. 주체는 사법경찰관이다.

검증(檢證) 일반적으로 사람, 장소, 물건의 성질과 형상을 오관(시각·청각·후각·미각·촉각)의 작용에 의하여 인식하는 강제처분을 말한다. 검증의 목적물과 장소에는 제한이 없다. 검증의 유형에는 수사기관에 의한 검증을 비롯 수소법원의 검증, 증거보전을 위해 판사가 행하는 검증 등 세 가지 종류가 있다.

검증조서(檢證調書) 수사기관이 검증의 상황 및 결과를 명백히 기재한 서면, 즉 검증을 한 자가 오관의 작용에 의하여 물(物)의 존재와 상태에 대하여 인식한 것을 기재한 서면을 말한다. 검사 또는 사법경찰관이 적법한 절차와 방식에 따라 작성된 것으로서 공판준비 또는 공판기일에서 작성자의 진술에 따라 그 성립의 진정함이 증명된 때에만 증거로 인정된다.

견책(譴責) 국가 및 지방공무원에 대한 경징계의 하나로, 공식적인 절차를 거쳐 전과에 대하여 훈계하고, 그 사실을 인사기록에 남기는 징계처분 가운데서 가장 가벼운 처분이며, 사용빈도가 가장 높은 징계처분의 형태이다. 국가 및 지방공무원에 대한 하나의 경징계의 수단으로 과거에 잘 못된 업무에 대해 훈계(訓戒)하는 것을 의미한다.

경찰관 징계 가운데 교정징계의 일종으로써 전과에 대해 훈계하고 회개하게 하는 징계처분을 말한다. 견책을 받고 6개월이 지나지 않으면 시험승진과 심사승진의 대상에서 제외된다.

결산과 회계검사 일반적으로 예산의 집행이 종료되면 결산과 회계검사가 시작되는데, 결산은 한 회계연도 동안의 국가의 수입과 지출의 실적을 확정적 계수로서 표시하는 행위를 의미한다. 그리고 회계검사란 조직의 재정적 활동과 그 수입 · 지출의 결과에 관한 사실을 확인 및 검증하고 그 결과를 보고하기 위해 회계장부 기타의 기록을 제3자가 체계적으로 검사하는 일련의 과정을 의미한다. 결산과 회계검사는 예산과정의 마지막 단계이다. 그리고 행정부의 결산준비과정, 감사원의 결산확인(회계검사)과정 및 입법부의 결산심의과정으로 이루어진다. 경찰청장은 회계연도마다 결산보고서를 작성해야 할 의무를 지며 기획재정부장관에게 제출하게 된다. 이어서 기획재정부장관은 경찰청의 예산을 포함한 각 중앙관서의 결산보고서를 통합해 국가결산보고서를 작성한다. 그런 후 국무회의의 심의를 거쳐 대통령의 승인을 받는다(국가회계법 제13조 1항). 그 다음에 감사원이 국가결산보고서를 검사하고 그 보고서를 기획재정부장관에게 송부한다. 이어서 정부는 이것을 국회에 제출한다. 국회의 결산심사는 예산심의와 마찬가지로 상임위원회 예비심사, 예산결산특별위원회 심사 및 본회의 의결로 이루어진다.

결산보고서 등의 제출 결산심의의 기초자료로서 각 중앙관서의 장은 매 회계연도에 그 소관에 속하는 세입세출의 결산보고서, 계속비 결산보고서, 국가의 채무에 관한 계산서를 작성해 다음 연도 2월 말까지 기획재정부장관에게 제출한다. 기획재정부장관은 이들 결산보고서를 종합하여 세입 · 세출 전체의 계산서를 작성해 다음 연도 6월 10일까지 감사원에 송부해 검사를 받는 절차로 이루어진다.

결산의 절차 우리나라에서 결산은 출납정리 → 결산보고서의 작성 · 제출 → 감사원의 결산 확인 → 국회의 결산 심의 · 의결 등의 순서에 의해 확정된다.

결산의 효과 결산은 회계검사기관의 검사 · 확인과 국회의 심의 · 의결에 의하여 확정된다. 이러한 확정을 통하여 예산집행에 대한 정부의 책임이 해제된다. 결산은 예산과 같이 다음 회계연도에 있어서의 세출에 관한 재정적 한계를 명시하는 것은 아니며, 정부의 위법 · 부당한 지출이 있는 경우에도 그 지출행위를 무효로 하거나 취소하는 효과를 가질 수는 없다. 이런 의미에서 결산의 의의는 법률적이라기보다는 다분히 정치적이며 역사적이다. 국회가 결산을 승인함으로써 정부의 책임이 해제되었다 할지라도 그것은 정치적 책임의 해제를 의미하는 것이며, 관계공무원의 부당행위에 따르는 변상책임이나 형사책임까지 해제되는 것은 아니다. 따라서 회계관계 경찰공무원이 고의 또는 중대한 과실로 직무상 업무에 위배하여 국가에 손해를 끼친 경우에 그 손해를 배상하는 변상책임은 물론 형사책임도 동시에 져야 한다.

결재(決裁) 문서에 있는 사안에 대하여 기관의 의사를 결정할 권한 있는 자가 그 의사를 결정하는 행위를 말한다. 넓은 의미로 당해 사안에 대한 행정기관의 의사를 결정할 권한이 있는 자가 그 의사를 결정하는 행위를 말한다. 좁은 의미의 결재란 법령의 규정에 의하여 소관사항에 대한 행정기관의 의사를 결정할 권한을 가진 자가 직접 그 의사를 결정하는 행위를 말한다. 모든 기안문서는 결재권자의 결재를 받아야만 문서로서 성립이 되어 시행할 수 있다.

겸임(兼任) 한 사람에게 둘 또는 그 이상의 직위를 부여하는 것이다. 다른 방법으로 결원을 보충할 준비가 안된 경우에 잠정적으로 겸임방법을 쓰는 것이 보통이다. 우리나라에서는 직위 및 직무내용이 유사하고 담당직무수행에 지장이 없다고 인정되는 경우, 일정한 범위 내의 일반직공무원과 대학교수 등 특정직공무원이나 관련교육 · 연구기관, 기타 기관 및 단체의 임직원을 서로 겸임시킬 수 있다.

경계(警戒/watch · guard) 사전적 의미로는 기습이나 간첩 활동과 같은 불의의 침입을 노리지 못하게 살펴 지키는 것을 말한다. 경계란 작전지역에서 전투력을 보존하고 부대의 안전과 행동의 자유를 도모하기 위하여 적의 공격을 비롯 기습, 기타 위협으로부터 우리 측의 부대를 보호하기 위하여 취하는 모든 근무활동 및 수단을 말한다. 맥아더 장군의 "작전에 실패한 지휘관은 용서받을 수 있으나 경계에 실패한 지휘관은 결코 용서받을 수 없다"는 유명한 경구(警句)는 경계의 중요성을 대변한 것이다.

경계지대(제1선)(警戒地帶(第1線)) 중요시설의 방호지대의 하나로서 시설 울타리 전방 취약지점에서 시설에 접근하기 전에 저지할 수 있는 예상 접근로상의 '목' 지점 및 감제고지(瞰制高地) 등을 장악하는 선으로 소총유효사거리(460m) 개념인 외곽경비지대를 연결하는 선을 말한다. 경계지대는 경력배치 또는 장애물을 설치하여 방호한다.

경고(警告/warning) 경비수단의 하나로서 경찰관은 생명 · 신체 · 재산에 중대한 손해가 미칠 염려가 있는 천재지변 기타 각종 사고가 발생했을 때, 범죄행위가 행해지려고 하는 것을 인정하였을 때, 관계자에 대하여 피난이나 범죄방지를 위하여 필요한 경고를 발할 수 있음을 말한다. 경찰관직무집행법 제5조 위험발생의 방지에 근거를 두고 있다.

경과(警科) 경찰공무원법 제3조와 경찰공무원임용령 제3조에 의거해 경찰행정의 능률향상과 전문화의 원리에 의하여 경찰공무원의 특기를 기능별로 분류한 것을 말한다. 경과는 일반경과와 수사경과, 보안경과, 특수경과로 대별되고, 특수경과는 항공경과, 통신경과, 운전경과로 구분된다. 일반경과 가운데 보안경과는 경정 이하의 경찰공무원으로 보안부서에서 근무하며, 특수경과 가운데 운전경과는 경사 이하에게만 한정되어 있다.

경광등(警光燈) 긴급자동차에 장치하는 적색, 녹색, 황색의 경고용 특수등화로서, 교통단속, 범죄조사, 소방차의 적색경광등, 구급차량의 녹색 경광등, 기타 긴급차량 등의 황색 경광등이 있다.

경력(經歷) 어떤 직종이나 직업 또는 기능에서 실제로 체험한 기간을 말한다. 개인의 직무수행능력은 일반적으로 학력과 경력에 의해 좌우된다고 할 수 있다. 일반적으로 경력은 승진예정직에서의 직무수행능력과 관계가 있다는 전제하에 승진의 기준으로 채택되는 경우가 많다. 경력을 승진의 기준으로 쓸 때에는 경력의 종류별 및 기간별 비중을 정하고, 이를 수량화하여 평정하는 것이 보통이다. 경력의 상대적인 가치를 정하는 까닭은 경력이 다르면 직무수행능력에 대한 것도 달라질 것으로 보고 있다.

경력개발제도(經歷開發制度) 조직구성원이 자기발전을 위해서 장기적으로 경력목표를 세우고, 이런 목표를 달성하기 위해 경력계획을 수립해 자신의 능력개발을 해 나가도록 인적자원관리를 하는 제도이다. 이것은 공공부분에서 장기적으로 인적자원을 효율적으로 운영하기 위해서 총체적이고 체계적인 인사관리를 하는 것이다. 또 경력개발제도는 공무원의 인적자원을 조직 내에서 보다 체계적으로 관리하고 보직경로를 합리적으로 결정해 주는 인사관리로 활용할 수 있다. 우리나라에서는 2005년 12월 공무원임용령을 개정해 이 제도를 처음으로 도입했다.

경력직공무원(經歷職公務員) 공직에서 근무하는 공무원 가운데 다년간 실적과 경험 및 자격을 갖추어 임용되고, 그 신분이 보장되는 공무원의 종류를 뜻한다. 경력직 공무원은 다시 일반직 공무원, 특정직 공무원, 기능직 공무원 등으로 분류한다.

경력평정(經歷評定) 경찰공무원이 당해 계급에서 직무에 대한 경험 및 숙련도를 연공과 전문성에 의해 평정하는 것을 말한다. 즉, 경찰의 경력평정은 어떤 계급에 있어서 더 상위계급으로 진출하기 위해서 직무상 필요한 경험과 실무지식을 어느 정도 갖추고 있는가의 숙련도를 평가하는 것을 말한다. 경력평정은 ① 기본경력평정, ② 특수지 근무 및 전문능력 가점평정으로 구분할 수 있다. 경력평정의 원칙으로는 ① 근시성의 원칙, ② 습숙성의 원칙, ③ 친근성의 원칙, ④ 발전성의 원칙 등이 있다.

경력평정의 원칙(經歷評定의 原則) 경력의 상대적 가치를 결정할 때 실험적인 방법을 쓴다면 이상적이나 불가능하므로 논리적인 사고를 통해 가설을 정립하는 등 연역적인 방법을 쓰는 것이 보통이다. 여기서 경력평정의 원칙을 살펴보면 다음과 같다. 즉 ① 근시성의 원칙: 새로운 경력은 오래된 경력보다 가치가 있다는 것으로 최근의 경력을 중시해야 한다는 원칙이다. ② 습숙성의 원칙: 상위직급의 경력을 중시해야 한다는 원칙을 말한다. ③ 친근성의 원칙: 어떤 직무에 대해서도 유사업무의 경력과 학력을 중시해야 한다는 원칙이다. ④ 발전성의 원칙: 학력 · 경력을 참작하여 발전 가능성을 평가해야 한다는 원칙이다.

경무(警務) 경찰조직의 경영을 말한다. 즉, 경찰조직을 효율적으로 관리함으로써 국민에 대한 경찰서비스활동을 효과적으로 수행하도록 하는 것이 경무의 목적이다. 경무는 경찰조직과 국민들이라는 두 종류의 고객을 대상으로 하고 있다. 이러한 의미로 볼 때 경무(경찰경영)의 이념은 고객만족, 효과성, 효율성으로 요약할 수 있다.

경무부(警務部) 1945년 10월 21일 미군청정에 경무국이 설치된 후 각 도지사 소속하에 경찰부를 두는 체제를 마련하였으나 이후 1946년 1월 16일 경무국을 경무부로 확대한 조직이다. 당시 경무부 산하에 5국을 설치하여 경무부 체제가 출범하였다. 초대 경무부장은 조병옥 박사가 맡았다.

경무부경찰체제(警務部警察體制) 1905년 을사조약에 의해 한국의 외교권이 완전히 박탈되고 통감정치가 시작되었다. 1905년 2월 내부관제와 경무청관제에 의거, 경무청이 다시 한성부 내의 경찰로 축소되고, 내부대신의 관할하에 있던 경찰이 '경무부'로 독립되어 경무총장이 경찰사무를 관장하게 되었다. 한편, 이와는 별도로 통감부에 경무고문부가, 각도에는 경무고문 지부가 설치되어 직접 통감의 지휘를 받아 한국의 경찰을 사실상 지배해 나갔다.

경무의 기능과 역할(警務의 機能과 役割) 경무의 기능은 크게 넓은 의미와 좁은 의미 그리고 일반적인 기능 등 세 가지로 구분할 수 있다. ① 넓은 의미: 경찰행정의 전반을 총괄하는 의미로서 건국 초기에는 국가경찰을 상징하는 말로 대용되었다. ② 좁은 의미: 경찰행정 가운데 조직 · 인사 · 재무 등을 관리하는 업무로서 경찰의 기본업무인 범죄의 예방과 진압활동을 효과적으로 뒷받침 해 주는 업무이다. ③ 일반적인 기능: 경찰목적 달성을 위해 활동하는 타 기능들이 효율적인 업무수행을 위하여 i) 보조적 지원역할 ii) 지휘 · 통솔적 역할 iii) 기획 · 조정의 역할 iv) 감독적 · 규제적 역할 등의 기능을 통합적으로 수행한다.

경무청(警務廳) 갑오개혁으로 설치되어, 한성부의 경찰 · 감옥업무를 총괄한 관청이다. 1894년(고종 31) 종래의 포도청을 폐지하고 내무아문(內務衙門) 산하에 일본식 경찰제도를 본뜬 경무청을 설치하여 5개의 경무지서(警務支署:후에 경무서로 개칭)와 50개의 순검번소(巡檢番所)를 관장하였다. 이와 함께 종래의 전옥서(典獄署)를 폐지하고 감옥서를 설치하여 경무청 소속 아래 두었다. 경무청의 장으로 경무사(警務使)를 두고 경무사로 하여금 경찰사무와 감옥사무를 총괄토록 하였고, 범죄인을 체포 · 수사하여 법사(法司)에 이송토록 하는 임무를 부여하였다. 설치 당시에는 경무사 · 경무부관(警務副官) 각 1명과 경무관 · 서기 · 총순(總巡) · 순검 각각 약간명씩을 두고 청내에 총무국을 설치하였다.

경무청관제직장(警務廳官制職掌) 한국 최초의 경찰조직법이라 할 수 있다. 갑오개혁 당시 만들어진 '경무청관제직장(警務廳官制職掌)'에 의하여 좌우포도청을 합설하고 한성 5부의 경찰업무를 통합하여 내무아문 소속하에 경무청을 창설하여 한성부 내의 일체의 경찰사무를 담당하게 하였다. 또한 경무청관제직장에 의하여 최초로 한성부의 오부자(五部字) 내에 '경찰지서'가 설치되었고, '경무관'을 서장으로 보하였다. 그러나 경무청관제직장은 일본의 '경시청관제'를 모방한 것으로 일본의 경시청을 경무청으로, 일본의 경찰계급인 경시총감 · 경시 · 경부 · 순사를 경무사 · 경무관 · 총순 · 순검으로 각각 바꾸어 사용하는 등 일본 것을 거의 그대로 이식한 것에 불과하였다.

경범죄처벌법(輕犯罪處罰法) 빈집 등에의 잠복, 흉기의 은닉휴대, 폭행 등 예비, 허위신고, 시체 현장변경, 요부조자 등 신고불이행, 관명사칭, 출판물의 부당게재, 물품강매 · 청객행위, 허위광고, 업무방해, 광고물 무단첩부 등, 음료수 사용방해, 오물방치, 노상방뇨, 의식방해, 단체가입강청, 자연훼손, 타인의 가축 · 기계 등 무단조작, 수로유통방해, 구걸 부당이득, 불안감조성, 음주소란, 인근소란, 위험한 불씨사용, 물건 던지기 등 위험행위, 공작물 등 관리소홀, 굴뚝 등 관리소홀, 정신병자 감호소홀, 위해동물 관리소홀, 동물 등에 의한 행패, 무단소등, 공중통로 안전관리소홀, 공무원 원조불응, 성명 등의 허위기재, 전당품장부 허위기재, 미신요법, 야간통행제한위반, 과다노출, 지문채취불응, 자릿세 징수, 비밀춤교습 및 장소제공, 암표매매, 새치기, 무단출입, 총포 등 조작장난, 무임승차 및 무전취식, 뱀 등 진열행위, 장난전화, 금연장소에서의 흡연 등 54개의 유형에 해당하는 행위를 한 사람은 10만원 이하의 벌금, 구류 또는 과료의 형으로 처벌하도록 규정한 법률이다.

경부경찰체제(警部警察體制) 1897년 연호를 광무로 개칭하고, 국왕을 황제로 칭하고, 국호를 대한민국으로 바꾸는 등 각종 제도의 개편이 있었다. 이후 1900년 6월 9일 고종황제의 조칙(詔勅) '경부(警部)를 설치하는 건'에 따라 3일 후인 6월 12일 경부관제(警部官制)가 반포되어 내부(內部)로부터 독립된 중앙관청으로서의 경부(警部)가 설치되었다. 경부경찰체제는 경찰이 내부직할에서 중앙관청인 경부로 독립한 점에는 역사적으로 의미를 부여할 수 있으나, 관장범위가 한성 및 각 개항시장의 경찰사무 및 감옥사무로 제한되고, 지방에는 총순(總巡)을 두어 관찰사를 보좌토록 하는 등 이원적인 체제로 운영되었으며, 경부신설 이래 약 1년여 만에 경부대신이 12번이나 바뀌는 등 문제가 많아 「경무청관제」를 통하여 전국을 관할하는 경무청(警務廳)을 신설하게 된다. 당시 경무청은 갑오경장기의 경무청이 한성부만을 대상으로 한 데 대하여, 전국을 관할하는 기관이었던 점에서 오늘날 경찰청의 원형으로 볼 수 있다.

경비(警備/guard) 사전수비의 목적 또는 변란이 생길 것을 염려하여 사전에 취하는 경계와 방비를 말한다. 사전적인 의미로는 도난 · 재난 · 적의 침략 따위를 미리 살펴서 지키는 것을 말한다. 경비는 국가에서 실시하는 공경비(경찰)와 민간경비업체에서 실시하는 사경비(민간경비)로 구분된다.

경비경찰(警備警察) 국가의 비상사태 또는 긴급중요사태 등 각종 경비사태가 발생하거나 발생할 우려가 있을 경우 집단적인 경비력의 운용으로 공공의 안전을 해하는 범죄를 예방 · 경계 · 진압(제거)하며 평온한 상태를 유지시키는 경찰작용이다. 즉, 경비경찰이란 공공의 안녕과 질서에 위험 또는 경찰위반의 상태가 발생되었거나 발생할 우려가 있는 경우에 일반통치권을 기초로 하여 이를 예방 · 경계 · 진압하는 경찰의 기능을 말한다.

경비경찰 대상(警備警察 對象) 경비경찰의 대상은 사회공공의 안녕과 질서를 해하는 개인적이고 단체적인 불법행위인 범죄 즉, 다중범죄 및 소요, 폭동사태 등과 인위적 · 자연적인 혼잡이나 재해 등에 의하여 발생하는 경비사태이다. 개인적 · 단체적인 불법행위로 인하여 발생하는 대상은 치안경비 · 특수경비 · 경호경비 · 중요시설경비 등이 있고, 자연적 · 인위적인 혼잡에 의해 발생하는 대상으로는 재해경비와 혼잡경비가 있다.

경비경찰 대상의 특성(警備警察 對象의 特性) 다음과 같이 다섯 가지로 구분할 수 있다. ① 자기의 사고가 정의라고 확신하는 확신범인 경우가 많다. ② 계획적으로 목적의식을 가지고 조직을 기초로 한 경우가 많다. ③ 정책적 대립이나 이익을 달리하는 대립세력간의 충돌인 경우가 많다. ④ 군중심리의 영향이 크다. ⑤ 한 지역에서 발생했다하면 동일조건하에 다른 지역에서도 파급발생하는 등 전국적인 파급성이 강하다.

경비경찰의 성격(警備警察의 性格) ① 복합기능적 활동으로써 위험방지를 위한 사전대비적인 정보경찰과 밀접한 관련을 맺고 있다. ② 현상유지적 활동으로써 경비활동은 기본적으로 현재의 질서상태를 보존(order maintenance)하는 것에 가치를 둔다고 볼 수 있지만, 정태적이고 소극적인 질서유지가 아니라 새로운 변화와 발전을 보장하기 위한 동태적이고도 적극적인 의미의 유지작용이라 할 수 있다. ③ 즉시적(즉응적) 활동으로써 경비사태는 항상 긴급을 요하는 사태이므로 신속한 처리가 요망된다. ④ 조직적인 부대활동으로서 항상 부대활동으로 훈련하고 근무를 하여 경비사태 발생시 조직적이고 집단적이며 물리적인 힘으로 대처하는 것을 그 특징으로 한다. ⑤ 하향적 명령에 따른 활동으로써 모든 활동은 계선 조직의 지휘관이 내리는 지시나 명령에 의하여 움직이며, 활동의 결과에 대해서도 지휘관이 지휘책임을 진다.

경비경찰의 특성(警備警察의 特性) 첫째, 대간첩작전을 포함하는 준군사적활동으로서 ① 남북분단의 특수한 상황에 기인하여 경찰이 일정한 범위내에서 대간첩작전을 수행한다(대통령훈령 제28조). ② 경찰관직무집행법(제2조)에서 대간첩작전을 경찰의 직무로 규정하고 있다. ③ 1968년 1.21사태를 계기로 전투경찰대가 창설되었다. 둘째, 진압경비의 수요과다로서 ① 님비(NIMBY)현상의 급증, ② 과격한 노사분규, ③ 민원성 시위의 급증 등으로 인해 진압경비의 수요가 증가하고 있다.

경비상황(警備狀況) 경비경찰의 대상인 경비상황은 다음과 같이 네 가지로 정의할 수 있다. ① 사회공공의 안녕과 질서를 해치는 국가비상사태, 긴급중요사태, ② 사회안정과 평온을 해하는 개인이나 단체의 불법행위, ③ 사회의 건전한 질서가 파괴되거나 국기(國紀)가 흔들리는 결과를 초래할 수 있는 중요한 돌발사태 및 사고, ④ 극단적인 혼란사태 또는 재해 · 재난 등이다.

경비수단(警備手段) 경비사태발생시 조직적인 경비부대병력으로 불순세력 및 경비범죄 등을 진압하고 질서를 회복하기 위해 행하는 실력행사를 말한다. 경비경찰은 경찰관직무집행법상(제6조)의 범죄의 예방과 제지에 있어서 경고와 제지 그리고 형사소송법상 검거를 그 수단으로 한다. 종류에는 간접적 실력행사인 경고와 직접적인 실력행사인 제지와 체포가 있다. ① 간접적 실력행사: 경고는 경비부대를 상대집단의 전면에 배치 또는 진출시켜 위력을 과시하거나 경고를 발하여 상대방으로 하여금 심리적 압박을 받아 범죄실행의 의사를 자발적으로 포기하도록 하는 실력행사로서 경비사태를 예방 · 경계하기 위하여 발할 수 있는 조치이다. ② 직접적 실력행사: 제지는 경비사태를 예방 · 진압하기 위하여 행하는 강제처분으로 경찰관직무집행법 제6조 범죄의 예방과 제지에 근거를 두고 있다. 체포는 상대방의 신체를 구속하는 강제처분으로 형사소송법 제212조에 의한 범인의 신병확보 수단이다.

경비수단의 원칙(警備手段의 原則) 균형의 원칙, 위치의 원칙, 적시의 원칙, 안전의 원칙이 있다. ① 균형의 원칙: 경비경찰력의 물리력을 행사할 때에는 경력운영을 균형있게 하여야 한다는 원칙이다. ② 위치의 원칙: 경비사태에 실력행사를 할 경우 특히 치안경비 등 사태진압시에 유리한 자리를 이용하는 것이다. ③ 적시의 원칙: 상대방의 기세와 힘이 빠져서 저항력이 가장 허약한 시점을 포착하여 때를 놓치지 않고 강력하고도 집중적인 실력행사를 하는 것이다. ④ 안전의 원칙: 경비사태 발생시 경비경력이나 군중들에게 사고없이 경비사태를 안전하게 진압해야 한다는 원칙이다.

경비정보활동(警備情報活動) 공공의 안전과 질서에 대한 침해행위를 계획 또는 실행하거나 그러한 우려가 있다고 판단되는 개인이나 단체에 대한 첩보를 수집하고 수집된 첩보를 바탕으로 이를 분석하고 검토하여 정확하게 치안정세를 파악하는 활동을 말한다. 특히, 경비정보활동의 기준은 필요성과 타당성 그리고 상당성의 범위 내에서 이루어져야 한다.

경비지도사(警備指導士) 경비원에 대한 자질향상을 위해 1995년 12월 30일 법률 제5124호로 개정 · 공포된 경비업법을 통하여 도입되었으며, 1997년 2월 23일 제1회 경비지도사 시험이 처음으로 실시되었다. 시험과목은 1차시험은 법학개론과 민간경비론, 2차시험은 경비업법(필수), 소방학 · 범죄학 · 경호학 중 1과목 선택이다. 경비원 200인까지는 일반경비지도사 1인씩 선임 · 배치하며, 200인을 초과하는 100인까지 1인씩을 선임 · 배치하여야 한다. 한편 1차시험 면제자는 다음과 같다. ① 경찰공무원법에 의한 경찰공무원으로 7년 이상 재직한 자, ② 대통령경호실법에 의한 경호공무원 또는 별정직(특정직)공무원으로 7년 이상 재직한 자, ③ 군인사법에 의한 각 군 전투병과 또는 헌병병과 부사관 이상 간부로 7년이상 재직한 자, ④ 경비업법에 의한 경비업무에 7년 이상(특수경비업무의 경우에는 3년 이상) 종사하고 행정안전부령이 정하는 교육과정을 이수한 자, ⑤ 고등교육법에 의한 대학

이상 이수하고 졸업한 후 경비업무에 종사한 경력이 3년(전문대학 졸업자는 5년 이상) 이상인 자, ⑥ 일반경비지도사의 자격을 취득한 후 기계경비지도사의 시험에 응시하는 자 또는 기계경비지도사의 자격을 취득한 후 일반경비지도사 시험에 응시한 자 등이다.

경시청체제(警視廳體制) 1907년 7월 27일 경무청관제(칙령 1호)가 개정되어, 종래의 경무청이 경시청으로, 경무사는 경시총감으로, 경무관은 경시로 각각 개칭되었다. 경시청으로 개칭되면서 본격적으로 일본경찰화하였으며, 경무서는 경찰서로, 경무분서는 경찰분서로, 분파소는 순사주재소로 개편되었으며, 지방은 관찰부 경무서를 폐지하고 경찰부를 두었다. 이것은 한국의 경찰관청과 계급의 일본화를 위한 것이었다. 이후 1907년 8월 한일협약 제5조에 따라 일본인 경무고문(警務顧問)이 경시총감이 되고, 각 도의 경무고문 보좌관을 각 도의 경시로 임명함으로써 한국 경찰의 수뇌부를 일본인으로 구성하였다. 또한 1907년 10월 일본인 경시 21인, 경부 78인, 순사 1,205인이 한국경찰로 임용되어 형식적으로 한국에 있는 일본경찰이 한국경찰에 흡수 · 통합되었다. 1907년 12월 18일에는 내부관제로 종전처럼 내부(內部)에 경무국을 두고 경찰사무를 총괄케 하였는데 이 때 종전의 감옥사무는 경찰사무에서 제외되었다.

경우회(警友會/Veteran Police Association) 정식명칭은 대한민국재향경우회로서 국가사회를 위하여 민생치안의 현장에서 한평생 봉사하다가 퇴직한 경찰관들이 모여 조국의 평화적 통일과 자유수호에 기여하고, 현직 경찰의 지원, 사회 봉사활동의 추진, 회원 상호간의 협동정신 앙양을 목적으로 법률 제2665호(1973. 12. 31)에 의하여 설립된 법정단체이다. 현재 조직으로는 중앙회를 비롯 지방경찰청 단위의 19개 시 · 도경우회와 경찰서 단위의 275개 지역경우회가 있으며, 회원수는 120만명에 이르고 있다.

경음기(警音器) 자동차 내부 스티어링 부분의 소리를 낼 수 있는 장치를 말한다. 좌우를 살필 수 없는 교차로, 도로의 모퉁이, 비탈길, 굴곡이 많은 산속도로 등을 통행할 때 사용한다. 그러나 다음과 같은 장소에서는 경음기 사용이 제한될 수 있다. 즉 학교, 병원, 도서관 등 공공시설이 인접한 곳이나 주택가로 교통량이 많은 지역 등이다.

경쟁행위법(競爭行爲法) 다중범죄의 진압에 있어서 정책적 치료법의 하나이다. 즉, 불만집단과 반대되는 대중의 의견을 부각시켜 불만집단이 스스로 해산 또는 분산되도록 하는 방법을 말한다. 예를 들어 철도파업에 따른 국민들의 불만이 가중되자 철도노조원 스스로가 파업을 철회한 경우가 대표적인 사례이다.

경제정보(經濟情報/Economical Intelligence) 한 나라의 경제력을 분석 · 평가하며 현재 및 장래에 있어서의 경제장황, 경제적인 능력, 경제상의 취약성, 의도 및 가능한 행동방책에 관한 경제적 지식을 말한다. 즉, 경제정보란 국가경제의 규모, 구조 및 성장솔을 이해하고 나아가서 그 국가의 의도를 예측하는 것으로서 종국에 가서는 국가능력의 총평이 되는 정보기능이기도 한 것이다. 경제정보는 하나의 요소별정보이며 국가정책을 수립하고 집행하는 데 기여되며, 외국과의 경제전에 대비할 수 있도록 자국의 경제력을 보강시키기 위한 자료로 제공되고, 자국의 경제전수행의 지침이 된다. 그런데 경제정보의 연구는 경제적인 문제에 국한하여 독립된 부문의 지식일 수는 없으며, 자연국가의 전반에 걸친 지식으로 연구되므로 정치정보와 사회정보 등의 상호보완적 입장에 놓인다.

경제태업(經濟怠業) 태업의 형태 가운데 심리적 태업의 하나로써 증권이나 은행권 등을 위조하거나 남발하여 신용을 저하시킨다든가 노동쟁의 행위를 야기시킴으로써 전쟁수행능력에 영향을 미치게 하는 행위를 말한다.

경제환원론적이론(經濟還元論的理論/Economic reduction Theory) 범죄의 증가에 따른 직접적 대응을 전제로 하여 그 원인을 결과에서부터 거꾸로 찾아가 종속적인 사회현상의 변화에 그 원인을 두는 이론이다. 이론의 내용은 첫째, 경제발전의 침체에 의하여 실업률이 증가하면, 둘째 실업률의 증가는 많은 범죄자를 양산하게 된다. 셋째, 범죄의 증가에 따라 경찰력의 한계가 나타나고, 넷째 공권력의 한계는 민간경비시장의 발전을 가져오게 되었다는 것이다. 즉, 경제침체에 따른 실업률의 증가와 사회적 불안정이 범죄의 증가를 가져왔으며 그 이유로 인하여 공권력만으로는 범죄예방이 힘들어지게 되면서 범죄의 예방과 진압 및 억제를 위한 수단으로 민간자본으로 형성된 민간경비시장이 활성화된다는 이론이다.

경찰(警察/Police) 경찰이라는 용어는 고대 라틴어의 politia에서 유래되어 나왔다. politia는 도시국가(city)를 의미하는 polis에 그 기원을 두고 있으며 도시국가에 대한 일체의 정치, 그 가운데에서도 특별히 헌법(국헌)을 의미했다. 특히 politia라는 단어는 14세기 프랑스에서 policia 또는 police라는 단어를 생성시켰고, 15세기 후반 독일에서 경찰(폴리자이/polizei)이라는 용어가 탄생했다.

경찰가스차 경찰은 최루탄 발사대의 발사각도가 15도 이상에서 발사되는지 확인 후 사용해야 하며, 다연발탄 발사시는 시위대 상공으로 발사하여야 한다. 가스액류는 인화성 물질이므로 화기에 주의하여야 하는 동시에 최루액과 연막액은 3:1로 혼합하여 사용하는 것을 원칙으로 한다. 가스차는 항상 진압부대의 보호 속에서 운용되어야 하며 후진시에는 유도요원의 유도에 따라 운용해야 함을 의무지우고 있다.

경찰강등(警察降等) 강등이란 중징계에 해당하는 것으로 직급을 한 단계 낮추는 것을 의미한다. 그동안 경찰에서는 강등제도를 시행하지 않았다. 그러나 경찰청의 경우 2010년 6월에 전격 도입되어 시행에 들어갔다. 즉 경찰공무원이 음주운전을 하여 사고를 발생시킨 경우 주로 강등으로 중징계로 처벌받고 있는데 2012년 2월 현재 10명 이상의 경찰관이 강등이라는 징계를 받았다.

ㄱ ㄴ ㄷ ㄹ ㅁ ㅂ ㅅ ㅇ ㅈ ㅊ ㅋ ㅌ ㅍ ㅎ

경찰강제(警察强制) 경찰기관이 경찰목적을 달성하기 위해 개인의 신체와 재산에 직접 실력을 행사하여 경찰상 필요한 특정의 상태를 실현시키는 작용을 말한다. 경찰강제의 종류에는 경찰상의 강제집행과 경찰상 즉시강제가 있다. ① 경찰상의 강제집행: 경찰하명에 따른 경찰의무의 불이행이 있는 경우에 상대방의 신체 및 재산의 주거 등에 실력을 행사하여 경찰상 필요한 상태를 실현시키는 작용을 말한다. ② 경찰상 즉시강제: 경찰상 위험이 존재하거나 목전의 장애를 제거해야 하는 경우 미리 그 의무를 명할 시간적인 여유가 없는 경우 직접 개인의 신체나 재산에 실력을 가하여 경찰상 필요한 상태를 실현하는 경찰작용을 의미한다.

경찰경과(警察警科) 경찰공무원을 신규로 임용할 때 먼저 순경, 경장, 경사, 경위, 경감, 경정, 총경까지 이른바 경과를 부여하는데, 일반경과(一般警科)와 보안경과(保安警科), 그리고 특수경과(特殊警科) 등이 있다. 이 중에서도 특수경과는 해양경과, 운전경과, 항공경과, 통신경과 등으로 나눠진다. 또 보안경과는 경정계급 이하로 국한하고 있으며, 운전경과는 경사 이하의 계급을 가진 경찰공무원으로 제한하고 있다. 여기서 경과업무에 대해서 간략히 설명하면 다음과 같다. ① 일반경과: 기획, 감사, 경무, 방범, 형사, 수사, 교통, 작전, 정보, 외사 등인데, 보안경과와 특수경과에 속하지 않는 직무에 해당된다. ② 보안경과: 보안경찰에 대한 업무(보안유지, 간첩체포 등), ③ 경찰항공기의 운영 및 관리에 관한 사무, ④ 해양경찰: 해양경찰과 관련된 제반 직무, ⑤ 통신경과: 경비통신의 운영과 관리에 관한 직무, ⑥ 운전경과: 경찰차량의 운전 및 정비에 관한 직무. 앞에서 열거한 경과에 대한 구분은 경찰공무원법 제3조에 근거하고 있으며, 경과의 구분에 관하여 필요한 사항은 대통령령으로 정한다.

경찰경과의 변경 경찰공무원은 한번 받은 경과에 대해 소위 전과(轉科)를 할 수 있다. 전과는 마음대로 변경이 허용되지 않고 다만 일반경과에서 특수경과로 움직이는 것만 가능하다. 통상적으로는 일반경과에서 수사경과, 보안경과, 특수경과로 전과하는 것에 한하여 인정하고 있다. 하지만 예외로 경찰의 정원이 감축되어야 하는 경우에는 수사경과, 보안경과, 통신경과, 운전경과에서 일반경과로 전과하는 것이 가능하기도 하다. 즉 현재의 경과분야보다는 기타의 경과분야에서 조직을 위해 공헌이 가능하다고 인정되는 경우, 경과분야에 대한 직무교육을 이수한 자, 경과분야에 관련하여 자격증을 소지하게 된 경우, 경과분류에서 국가시험에 합격한 경우에는 전과가 가능하다. 그러나 현재의 경과분야에서 1년을 경과하지 아니한 경우나 특수한 분야에서 근무할 것을 조건으로 채용된 후 1년을 경과하지 아니한 때나 특수한 분야에서 근무한다는 조건으로 채용되어 3년이 경과하지 아니한 경우는 허용이 불허된다(신현기, 2012: 174).

경찰경영의 이념(警察經營의 理念) 경찰조직이 나아가야 할 좌표를 말한다. 이러한 의미에서 경찰경영의 이념은 고객만족, 효과성, 효율성으로 요약할 수 있다. 경무의 대상이 경찰조직과 국민들이라고 볼 때, 이들 두 고객에 대한 만족할 만한 서비스의 제공이 경무의 이념이라고 할 수 있다.

경찰 경차의 경비작전용차 본 차량은 검정색(D80140)으로 디자인되어 있으며, 표시는 원형 경광등, 국기봉, 앰프를 장착하고 있다〈경찰장비관리규칙 제 70조 참조〉.

경찰경호장비 경호경비 업무수행시 요인에게 위해를 가할 수 있는 자 등이 소지한 무기류, 흉기류, 폭발물 등 위해성 물체를 검색 · 탐지 · 색출하는 장비로, 다음과 같이 구분한다. 여기서 검색장비로는 문형 금속탐지기, 휴대용 금속탐지기, 봉형 금속탐지기, X-Ray 소화물 검색기 등이며, 검측장비로는 차량검측거울, 탐침봉이 있다. 그리고 기타장비는 문형금속탐지기용텐트, 쌍안경, 전압측정기, 레이저거리측정기 등이 대표적이다〈경찰장비관리규칙 제 70조 참조〉.

경찰계급의 변천 우리나라 경찰의 계급장은 1945년 해방 이후 지금까지 여러 차례에 걸쳐 변경되는 과정을 경험했다. 1차는 1946년 1월, 2차는 46년 4월, 3차는 46년 9월, 4차는 58년, 5차는 66년, 6차는 68년, 그리고 7차는 83년 에 걸쳐 이루어졌다. 83년 제7차 경찰계급에 대한 변경이 이루어진 이후 현재까지 그 경찰계급장이 유지되어 오고 있으나 일반행정직 공무원 계급이 9급으로 되어 있는데 비례해 줄여야 한다는 의견도 꾸준히 제기된 바 있다. 계급이 너무 세분화되어 있어 비간부급은 비간부에서 머무를 확률이 크고 사기도 저하된다는 것이다. 1946년 9월 17일에는 경무총감이, 1966년에는 치안감계급이, 그리고 1969년에는 적체된 경찰공무원들의 사기를 진작시켜 주기 위한 일환으로 경장계급과 경정계급을 신설해 오늘에 이르고 있는데 최근 경찰계급이 너무 과다하다는 학자들의 지적이 많다. 따라서 경찰계급을 다시 축소하자는 학문적 논의와 토론이 끝임없이 제기되고 있다. 한편 1983년에는 치안정감 계급이 새로 설치되어 오늘에 이르고 있다. 2011년 말 현재 치안정감 자리에는 경찰청 차장, 서울지방경찰청장, 경기지방경찰청장, 경찰대학장 등 4명이며 2012년부터는 부산지방경찰청장이 치안정감으로 격상되었다. 경기지방경찰청장 자리는 2005년 1월을 기해 치안감에서 치안정감으로 격상되었다. 치안정감으로 격상된 뒤 처음 임명된 경기지방경찰청장은 하태신 치안정감이었다. 해양경찰청장은 2005년 7월을 기해 치안정감에서 치안총감으로 계급이 격상되었다. 치안총감으로 격상된 후 초대 해양경찰청장으로 이승재 치안총감이 임명되었었다. 한편 신현기의 연구에 따르면 우리나라 경찰계급구조의 변천과정은 다음과 같다.

한편 83년에 의무경찰이 신설되어 기존의 순경이 달고 있던 계급장을 이어 받고 순경은 기존에 경장이 달고 있던 무궁화잎 2개를 달게 되는 제도의 변화가 있었다. 의무경찰은 군필자를 위한 병역제도의 일환으로 실시되는 것이지 정식경찰관의 계급은 아니며 순경부터가 정식경찰관에 해당하고 여기서는 편의상 의무경찰의 신설을 표기하기 위해 단순 소개하는 것이다.

45.10.21	46.1.16	46.4.11	46.9.17	49.1.7	50.7.27	66	69.1.7	74.8.22	80.9	83	91.7.31이후
										의경	의경
순사	순경	순경	순경	순경	순경	순경	순경	순경	순경	순경	순경
							경장	경장	경장	경장	경장
순사부장	경사	경사	경사	경사	경사	경사	경사	경사	경사	경사	경사
경부보	경위	경위	경위	경위	경위	경위	경위	경위	경위	경위	경위
경부	경감	경감	경감	경감	경감	경감	경감	경감	경감	경감	경감
경시	감찰관	감찰관	감찰관				경정	경정	경정	경정	경정
	총경	총경	총경	총경	총경	총경	총경	총경	총경	총경	총경
도경찰 부장	도경찰부 차장	(관구) 경찰 부청장	(관구) 경찰 부청장	경무관	경무관	경무관	경무관	경무관	경무관	경무관	경무관
		(관구) 경찰 청장	(관구) 경찰 청장								
			경무 총감				치안감	치안감	치안감	치안감	치안감
	경무부 차장	경무부 차장	경무부 차장		치안 부국장	치안감			치안정감	치안정감	치안정감
경무 부장 (장관)	경무 부장 (장관)	경무 부장 (장관)	경무부장 (장관)	치안국장 (치안이 사관)	치안국장 (치안이 사관)	치안국장 (치안 이사관)	치안국장 (치안 이사관)	치안본부 장 (차관 급)	치안본부장 (치안총감/ 차관급)	치안본부장 (치안총감/ 차관급)	경찰청장 (차관급)

출처: 신현기,「경찰인사관리론」, 파주: 법문사, 2012, p. 51.

경찰계급장 일반경찰집행기관을 구성하는 계급을 보면 치안총감 · 치안정감 · 치안감 · 경무관 · 총경 · 경정 · 경감 · 경위 · 경사 · 경장 · 순경 등으로 구성되어 있다. 경찰은 특정직 공무원으로서 정복을 착용함은 물론이고 무기도 휴대하도록 되어 있다.

표지장 Police Emblem and Insignia

모장
Cap Emblem

경찰장
Police Insignia

지휘관 표지장
Commander's Insignia

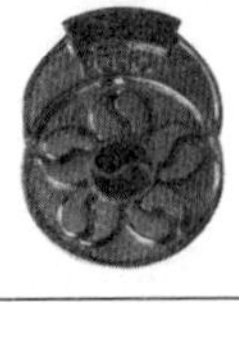

경찰흉장
Police Badge

계급장 Police Ranks

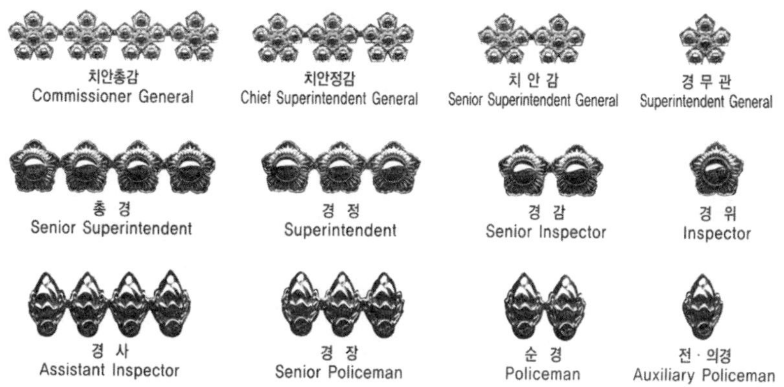

자료: 신현기, 『경찰인사관리론』, 파주: 법문사, 2012, p. 49.

경찰계급제(警察階級制) 경찰공무원의 분류는 계급, 경과, 특기 등 세 가지 기준을 정하고 있다. 계급제는 경찰공무원의 인적자원에 대해서 공적조직을 종적구조로 만들고, 경찰업무를 수준별로 분류하여 업무처리를 할 수 있도록 계층화하는 사람중심적 제도라 할 수 있다. 따라서 계급제는 직위가 내포하고 있는 직무가 아니라 공무원의 개인적 특성에 따라 공직의 계층화를 만드는 것이다. 또 계급은 직책에 대한 엄격한 계층과 보수 등의 차이를 분류하고, 경과와 특기는 개인의 능력과 적성 및 자격 등을 활용하기 위한 목적을 갖는다. 일반적으로 국가공무원은 1급에서 9급까지 계층화를 이루고 있는데 반해, 경찰공무원의 경우는 순경에서부터 치안총감까지 총 11개 계급으로 계층을 이루고 있다. 경찰공무원의 계층체계를 보면 다음과 같다. 즉, 계층분류는 순경. 경장, 경사, 경위, 경감, 경정, 총경, 경무관, 치안감, 치안정감, 치안총감 등의 순으로 정해져 있다.

경찰계층제의 원리(警察階層制의 原理/police hierarchy) 계층제란 조직편성원리의 하나로써 조직목적 수행을 위한 구성원의 책임과 난이도에 따라 상하로 나누어 배치하고 상위로 갈수록 권한과 책임이 무거운 임무를 수행하도록 편성하는 것을 말한다. 경찰의 권한, 의무 및 책임의 정도에 따라 경찰 직무를 상 · 하로 등급화시키고 등급 간에 명령복종과 지휘 · 감독 체계를 확립하는 조직의 원리를 말한다. 계층제에 의해 조직을 편성하고 배치한 경찰조직은 상명하복을 기본적인 원리로 수용하고 수평적 조직에는 예외로 한다. 경찰계층제의 원리는 경찰업무의 질서와 통일성을 확보 할 수 있다는 장점이 있는 반면에 계층제에 의한 업무수행 시간의 지연, 업무처리 비용의 증가, 계층간 갈등의 유발 등과 같은 단점도 나타날 수 있다.

경찰고충심사위원회(警察苦衷審査委員會) 경찰공무원의 인사상담 및 고충을 심사하기 위하여 경찰청, 지방경찰청 및 대통령령이 정하는 경찰기관에 경찰공무원 고충심사위원회를 둔다. 다만 경정 이상의 경찰공무원의 인사담당 및 고충심사는 국가공무원법에 의하여 설치된 중앙고충심사위원회에서 심사한다. 고충심사제도는 소청심사의 대상이 되지는 않지만 공무원의 근무여건에 애로사항으로 작용하는 여러 문제점을 살피는 데 목적이 있다. 고충의 대상은 근무조건, 인사관리, 신상문제들이다.

경찰공공관계(警察公共關係) 경찰에서 수행하고 있는 업무를 신속하고 정확하게 국민에게 공개하는 행위를 말한다. 이러한 행위의 목적은 경찰이 시민으로부터 업무에 대해 적극적으로 협력을 얻을 수 있도록 하는 데 목적이 있다. 경찰공공관계에서 경찰은 시민들로부터 항상 신뢰와 협조를 얻어야 한다.

경찰공공의 원칙 공공의 안녕과 질서유지에 직접적인 관계가 없는 개인의 사생활 영역은 경찰권 발동의 대상이 아니라는 원칙을 의미한다. 그 구체적인 내용은 다음과 같다. ① 사생활 불가침의 원칙이다. 이는 공공의 안녕과 질서에 관계없는 개인의 사생활 영역은 경찰이 개입할 수 없는 것을 의미한다. 하지만 개인의 사생활이라 할지라도 공공의 안녕과 질서가 침해되는 경우에는 경찰의 개입이 허용되는 바, 전염병 환자의 격리, 신체의 과도한 노출, 고성방가 등이 이에 해당한다. ② 사주소불가침의 원칙이다. 사주소 내에서 일어나는 행위는 경찰이 침해할 수 없다는 원칙인데 사주소 내에서라도 공공의 안녕과 질서에 관련되면 개입이 허용된다. 피아노 연주의 과도한 소음, 악취나 음향의 발생은 개입이 가능하다. 그리고 사주소인 흥행장, 여관, 음식점 등은 공개된 사주소이므로 경찰권 발동의 대상이다. ③ 민사관계 불간섭의 원칙이다. 경찰이 민사상의 법률관계에 개입할 수 없다는 원칙인데 매매, 임대차, 불법행위, 채무불이행 등이 이에 해당한다. 그러나 암표의 매매, 총포, 도검류의 매매 등은 공공의 안녕과 질서에 관련되어 경찰개입이 허용된다. ④ 사경제 불간섭의 원칙이다. 경찰은 상품의 가격, 품질, 영업의 종류와 방법 등 사경제 활동에 개입할 수 없다는 원칙을 의미한다.

경찰공무원(警察公務員/Policeman) 공공의 안녕과 질서유지라는 소극적인 목적만을 주임무로 하는 국가공무원을 말한다. 경찰공무원은 일반공무원과는 달리 특수한 임무를 수행하기 때문에 경찰공무원법에 따라 임용, 교육, 훈련, 신분보장, 복무규율 등이 이루어 지고 있다. 일반적으로 경찰관으로 통칭하고 있다.

경찰공무원법의 개념 국가경찰공무원은 치안총감, 치안정감, 치안감, 경무관, 총경, 경정, 경감, 경위, 경사, 경장, 순경의 11개 계급으로 이루어지는 공무원을 말한다. 우리나라는 국가경찰제를 취하고 있어서 전국에 국가경찰공무원으로 이루어져 있다. 그러나 제주특별자치도에는 도청 소속으로 자치경찰제를 도입해 운영 중인데 자치경찰관들은 지방공무원이다. 한편 작전전투경찰순경과 의무전투경찰순경은 경찰공무원에 속하지 않는다. 그러나 이들도 형법상 공무집행방해죄의 대상이 되는 공무원에 해당되며 국가배상법상의 공무원에 해당된다.

경찰공무원의 공가사유(警察公務員의 公暇事由) 경찰공무원의 공가사유는 다음과 같이 아홉 가지가 있다. ① 병역법 기타 다른 법령에 의한 징병검사 소집 · 검열점호 등에 응하거나 동원 또는 훈련에 참가할 때 ② 공무원에 관하여 국회 · 법원 · 검찰 기타 국가기관에 소환된 때 ③ 법률규정에 의하여 투표에 참가할 때 ④ 승진 · 전직시험에 응시할 때 ⑤ 원격지간의 전보발령을 받고 부임할 때 ⑥ 국민건강보험법 시행령 제26조에 의한 건강검진을 받을 때 ⑦ 공무원 교육훈련법 시행령 제32조에 의한 외국어 능력시험에 응시할 때 ⑧ 올림픽 · 전국체전 등 국가적인 행사에 참가할 때 ⑨ 천재 · 지변 · 교통차단 기타사유로 출근이 불가능한 때 등이다.

경찰공무원의 교육훈련 경찰공무원법 제17조(교육훈련)에 따라 경찰청장 또는 해양경찰청장(치안정감)은 모든 경찰공무원에게 균등한 교육훈련의 기회가 부여되도록 교육훈련에 관한 종합적인 기획 및 조정을 하여야 한다. 경찰청장 또는 해양경찰청장은 경찰공무원의 교육훈련을 위한 교육훈련기관을 설치 · 운영할 수 있다. 또한 이들은 교육훈련을 위하여 필요한 때에는 대통령령이 정하는 바에 의하여 경찰공무원을 국내 · 외의 교육기관에 위탁하여 일정기간 교육훈련을 받게 할 수 있다. 그리고 본 조문 제2항의 규정에 의한 경찰공무원의 교육훈련기관의 설치 및 운영에 관하여 필요한 사항과 제3항의 경찰공무원 복무에 관하여는 대통령령으로 정한다. 경찰공무원 교육훈련규정(대통령령) 제7조(교육훈련의 구분)에는 경찰교육의 종류로 학교교육, 위탁교육 및 직장훈련을 명시해 놓고 있다. 여기서 학교교육이란 정부가 설치해 놓은 교육훈련기관에서 실시되는 교육훈련을 의미하는데, 현재 경찰교육기관으로 경찰대학 · 경찰교육원 · 중앙경찰학교가 있다. 이들 기관에서는 경찰공무원의 신규채용이나 재직하고 있는 경찰공무원에 대한 교육을 수행하고 있다. 특히 학교교육은 교육훈련의 대상에 따라서 신임교육과정 · 필수교육과정 · 선발교육과정으로 구분하고 있다. 신임교육과정이라 함은 공개경쟁이나 특별채용시험에 의하여 신규채용된 후보자를 경찰에 임용할 것을 전제로 해서 행해지는 일종의 적응 내지는 기초훈련과정을 말한다. 신임교육과정에는 간부후보생반과 신규채용순경반이 설치되어 있다. 간부후보생교육은 경찰교육원에서 52주간 실시되며, 신임순경교육은 24주간(6개월) 동안 중앙경찰학교에서 행해지고 있었는데 2011년부터 8개월로 2개월의 교육기간이 늘어났다. 이는 2012년부터 10개월로 늘어날 예정에 있다. 필수교육과정에는 고급간부교육과정이 있는데 경정은 8주, 경감은 4주 동안 경찰대학에서 이루어진다. 초급간부교육과정은 경위가 6주, 경사가 3주 동안 경찰교육원에서 실시되고 있다. 끝으로 선발교육과정이 설치되어 있다. 즉 경찰고위정책교육과정은 총경과 경정에게 해당되는데 22주 동안 경찰대학에서 이루어진다. 전문화교육과정은 경감 · 경위에게 해당되는 교육으로 4~12주 동안 경찰교육원에서 행해진다. 특히 전문화교육은 방범 · 교통 · 경비 · 수사 · 정보 · 보안 · 외사 등 각기 기능별로 구분하여 실시하는데, 급변하는 치안수요 증대에 효과적으로 대처할 수 있도록 대응능력의 향상을 위해 실시하는 교육이다. 수사지휘교육과정은 경정과 경감을 대상으로 24주 동안 경찰대학에서 실시된다. 그리고 수사경찰이나 보안경찰의 전문화교육은 경찰대학 부설 경찰수사보안연수소에서 행하고 있다. 보안간부연수교육과정은 경정 · 경감 · 경위를 대상으로 4~6주 동안 경찰대학에서 이루어지고 있다.

경찰공무원의 권리 통상 공무원이 가지는 권리는 크게 헌법이 보장하는 기본권과 개별법상의 권리로 대별되는데 이는 다시 신분상의 권리와 재산상의 권리로 나누어진다. 첫째, 신분상의 권리: 이는 경찰공무원의 신분과 직접 관계되는 권리인데 신분보유권, 직위보유권, 직무수행권을 들 수 있다. ① 신분보유권: 이는 경찰공무원의 경우 국가공무원법 제68조에 따라 경찰공무원은 형의 선고 · 징계처분 또는 법에 정하는 사유에 의하지 아니하고는 그 의사에 반하여 면직당하지 아니한다는 것을 의미한다. 하지만 경찰공무원법 제10조 3항과 제30조 1항에 따라 시보임용 중의 경찰공무원과 치안총감 및 치안정감에게는 이 권리가 인정되지 아니한다. ② 직위보유권 :경찰공무원은 국가공무원법 제32조의 5 제1항에 따라 계급에 상응하는 일정한 직위를 부여받을 권리를 가지며, 동법 제73조의 2에 따라 법에 정한 사유가 있는 경우가 아니고서는 직위를 해제당하지 아니하는 동시에 직위해제된 경우에도 그 해제사유가 소멸된 때에는 지체 없이 직위를 부여받을 권리를 갖는다. ③ 직무수행권: 경찰공무원은 자기가 담당하는 직무를 방해받지 아니하고 수행할 권리를 가진다. 이를 방해하는 자는 형법 제136조와 제137조에 따라 공무집행방해죄에 의거해 처벌받게 된다. ④ 무기휴대권과 제복착용: 경찰공무원법 제20조에 따라 직무수행을 위해 무기를 휴대할 수 있으며 제복을 착용할 권리를 가진다. ⑤ 교육훈련권과 능률증진권: 경찰공무원법 제17조에 따라 법이 정한 훈련을 받으며 근무능률을 위한 조치를 받을 권리를 지닌다. ⑥ 고충심사청구권과 행정구제청구권: 위법부당하게 신분상의 불이익을 받는 경우 소청 및 행정소송 등을 통해 그 시정을 구할 수 있는 권리를 가진다.

둘째, 재산상의 권리이다. 이는 보수청구권, 연금청구권, 실비변상 · 실물지급 등을 받을 권리, 보상을 받을 권리, 보훈에 관한 권리 등을 의미한다. ① 보수청구권: 경찰공무원은 직무를 통해 보수와 수당을 받을 재산상의 권리를 가진다. 공무원보수 규정에 따라 기본급여, 계급별 및 호봉별로 받는 기본급여를 받는다. 한편 이들이 받는 수당에는 직무수당, 상여수당, 가계보전수당, 특수지근무수당, 초과근무수당에 속하는 제수당과 기말수당, 가족수당, 겸임수당, 명예퇴직수당 등이 있다. 특히 공무원 보수청구권의 소멸시효는 3년으로 되어 있다. ② 연금청구권: 경찰공무원은 공무원연금법 제1조에 따라 경찰공무원의 퇴직, 사망, 공무로 인한 부상, 질병, 폐질의 경우 공무원 및 그 유족의 생활안정과 복리향상에 기여함을 목적으로 지급하는 급여를 받는데 이것이 연금이다. 한편 급여의 종류를 보면 단기급여로서 보건급여, 재해급여, 사망위로금이 있고 장기급여로는 퇴직급여, 장해급여 및 유족급여 등이 있다(공무원연금법 제34조). ③ 실비변상 · 실물지급 등을 받을 권리: 공무원은 국가공무원법 제48조 제1항에 따라 직무수행과 관련해 소요되는 실비(여비 등)를 받을 권리를 가진다. 또한 제복이나 물품을 지급받을 권리도 가진다. ④ 보상을 받을 권리: 경찰공무원은 국가공무원법 제48조 제2항에 따라 본래 업무에 지장을 받지 않는 한도 내에서 담당직무 외의 특수한 연구과제를 위탁받아 처리한 경우에는 그 보상을 지급받을 권리를 가진다. ⑤ 보훈에 관한 권리: 경찰공무원법 제16조에 따라 경찰공무원으로서 전투나 기타 직무수행이나 훈련 등으로 사망한 자 및 상이를 입고 퇴직한 자와 유족이나 가족은 국가유공자등예우및지원에관한법률이 정하는 바에 의하여 예우를 받을 권리를 가진다(신현기, 2010: 97–98).

경찰공무원의 명예퇴직 경찰공무원 중 20년 이상 근속한 자로서 정년퇴직일 전 1년 이상 10년 이내에 자진해서 퇴직하는 자로서 치안정감 이하의 계급이 해당된다. 하지만 ① 현재 징계요구 중인 자, ② 현재 징계처분으로 승진제한 기간 중에 있는 자, ③ 무원으로 계속 근무한 기간이 5년 미만인 자는 명예퇴직 대상자에서 제외된다.

경찰공무원의 보수 보수란 공무원이 공직에서의 봉사에 대하여 정부가 지급하는 금전적인 보상을 말하며 보수체계란 보수지급항목의 구성을 말한다. 보수체계의 기본형태는 대체로 기본급을 중심으로 하여 부가적인 수당으로 구성된다.

보수를 분류하는 유형론은 다양하다. 일반적인 보수유형분류는 기본급의 종류와 부가급의 종류를 실질적으로 분류할 때 준거틀이 될 수 있다. 기본급은 보수 가운데서 기본적인 부분을 차지하는 것으로 공무원보수 규정에는 기본급을 봉급이라 부르고 있다. 기본급은 그것을 결정하는 주된 기준이 무엇이냐에 따라 생활급, 연령급, 근속급, 자격급, 능력급, 직능급, 직무급, 업적급, 종합결정급으로 분류된다. 생활급은 생계유지에 필요한 생계비를 결정하는 기준으로 공무원과 그 가족의 생활을 보장하기 위한 것이다. 공무원의 근속연수를 기준으로 하는 보수를 근속급 또는 연공급(경험)이라고 하는데 근속급의 기본적인 전제는 공무원의 가치와 업무수행의 유용성이 공무원의 근속 · 경험에 상응한다는 것이다. 능력급은 공무원의 능력정도에 따라 결정하는 보수로 능력의 범위를 더욱 한정하여 직무별 능력을 기초로 하는 보수를 직능급이라고도 한다. 성과급은 업적급, 능률급, 실적급, 유인급, 장려급 등으로 불리며 직무수행의 결과 또는 산출고를 기준으로 결정하는 보수이다. 종합결정급은 공무원의 생계비, 연령, 자격, 근속 및 경험년수, 능력, 직무, 근무성적, 개혁에 대한 기여 등을 종합적으로 고려하여 결정하는 보수이다. 그리고 보수의 일부로 지급되는 수당은 기본급을 보완하는 부가급으로 근무조건이나 생활조건의 특수성이 인정되는 공무원들에게만 지급되는 것으로 직무요인의 특이성 때문에 지급되는 직무가급적 수당, 생활비를 보조하기 위한 수당으로서의 가계보전수당, 금전적 유인의 부여로 직무능률의 향상을 도모하려고 하는 성과급적 수당, 그외 지역수당, 조정수당, 초과근무수당 등을 들 수 있다.

경찰공무원의 복무자세(警察公務員의 服務姿勢) 경찰공무원복무규정(1991. 대통령령)에 규정된 경찰관의 복무자세는 다음과 같다. ① 경찰관은 고운말을 사용하도록 노력하여야 하며 국민에게 겸손하고 친절하여야 한다. 또한 상하급자 및 동료간에 서로 예절을 지켜야 한다. ② 경찰관은 용모와 복장을 단정히 하여 품위를 유지하여야 한다. ③ 경찰관은 사무실과 그 주변 환경을 항상 깨끗하게 정리정돈하며 명랑한 분위기를 유지하여야 한다. ④ 경찰관은 공사생활을 막론하고 국민의 모범이 되어야 하며 다음과 같이 행동하여야 한다. i) 상하급자 및 동료를 비난, 악평하거나 서로 다투는 행위를 하여서는 아니되며 항상 협동심과 상부상조의 동료애를 발휘하여야 한다. ii) 경솔하거나 난폭한 행동을 하여서는 아니되며 항상 명랑, 활달하여야 한다. iii) 건전하지 못한 오락행위를 하여서는 아니된다.

34 경찰공무원의 분류(警察公務員의 分類)

경찰공무원의 분류(警察公務員의 分類)　경찰공무원을 분류하는 이유는 10만여명에 이르는 경찰관을 하나의 기준으로 관리할 수 없을 뿐만 아니라 개인별로 별도로 관리할 수 없기 때문이다. 경찰공무원의 분류는 계급, 경과와 특기 등 세 가지 기준으로 정하고 있다. 계급은 직책의 난이도와 보수의 차이를 두기 위한 것이고, 경과와 특기는 개인의 능력 및 적성, 자격 등을 활용하기 위한 목적에 있다.

경찰공무원의 승진　승진 후에는 책임성이 높아지는 동시에 보다 높은 위신이 생기고 동시에 높아진 지위도 향유할 수 있는 위치도 지니게 된다. 통상적으로 경찰공무원에 대한 승진은 경찰공무원승진임용규정 제3조에 따라 3가지 방법으로 이루어지고 있는데 심사승진(審査昇進), 시험승진(試驗昇進), 특별승진(特別昇進)이 바로 그것이다. 주목할 것으로 승진심사에 의해 이루어지는 것은 경무관계급까지이다. 바꾸어 말하면 치안감, 치안정감, 치안총감의 경우는 심사승진에 의하지 않고 지명인사승진의 방법으로 이루어진다. 인사권자는 당연히 대통령이 된다. 치안감부터는 경찰청에 중앙승진심사위원회가 구성되지 않고 지명인사승진의 방법을 통해 이루어지는 것이다. 가령 치안감을 뽑는 경우는 모든 경무관들이 지명심사대상자가 되어 대통령에게 대상명부가 올라가고 그 중에서 대통령이 필요한 대상자를 지명하게 된다. 또한 치안정감을 뽑을 때에는 모든 치안감들이 대통령으로부터 지명승진(指名昇進)할 수 있는 대상자가 된다. 그리고 경정 이하 계급에서의 승진은 심사승진 이외에 시험승진도 병행할 수 있다. 이렇게 병행하는 경우는 임용비율에 있어서 계급별로 하되 승진임용 예정인원수의 5할로 하고 있다. 그리고 경찰공무원의 승진에 있어서 승진소요최저근무년수도 정해져 있다. 무엇보다 승진을 위해서는 각계급으로 아래에 나와 있는 기간 이상을 당해 계급에 재직하여야 한다. 순경부터 경위는 2년이며 경감과 경정은 3년이고 총경은 4년을 근무한 경우에 승진기회가 주어진다. 그러나 경찰관이 최저근무년수에 달했다고 해서 승진의 기회가 주어지는 것은 아니다. 즉 다음의 경우에는 결격사유가 된다. 경찰공무원승진임용규정 제6조에 따라서 ① 징계의결요구, 징계처분, 직위해제, 휴직 또는 시보임용기간 중에 있는자, ② 징계처분의 집행이 종료된 날로부터 일정기간이 경과하지 않은 자(정직 18월, 감봉 12월, 견책 6월), ③ 징계에 관하여 경찰공무원과 다른 법령의 적용을 받는 공무원이 경찰공무원으로 임용된 경우, 종전의 신분에서 강등의 징계처분을 받고 그 처분 종료일로부터 24개월이 경과되지 아니한 자와 근신, 영창 기타 이와 비슷한 징계처분을 받고 그 처분 종료일로부터 6월이 경과되지 아니한 자, ④ 정년의 연장을 받은 자 등은 승진임용을 할 수 없도록 되어 있다. 우리나라 경찰승진은 시험승진, 심사승진, 특별승진, 근속승진(자동승진) 중에서 특별한 유공에 따른 특별승진과 근속승진을 최대한 고려하는 근속승진의 경우를 제외하고 순경과 경정까지는 시험승진과 심사승진을 각각 50%의 비율로 기준해서 승진자를 최종적으로 결정하는 방식을 취하고 있다. 그러나 비간부의 경우는 향후 승진소요년수가 2년에서 1년으로 단축되어야 한다는 연구가 학계와 경찰청 일각에서 활발히 논의되어 왔는데 2005년 6월 28일 경찰공무원승진임용규정 일부개정령이 국무회의를 통과하여 7월초에 공포되었다. 이 개정령은 경장 · 순경이 상위계급으로 승진할 때 요구되는 최소 근무기간인 승진소요최저연수를 각 2년에서 1년으로 단축하고 경찰공무원이 살인 · 강도 · 조직폭력 등 중요범인 검거유공, 인명 · 재산구호유공 등으로 특별승진하는 경우에 이전과는 달리 승진소요최저연수경과나 기본교육이수 등의 조건을 충족하지 않아도 승진임용이 가능하도록 개선하는 내용을 담고 있다. 특히 경장 · 순경 승진소요최저연수 단축은 일반직공무원 9급이 6급까지 승진하는 데 소요되는 평균기간이 17년 9개월인데 반해, 경찰공무원은 순경에서 경감까지 무려 27년 7개월여가 걸리는 심각한 승진적체현상을 겪고 있다. 이러한 변화는 비간부 경찰공무원들에게 커다란 사기진작 방안으로 작용할 것이다. 이해를 돕기 위해 경찰공무원의 승진제도와 승진방법을 표를 통해 살펴보면 다음과 같다. 심사승진은 순경에서 경무관까지 모두에게 해당한다. 시험승진은 경정까지만 해당하고 특별승진의 경우는 경감까지만 유효하다. 그리고 근속승진은 경장과 경사 계급에 있는 자에게만 해당되는 제도이다. 즉 2006년 4월부터 경위계급에까지 근속승진제가 시행되었다. 경찰공무원의 승진방법은 다음과 같다.

구 분	승진	경찰공무원 승진제도 현황			
	최저소요년수	심사승진	시험승진	특별승진	근속승진
경무관	4년	○			
총경	3년	○			
경정		○	○		
경감		○	○	○	
경위	2년	○	○	○	
경사 · 경장	경사 2년, 경장 1년	○	○	○	○

경찰공무원의 승진규정 경찰공무원법 제11조(승진)에 따라 경찰공무원의 승진은 바로 하위계급에 있는 경찰공무원 중에서 근무성적/경력평정 기타 능력의 실증에 의한다. 경찰공무원법 제11조(승진)와 제14조(특별유공자등의 특별승진) 및 경찰공무원승진임용규정 제3조(승진임용의 구분)의 규정에 따라 경찰공무원의 승진은 3가지로 구분되는데 심사승진, 시험승진, 특별승진, 그리고 근속승진(자동승진)이 있다. 경장에서 경정계급까지는 심사승진과 시험승진을 각각 절반의 비율(50%)로 선발하고 있다.

구분	심사승진	시험승진	특별승진	근속승진
대상	경무관 이하	경정 이하	경감이하	경위이하

경찰공무원의 시보임용(警察公務員의 試補任用) 경찰공무원법 제10조에 따라 경정 이하의 경찰공무원을 신규채용하는 경우에는 1년의 기간을 시보로 임용하고, 그 기간이 만료된 다음 날에 정규 경찰공무원으로 임용한다. 휴직기간 · 직위해제기간 및 징계에 의한 정직 또는 감봉처분을 받은 기간은 제1항의 규정에 의한 시보임용기간에 산입하지 아니한다. 그리고 시보임용기간 중에 있는 경찰공무원이

근무성적 또는 교육훈련성적이 불량한 때에는 면직시키거나 면직을 제청할 수 있다. 그러나 다음의 경우는 시보임용을 거치지 아니한다. 즉 경찰대학을 졸업한 자 또는 경찰간부후보생으로서 소정의 교육을 마친 자를 경위로 임용하는 경우, 경찰공무원으로서 대통령령이 정하는 상위계급에의 승진에 필요한 자격요건을 갖추고 임용예정계급에 상응한 공개경쟁채용시험에 합격한 자를 당해 계급의 경찰공무원으로 임용하는 경우, 퇴직한 경찰공무원으로서 퇴직시에 재직한 계급의 채용시험에 합격한 자를 재임용하는 경우, 자치경찰공무원을 그 계급에 상응하는 경찰공무원으로 임용하는 경우 등이다.

경찰공무원의 신분상 의무 ① 비밀엄수의 의무: 경찰공무원은 국가공무원법 제60조에 따라 재직 중은 물론 퇴직 후에도 직무상 취득한 비밀을 엄수하여야 한다. 특히 비밀사항으로 분류해 놓은 것들은 물론이고 직무와 관련해 알게 된 모든 사항들이 여기에 해당된다고 볼 수 있다. 물론 경찰공무원의 비밀엄수의무는 행정정보공개요구권과 같은 국민의 알권리에 의해 일부 제한될 수도 있다. 국회에서의증언과감정등에관한법률 제4조가 그 좋은 예이다.

② 청렴의무: 경찰공무원은 국가공무원법 제61조에 따라 직무와 관련하여 직접이든 간접이든 불문하고 사례 · 증여 또는 향응을 수수하여서는 안 되고 동시에 소속상관에 대해 증여를 하거나 증여를 받아서도 안 된다.

③ 품위유지에 대한 의무: 경찰공무원법 제7조 및 국가공무원법 제63조와 제78조에 따르면 경찰공무원은 어떠한 경우라도 직무상에 있어서 품위를 손상하는 행위를 해서는 안 된다고 규정하고 있다. 여기서 말하는 경찰공무원의 품위라 함은 대법원 판결(1998. 2. 27, 97누18172)에 따를 때 공무원이 국가의 권위나 위신 및 체면에 해가 되지 않아야 함을 의미한다.

④ 개인영예추구의 금지의무: 국가공무원법 제62조에 따라 경찰공무원은 대통령의 허가를 얻어서만 외국정부로부터 영예나 증여를 받을 수 있다. 기타의 경우는 위법에 해당한다.

⑤ 선서에 따른 의무: 모든 경찰공무원은 국가와 국민을 위해 성실하게 근무할 것을 맹세하기 위해 자기가 소속된 기관장 앞에서 선서를 하게 된다.

⑥ 정치운동의 금지의무: 정당법 제6조 제1호에 따라 경찰공무원은 정당이나 정치단체의 결성에 관여하거나 이에 가입하는 것을 금지하고 있다. 역시 동료 경찰공무원에게 일체의 정치행위와 관련해 권유하는 것도 금지하고 있다.

⑦ 집단행동의 금지의무: 우리나라 경찰공무원은 노동운동을 비롯해 기타 공무이외의 일을 위한 집단적 행위를 해서는 안 된다고 규정하고 있다. 물론 노무에 종사하는 경우는 예외로 하고 있으며 집단행동의 금지를 위반한 때에는 국가공무원법 제84조에 따라 1년 이하의 징역이나 300만원 이하의 벌금이 부과될 수 있다.

경찰공무원의 연가(警察公務員의 年暇) 경찰공무원의 휴가 가운데 연가일수는 다음과 같이 여덟 단계로 구분된다. ① 재직기간 3월 이상 6월 미만: 3일, ② 6월 이상 1년 미만: 6일, ③ 1년 이상 2년 미만: 9일, ④ 2년 이상 3년 미만: 12일, ⑤ 3년 이상 4년 미만: 14일, ⑥ 4년 이상 5년 미만: 17일, ⑦ 5년 이상 6년 미만: 20일,

⑧ 6년 이상: 21일 등이다.

경찰공무원의 임용권자 우선 첫째, 대통령을 들 수 있다. 우리나라 경찰공무원 중 총경 이상은 경찰청장이 추천하여 행정자치부장관의 제청으로 국무총리를 거쳐 대통령이 임명한다. 다만 경정의 신규채용, 승진임용 및 면직은 경찰공무원법 제6조 1항에 따라 경찰청장의 제청으로 국무총리를 거쳐 대통령이 행하고 있다. 둘째는 경찰청장을 들 수 있다. 즉 경찰공무원법 제6조 1항과 2항에 따라 경정 이하의 경찰공무원 임용과 총경의 전보, 휴직, 직위해제, 정직 및 복직은 경찰청장이 행하고 있다. 경찰공무원법 제6조 3항에 따라 경찰청장은 경찰대학, 경찰종합학교, 중앙경찰학교, 지방경찰청의 장에게 그 소속 경찰공무원 중 경정의 전보, 파견, 직위해제, 그리고 복직에 관한 권한과 경감 이하의 임용권을 위임할 수 있다고 규정하고 있다. 실제로 경찰공무원 모집에서 그렇게 행해지고 있다. 셋째, 지방경찰청장 및 소속기관장이다. 이들은 경찰청장의 위임을 받아 소속경찰관인 경정의 전보, 파견, 휴직, 정직, 직위해제, 복직에 관한 권한을 유지하며 또한 경감 이하의 임용권을 가지고 있다. 그러나 경찰공무원임용령 제4조 1항, 3항, 4항에 따라 경찰청장의 임용권이 완전히 배제되지 않는다. 즉 완전한 위임은 아니라는 뜻이다. 넷째는 경찰서장이다. 경찰서장은 경찰공무원임용령 제4조 2항에 따라서 지방경찰청장의 위임하에 경감 이하의 소속 경찰공무원의 서내 전보, 승급과 소속 경찰공무원의 인사기록을 작성하고 보관하는 일을 행한다.

경찰공무원의 책임(警察公務員의 責任) 경찰공무원의 책임이란 경찰공무원이 그 의무에 위반함으로써 법률상의 제재 또는 불이익을 받게 되는 것을 말한다. 이에는 행정상의 책임, 형사상 책임, 민사상 책임 등 세 가지가 있다. ① 행정상 책임: 경찰공무원의 의무위반에 대하여 공법상 특별권력 관계의 내부 질서유지를 위하여 과하는 징계책임과 변상책임이 있으며, 변상책임은 경찰공무원이 고의 또는 중과실로 의무를 위반함으로써 국가배상법에 의한 변상책임과 회계관계직원 등의 책임에 관한 법률에 의한 변상책임이 있다. ② 형사상 책임: 경찰공무원의 일정한 행위가 경찰공무원의 의무위반에 그치지 아니하고 형사법상의 범죄를 구성한 경우에는 앞에서 설명한 행정상 책임 외에 당해범죄에 대하여 부담하는 책임을 의미한다. 또한 경찰공무원은 국가공무원법 및 경찰공무원법상의 의무를 위반한 경우 동법상의 행정형벌도 아울러 부담한다. ③ 민사상 책임: 공무원의 직무상 국민에게 불법행위로 재산상의 손해를 가한 경우 피해자는 국가 또는 공무원 개인에게 선택적으로 배상책임을 청구할 수 있는가에 대하여는 대위책임설, 자기책임설, 중간설 등으로 의견이 대립하고 있으나, 판례는 경찰공무원에게 고의 또는 중대한 과실이 있는 경우에는 피해자가 당해 경찰공무원을 상대로 직접 손해배상을 청구하는 것이 가능하다.

경찰공무원의 취업제한(警察公務員 就業制限) 「공직자윤리법」 제17조에 의해 총경이상의 경찰공무원은 퇴직일로부터 2년간 퇴직전 3년 이내에 소속하였던 부서의 업무와 밀접한 관련이 있는 일정규모 이상의 영리사기업체 또는 협회에 취업할 수 없다. 단, 관할 공직자윤리위원회의 승인을 얻은 때에는 예외로 한다.

경찰공무원의 특기부여 임용제청권자나 임용권자는 일정한 요건을 소지한 경위 이상 경정 이하의 경찰공무원에 대해서는 경과별 직무분야에 따라서 일반특기와 전문특기를 부여할 수 있도록 규정하고 있다. 하지만 경찰청장 또는 해양경찰청장은 전시나 사변 및 이에 준하는 비상사태에 있어서 필요하다고 인정할 때에는 경과 및 특기의 일부를 폐지 또는 병합하거나 신설할 수 있도록 규정하고 있다. 경찰공무원임용령 제3조 제3항에 따르면 경찰공무원의 특기는 경위 이상 경정 이하의 모든 경찰공무원에게 주어진다. 일반경과에는 12개의 특기가 주어진다. 특히 경찰공무원임용령시행규칙 제20조에 따라 일반특기의 종류를 살펴보면 기획, 감사, 경무, 생활안전, 교통, 경비, 작전, 형사, 수사, 정보, 보안, 외사 등이다. 이 중에서도 전문특기에는 형사, 조사, 감식, 정보관리, 정보분석, 보안수사공작, 보안수사신문, 외사 및 기술 등이 해당된다. 특히 기술에는 통신, 항공, 운전 등 12가지가 있다. 이해를 돕기 위해 일반특기와 전문특기를 나누어 살펴본다. 즉 전자인 일반특기에는 기획, 감사, 경무, 생활안전, 형사, 수사, 교통, 경비, 작전, 정보, 보안 및 외사특기가 해당하고 후자인 전문특기에는 형사, 조사, 감식, 정보관리, 정보분석, 보안수사공작, 보안수사신문, 외사 및 기술특기로 나누어진다. 그리고 전문특기별 직무의 내용을 살펴보면 다음과 같다. 무엇보다 경찰관에게 전문특기를 부여하여 전문화 관리를 할 수 있는 범위는 해당 일반특기분야 정원의 3할 이내로 한다. 경찰교육훈련기관에 해당분야 전문화교육과정이 설치되어 있는 경우에는 그 교육을 받은 자에 한하여 전문특기를 부여하고 있다. 한편 특기변경의 경우는 경찰에서 특기변경도 일반특기 상호간이나 전문특기 상호간에 한하여 허용된다. 다만 특기 분류에 있어서 중대한 흠이나 문제가 있음이 인정되는 경우 1회만 허용된다고 규정하고 있다. 즉 현재의 특기분야보다는 기타의 특기분야에서 조직을 위해 공헌이 가능하다고 인정되는 경우, 특기분야에 대한 직무교육을 이수한 자, 특기분야에 관련하여 자격증을 소지하게 된 경우, 특기분류에서 국가시험에 합격한 경우에는 변경이 가능하다. 그러나 현재의 특기분야에서 1년을 경과하지 아니한 경우나 특수한 분야에서 근무할 것을 조건으로 채용된 후 1년을 경과하지 아니한 때나 특수한 분야에서 근무한다는 조건으로 채용되어 3년이 경과하지 아니한 경우는 허용이 불허된다. 한편 특기분류는 1년 중 6월과 12월에 정기적으로 이루어진다. 물론 부득이한 경우는 수시로도 특기분류가 가능하다.

경찰공무원의 특별채용 경찰공무원법 제8조 제3항에 따라 특별채용은 서류전형 및 면접시험의 방법에 따라 행하되, 실기시험이나 필기시험을 병과할 수 있도록 한다. 신체검사는 경찰청장 또는 해양경찰청장이 지정하는 기관에서 발부하는 신체검사서에 따라 행하고 필기시험은 선택형을 원칙으로 하되, 경우에 따라서는 기입형 및 논문형을 병행하고 있다. 특히 특별채용시험은 신체검사 및 체력검사와 서류전형 및 시험을 실시하는 방법에 따르고 있다. 하지만 경무관 이상의 경찰공무원을 특별채용하는 경우는 서류전형의 방법으로 행하고 있다. 그리고 총경 이하의 경찰공무원을 특별채용하는 경우 시험실시권자는 업무내용의 특수성과 기타 사유로 인해 필요하다고 인정하는 경우에는 체력검사를 생략할 수도 있다. 경찰공무원을 특별채용 하는 경우에 있어서는 동일한 사유에 해당하는 다수인을 제한경쟁의 방법에 의하여 채용할 수 있다. 특히 특별채용 할 수 있는 경찰공무원의 계급 · 임용예정직에 관련된 자격증의 구분, 근무실적 또는 연구실적, 전보제한 등에 관하여 필요한 사항은 대통령령으로 정하도록 규정되어 있다. 일반적으로 특별채용이라 함은 고시특채와 기타특채로 나누어진다. 고시특채는 고시합격자(사법시험, 행정고시 및 외무고시 등)를 경정으로 임용하는 것인 데 반해 기타특채는 순경에서 경정에 대한 계급에 걸쳐 실시되고 있다. 즉 특별채용은 특수한 기술보유자 및 전문지식을 갖춘 자에 대해 특정부서 근무를 조건으로 제한경쟁을 통해 선발된다(신현기, 2012: 108).

경찰공무원 정년의 연장 수사 · 정보 · 외사 · 보안 등 특수부문에 근무하는 경찰공무원으로서 대통령령이 정하는 바에 의하여 지정을 받은 자는 총경 및 경정의 경우에는 3년의 범위 안에서 대통령령이 정하는 바에 의하여 제1항 제2호의 규정에 의한 계급정년을 연장할 수 있다. 경찰청장 또는 해양경찰청장은 전시 · 사변 기타 이에 준하는 비상사태하에서는 2년의 범위 안에서 본법 제24조 제1항 제2호의 규정에 의한 계급정년을 연장할 수 있다. 이 경우 경무관 이상의 경찰공무원에 대하여는 행정자치부장관 또는 해양수산부장관과 국무총리를 거쳐 대통령의 승인을 얻어야 하고 총경 · 경정의 경찰공무원에 대하여는 국무총리를 거쳐 대통령의 승인을 얻어야 한다.

<table>
<tr><td rowspan="2">계급정년</td><td>○ 수사, 정보, 외사, 보안 등 특수부문에 근무하는 자로서 대통령령이 정하는 바에 의해 특기지정을 받은 자</td><td>총경
경정</td><td>3년 이내</td></tr>
<tr><td colspan="2">경찰청장은 전시, 사변 등 이에 준하는 비상사태하에서는 계급정년을 연장가능. 이 경우 경정 이상의 경찰공무원에 대해서는 국무총리를 거쳐 대통령의 승인이 필요함</td><td>2년 이내</td></tr>
</table>

그러나 2008년 12월 31일 경찰공무원법이 개정되어 경찰공무원의 연령정년이 연장되었다. 경감이하의 57세를 60세로 단일화 한 것이다. 이는 헌법상 평등권을 보장하고 경찰공무원의 사기를 높이며 경찰조직의 공동체 복원 및 노령인구에 대한 취업기회 확대를 기대하는 것이다. 이는 2008년 6월 13일 국가공무원법을 개정해 6급이하 공무원의 정년을 60세로 한다고 개정한데 기인하고 있다. 이에 따라 경찰공무원법도 2009년 1월 1일부터 법 시행에 들어갔다. 즉 법시행 당시 경감이하의 연령정년에 대해서는 2009년부터 2010년까지는 58세로, 2011부터 2012년까지는 59세로, 2013년부터 60세로 연장된다(신현기, 2012: 377).

경찰공무원 직무상의 의무(警察公務員 職務上의 義務) 경찰공무원의 직무상의 의무는 여섯 가지가 있다. ① 복종의 의무, ② 친절공정의 의무, ③ 직무전념의 의무(직장이탈의 금지 · 영리 · 겸직 금지), ④ 허위보고의 금지, ⑤ 지휘권남용 등의 금지, ⑥ 제복착용의 의무 등이다.

경찰공문서(警察公文書/police official documentation) 현행 사무관리 규정 제3조에 의하면 공문서란 행정기관 내부 또는 상호간이나 대외적으로 공무상 작성 또는 시행되는 문서 및 행정기관이 접수한 모든 문서를 말한다. 행정기관이 접수한 문서는 도서, 사진, 디스크, 테이프, 필름, 슬라이드 등 특수매체를 모두 포함한다. 따라서 경찰공문서는 각급 경찰행정기관의 공적 임무수행을 위해 경찰공무원이 그 직무상 작성, 시행, 보존하는 것을 비롯해 사문서인 경우에도 경찰행정기관이 공적목적을 띠고 접수한 경우에는 공문서가 된다. 경찰에 접수된 문서는 제출인이 자의적으로 철회하거나 취소 및 회수할 수 없다.

경찰공보실과 기자실의 활용 경찰청과 지방경찰청에 공보실을 통해 보도자료를 배포하고 있다. 동시에 기자실을 운영 및 관리해 나가고 있다. 첫째, 비밀주의와 공개최소화이다. 경찰은 경찰의 중요 정보, 기록, 제반자료 등에 대해 기자들에게 가능한 비밀로 함을 원칙으로 한다. 기자들의 접근을 철저히 차단하고 있는데 이는 중요자료가 유출되어 보도됨으로서 많은 문제점이 야기될 수 있기 때문이다. 그러나 영국의 경우는 필요 최소한의 자료를 제외하고는 모두 공개하는 공개정책을 천명한 바 있다. 이러한 적극적인 경찰정책은 국민들로 하여금 경찰에 대한 신뢰를 높이는 계기가 될 것이다. 그리고 이는 경찰조직과 지역사회가 더 한층 연결되는 공격적 홍보전략에 해당된다고 볼 수 있다. 둘째, 언론접촉의 규제이다. 경찰의 비밀이나 정보가 유출되지 않도록 청장이나 서장의 허락 없이 경찰공무원이 언론과 개별적으로 접촉하는 것을 금하고 있다. 경찰관이 어떤 사건에 관련된 사람에 대해 알고 있는 내용을 자의로 인터뷰 등을 통해 공개했을 경우 그 해당자가 사생활 노출이나 인권침해를 당할 수도 있기 때문이다. 넷째, 경찰홍보와 타기능의 분리이다. 우리 경찰의 홍보기능은 기관별로 협조체제가 아직 미약한 편이다. 이는 경찰홍보전략이 종합되어 있지 못하고 미약함을 보여주는 사례이다. 경찰에서 공보관실이 있으나 기자들은 공보관실보다는 사건담당 경찰을 직접방문하거나 경찰간부에게 직접 전화를 걸어서 기사자료를 입수하고자 시도하는 경향이 강한 편이다. 이는 경찰업무수행에 있어서 많은 지장을 주는 행위이므로 경찰청에서 그 대책을 강구해야 한다. 다섯째, 총체적 경찰홍보전략이다. 이는 영국 등지에서 활용하는 홍보전략으로 경찰의 업무처리를 실시간에 언론홍보실에 설치된 컴퓨터의 모니터에 나타나게 하는 일련의 전산체계를 구축하는 일이다.

경찰공제회(警察共濟會/the police mutual aid association) 1989년 7월 20일 재단법인으로 출범한 이래 1991년 11월 30일 경찰공제회법(법률 제4403호) 제정에 의해 1992년 10월 24일 설립된 경찰청 산하기관이다. 경찰관(경찰기관에 근무하는 직원 포함)의 생활안정과 복지증진에 기여함으로써 경찰행정의 발전과 치안역량의 향상을 도모하고자 창설된 경찰종합복지기관이다. 경찰공제제도를 통하여 경찰관의 복지를 증진시키고 나아가 경찰행정 발전에 기여하는 것을 목적으로 한다. 1948년 국립경찰의 창설과 함께 출범했던 경우협회가 소액의 기여금으로 인해 활발한 활동을 펼 수 없었던 것을 경찰공제회로 개편, 정관을 개정하여 경찰관 개개인에게 직접 도움을 줄 수 있는 복지제도의 일환으로 설립되었다. 정관과 규정에 따라

① 회원에 대한 급여의 지급 사업, ② 회원을 위한 각종 후생 · 복지 시설의 설치 운영사업, ③ 기금조성을 위한 사업 등을 하고 있다. 또한 2001년부터 경찰복리후생의 일환으로 결혼 · 출산 · 축의금 등을 신설하여 지급하고 있다. 이와 같이 경찰공제회는 경찰관의 복리후생을 위해 많은 수익사업을 하고 있으며, 여기서 얻는 이익금으로 경찰복지와 생활안정을 위해서 기금을 이용하고 있다.

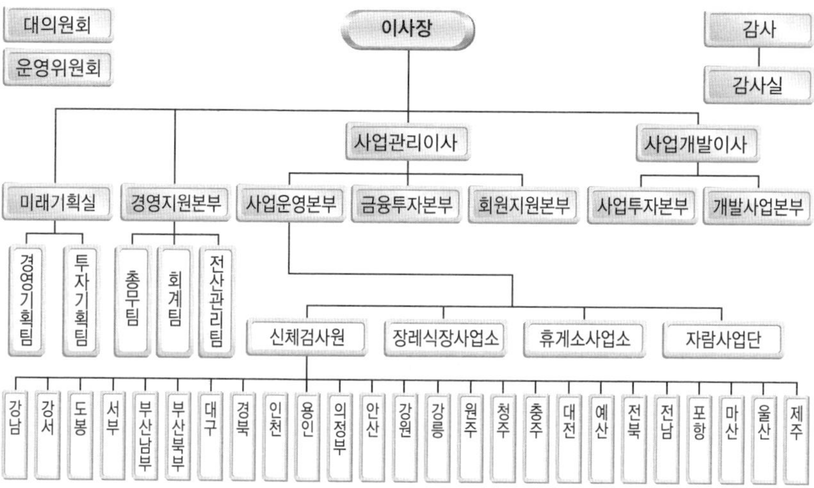

경찰공조조회 포털시스템 경찰의 공조조회포털에서 여러 가지 기능별로 만들어 놓은 각종 종합정보업무 중 경찰간의 공조가 필요한 업무내용들을 통합하여 하나의 아이디와 비밀번호로 접속하여 작업을 처리할 수 있도록 구축된 시스템을 말한다. 그 구체적인 내용을 보면 경찰이 쫓고 있는 용의자, 내사자 인적 파악, 추적 등 공조업무, 온라인조회업무, 각종 통계업무 등이 있으며 또한 웹방식으로 묶은 경찰내부망의 포털사이트이다.

경찰공직자윤리(公職者倫理) 경찰공무원이 직무를 하는 데 있어서 경찰공무원로서의 지켜야 할 윤리규범을 의미한다.

경찰과 대중매체와의 관계 이제 우리는 인터넷 없는 상황에서 생활한다는 것은 상상하기조차 어렵게 되었다. 경찰 역시 이러한 대중매체를 통해서 홍보해 나가지 않으면 안 되는 시대가 되었다. 국민들은 대중매체를 그대로 믿는 경향이 있기 때문에 경찰이 홍보하는 데 있어서 진실된 정보만을 알리는 일이 더욱 중요하게 됐다. 영국의 수도경찰청장으로 1970년대 경찰개혁의 주도자 역할을 수행한 로버트 마크 경(Sir Robert Mark)은 경찰과 대중매체의 관계를 비록 '단란하고 행복스럽지 않더라도 오래 지속되는 결혼생활'에 비유했다. 라이너(Robert Reiner)와 크랜던(Garth Crandon)은 '경찰과 대중매체가 서로를 필요로 하는 공생관계'에 있음을 강조한바 있다. 에릭슨(Richard V. Erickson)은 '경찰과 대중매체는 상호 얽혀서 범죄와 정의 및 사회질서의 현실을 해석하고 규정짓는 사회기구의 역할을 수행한다는 것'을 강조했다.

경찰과 지역사회관계론(警察과 地域社會關係論/Police Community Relation) 경찰과 지역사회 혹은 경찰과 일반대중의 관계를 이론적 관점에서 분석하고 양자 사이에 상호협력의 관계를 정착시키는 데 필요한 전략과 전술을 체계화한 이론을 말한다. 이 이론은 경찰활동의 상대방인 지역주민의 협력과 도움을 절대적 필요조건으로 여기고 지역사회와의 관계를 개선하는 방법을 체계화시킨 것이다.

경찰과학(警察科學) 범죄학, 사회학, 심리학, 범죄예방학, 수사학, 교통공학, 정보학 등의 사회과학을 의미한다.

이를 종합해 볼 때 경찰학의 기초분야에는 경찰철학, 경찰이념론, 경찰윤리론, 경찰학역사, 비교경찰론, 경찰환경론 등이 속한다. 경찰의 체제분야에는 경찰기획론, 경찰조직론, 경찰인사관리론, 경찰예산론, 경찰장비론, 경찰통제론, 경찰개혁론, 경찰정보체계론, 경찰지식관리체계론 등이 포함된다. 그리고 경찰수단 분야에서는 생활안전경찰론, 수사경찰론, 교통경찰론, 경비경찰론, 정보경찰론, 보안경찰론, 외사경찰론 등의 분과들이 포함되고 있다.

경찰관급외 장비 구입금지 경찰장비는 관급장비 외에 임의장비(경찰장비, 유사장비 포함)를 구입하여서는 아니된다고 명시되어 있다. 다만, 경찰업무수행상 불가피한 경우에는 행정사무용품 또는 일용품에 한하여 구입할 수 있다고 일부 허용하고 있다〈경찰장비관리규칙 제11조 참조〉.

경찰관료제(警察官僚制/Police Bureaucracy) 막스 베버의 관료제이론에 경찰조직의 특수성을 적용하여 정의를 내릴 수 있다. 경찰관료제란 관리층에서 볼 수 있는 일종의 독선적인 경향을 의미하는 것으로 국가권력을 배경으로 엄격한 계급하에서 행동하며 상관에 대하여는 무비판적으로 맹종하고, 부하에 대하여는 일정한 권위를 행사하는 계층제 조직인 동시에 국민의 의사를 무시하고 자신의 독선으로 국민의 권리를 저하시키기에 이르는 경향이 농후한 것을 말한다. 일반적으로 경찰관료제의 특성으로는 ① 명령하달과 하부통제, ② 법규에 의한 권한의 범위와 직위부여, ③ 경찰관료의 계서주의에 따른 특성, ④ 문서관리주의에 따른 특성, ⑤ 법규우선주의에 따른 특성, ⑥ 경찰관료의 전문화에 따른 특성, ⑦ 분 업에 따른 특성 등이 있다.

경찰관리(警察官理/police management) 윌슨(O. W. Wilson)은 경찰관리는 관리자인 간부가 시민을 위한 경찰조직을 훌륭하게 유지하고 성장시켜 가는 것이라고 정의하며, 경찰기능을 최대한으로 발휘하여 업무 성과를 내실 있게 하고, 경찰관 개개인을 향상시켜 나가는 것이며 이 모든 요소를 결합하여 적극적으로 가동·통제해나가는 것이라고 하였다. 즉 경찰관리는 경찰목적을 달성하기 위해 평소 많은 경찰직원이 각자의 임무 분담에 따라 활동하고 이들 활동을 실수 없이 적절하게 수행해 나가는 한편 여러 활동을 결합시켜 전체의 활동을 효율적이고 신속하게 운영하기 위한 작용이다.

경찰관리자(警察管理者) 경찰관리자란 경찰조직이 국민의 안위를 위해 세운 목표와 목적을 달성하기 위해 경찰조직이 가지고 있는 경찰인력과 자원을 이용하여 치안업무를 추진해 나가는 사람을 말한다. 경찰에서 관리자란 통상 총경급 이상을 지칭한다. 일반적으로 총경급 이상을 고위관리자, 그 이하의 과장이나 계장, 팀장 등을 중간관리자라고 부른다. 경찰관리자의 역할은 다음과 같이 여섯 가지로 대별할 수 있다. ① 비전(Vision)의 제시, ② 환경에 대한 적응성 확보, ③ 조정과 통합, ④ 부하의 양성, ⑤ 부하의 사기관리, ⑥ 부하의 생활지도 등이다.

경찰관의 직무(警察官의 職務) 경찰관직무집행법에 기하여 경찰관이 행할 직무를 말하며, 학문상 경찰관의 직무와 일치하지 아니한다. 즉, 전자의 경찰관에는 사법경찰 관리를 포함하는 데 반하여, 후자의 경찰관에는 사법경찰관리가 제외되어 있는 대신에 광의의 행정경찰관리를 포함하고 있다. 경찰관직무집행법상의 경찰관의 직무의 ① 범죄의 예방, ② 범죄의 진압, ③ 범죄의 수사, ④ 경비, ⑤ 요인경호, ⑥ 대간첩작전집행, ⑦ 치안정보의 수집, ⑧ 치안정보의 작성, ⑨ 치안정보의 배포, ⑩ 교통의 단속, ⑪ 위해의 방지, ⑫ 기타 공공의 안녕과 질서유지로 되어 있다. 사법경찰관리는 원칙적으로 각 소속관서의 관할 구역 내에서 직무를 행한다. 그러나 예외로서 관할 구역 내의 사건과 관련성이 있는 사실을 발견하기 위하여 필요한 경우에는 관할 구역 외에서도 그 직무를 행할 수 있다.

경찰관직무집행법의 목적과 연혁 경찰관직무집행법은 경찰관의 직무수행에 필요한 사항을 규정하기 위해 제정된 법을 말한다. 본 법은 1953년 12월 14일 법률 제299호로 제정되었다. 1981년 4월 13일 제1차개정(법률 제3427호)에서는 경찰관직무범위를 구체화하고 범죄예방을 위한 가택방문, 사실의 확인, 유치장, 장구의 사용 등이 신설되었다. 1988년 12월 31일 제2차 개정(법률 제4048호)에서는 임의동행시 동행요구거절권(동행시간 3시간 이내)을 명시하고 동행인에게 연락기회부여와 변호인 조력권을 명시했다. 방범방문 조항을 삭제하고 보호조치와 무기사용의 요건을 엄격히 규정했다. 1989년 6월 16일 제3차 개정(법률 제4130)에서 최루탄의 사용요건을 엄격히 하였다. 1991년 3월 8일 제4차 개정(법률 제4336호)에서는 임의동행시 동행을 거부할 자유와 동행 후 언제나 퇴거할 자유가 있음을 사전고지토록 한 규정을 삭제했다. 임의동행을 6시간으로 늘렸다. 1996년 8월 8일 제5차개정(법률 제5153호), 1999년 5월 24일 제6차 개정(법률 제5988호)은 경찰장구, 무기 등을 포괄하는 경찰장비규정을 신설했다. 1999년 11월 27일에는 경찰장비의 사용기준 등에 관한 규정이 제정되었다. 2004년 12월 23일 제7차 개정(법률 제7247호), 2006년 7월 1일 제주도가 특별자치도로 변경됨에 따라 2006년 2월 21일 제8차 개정(법률 제7849호)이 이루어졌다.

경찰관청의 대리(警察官廳의 代理) 경찰관청 권한의 전부 또는 일부를 타인(보조기관이나 타경찰관청)이 피대리관청을 위한 것임을 표시하고, 자기의 명의로 발행하여 그 행위가 피대리관청의 행위로서 법률상 효과가 발생하는 것을 말한다. 경찰관청의 대리는 ① 피대리관청의 권한 자체의 이양이 아닌 점에서 권한의 일부를 실질적으로 타경찰기관에 이양하는 권한의 위임과 구별되고, ② 대리자의 명의로써 행사되는 법률상의 대행이라는 점에서 사실상의 대행에 불과한 내부위임(전결 · 대결)과 구별되며, ③ 권한(직무)의 대리라는 점에서 인격의 대리인 사법상의 대리와 구별된다. 즉 경찰관청의 대리에 있어서는 본인이 사망 · 궐위된 경우도 대리가 가능하나 사법상의 대리에 있어서는 그것이 불가능하다. 경찰관청의 대리는 그 발생원인을 표준으로 하여 위임대리와 법정대리로 나누어진다. 위임대리는 피대리관청의 수권행위에 의해서 발생하나 법정대리는 일정한 법정사실의 발생에 의해서 당연히 발생한다.

경찰교육원(警察教育院/Police Trainning Institute)　　경찰공무원법 제17조에 의하여 경찰공무원(전관경찰순경 포함) 또는 경찰관으로 임용될 자에 대한 교육훈련을 위하여 설립한 경찰학교이다. 2009년 11월 25일(강희락 경찰청장) 「경찰청과그 소속기관등 직제개정」에 의해 신설된 교육기관으로 충남 아산에 사업비 1,880억원을 투입하여 연건축면적 98,227㎡의 시설을 준공함과 더불어 개원하였다. 경찰교육원의 전신은 인천광역시 부평 소재 경찰종합학교이다. 기존의 경찰종합학교의 기능은 그대로 유지되었으며 조직과 기능을 확대개편했다. 경찰교육원의 전신인 경찰학교 시절인 2001년 5월 23일부터 기존의 교수요원들에게 붙여지는 공식명칭은 교관에서 교수로 변경되었다.

경찰교육원의 주요기능은 간부후보생과 초급간부반 필수기본교육 및 일선 현장에서 필요로 하는 직무교육이다. 경찰간부후보생을 선발해 1년간 교육훈련 후 경위로 임용하는 중요한 과제를 담당하며 동시에 경찰간부들의 재교육을 위해 수많은 프로그램을 제공하고 있다.

소재지는 충남 아산시 초사동 407번지이며 본관, 강당동, 강의동, 체육관, 후생관, 경비대, 생활관, 실내사격장 등 현대식 시설을 갖추었다.

조직으로는 교육원장 산하에 운영지원과, 학생과, 교무과를 두고 있다. 교육원장은 치안감으로 보하며 1대 경찰교육원장은 김남성 치안감(2011.1.8~2011.11.27)이었으며, 2012년 현재 제2대 교육원장은 김학배 치안감(경북대 법학과/사시 26회/변호사/전 대전지방경찰청장/한세대 경찰학 박사수료)이 맡고 있다.

경찰구매통제　　일반적으로 물품구매요청을 받은 물품관리관은 물품수급관리계획, 정수 및 규격서를 검토하여 물품수급관리계획에 계상되지 않은 물품, 정수초과 물품 또는 규격서에 부합하지 않는 물품의 구매요청시 물품수급관리계획 변경, 정수조정 또는 규격심의 요구 등 필요한 조치를 취한 후 재요청하도록 하여야 한다. 그리고 물품구매를 요청하는 수요부서의 장은 물품을 구매하는 경우 물품에 대하여 "고유번호(제작년도, 일련번호)"를 부여하고 "경찰마크( )", "경찰" 또는 "KNP" 등을 표기하도록 요구할 수 있다. 나아가서 수요부서의 장으로부터 구매요청을 받은 계약담당공무원은 수요부서의 장의 요구사항이 반영될 수 있도록 구매하여야 한다(경찰장비관리규칙 제10조 참조).

경찰국가시대(警察國家時代) 17세기부터 경찰개념이 양적으로는 범위가 줄어들었지만 반대로 질적으로는 강화되어 질서유지뿐만 아니라 적극적인 복리증진까지도 경찰권을 행사하던 시기를 말한다.

경찰권(警察權/police power) 경찰작용으로서 발동되는 일반통치권을 말하는 것으로 그 나라의 통치권에 복종하는 자는 내국인, 외국인, 자연인, 법인의 구별 없이 경찰권의 대상이 된다. 법치국가에 있어서는 경찰권의 발동은 반드시 법규의 근거가 있어야 하고, 또 명문 또는 조리상의 한계에 제약된다. 미국에 있어서 경찰권이라는 말은 국민의 기본권의 한계와의 관련 하에서 판례법을 통하여 발전되고 있다.

경찰권력의 기초(警察權力의 基礎) 경찰 권력이 발생하는 근거를 말하는 것으로, 공공의 안녕 질서의 유지를 위한 위해방지를 목적으로 일반통치권에 의거하여 국민에게 명령 · 강제하는 권력을 말한다. 따라서 경찰 권력은 국가의 일반통치권에 그 권력의 기초를 둔다. 경찰 권력은 우리나라와 같이 대륙형 국가경찰제도 하에서는 국가에 전속되고, 영국형 자치체경찰제도 하에서는 자치단체에 위임 또는 수권하고 있는 경우가 많다.

경찰권의 한계(警察權의 限界) 경찰권이 유효하게 발동될 수 있는 한계를 말하며, 경찰권의 발동은 사회공동의 질서유지를 위하여 불가피한 일이나 국민의 자유와 권리를 침해하는 전형적인 권리적 작용이기 때문에 여러 가지 한계점을 내포하고 있다. 경찰권의 발동에는 발동의 대상 · 범위 · 조건 · 양태에 있어서 구체적인 규정이 없는 경우에도 경찰권은 무제한으로 발동할 수 있는 것이 아니고, 조리상 일정한 한계가 있다. 이 한계를 넘은 경찰권의 발동은 항상 위법으로 해석된다. 통상 다음의 4원칙이 주장되고 있다. ① 경찰책임의 원칙: 경찰권은 경찰위반의 상태가 있는 때, 즉 사회공공의 안녕과 질서에 대한 장해가 생기거나 또는 생길 우려가 있을 때, 이 상태의 발생에 관하여 경찰책임을 가지는 자(그 사람의 생활범위에 속하는 것을 포함한다)에 대하여서만 발동하는 것을 원칙으로 하고, 경찰책임이 없는 자에 대하여서는 긴급을 요하는 경우로서, 특히 법령이 인정하는 때(경찰긴급권의 경우, 경찰긴급권의 항 참조) 이외에는 발동할 수 없다. 경찰책임을 발생시키는 사람의 생활범위는 그 자의 사실상의 지배하에 있는 모든 사람 및 물건을 가리키고, 그 자신은 물론 가족 · 사용인 · 가축 기타 그 자의 소유 또는 점유하는 모든 물건을 포함한다. ② 경찰공공의 원칙: 경찰권은 사회공공의 안녕과 질서를 위해서만 발동할 수 있고, 이것과 직접 관계가 없는 사생활상의 분쟁이나 사주소 · 사경영 · 민사상의 법률관계에 대해서는 미치지 아니한다. 이것을 민사불개입의 원칙이라 한다. 이 원칙의 구현으로서 「민사 분쟁에의 부당개입의 금지」 규정이 있다. 그러나 미성년자의 음주 · 끽연이나 아동의 학대, 동물의 학대 등 사회공공에 영향을 미치는 경우는 경찰권을 발동할 수 있다. ③ 경찰비례의 원칙: 경찰권의 발동 및 정도는 사회공공의 질서에 있어서 용서할 수 없는 장해의 정도에 비례하여야 한다. 또한 그 장해를 제거하기 위한 수단으로서 경찰관의 직권행사는 항상 그 직권수행에 필요한 최고한도에 그쳐야 한다. 이 경찰비례의 원칙의 구현으로는 「경찰관의 직권은 그 직무수행에 필요한 최소한도 내에서 행사되어야 한다」는 규정이 있다. ④ 평등의 원칙: 경찰권은 모든 국민에 대하여 성별 · 종교 · 사회적 신분 · 인종 등을 이유로 자의적 또는 불합리한 조건에 의하여 차별적으로 발동되어서는 안 된다는 원칙이다.

경찰권의 한계는 법규상의 한계와 조리상의 한계로 구분할 수 있다. 경찰법규상의 한계는 경찰행정작용에는 법치행정의 한 원칙으로서의 법률유보(法律留保)가 특히 엄격하게 요청되어, 반드시 법규에 근거가 있을 때에만 발동될 수 있는 동시에 법규의 규정에 따라 발동의무가 있는 경우에는 반드시 발동되어야 한다. 결국 경찰법규는 경찰권의 근거인 동시에 다른 한편 그 한계인 것이다. 그러나 원래 경찰행정은 주로 장래에 발생할 위해를 방지하고 제거하는 작용인 까닭에 임기응변적인 성격이 강하고 재량권의 여지가 많으므로, 경찰법규가 그러한 위해를 예견하여 그에 대한 조치를 빠짐없이 규정한다는 것은 기술적으로 불가능하기 때문에 법치주의로부터 오는 위와 같은 법규적 제약만으로는 불충분하다. 따라서 경찰권의 한계로는 그러한 재량권의 행사를 제약하는 조리상(條理上)의 한계가 중요한 의미를 가지게 되는 것이다. 종래에는 경찰권의 한계를 주로 경찰권이 발동되어서는 안 되는 소극적인 한계로만 이해했으나, 현대적 경찰행정에서는 경찰권이 발동되지 않으면 안되는 적극적 한계도 중요시되고 있다. 즉 개인의 생명 · 건강 · 자유 · 재산이 중요한 위협을 받고 있고, 경찰이 다른 동가치적인 보호법익을 희생시키지 않고 대처할 수 있는 경우에는, 개인의 안전과 국가기관에 대한 신뢰를 보호하기 위하여 법규에 근거가 있고 없고를 막론하고 경찰개입이라는 결정만이 성실한 재량권의 행사로 간주된다.

경찰기관(警察機關) 경찰업무를 담당하는 기관으로 경찰관청, 경찰의결기관, 경찰보조기관, 경찰자문기관, 경찰집행기관, 경찰감사기관, 경찰교육기관 등을 총망라한 경찰기관을 말하나 여기에서는 경찰공무원임용령에 정한 기관을 말한다. ① 행안부 경찰청, ② 시도경찰국, ③ 해양경찰대, ④ 경찰대학, ⑤ 경찰교육원, ⑥ 경찰서, ⑦ 경찰기동대, ⑧ 대간첩작전을 주 임무로 하는 경찰기관, ⑨ 지구해양경찰대, ⑩ 경비함정, ⑪ 경감 이상의 경찰관을 장으로 하는 경찰기관 중 행안부장관이 지정하는 기관이다.

경찰기능(警察技能) 경찰기능은 시대의 변천에 따라 변화되어 건국경찰, 구국경찰, 호국경찰로서 기능을 수행하여 왔다. 특히, 현대에 들어 경찰의 기능 가운데 봉사기능이 강화되고 있는 추세이다. 일반적으로 경찰기능은 다음과 같이 네 가지로 구분할 수 있다. ① 보호기능: 방범활동 및 경비, 교통 및 질서확립, 퇴폐행위단속, 해상경비활동, 사회보호업무, 대공경계, 국제범죄, 요인보호, 경호 등이다. ② 규제기능: 총포, 도검, 화약허가단속, 운전면허업무 지도, 해양오염감시규제, 무기탄약관리, 신원조회 및 기록, 각종 질서사범 수사, 위험지역 출입통제 및 해제 등이다. ③ 구원기능: 해상구호지도, 산악구호지도 등이다. ④ 직접봉사기능: 노약자 및 청소년 지도 등이다.

경찰기동대(警察機動隊) 2008년 7월 정식경찰관으로 구성된 기동대를 말한다. 경찰관 기동대 가운데 13개 중대는 전의경의 감축에 따라 신설된 부대로 이들은 2년간 기동대에서 조건부 근무하며 그 후 일선 경찰서로 배치되는데 시위진압, 방범순찰, 교통정리와 단속, 재난재해시 구호 및 복구, 실종자 수색 등의 업무를 담당한다.

경찰기동장비 경찰의 "기동장비"라 함은 자동차와 원동기를 장치한 이륜차를 말하고, "차량정수"란 경찰기관별로 인가되어 정하여진 차량의 수를 의미한다.

경찰기장(警察記章) 경철관의 명예감을 북돋우고 치안역군으로서 사기를 진작시키기 위하여 경찰공무원 기장령에 의거하여 기장을 수여하는 제도를 말한다. 기장은 경찰지휘관장과 경찰근속기장으로 구분되는데, 경찰지휘관장은 경정 이상 경찰기관의 장에게 수여되며, 경찰근속기장 가운데 성실장은 10년 이상 근속자, 봉사장은 20년 이상 근속자, 충성장은 30년 이상 근속자, 평생장은 40년 이상 근속자에게 수여된다.

경찰기획(警察企劃) 경찰조직의 발전을 위해 가능한 정보능력을 동원하여 예측, 계획 그리고 방침에 대한 올바른 결정을 내림으로써 목표달성을 위한 수단을 강구하고 그에 따른 어떤 한계를 설정하는 일련의 행위를 말한다. 즉, 경찰기획은 어떤 목표를 설정하여 설계하고 그에 따른 목표를 성취할 수 있는 최후의 수단을 찾아내는 것을 의미한다.

경찰노조의 역할 경찰노조는 경찰조직에서 노조활동을 함으로써 긍정적인 기여와 부정적인 기여를 동시에 수반하고 있다. 경찰노조의 단체행동은 국가의 안위와 공공질서유지 차원에서 볼 때 심히 우려되는 사항이다. 따라서 어느 국가든 간에 이를 허용한다는 것은 거의 어려운 실정이다. 그럼에도 불구하고 조철옥의 연구에 따르면 다음과 같은 긍정적인 측면도 있다(조철옥, 2000: 408-409). 첫째, 경찰은 노조활동을 통해 자신들의 복지향상에 큰 결과들을 가져왔다. 미국의 경찰노조에서도 경찰의 인사권이 서장에게 집중되어 인사상의 불이익 등을 당하는 경우가 있었다. 이러한 문제들은 노조활동을 통해 상당히 개선되는 효과를 가져왔다. 경찰의 복지향상으로 인해 많은 유능한 젊은이들이 경찰조직에 대거 지원하는 결과도 있었을 뿐 아니라 경찰공무원들의 사기도 급속도로 향상되었다. 둘째, 경찰관련 제반 정책 결정에 경찰노조가 참여하여 도움을 준다. 미국의 경우를 보면 경찰노조는 지방자치단체가 경찰에 관련된 정책을 수립하고 결정하는 데 있어서 직간접적으로 참여함으로 미리 이슈화될 결정사항들을 다소나마 억제시키는 역할을 수행할 수 있다고 평가된다. 셋째, 경찰의 전문직업화와 경찰노조간의 갈등이다. 미국의 경우 자치단체는 경찰관의 자격요건을 강화하고 고등교육의 이수를 통해 능률의 극대화를 꾀하려는 정책을 추구하고 있으나 경찰노조는 이러한 정책에 반대하는 입장을 취하고 있다.

위와 같이 경찰노조는 긍정적이고 부정적인 특성을 동시에 내포하고 있기 때문에 경찰노사가 상호 협조해서 문제를 풀어 가는 지혜가 요구된다.

경찰 대가택적 즉시강제수단 위험한 사태가 발생하여 인명, 신체 또는 재산에 대한 위해가 절박한 때에 그 위해를 방지하거나 피해자를 구조하기 위하여 부득이하다고 인정되는 경우 경찰관이 타인의 건물 등에 출입하는 조치를 말한다. 한편 경찰은 공개된 장소에 대한 출입이 가능하다. 즉 예방출입: 흥행장 · 여관 · 음식점 · 역 기타 다수인이 출입하는 장소의 관리자 또는 이에 준하는 관계인은 그 영업 또는 공개시간 내에 경찰관이 범죄의 예방 또는 인명 · 신체와 재산에 대한 위해예방을 목적으로 그 장소에 출입할 것을 요구할 수 있고, 이 경우 상대방은 정당한 이유 없이 출입을 거절할 수 없다. 그리고 대간첩작전지역안의 검색이 가능한바, 경찰관은 대간첩작전수행에 필요한 때에는 작전지역 안에 있어서의 위의 장소 안을 검색할 수 있다. 그러나 경찰관도 출입시에 주의할 사항이 있다. 즉 경찰관이 위험방지를 위해 필요한 장소에 출입할 때에는 그 신분을 표시하는 증표를 제시하여야 하며, 함부로 관계인의 정당한 업무를 방해하여서는 아니 된다(경찰관 직무집행법 제7조).

경찰대학(警察大學/Korea National Police University) 경찰간부를 양성하기 위하여 설립된 4년제 국립대학으로 1979년 경찰대학설치법이 제정, 공포되고, 1981년 제1기생이 입학하여 인천 부평 경찰종합학교에서 교육을 시작하였다. 경찰대학 설치법 제12조에 따라 경찰대학에는 경찰수사안보연구소, 치안정책연구소를 부설로 설치하였으나 경찰수사안보연구소는 개편되어 경찰청 직속의 경찰수사연구원으로 바뀌었다. 이후 1983년 현재의 용인캠퍼스로 이전하였으며, 1985년 제 1기생이 졸업한 이래 2010년 현재 2,879명(여자 135)의 졸업생을 배출하고 1989년 3월 제9기생부터 여학생 5명을 포함 선발하고 있다. 학생의 입학자격은 대학수학능력고사를 거친 자로서 입학년도의 3월 1일 현재 17~21세 미만의 남자로 한다. 단 다음에 해당하는 자는 제외한다. ① 경찰공무원법 제7조제2항각호의 1에 해당하는 자, ② 사상이 건전하지 아니한 자, ③ 학칙에 규정된 신체기준에 미달한자, ④ 본교 또는 다른 대학에서 퇴학처분을 받은 자(경찰대학의 조직과 학비운영에 관한 규정(7)) 학과는 경찰학과정과 일반학과정을 두고 졸업자에게는 법학분야 전공자는 법학사, 행정학분야 전공자는 행정학 학사 학위를 수여한다.

경찰대학설치법(警察大學設置法) 우리나라가 1945년 8월 해방을 맞이한 이후 미군정 통치를 거쳐 같은 해 10월 21일 국립경찰이 창설되었고 일제식민지하에서 근무하던 경찰관들이 그대로 재임용되어 일제에 협조하던 경찰청산에 실패했던 역사가 이어지고 경찰의 자질문제는 해방 이후 지속적으로 제기되어 왔다. 무엇보다 60년대와 70년대 이후 한강의 기적을 근간으로 하는 눈부신 산업화 및 도시화가 이루어졌으며 더불어 시민들의 의식수준이 급속히 높아졌음에도 불구하고 시대정신에 알맞게 법을 집행하는 경찰관의 의식과 지식수준은 기대에 미치지 못하고 충돌하는 경우가 많았던 게 사실이다. 이러한 역사적 맥락에서 1970년대 초부터 경찰 내부는 물론이고 학계와 사회 일각에서 우리나라 경찰간부의 일반 지식차원의 질적 향상과 전문경찰인력의 양성을 위해서는 정규 대학과정의 경찰대학이 설치되어야 한다는 주장이 설득력을 얻게 되었다. 사실 이 당시의 경찰교육 수준을 보면 적지 않은 수의 경찰관들이 순경급이나 경찰간부급이나를 막론하고 고등학교 학력 수준을 보여주고 있었던 것이다. 이러한 문제를 극복하고 우수한 경찰간부후보생을 배출하기 위해 1979년 12월 마침내 「경찰대학설치법」이 국회를 통과하게 됐으며 1981년 3월을 기해 정규 4년제 대학과정의 국립경찰대학이 탄생하였다(전대양, 국가기록원 나라기록 자료참조). 그 법적 절차를 보면 우리나라 국립경찰대학은 1979년 12월 28일 법률 제3172호로 「경찰대학설치법」이 국회를 통과하여 1981년 3월에 제1기 신입생이 치열한 경쟁을 통해 선발되고 일반대학 교육과정과는 달리 사관학교식의 강도 높은 교육을 진행했다. 경찰간부로서의 사명감이 고도로 함양된 정예경찰간부의 양성과 치안행정의 발전을 위하여 4년제의 정규 국립경찰대학이 본격 닻을 올리게 됐다. 「경찰대학설치법」의 입법취지는 다음과 같다. 첫째, 당시 내무부장관소속하에 4년제 정규 국립경찰대학을 설치하는 것이었다〈고등교육법 제31조 제1항 및 경찰대학설치법 제2조〉. 둘째, 경찰대학의 교과는 일반학과정과 경찰학과정으로 나누고 그 내용은 당시 내무부장관이 문교부장관과 협의하여 정하도록 했다〈경찰대학설치법 제4조〉. 셋째, 경찰대학에 학장과 필요한 공무원을 두도록 했다〈경찰대학설치법 제5조〉. 넷째, 경찰대학 졸업생에게는 법학사 또는 행정학사의 학위를 수여하고 경위로 임명하는 것으로 했다〈경찰대학설치법 제7조〉. 다섯째, 경찰대학학생의 학비는 전액 국고에서 부담하고, 수당 · 피복 기타 교육에 필요한 급여품을 지급하고 급식과 월급(보수)을 지급하기로 했다〈경찰대학설치법 제9조〉. 여섯째, 경찰대학을 졸업하고 경찰공무원으로 임용된 자는 6년간 의무복무하도록 했다〈경찰대학설치법 제10조〉. 일곱째, 경찰대학에 현직경찰관과 경찰관으로 임용될 자에게 필요한 교육훈련을 실시하기 위한 부설교육기관과 경찰대학의 교육과 관련되는 학술 및 정책의 연구발전을 위한 부설연구소를 설치할 수 있도록 한 것이다〈경찰대학설치법 제12조〉 (전대양, 국가기록원 나라기록 자료참조). 그 대표적인 것이 오늘날 경찰의 싱크탱크인 치안정책연구소이다. 경찰대학의 입학, 졸업, 교육 및 부속기관의 현황을 보면 우리나라 국립 경찰대학은 설치 당시에 고급경찰간부의 양성을 위한 정규 4년제 국립대학으로서 매년 법학과 60명, 행정학과 60명 도합 120명씩을 선발 · 교육하며 전공별 행정학사와 법학사를 수여했다. 1981년 1기생이 입학하여 1985년 3월에 9명이 탈락하고 최종 111명이 졸업했다. 이후 2011년 3월 29일까지 경찰대는 27기 졸업생까지 포함해 총 3천 113명(여경 159명)의 경찰 간부〈경위 임용〉를 배출했다. 한편 경찰대학생은 졸업과 동시에 경위로 임용되어 2년간 전투경찰대 · 기동대 근무를 통하여 병역의무를 이행한 후 일선에 배치된다〈경찰대설치법 제10조〉. 오늘날까지 국립경찰대학에는 4년제 정규과정 이외에도 직무교육과정으로 치안정책과정(총경), 기본교육과정(경감, 경정), 전문교육과정(경정 이하)을 두어 현직 경찰간부에 대한 직무교육을 실시하고 있으며, 부설기관인 경찰수사연수원을 설치 · 운영함으로써 해당 현직경찰관에 대한 전문교육을 극대화함은 물론, 치안정책연구소를 두어 소속 연구관들과 외부연구위원들을 통해 경찰학 관련 학문연구에 크게 기여하고 있다.

경찰대학의 교육과정 경찰대학의 교과과정은 법학사 · 행정학사로서, 또한 경찰간부로서 필요한 전공, 전공기초 과목, 현대사회에서 교양인으로 필요한 다양한 기술을 모두 습득하도록 짜여져 있으며 4년 동안 총 172학점을 취득해야 한다. 국립경찰대학생은 4년간의 교육 후 경찰간부인 경위로 임용된다.

학과	법학과		행정학과	
전공 30학점	경찰법학	범죄수사학	경찰행정학	공공질서학
	필수(20학점 선택(10학점)	필수(20학점 선택(10학점)	필수(20학점 선택(10학점)	필수(20학점 선택(10학점)
전공기초 85학점	법학(43학점), 행정학(12학점), 경찰학(30학점)		법학(35학점), 행정학(20학점), 경찰학(30학점)	
교양 25학점	경찰작문, 영어(영어와 문화, 회화, 독본, 작문, 시사영어), 제2외국어 독본 및 회화(중국어, 일본어, 러시아어, 독일어, 프랑스어, 서반아어, 아랍어), 사회학, 정치학, 자연과학, 역사학, 동양고전, 사회체육(테니스, 골프) 등			
기타 32학점	무도(8학점), 훈육(16학점), 관서실습(8학점)			
학점	총 172학점			

경찰대학의 기여와 문제점 국립경찰대학은 1981년 3월에 개교한지 30년이 되었으며, 그동안 배출한 3,113명의 경찰간부들이 치안일선에서 크게 활약 중이다. 2009년에는 이미 국장급인 치안정감도 배출되어 명실공히 경찰엘리트의 산실이 되었다. 경찰대학 졸업생들의 활약에 힘입어 경찰의 자질문제에 대한 시비가 상당부분 해소된 게 사실이다. 경찰의 부정부패가 일신되는 전기를 제공하기도 했다. 그러나 경찰대학은 「경찰대학설치법」에 따라 설립된 특수대학이다. 이 때문에 「교육법」에 의한 일반대학교들과는 그 법적 성질을 근본적으로 달리하고 있다. 따라서 특수대학으로서의 전문 직업성과 대학 고유의 학문성을 적절히 조화하기 어려운 본질적인 문제를 지니고 있기도 하다. 더구나 경찰기관에 국립경찰대학이라는 단일대학 출신의 경찰간부가 많아짐에 따라 비간부출신 계급간의 다양한 문제들에 노출되어 있는 게 사실이다. 예를 들어 경찰기관 내의 국립경찰대학출신들로 구성된 동문사조직 파워문제, 경찰대출신들에 의한 집단행동 가능성, 비간부 출신의 동료경찰관들로부터의 질시의 대상, 후배가 선배들을 앞질러 승진하면서 벌어지는 기수파괴 현상 문제, 일반대학에 많이 설치되고 있는 경찰행정학과와 법학과 등으로 인해 마침내 국립경찰대학 폐지론까지 대두되었다.

이러한 문제를 해소하는 방법으로는 국립경찰대의 120명이라는 입학생 숫자를 줄이고 일정 수를 비간부에서도 선발 · 교육하는 방안, 경위 이하로 계급을 낮추어 임용하는 방안 등이 고려될 수 있다. 너무 과분한 임용으로 인해 비간부 출신들로부터 불만이 고조되고 있다(전대양, 국가기록원 나라기록 자료 및 사단법인 한국자치경찰연구원, 연구보고서, 2011 참조).

경찰리더십(警察리더십/police leadership) 경찰의 조직목표를 성취하기 위해 경찰조직의 구성원과 집단을 조정하고 바람직한 방향으로 인도하고 지도하는 일련의 지도력을 말한다. 경찰리더십은 경찰조직의 외부로부터 지원과 협조를 확보하는 능력이나 기술이다. 경찰리더십은 경찰관들이 자발적으로 경찰조직의 목표달성에 참여하게 하고 명령 · 강제에 의한 것이 아니라 부하경찰관들과 경찰조직과 관련된 사람들과 관련해서 존재하는 것이다. 경찰리더는 경찰조직의 성과를 촉진시키는 역할의 수행과 경찰임무의 이행, 업무의 생산성 제고와 조직 구성원의 능력 향상, 영향력의 산출 등에 관해 책임을 져야 한다. 즉, 경찰리더십이란 경찰관들이 자발적으로 경찰조직의 목표를 달성하도록 대열에 참여하게 하는 것이다. 일반적으로 경찰리더십의 요건 즉, 경찰리더의 인간적인 요건은 다음과 같이 일곱 가지로 대별된다. ① 강하고 따뜻한 마음(warm heart), ② 인간적 매력, ③ 공평성, ④ 타인의견 존중, ⑤ 독단의 금지, ⑥ 파벌조성의 금지, ⑦ 냉정(cooi head) 등이다.

경찰면제(警察免除) 일반적으로 부과되어 있는 경찰상의 작위 · 수인 · 급부의무를 특정한 경우에 해제하여 주는 경찰상의 행정행위를 말한다. 여기에는 시험의 면제, 수수료의 면제, 납기의 연기 등이 해당된다.

경찰명령통일의 원리(警察命令統一의 原理) 경찰조직의 어떤 구성원도 한 사람의 직속상관으로부터만 명령을 받아야 한다는 것을 말한다. 경찰의 명령통일은 한 사람의 경찰상관으로부터 명령을 받아야 왜곡되지 않고 통일될 수 있다는 것을 의미한다.

경찰모델 세 가지 세계 각국에서 채택하고 있는 경찰모델 즉, 집권화 체제, 분권화 체제, 절충형 체제를 말한다. ① 집권화 체제(국가경찰제도): 집권화된 경찰체제는 경찰력이 중앙정부의 직접적인 통제하에 놓이게 되는 체제를 말한다. 이 같은 체제는 중앙집권적인 권력구조형태를 취하면서 개개 국민의 생명, 신체 및 재산에 대한 보호보다는 공공의 안녕과 질서유지를 더 중요시하는 제도이다. ② 분권화된 체제(자치경찰제도): 분권화된 경찰제도하에서는 경찰조직이 지방정부의 통제를 받는 것을 말한다. 아울러 경찰권 행사에 관한 책임은 지방정부나 지역경찰이 지게 된다. ③ 절충형 체제: 절충형 체제는 중앙정부와 지방정부가 경찰에 대한 통제권한을 공유하고 있는 제도이다. 이 같은 경찰제도는 집권형의 경찰구조에서 발생할 수 있는 권한남용의 가능성을 일정부분 감소시킬 수 있다.

경찰무기 무기란 인명 또는 신체에 위해를 가할 수 있도록 제작된 권총, 소총, 도검 등을 말한다. 사람을 살상할 용도로 제작된 것이나 병기 흉기와는 구별된다. 수갑 · 경찰봉 등과 같은 경찰장구는 사람을 살상하는 용도로 제작된 것이 아니라는 점에서 무기와 구별된다. 대간첩 · 대테러 작전 등 국가안전에 관련되는 작전을 수행할 때에는 개인화기 외에 공용화기를 사용할 수 있다.

경찰무기고 및 탄약고 설치 집중무기고는 다음 각 호의 경찰기관에 설치하는바, 경찰청, 지방경찰청, 경찰대학 · 경찰종합학교 및 중앙경찰학교, 경찰서, 경찰기동대 및 경비대, 전투경찰대, 경찰특공대, 기타 경찰청장이 지정하는 경찰관서이다. 그리고 무기고와 탄약고는 견고하게 만들고 환기 · 방습장치와 방화시설 및 총기시설 등이 완비되어야 하는 동시에 탄약고는 무기고와 분리되어야 하되, 될 수 있는 한 본 청사와 격리된 독립 건물로 하여야 한다. 무기고와 탄약고의 환기통 등에는 손이 들어가지 않도록 쇠창살 시설을 하고, 출입문은 2중으로 하여 각 1개소 이상씩 자물쇠를 설치하여야 하고, 무기 · 탄약고 비상벨은 상황실과 숙직실 등 초동조치 가능장소와 연결하고, 외곽에는 철조망장치와 조명등 및 순찰함을 설치하여야 한다. 특히 간이무기고는 근무자가 24시간 상주하는 지구대 등과 상황실 및 5분대기부대(이하 "상황실 등"이라 한다) 등 경찰기관의 장이 필요하다고 인정하는 상당한 이유가 있는 장소에 설치할 수 있도록 규정하고 있다〈경찰장비관리규칙 제 147조 참조〉.

경찰무기 사용의 한계 필요성, 합리성, 경찰비례의 원칙이 있다. 즉 사태를 합리적으로 판단하여 무기사용이 필요하다고 인정되는 상당한 이유가 있을 때 필요한 한도 내에서 사용하여야 한다. 그리고 보충성의 원칙(위해를 수반하는 무기의 사용)이 있다. 이는 무기를 사용하지 아니하고는 다른 수단이 없다고 인정되는 상당한 이유가 있을 때에 사용하여야 한다. 단, 정당방위의 경우, 대간첩작전 수행의 경우는 보호법익의 중대성 · 사회적 급박성에 비추어 보충성의 원리가 적용되지 않는다.

경찰무기의 사용방법 상대방에게 경고하여야 한다. 부득이한 때에는 경고하지 아니할 수 있다. 총기 또는 폭발물을 가지고 대항하는 경우를 제외하고는 14세 미만의 자 또는 임산부에 대하여 권총 또는 소총을 발사하여서는 아니 된다. 경찰관은 공공의 안전을 위협하는 동물을 사살하기 위하여 부득이한 때에는 권총 또는 소총을 사용할 수 있다.

경찰무기의 사용요건 경찰관은 「경찰관 직무집행법」 제10조의 4에 따라 위해를 수반하지 않는 무기의 사용(무기를 위협적 수단으로만 사용)이 가능하다. 즉 ⓐ 범인의 체포, 도주의 방지를 위해 필요한 때, ⓑ 자기 또는 타인의 생명, 신체에 대한 방호를 위해 필요한 때, ⓒ 공무집행에 대한 항거를 억제하기 위해 필요한 때. 다만 다음과 같은 때에는 위해를 수반하는 무기의 사용이 가능하다.: ⓐ 형법에 규정한 정당방위와 긴급피난에 해당하는 때, ⓑ 사형 · 무기 또는 장기3년 이상의 징역이나 금고에 해당하는 죄를 범하거나 범하였다고 의심할만한 충분한 이유가 있는 자의 항거 · 도주방지를 위해 필요한 때, ⓒ 체포 · 구속영장과 압수 · 수색영장 집행시 항거 · 도주의 방지를 위해 필요한 때, ⓓ 무기 · 흉기 등 위험한 물건을 소지한 범인 또는 소요행위자가 경찰관으로부터 3회 이상의 투기명령 · 투항명령을 받고도 불응하면서 계속 항거할 때, ⓔ 대간첩작전수행에 있어 무장간첩이 경찰관의 투항명령을 받고도 이에 불응할 때

경찰문화(警察文化) 공직에 있어 경찰활동 내지 경찰형태에 영향을 미치고

이를 규제하며, 그 조직문화에서 반복적으로 나타나는 문화적 유산이자 경찰의 가치관에 대한 총체적 의미를 갖는다.

문화는 어떤 사회나 조직의 상황 아래서 그 구성원들의 행동을 결정하는 사고방식이나 가치관의 총체를 일컫는다. 경찰문화의 행동 선택 범위는 극히 제한되어 있다. 특히 현실에 대한 인식, 인과관계에 대한 개념, 또 개인적 성취 욕구가 드러나는 것에 영향을 미친다. 경찰문화는 일반 사회문화의 행정 관료제의 구조적 특성으로 인해 형성된 행정문화의 영향에서 벗어날 수 없다고 볼 수 있다.

경찰물품관리관 경찰청장으로부터 물품관리에 관한 사무를 위임받아 경찰의 물품관리사무를 집행하는 사람으로서 경찰청 소관 회계직 공무원 관직 지정 및 회계사무 취급에 관한 규칙에 지정된 경찰공무원을 의미한다.

경찰물품규격심의소위원회 경찰규격을 심의 의결하기 위하여 경찰청 국·관, 부속기관 및 지방경찰청에 「경찰규격심의소위원회」(이하 "소위원회"라 한다)를 설치·운영한다. 소위원회를 구성함에 있어서 경찰청 국·관의 경우 위원장은 과장급 이상자 중에서, 위원은 계장급 이상자 중에서 해당 국·관의 장이 지명하며, 부속기관 및 지방경찰청의 경우 위원장은 물품관리관으로 하고 위원은 계장급 이상자 중 위원장이 지명한 자로 한다〈경찰장비관리규칙 제 57조 참조〉.

경찰물품규격심의위원회 경찰규격심의를 위하여 경찰청에 「경찰규격심의위원회」(이하 "위원회"라 한다)를 두고 위원회는 위원장 및 부위원장 각 1인을 포함한 5인 이상 15인 이하의 위원으로 하며, 위원장은 경찰청 경무기획국장, 부위원장은 경찰청 장비과장, 위원은 경찰청 총경급 이상 중 위원장이 지명한 자, 간사는 경찰청 장비계장, 그리고 제안자는 규격심의 요구부서의 계장급 이상의 자로 구성하고 있다〈경찰장비관리규칙 제 54조 참조〉.

경찰물품규격의 번호부여 총괄물품관리관은 제46조의 규정에 의하여 확정된 규격에 다음 각 호의 방법에 의한 규격번호를 부여하여야 한다.

번호의 구성은 기관명, 물품분류번호, 제정년도, 규격서의 구분에서 잠정규격은 (잠), 정식규격은 구분표시를 생략한다. 그리고 제정 또는 개정일자 순서에 의한 일련번호, 개정횟수(가·나·다순) 등으로 한다. 또한 번호의 표기는 다음과 같이 한다.

경찰	– 0000	– 00	– ( )	– 0000	– ( )
	물품분류번호	제정년도	규격의구분	일련번호	개정횟수

특히 규격번호는 규격의 제정순으로 일련번호를 부여하여 등록하고 있다〈경찰장비관리규칙 제 49조 참조〉.

경찰물품의 관리 경찰장비를 관리·운용하는 자는 선량한 관리자로서의 의무를 다하여야 하며, 항상 사용가능한 상태로 유지하여야 한다. 그리고 장비의 효율적 운용을 위하여 기능별 업무수행에 필요한 필수장비를 제외하고는 집중관리를 원칙으로 한다〈경찰장비관리규칙 제 14조 참조〉.

경찰물품출납공무원 물품관리관으로부터 물품의 출납과 보관에 관한 사무를 위임받은 자로 관직지정규칙에 지정된 경찰관을 의미한다.

경찰박물관(警察博物館) 서울특별시 종로구 새문안로(구 신문로2가 58번지) 41번지(지상 1층~6층)에 위치하고 있으며 면적은 1582.17㎡로 적정수용인원은 어린이, 일반인, 단체관광객 등 누구나 가능하다. 1945년 10월 21일 국립경찰의 창설부터 현재까지 전체 국가경찰의 역사를 한눈에 볼 수 있다.

경찰방문(警察訪問) 경찰관이 관할구역 내의 각 가정, 상가 및 기타시설 등을 방문하여 청소년선도, 소년소녀가장 및 독거노인 · 장애인 등 사회적 약자 보호활동 및 안전사고방지 등의 지도 · 상담 · 홍보 등을 행하며 민원사항을 청취하고, 필요시 주민의 협조를 받아 방범진단을 하는 등 예방경찰활동을 말한다.

경찰벌(警察罰) 경찰법상의 의무위반에 대해 일반통치권에 기하여 과하는 제재로서의 벌을 말한다. 경찰벌은 과거의 의무위반에 대해 가해지는 것을 말한다. 경찰벌의 종류에는 경찰형벌과 경찰질서벌이 있다. ① 경찰형벌: 경찰형벌은 경찰법상의 의무위반에 대해 사형 · 징역 · 금고 · 자격상실 · 자격정지 · 벌금 · 구류 · 과료 · 몰수 등 형법상의 형을 과하는 형벌을 말한다. ② 경찰질서벌: 경찰법상의 의무위반에 대한 제재로서 과해지는 과태료를 말한다.

경찰범처벌규칙(警察犯處罰規則) 일제가 1908년 통감부령 제44호로 발포했던 「경찰범처벌령」을 강화하여 1912년 부령 제40호로 발표한 규칙이다. 이 법은 모두 87개조로 구성되었는데, 한국인의 항일 투쟁뿐만 아니라 일상생활도 엄격히 단속하도록 적용되었다.

경찰법의 개념 경찰법의 개념은 경찰개념에 의해 좌우된다고 한다. 우리가 경찰의 개념을 이야기할 때 위험방지에 기여하는 일련의 국가활동이라고 볼 수 있다. 다시 말해 경찰법은 위험방지에 타당한 법원칙과 법규범의 총체로 정의할 수 있다. 특히 경찰이라 불리는 국가작용의 내용, 형식 그리고 범위에 관한 성문과 불문법규의 전체가 경찰법에 해당한다.

경찰법의 종류 경찰법은 일반경찰법과 특별경찰법으로 나누어지는데 일반경찰법은 위험방지에 관한 일반규정과 일반법원칙을 총괄하는 개념을 의미한다. 이에 반해 특별경찰법은 특별법상으로 규정된 실질적 경찰관련법을 의미한다. 특별경찰법은 일반경찰법보다 우선하는데 특별경찰법이 없는 경우에 적용되는 것이 일반경찰법(예: 보안경찰에 관한 법)이다. 일반 경찰법의 기본적인 법은 경찰법과 경찰관직무집행법이다. 특별경찰법에는 건축법상의 경찰규정, 영업법상의 경찰규정, 환경보호법상의 경찰규정, 집회 및 시위에 관한 법률상의 경찰규정 등이 해당된다.

경찰법의 필요성 헌법에 따라 국민 개개인은 자신이 원하는 대로 권리를 행사할 수 있는 권한이 주어져 있다. 그렇지만 국민 모두가 무제한의 기본권을 행사한다면 타인과의 관계에서 많은 충돌이 발생할 것이므로 경찰이 개입하지 않을 수 없는 것이다. 우리 헌법 제37조 2항에 따르면 질서유지를 위해 기본권을 제한할 수 있다. 그렇다고 경찰작용이 위험 극복을 위해 무한대로 인정되는 것은 결코 아니다. 즉 국민의 기본권, 비례의 원칙 그리고 성문법규에 의해 제한을 받고 있다.

경찰병원(警察病院/national police hospotal) 1949년 10월 18일 설립되어 경찰관 및 전 · 의경 부상 및 질병치료, 지역주민의 건강과 관리를 담당해 오고 있는 의료기관이다. 1991년 1월 15일 현재 서울 송파구 가락동으로 이전하여 2006년 1월 1일부터 책임운영기관으로 지정되어 업무를 담당해 오고 있다. 경찰업무를 행하는 기관(연구기관 · 교육기관 · 진료기관 및 소방관서) 등에 근무하는 공무원 및 가족과 경찰관의 교육기관에서 교육을 받는 자 중 경찰관이 아닌 자의 질병진료에 관한 사항을 관리하게 하기 위하여 행정안전부장관 소속하에 설치한 병원을 말한다. 경찰병원의 위치는 서울특별시로 한다.

경찰보안시스템 경찰의 정보통신 수단으로 생산, 처리, 저장, 송신, 수신되는 정보의 유출, 위조, 변조, 훼손 등을 방지나 보호하기 위해 암호장비나 보안자재 및 암호논리, 사이버안전기술 등이 적용된 일련의 프로그램이나 장치를 의미한다.

경찰보안지상주의(警察保安地上主義) 경찰업무의 성격상 조직내부의 비밀이나 중요 정보는 외부에 공개하지 않는 철저한 보안성을 중요시한다. 그러나 정보의 성격에 따라 차별을 유지해야 한다. 예컨대 각종 사건, 사고나 각종 집회나 행사 자료 등으로 부서 간 의사소통이 단절되거나 범죄에 관한 정보를 관련 부서 사이에 공유치 못하면 조직의 효율성과 통합을 저해한다. 이런 정보 독점은 부서간의 파벌주의를 심화시키며 각종 통계 자료와 백서 등을 기밀로 분류하거나 외부 공개를 차단시키게 된다면 오늘날 지식 공유 사회의 흐름을 인식치 못하는 결과를 초래할 수도 있다.

경찰보조기관(警察補助機關) 경찰의 경우 차장, 국장, 부장, 과장, 계장, 반장 등이 이에 해당하는데 계선라인을 의미하는 것으로 이해하면 된다. 순찰지구대장이나 파출소장의 경우도 경찰서장의 보조기관에 해당한다.

경찰봉, 호신용 경봉 경찰봉, 호신용 경봉은 사람의 생명 · 신체에 위해를 가할 우려가 있는 장비로 특별한 관리를 요한다. 특히 경찰봉, 호신용 경봉은 물품관리관의 책임 하에 집중관리한다. 다만, 운용부서에 대여하여 그 부서장의 책임 하에 관리 · 운용할 수 있다. 그리고 지구대 등에서 관리 · 운용하는 경찰봉, 호신용 경봉은 지역경찰관리자의 책임 하에 관리 · 운용하고, 개인별 1개씩 지급되어 사용할 경우 장비마다 성명을 기재한 표찰을 부착하여야 한다. 제2호의 경우에 지역경찰관리자는 장비보관창고에 특별관리대상 장비를 구분하도록 표시하여야 한다. 호신용 경봉은 녹이 슬거나, 스프링 작용이 이완되기 쉬우므로 수시 손질해야 하며, 경찰관이 직무수행을 위하여 경찰봉, 호신용 경봉을 사용할 경우에는 다음 각 호의 안전수칙을 준수하여야 하는바, 즉 범인검거 및 제압 등 정당한 공무수행을 위해서만 사용하고 임의로 변형하지 않도록 한다. 그리고 상대방의 두부, 안면, 흉 · 복부 등을 타격해서는 안 되고, 다만, 흉기 등을 소지한 범인에게는 그러하지 아니한다. 또한 부득이한 경우를 제외하고 방어용으로만 사용하여야 한다〈경찰장비관리규칙 제 100조 참조〉.

경찰부서편성의 원리(警察部署編成의 原理) 경찰부서편성의 원리란 경찰행정목적을 효과적으로 추구하기 위해 합리적으로 경찰조직의 구조를 편성하는 것을 말한다. 경찰조직이 추구하는 목적을 보다 효과적으로 달성하기 위해서는 보다 합리적인 경찰부처 조직이 요구된다.

경찰부패(警察腐敗) 경찰관이 특정인에게 특혜를 제공하는 대가로 사적인 이익을 추구하고 공복으로서 모든 국민에게 동등하게 봉사해야 하는 윤리규범을 위반하고 국가에서 지급하는 보수 이외에 부정한 금품을 제공받는 것을 말한다.

경찰부패의 원인 흔히 경찰부패의 원인을 분석하는데 있어서 전체사회가설, 구조원인 가설 및 썩은 사과가설 등이 우리 범죄연구 분야에서 대표적인 것이다. 첫째, 전체사회가설이다. 즉 미국의 경찰학 연구에 많은 기여를 한 윌슨에 의해 전체사회가설이 등장했는데 그 내용은 우리의 전체사회가 경찰관의 부패를 만의 하나라도 묵인하거나 용인할 때 경찰관은 자기도 모르게 부패행위에 빠져들게 된다는 것이다. 작은 부패행위로부터 발전되어 결국에는 이것이 길들여지게 되고 마침내 걷잡을 수 없는 부패의 수렁에 빠지게 된다는 가설이다. 이 가설은 앞에서 살펴본 셔먼의 미끄러운 경사로 이론과 매우 흡사한 이론이라고 볼 수 있다. 둘째, 구조원인 가설 이다. 이 이론은 니더호퍼, 로벅, 바커 등이 주창한 가설로서 예를 들어 A라는 신임순경이 경찰학교에서 교육훈련 중에 오직 국가를 위해 충성하고 정의의 사회를 세우는데 기여하겠다는 일념으로 일선 경찰기관에 배치된 후 경찰구조로 인해 부패에 빠진다는 가설이다. 즉 선임 경찰관들이 이전부터 관행적으로 부패행위를 저지르게 되는 것을 학습하게 되는데 이것이 결국에는 일종의 침묵의 규범이 되어 돈까지도 갈취하는 요령을 터득하면서 부패의 수렁에 빠진다는 가설이다. 셋째, 썩은 사과가설이다. 즉 이 이론은 사과상자 속에 어느 한 개의 사과가 썩어 있는 경우 옆에 있는 사과까지도 자연스레 썩어 들어갈 수밖에 없다는 가설을 의미한다. 예를 들어 경찰관을 모집하는 경우 어느 A라는 잠재적 부패 경찰관을 걸러내지 못한 경우 그로부터 정의로운 경찰관들까지도 부패하게 된다는 가설인데 이는 이미 개인적 성격이 부패되어 있어 썩을 수밖에 없다는 점을 분석한 가설이다. 이미 나쁘게 성격이 형성된 사람이므로 구제가 불능인 경우를 의미한다. 또한 이는 경찰관 모집에서 문제가 있는 경찰관을 걸러내야 하는 것이 얼마나 중요한가를 잘 보여주는 대목이다.

경찰분사기 및 최루탄 분사기 · 최루탄 등이라 함은 근접분사기 · 가스분사기 · 가스발사총(고무탄발사 겸용을 포함한다) 및 최루탄(그 발사장치를 포함한다) 등을 말한다.

경찰분사기의 사용 경찰관은 범인의 체포 · 도주의 방지 또는 불법집회 · 시위로 인하여 자기 또는 타인의 생명 · 신체와 재산 및 공공시설안전에 대한 현저한 위해의 발생을 억제하기 위하여 부득이한 경우 현장책임자의 판단으로 필요한 최소한의 범위 안에서 분사기(총포 · 도검 · 화약류 등 단속법의 규정에 의한 분사기와 최루 등의 작용제) 또는 최루탄을 사용할 수 있다. '부득이한 경우'란 분사기 등을 사용하지 않고서는 위해발생을 억제할 수 없는 경우로서 보충성의 원리를 말하며, '현장책임자의 합리적인 판단'이란 경찰관 개개인의 개인적 판단이 아니라 현장지휘자의 판단 하에 사용되어야 한다는 의미이다.

경찰분업의 원리(警察分業의 原理/division of police labor) 경찰조직에서 경찰업무를 종류와 성질별로 경찰공무원에게 적성에 따라 경과(警科)를 분담시키는 원리로서 경찰조직에서 업무의 능률화를 위해 행하는 제도이다. 경무과, 경비교통과, 생활안전과, 수사과, 형사과, 정보과, 보안과, 외사과 등으로 구성되어 기능하는 경우 등이 경찰분업의 형태이다.

경찰비상업무(警察非常業務) 각종 긴급 · 중요사태 발생시 또는 발생할 우려가 있는 경우에 전국 또는 일정지역으로 한정하여 경찰상의 기능별 · 주관별로 경찰력을 운용하여 이를 예방 · 경계 · 진압하는 비상업무 활동을 말한다. 경찰비상업무의 법적근거는 경찰비상업무규칙 경찰청훈령 제458호이다.

경찰비상업무시 근무요령(警察非常業務時 勤務要領) 경찰비상 업무시 근무요령은 다음과 같이 네 가지로 구분된다. ① 갑호비상: 연가중지, 가용경력 100% 동원, 지휘관(지구대장, 파출소장 포함)과 참모는 정착근무 원칙, ② 을호비상: 연가중지, 가용경력 50% 동원, 지휘관과 참모는 정위치 근무, ③ 병호비상: 연가억제, 가용경력 30% 동원, 지휘관과 참모는 정위치 근무 또는 지휘선상 위치근무 원칙, ④ 경계강화: 별도의 경력동원없이 특정분야의 근무강화, 전경찰관의 비상연락 체제유지, 경찰작전부대는 출동대기태세 유지, 지휘관과 참모는 지휘선상 위치근무를 원칙으로 한다.

경찰비전(Police Vision) 미래의 경찰조직 모습에 대한 꿈을 말한다. 또한 경찰조직의 미래상태에 대한 큰 그림이라 할 수 있다. 비전이 없이는 거대한 조직을 운영하기 힘들다. 여기서 비전이란 등대와 같은 경찰조직의 길잡이 혹은 추진력이라 할 수 있다.

경찰사기(警察士氣/Police Morale) 경찰조직 내에서 구성원인 경찰공무원에게 개인적이고 집단적으로 경찰조직이 성취하고자 하는 목적을 위해 최대한의 열의와 솔선수범을 비롯해 결연한 결의와 용기 등을 제고시키는 정신적 태도(mental attitude) 내지는 확고한 정신을 말한다. 경찰사기는 경찰조직 내의 인간관계, 근무조건, 신분안정, 보수, 승진 등 복합적인 요인에 의해 결정된다.

경찰사기관리의 필요성 경찰사기를 높게 유지하는 것은 경찰개인으로서뿐만 아니라 경찰조직구성원에게 모두 유용한 것이다. 따라서 다음과 같은 점에서 경찰사기의 관리가 필요하다고 하겠다. 첫째, 경찰공무원은 경찰조직이 부여하는 임무를 열성적으로 수행하려 하기 때문에 조직의 생산적인 활동수행에 긍정적으로 기여할 수 있다. 둘째, 경찰공무원은 경찰조직과 지도층에 충성심을 발휘한다. 셋째, 경찰공무원은 자신의 직무에 만족하고 창의성을 발휘한다. 넷째, 경찰공무원은 정신적 · 육체적 건강을 향상시키는 데 이바지한다. 다섯째, 경찰공무원들은 경찰조직의 규범을 자발적으로 준수한다.

여섯째, 경찰조직의 위기극복능력을 향상시켜 준다. 일곱째, 경찰공무원들은 경찰이라는 직업과 경찰조직을 자랑스럽게 생각하게 된다. 따라서 이러한 이유로 경찰사기의 관리필요성이 있으며, 경찰사기 관리의 성공여부는 경찰조직의 원활한 운영에 중대한 영향을 미치게 되는 것이다. 즉 경찰공무원들의 사기가 저하되면 경찰조직에 불안정을 야기시킬 수 있으며, 경찰구성원간에 갈등이 생길 수 있고, 조직과 관리층을 불신하게 되며, 직무수행을 소극적으로 하는가 하면, 조직규범을 위배하거나 무시하는 등 여러 가지 형태로 사기저하 현상이 나타나게 된다.

경찰사기의 특징 경찰사기에 대한 연구에서 이황우는 그 특징에 대해 다음과 같이 분석하고 있다. 무엇보다 경찰의 사기는 직무수행이라고 하는 목표에 지향된 것으로 하나의 조직이 요구하는 직무를 수행하고자 하는 동기를 의미한다는 것이다. 경찰사기는 그 형성에 있어서 반드시 일정하게 정해진 것이 아니라, 어떤 경우는 인간의 내부적인 요인에 의해 또는 외부적인 영향에 따라 형성되기도 한다는 것이다. 경찰사기란 경찰관 개인과 관련된 것도 많지만, 다른 한편에서는 경찰조직의 집합체와 연계된 소위 집단적 현상이기도 하다. 경찰사기란 흔히 절대적인 것이 아니라 대부분 상대적인 개념으로 이해되고 있다. 사기의 수준이 얼마나 낮으냐 혹은 높으냐 하는 수준의 척도는 조직이나 개인의 주변환경과 밀접히 연계되어 항상 가변적일 수밖에 없다는 것이다. 사기의 토대는 인간의 욕구와 밀접한 관련을 맺고 있다. 그러나 경찰관의 욕구가 충족되었다고 해서 반드시 비례해서 사기가 올라가는 것은 아니며, 통상 개인과 조직의 목적달성이 밀접히 부합할 때, 최대의 효과가 나타나게 된다. 경찰사기란 일정한 행태적 징표를 수반하는 정신적 상태인 동시에 생산성 향상에 영향을 주는 중요한 요소인 것이다.

경찰사기저하의 요인 경찰공무원들이 경찰조직에서 직무를 수행하는 동안 사기를 저하시키는 요인들은 무수히 많다. 여기서 그 대표적인 요인들을 중심으로 몇가지 살펴보면 다음과 같다. 즉 경찰에게 비전을 제대로 주지 못하는 것, 상관의 부하 경찰공무원에 대한 명령통제식의 관리, 경찰공무원의 능력에 대한 무시, 경찰조직에서 부정부패요소 발생, 직무 중 부하에 대한 상관의 지나친 지시나 간섭, 경찰공무원에게 주어지는 과중한 직무와 과제, 경찰조직에서 부적절한 배치전환 문제, 승진에서의 누락문제 등이 대표적인 사기저하 요인들이 된다.

첫째, 경찰공무원에게 주어지는 과중한 직무와 과제이다. 경찰공무원에게 과제가 지나치게 많이 주어지면 정신적 · 신체적으로 압박을 받아 자연히 사기가 저하될 수밖에 없을 것이다. 이렇게 되면 경찰조직 내에서 직무에 대한 성취감을 상실하게 되어 결국에는 경찰조직발전에 저해요인으로 작용하게 될 것이다. 이런 의미에서 근래 우리나라 경찰이 도입한 파출소에서의 3교대 및 4교대 근무제도는 경찰공무원에게 적지 않은 사기상승의 효과를 가져다 준 것으로 평가된다.

둘째, 경찰의 낮은 보수문제이다. 경찰의 낮은 보수는 분명 경찰의 사기를 저하시킬 것으로 보인다. 과거 한국의 경찰공무원에게 주어진 보수액은 과중한 업무량에 비해 상당히 낮은 편에 속했다. 이러한 상황은 2000년대에 들어서면서 현저하게 향상되어 경찰공무원들 스스로도 어느 정도는 만족하는 실정이다. 경찰공무원에게 보다 높은 금전적 보상 내지는 기타 후생복지 지원은 경찰조직의 활성화와 사기앙양에 지대한 장점으로 작용한다. 우리나라도 2003년 1월부터 경찰공무원의 봉급을 100인 이상 민간기업 대비 96.8%에서 97.3% 수준으로 인상하였고, 수당도 명절휴가비 50%, 직급보조비 20%, 교통보조비도 월 2만원에서 5만원까지 인상되고 정액급식비도 1만원씩 인상되고 육아수당도 20만원에서 30만원으로 인상되어 경찰사기앙양에 좋은 요인으로 작용하게 되었다.

셋째, 경찰조직 내의 갈등이다. 조직 내에서 경찰공무원들 간의 상호협력관계가 어려울 때 사기수준이 저하될 소지가 매우 크다. 최근 들어서는 정치, 경제, 사회, 문화적 측면에서 민주화가 크게 향상됨으로써 경찰조직 내에서도 만족 수준의 향상이 현저해졌다.

넷째, 상관의 부하경찰공무원에 대한 명령통제식관리이다. 60년대 이후 80년대 말까지 대체로 군사문화적 분위기의 직 · 간접적 영향으로 인해 경찰조직에서도 부하를 지나치게 감독이나 간섭함으로써 능률성을 떨어뜨리는 결과도 적지 않았으나 최근에 들어서는 이러한 문제들이 상당히 개선되어 경찰공무원들의 사기가 상당히 앙양된 것으로 보인다.

다섯째, 신분보장의 문제이다. 정확한 것은 아니나 대략 80년대 중반 이전만 해도 군사문화 속에서 군출신들이 경찰간부로 이직하는 소위 낙하산 인사가 적지 않았다. 이는 평생직장이라는 사명감을 지니고 근무하는 경찰공무원들에게 상당히 사기를 저하시키는 요인으로 작용했다고 본다. 그러나 2000년대 접어들어 과격한 시위문화도 사라지고 경찰공무원직이 비교적 안정된 국가공무원이라는 인기 직종으로 자리잡게 되어 대졸자들에게 매력 있는 평생직장으로서 호감을 갖게 해주었다.

여섯째, 승진가능성의 희박이다. 경찰조직 내에서 경찰공무원에게 사기를 앙양시키는 가장 중요하고 매력 있는 요소로 작용하는 것 중의 하나가 바로 승진인 것이다. 승진은 보다 무거운 여러 가지 의무가 따르기는 하지만 다른 한편에서는 높은 지위(position)와 권한 및 재량의 기회가 주어진다. 보다 공정하고 정확한 승진제도를 통해 경찰공무원들의 사기를 높여주어야 한다는 주장은 아무리 강조해도 지나치지 않을 것이다(신현기, 2012: 341).

경찰사무관리(警察事務管理/police office management) 일반적으로 사무관리는 조직의 목적을 달성하기 위해 사무(office work)를 계획 · 조직하고, 인원과 물자, 기계, 방법, 금전 및 대상자 사이의 관계를 조정하고 통제하는 행위를 말한다. 경찰사무관리는 경찰조직이 추구하는 목적을 최대한 달성하기 위해 경찰사무를 계획, 기획 및 조직하고 경찰인원, 경찰물자, 경찰예산, 그리고 경찰공무원들 사이의 관계를 조정하며 통제하는 일련의 행위들을 의미한다. 경찰사무관리는 경찰행정의 전과정에 내재하면서 경찰행정활동의 진행과 과정을 간접적으로 보조 및 촉진하고 경찰행정활동이 경찰조직 전체의 과정 속에서 조화될 수 있도록 하는 역할을 한다.

경찰사무에 관한 취극서(1908. 10. 29) 내각총리대신 이완용과 이등박문 간에 의해 체결되어 주한 일본인에 대한 경찰사무의 지휘 · 감독권이 위양(委讓)된 것을 말한다.

경찰사용가능품의 처리 경찰서 물품관리관은 불용품 중 모든 사용가능품에 대하여는 별지 제8호 서식에 의한 '불용결정(승인)요청서'를 작성하여 지방경찰청 물품관리관에게 불용승인을 요청한다. 부속기관 및 지방경찰청 물품관리관은 불용품 중 취득단가 500만원 미만인 사용가능품에 대하여는 별지 제8호 서식에 의한 '불용결정(소요조회)요청서'를 작성하여 경찰청과 그 소속기관에 소요조회를 실시하고 그 결과에 따라 타 경찰기관에 관리전환하거나 자체 불용처분한다. 그리고 부속기관 및 지방경찰청 물품관리관은 불용품 중 취득단가 500만원 이상인 사용가능품에 대하여는 별지 제8호 서식에 의한 '불용결정(소요조회)요청서'를 작성하여 경찰청과 그 소속기관에 소요조회를 실시하고, 소요 희망 경찰기관이 없을 시에는 별지 제8호 서식에 의한 '불용결정(승인)요청서'를 작성하여 경찰청 물품관리관에게 불용결정승인 및 타 중앙관서 소요조회를 요청하여야 한다. 나아가서 경찰청 물품관리관은 부속기관 및 지방경찰청 물품관리관에게 취득단가 500만원 이상의 사용가능한 불용품에 대한 불용결정승인 및 타 중앙관서 소요조회를 요청 받은 경우 조달청에 소요조회를 요청하여야 한다. 조달청에 소요조회를 요청하는 방식과 절차는 조달청 고시 불용품처분지침을 따른다〈경찰장비관리규칙 제 29조 참조〉.

경찰사용불가능품의 처리 경찰서 물품관리관은 불용품 중 취득단가 500만원 미만의 사용불가능품에 대하여는 별지 제10호 서식에 의한 "불용결정(승인)통보서"를 작성하여 자체 불용처분하고, 취득단가 500만원 이상의 사용불가능품에 대하여는 별지 제8호 서식에 의한 "불용결정(승인)요청서"를 작성하여 지방경찰청 물품관리관에게 불용승인을 요청함을 원칙으로 한다. 그리고 부속기관 및 지방경찰청 물품관리관은 불용품 중 모든 사용불가능품에 대하여는 별지 제10호 서식에 의한 "불용결정(승인)통보서"를 작성하여 자체 불용처분한다〈경찰장비관리규칙 제 30조 참조〉.

경찰사학(警察史學) 경찰의 조직과 일련의 제도 및 경찰활동 등에 대한 역사와 경찰사상에 관한 역사 이외에도 우리나라 경찰사뿐 아니라 외국의 경찰사까지 전반적인 근원을 연결시켜 연구할 필요가 있다.

경찰살수차 최루탄 발사대의 발사각도를 15도 이상 유지하여 발사되는지 확인 후 사용하여야 하고, 20m 이내의 근거리 시위대를 향하여 직접 살수포를 쏘아서는 안된다. 나아가서 살수차는 항상 진압부대의 보호 속에서 운용되어야 하며 후진시는 유도요원의 유도에 따라 운용해야 한다.

경찰 3대 자체사고(警察 3大 自體事故) 경찰의 3대 자체사고는 총기사고를 비롯 화재사고, 유치장 사고로 구분할 수 있다. ① 총기사고: 총기취급의 미숙과 부주의, 안전수칙에 대한 지식부족 등에 의해 발생하는 오발사고와 총기도난, 방심에 의한 총기피탈 등이 있다. ② 화재사고: 경찰관서는 항상 24시간 근무하므로 화기취급 부주의와 누전 등에 의한 화재가 발생할 위험이 있다. ③ 유치장사고: 근무의 소홀, 부주의, 태만 등으로 보호중인 피의자가 도주하거나 자해행위를 하게 되는 경우가 있다.

경찰상 즉시강제 경찰상 위험이 존재하거나 장해의 발생이 목전에 급박한 경찰상 장애를 제거해야 할 경우 경찰기관이 성질상 개인에게 의무를 명해서는 경찰행정목적을 달성할 수 없거나 혹은 미리 의무를 명할 시간적 여유가 없는 경우 경찰행정기관이 직접 개인의 신체나 재산에 실력을 가하여 경찰상 필요한 상태의 실현을 목적으로 하는 작용을 의미한다. 대인적 강제 수단으로는 보호조치, 위험발생의 방지, 범죄의 예방과 제지, 장구의 사용, 무기의 사용이 있으며 대물적 강제수단으로는 무기 등 물건의 임시영치, 위험방지조치, 경찰장비 · 장구 · 분사기 최루탄 사용 등이 있다.

경찰서(警察署/police Station) 경찰활동의 단위인 「경찰기관」으로서 경찰 최하급 관청인 경찰서장이 경찰행정을 집행하는 관서를 말한다. 즉 경찰 관리를 두고 치안에 관한 업무를 맡아보는 경찰기관이다. 또한 일정한 구역을 중심으로 국가의 경찰권을 운영하는 경찰행정기관으로 일선 치안업무를 담당한다. 경찰서 과의 하부 조직으로 계(대 · 실)를 두는 경우에는 직할대 규정을 준용하고 있다. 1급지 경찰서의 계(대 · 실)장은 경위로, 2급지와 3급지의 경찰서의 계(실)장은 경위나 경사로 정하고 있다. 지방경찰청장이 출장소를 설치하고자 하는 때에는 경찰청장의 승인을 받아 설치할 수 있으며, 분 · 소의 설치의 필요가 있다고 판단하는 때에는 「지역경찰조직및운영에관한규칙」이 정하는 바의 규정에 의한다. 2010년 현재 전국적으로 244개 경찰서가 있으며, 1999년 5월 24일 경찰서를 민생치안 중심체제로 개편하여 경찰서 과 단위를 3~8개로 조정하는 한편 청문감사관제도를 도입 · 운영하고 있다.

경찰서비스헌장(警察서비스憲章) 공직사회 개혁의 일환으로 경찰청에서 지난 1998년 9월 30일 '행정서비스헌장제정지침'에 따라 경찰서비스헌장이 제정되었다. 실천덕목으로 본문 6개항의 내용은 ① 엄정한 직무수행, ② 신속한 현장출동봉사, ③ 민원의 친절 · 신속 · 공정한 처리, ④ 국민의 안전과 편의를 최우선으로 한 직무수행, ⑤ 인권존중 및 권한남용 금지, ⑥ 잘못된 업무처리의 즉시 확인 시정조치 등이다. 현재는 경찰 기능별로 생활안전 · 수사 · 교통 · 민원 · 경찰병원 · 진료서비스 헌장이 제정되어 있다.

경찰서직제(警察署職制) 경찰서를 구성하고 있는 조직과 제도를 말한다. 이에 관한 근거는 정부조직법에 의해 설치된 경찰서의 조직과 정원에 관하여 필요한 사항을 규정한 대통령령(제11923호)인 경찰서직제령이다. 경찰서의 명칭과 위치, 관할구성은 본직제령 별표1에 규정하였다. 경찰서장은 총경으로 보하고 경찰서의 사무를 분장키 위하여 정보과를 두고 대공과를 두는 경찰서는 본 직제령 별표 2에 규정되어 있으며, 서울특별시장 · 직할시장 · 도지사는 행안부장관의 승인을 얻어 파출소 · 지서 · 경찰관출장소의 명칭과 위치, 관할구역의 변경은 서울특별시장 · 직할시장 · 도지사가 행하도록 규정되어 있다.

경찰소청심사위원회(警察訴請審査委員會) 소청심사위원회는 경찰공무원이 징계처분이나 가타 그의 의사에 반하는 불리한 처분을 받았다고 소청이 있는 경우에 그 사항을 심사 · 결정하는 합의제기관이다. 특히 경찰공무원은 행정안전부에 설치되어 있는 소청심사위원회에 소청심사를 청구하도록 규정하고 있다. 하지만 전투경찰대의 대원 중 경사 이하의 경찰공무원(전경 포함) 의 소청에 대하여는 그 경찰관의 소속에 따라 경찰청, 각시 · 도경찰청의 경찰관 보통징계위원회에서 심사한다. 소청심사위원회의 구성은 위원장을 포함하여 5인 이상 7인 이하의 상임위원으로 되어 있다. 상황에 따라 비상임위원도 둘 수 있다. 위원장과 위원의 선임은 행정안전부 장관의 제청을 통해 대통령이 임명한다. 위원장의 임기는 3년인데 1회에 한해서만 연임할 수 있다. 위원의 자격은 법관, 검사, 변호사직에 5년 이상 근무한 자, 대학에서 행정학, 정치학, 법률학을 담당한 부교수 이상의 직에 5년 이상 근무한 자, 또는 3급 이상의 공무원으로 3년 이상 근무하는 자로 되어 있어 비교적 높은 학식과 경륜을 갖는 자를 선호하고 있다.

경찰 손 · 망실 통보 각급 경찰기관의 물품출납공무원과 물품운용관은 그의 관리 하에 있는 물품이 망실 또는 훼손된 때에는 지체 없이 그 사실을 물품관리관에게 보고하여야 한다. 특히 제1항의 손 · 망실 보고를 받은 물품관리관은 그 사실을 확인하고 지체없이 별지 제13호 서식에 의한 '망실 · 훼손통지서' 및 별지 제14호 서식에 의한 '회계관계직원의 회계직명 및 회계관리기간 조서'를 작성하여 그 결과를 상급 경찰기관의 장을 거쳐 경찰청장에게 보고하여야 한다. 그리고 제2항의 보고를 받은 경찰청장은 그 사실을 감사원장 및 조달청장에 통보하여야 한다. 다만, '감사원 사무처리규칙' 제16조 단서 각 호의 1에 해당하는 경우에는 통보하지 아니할 수 있도록 규정하고 있다〈경찰장비관리규칙 제 30조 참조〉.

경찰수사연수원(警察搜査研修院/Korea Police Investigation Academy)

1984년 1월 21일 설치된 수사전문교육기관으로 경찰수사연수소로 업무를 수행해 오다 2006년 9월 경찰수사연수원으로 승격되었다. 교육프로그램으로는 법과학분야를 비롯 강력범죄분야, 마약범죄분야, 사이버범죄수사분야, 금융범죄분야, 종합과정으로 이루어져 있다.

경찰순환보직(警察循環補職) 경찰공무원이 일정한 간격을 두고 다른 직위 · 직급에 자리를 옮겨 가면서 직무를 처리하도록 하는 것이다. 이 제도는 경찰공무원이 다양한 시야와 경험을 할 수 있기 때문에 고위경찰공무원을 위한 전문적이고 다양한 지식을 쌓는데 많은 장점을 갖는다. 그러나 전보가 빈번하다보면 업무의 연속성과 계속성 및 전문성이 저해될 수 있다는 단점도 내포하고 있다. 현재 우리나라의 경우 경위 이상의 경찰간부를 신규임용 하는 경우 2년간 3개 보직을 순환보직하도록 하고 있다. 이는 간부후보생 출신과 경찰대학졸업자 및 고시출신자로 경정임용자에 해당된다.

경찰승진심사위원회(警察昇進審査委員會) 심사승진은 경찰공무원법 제12조(승진심사위원회)의 규정에 근거하고 있다. 본 규정에 의하면 경찰공무원법 제11조 제2항의 규정에 의한 승진심사를 하기 위하여 경찰청 및 해양경찰청에 중앙승진심사위원회를, 경찰청 · 해양경찰청 · 지방경찰청 등 대통령령이 정하는 경찰기관 및 지방해양경찰관서에 보통승진심사위원회를 둔다. 총경 이상의 승진심사는 중앙승진심사위원회에서 행한다. 그리고 보통승진심사위원회는 경정 이하에의 승진심사를 담당한다. 또 경찰서, 해양경찰서 또는 정비창의 보통승진심사위원회에서 담당하는 것을 원칙으로 한다.

승진심사위원회는 경찰공무원법 제11조 제4항의 규정에 의하여 작성된 승진대상자명부의 선순위자(제11조 제2항 단서의 규정에 의한 승진시험에 합격된 승진후보자는 제외) 순으로 승진시키고자 하는 결원수의 5배수의 범위 안에 있는 자 중에서 승진후보자를 심사 · 선발한다. 그리고 승진심사위원회의 구성 · 권한 및 운영에 관하여 필요한 사항은 대통령령으로 정한다.

경찰시험승진(警察試驗昇進) 경찰공무원승진임용규정 제27조(시험실시의 원칙)에 따라서 심사승진과 마찬가지로 계급별로 실시하고 있다. 승진시험에 응시하고자 하는 경찰공무원은 시험을 실시하는 해의 1월 1일을 기준으로 할 때 승진소요최저근무년수에 충족되어야 한다. 또한 경찰공무원교육훈련규정 제8조 제1항 및 제2항의 규정에 따라 교육을 받는 자이어야 하는데, 본 교육의 성적 중 만점의 6할을 넘어야 한다. 또 하나의 기준은 경찰공무원승진임용규정 제6조(승진임용의 제한) 제1항의 규정에 따라 승진임용의 제한을 받는 적이 없는 경찰공무원이어야 한다. 심사승진과 마찬가지로 시험승진도 매년 1회 실시되고 있다. 매년 1월부터 3월말 사이에 시행된다. 전체 시험은 3차시험으로 구성되는데, 제1차시험은 선택형이 원칙이나 때로는 과목별로 기입형을 가미할 수도 있고, 제2차시험의 경우는 논문형이 원칙이나 과목별로 주관식과 단답형이 가미되어 출제되고 있다. 제3차 시험은 면접시험이다. 특히 면접시험은 경찰직무수행과 관련된 응용능력이나 적격성을 테스트하며, 경우에 따라서는 경찰청장이나 해양경찰청장이 제3차시험(면접)을 시행하지 않을 수도 있으며, 제1차와 제2차 시험을 동시에 실시할 수도 있다.

경찰악대(警察樂隊) 우리나라 경찰에서 운영하는 경찰악대는 상당히 여러 곳에 설치되어 있다. 이들은 정부와 경찰자체의 여러 가지 행사 그리고 경찰청장 등 경찰관련 기관장들이 필요하다고 인정하는 행사에 활용하기 위한 목적으로 설립되었다. 경찰악대는 경찰대학에 배속되어 있다. 2012년 8월 현재 경찰악대가 배치된 기관은 경찰교육원, 중앙경찰학교, 해양경찰청, 서울지방경찰청, 부산지방경찰청 등이다. 전남경찰청 경찰학대는 18년만에 경찰역사 속으로 사라졌으며 강원경찰청 경찰악대도 해체위기에 처했다.

경찰앰블램 경찰청은 2005년 국가경찰 60년)을 맞아 새롭게 선정된 경찰 심벌로 참수리(경찰)가 무궁화(국가와 국민)를 잡고 하늘 높이 날아가는 모습을 형상화한 것으로 확정 발표했다. 이는 경찰이 국가와 국민을 수호하는 동시에 '최상의 치안서비스'를 제공하여 선진한국으로서의 도약을 이끄는 기수가 되겠다는 굳건한 의지를 형상화한 것이다.

경찰언론 피해 구제방안 행정상 구제, 민사상 구제, 형사상 구제 등으로 나눌 수 있다. 행정상 구제는 '언론중재및피해구제등에관한법률' 상의 정정보도청구권, 반론보도청구권, 추후보도청구권이 있다. 민사상구제는 정정보도청구권과 손해배상청구권 등이 있다. 그리고 형사상 구제는 출판물에 의한 명예훼손죄로 고소나 고발이 있다.

경찰업무의 특성(警察業務의 特性) 일반적으로 다음과 같이 세 가지로 요약할 수 있다. ① 위험성: 경찰은 위험(danger)의 제거를 그 주된 기능으로 하고 있으며, 그 수단으로서 명령과 강제 등 경찰권 발동을 필요로 하며 실력행사를 할 경우가 많다. ② 돌발성: 경찰업무의 대부분은 예측하지 못한 상태에서 돌발적으로 발생하며, 아울러 그 사건의 주체는 일정하게 고정되어 있고 지각되어 있는 것이 아니다. ③ 시급성: 경찰업무의 대부분은 시급히 해결하지 않으면 그 피해를 회복하기 곤란하며 구제의 기회까지도 상실하게 된다.

경찰예산(警察豫算) 일정기간 내에 있어서 경찰조직의 수입과 지출의 예정적 계획을 말한다. 경찰예산은 국민의 세부담을 전제로 하여 적정 재원을 동원하고 동원된 재원의 배분을 통하여 경찰의 범죄예방과 수사 등 범죄에 대처하는 경찰활동을 조장하고 유도하는 역할을 한다. 아울러 경찰의 보수, 교육훈련, 물적, 시설제공, 근무환경 개선 등 기본수요를 충족시켜 나감으로써 범죄에 대한 대응력을 제고함으로써 궁극적으로는 국민생활의 안전과 질서유지 활동을 지원하게 된다. 경찰예산의 종류에는 일반회계예산과 특별회계예산이 있다.

일반적으로 경찰예산은 세입예산과 세출예산으로 이루어진다. 이것은 다시 일반회계와 특별회계 예산으로 구성되어 있다. 다른 나라와는 달리 한국 경찰예산의 경우 인건비를 비롯한 대부분의 경비가 일반회계로 편성되어 있다. 그 중에 일반회계는 인건비, 기본경비, 사업비로 구분된다. 인건비는 수당 · 복리후생비 · 성과상여금 등으로 구성되는 문제점을 가지고 있다. 기본경비는 각급 관서의 업무처리를 위해 기본적으로 소요되는 경상적 경비 등을 의미한다. 사업비는 인건비와 기본경비를 제외한 예산사업 추진에 소요되는 경비이다. 한편, 경찰의 특별회계로는 2012년 현재 운전면허관리단과 경찰병원의 경비로 구성되는 '책임운영기관특별회계', 제주자치경찰 이전경비와 도시지역 광역교통정보 시스템 구축 경비로 구성되는 '국가균형발전특별회계', 그리고 '혁신도시건설특별회계'의 3가지가 있다. 한국경찰예산의 경우 대부분이 인건비 위주로 편성되어 있다. 이 때문에 사실상 전체 경찰을 위한 시설투자 등 경찰의 복지향상을 위한 재투자가 상당히 부족한 입장에 놓여 있어 이에 관한 개선이 시급하다. 대부분 인건비로 경찰예산이 거의 다 소비된다면 경찰의 시설투자의 부족으로 인해 발생될 문제점들이 많고 이는 결국 경찰공무원들의 복지문제 해결을 위한 과제수행에 적지않은 차질이 발생할 수 있다(신현기 · 박주상, 2011: 292).

경찰예산과정(警察豫算過程) 일반적으로 예산과정은 예산의 편성, 심의, 집행, 결산 및 회계검사 등 4개 과정으로 이루어지며 일정한 주기를 지니고 순환하고 있다. 즉, 예산은 행정부에 의하여 편성되고, 입법부에 의하여 심의된다. 다시 행정부에 의하여 집행되며, 끝으로 입법부나 독립된 회계검사기관에 의하여 회계검사가 이루어진다. 이렇게 예산과정의 단계들이 시간적 차원에서 반복되는 일정한 주기를 이른바 예산주기(budget cycle)라 부른다. 하나의 예산주기에는 통상 3년이 소요되고 있음을 알 수 있다.

경찰예산안편성지침의 통보 기획재정부장관은 국무회의의 심의를 거쳐 대통령의 승인을 얻은 예산안편성지침을 매년 4월 30일까지 경찰청장에게 통보하도록 규정되어 있다.

경찰예산요구서 제출 경찰청장은 예산안편성지침에 따라 다음 연도의 세입세출예산 · 계속비 · 명시이월비 및 국고채무부담행위로 구성되는 예산요구서를 작성하여 매년 6월 30일까지 기획재정부장관에게 제출하는 절차에 따르고 있다.

경찰예산의 기능 경찰예산의 기능도 역시 일반 예산의 기능에 준하고 있다. 경찰예산은 경찰재정의 통제기능과 법적 기능, 그리고 관리적 기능을 하며 나아가서 간접적인 경제적 기능까지도 수행한다고 볼 수 있다. 즉 경찰예산은 인건비 등 경상적 지출예산과 더불어 범죄예방과 수사활동, 질서유지, 경찰의 보수, 경찰교육훈련, 경찰근무환경개선 등 경찰활동에 관한 예산인데 궁극적으로 사회질서와 범죄로부터 안정이 없이는 경제적 안정을 이룰 수 없다는 점에서 간접적인 경제안정기능이 있다고 본다.

경찰예산의 문제점 우리나라 경찰예산의 경우 인건비가 차지하는 비중이 매우 큰 편이다. 경찰은 국가공무원 중 특정직공무원으로 분류되며, 치안총감, 치안정감, 치안감, 경무관, 총경, 경정, 경감, 경위, 경사, 경장, 순경 등 모두 11계급 체계로 이루어져 있다. 그러나 경위 이하 경찰관이 전체 인력의 약 96%를 차지하는 전형적인 에펠탑형 구조로 승진적체가 심화되는 등 조직관리에 어려움을 안고 있다. 인력부족 문제를 완화시키고 경찰기동성을 향상시키기 위한 목적으로 2003년 8월 1일부터 개편된 순찰지구대는 기존 파출소 3~5개를 1개 권역으로 묶어 핵심 파출소 한 곳에 지구대 사무소 또는 상황실로 이용하고 나머지 파출소는 민원담당관만 1~3명을 배치, 민원처리 등 치안서비스 활동을 하고 있다. 이러한 지역경찰제 도입을 통하여 사건발생시 경찰관들이 여러 명 동시에 출동하여 초동조치 등 현장대응력이 크게 높아졌다는 평을 받고 있다. 그러나 지구대 사무소가 된 핵심파출소는 공간적으로 직원들과 민원인들이 함께 드나들기에 턱없이 부족하고, 나머지 민원담당관만 배치되는 파출소는 관서운영상 낭비를 초래할 수 있다. 따라서 공간활용 면에서 전반적인 순찰시스템 개편에 따른 관서운영의 합리적인 방안도 함께 모색해야 할 것이다. 그 외에 경찰관들의 자질을 높일 수 있는 교육시스템의 개발 및 운영, 경찰공무원들의 봉급은 일반직 국가공무원 봉급체계와 특별히 높게 책정할 수 없다 하더라도 격무와 위험에 노출되고 있는 업무의 특성이 고려된 수당체계를 합리적으로 조정하는 문제, 관서 운영비의 현실화, 수사요원의 활동비 및 수사비 현실화 문제, 경찰장비의 현대화 문제 등이 경찰예산에서 항상 지적되고 있는 문제점들이다.

경찰예산의 문제해결방안 경찰예산의 문제는 경찰예산을 충분히 늘릴 수 있다면 간단히 해결된다. 그러나 그것이 불가능하다고 본다면 가용한 예산을 어떻게 사용하느냐의 기획문제가 대두된다. 특히 인건비, 기준경비, 관서운영비 등 기본적 경비가 예산의 70% 가까이 차지하는 현실에서 나머지 30%의 예산을 가지고 경찰조직발전을 위하여 사용하여야 하는 애로점이 있다.

이러한 현실에서 가장 우선적으로 해야 할 일은 기존 70%의 기준경비를 줄이는 방안이다. 즉 기준경비에 대한 사용처에 대한 재평가를 통해서 사회환경의 변화에 따라 불필요한 곳에 비합리적 또는 관행적으로 사용하고 있는 것은 아닌지를 파악해야 한다. 예를 들면 사회는 급변하는데 구태의연한 교육방법을 사용함으로써 이로 인해 낭비가 없는지, 장비를 현대화시키면 인력이나 효과면에서 더욱 좋아지는 것은 없는지 등 능률과 효과면에서 재평가해야 한다. 또 하나는 장기발전계획과 단기계획을 세워서 30%의 예산을 장기와 단기에 적절한 수준으로 배정하여 사용하여야 한다. 장기계획은 비용이 막대하게 들기 때문에 1회계연도에 할 수 없는 사업이나 치안환경의 변화에 따른 대응능력을 부단히 함양시키는 데 사용될 수도 있다. 따라서 기획입안자는 이러한 장 · 단기 사업을 구별하여 합목적적인 차원에서 예산을 편성하도록 한다면 정부를 상대로 경찰예산을 적극적으로 확보하는 데도 큰 역할을 할 수 있다.

경찰예산의 변화추이 경찰예산은 국가와 국민을 위해 수행하는 여러 가지 행정서비스 중에서 국민의 안전한 사회생활을 보장하는 치안활동의 예산이란 점에서 어느 행정서비스의 예산보다도 중요하다. 특히 최근 국민의 '삶의 질'을 중시하는 경향에 따라 치안서비스의 질을 높이기 위한 경찰예산의 지속적 투자가 요청되고 있다.

경찰예산의 보고 및 내부통제 경찰청장은 지출원인행위보고서, 기타 회계에 관한 보고서 등을 월별로 재정경제부 장관에게 보고한다. 또한 경찰청장은 분기마다 사업집행보고서 및 기타 예산에 관한 보고서를 기획재정부장관에게 제출한다. 경찰청장은 효과적인 재정관리 · 재원사용의 적법성 여부 및 집행과정에서 보고된 자료의 신빙성을 분석 · 평가하기 위하여 필요한 사항에 관하여 강력한 내부통제를 행한다.

경찰예산의 분류 경찰예산의 분류는 선량한 관리를 목적으로 하고 세출에 있어서는 경찰사업계속의 성질 또는 기능에 따라 효과적인 경비지출을 하는 것을 근본 목적으로 한다. 경찰예산의 분류 또한 일반 예산분류에 준한다.

경찰예산의 원칙 사실상 예산이란 국민의 세금으로 이루어지기 때문에 그 사용에 있어서 엄격한 원칙의 적용을 강요받고 있다. 이 원칙들이란 예산과정, 특히 집행과정에 있어 지켜야 할 준칙들이라고 볼 수 있다. 실제로 경찰예산원칙도 일반 예산 원칙에 준하여 행해지고 있다.

경찰예산의 이체(移替)와 이월(移越) 경찰예산의 이체란 정부조직법의 개정으로 인하여 그 직무권한의 변동이 있을 때, 예산도 이에 따라 변경시키는 것을 의미하며, 예산의 이월이란 예산을 다음 회계연도로 이월하여 그 회계연도의 예산으로 사용하는 것을 말한다. 경찰예산의 이월에는 명시이월과 사고이월이 있다. 명시이월이란 연도 내에 지출하지 못할 것이 예측되는 경우에 미리 국회의 승인을 받아 다음 연도로 이월시키는 것을 말하며, 사고이월이란 연도 내에 지출하려고 하였으나 불가피한 사유로 다음 회계연도로 이월시키는 것을 말한다.

경찰예산의 재배정 경찰청장이 예산배정계획에 의거하여 기획재정부 장관으로부터 배정받은 예산액의 범위 내에서 산하 각 기관에 대해 월별 또는 분기별로 재배정해 주는 제도이다. 예산재배정제도의 목적은 경찰청장으로 하여금 산하 각 기관의 예산집행상황을 감독 · 통제하고 재정적 한도를 엄수하게 하려는 데에 초점이 있다.

경찰온라인조회 시스템 경찰청 대형주전산기에 여러 가지 전산자료를 저장하고 경찰청, 16개 지방경찰청, 경찰서, 지구대에 일렬로 연결된 온라인조회와 휴대폰, PDA, 데이터겸용무전기, IDS단말기 등과 같은 휴대용조회기를 통해 문자, 사진 등의 정보자료인 주민등록, 면허, 차적, 지명수배 따위의 조회를 수행할 수 있도록 구축해 놓은 일련의 시스템을 말한다.

경찰위원회(警察委員會/national police commission) 합의제 경찰기관 중의 하나로서 우리나라 경찰의 중요한 제도나 기타 경찰행정에 대한 업무의 발전을 위한 제반 사항들을 심의하고 의결하는 기구이다. 경찰위원회는 경찰인사에 관련되는 법규, 훈령, 예규 및 운영기준에 관한 사항과 경찰교육의 기본계획에 관한 사항을 심의 · 의결한다. 경찰법 제5조에 따라 경찰행정에 관하여 제9조 제1항 각호에 정한 사항을 심의 · 의결하기 위하여 행정안전부에 경찰위원회(이하 위원회)를 둔다. 위원회는 위원장 1인을 포함한 7인의 위원으로 구성하되, 위원장 및 5인의 위원은 비상임, 1인 위원은 상임으로 한다. 위원은 행정안전부 장관의 제청으로 국무총리를 거쳐 대통령이 임명한다. 행정안전부 장관은 위원을 제청함에 있어서 경찰의 정치적 중립이 보장되도록 하여야 한다. 또 위원 중 2인은 법관의 자격이 있는 자이어야 한다. 당적을 이탈한 날부터 3년이 경과되지 아니한 자는 퇴직한 날로부터 3년이 경과되지 아니한 자 등은 위원이 될 수 없다. 위원의 임기는 3년으로 하며 연임할 수 없다. 결원이 생겨 새로운 위원의 선임에 따른 보궐위원의 임기는 전임자의 잔여기간으로 한다. 경찰위원회는 다음과 같은 사항을 처리한다. 즉 경찰의 인사, 인권보호와 관련 사항, 국가기관의 업무협조요청 사항, 기타 행정자치부 장관 및 경찰청장이 중요하다고 인정하여 위원회에 부의한 사항, 경찰인사에 관계되는 법규, 훈령, 예규 및 운영기준에 관한 사항과 경찰교육기본계획에 관한 사항을 심의 · 의결한다(경찰법 제2장, 경찰위원회 규정 제5조).

경찰위원회의 성격(警察委員會의 性格) 경찰위원회의 성격은 다음과 같이 크게 세 가지로 구분할 수 있다. ① 경찰관청이 표시할 국가의사를 심의 · 의결의 형식으로 결정하는 권한을 가진 합의제 경철기관이다. ② 국가의사를 심의 · 의결함에 그치고 대외적으로 표시하여 국가를 대표할 권한까지는 없다는 점에서 다른 행정관청과 구별된다. ③ 국가의사의 심의 · 의결권을 가진다는 점에서 단순한 보조기관 또는 자문기관과 구별된다.

경찰위탁교육(警察委託教育) 위탁교육은 경찰공무원법 제17조에 근거해 교육훈련기관의 성격에 따라 해외파견교육과 국내위탁교육으로 나눠진다. 일반적으로 위탁교육은 국내 · 외 대학원 석사 · 박사과정을 비롯해 국가기관, 공공기관, 연구기관, 민간기관 등을 통해서 실시되고 있다. 우리나라는 현재 경찰공무원의 교육위탁기관으로 중앙공무원교육원, 정보통신공무원교육원, 외대 외국어연수원, 방송통신대, 감사교육원, 국립환경연구원, 조달청 등 대략 약 60여개의 기관에서 경찰공무원의 위탁교육이 실시되고 있다.

경찰윤리(警察倫理) 경찰관이 공적생활과 사생활에서 옳고 그름과 정의로운 일에 경찰관이 행해야 할 것을 적극적으로 규정하거나 또는 행하지 말아야 할 바를 규정한 일종의 행동규범(Code of conduct)을 말한다. 즉 경찰이 직무수행에 있어도 그 전문적 능력에 의하여 최선을 다하며, 국민전체의 봉사자로서 공공목적을 달성해야 할 자발적 의무 또는 행위규범으로 표현될 수 있다.

경찰윤리강령(警察倫理綱領) 경찰윤리강력은 대외적인 성격과 대내적인 성격의 관점으로 나눌 수 있다. ① 대외적인 관점은 치안의 서비스를 제공하는 경찰조직이 치안서비스 혜택을 받는 국민에게 다양하고 질 좋은 서비스를 제공하겠다는 약속이며 ② 대내적인 관점은 경찰관의 행동을 규율에 의해 다스리고 선도할 목적으로 경찰조직 자체에서 만들어 내부에서만 효과를 가지게 하는 문서화된 규정을 말한다.

경찰윤리교육의 목적(警察倫理教育의 目的) 경찰윤리교육의 가장 중요한 목적은 경찰관 개인에게 도덕적 결의를 강화시키는 것이다. 즉 사회적으로 요구되는 도덕기준과 경찰관의 행동을 일치시키고 또한 실천으로 옮기게 하는 데 있다. 따라서 평소 꾸준한 교육과 훈련을 통해서 윤리적 행동이 자연스럽게 나올 수 있도록 해야 한다.

경찰윤리의 정의(警察倫理의 定義) 윤리(Ethics)는 일반적인 사람이 지켜야 할 행위규범으로서 그리스어 'Ethos'에서 유래되었다. 윤리란 사람의 옳고 그름에 대한 표준규범을 말하는 것으로 공동체 생활을 하는 사람들이 무엇을 어떤 기준에 의해 행할 것인가에 대한 원리의 체계화를 의미한다.

경찰윤리의 필요성(警察倫理의 必要性) 일반적으로 모든 직업은 일정한 윤리를 요구하고 있다. 특히 경찰관에게는 직업의 특수성으로 인하여 특별한 고도의 도덕성을 요구하고 있다. 이처럼 경찰관에게 고도의 도덕성을 요구하는 이유는 강제력과 재량권의 행사, 위기상황에서 빠른 판단 요구, 국민의 생명과 안전책임, 그리고 많은 유혹에 노출되어 있기 때문이다.

경찰윤리의 확보방안(警察倫理의 確保方案) 경찰윤리의 확보를 위해서는 윤리교육을 강화하여 경찰관들의 윤리의식을 함양하고, 업무수행 태도와 인식을 개선하는 것과 더불어 경찰공무원의 행동강령 준수의식을 각종 교육을 통해 중점적으로 인식시켜야 한다. 특히 '경찰청공무원행동강령'은 선임교육 과정에서부터 교육을 강화시키고, 재직훈련 또는 직장훈련에서도 지속적인 개발을 모색해야 하고 아울러 '경찰청공무원행동강령'을 올바르게 시행하고 있는지의 여부도 정기적으로 점검해야 한다.

경찰윤리학(警察倫理學) 윤리학은 행위기준에 대해 객관적이고 합리적인 분석과 관련하여 부딪히게 되는 제반 가치판단의 문제들에 대해 객관적이고 합리적인 정당성을 부여할 수 있는 판단 기준은 무엇이며, 그러한 판단 기준을 제시할 수 있는 근거가 무엇인가를 구체적으로 밝히는 가치에 관한 학문이다.

경찰윤리헌장(警察倫理憲章) 대한민국 경찰의 경찰윤리규범은 최초로(1966.07.12제정) 선포된 경찰윤리헌장이다. 경찰윤리헌장에는 자율성을 바탕으로 적극적인 봉사자로서 갖추어야 할 경찰관의 기본정신과 윤리적인 행동의 지표를 제시하고 있다. 즉 경찰 행동에서 갖추어야 할 규범성, 공정성, 청렴성, 근면성, 성실성, 합리성, 사명감 등과 같은 덕목을 제시하고 있다. 따라서 인격의 도야와 지식의 함양 등 자기발전을 위한 노력을 강조함으로써 공·사생활에서 도덕적인 품격과 지적인 능력을 갖출 것을 요구한다.

경찰윤리헌장의 기능(警察倫理憲章의 機能) 경찰윤리강령이나 윤리헌장은 대외적 기능과 대내적 기능으로 나눈다. 대외적 기능인 경찰윤리강령은 경찰이 시민을 위해 봉사하겠다는 의지를 천명한 것이고, 대내적 기능은 경찰관 개인에게 윤리적 지침과 기준을 제시하는 수단이다. 뿐만 아니라 경찰관의 경찰조직에 대한 소속감을 고취시키고 또 경찰윤리강령이나 윤리헌장은 경찰윤리 교육의 좋은 자료로도 활용되고 있다는 점이다.

경찰윤리헌장의 내용(警察倫理憲章의 內容) 윤리헌장에는 자율적이고 적극적인 봉사자로서 갖추어야 할 기본정신과 윤리적인 행동지표를 제시하고 국민의 생명과 재산을 보호하며 공공의 안녕과 질서를 유지하는 경찰관으로서 지켜야 할 행동지침의 내용과 경찰관의 덕목을 규정하고 있는 규범성, 연대성, 성실성, 근면성, 공정성, 청렴성, 합리성, 사명감을 담고 있다.

경찰윤리헌장의 역사(警察倫理憲章의 歷史) 1945년 10월 21일에 창설된 대한민국 경찰은 혼란 속에서 경찰업무를 제대로 수행하기 위해 경찰정신을 확립하는데 중요한 과제로 여겨오다가 드디어 1966년 7월 12일 경찰윤리규범의 효시라고 할 수 있는 최초형태의 「경찰윤리헌장」이 선포되었다.

경찰의 국제화(警察의 國際化) 일반적으로 경찰조직이 국제 치안환경의 변화를 올바로 인식하고 이에 수반하는 각종 상황변화에 능동적으로 대응할 수 있는 거시적인 시각과 안목을 가지고 국제치안환경의 흐름에 맞도록 조직과 기능을 변화시키는 것으로 정의되고 있다.

경찰의 날 1948년 일본식민통치에서 해방되고 미군정청 경무국이 1945년 10월 21일 창설되었는데 이 날을 우리나라 '국립경찰의 창설일'로 정해 오늘날까지 이어지고 있다. 1945년 8·15해방 이후에는 미군정청의 경무부가 경찰업무를 담당했는데 서울에 수도경찰청, 지방에 관구(管區) 경찰청이 설치되어 치안을 유지했다. 그 후 미군정은 중앙집권적이고 관료적인 일제 경찰의 성격을 개선하기 위해 영국과 미국의 경찰제도를 도입하려 했으나 수월하지 못했다. 이 당시 경찰제도를 정착시키면서 경찰공무원의 대부분이 일제시대때 경찰간부들로 대거 채워졌으며 강점기 일제경찰의 성격이 그대로 정착되는 우를 범했다. 혼란스런 그 당시의 상황에서 일제경찰에 협조했던 경찰관들을 완전히 배제하는 일은 아마도 쉬운 일이 아니었던 모양이다. 1948년 8월 이승만 초대정부의 수립과 함께 비로소 미군정으로부터 경찰권을 이양받은 정부는 내무부에 치안국을 설치하여 국립경찰제도를 정착시키게 되었다. 미군정하에서는 경무부장이 장관급으로 유지되었으나 초대정부에 들어와

서는 내무부 치안국으로 조직개편을 단행하여 국장급으로 격하시키게 되었다. 2012년 8월 현재 전국경찰의 수사 15만여명에 이르는데 경찰청장은 그 직급이 차관급으로 아직도 낮은 편이다.

이와 같은 경찰권 이양을 기념하기 위해 1973년 3월 30일 대통령령으로 '각종 기념일 등에 관한 규정'을 제정 · 공포하면서 10월 21일을 경찰의 날로 정했다

경찰의 날로 정해진 그 역사를 보면 1957년 11월 7일 내무부훈령을 통해 10월 21일을 '경찰의 날'로 지정하게 되었다. 그 후 1971년 9월 1일 내무부훈련을 통해 '경찰의 날'을 지정하게 되었다. 이어서 1973년 3월 30일날 「각종기념일등에관한규정」에 규정하게 되었다.

경찰의 다목적(112) **순찰차** 본 차량의 도색은 백색(F 809000), 청색(PANTONE 286C), 황색(PANTONE 123C)으로 디자인되어 있다. 로고는 보닛 및 양측 앞문에 표시되어 있다. 글씨는 양측문 중간(경찰 POLICE) 트렁크(POLICE), 뒤쪽 양측(관서고유번호)에 위치하고 있다. 본 차량의 지붕에는 경광등, 서치라이트, 국기봉 등이 장착되어 운영 중이다〈경찰장비관리규칙 참조〉.

경찰의료장비 경찰병원에서 의료행위에 사용하는 장비로서 수술장비 및 수술 소기구류: 마취기, 레이저 수술장비, OS, NS, ENT, GS 수술기구류, 인스트러먼트, 소기구류 등이 있다. 생체계측 및 환자감시장치로는 뇌파기, 심전도기, 심장충격장치, 청유발 전위장치, 환자감시장치, 폐기능검사기 등이 있고, 임상병리 검사장비로는 자동혈액분석기, 자동생화학분석기, 혈구계산기, 분광광도계, 자동세균검사장치, 면역분석기 등이 있다. 그리고 동위원소 검사장비로는 감마카운터, 갑상선기능측정기, 동위원소검사용 Phantom종류 등이 있다. 나아가서 진단용 방사선 발생장치로는 CT, 투시형 X-선 진단기, 신체검사용 X-선 진단기, 일반두부X-선 진단기, 흉부X-선 진단기, 유방촬영기, 치과용X-선 진단기 등이 있다. 끝으로 환자진료 및 치료장비로는 치과유니트, ENT유니트, 내시경장비 및 기구, 초음파진단기, 재활 및 물리치료장비, 인공신장기, 안과치료장비, 기타장비 등이 있다〈경찰장비관리규칙 제 184조 참조〉.

경찰의 모터사이클(교통 · 방범용) 본 모터사이클은 백색(F 809000), 청색(PANTONE 286C) 및 황색(PANTONE 123C)으로 도색되어 운영 중이다. 로고는 앞 보닛이며, 글씨는 흙받이 경찰 POLICE라고 쓰여져 있다. 그리고 경광등과 장비함 등이 설치되어 있다〈경찰장비관리규칙 참조〉.

경찰의 민주성(警察의 民主性)　　본연의 활동을 통해 국민의 자유와 평등 그리고 인권 등과 같은 이상과 가치를 실현하는 데 기여할 것을 요청하는 것을 말한다. 그리고 그러한 과정에서 국민의 의사가 우선시되고(민본주의) 국민의 참여가 보장되며(참여주의) 국민에게 책임을 지고자 하는 것(책임주의)을 의미하게 된다. 또한 경찰조직의 활동이나 권한에 대하여 철저한 통제를 가할 수 있는 민주적인 장치가 필요한데 내부통제기관으로 행정안전부장관과 경찰위원회를 외부통제기관으로 국회와 감사원을 두어 민주성을 보장하고자 노력하고 있다.

경찰의 본질(警察-本質)　　경찰은 공공의 안녕과 질서를 유지하기 위해 법령에 근거해 행하는 권력적 행정작용을 행하는데 이것이 바로 경찰의 본질이다.

경찰의사전달(警察意思傳達/Police Communication)　　경찰관 2인 이상이 각자의 성격이나 사상, 의견, 지식, 감정 등 정보의 상호작용을 통하여 공통의 이해가 이루어 지는 수많은 과정이나 행위들을 말한다. 즉, 경찰의사전달은 경찰간에 발신자와 수신자가 소수이든 다수이든 무관하게 경찰 상호간의 인간관계를 정립하고 정보를 교환함으로써 서로 의식이나 행태에 일련의 변화를 일으키는 행위들을 말한다. 경찰의사전달의 수단으로는 언어, 문서, 신호, 대중매체 등이 있다.

경찰의 승용(고속 · 교통 · 112) **순찰차**　　경찰 승용순찰차의 도색은 백색(F 809000), 청색(PANTONE 286C), 황색(PANTONE 123C)으로 이루어져 있다. 로고를 보면 보닛 및 양측 앞문에 위치하고 있다. 그리고 글씨는 양측문 중간(경찰 POLICE) 트렁크(POLICE), 뒤쪽양측(관서고유번호)에 표기되어 있다. 또한 승용차의 지붕에는 장방형 경광등, 서치라이트, 국기봉 등이 장착되어 있다〈경찰장비관리규칙 참조〉.

경찰의 승합(형사순찰 · 과학수사 · 호송 · 사고조사 등) **순찰차**　　본 차량의 도색은 백색(F 809000), 청색(PANTONE 286C), 황색(PANTONE 123C)으로 디자인되어 있다. 그리고 로고는 보닛 및 양측 중간에 위치하고 있다. 과학수사 및 경찰이라는 글씨는 양측 앞문(용도명), 양측 뒤쪽(경찰), 뒤쪽 양측(관서고유번호), 장방형 경광등, 서치라이트(교통사고조사용은 2개, 과학수사 · 호송용 제외)를 장착하고 있다〈경찰장비관리규칙 참조〉.

경찰의식(警察儀式) 경찰이 절도 있고 품위 있는 제식행사를 통해 그들 상호간에 예의와 성의를 나타내는 것이다. 이를 통해 경찰의 기강과 하나됨을 과시하며 국민으로부터 신뢰를 증진시키게 함을 목적으로 행하는 일련의 의식을 의미한다.

경찰의 실천윤리강령(警察의 實踐倫理綱領) 1980년에 제정한 새경찰신조는 4가지로 만들어졌다. ① 우리는 새시대의 사명을 완수한다, ② 우리는 깨끗하고 친절하게 봉사한다, ③ 우리는 공정과 소신으로 일한다, ④ 우리는 스스로의 능력을 계발한다.

경찰의 자율적 윤리규정(警察의 自律的 倫理規定) 외부의 제재나 간섭 없이 공무원들 자신이 직업윤리를 설정하고 이를 자율적으로 규제하여 스스로 행동윤리 및 규범을 유지 · 발전시켜 나가는 것을 말한다.

경찰의 중 · 대 승합(경찰수송, 경찰작전 등) **차량** 본 차량의 도색은 백색(F 809000), 청색(PANTONE 286C), 황색(PANTONE 123C)으로 칠해져 있다. 그리고 중 · 대형 비도색 버스는 업무특성에 맞게 도색되어 운행 중이다. 로고는 앞 보닛과 양측면에 위치하고 있다. 글씨는 대형(앞쪽: 경찰, 뒤 · 옆쪽 POLICE), 중형(뒤 · 옆쪽: 경찰 POLICE)이 있으며, 경광등(중형), 보호철망(대형, 필요시)이 만들어져 있다〈경찰장비관리규칙 참조〉.

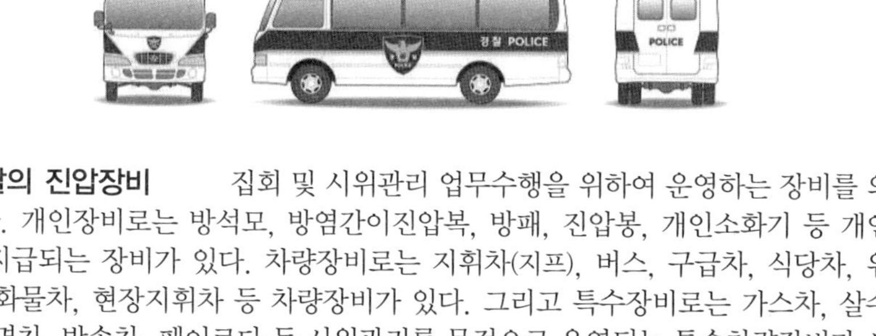

경찰의 진압장비 집회 및 시위관리 업무수행을 위하여 운영하는 장비를 의미한다. 개인장비로는 방석모, 방염간이진압복, 방패, 진압봉, 개인소화기 등 개인에게 지급되는 장비가 있다. 차량장비로는 지휘차(지프), 버스, 구급차, 식당차, 위생차, 화물차, 현장지휘차 등 차량장비가 있다. 그리고 특수장비로는 가스차, 살수차, 조명차, 방송차, 페이로다 등 시위관리를 목적으로 운영되는 특수차량장비가 사용된다. 한편 최루장비로는 근접분사기, 유색분사기, 최루탄발사기, 휴대용소화기,

방독면, 다연발(세트) · 일반최루탄(5종), 최루탄 주머니, 최루탄 배낭, 최루액 등 시위관리를 목적으로 개인 및 부대가 사용하는 최루제 및 그 발사장치가 있다. 아나가서 정보통신장비: 휴대용 무전기, 고정용 무전기(차량 · 상황실 · 사무실 등)로 시위관리를 위해 지휘 및 통신에 사용되는 정보통신장비가 존재하고 기타 장비로는 안전매트, 휴대용 제논탐조등, H형 사다리, 인내방패, 소화포, 폴리스라인, 메가폰 등 시위관리를 목적으로 사용되는 장비가 사용되고 있다〈경찰장비관리규칙 제 78조 참조〉.

경찰의 합법성(警察의 合法性) 행정과정이나 법률적으로 적합성을 유지해야 한다는 일련의 행정이념을 말한다. 경찰행정이 법적 절차에 따라 업무를 수행하는 것이라 할지라도 공공의 원칙과 비례의 원칙, 민사관계 불간섭의 원칙, 소극목적의 원칙, 평등의 원칙 등 경찰책임의 원칙을 올바로 지켜 나감으로써 결국에는 국민의 자유와 권리가 침해되지 않게 하는 일 또한 매우 중요하다.

경찰의 화물(물자수송 등) **차량** 본 차량의 도색은 백색(F 809000), 청색(PANTONE 286C), 황색(PANTONE 123C)으로 디자인되어 있다. 로고는 보닛이며, 글씨는 양측 앞문(POLICE 경찰)에 새겨져 있다〈경찰장비관리규칙 참조〉.

경찰이념(警察理念) 경찰이 추구하고자 하는 기본가치, 방향, 규범, 정신을 의미한다. 경찰의 기본이념의 내용과 관련해서는 민주주의, 법치주의, 인권존중주의, 정치적 중립주의, 경영주의가 대표적이다. 그리고 본질적 이념으로는 정의와 자유를 들 수 있다. 수단적 이념으로는 민주성, 능률성, 합법성, 인권존중주의, 정치적 중립성 등이 대표적이다. 물론 여기서 어느 것이 우선하느냐 하는 문제에 있어서는 학자마다 다르다. 그러나 이는 간단히 정의할 문제가 아니고 국가적 상황에 따라 다르다고 보아야 할 것이다.

경찰인력기획 경찰인력기획이라 함은 경찰인사관리에 있어서 가장 시초이면서 동시에 기본토대를 이루는 것이다. 왜냐하면 경찰인력기획은 경찰조직이라고 하는 큰 범위 내에서 사전에 제반 경찰활동의 수요와 공급에 관한 미래예측을 통해서 최적의 경찰인력을 확보하여 그 차질의 문제를 해소하고자 하는 중요한 노력 중의 하나이기 때문이다. 예를 들어 향후 인구는 얼마만큼 증가할 것인가? 이에 따라 경찰관이 늘어나게 될 업무가 얼마나 될 것인가? 장래에 필요한 경찰활동의 내용은 어느 정도인가 등을 예측하면서 경찰의 인력기획이 세워지게 될 것이다.

우리나라 경찰인력의 일반적인 계획을 수행하는 기관은 경찰인사위원회가 대표적이다. 본 위원회는 경찰공무원의 인사관리에 대한 방침이나 기준 및 기본계획에 대해 심의하며, 경찰공무원의 인사에 대한 법령의 제정이나 개폐에 대한 일련의 사항들을 다룬다. 또한 기타 경찰청장이 부의하는 제반사항에 관해서도 심의하는 기능을 담당하고 있다. 경찰인사위원회의 구성과 의결방법을 보면 5인 이상 7인 이하의 위원으로 구성됨이 원칙이다. 위원장은 경찰청 인사담당국장(치안감)이 맡는다. 위원은 경찰청장(치안총감)이 경찰청 소속의 총경 이상인 경찰관 중에서 임명하는 방식을 취하고 있다. 경찰청 인사담당국장인 위원장은 회의를 통할하면서 경찰인사위원회를 대표하는 것으로 운영된다. 이 밖에도 위원장은 경찰청 소속의 경찰공무원 중에서 경찰인사위원회의 업무를 담당하도록 하기 위해 약간명의 간사를 임명한다. 다른 위원회처럼 위원장의 유고시에는 위원 중에서 최상위계급이나 선임경찰관이 그의 직무를 대행하는 방식으로 운영된다.

경찰청장은 경정 이하의 경찰공무원을 임용하고 총경 이상의 경찰공무원인 경우는 대통령이 임명한다. 또한 경찰청장은 총경의 전보, 휴직, 직위해제, 정직, 복직을 수행하는 권한을 행사한다. 한편 대통령령으로 규정된 내용에 따라 경찰청장은 경찰공무원에 대한 임용권을 그 소속기관의 장(長)에게 위임하는 것이 통례이다. 예를 들어 경찰청의 경무기획국, 서울지방경찰청의 경무부, 기타 지방경찰청과 경찰서의 경무과(警務課)가 그 대표적이다. 경찰청 경무기획국의 인사교육과는 경찰공무원의 전국적인 규모의 인사조치를 담당한다. 서울지방경찰청 경무부 인사교육과와 기타 지방경찰청의 경무과는 각 지방경찰청 단위의 인사조치를 담당하고 있다. 한편 경찰서 단위의 인사조치의 보좌는 경찰서의 경무과에서 담당하고 있으며 경찰공무원의 정원관리는 경찰청 경무기획국의 기획과에서 담당하며, 그 밖의 전투경찰에 대한 인사관리는 경찰청 경비국의 경비 2과에서 담당하고 있다. 경찰인력은 경찰공무원법, 행정기관의조직과정원에관한통칙(대통령령), 경찰기관의조직및정원관리규칙(경찰청훈령)에 그 법적 토대를 두고 있다. 무엇보다 경찰기관의조직및정원관리규칙에 의해 경찰인력을 조정할 수 있다. 경정 이상의 경우는 해당 지방경찰청장이 경찰청장의 사전 승인을 받아 조정할 수 있다. 경감 이하의 경우는 해당 지방경찰청장이 자유롭게 조정이 가능하다. 그리고 경찰서장은 경사 이하의 정원을 조정할 수 있는 권한을 부여받고 있다. 그러나 이 경우 경찰서장은 해당 지방경찰청장에게 보고하여야 한다. 물론 아무 때나 이러한 자체 조정권이 부여되는 것은 아니고 그 사유가 분명해야 한다. 구체적인 사유로는 부서 자체적으로 새로운 업무조직을 필요로 하게 되어 그것을 신설하는 경우와 특정분야에 정원의 보강이 급히 필요하게 되는 경우 등이다(신현기, 2010: 124).

경찰인력기획수립시 문제점 경찰기획은 여러 가지 측면에서 국가사회의 치안질서유지를 발전시키는 데 지대한 공헌을 하고 있다. 그러나 경찰이 기획을 수립하고 추진해 나가는 데 있어서 여러 가지 제약들이 따른다. 특히 경찰기획의 경우 정치적 · 경제적 · 사회적 · 문화적인 복합요인들이 결부되는 경우가 많기 때문에 적지 않은 한계성을 느끼게 된다. 그 동안 이 문제에 대해 꾸준히 연구해 온 학자들의 연구성과들을 중심으로 대표적인 한계점들을 살펴보면 다음과 같다. 첫째, 미래예측에 대한 한계이다. 시대적 상황이 하루가 다르게 급변하고 있는 상황에서 우리가 미래의 상태를 정확하게 예측한다는 것은 사실상 어려운 일이다. 이러한 원리는 일반공공행정에서 뿐만 아니라 특수분야인 경찰행정에서도 그대로 적용된다. 예를 들어 경찰이 미래를 예측하는 경우 컴퓨터 등을 활용해 과거보다는 계량적 예측기법이 눈부시게 발달하기는 했으나 정확한 예측을 해내는 데에는 미래라는 변수와 변인들로 인해 적지 않은 한계에 직면하게 될 수 밖에 없다. 둘째, 자료와 정보의 부족이다. 지금까지 경찰업무에 관한 자료나 정보가 체계적으로 정리되어 발표된 것이 상당히 미비한 편이다. 그나마 나와 있는 자료도 비교적 신뢰성이 낮은 편이기 때문에 경찰공무원들이 경찰업무를 기획하는 경우 자신들의 직관에 바탕을 둔 입장에서 예측 내지는 기획결정을 내리는 경우가 허다한 것으로 알려져 있다. 오늘날 경찰기획 분야와 관련하여 볼 때 경찰업무에 대한 정보들이 합리적으로 정리된 것이 부족한 게 현실이며 그나마 있는 자료도 현실성이 떨어진다는 것이 일반적인 상황이다. 그리고 그나마 경찰기획에서 사용된 자료들도 미공개되어 일반 경찰전문가들이 접할 수 없도록 비밀에 붙여져 있다. 셋째, 정치적 인식과 행정적 지원의 부족이다.

경찰조직에서 기획 부분이 크게 성공을 거두기 위해서는 우선 경찰최고관리층의 행정 및 재정적 지원이 충족되어야 한다. 따라서 관련 행정부처(예: 행정안전부와 기획재정부)에서는 경찰행정의 발전을 위해 일련의 목표를 세운 경우 경찰기획활동에 적극적으로 지원하는 일이 무엇보다 중요하다. 넷째, 기획가의 능력부족이다. Albert Waterston에 따르면 일반행정기관에서 사람들이 기획의 중요성에 대한 인식이 비교적 낮으며 동시에 기획가를 교육 · 양성해 내는 문제도 등한시되어 왔고 그나마 훈련을 받은 사람도 기획업무에 종사하기를 꺼리는 경우가 비일비재하다는 것이다. 이러한 문제는 같은 맥락에서 경찰행정분야에도 그대로 적용되고 있다. 말하자면 경찰조직에서 경찰기획에 대한 보다 체계적인 계획 · 수립을 위해 유능한 경찰기획가가 다수 확보되어야 하는데 현실은 그러하지 못하다는 것이다. 설사 있다고 하더라도 이들을 우대해 주는 인사관리시스템이 아직 마련되어 있지 않은 관계로 기획분야의 훈련을 받는 사람도 기획업무를 담당하는 것을 꺼리는 현상까지도 발생하고 있다. 다섯째, 예산과 관리제도면에서 비효용성의 문제이다. 경찰기획의 집행이나 평가 및 통제를 관리하는 측면에서조차도 기술이나 경영관리인력이 부족하고 절차도 복잡하며, 부서간의 갈등 등으로 인해 기획이 제대로 이루어지지 못하는 경우가 많다는 것이다. 이러한 비효율성의 문제는 효과적인 경찰기획을 위해 시급히 해결되어야 할 과제인 것이다. 예를 들어서 날로 높아가는 범죄율의 점증에 비례해 경찰관의 수를 늘려야 하는 현실적 문제가 심각한 데도 불구하고 공무원총정원제로 인해 행정안전부가 난색을 표한다거나 기획재정부가 예산의 부족을 앞세워 거절하는 경우에는 경찰청기획부서에서 아무리 훌륭한 관련 기획을 내놓아도 그 실현이 불가능한 것이다. 여섯째, 시간과 비용에 대한 전략문제이다. 좋은 경찰기획이 수립되기 위해서는 넉넉한 시간이 주어진 상황하에서 충분한 예산지원이 따라주어야 함은 재언을 요하지 않는다. 경찰기획에서도 일반행정부처에서와 마찬가지로 경찰지도자가 빈번하게 교체되는 경우가 많아 제한된 상황하에서 졸속 기획을 만들어 내는 문제도 발생하는 사례가 적지 않다는 것이다. 이러한 상황하에서는 좋은 경찰기획이 나올 수 없을 것이다. 그리고 비용이 불충분하다면 좋은 기획을 수립해 내는 데 있어서 큰 걸림돌이 될 것이다(신현기, 2010: 129).

경찰인사관련법규 경찰공무원법 제6조(임용권자)는 「총경(總警) 이상의 경찰공무원은 경찰청장 또는 해양경찰청장의 추천에 의하여 행정자치부장관 또는 해양수산부장관의 제청으로 국무총리를 거쳐 대통령이 임용한다. 다만, 해양경찰청장은 해양수산부장관의 제청으로 국무총리를 거쳐 대통령이 임명하고, 총경의 전보·휴직·직위해제·정직 및 복직은 경찰청장 또는 해양경찰청장이 행한다」라고 명시하고 있다. 이어서 제2항에서는 「경정(警正) 이하의 경찰공무원은 경찰청장 또는 해양경찰청장의 제청으로 국무총리를 거쳐 대통령이 행한다」(1996. 8. 8. 개정)는 것을 명시하고 있으며, 제3항에서는 「경찰청장 또는 해양경찰청장은 대통령령이 정하는 바에 의하여 경찰공무원의 임용에 관한 권한의 일부를 소속기관의 장과 지방경찰청장 또는 지방해양경찰관서의 장에게 위임할 수 있다」(1996. 8. 8. 개정)는 점을 분명히 하고 있다. 그리고 제4항에서는 「경찰청장 또는 해양경찰청장 및 제3항의 규정에 의하여 임용권의 위임을 받은 자는 행정안전부령 또는 국토해양부령이 정하는 바에 의하여 소속 경찰공무원의 인사기록을 작성·보관하여야 한다」(1996. 8. 8, 1998. 9. 19 개정)라고 규정하고 있다(신현기, 2010: 91).

경찰인사관리(警察人事管理) 10만명에 이르는 경찰관을 체계적이고 합리적인 기준에 따라 분류하고 모집, 채용, 관리해 나가는 일련의 과정을 말한다. 경찰인력은 계속해서 증가하고 있으므로 이들을 합리적인 기준에 의해 공정하게 관리해 나가는 것은 경찰목적달성을 위해 가장 중요한 기능이라 할 수 있다. 경찰인사관리의 목적은 크게 ① 효율적인 경찰인력의 운용이다. ② 인사운영을 합리적이고 객관적인 기준에 의해 공정하게 하는 데 있다. ③ 경찰조직과 경찰관 개개인의 요구를 잘 조화시키는 것이다. ④ 우수한 사람을 확보하여 그들의 능력을 계속적으로 발전시키고 아울러 그들이 근무의욕을 갖고 열심히 일하게 함으로써 조직의 효과성을 제고시키는데 있다. ⑤ 환경변화에 대한 적응력 제고이다.

경찰인사관리부서(警察人事管理部署) 임용기관을 보좌하는 경찰조직의 부서를 말한다. 이에 해당하는 부서로는 경찰청의 경무국, 서울지방경찰청의 경무부, 경기지방경찰청의 제1부, 기타 지방경찰청과 경찰서의 경무과, 부속기관의 운영지원과가 있다.

경찰인사위원회(警察人事委員會) 경찰공무원의 인사에 관한 중요사항에 대해 경찰청장 또는 해양경찰청장의 자문에 응하기 위하여 경찰청 및 해양경찰청에 경찰인사위원회를 둔다. 인사위원회의 구성 및 운영에 관하여 필요한 사항은 대통령령으로 정한다. 경찰공무원의 인사위원회는 인사에 관한 중요사항에 관하여 경찰청장의 인사행정에 관한 방침과 기준 및 기본계획, 경찰공무원의 인사에 관한 법령의 제정 또는 개폐에 관한 사항, 기타 경찰청장이 부의하는 사항 등을 심의한다(경찰공무원법 제4조). 경찰인사위원회는 통상 5인 이상 7인 이하로 구성된다고 규정하고 있다. 물론 인사위원장은 경찰청장의 인사담당국장이 된다. 기타 위원은 경찰청 소속 총경 이상의 경찰공무원 중에서 경찰청장이 임명하는 것으로 되어있다. 기타 위원들처럼 경찰인사위원회 위원장도 회의를 총괄한다. 위원장은 경찰청에 소속된 경찰공무원들 중에서 약간명을 임명하여 간사의 직함을 주고 그로 하여금 인사위원회의 제반 사무를 담당하게 할 수 있다. 위원장의 유고시에서는 위원 중에서 최상위 계급 또는 선임경찰관이 그의 직무를 대신 수행하도록 규정하고 있다.

경찰임용(警察任用) 경찰공무원의 임용은 공무원임용령 제2조 제1호에 따라 경찰공무원을 신규채용, 승진임용, 전직, 전보, 겸임, 강임, 파견, 휴직, 직위해제, 정직, 복직, 해임 및 파면 등을 포함하고 있다.

경찰임용자격(警察任用資格) 경찰공무원법 제7조 제2항에 따라 대한민국 국적을 가지지 아니한 자, 금치산자 또는 한정치산자, 파산선고를 받은 자로서 복권되지 아니한 자, 자격정지 이상의 형의 선고를 받은 자, 자격정지 이상의 형의 선고유예를 받고 그 선고유예기간 중에 있는 자, 징계에 의하여 파면 또는 해임의 처분을 받은 자 등은 경찰공무원으로 임용될 수 없다.

경찰 자체사고(警察 自體事故) 경찰규율의 부주의, 사기의 저하, 근무체제의 불합리 등이 근본적인 원인이 되어 경찰관 자신들이 각종 사고를 발생시키는 것을 말한다.

경찰작전(警察作戰) 대간첩작전을 비롯하여 전시대비 경찰작전 등 작전상황에 대비한 작전업무를 말한다. 경찰이 작전업무를 수행하는 것은 남북분단이라는 특수한 상황으로 인해 경찰은 일정한 지역 및 인적 작전대상의 범위 내에서 대간첩작전을 수행할 수 있다. 경찰작전의 근거는 경찰관직무집행법 제2조와, 대통령훈령 제28호, 전투경찰대설치법 등 이다.

경찰작용과 법적토대 현재 경찰작용에 관한 법으로 경찰관직무집행법이 있고 생활안전에 관련된 법으로는 사격및사격장단속법, 총포 · 도검 · 화약류등 단속법, 신용정보의이용및보호에관한법률, 사행행위등규제및처벌특례법, 청소년보호법, 경범죄처벌법, 경비업법 등이 있다. 교통에 관한 경찰작용법으로는 도로교통법, 교통사고처리특례법, 도로법 등이 있다. 그리고 경비에 관한 것으로는 경찰직무응원법, 수난구호법, 청원경찰법 등이 시행되고 있다. 하지만 위의 경찰관직무집행법과 단행법들이 경찰작용법 전체가 체계적 통합성과 법적 명확성을 가지고 있지 못하다는 비판을 받고 있다. 그 이유는 각 단행법들도 개별목적의 개별 입법에 의하여 존재하고 있기 때문이다. 그리고 경찰관직무집행법은 제2조에서 단지 직무범위를 열거하는데 그치고 있으며 경찰의 임무와 권한을 명료하게 구분하지 못하고 있는 입법적 결함을 지니고 있다.

경찰작용법(警察作用法) 경찰행정의 내용을 규율하는 법규이다. 즉 경찰행정상 법률관계의 성립, 변경, 소멸에 관련된 모든 법규를 의미한다. 경찰작용법은 경찰의 임무, 경찰권 발동의 근거와 한계, 경찰행정의 유형, 경찰상 처분의 법적효력, 경찰강제 등에 관한 규율을 내용으로 하는 것을 말한다. 무엇보다 경찰작용은 국민에 대해 명령, 강제하는 대표적인 침해적, 권력적 행정작용으로 국민의 자유와 권리에 긴장관계를 발생시킬 가능성이 크기 때문에 법률에 의한 행정의 원칙이 중요시 된다(법률유보의 원칙).

경찰작용의 형태 ① 경찰하명이란 경찰기관이 사회공공의 안녕질서유지라는 경찰목적을 달성하기 위하여 국민에게 작위 · 부작위 · 급부 등의 의무를 명하는 일련의 경찰처분을 의미한다. 작위하명은 어떤 행위를 할 것을 명하는 것으로 불특정다수의 일반인에 대한 것(신호기에 따를 것)도 있으며, 특정인(신고를 명하는 것)에 대한 것도 있다. 부작위하명은 소극적으로 어떤 행위를 행하지 아니할 것을 명하는 하명인데 절대적 금지(죽은 동물을 식품으로 판매하지 못하도록 하는 것)와 상대적 금지(허가권을 유포한 총포, 도검의 소지허가)로 구분된다. 급부하명은 금전이나 물품의 급부를 명하는 하명(수수료 납부의 의무)이다. 그리고 수인하명은 경찰강제에 대하여 저항하지 아니하고 이것을 참아야 하는 의무를 의미한다.

② 경찰허가란 법규상 예방적 통제의 목적으로 규정된 일반적 · 상대적 · 잠정적 금지를 개별적이며 특정한 경우에 해제하는 경찰처분(음식점 영업허가, 운전면허, 특수경비업허가 등)을 의미한다. 경찰허가는 면허 · 인가 · 승인 등의 용어로도 사용되고 있다.

③ 경찰면제란 법령에 의해 일반적으로 부과되어 있는 경찰상의 작위 · 수인 · 급부의무를 특정한 경우에 해제하여 주는 경찰상의 행정행위를 의미한다. 예를 들어 시험의 면제, 수수료의 면제, 납기의 연기 등이 이에 해당한다.

경찰장 2011년 11월 1일부터 현장에서 근무하는 경찰관 어깨에 '계급장' 대신 '경찰장'을 달게 됐다. 또한 경찰관의 호칭도 기존 김순경, 박경사, 이경위라는 계급 대신 경관 · 수사관 · 정보관 · 민원관 등 맡고 있는 업무를 중심으로 선정된 직명을 기능 중심으로 부르게 되었는바, 즉 경찰청은 경위 이하 경찰관이 일상 근무때 계급장 대신 경찰을 상징하는 동일한 경찰장 견장을 부착하는 제도 개선안을 시행한 것이다. 이에 따라 순경 · 경장 · 경사 · 경위 계급의 경찰관은 일상 근무시 기존 무궁화 모양의 계급장 대신 경찰을 상징하는 통일된 경찰장견장을 착용하고 근무하게 됐다. 하지만 경찰의 계급제도 자체에는 변화가 없으며 정복과 기동부대의 기동복 착용 시에는 현재와 동일하게 계급장을 부착하고 근무하기로 했다. 이 제도의 취지는 치안 현장에서 직접 활동하는 경위 이하 현장경찰관의 자긍심과 당당한 업무수행을 뒷받침하여 법집행력을 확보하려는 취지인데, 향후 얼마만큼의 만족도가 나타날지 경찰의 주요 연구과제가 되었다(신현기, 2012: 53). 기존의 경찰계급장 대신 개선되어 잠시나마 사용되었던 경찰장은 다음과 같다. 그러나 아쉽게도 여러 가지 문제들로 인해 이 제도는 2012년 7월을 기해 전격 폐지되어 역사적 뒤안길로 사라졌다.

이 제도가 없어지고 다시 기존의 경찰계급장 제도로 회귀하게 된 큰 원인은 무엇인가. 무엇보다 계급 사회를 조장한다며 2011년 11월부터 시행한 경위 이하 경찰관 근무복의 경찰장 부착 제도가 시행 6개월만에 전면 폐지되는 아쉬움을 남긴 것이다. 경찰청은 경위 이하의 경찰장 부착 제도가 새로운 차별로 인식되면서 내부 반발이 많아 2012년 7월 1일부터 전면 폐지하고, 원래대로 계급장을 부착하기로 했으며 결국 경찰장을 만드는 데 예산 4억 원이 낭비되는 등 충분한 검토 없이 시행했다는 비판을 피할 수 없게 되었다.

경찰장구 경찰관이 휴대하여 범인검거와 범죄 진압 등 직무수행에 사용하는 수갑 · 포승 · 경찰봉 · 방패 등과 전자충격기 · 전자방패 등을 말한다.

경찰장구의 사용 경찰관은 현행범인인 경우와 사형 · 무기 또는 장기 3년 이상의 징역이나 금고에 해당되는 죄를 범한 범인의 체포 · 도주의 방지, 자기 또는 타인의 생명 · 신체에 대한 방호, 공무집행에 대한 항거의 억제를 위하여 필요하다고 인정되는 상당한 이유가 있을 때에는 그 사태를 합리적으로 판단하여 필요한 한도 내에서 경찰장구를 사용할 수 있다. 경찰장구의 사용은 무기사용 다음으로 인명 · 신체에 실력을 가하는 수단이다.

경찰장비(警察裝備) 무기, 경찰장구, 최루제 및 그 발사장치, 감식기구, 해안감시기구, 통신기기, 차량, 선박, 항공기 등 경찰의 직무수행을 위하여 필요한 장치와 기구로서 기동, 피복, 총포, 범죄수사, 행정공용장비 등을 총칭하는 개념을 말한다.

경찰장비관리의 개념 경찰장비관리규칙 제2조에 따르면 장비(裝備)란 무기, 경찰장구, 최루제와 그 발사장치, 과학수사기구, 해안감시기구, 정보통신기기, 차량 · 선박 · 항공기 등 경찰의 직무수행을 위해 필요한 장치와 기구로서 기동, 피복, 총포, 범죄수사, 행정공용장비 등을 총칭하는 것을 말한다. 또한 여기서 말하는 경찰장구란 경찰공무원이 휴대하여 범인검거와 범죄진압 등 직무수행에 사용하는 것 중 무기를 제외한 물건을 총칭하는 개념을 말한다.

경찰장비의 사용 경찰관은 직무수행 중 경찰장비를 사용할 수 있다. 다만 인명 또는 신체에 위해를 가할 수 있는 경찰장비에 대하여는 필요한 안전교육과 안전검사를 실시하여야 한다. 경찰공무원은 현행범인과 사형 · 무기 · 장기징역에 해당하는 범인을 체포하거나 타인 및 자신의 신체를 보호하기 위해 경찰장비를 사용할 수 있다(본법 제10조). 경찰장구는 수갑, 포승, 호송용포승, 경찰봉, 호신용경봉,

전자충격기, 방패, 전자방패 등이다. 무기란 권총, 소총, 기관총, 산탄총, 유탄발사기, 박격포, 3인치포, 함포, 수류탄, 최루탄 등이다.

경찰장비의 일반적 사용기준 경찰장비는 통상의 용법에 따라 필요한 최소한의 범위 안에서 이를 사용하여야 한다(경찰장비의 사용기준등에관한규정 제3조).

경찰장비의 임의개조 금지 경찰장비는 임의로 개조하거나 임의의 장비를 부착하여 통상의 용법과 달리 사용함으로써 타인의 생명 · 신체에 위해를 주어서는 아니된다.

경찰장비의 종류 경찰장비관리규칙 제4조에 따르면 경찰장비는 다음과 같이 총13종을 규정하고 있다. 즉 작전 · 해안감시장비, 경호장비, 대테러장비, 진압장비, 생활안전장비, 교통장비, 수사, 과학수사장비, 기동장비, 무기 · 탄약 · 최루장비, 정보화장비, 정보통신장비, 항공장비, 의료장비 등을 의미한다.

경찰재량(警察裁量) 경찰은 형사사법기관 중 최일선에서 법집행, 질서유지, 사회봉사 등을 수행하고 있기 때문에 재량의 범위가 다른 형사사법기관보다 포괄적으로 집행한다. 특히 경찰이 특수 상황에 직면하여 권한을 행사할 때 재량행위를 하게 된다. 일반적으로 재량행위는 공식적 재량과 비공식적 재량으로 분류하고 있다.

경찰재량의 '0'으로의 수축이론(警察裁量의 '0'으로의 收縮理論) 경찰권 행사의 편의주의 원칙상, 경찰이 현존하는 위협에 대하여 개입하지 않더라도 반드시 위법한 것은 아니다. 그러나 학설과 판례는 예외적인 상황하에서는 오직 하나의 결정(조치)만이 의무에 합당한 재량권행사로 인정된다고 보고 있는 바, 이것은 재량권의 '0(또는 1)으로의 수축이론'이라고 한다.

즉, 목전의 상황이 매우 중대하고 긴박한 상황이거나, 그로 인하여 국민의 중대한 법익이 침해될 우려가 있는 경우에는, 경찰개입 결정만이 의무에 합당한 재량인사인 적법한 재량행사로 인정된다는 것이다. 따라서 재량권이 '0'으로 수축되면 경찰행정청은 일정한 행위를 하여야 할 개입의무를 지게되며, 이에 따라 경찰개입청구권을 가지게 되는 것이다.

이러한 경찰개입청구권이 인정되는 경우 부작위로 인한 손해배상청구권이 인정되며, 타 수단으로 목적을 수행할 수 있는 경우에는 경찰개입청구권이 인정되지 않는다.

경찰전자충격기 등의 사용제한 경찰관은 14세미만의 자 또는 임산부에 대하여 전자충격기 또는 전자방패를 사용하여서는 아니 된다. 경찰관은 전극침(電極針) 발사장치가 있는 전자충격기를 사용하는 경우 상대방의 얼굴을 향하여 전극침을 발사하여서는 아니 된다.

경찰정보지원센터(警察情報支援 Center) 각종 재난현장에서 사망자 · 실종자 · 부상자의 친지들이 연고자의 생사여부를 확인하려고 하나 관련정보를 적절하게 제공받지 못해 불안감이 증폭되고 불안감이 정부의 재난대처 활동에 대한 불만으로 나타 날 수 있다. 경찰은 이 같은 사례를 방지하고 인명피해가 발생한 대규모 재난현장에서 피해 자의 가족 · 친지들에게 각종 필요정보를 즉시 제공해주기 위해 현장지휘본부와는 별도로 '경찰정보지원센터'를 설치 · 운용하고 있다.

경찰정보통신(警察情報通信) 경찰공무원이 주어진 경찰의 업무수행을 위해 문자, 음성, 영상부호 및 데이터 등의 정보를 일련의 정보통신망을 활용하여 송신 및 수신하는 활동을 의미한다.

경찰정보통신보안 경찰이 정보통신수단을 통해 수집, 가공, 저장, 검색, 송수신되는 정보의 유출, 위조와 변조, 훼손 등을 예방 및 방지하기 위해 그리고 정보통신망을 보호하기 위해 관리적, 물리적, 기술적 수단을 강구하는 것을 말한다.

경찰정보활동 궁극적인 지향점은 국내의 치안을 유지하고, 국가정책의 결정과정을 지원함으로써 궁극적으로 국가의 안전을 보장하는 데 기여하는 것이다.

경찰조직(警察組織/police organization) 경찰의 성립목적 달성을 위해 구성된 구조적 배열인 동시에 관리의 도구이다. 경찰조직은 대규모 조직 형태로 국민의 생명과 재산을 보호하고 사회의 공공질서와 안녕을 끊임없이 추구한다는 조직목표를 실행에 옮기는 조직이다. 즉 국민에게 질 좋은 서비스를 최대한 제공하기 위해 일정한 경계를 가지고 의도적으로 정립되어 기능하는 체계화된 거대 조직이다.

경찰조직윤리(警察組織倫理) 경찰조직은 전통적으로 개인책임보다는 조직윤리를 강조한다. 조직윤리는 공무원이 조직 내에서 구성원간의 친화, 승진, 안전, 그리고 공동의 이익을 공유하는 대가로 충성과 기관의 전술과 정책을 수용할 것을 요구한다. 이 윤리는 경찰공무원의 개인적 윤리나 동기와는 관계없이 충성심을 보여줄 것을 요구하는데 그것의 가장 정형화된 형태는 복종의 형태이다. 따라서 조직윤리는 조직의 비공식 규범이 되고 조직구성원을 지배하게 되기 때문에 공무원은 이 윤리를 위배함으로써 자신의 지위와 수입을 잃게 되는 모험을 시도하려고 하지 않게 된다.

경찰조직의 목표(警察組織의 目標) 경찰조직이 실현하고자 하는 바람직한 미래의 상태를 의미한다. 경찰조직의 목표는 공식적 목표와 실질적 목표로 구분할 수 있는데, 모어(H. W. More)는 경찰조직의 공식적인 목표로 범죄에 대한 투쟁, 안전한 거리 그리고 법과 질서라고 정의했다. 경찰조직의 실질적 목표는 범죄예방을 증대시키고, 범죄율을 감소시키며, 경찰훈련을 발전시키고, 지역사회와의 관계를 증진시키는 것으로 정의할 수 있다.

경찰조직의 지도이념(警察組織의 指導理念) 경찰의 기본적 사명을 보다 능률적, 민주적으로 수행할 수 있도록 경찰의 조직과 기능을 유지하고 내부적 지휘, 통제관계 및 외부적 활동을 규율함에 있어서 지표로 삼아야 할 원리를 말한다. 경찰조직이 요구하는 지도이념은 ① 민주성 ② 능률성 ③ 정치적 중립성 ④ 합법성 등 네 가지이다.

경찰조직의 특성(警察組織의 特性) 경찰조직은 전문성, 법규, 계층제, 실적주의로 인한 책임한계의 명확성 등을 유지하는 전형적인 관료조직이다. 경찰의 임무가 사회공공의 안녕과 질서를 유지하기 위하여 국민의 생명과 재산을 보호하고 범죄의 수사 및 범인의 체포 등 특수임무를 띠고 있기 때문에 그 조직이나 관리면에 있어서도 일반행정조직과는 다른 특수한 요소를 내포하고 있다. J 스콜니크는 경찰조직의 특성으로 위험성(danger), 권력성(authority), 불신성(suspicious)을 들고 있다.

경찰종합전산망 경찰의 경찰행정업무지원, 경찰수사업무지원, 경찰홈페이지관리 등을 지원하는 전산망을 말한다. 경찰의 16개 지방경찰청 단위로 설치된 근거리통신망(LAN)과 16개 지방경찰청을 연결하는 광역통신망(WAN)으로 수많은 정보자료들의 송신과 수신이 곧바로 연결되도록 짜여진 경찰의 전용통신망을 의미한다.

경찰중기사업계획서 제출 경찰청장은 매년 1월 31일까지 당해 회계연도부터 5회계연도 이상의 기간 동안의 신규사업 및 주요 계속사업에 대한 중기사업계획서를 기획재정부장관에게 제출한다.

경찰직위공모제(警察職位公募制) 경찰청은 공정하고 투명한 보직인사를 위해 경찰청, 서울지방청, 과 · 계 장급 및 여타 지방청 계장급 직위에 대해 '직위공모제'를 시행하고 있다. 직위공모제에 관심을 끄는 것은 기존방식과는 달리 외부인사가 평가위원으로 참가한다는 것이다. 특히 자기소개서, 업무추진계획서, 연구실적 등 응모자들이 제출한 자료를 토대로 평가를 실시하여 관련분야의 전문지식을 갖고 있는 적임자를 선발하게 된다. 이 제도는 2003년부터 전국단위로 시행함으로써 「직위공모제」가 경찰인사의 기본원칙으로 자리잡게 되었다.

경찰직장훈련(警察職場訓練) 경찰기관의 장이 중심이 되어 당해 소속 경찰공무원들의 직무수행능력을 향상 및 제고시키기 위한 계획하에 일상 경찰업무를 통해 시행하는 하나의 훈련과정을 뜻한다. 각급경찰기관들은 경찰공무원직장훈련시행규칙(경찰청훈령 제13호)에 따라 순경에서 경정까지만 대상으로 직장훈련을 실시해오고 있다. 경찰공무원직장훈련시행규칙(경찰청훈령 제3호)에는 각급경찰기관의 직장훈련이 제대로 이루어지도록 하기 위해 직장훈련의 실시의무, 직장훈련담당관, 직장훈련의 실시방법, 직장훈련시간, 교관, 직장훈련평가 등에 의해 상세히 명시되어 있다.

경찰집행기관(警察執行機關/police executive branch) 경찰행정관청의 명을 받아 경찰에 관한 국가의사를 사실상 집행하는 기관을 말한다. 경찰기관에는 경찰의사기관으로서의 경찰행정청과 보조기관 외에 경찰의 본체인 권력적 실력행사 임무에 해당하는 경찰집행기관을 그 내부에서 유지하지 않으면 안 되는데 이를 경찰의사기관에 대하여 경찰집행기관이라 한다. 경찰행정상의 의무를 국민이 이행하지 아니하는 경우 강제집행을 하거나 위법한 상황을 배제하기 위해 긴급성이 필요한 경우에 즉시 강제를 행하는 등의 기관으로서 경찰공무원이 해당된다. 경찰집행기관은 보통경찰집행기관과 특별경찰집행기관으로 구분되며, 보통경찰집행기관은 경찰업무 일반에 관한 집행기관을 말하고 지방경찰청, 경찰서, 지구대가 해당된다. 특별경찰집행기관은 일반경찰집행기관에 대응하는 것으로 특정한 분야의 경찰작용에 대한 집행기관을 의미하는 것으로 통상 해양경찰청, 전투경찰대, 청원경찰, 헌병, 소방공무원 등이 이에 해당된다.

경찰징계(警察懲戒) 경찰공무원의 법령위반 · 근무태만 또는 품위의 손상에 대하여 국가가 공무원 관계의 질서를 유지할 목적으로 그 위반에 과하는 제재를 말한다.

경찰징계위원회(警察懲戒委員會) 경찰공무원에 대한 징계의 의결을 행하기 위하여 경찰징계위원회를 설치 · 운영한다. 다만 경무관 이상의 경찰공무원에 대한 징계의결은 국가공무원법에 의하여 국무총리 소속하에 설치된 징계위원회에서 행한다. 총경 이하의 경찰공무원에 대한 징계의 의결을 행하기 위하여 대통령령이 정하는 경찰기관 및 해양경찰관서에 경찰공무원징계위원회를 둔다. 본 위원회의 구성 · 관할 · 운영 및 징계의결의 요구절차 기타 필요한 사항은 대통령령으로 정한다(신현기, 2010: 95).

경찰징계처분의 종류 국가공무원법 제79조에 따라 징계사유에는 여러 가지가 있지만 특히 국가공무원법이나 경찰공무원법 그리고 동법에 의한 법령위반의 경우, 경찰공무원이 직무상 의무를 위반한 경우, 기타 직무에 태만한 경우, 그리고 직무의 내외를 불문하고 그 체면 혹은 위신을 손상하는 행위를 행한 경우에 내려지는 일련의 제재를 의미한다.

이러한 의미에서 징계벌과 형사법은 큰 차이점을 유지하고 있다. 한국의 경찰공무원징계령에는 파면, 해임, 정직, 감봉, 견책 등 5가지 징계처분을 규정하고 있는데 파면, 해임, 정직은 중징계에 해당하고 감봉과 견책은 경징계에 속한다.

첫째, 파면과 해임이다. 즉 파면과 해임은 공무원을 강제로 퇴직시키는 중징계 처분 중의 하나다. 파면과 해임은 배제징계라고도 하고 정직, 감봉, 견책은 교정징계라고도 불린다. 그리고 그 효과는 강제퇴직에 그치지 않는다. 법에 따라 파면된 사람은 5년 동안 공무원으로 임용될 수 없다. 해임은 파면보다는 가벼운 처분이나 강제 퇴직시키는 것은 동일하다. 해임의 경우에는 3년 동안 공무원으로 임용될 수 없다. 해임의 경우 연금법상의 불이익은 없으나, 파면의 경우에는 퇴직급여액의 1/2이 삭감(5년 미만 근무자에게는 퇴직급여액의 1/4이 삭감)되는 불이익을 받는다. 해임은 파면

보다는 약하다. 그러나 해임의 경우에도 향후 경찰관 임용이 불가능하며 3년간 공직 재임용이 제한되는 효력이 발생하고 퇴직급여 전액을 지급하고 있다. 원칙적으로 징계종류의 선택은 징계권자의 재량에 속한다. 그러나 징계사유나 징계벌 사이에 반드시 비례의 원칙이 적용되어야하는데 위반시는 재량권의 남용으로 위법이다.

둘째, 강등이다. 중징계로서 1계급 아래로 직급을 내리고 3개월간 직무에 종사하지 못하며 그 기간 중 보수의 2/3를 감한다. 직무에 종사하지 못하는 3개월 종료일로부터 18개월간 승진 · 승급제한이 있다. 직무에 종사하지 못하는 3개월간은 승진 소요 최저 연수 및 경력평정 기간에서 제외된다.

셋째, 정직이다. 경찰공무원에게 흔히 내려지는 징계조치 중 하나이다. 이는 경찰직무수행을 정지시키는 제도이다. 정직 기간은 통상 1~3개월이 보통이다. 이 기간동안에 경찰공무원은 신분은 보장되지만 직무에 종사하지는 못하는 것이다. 아쉽게도 이 기간 동안에는 보수의 2/3와 각종수당을 감하는 불이익을 받는다. 또한 정직기간 이후 18개월 동안은 승진과 호봉승급이 제한된다. 그 밖에 정직기간만큼 최저년수 및 경력평정기간에서 제외하고 있다(국가공무원법 제80조 1항).

넷째, 감봉이다. 감봉은 정직과는 달리 직무수행은 가능하나 1개월 이상 3개월 이하의 기간 동안 보수의 1/3과 각종수당을 감액하는 조치가 내려진다(국가공무원법 제80조 2항). 감봉기간 이후 12개월은 승진과 호봉승급이 제한된다. 물론 직무에는 종사하게 되고 경력평정기간에도 산입된다(국가공무원법 제80조 2항).

다섯째, 견책이다. 견책은 공식적 징계절차를 거쳐 전과에 대하여 징계하고, 그 사실을 인사기록에 남기는 징계처분 가운데서 가장 가벼운 처분이며, 사용빈도가 가장 높은 징계처분의 형태이다. 이는 교정의 차원에서 행해지는 처분이다. 즉 6개월간 승진 및 호봉승급이 제한되는 초치를 받게 된다(국가공무원법 제80조 5항).

한편 전투경찰대설치법상 영창과 근신은 징계에 해당한다. 전투경찰대원 경사 이하의 경찰관과 전투경찰순경에게 적용된다.

여섯째, 계고이다. 이는 경정급 이상의 지휘관에 대해서는 경고에 해당한다. 그 이하의 경우에는 계고라 하는바, 만일 경찰공무원이 비위를 저지른 경우 징계령이 규정하고 있는 경징계사유에 미치지 못하는 경미한 사안인 경우, 각급 징계위원회에서 징계의결요구를 기각하고 계고할 것을 권고하는 사안이나 감독자를 문책하는 경우에 대해 각급 경찰기관의 장이 주의를 환기시키고 훈계하는 매우 가벼운 징계 중 하나이다.

경찰차량번호 자동판독기(AVNI)　주행하고 있는 카메라를 이용하여 차량의 번호를 촬영해 차량의 수배여부를 컴퓨터 단말기에 자동표시하여 검거할 수 있는 일련의 시스템을 말한다. 그 종류로는 고정형과 차량 탑재형이 있다. 고정형은 주요 간선도로 또는 검문소에 설치되어 운용되고 있는데 주야간의 인식률이 매우 높으며 1초 이내에 차량번호의 판독이 가능하다. 비록 환경이 변화할지라도 정상으로 작동하며 자체적으로 고장의 진단까지도 행하는 기능을 갖추고 있다. 탭재형의 경우도 1초 이내에 차량번호의 판독이 가능하며 조회대상 차량에 대해 불편이나 조회하는 낌새를 알아채지 못하도록 하는 효과도 지니고 있다.

경찰차량의 교체연한 경찰차량은 규정에 따라 일정한 기간 동안 사용한 후에는 교체해야 한다. 노후 차량으로 인해 사고가 나는 것을 미연에 방지하기 위한 것이다.

첫째, 112순찰차는 등록일로부터 3년이다. 둘째, 교통순찰차는 등록일로부터 4년이다. 셋째, 2000cc 이상 대형승용차와 고속도로 순찰용 및 1340cc의 교통 하레이 싸이카는 등록일로부터 5년이다. 넷째, 경호용, 서장, 대장용, 수사업무 등 기타 승용차량 그리고 35인승 이하 중 · 소형 승합차, 화물, 지프형 등은 등록일로부터 6년이 지나면 교체해야 한다.

경찰차량의 구분 첫째, 경찰차종은 승용, 승합, 화물, 특수용 등이 있다. 둘째, 경찰차형은 대형, 중형, 소형, 경형, 지프형 등이 있다. 셋째, 용도는 전용, 업무용, 순찰용, 특수용도 차량으로 종류가 다양하다.

경찰차형의 배정기준 경찰청장, 지방경찰청장, 서장용, 교통순찰차, 수사업무용 등 그 지위에 따라서 경찰차량이 모두 다르다. 그 직위와 배당차량의 등급은 다음과 같다.

차형	배정대상	비고
2000cc(대형)	경찰청장, 상임위원장	경호, 의전, 고속도로 순찰용 등 특수업무용 차량은 차형제한을 받지 않을 수 있음
2000cc(중형)	지방경찰청장, 고속순찰용	
1800cc(중형)	서장, 대장용	
1500cc(소형)	교통, 112, 강사초빙	
1300cc(소형)	수사업무용	

경찰책임의 원칙(警察責任-原則) 경찰권은 원칙적으로 경찰위반의 행위 또는 상태의 발생 또는 발생 위험에 대하여 직접 책임을 질 지위에 있는 자에 대하여서만 발동할 수 있다는 원칙을 말한다. 제삼자에 대하여 발동함은 위법이다. 그러나 예외적으로 법령이 인정하는 때에는(경찰긴급권) 제삼자에게도 발동할 수 있다. 문제는 경찰책임자를 어떻게 정할 것인가에 있는바, 자연법적 업무를 전제로 하여 비례원칙에 따라서 경찰목적을 위하여 필요한 최소한도 안에서 정하여야 한다. 또 경찰책임은 형사책임과 달라 고의 · 과실을 요건으로 하지 않고 과실이 없어도 사회적 장애가 자기의 생활범위 안에서 발생한 자는 그 장애의 방지 · 제거의 책임이 있고 경찰상 필요강제에 복종하여야 한다. 자기의 생활범위란 그 자의 사살상의 지배상에 잇는 모든 사람 및 물건을 가리키고 가족 · 사용인 · 가축 기타 소유 또는 점유하는 모든 물건을 포함한다. 자기의 생활범위내의 책임이므로 ① 행위책임 ② 상태책임 ③ 다수자책임을 각각 져야 한다. ① 행위책임: 자기의 행위로 인하여 사회적 장해의 발생 또는 발생위험을 야기케 한 자는 행위자로서 이에 대한 경찰책임을 진다 ② 상태책임: 물건 또는 동물의 소유자 점유자 기타의 관리자가 당해 물건 또는 동물의 일정한 상태로 인하여 경찰위반의 상태가 야기된 경우에 지는 경찰책임이

다. 단 소유자가 감당해야 할 위험영역을 넘는 비전형적인 사건에는 상태책임이 배제된다. ③ 다수자 책임: 다수인의 지배물에 대한 책임, 행위책임과 상태책임의 중복(경합) 등의 학설이 있다.

경찰철학(警察哲學) 경찰철학은 경찰이 나아갈 방향을 논의하는 경찰이념론의 분야와 경찰공무원에게 요구되는 올바른 경찰상을 논의하는 경찰윤리학 분야로 구분할 수 있다.

경찰청(警察廳/Nationa Police Agency) 2010년 기준으로 경찰청은 청장을 중심으로 차장, 7국 · 4관 · 1대변인 · 1심의관과 10담당관 · 28과로 구성되어 있다. 부속기관으로는 경찰대학 · 경찰교육원 · 중앙경찰학교 · 경찰수사연수원 등 4개의 교육기관과 책임운영기관으로 경찰병원이 있다. 또한 치안사무를 지역적으로 분담수행하기 위해 16개 지방경찰청과 244개 경찰서, 760개 지구대, 793개의 파출소를 운영하고 있다.

경찰청 감사관 정부는 2010년 3월 22일 「공공감사에 관한 법률」에 따라 2011년 6월 30일까지 우리나라 모든 중앙행정기관의 감사 관련 기구의 장을 개방형 직위로 임용하도록 했는데, 이는 자체감사 기능의 전문성과 독립성을 확보하기 위한데 목적이 있었다. 이에 따라 경찰청은 자체 감사기구인 감사관 직위를 2010년 6월 29일 개방형 직위로 공모하여 2011년 6월 외부인사를 경찰청 감사관으로 채용하였다. 임기는 2년으로 연임이 가능하다. 그동안 경찰청은 자체 감사관을 경무관급으로 보해왔었다. 이 밖에 경찰청은 역시 경무관급이 임명되던 정보통신관리관을 감사관의 경우처럼 외부 전문가로 임명하였다(신현기, 2012: 54).

경찰청의 사이버 범죄 분류표 경찰청은 사이버테러형 범죄와 일반사이버 범죄로 구분하고 있는데 사이버테러형 범죄는 해킹으로서 단순침입, 사용자도용, 파일 등 삭제변경, 자료유출, 폭탄스펨메일, 서비스거부공격 등이 있고 또하나는 악성프로그램으로서 바이러스 등을 말한다. 이에 반해 일반사이버 범죄는 사기(전자상거래 사기, 게임사기), 불법복제(음란물 불법복제, 프로그램 불법복제), 불법사이트(도박 사이트, 음란 사이트 등), 사이버명예훼손, 개인정보 침해, 사이버 성폭력, 사이버 협박, 공갈 등을 의미한다.

경찰청장(警察廳長) 행정안전부장관 소속의 중앙 보통경찰관청으로 경찰에 관한 사무를 총괄하고 廳務를 관장하며 소속공무원 및 각급 경찰기관의 장을 지휘 · 감독한다. 경찰청장은 치안총감으로 보하며, 경찰위원회의 동의를 얻어 행정안전부장관의 제청으로 국무총리를 거쳐 대통령이 임명한다. 경찰청장은 임기가 2년이며, 경찰법과 국회법에 따라 인사청문회를 거쳐야 한다.

경찰청 장비과장 경찰청의 장비과장은 총괄물품관리관으로 물품의 분류 및 표준화, 물품의 정수관리, 물품의 수급관리계획, 재물조사, 재고관리, 불용품 처분, 물품관리보고제도의 운용, 물품관리기준의 설정, 물품관리에 관한 교육 및 평가, 기타 물품관리에 중요사항 등을 총괄 조정하는 업무를 한다.

경찰 최루탄 발사기 경찰이 최루탄을 발사하는 경우는 현장 지휘관의 지휘에 의하여 발사하여야 하며, 인화성 물질에 발사해서는 아니 된다. 특히 밀폐된 공간에서는 사용을 피해야 하고 최루탄 발사기는 30도 미만 각도에서 방아쇠가 격발되지 않도록 해야 한다. 최루탄은 물 또는 습기에 젖어 있는지 확인 후 이상이 없을 때에만 사용하고 동시에 장전탄통 고정 조임나사를 완전히 조인 후 사용하여야 한다〈경찰장비관리규칙 제 82조 참조〉.

경찰통솔범위의 원리(警察統率範圍의 原理) 경찰통솔범위의 원리란 1인의 상관이나 감독자가 직접 효과적으로 관리 · 감독할 수 있는 부하경찰관의 수를 말한다. 즉, 1명의 경찰상관이 직접적으로 통솔할 수 있는 부하경찰관 숫자에 관한 원리를 말한다. 경찰통솔의 범위를 결정하는 요인은 경찰통솔자의 지식과 능력 및 시간적 · 공간적 범위의 한계에 따라 결정된다.

경찰통제선(警察統制線/police line) 1995년 5월 실시된 질서유지선으로서 실무상으로는 경찰보호선, 경찰통제선, police line 등으로 불리워지고 있다. 주된 용도는 2차 사고로부터 주민보호, 구조활동 방해요소 제거, 사고수습활동 공간의 확보 등으로 자주 사용되고 있다.

경찰통제의 개념 경찰은 막강한 강제력과 강력한 권한을 동시에 가지고 있다. 우리나라 경찰의 수가 거의 15만여명에 이르고 있고 244개의 경찰서가 정보과를 운영 중이며 엄청난 정보력을 보유하고 있다. 특히 경찰이 수행중인 업무의 거의 100%가 국민들의 전체생활과 매우 밀접한 관계를 가지고 있다. 이뿐만 아니라 정보수집활동과 업무의 범위가 전국 어디에든 광범위하게 미치고 있다. 경찰과 검찰의 경우를 비교해 보면 검찰의 경우는 정보수집 측면에서 경찰에 그 비교가 될 수 없다. 경찰법 제3조를 보면 '국가경찰은 국민의 생명 · 신체 및 재산의 보호와 범죄의 예방 · 진압 및 수사, 치안정보의 수집, 교통의 단속 기타 공공의 안녕과 질서유지를 그 임무'로 한다고 명시되어 있다. 경찰은 이와 같은 기본적 임무를 수행하기 위하여 국민의 자유와 권리에 개입하는 경우가 자연히 많을 수밖에 없는 것이다. 이러한 과정에서 경찰은 국민의 기본적 인권을 침해하기 쉬운 경우가 발생할 수 있다. 또한 경찰은 고유의 업무를 수행하면서 정치적 권력으로부터 나쁜쪽의 유혹을 받을 가능성에도 노출되기 쉬운 것이 사실이다. 따라서 경찰통제라 함은 경찰의 거대한 조직과 혈기왕성한 치안 및 정보활동들을 국민의 입장에서 항상 감시하여 경찰조직과 경찰활동의 정당성을 찾게 하고 동시에 투명하고 오직 국민의 안위만을 위해 노력하도록 인도하는 것을 의미한다(신현기, 2010: 332).

경찰통제의 유형 경찰에 대한 통제에는 흔히 민주적 통제와 사법적 통제, 사전적 통제와 사후통제, 내부적 통제와 외부적 통제로 나뉘어진다. 첫째, 민주적 통제와 사법적 통제인데 우선 민주적 통제의 경우 우리나라 경찰은 민주성을 확보하기 위해서 경찰위원회제도와 국민감사청구제도를 도입했다. 경찰위원회는 경찰법 제9조 1항에 따라서 심의 및 의결권을 가지고 있다. 그러나 경찰법 제9조 2항에 따라 행정안전부 장관은 이에 대해서 재의요구권을 행사할 수 있기 때문에 실질적으로는 심의회 수준정도에 그치고 있는 바지저고리에 불과하다고 본다. 이는 결국 경찰에 대한 민주적 통제장치로서의 역할을 하지 못하고 있는 실정이라고 보아도 과언이 아니다. 사법적 통제는 일반적으로 경찰기관이 위법한 행위를 한 경우 법원이 사법심사를 통하여 통제할 수 있다. 구체적인 통제방식으로는 행정소송법과 국가배상법이 있다. 우리 국민은 경찰관청이나 공권력으로부터 위법한 처분을 받은 경우 항고소송을 통해 구제받을 수 있다. 경찰공무원으로부터 손해를 입은 국민은 국가를 상대로 손해배상을 청구할 수 있다. 그러나 사법적 통제는 어디까지나 사후적 통제에 그치고 있다.

둘째는 사전통제와 사후통제가 있는데 사전통제란 사전적 통제수단으로 입법기관인 국회가 입법권과 예산심의권 등을 통해 경찰관계법령의 제정이나 경찰예산의 편성과정에서 통제를 가할 수 있다. 이에 반해 사후통제란 행정에 대한 사후통제는 사법부의 경우 사법심사에 의한 통제, 행정부 내에서는 징계책임, 상급기관의 하급기관에 대한 감독권, 행정심판을 통한 통제가 가능하다. 국회는 행정에 대한 예산의 결권, 국정감사, 조사권 등을 통해 통제를 가할 수 있다.

셋째, 내부적 통제와 외부적 통제가 있는데 우선 내부적 통제란 계층제적 권위에 의한 통제, 감사제도를 통한 통제, 경찰윤리 규범을 통한 통제 등이 있다. 하나씩 살펴보면 다음과 같다. 우선 계층제적 권위에 의한 통제는 경찰기관의 경우 상급경찰관청이 하급경찰관청을 통제할 수 있다. 상급경찰관들은 하급경찰관들에 대해 자연히 통제를 할 수 있다. 상층부 경찰간부는 하급경찰관들에 대해서 징계권을 행사할 수 있는 통제가 가능하고 승진과 전보, 경찰근무평가 권리를 행사해 행정통제를 해 나갈 수 있다. 특히 훈령권과 직무명령권을 통해 상급자는 하급자를 통제할 수 있다. 또 하나는 감사제도를 통한 통제이다. 즉 경찰청에는 자체적으로 하부 16개 지방경찰청의 경찰관들을 통제할 장치인 감사관실을 설치해 운영하고 있다. 그리고 16개 지방경찰청과 244개 경찰서에는 청문감사관제도를 두어 경찰관들을 통제해 나가고 있다. 경찰청에 감사관은 경무관으로 보한다. 하부에는 감찰담당 총경 1명, 감사담당 총경 1인이 있어 경찰청 자체 및 지방경찰청에 대한 감사, 사정업무, 경찰기관의 공무원에 대한 진정, 비위사항의 조사 및 처리 등을 통해 내부통제를 가하고 있다. 경찰서에서 청문감사관은 1999년에 신설되었다. 이들은 민원인의 고충을 상담해 주고 경찰서 내부의 인권보호에 앞장서고 있다. 마지막으로 경찰윤리 규범을 통한 통제가 있다. 경찰윤리는 경찰관이 옳바른 직무를 해 나가도록 길라잡이 역할을 해 줄 수 있고 이는 경찰조직을 통제하는데 적지 않은 역할을 수행하고 있다고 본다.

한편 외부적 통제는 10가지만 예로 살펴보면 다음과 같다. 첫째, 경찰위원회를 통한 통제이다. 경찰위원회가 경찰청의 주요사안에 관해서 심의 및 의결을 하고 통제를 가하고 있다. 그러나 실제상에 있어서는 별로 통제의 기능을 수행하고 있지 못하다고 해도 무리는 아니라고 본다. 실질적 권한이 주어져 있지 못하기 때문이다. 둘째, 국회에 의한 통제이다. 어디까지나 국회는 입법권과 예산심의권, 국정조사권,

국정감사권을 가지고 있기 때문에 이러한 권한을 통해 경찰행정을 통제해 나갈 수 있다. 국회는 국민의 직접적인 대표기관이다. 경찰제도를 변화시킬 수 있는 기관은 국민의 직접적인 대표기관인 국회이며 경찰을 직접적으로 통제할 수 있는 핵심기관이다. 셋째는 사법통제 이다. 사법심사를 통해 위법한 경찰을 통제할 수 있고 손해배상을 통해 민사 및 형사상의 책임도 물을 수 있다. 넷째는 대통령에 의한 통제이다. 국가원수는 경찰청장 임명권, 경찰위원회 위원의 임명권이나 경찰정책결정을 통해 경찰기관을 직접적으로 통제해 나갈 수 있다. 다섯째, 행정안전부 장관에 의한 통제이다. 행정안전부 장관은 경찰청이 자기의 하부조직이면서 외청으로 독립되어 있기에 통제가 가능하다. 행정안전부 장관은 경찰청장과 경찰위원회 위원의 임명제청권을 통해 경찰을 통제해 나가고 있다. 여섯째, 국민권익위원회에 의한 통제이다. 국무총리소속하에 국민권익위원회가 설치 및 운영되고 있다. 이곳에서 간접적으로 경찰을 통제해 나가고 있다. 그러나 국민권익위원회는 경찰의 수사사항이나 인사행정상의 사항은 관할범위가 아니니다. 일곱째, 국가정보원에 의한 통제이다. 국가정보원에 의해 경찰의 정보와 보안업무는 조정 및 통제를 받고 있다. 대간첩 작전은 국방부의 통제를 받고 수사업무는 검찰의 통제를 받고 있다. 검사는 경찰에 대해 수사지휘권, 경찰서의 구속장소의 감찰권 등을 통해 경찰을 통제하고 있다. 여덟째, 감사원에 의한 통제이다. 2009년 우리나라 경찰청의 예산은 7조원이 넘었고 2012년 예산은 8조 103억원이다. 감사원은 이에 대한 세입 및 세출의 결산권을 가지고 있다. 감사원은 경찰공무원의 직무에 대한 감찰권을 가지고 통제가 가능하다. 아홉째, 국가인권위원회를 통한 통제이다. 2001년 5월 국가인권위원회가 설립되었다. 국가인권위원회는 경찰서 유치장이나 사법경찰관리가 사용하는 시설에 대해 방문조사권을 보유하고 경찰통제를 행사한다. 특히 경찰청장은 인권보호와 향상에 영향이 있는 법령을 제정 및 개정할 때 미리 인권위원회에 통보해야 하는데 이것이 경찰에 대한 통제역할을 한다. 마지막으로 민중에 의한 경찰통제 가 있다. 즉 여론, 이익집단, 언론기관, 정당 등은 지속적으로 경찰을 통제하는 역할을 수행하고 있다(신현기, 2010: 338).

경찰통제의 필요성 경찰의 막강한 조직과 정보력 및 그 기능들로부터 나오는 위력 때문에 국민은 경찰을 통제해야 하는 필요성을 크게 느낄 수밖에 없는 것이다. 우리나라 공공조직 전체를 통틀어서 볼 때 경찰만큼 큰 조직이 없다. 따라서 다른 행정기관들보다 특별히 경찰조직이 통제되어야 하는 이유를 이운주는 다음과 같이 주장하고 있다(이운주, 2002: 231). 첫째, 경찰의 통제는 경찰의 민주적 운영을 위해서 필요하다는 것이다. 경찰은 민주주의를 기본이념으로 하고 있다. 민주주의를 수호하기 위한 조직으로서 경찰은 어디까지나 민주적으로 조직되어야 하고 운영되어야 한다. 우리나라 경찰법은 경찰위원회 제도를 도입하여 경찰의 민주적 통제를 행사하고 있다. 둘째, 경찰의 정치적 중립을 확보하기 위해서 경찰의 통제가 필요하다. 1945년 10월 21일 우리나라 국가경찰이 창설된 이후 정치적 중립을 위해 많은 노력을 한 것도 사실이지만 이승만 정부, 박정희 정부, 전두환 정부 등 이른바 군사정부 시절에는 경찰이 정치적 중립을 완전히 유지하지 못한 것도 지적된다. 물론 민주화 정부로 알려진 그 밖에 정부들에서도 경찰이 정치적으로 영향을 받지 않고 중립을 지켰다고 확언하기는 어려울 것이다. 다만 노력을 해 온 것은 인정할만하다고 본다. 셋째로 경찰활동에 있어서 법치주의를 도모하기 위해서 경찰의 통제가 필요하다고 본다. 경찰관은 직무를 수행하기 위해서는 항상 주어진 법률의 범위내에서 업무를 수행해야 하는 것이다. 예를 들어 경찰법, 경찰관직무집행법, 국가공무원법 등이 그 좋은 예가 된다. 만일 경찰관이 법률의 범위를 벋어나서 권한을 행사하는 경우에는 법적으로 책임을 지게 된다. 넷째, 국민의 인권을 보호하기 위해서 경찰의 통제가 필요하다. 국민의 권한행사와 관련해서 경찰의 업무가 국민의 인권이 침해될 연관성이 많은 실정이다. 하지만 경찰활동의 궁극적인 목표는 국민의 인권보호이므로 어느 정도 우려는 줄어들 수 있는 것이다. 다섯째, 경찰조직의 자체 부패방지를 위해 경찰의 통제가 필요하다. 경찰조직은 예산이나 인력 및 장비의 보호와 절약을 위해 스스로를 통제해 나가야 할 것이다. 한편 우리나라는 1998년 1월 1일부터 공공기관의정보공개에관한법률이 제정되어 시행되고 있다. 이는 경찰의 통제에도 크게 기여하고 있을 것으로 판단된다. 왜냐하면 경찰기관의 정보들도 공개하는데 있어서 비밀사항이 아닌 다음에야 모두 공개대상이기 때문이다. 정보공개청구인은 구두나 정보공개청구서를 제출하여 정보공개를 청구할 수 있다. 공공기관은 청구를 받은 날로부터 10일 이내에 공개여부를 결정해야 한다. 그러나 10일 이내의 범위에서 연장할 수 있다(신현기, 2012: 334).

경찰특공대(警察特攻隊) 1983년 10월 5일 대테러업무를 효율적으로 수행하기 위하여 창설되었으며, 현재 서울, 충남, 전남, 부산, 대구, 인천, 제주지방경찰청 등 7개 지방경찰청에 경찰특공대가 설치되어 운용 중에 있다. 특히 2000년 2월부터 여성관련 테러진압작전과 인질구출, 귀빈경호 등을 위해 여경특공대원을 모집, 대테러 역량을 강화하고 있다. 임무는 테러사건 예방 및 진압, 중요범죄 진압, 재해재난 및 긴급상황발생시 인명구조 등이다.

경찰특별지방행정기관(警察特別地方行政機關) 경찰청 소속의 16개 지방경찰청과 그 산하에 있는 전체 경찰서들이 이에 해당된다. 지방국세청이나 세무서의 경우도 특별지방행정기관에 속한다.

경찰패배주의(警察敗北主義) 경찰관들은 업무를 집행할 때 시민들로부터 거의 협조를 받지 못한다. 경찰관 스스로가 위험에 처하게 되더라도 도움을 받지 못한다고 불평한다. 결국 의지할 곳은 다른 경찰관들뿐이라는 생각을 갖게 된다. 각종 단속과 규제로 인해 개인적으로 피해를 입었다고 생각하는 사람들은 대체로 경찰에 적대적이어서 경찰조직에 대한 비난을 일삼는 경우가 있다. 이러한 경찰관들은 스스로 패배주의에 빠져 있을 수 있다는 것이다.

경찰하명(警察下命) 경찰하명이란 경찰기관이 사회공공의 안녕과 질서유지라는 경찰목적을 달성하기 위하여 국민에게 작위 · 부작위 · 급부 · 수인 등의 의무를 명하는 경찰처분을 말한다. ① 작위하명: 어떠한 행위를 할 것을 명하는 것으로 불특정 다수의 일반인에 대한 것(신호준수)과 특정인(신고를 명하는 것)에 대한 것이 있다. ② 부작위하명: 경찰금지(警察禁止)라고도 하는데, 소극적으로 어떤 행위를 하지 아니할 것을 명하는 것으로 절대적 금지(죽은 동물을 식품으로 판매하지 못하도록 하는 것)와 상대적 금지(허가권을 취득한 총포 · 도검의 소지허가)로 구분된다. ③ 급부하명: 금전이나 물품의 급부를 명하는 하명(수수료 납부의무)이다. ④ 수인하명: 경찰강제에 대하여 저항하지 아니하고 참아야 하는 의무를 말한다.

경찰학(警察學) 흔히 경찰학이란 영어로 Police Science 혹은 Police Studies라고 표기하며 경찰에 관한 학문적 총체를 의미하고 있다. 미국에서는 경찰학이라고 표기하기보다는 경찰행정학(Police Administration)에서 경찰학 전반을 폭넓게 연구하고 있는 것으로 보인다. 경찰학은 이론에 바탕을 두고 실무를 동시에 겸비한 차원에서 이루어질 때 최대의 이상적인 학문의 빛을 볼 수 있을 것이다.

경찰행동강령(警察行動綱領) 2003년 '경찰청공무원의 청렴유지 등을 위한 행동강령규칙'이 경찰청 훈령 제396호로 제정되었으며, 3차의 개정을 통하여 2009년 '경찰청공무원행동강령'(경찰청 훈령 제536호)이 개정되었다. 이는 '부패방지 및 국민권익위원회 설치와 운영에 관한 법률' 제8조의 공무원 행동강령 규정에 따라 경찰청 소속 공무원들의 부패를 예방하고 깨끗하고 건전한 공직 풍토의 조성을 위해 준수하여야 할 행동기준을 규정하고 있다.

주요내용: ① 공정한 직무수행, ② 부당이득의 수수금지, ③ 건전한 공직풍토의 조성, ④ 위반 시의 조치

경찰행정관청(警察行政官廳) 일정한 범위의 경찰사무에 관하여 국가의사를 결정하여 이를 외부적으로 표시할 권한을 가진 경찰기관을 말한다.

경찰행정학(警察行政學) 우리나라에서는 경찰학과 관련해 대학에서 주로 경찰행정학과로 많이 표현 · 사용하고 있다. 경찰의 조직관리와 인사관리 및 예산관리를 비롯해 주로 경찰관리론 분야를 연구하는 추세다.

경찰허가(警察許可) 예방적 통제의 목적으로 규정된 일반적 · 상대적 · 잠정적 금지를 개별적이며 특정한 경우에 해제하는 경찰처분을 말한다. 경찰허가는 면허 · 인가 · 승인 등의 용어로도 사용되고 있다. 예를 들어 음식점 영업허가, 운전면허, 특수경비업허가 등이 경찰허가에 해당한다.

경찰헌장(警察憲章) 경찰청이 행정안전부의 독립외청으로 출범하면서 1991년 8월 1일 「경찰헌장」이 제정되어 오늘에 이르고 있다. 이 새로운 경찰헌장이 1966년에 제정된 「경찰윤리헌장」을 대치하는 것이었다. 경찰헌장의 제정배경은 경찰관의 공 · 사생활을 규율하여 시민의 사표(師表)가 될 수 있는 내용을 헌장으로 표현한 것이다. 경찰헌장의 형식은 총 343字로 전문은 강령(159字), 본문은 세항식 5項(184字)으로 구성되었다.

경찰헌장의 내용은 ① 친절한 경찰, ② 의로운 경찰, ③ 공정한 경찰, ④ 근면한

경찰, ⑤ 깨끗한 경찰이다.

경찰헌장의 기조(警察憲章의 基調) 국립경찰 창설 이래 어려운 치안여건을 훌륭하게 극복한 경찰의 문화전통을 바탕으로 국민 모두에게 신뢰받는 경찰상을 제시하여 국민의 행복한 삶을 보장하기 위해 경찰이 해야 하는 본분을 실천덕목으로 구체화하여 경찰헌장으로 표현한 것이다.

경찰홍보(警察弘報) 경찰의 활동이나 업무와 관련하여 그 내용을 대외에 알리고 이를 통해 경찰이 추구하는 목적달성에 유리한 환경을 조성하는 일련의 행위를 말한다.

현대사회에서는 경찰과 일반 대중들과의 관계 그리고 경찰을 둘러싸고 있는 환경 역시 급속하게 변화하고 있다. 산업화가 급속하게 진행되면서 국민의 치안수요가 폭발적으로 증가하고 있으며, 민주적이고 친절한 경찰에 대한 사회적 욕구와 경찰활동에 대한 국민의 인식이 대민서비스를 강조함에 따라서 이제는 경찰조직도 공중과의 관계를 긍정적으로 지속해 나가지 않으면 일반대중으로부터 외면 받을 수밖에 없는 환경에 놓이게 되었다. 이와 같이 경찰조직과 주민과의 공중관계의 중요성이 부각되기 시작하면서 중요한 경찰활동으로 인식되기 시작한 것이 경찰홍보이다. 협의의 경찰홍보란 경찰의 활동이나 업무와 관련된 사항을 널리 알려서 경찰목적달성에 유리한 환경을 조성하는 행위를 말하며, 광의의 경찰홍보란 지역주민의 경찰활동에 대한 참여를 확대하고 각종 기관 및 단체 그리고 언론 등과의 상호협조체제를 강화하여 이를 경찰이 수행하는 각종 업무에 연계시키는 것을 의미한다. 경찰조직에서 경찰을 홍보하는 가장 궁극적인 목적은 경찰의 시책이나 제반 활동들을 시민에게 정확하게 전달하는 데 있다.

경찰홍보와 사생활 및 인권보호 우선원칙 경찰홍보는 개인 비밀의 자유와 국민의 알권리의 충돌 가능성이 크기 때문에 양자의 적절한 조화를 위해서는 아래의 원칙이 준수되어야 한다.

경찰은 범죄사실이라도 공공의 이익을 위한 것이 아닌 경우에는 발표되어서는 안 된다. 그러나 연예인이나 정치인은 사생활보호의 필요성보다 국민의 알권리의 충족이 더 중요하므로 공개의 필요성이 일반인보다는 더 큰 공적 인물의 이론이 적용될 수 있다. 또한 발표내용은 범죄사실 및 범죄사실과 밀접한 관련사실에 국한해야 하고, 진실의 증명이 불가능한 사실 등은 발표되어서는 안 된다. 마지막으로 청소년 범죄의 소년범이나 성범죄자는 실명으로 발표할 수 없다. 그러나 청소년보호에 관한 법률에 의해 일정한 자는 판결확정 후 일정한 절차를 거쳐 신상이 공개되어야 한다. 1984년 Gerald W. Garner는 경찰이 피의자의 인권 보호를 위해 언론에 노출해야 하는 정보와 노출하지 않아야 할 정보를 용의자 체포전과 체포 후를 구분하여 제시하고 있다. 다음내용은 그가 제시한 시행 지침이다. 첫째, 언론에 제공해야 하는 정보(용의자 체포 전)는 ① 사건의 개요를 포함한 정확한 범행 내용, ② 범행의 장소와 시간, ③ 범죄행위로 발생한 피해 또는 부상의 정도, ④ 성범죄자 피해자의 신원을 제외한 범죄피해자의 신원, ⑤ 용의자의 존재 여부, ⑥ 신원미상의 용의자의 신체적 특징 또는 차량의 특징, ⑦ 영장이 청구된 도주한 용의자의 신원, ⑧ 일반 시민들에게 위해를 가할 수 있는 도주자의 범죄 배경, ⑨ 고소의 주체와 방법, ⑩ 범죄를 기소한 수사관의 이름과 수사 기관(비밀리에 진행한 수사에서의 수사관의 이름은 제외됨) 등이다. 둘째, 언론에 제공하지 말아야 하는 정보(용의자 체포 전)이다. 이는 ① 기소되지 않은 범죄자에 대한 신원의 공개, ② 위험할 수 있는 정보를 제공한 목격자 또는 제보자의 신원, ③ 성범죄 피해자의 인종, 성, 나이와 관련된 신원 정보, ④ 성범죄 피해자의 신원을 확인할 수 있는 정확한 주소, ⑤ 무기 또는 다른 물리적 증거에 대한 정확한 정보, ⑥ 유죄를 이끌어 낼 가능성이 있는 정보, ⑦ 도난 되지 않은 가치 있는 물건들에 대한 정보, ⑧ 용의자 또는 도주자에 대한 추측, ⑨ 강도 또는 절도에 의한 금전적 피해의 규모, ⑩ 거짓정보 등이다. 셋째, 언론에 제공해야 하는 정보(용의자가 체포 후)로 ① 체포된 시간과 장소, ② 피의자의 이름, 나이, 거주지, 직업, 혼인 여부등과 같은 다양한 피의자 정보, ③ 정확히 기소된 범죄, ④ 체포와 관련된 사실 그리고 정황. 예를 들어 피의자의 저항 여부, 추적 상황, 흉기사용 여부, 발견된 밀수품에 대한 설명, ⑤ 체포한 경찰 또는 경찰관서의 이름 (비밀 첩보 활동을 통한 체포일 경우 경찰관의 이름은 제외), ⑥ 조사의 기간, ⑦ 구금 또는 보석여부, 보석금에 대한 설명과 구금 장소에 대한 정보, ⑧ 피의자에게 예정된 법적 절차 등이 있다. 넷째, 언론에 제공하지 말아야 하는 정보(용의자 체포 후)인데 ① 피의자의 고용인의 이름, ② 피의자의 특징이나 명성에 대한 언급, ③ 교통위반과 관련된 기소내용을 제외한 소년범에 대한 정보, ④ 피의자의 전과기록, ⑤ 피의자의 자백의 여부 또는 자백의 내용, ⑥ 어떤 검사 또는 테스트의 결과, ⑦ 범죄의 재현, ⑧ 피의자의 유무죄여부에 대한 어떤 언급, ⑨ 증거의 신빙성에 대한 언급, ⑩ 체포를 위한 정보가 정보제공자로부터였는지 여부 등이다(신현기 · 류준혁, 2011: 315).

경찰홍보의 목적 경찰청에서 경찰의 시책이나 경찰활동의 상황을 정확하게 전달하고자 하는 것이다. 그리고 동시에 국민의 경찰에 대한 의견이나 희망사항을 정확히 파악해 경찰활동에 적극 반영시키는 데 경찰홍보의 목적을 두고 있다.

경찰홍보의 중요성은 다음과 같다. 즉 오늘날의 경찰업무는 국민의 이해와 협력 없이는 목적 달성이 쉽지 않다. 이런 의미에서 경찰홍보는 경찰과 국민의 접점이며 교량으로서 역할을 수행하는 것이기 때문에 경찰홍보는 매우 중요한 것이다. 경찰관 개개인이 모두 경찰홍보맨이 되어 적극적으로 경찰조직을 홍보해 나가는 주인의식을 갖는 것도 매우 중요한 일이다.

경찰홍보의 성격 첫째, 수평성이다. 봉건정치나 군주정치에서는 알리는 자와 알려지는 자 사이에는 통치자라는 엄연한 장벽이 있고, 상하 지배 복종 관계가 설정되어 다수의 여론이 소수의 엘리트를 지배하는 방식이 아닌 소수의 지배층이 다수의 여론을 지배하려는 전 근대적이며 수직적인 사고방식을 가지고 있었다. 그러나 민주정치에서 국민은 위탁자이며 공무원은 국민 전체에 대한 봉사자로서 수탁자의 위치에 있다. 따라서 경찰공무원을 포함한 정부공무원의 국민관계는 명령과 맹종 대신 수평적인 대화와 협력이 요구된다. 둘째, 교류성이다. 경찰 홍보는 국민에 대한 일방적 · 명령적이 아닌 쌍방 교류적 성격을 가진다. 다시 말해 경찰홍보를 통한 관계성을 향상시키는 것은 직접적인 커뮤니케이션 활동을 통해 다양한 공중과 접촉하고 공중의 필요와 욕구를 이해하고 이를 충족할 방법을 도출해 내고 공동의 목표를 향해 같이 일할 수 있는 방법을 알아내는 것이다. 셋째, 의무성이다. 민주주의 하에서 국민은 정부가 무엇을 하고 있고, 또 무엇을 하려고 하는가를 알 권리가 있으며, 정부는 그것을 알려 줄 의무가 있다. 경찰공무원 역시 그러하다. 넷째, 계도와 계몽을 위한 학습성이다. 경찰이 실시하는 홍보는 국민을 계도하려는 의도가 다분하다. 이는 정부의 홍보가 교육 기능이나 학습효과를 목표로 하기 때문이다. 특히 오래된 관치주의적 습성 때문에 경찰의 홍보는 학습기능과 학습효과가 더 강조되는 경향이 있다. 다섯째, 교육성이다. 경찰은 정책에 대한 정확한 자료를 국민에게 알려 줌으로써 국민이 이를 토대로 하여 자유롭게 올바른 판단을 할 수 있도록 객관적으로 있는 사실을 그대로 알려야 한다.

경찰홍보의 원칙 헌법에서 국민에게 알권리를 부여하고 있다. 알권리의 중요성에 반해 개인의 비밀자유 및 사생활의 자유가 보장되어야 한다. 이 양자는 항상 충돌할 가능성을 가지고 있다. 따라서 어떻게 조화롭게 이 문제를 해결하느냐는 우리 모두의 과제이다. 이런 의미에서 경찰홍보도 개인의 사생활과 인권보호를 위해 항상 주의해야 한다.

경찰도 공공의 이익을 위한 것이 아니라면 개인의 범죄사실을 외부에 절대로 공표해서는 안 된다는 원칙을 가지고 있다. 피의자의 초상권도 재판에서 확정판결 이전까지는 존중해 주는 게 우리나라에서 정설이다. 그러나 국민의 관심대상으로서 그 중요성이 더 큰 연예인이나 정치가의 경우는 일반인들보다 공개할 필요성이 더 요구되고 있고 어느 정도 용인되고 있는 게 사실이다. 흔히 경찰에서는 중요사건의 경우 현장 사건 담당 경찰간부와 지방경찰청 공보담당부서 사이에 상호연락체계를 이루어야 하며 보도자료 발표의 경우도 경찰서장이나 형사, 수사과장이 행하고 있다. 청장이 초반부터 직접 나서는 것은 바람직하지 않으며 마지막 카드를 저축해 두는 것이 원칙으로 되어 있다.

경찰홍보의 정의 학계에서의 홍보라는 개념은 일반적인 광고 분야와는 좀 다른 의미로 사용되고 있는데, 광고에서는 주로 언론에 기사를 싣거나 언론과 좋은 관계를 유지하는 것, 즉 퍼블리시티(publicity)나 언론관계(media relations)를 의미하는 반면, 학계에서의 홍보 개념은 '조직과 공중간의 모든 관계 혹은 공중의 관리'를 의미하는 '공중관계', 즉 PR(Public Relations)로 사용하고 있다. 일반적으로 학자들은 홍보에 대한 정의를 다음과 같이 내리고 있다. 홍보학자 Harlow는 PR은 조직체와 공중 사이에 쌍방적 커뮤니케이션, 이해, 수용, 협력이 이루어지고 유지되도록 돕는 특별한 관리 기능이라고 정의하고 있으며, Grunig과 Hunt는 홍보는 조직체와 공중 사이의 커뮤니케이션 관리라고 정의하고 있다. 이 외에도 Cutlip와 그의 동료들 역시 홍보란 조직체와 공중이 서로에게 이익이 되는 관계를 수립해 유지 및 관리하는 것으로 정의하고 있다. 이러한 정의들은 공통적으로 홍보의 개념으로서 조직과 일반 대중간의 중간적인 역할을 강조하고 있다. 지금까지의 홍보에 대한 학자들의 다양한 정의를 다시 정리한다면, 홍보는 조직체와 공중 사이에 상호 커뮤니케이션 활동이며, 이러한 상호 커뮤니케이션 활동은 상호 이해와 협력을 도모하고 유지하기 위해 행하는 활동으로 요약될 수 있을 것이다. 마찬가지로 경찰홍보 역시 경찰조직과 공중 사이의 관계성을 경찰홍보의 개념으로 정의하고 있다. 김영환은 "경찰서비스의 고객인 국민에게 경찰의 책무와 활동을 올바르게 인식시키고 국민여론을 수렴해 경찰시책과 활동에 반영함으로써 국민과 보다 나은 관계를 형성하고 이해와 협력을 구하는 모든 활동"으로 경찰홍보를 정의함으로써 경찰조직과 국민들과의 상호 커뮤니케이션을 강조하고 있다. 신현기의 경우에는 경찰홍보를 협의의 경찰홍보와 광의의 경찰홍보를 구분하고 있는데, 협의의 경찰홍보는 유인물, 팜플렛, 언론매체 등을 통해 경찰의 활동이나 업무에 관련된 사항을 일반국민들에게 널리 알려서 경찰의 목적의 달성에 유리한 환경을 조성하는 행위로 정의하고 있는 반면, 경찰활동에 대해서 지역주민의 참여를 포함하여, 경찰이 수행하는 모든 활동을 각종 기관, 단체, 언론 등과 밀접하게 연계시켜 지역사회에 널리 알리는 종합적인 홍보활동을 광의의 경찰홍보로 정의하고 있으며, 광의의 경찰홍보는 홍보활동-지역공동체관계(Community relation), 언론관계(Press relation), 대중매체관계(Media Relation), 기업 이미지식 경찰홍보 등 4가지로 구분하고 있다(신현기 · 류준혁, 2011: 315).

경찰홍보의 지도 이념(원칙) 첫째, 공익성이다. 경찰의 홍보는 일반 기업의 광고와는 달리 항상 공공의 이익에 초점을 맞춘 홍보이다. 홍보활동을 행하는 주체의 사회적 책임을 자각하고 공중이나 여론의 배후에 있는 공공 이익의 존재를 인식하여 이에 합치되는 행동을 취하도록 노력해야 한다. 둘째, 정보의 진실성이다. 경찰홍보의 가장 중요한 원칙은 사실을 말하는 것이다. 즉 없는 사실을 꾸며서 알리거나, 일방적으로 좋은 것만 보여주는 선전과는 다르다. 경찰 홍보가 진실성을 외면하게 되면 경찰에 대한 불신과 분노를 유발하게 되고 급기야는 불신풍조를 가져오게 되며, 경찰 활동 수행조차 어렵게 되는 등 사회 불안을 가져올 위험이 있다. 즉 경찰 홍보는 경찰조직에 유리한 정보나 불리한 정보를 모두 알리고 국민의 판단을 기다리는 진실성이 있어야 한다. 셋째, 쌍방적 의사소통의 확립이다. 민주경찰의 홍보는 경찰과 국민이 상호 지향적인 커뮤니케이션을 통하여 경찰의 활동이나 정책을 알리고 또는 국민으로부터 요구와 비판을 받아들여야 한다. 넷째, 인간적 접촉의 확립이다. 경찰홍보의 기본적인 출발점은 선린관계와 신뢰관계에서 비롯되는 것인 만큼 경찰홍보의 주체와 객체는 우선 따뜻한 인간적 접촉을 기본으로 하여야 한다.

경찰홍보의 특성 경찰홍보의 활동은 여러 가지 특성을 지니고 있다.

첫째, 경찰홍보는 경찰과 국민이 평등하고 수평적인 관계로 인식될 때에 홍보가 능률적일 수 있다. 둘째, 오늘날 민주주의가 고도로 발달된 상황하에서는 국민이 경찰정책과 경찰업무의 전반에 걸쳐 알 권리가 보장되어야 하며 경찰 스스로도 이것을 공개할 것은 공개해야 할 의무가 있는 것이다. 이러한 상황하에서 경찰홍보는 국민과 경찰의 관계에 있어서 좋은 역할을 해 줄 수 있는 수단이 된다. 셋째, 국민과 경찰과의 관계에 있어서 경찰홍보는 동등한 쌍방향적 역할을 해 주어야 한다. 넷째, 경찰홍보는 국민들의 생각이 경찰을 지지하는 방향으로 이동하도록 유도하는 계몽적이며 교육적인 특성을 지니고 있다. 다섯째, 경찰홍보는 경찰관련 정보를 국민에게 알리고 그 판단을 기다리는 특성을 가지고 있다. 경찰이 진실을 숨기고 경찰에게 유리한 정보만을 알리는 선전에 그치면 절대로 안 된다.

경찰홍보의 필요성 21세기 사회 환경의 변화에 따른 경찰이미지 개선을 위한 경찰홍보의 목적과 필요성은 다음과 같은 몇 가지 이유에 의해서이다. 첫째, 신뢰의 확보이다. 오늘날 경찰활동의 많은 부분은 시민에게 의존하고 있다. 범죄의 예방과 진압에 있어서 시민의 신뢰와 협력이 없이는 원활한 활동을 기대하기 어렵다. 시민의 신고와 정보제공이 없다면 범죄의 인지가 매우 어렵고 효율성도 떨어진다. 따라서 경찰의 업무를 효율적으로 수행하기 위해서는 국민의 지지와 협력이 반드시 필요하며 국민의 지지와 협력을 얻기 위해서는 국민과 경찰 사이에 신뢰관계의 구축이 필수적이다. 시민의 경찰에 대한 우호적인 태도와 신뢰는 법집행 및 질서유지를 보다 효과적으로 수행할 수 있게 해 주기 때문에 경찰활동의 성과가 보다 높게 나타날 수 있다. 이외에도 일반 시민들의 신뢰와 경찰에 대한 긍정적인 이미지는 경찰 예산의 효과적인 확보에 도움을 줄 뿐만 아니라, 시민들의 경찰에 대한 불만과 비판을 줄이는 데에도 상당한 역할을 할 수 있다. 이처럼 국민에게 다가감으로써 경찰조직이나 업무의 특수성을 알리고 업무수행의 어려움을 충분히 인식하게 하여 국민의 협조와 지지를 얻어 신뢰를 확보하고 궁극적으로 경찰의 임무를 성공적으로 수행하면서 국민으로부터 사랑받는 경찰로 거듭나기 위한 방편으로 경찰홍보는 반드시 필요하다. 둘째, 정보의 제공이다. 국민이 경찰의 활동과 정책에 대해 모른다는 것은 경찰조직의 정책에 대한 거부나 부정으로 귀착될 수 있다는 점에서 경찰은 국민에게 경찰활동과 정책을 알리고 설득, 참여를 유도하는 홍보활동을 하여야 한다. 셋째, 국민 요구의 경찰 정책 반영이다. 경찰의 홍보는 경찰의 시책이나 경찰활동의 상황을 정확하게 전달할 뿐만 아니라 국민의 경찰에 대한 의견이나 희망사항을 정확히 파악해 경찰활동에 적극적으로 반영하기 위한 목적을 가지고 있기도 한다. 넷째, 경찰공무원의 사기 진작이다. 경찰홍보는 기관의 이미지를 개선해 주고 직원들의 업적을 높게 평가해 줌으로써 경찰 조직 내 구성원들의 사기를 진작시켜 준다. 다섯째, 경찰행정의 대외 지향성 유지와 경찰행정조직의 환경 적응이다. 대규모 경찰조직의 관료적인 특성은 내향적이며 공중으로부터 유리되는 경향이 있음에 비추어 관료제로 하여금 고객지향성을 띠게 하고, 조직의 생존을 좌우하고 있는 공중의 지지를 확보. 유지시키기 위하여 외향적 태도를 고취시킴으로써 이러한 경향을 전환시킬 필요가 있다. 특히 경찰조직이나 경찰조직 내부의 개인으로 하여금 사회 변화의 속도에 효과적으로 적응하기 위해서도 경찰 홍보는 중요한 기능을 수행한다.

경찰홍보조직의 구성

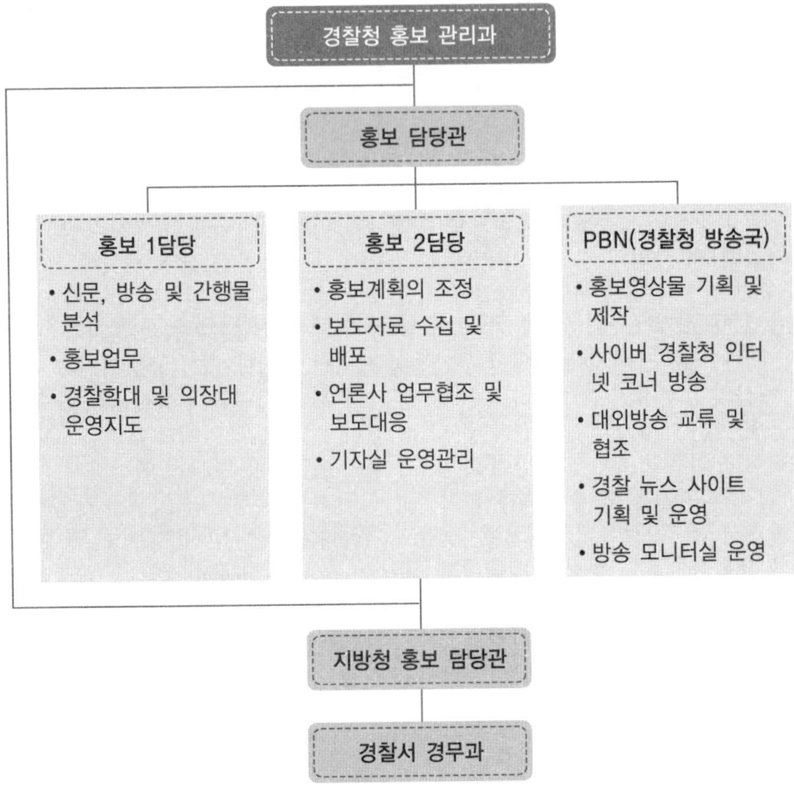

자료: 경찰청 사무분장 규칙 6조.

홍보 1업무는 경찰관련 신문. 방송 및 간행물의 분석, 주요 경찰홍보업무에 관련한 기획 및 분석, 경찰 홍보간행물의 발간 및 관리, 경찰악대 및 의장대의 운영지도, 기타 실내 일반사무로 구성되어 있다. 홍보 2업무는 경찰홍보에 관한 계획의 조정, 보도 자료의 수집 및 배포, 언론사 협조 업무 및 각종 보도에 대한 대응조치, 기자실의 운영. 관리, 방송 모니터실의 운영에 관련된 업무이다. 그리고 경찰청 방송국(PBN)은 영상물을 통한 홍보계획의 수립. 조정 및 지원, 경찰청 방송국 운영에 관한 사항을 담당한다. 홍보업무를 담당하는 경찰관은 2001년에 비해 2007년의 경우 점차 증가하고 있다. 2001년 4월을 기준으로 전국경찰관서 홍보 인력은 97명으로 조사되었으나 2007년 2월 기준으로 125명으로 조사되어 홍보인력이 30% 정도 증가한 것으로 나타났다. 이렇게 각 지방경찰청별로 홍보인력이 증가한 것은 경찰 조직이 전략적으로 경찰홍보정책을 개혁하려는 움직임이 반영된 것으로 분석된다(신현기 · 류준혁, 2011: 311).

경찰회계검사(警察會計檢査) 경찰청을 포함한 행정부가 예산을 합법적으로 집행했는가를 확인 · 검증하는 행위를 의미한다. 나아가서 그 결과를 보고하기 위하여 회계장부 및 기타의 기록을 체계적으로 검사하는 것을 말한다. 우리나라의 회계검사기관은 행정부형으로 헌법기관인 감사원이 그 기능을 하고 있다. 회계검사의 목적은 ① 공금이 법률에 규정된 조건에 합치되고 법률이 정한 목적에 따라서 지출되었는가를 검토하고, ② 공금의 횡령 또는 망실을 방지하기 위하여 회계와 명세목록이 정확하게 기입되었는가를 확인하며, ③ 그러한 결과를 소정의 기관에 보고하는 데 있다.

경험법칙(經驗法則/rule of thumb) 경험에 의하여 체득된 지식 및 법칙을 말하는 것으로 실험법칙이라고도 한다. 반드시 학리상의 이해하기 어려운 법칙에 한하는 것은 아니며 일상생활에서 수학 · 자연과학에 이르기까지의 모든 사물 및 현상의 일반적 성장 및 인과관계에 관한 지식 · 법칙을 대상으로 한다. 지구는 둥글다거나, 밤이 되면 어두워져 사물을 볼 수 없다거나 술을 마시면 취한다거나, 지문은 만인이 다르다거나, 혈액형이 O형인 부부사이에서는 A형의 자녀는 출생하지 않는다는 것이 그 예이다. 법관은 사실의 인정에 있어서 경험법칙에 따라야 하지만, 이 경우 일반적 상식적인 경험법칙은 별론으로 하고, 특별한 학식 · 경험에 일임하여야 하는 것은 감정 등의 방법에 의하여야 한다.

경호경비(警護警備) 경호(警護)란 호위와 경비를 의미하며, 정부요인과 국내외 중요인사 등 피경호자의 신변에 대하여 직접 또는 간접으로 가해지려는 위해를 미연에 방지하고 위험요소를 사전에 제거하는 한편 피경호자의 안전을 도모하기 위한 경찰활동을 말한다. 경호의 법적근거는 경찰관직무집행법, 대통령경호처법, 전직대통령예우에관한법률, 경호규칙, 대통령경호안전대책위원회규정, 경호편람 등이 있으며, 특히 경찰관직무집행법 제2조(직무범위)에서 명시하고 있는 경비 · 요인경호 및 대간첩작전의 수행은 경호경비의 중요한 법적 근거이다.

경호경비의 4대원칙(警護警備의 4大 原則) 피경호자를 완전하게 경호하기 위하여 평소 경호원이 준수하여야 할 4가지 원칙을 말한다. ① 자기희생의 원칙: 피경호자는 어떠한 대가를 치루더라도 절대로 신변의 안전이 보호 · 유지되어야 한다는 것으로 경호원은 피경호자가 위기에 처했을 때는 육탄방어의 정신으로 피경호자를 보호하여야 한다는 원칙이다. ② 자기담당구역 책임의 원칙: 자기감당구역에서 일어나는 어떠한 사태에 대하여 다른 사람이 아닌 자기만이 책임을 지고 해결하여야 한다는 원칙이다. ③ 하나의 통제된 지점을 통한 접근의 원칙: 피경호자와 접근할 수 있는 통로는 경호상 통제된 하나의 통로만이 필요하다는 것으로 하나의 통제된 출입문이나 통로를 통한 접근도 반드시 경호원에 의하여 확인된 후 허가절차를 밟아 이루어져야 한다는 원칙이다. ④ 목표물 보존의 원칙: 경호대상자를 암살자 또는 위해를 가할 가능성이 있는 자로부터 가능한 한 멀리 떼어 놓은 원칙이다.

경호계획(警護計劃) 경찰청장 또는 경찰서장이 경호를 지휘하기 위하여 경호에 관하여 수립하는 기본계획 또는 실시계획을 말한다. 경호경비계획 수립시에는 반드시 포함되어야 하는 사항은 ① 목적, ② 방침, ③ 실시, ④ 지휘 및 통신, ⑤ 행정사항, ⑥ 경호현황 등이다.

경호보안활동(警護保安活動) 경호행사시에 피경호자의 동선(움직임)을 노출시키지 않거나 공식행사로 인하여 행사일정이 노출이 될 경우 이동방법이나 경로 등을 철저하게 보안조치함으로써 간첩이나 불순분자, 암살기도자들에게 표적을 은폐시키거나 테러 등 각종 위해활동을 할 준비시간(여유)을 주지 않음으로서 피경호자의 신변을 보호하고 안전을 도모하는 경호활동에 있어서 사전예방활동의 하나이다.

경호본부(警護本部) 경찰청장이 경호를 통할지휘함에 있어서 다른 기관과의 연락 및 협조 기타 경호임무의 효과적인 수행을 위하여 필요하다고 인정될 때 설치하는 경호지휘소를 말한다. 경호본부의 임무는 지휘통일의 일원화를 기하기 위하여 경호진행에 관하여 상황을 유지하고 필요한 조치를 행함에 있다.

경호의 구분(警護의 區分) 경호는 경호의 성격, 수준, 연도경호에 따라 구분할 수 있다. ① 경호의 성격에 따른 구분: 공식(1호), 비공식(2호), 약식(3호) ② 경호의 수준에 따른 구분: A급경호, B급경호, C급경호 ③ 연도경호의 구분: 완전공식(A형), 공식(B형), 준공식(C형), 완전비공식(880) 등이다.

경호의 대상(警護의 對象) 국내요인과 외국귀빈으로 구분할 수 있다. ① 국내요인: 갑호는 대통령과 그 가족, 대통령으로 당선 확정된 자와 그 가족, 을호는 퇴임후 7년이 경과한 전직대통령, 대통령선거후보자, 국회의장, 대법원장, 국무총리, 헌법재판소장, 병호는 갑호 · 을호 이외에 경찰청장이 필요하다고 인정한 인사. ② 외국귀빈: 1등급은 대통령, 국왕, 2등급은 행정수반, 3등급은 수상, 부통령, 4등급은 1 · 2 · 3등급 이외의 장관급 외빈으로서 경찰청장이 경호가 필요하다고 인정한 인사.

경호의 목적(警護의 目的) 경호의 목적은 크게 다섯 가지로 구분할 수 있다. ① 신변안전의 확보, ② 권위유지, ③ 질서유지 및 혼잡방지, ④ 대중과의 친화도모, ⑤ 국위선양 등이다.

경호의 이념(警護의 理念) 일반적인 경호의 이념은 다음과 같이 다섯 가지로 구분할 수 있다. ① 합법성: 원칙적으로 법적인 테두리 안에서 활동한다. ② 협력성: 여러 기관과 국민들의 협조가 있어야 성공적인 경호임무를 완수할 수 있다. ③ 보안성: 경호활동은 위해자로부터 철저하게 보안이 유지되어야 한다. ④ 희생: 희생정신이 기본적으로 선행되어야 한다. ⑤ 중립성: 사적인 이념과 감정을 배제하고 철저한 중립성이 확보되어야 한다.

경호활동의 범위(警護活動의 範圍) 경호활동시 행사장 경호는 3선 개념에 의해 이루어 진다. ① 제1선(안전구역): 피경호인의 신변에 결정적 위해를 줄 수 있는 구역으로 경호처의 책임이다. ② 제2선(경비구역): 안전구역을 보호하기 위한 경호활동이 이루어지는 구역으로서 경찰책임이다. ③ 제3선(경계구역): 안전구역과 경비구역을 보호하기 위한 경호활동이 이루어 지는 구역으로서 경찰책임이다.

계고(戒告) 경정급 이하의 경찰공무원이 저지른 비위가 징계령이 규정하고 있는 경징계사유에 미치지 못하는 경미한 사안인 경우, 각급 징계위원회에서 징계의결요구를 기각하고 계고할 것을 권고하는 사안이나 감독자를 문책하는 경우에 대해 각급 경찰기관의 장이 주의를 환기시키고 훈계하는 매우 가벼운 징계 중 하나이다. 경정급 이상의 지휘관에 대해서는 '계고'가 아닌 '경고'조치를 내리게 되는데 이는 용어만 다를 뿐 그 의미와 내용은 같다.

계급정년(階級停年) 경찰공무원의 정년 가운데 하나이다. 공무원이 일정한 기간 동안 승진하지 못하고 동일한 계급에 머물려 있을 경우, 그 기간이 만료되는 때에 자동적으로 퇴직시키는 제도를 말한다. 우리나라의 경우 침체된 공직사회에 새로운 활력을 불어 넣기 위해서 이 제도를 군인과 경찰공무원에게 적용되고 있다. 1999년 1월 1일부터 치안감 4년, 경무관 6년, 총경 11년, 경정 14년으로 변경되어 오늘에 이르고 있다. 1998년 12월 31일까지는 치안감 4년, 경무관 6년, 총경 9년, 경정 11년, 경감 15년, 경위 18년이었다.

계급제(階級制) 경찰공무원의 분류 중 하나로써 공무원이 가지는 개인의 특성, 즉, 학력, 경력, 자격을 기준으로 하여 유사한 개인적 특성을 가진 공무원을 여러 범주와 집단으로 구분하여 계층을 구분하는 것을 말한다. 경찰관은 순경에서 치안총감에 이르기 까지 11개 계급으로 체계화되어 있다.

계급호봉제(階級號俸制) 공무원의 액이 계급별, 호봉별로 서로 상이한 제도를 의미한다. 여기에 적용되는 대상자는 계급이 있는 일반직, 기능직 등 계급제 공무원에 해당된다. 또 단일호봉제는 공무원의 액을 호봉별로만 차등을 두는 제도로서 계급개념이 없는 교원 등 비계급제 공무원에 적용된다. 계급제 호봉제는 근속호봉제와 대비된는 것이다. 계급별 호봉제는 호봉승급액이 계급별, 호봉별로 상이하고 승진시에는 일정호봉수를 감해 계급별 경력가치평가에서 차등을 설정하는 제도를 의미한다. 우리나라는 계급별 호봉제가 도입되고 있다.

계선(系線/line) 계층제의 구조를 가진 조직의 집행 · 운용 · 활동 · 권한의 면을 말한다. 사이몬(H. A. Simon) 등은 이것을 단일기관(unitary organization)이라고 하였다. 또 피프너(J.M.Pfiffner)와 셔어우드(F. P. Sherwood)는 계선기관을 조직체의 전체적인 목적달성에 직접적으로 공헌하는 기관이라 하였다. 계선은 행정체계에 있어서 중추적인 위치에 있으며, 계선기관은 법령을 집행하고 정책을 결정하며 국민에게 직접적으로 봉사한다. 따라서 계선은 조직체의 존체목적을 달성하는 데 직접적으로 기여하는 것이다. 즉 계선은 실질적인 업무수행을 목적으로 하는 조직체의 명령계통을 뜻하며 조직체를 운영하기 위한 예속조직체의 분할을 뜻하므로 행정 조직 내에서는 행정수반을 비롯하여 각부장관, 그 밑의 국장, 과장, 계장, 계원 등의 계선으로 그어지는 것이다. 따라서 계선의 명령과 지휘계통은 수직하강적이며 하위 또는 동등한 계층의 타인으로부터 명령과 지휘를 받지 않는다.

계선조직(系線組織/Line Organization) 최고관리자의 명령이 상부에서 하부로 직선적으로 전달되는 조직을 말한다. 이 같은 계선조직은 조직형태로서 행정관료조직의 기본적 형태이며, 페이욜(H. Fayol)이 말하는 계층제의 원리에 입각한 조직형태이다.

계속접촉의 원칙(繼續接觸의 原則) 방첩활동의 기본원칙 가운데 하나이다. 이 원칙은 방첩기관이 간첩용의자를 발견하였다고 하더라도 즉시 검거해서는 안 되며, 조직망 전체가 완전히 파악될 때 까지 계속해서 유·무형의 접촉을 해야 한다는 원칙을 말한다. 계속접촉의 유지단계는 탐지 → 판명 → 주시 → 이용 → 좌절(타진) 순이다.

계약경비서비스 민간경비의 성격에 따른 분류 가운데 하나로 자체경비서비스에 상대되는 개념이다. 계약경비서비스란 전문경비업체가 경비서비스를 희망하는 수요자(의뢰자)와의 일정한 계약을 통해 각종 경비서비스를 제공하는 형태의 경비서비스를 말한다. 장점으로는 비용의 저렴성을 비롯 행정관리 측면에서의 이점, 소신적인 임무수행, 전문성 등이 있다.

계약직 공무원(契約職 公務員) 계약직 공무원이란 국가나 지방자치체와의 채용계약에 의해 일정한 기간, 연구 또 기술업무에 종사하는 과학자, 기술자 및 특수 분야의 종사자가 있다. 계약직 공무원은 상근하는 전임 계약직 공무원과 상근하지 않은 비전임 계약직 공무원으로 구분된다. 채용기간은 대개 5년 범위 내에서 당해 특정 사업의 수행에 필요한 기간으로 하고, 또 5년 범위 안에서 연장할 수 있다. 이 제도는 민간기업이나 대학, 연구소 등 민간부분의 우수한 인재를 공공부분에 공개경쟁시험이 없이 계약에 의해서 채용하며, 기술 또는 연구분야와 같은 특정 분야에서 근무하는 제도이다.

계층제(階層制/hierarchy) 행정조직의 구조 원리로서 권한과 책임의 정도에 따라 직무를 등급화(grading)하여 상하계층간에 직무상 지휘감독관계를 대립하게 하는 것을 말한다. 조직은 상에서 하로 몇 개의 계층수준을 설정하여야 하는데 이러한 원칙을 등급화의 원칙이라 하며, 여기서 상하의 선을 등급화의 선이라 하고 등급과선상의 구분점을 계층이라 부른다. 조직에 있어서 직무를 권한과 책임의 정도에 따라 등급화하고 상하 조직단위 간에 지휘와 명령복종 관계를 확립하는 것을 말하는 것으로 권한과 책임의 종적 분업관계를 의미한다. 계층제는 조직의 정점으로부터 저변에 이르는 피라미드형 구조를 이루게 된다. 계층제는 명령 · 지시, 그리고 권한의 위임이나 의사소통의 경로가 되며, 목표를 설정하고 업무를 분담하는 경로가 된다. 또한 지휘와 감독을 통하여 조직의 질서와 통일성을 확보 할 수 있고 능률성과 책임의 명확성을 보장하는 수단이 된다.

계획(計劃/plan) 일정한 기간 내에 특정한 목적을 효과적으로 달성하기 위하여 수립된 행동의 절차와 방법에 대한 합리적인 설계를 말한다. 계획의 종류는 기준에 따라 여러 가지로 분류된다. 즉 ① 기간을 기준으로 한 단기계획 · 중기계획 · 장기계획 ② 지명을 기준으로 한 지방계획 · 국가계획 · 국제계획, ③ 대상별로는 경제계획 · 사회계획 · 물적계획 · 방위계획, ④ 종합성 정도에 의한 사업별 계획 · 종합적 공공투자계획 · 종합계획, ⑤ 강제성 정도에 의한 중앙집합적 강제계획 · 경쟁적 사회주의 계획 · 민주적 경쟁계획 · 유도계획 · 예측계획, ⑥ 고정성 여하에 의한 국정계획 · 운동계획 등이 있다. 계획수립 시에 검토하여야 할 일반적인 검토사항으로는 목적달성의 적정성 여하, 업무의 분석 · 분류 · 순서에 대한 적절성 여하, 계획의 수정가능성 여하, 수단방법의 적절성 여하, 계획의 균형성 여하, 타소속 부서와 중복성 여하 등이 있다.

계획예산제도(計劃豫算制度/PPBS) 기획, 사업구조화, 그리고 예산을 연계시킨 시스템적 예산제도를 말한다. 이른바 PPBS(Planning-Programming-Budgeting System)의 기본 토대는 예산이 소요되는 단위사업들 간의 체계적인 구조화에 있다. ① 조직의 목표(미션)를 중심으로 목표-수단이라는 사슬관계에 의해 단위사업들을 구조화(programming)한다. ② 그러한 사업구조는 기획(planning)에 의해 장기적인 시계를 갖게 된다. ③ 사업구조화와 기획에 의해 다년간의 기대효과가 담긴 단위사업계획이 완성되면 각 단위사업별로 예산을 편성(budgeting)하게 된다. PPBS는 합리주의를 적용한 대표적인 예산제도로서 자원배분의 효율성을 높일 수 있다. 그러나 의사결정이 지나치게 집권화 · 전문화되어 외부통제가 어렵게 되고, 대중적인 이해가 쉽지 않기 때문에 정치적 실현가능성이 비교적 낮다(신현기 · 박상주, 2011: 301). 그리고 정부조직의 다양한 목표에 대한 단위사업의 영향을 체계적으로 분석하기 어렵다. 또한 제도 도입에 필요한 업무량의 증가 등으로 직원의 협조를 구하는 것도 문제점으로 지적된다.

계획화(計劃化/planning) 계획이란 미래 행동의 지침으로 바람직한 결과를 장래에 달성하기 위한 행위의 방향을 결정하는 것이다. 그 결정은 의사결정이며 선택적 결정으로 목적, 사실 및 예측에 따라 행해지는 지식과정이며 실시 전 단계의 문제로서 생각하는 과정이다. 즉 목적을 밝히고 목적 수행을 위하여 필요한 인원, 장소, 시간, 방법, 물자, 예산 및 대상을 밝히고 그 진행순서를 미리 예측하는 것이다. 따라서 계획화는 미래지향적인 목표, 예측, 방침, 절차, 프로그램, 프로젝트, 예산 등을 설정하고 이를 가장 합리적으로 달성하기 위한 미래의 설계와 구상을 말한다.

고가도로(高架道路) 자동차 전용의 도로로서 교통혼잡을 완화하기 위해 지상보다 높게 건너지르게 설치된 도로를 말한다. 고가도로는 고속도로의 일종이다.

고객만족(顧客滿足) 고객민족이라는 용어는 원래 사기업에서 사용된 용어이다. 경찰조직 입장에서 보면 고객이란 말은 서비스의 대상인 사람이나 조직을 의미한다. 경찰은 제공하는 서비스가 다양하고 복잡하기 때문에 누구를 고객으로 보아야 할지 어려운 점이 많다. 특히 경찰은 단속과 규제업무를 위주로 하는 조직이기 때문에 경찰서비스는 유형이 아닌 무형인 경우가 대부분이다.

고객만족관리(顧客滿足管理/CSM: Customer Satisfaction Management) 고객 중심의 사고를 바탕으로 모든 조직 관리 활동을 전개하는 것으로 과거의 시장 점유율 확대나 원가 절감이라는 경영 목표 추구에서 벗어나 고객만족을 목표로 하는 것을 말한다. 고객이 제품 또는 서비스에 대하여 원하는 것을 기대이상으로 충족시켜 감동시킴으로써 고객의 재구매율을 높이고 그 제품 또는 서비스에 대한 선호도를 지속시키는 것을 궁극적 목표로 함으로써 시장변화에 동요되지 않는 안정적 수익기반을 장기적으로 확보해 나가려는 관리전략이다.

고급관리자 과정(高級管理者 課程) 4급 공무원이 3급으로 승진하기 위해서는 교육훈련을 받아야 한다. 이 과정을 이수하지 않은 4급 공무원은 3급 공무원 승진대상자에서 원칙적으로 제외된다. 교육내용은 고급관리자 양성을 위한 것으로 행정환경의 변화에 능동적인 대응력 제고, 민주적 정책형성 및 관리능력 배양, 고급관리자로서의 윤리와 도덕소양 및 책임성 강화 등에 대한 교육목표를 두고 있다. 교육대상자 중 국가공무원은 중앙공무원교육원에서, 행정안전부 및 지방자치단체 소속 공무원은 지방행정연구원에서 각각 교육을 담당한다.

고링(Charles Goring) Lombroso의 이론을 비판하였다. 연구결과 수형자와 일반인을 대상으로 생래적 범죄인 조사연구 후 양 집단 간에는 아무런 차이가 없고 범죄자에 특유한 정형성은 존재하지 않는다고 하여, 생물학적 결정론을 비판하였다.

다만 신체적인 특징이 원인이 되어 지능이 낮거나 타인에 대한 연민의 감정(이타주의적 감정)이 결여되어 범죄를 유발한다고 주장하여, 범죄행위는 신체적인 변이형태와 관계된 것이 아니라 유전학적 열등성에 의한 것이라고 하였다. 결과적으로 범죄행위는 유전되며, 따라서 이러한 문제 있는 가족의 재생산을 규제함으로써 범죄를 통제해야 한다고 주장한 것이다.

고문경찰제도(顧問警察制度) 1904년 8월 제1차 한일협약을 통하여 한국에서 이른바 고문정치가 시작되는데, 경찰은 다케시다(丸山重俊) 경시가 경무고문으로 초빙되어 한국경찰제도에 대한 심의기안권을 차지하는 등 한국경찰권을 통제하기 시작했다. 경무고문은 그 보좌기관으로서 경무청, 한성부 내의 5개 경찰서, 전국 각 지방에 일본인으로 경시, 경부 등을 배치하여 한국의 경찰을 장악해 나가기 시작했다.

고소(告訴/Complaint) 범죄피해자 또는 그와 일정한 관계에 있는 자가 수사기관에 대하여 범죄사실을 신고하여 범인의 소추를 구하는 의사표시를 말한다. 고소 및 취소는 대리행사가 가능하고, 취소의 제한은 제1심판결선고전까지 이다.

고소불가분의 원칙(告訴不可分-原則) 친고죄(親告罪)의 공범 중 한 명 또는 여러 명에 대한 고소나 취소는 다른 공범자에 대해서도 효력이 있다는 법률상의 원칙을 의미하는 것이다.

고소의 취소(告訴-取消) 고소인이 자기가 행한 고소사건에 대해 그 효력을 소멸시키기 위하여 하는 의사표시를 말한다. 고소의 취소는 전화로 불가능하고 반드시 고소권자가 서류에 그 취소를 위한 사유를 적고 도장이나 싸인으로 확인 날인하여 제출해야만 법적효력을 인정받을 수 있다.

고소인(告訴人) 고소를 한 사람을 의미하는데 상대자가 있어야 한다. 즉 피고소인이 그 대상이며 경찰 및 검찰 사법기관에 서류를 통해 고소장을 제출하는 방식으로 이루어진다.

고소장(告訴狀) 고소인이 내는 고소의 서류를 의미하는데 경찰서 수사과나 혹은 검찰에 제출하면 된다.

고속국도(高速國道) 자동차교통망의 중추 부분을 이루는 중요 도시를 연결하는 자동차전용의 고속교통에 제공되는 도로로서 대통령령으로 그 노선이 지정된 고속도로를 말한다. 고속도로의 관리청은 국토해양부장관이며, 현재 한국도로공사법에 의한 한국도로공사가 그 관리를 대행하고 있다. 고속도로에는 누구든지 자동차를 사용하는 이외의 방법으로 하거나 출입할 수 없도록 규정하고 있다(도로교통법 제2조).

고속도로 무선망 경찰의 고속도로순찰대 본대 및 경찰지구대 지령실에서 순찰차, T/G 경찰사무실, 지역 관할 경찰서와 상호 교신하는 무선통신망을 의미한다.

고속도로(고속국도)**에서의 금지** 고속도로에서는 다음과 같은 행위를 해서는 아니된다. ① 자동차 운전자는 자동차의 고장 등 부득이한 사정이 있는 경우를 제외하고는 갓길로 통행하여서는 아니 된다. 다만, 긴급자동차와 고속도로의 보수 · 유지 등의 작업을 하는 자동차를 운전하는 때에는 그러하지 아니하다. ② 자동차의 운전자는 그 차를 운전하여 고속도로를 횡단하거나 유턴 또는 후진하여서는 아니 된다. 다만, 긴급자동차 또는 도로의 보수 · 유지 등의 작업을 하는 자동차 가운데 고속도로등에서의 위험을 방지 · 제거하거나 교통사고에 대한 응급조치작업에 사용되는 자동차로서 그 목적을 위하여 부득이한 경우에는 그러하지 아니 한다. ③ 자동차(이륜자동차는 긴급자동차에 한한다) 외의 차마의 운전자 또는 보행자는 고속도로를 통행하거나 횡단하여서는 아니 된다. ④ 자동차의 운전자는 고속도로에서 차를 정차 또는 주차시켜서는 아니 된다. 다만, 다음 중 어느 하나에 해당하는 경우에는 그러하지 아니하다. 즉, 법령의 규정 또는 경찰공무원(자치경찰공무원은 제외)의 지시에 따르거나 위험을 방지하기 위하여 일시정차 또는 주차시키는 경우, 정차 또는 주차할 수 있도록 안전표지를 설치한 곳이나 정류장에서 정차 또는 주차시키는 경우, 고장이나 그 밖의 부득이한 사유로 길가장자리구역(갓길을 포함)에 정차 또는 주차시키는 경우, 통행료를 지불하기 위하여 통행료를 받는 곳에서 정차하는 경우, 도로의 관리자가 고속도로등을 보수 · 유지 또는 순회하기 위하여 정차 또는 주차시키는 경우, 경찰용 긴급자동차가 고속도로 등에서 범죄수사 · 교통단속이나 그 밖의 경찰임무의 수행을 위하여 정차 또는 주차시키는 경우, 교통이 밀리거나 그 밖의 부득이한 사유로 움직일 수 없는 때에 고속도로 등의 차로에 일시 정차 또는 주차시키는 경우 등이다.

고시(考試) 일반적으로 시험을 의미하고 있으나, 공무원 시험을 뜻하는 국가고시의 의미로 사용되고 있다. 공무원 채용시험은 9급, 7급, 5급 공무원 채용시험 등이 있다. 5급 고등고시는 행정고등고시와 외무고등고시가 있다. 2011년 행정고시는 5급공개채용시험으로 명칭이 변경되었다.

고시위원회(考試委員會) 공무원 충원을 위해 고시업무를 담당하는 위원회 조직을 의미한다. 우리나라 최초의 고시위원회는 1948년 제정 · 공포된 정부조직법에 의해 대통령 직속으로 설치되었다. 고시위원회는 중견 공무원을 대상으로 한 고시와 전형의 업무만을 담당하고, 그밖의 인사기능은 국무총리 소속의 총무처 인사국이 담당했다. 고시위원회는 헌법상 독립기관으로 규정하지 않고 정부조직법에 의해 대통령 직속 독립기관의 성격을 갖게 함으로써 독립성에 한계를 지닌다. 2008년 이명박 정부는 이전에 국가인사위원회에서 담당하던 국가고시 시행을 조직개편하여 행정안전부 사이버국가고시센터가 담당하도록 했다.

고위공무원단(高位公務員團) 전문성과 행정관리에 대한 넓은 시야를 갖는 고위전문가를 제도적으로 확보하기 위해 실 · 국장급의 고위공무원 중 중 · 하위직 공무원과 분리해 성과와 능력 중심으로 관리 및 육성하는 인사제도이다. 우리나라는 이 제도를 2006년 7월 1일부터 도입되었다.

고유사무(固有社務) 지방자치단체가 그 존립을 달성하기 위하여 행하는 사무로서 주민의 복리에 관한 사무 또는 지방자치법에 규정된 지방의 공공사무를 말한다. 지방자치단체는 주민의 복리에 관한 사무의 처리를 그의 존립목적으로 하고 있으며 그 존립 목적을 위해 행하는 각종 사업(상하수도, 교통, 오물처리 등)의 경영 또는 시설의 관리에 관한 사무이다.

고전주의 범죄학(古典主義 犯罪學/Classicism Criminology) 18세기 공리주의 영향으로 등장한 범죄학 이론으로 모든 사회에서 사람들은 자신의 욕구를 충족하고 자신의 문제를 해결하기 위해 합법적이거나 불법적인 해결책을 선택할 자유의사를 가진다는 것을 기초로 한다. 즉, 대부분의 사람은 적은 노력으로 더 많은 이익을 얻기를 바라기 때문에 불법적 해결책이 더욱 매력적으로 생각된다고 본다. 따라서 범죄를 선택하는 것은 처벌에 대한 두려움에 의해 통제되며, 범죄를 효과적으로 제지하기 위해서는 처벌이 엄격하고, 확실하며, 신속하게 이루어져야 한다고 강조한다. 이후 1960년대에는 무죄추정의 원칙 등 피의자의 권익보호를 강조하는 적정절차모델(Due Process Model)로 발전되었다. 또한 1970년대 이후에는 실현하기 어려운 범죄자의 교화개선보다는 사회계약과 형벌에 의한 예방효과를 강조하는 현대 고전주의적 범죄학이 나타났다. 베커(Becker) 등이 대표자로서 경제학의 합리적 선택모형을 범죄학에 원용했다.

고정간첩(固定間諜) 간첩의 분류 가운데 활동방법에 의한 분류로써 일정한 지역 내에서 영구적으로 간첩행위를 하도록 임무를 부여받고 활동하는 간첩을 말한다. 이들 고정간첩은 지역적 연고를 가지고 생업을 유지하며 합법적으로 보장된 신분을 갖추고 있다.

고충처리제도(苦衷處理制度) 경찰공무원이 근무중에 인사나 처우 등 각종 불이익을 받게 되는 경우 심사에 의해 보상받는 제도를 말한다. 고충심사는 공무원의 사기앙양을 위해 1981년에 도입하였으나, 1994년 말에 그 동안 문제점을 보완하였다. 경찰공무원법 제25조(고충심사위원회)에 따라 경찰공무원의 인사상담 및 고충을 심사하기 위하여 경찰청 · 해양경찰청 · 지방경찰청 · 대통령령이 정하는 경찰기관 및 지방해양경찰관서에 경찰공무원고충심사위원회를 설치한다. 다만, 경정 이상의 경찰공무원의 인사상담 및 고충심사는 국가공무원법에 의하여 설치된 중앙고충심사위원회에서 심사한다. 고충처리는 소청심사제도와 비교해 볼 때, 다음과 같은 차이점이 있다. ① 소청은 공무원이 받는 신분상 불이익이 주요 대상이 되는데 반해, 고충처리는 근무조건 · 처우 등 일상의 모든 신상문제가 그 대상이 될 수 있다. ② 법적 성격에 있어서 소청은 행정소송의 전심절차적 성격을 가지는 데 반해, 고충처리는 행정소송과는 무관계한 행정제도라고 할 수 있다. ③ 기속력에 있어 행정청은 소청심사위원회의 결정에 기속되는 데 반해, 고충처리위원회의 결정에는 법적 기속력이 인정되지 않는다. ④ 관할에 있어서 소청은 소청심사위원회가 전담하고 있으나, 고충처리는 복수의 기관이 분담하고 있다. 현재 고충심사위원회는 공무원을 위한 옴부즈만 성격이 강하다고 볼 수 있다.

골든 크레센트(Golden Crescent) 마약류관련 국제범죄조직의 하나로 이란 · 아프가니스탄 · 파키스탄 국경지대에서 대마류 및 헤로인 · 모르핀을 공급하는 서남아시아의 '황금의 초승지대'를 말한다.

골든 트라이앵글(Golden Triangle) 마약류관련 국제범죄조직의 하나로 미얀마 · 태국 · 라오스 3국접경 고산지대에서 아편(양귀비), 헤로인을 주로 공급하는 동남아시아의 '황금의 삼각지대'를 말하며, 가장 대표적인 국제마약루트지역이다.

ㄱ ㄴ ㄷ ㄹ ㅁ ㅂ ㅅ ㅇ ㅈ ㅊ ㅋ ㅌ ㅍ ㅎ

공가(公暇) 공가는 병가 이외의 원인에 해당하는 정당한 사유가 있을 때에 허가하는 휴가제도이다. 공무원이 공가를 받을 수 있는 조건은 국가공무원복무규정 제19조에 따라 다음과 같은 경우에 해당된다. 즉, ① 병역법이나 다른 법령에 의한 징병검사 등을 받을 때, ② 공무에 관하여 국회 · 법원 · 검찰 기타 국가기관에 소환된 때, ③ 법률의 규정에 의하여 투표에 참가할 때, ④ 승진 · 전직시험에 응시할 때, ⑤ 원격지간의 전보발령을 받고 부임할 때, ⑥ 법령에 정한 건강진단을 할 때, ⑦ 법령에서 정하는 외국어능력시험에 응시할 때, ⑧ 올림픽, 전국체전 등 국가적인 행사에 참가할 때, 천재 · 지변 · 교통차단 등으로 출근이 불가능할 때이다.

공개경쟁채용(公開競爭採用) 일반적으로 채용은 외부로부터의 임용을 의미하는 것으로서 공개경쟁채용과 특별채용이 있다. 공개경쟁채용은 일정한 자격이 있는 모든 사람에게 공직에 지원할 수 있도록 공정한 기회를 제공하고, 공개경쟁시험을 통해 공직채용후보자를 결정하는 제도이다. 여기서 공개경쟁의 조건은 적절한 공고, 공평한 지원기회의 제공, 선발기준의 현실성 확보, 차별금지, 능력을 기초로 한 순위결정, 결과의 공개, 투명성 확보 등이 이에 해당된다. 순경과 경장의 신규채용은 원칙적으로 공개경쟁시험에 의해서 선발한다. 하지만 경위의 신규채용은 경찰대학을 졸업한 자 및 경찰공무원임용령 제39조(연령 및 신체조건) 및 제40조(학력)에 정한 자격을 갖추고 공개경쟁시험에 의하여 선발된 자(경찰간부후보생)로서 교육훈련을 마치고 소정의 시험에 합격한 자 중에서 선발한다.

공개채용(公開採用) 경찰공무원법에 규정된 경찰공무원이 될 수 있는 자격을 구비한 사람에게는 균등한 기회를 제공하며, 동일한 조건하에서 공정한 경쟁과정을 통해 경찰공무원으로 임용될 수 있게 하는 제도를 말한다. 이러한 공개채용은 모집, 시험, 채용의 순서에 의해 이루어진다.

공개출처정보 정보출처에 대하여 별다른 보호조치가 없더라도 상시적으로 정보를 획득할 것으로 기대되는 출처로부터 얻어진 정보를 의미한다. 공개출처정보가 취득되는 출처의 사례로는 신문, 인터넷, 방송, 여행객, 전화번호부, 연구기관의 보고서, 기타 공개된 자료 등을 들 수 있다.

공공시설(公共施設) 국가 또는 지방자치단체에 의해 공공목적의 수행에 제공되는 계획적 설비의 일체를 말하며, 철도, 도로, 공립학교, 공립병원, 국 · 공립 도서관, 시민회관, 상하수도 시설, 교도소 등이 이에 해당된다. 지방자치단체는 지방자치법에 따라 법령이 정하는 범위 내에서 공공의 복지를 위하여 설치할 수 있으며, 그 주체의 구별을 기준으로 국가의 공공시설과 공공단체의 공공시설로 구분된다.

공동화이론(空洞化理論/Vacunm Theory) 경찰에게 부여된 기능이나 역할인 범죄예방이나 통제와 같은 서비스를 제공할 수 있는 능력 즉, 인적측면이나 물적측면이 감소(또는 상대적 부족)됨으로써 생겨난 '공동상태'를 민간경비가 보충해 준다는 이론이다. 이 이론에서는 특히, 공권력의 축소와는 반대로 범죄의 수와 양은 급속도로 늘어나고 있으며 이에 따른 범죄예방의 공백이 점점 커지게 되면서 그 모자란 부분은 민간경비가 대신할 수 밖에 없다고 한다. 따라서 이 이론으로 국가(공권력)와 민간경비의 상호 보완적 효과를 기대할 수 있으며, 역할 분담적 활동으로 최소한의 국가권력으로 효율의 극대화와 민간산업 육성에 기여할 수 있다.

공리적 조직(公利的 組織/utilitarian organization) 물질적 · 경제적 수단을 주요 통제 수단으로 사용하여 조직 구성원들이 계산적 이해관계에 의해 복종하는 조직유형이다. 통제의 주요 수단은 보상(incentive)이며 대다수의 구성원은 타산적으로 행동하는 조직유형으로서 사기업 조직, 이익단체, 경제단체, 공장, 평상시의 군대조직 등이 이에 속한다.

공무원교육훈련기관(公務員教育訓鍊機關) 국가공무원과 지방공무원의 교육훈련을 담당하기 교육기관을 뜻한다. 현재 공무원교육훈련기관으로는 중앙공무원교육원과 지방행정연구수원, 각 부처와 지방자치단체의 공무원교육기관, 기타 국내외 교육훈련기관 등을 말한다.

공무원단체(公務員團體) 공무원의 근로조건을 유지 · 향상시키기 위해 조직하는 단체를 말한다. 광의의 의미는 비공식 · 자생적 집단까지 포괄하는 개념이나 일반적으로는 노동조합의 형태를 갖는 공식적 집단을 말한다. 공무원단체에 대한 정책은 국가마다 차이가 있으며, 공무원단체 조직 자체를 금지하는 국가와 사기업과 같이 공무원단체의 조직 및 활동을 제한하지 않는 국가 등이 있다. 대부분의 국가에서는 공직의 특수성에 비추어 공무원단체의 조직과 활동을 원칙적으로 인정하지만 다소의 제약을 두는 형태를 취한다.

공무원범죄(公務員犯罪) 광의의 공무원범죄는 공무원의 신분을 가진 자가 저지른 모든 범죄로서 직무유기나 수뢰와 같은 직무와 관련된 범죄는 물론 살인 · 절도 등 직무와 관련이 없는 범죄를 포함한다. 협의의 공무원범죄는 공무원이 범한 범죄 중 공무원의 직무와 직접 또는 간접으로 관련이 있는 범죄, 즉 공무원이 그 직무와 관련하여 저지르는 범죄로서 국가 공권력의 적정한 행사나 직무의 청렴성을 해하는 범죄를 말한다. 한편 공무원범죄의 특수성은 인적 특수성을 비롯 암수화(음성화) 경향, 지능성 · 전문성 · 계획성, 희박한 범죄의식 등이다.

공무원보수조정위원회(公務員報酬調整委員會) 공무원의 보수를 심의 · 조정하기 위해 국무총리 소속 하에 설치된 합의제 행정기관이다. 이 위원회의 역할은 다음과 같다. 공무원처우개선을 위한 중장기계획의 수립, 공무원보수 수준의 결정, 공무원의 종류, 직군 간 보수의 조정, 기타 공무원 보수제도 등에 관한 중요 사항들을 다룬다.

공문서(公文書) 행정기관 내부 또는 상호간이나 대외적으로 공무상 작성 또는 시행되는 문서 및 행정기관이 접수한 모든 문서를 말한다. 여기에는 도면, 사진, 테이프, 필름, 슬라이드, 전자문서 등 특수매체 기록이 포함된다.

공산당선언(共產黨宣言/Communist Manifesto)　　1847년 마르크스 · 엥겔스가 영국에 거주하는 독일인 노동자로 구성된 공산주의동맹의 국제적 강령으로 저술한 마르크스주의의 유권적 선언문으로서 사회 및 경제이념과 정치적 강령이 포함되어 있는 공산주의에 관한 최초의 문전을 말한다.

공산주의(共產主義/Communism)　　일반적으로 생산수단과 생산품의 공동소유의 평등한 분배 및 소비를 기본으로 하는 무계급사회체제를 수립하겠다고 주장하는 주의와 이념을 말한다. 즉, 인류의 모든 역사를 움직이는 원동력은 사회적 생산관계와 그 분배의 여하에 의해 좌우된다는 유물사관적 입장에서 자본주의사회의 강력한 변혁에 의하여 사유재산제도를 폐지하고 일체의 생산수단과 소비수단의 사회화를 주장하는 주의를 말한다.

공소보류(公訴保留)　　국가보안법에 규정된 죄를 범한 자에 대하여 형법 제51조의 상황을 참작하여 공소제기를 보류하는 검사의 처분을 말한다. 공소보류의 제도적 취지는 간첩관찰 등을 역용함으로써 적극적인 사찰제를 확립하고 또는 그 성적에 따라서 신축성있는 수사처분을 할 수 있도록 하는 데 있다.

공식적 의사전달(公式的意思傳達/formal communication)　　조직에 있어서 공식적 권한의 경로를 따라 정보가 유통되는 절차와 경로의 합리적 · 계획적 체계를 말한다. 모든 대규모 조직은 정보와 지시를 전달 할 어떤 공식적 체계를 마련해야 한다. 공식적 의사전달은 일반적으로 계층제의 명령계통을 통해 전달되는 공문서를 수단으로 한다.

공식조직(公式組織/formal organization)　　법률이나 규칙, 직제에 의해 명문화 된 제도상의 조직으로서 공식조직에서의 인간관계는 비인격화되고 직무 대 직무의 인간관계이며 인간의 개성이나 인격은 망각되어 있는 것으로 인식된다. 공식조직은 인위적으로 형성되고 성문화되어 있으며 제도적 · 가시적이다.

공식조직과 비공식조직(公式組織과 非公式組織)　　공식조직이란 법률이나 규칙, 직제에 의해 명문화된 제도상의 조직이며, 비공식조직이란 조직구성원의 비공식적인 상호접촉이나 친근감 등과 같은 인간관계를 토대로 자연발생적으로 형성된 관계를 말한다. 공식조직과 비공식조직의 차이점은 ① 공식조직이 인위적으로 형성되는 데 비해 비공식조직은 자연발생적으로 형성된다. ② 공식조직은 성문화되어 있고 제도적 · 가시적인 데 반해 비공식조직은 그렇지 않다. ③ 공식조직이 외재적이며 합리적 능률의 논리에 근거한다면 비공식조직은 내재적이며 비합리적 감성의 논리에 따라 형성된다.

공작(工作/Operational)　　정보기관이 어떠한 목적하에 주어진 목표에 대하여 계획적으로 수행하는 비밀활동(비노출활동)을 말하며, 첩보수집활동, 파괴공작활동, 선전 · 선동활동이 포함된다. 공작은 지령 → 계획 → 모집 → 훈련 → 브리핑 → 파견 및 귀환 → 디브리핑 → 보고서 작성 → 해고 등의 과정으로 순환하여 진행된다.

공작관(工作官/Operator)　　공작본부의 사업을 계획 · 검토 · 평가하고 현지 공작상황을 감독 · 조정하는 인원과 현지에서 공작원을 모집하고 훈련 · 조종 및 기타 관련된 활동을 포함하는 공작을 계획하고 시행하는 인원을 말한다. 여기에는 지부, 파견대, 해외주재 공작관 등이 포함된다.

공작의 분류(工作의 分類)　　공작은 일반적으로 다음과 같이 세 가지 기준에 의하여 분류된다. ① 공작운영기구: 통합공작(연락공작, 연합공작), 합동공작, ② 공작대상지역: 대북공작, 대공산권공작, 대우방국공작, ③ 공작목적: 첩보수집공작, 태업공작, 지원공작, 와해모략공작(심리전공작) 등이다.

공작의 4대 요소(工作의 4大 要素)　　공작의 4대 요소는 다음과 같이 구성되 있다. ① 주관자: 상부로부터 받은 지령을 계획하고 준비하여 수행하는 집단구성원 중 책임자를 말한다. ② 목표: 공작목적을 달성하기 위하여 지정하는 대상을 말한다. ③ 공작원: 비밀조직의 최일선에서 철저한 가장과 통제하에 공작목표에 접근하여 비밀을 탐지하거나 부여받은 공작임무를 직접 수행하는 구성원을 말한다. ④ 공작금: 공작목표를 효율적으로 달성하는 데 필요한 자금을 말한다.

공조수사(共助搜査)　　경찰관서 상호간 자료를 수집하고 수배 · 통보 · 조회 · 촉탁 또는 합동수사를 함으로써 범인 · 여죄 · 장물 · 범죄경력 · 신원 불상자의 신원을 확인하고 범인을 검거하고 범죄를 구증하기 위한 과학적이고 종합적이며 입체적인 일련의 조직수사활동을 말한다. 공조수사의 종류에는 평상공조, 비상공조, 횡적공조, 종적공조, 자료공조, 활동공조 등이 있다. 공조수사의 성질은 과학적 수사, 종합적 수사, 조직 수사, 입체 수사이며, 효과는 범인식별, 여죄색출, 장물발견, 특정인의 범죄경력 확인, 신원불상자 신원확인, 지명수배 · 통보자 검거 등이다.

공중협력의 원칙(公衆協力의 原則)　　범죄수사의 3대 원칙(3S) 가운데 하나로 민중협력의 원칙이라고도 불리우며 사회를 '증거의 바다'로 표현하고 있다. 경찰은 사건에 대해 민중(공중)으로부터 신고나 협조를 얻어야만 범죄수사를 성공적으로 이끌어 낼 수 있기 때문에 평소 시민들로부터 협조(협력)을 얻을 수 있도록 노력해야 한다.

공직분류(公職分類)　　일반적으로 공무원은 실적을 기본으로 하는 경력직 공무원과 그렇지 않은 공무원으로 구분하고, 또 중앙공무원과 지방공무원으로 구분된다. 이러한 분류에 의해 공직구조가 형성되고 인사행정의 중요한 기준과 지표 및 방향이 제시된다.

공직선거법(公職選擧法/The Public Official Election Act) 「대한민국헌법」과 「지방자치법」에 의한 선거가 국민의 자유로운 의사와 민주적인 절차에 의하여 공정히 행하여지도록 하고, 선거와 관련한 부정을 방지함으로써 민주정치의 발전에 기여함을 목적으로 한다. 이 법은 대한민국의 법률 제4739호에 의해 1994년 3월 16일에 기존의 「대통령선거법」·「국회의원선거법」·「지방의회의원선거법」 및 「지방자치단체의장선거법」 등 4개의 선거관련법을 통합하여 「공직선거 및 선거부정방지법」이란 이름으로 공포·제정되었고, 2005년 8월 4일, 제21차 일부개정으로 그 명칭이 「공직선거법」으로 변경되었다. 「공직선거법」은 제정 이래 40차례의 개정을 거쳤으며, 마지막 개정은 2010년 5월 17일에 법률 제10303호로 이뤄졌다.

공직자 재산공개(公職者 財産公開) 「공직자윤리법」 10조에 의해 공직자 본인과 배우자 및 본인의 직계존속·직계비속의 재산에 관한 등록사항과 변동사항 및 신고내용을 등록기간 또는 신고기간 만료 후 1개월 이내에 관보 또는 공보에 게재하여 공개하도록 규정한 제도이다.

「공직자윤리법」 제10조에 의한 재산공개 대상자는 1. 대통령, 국무총리, 국무위원, 국회의원, 국가정보원의 원장 및 차장 등 국가의 정무직공무원, 2. 지방자치단체의 장, 지방의회의원 등 지방자치단체의 정무직공무원, 3. 일반직 1급 국가공무원 및 지방공무원과 이에 상응하는 보수를 받는 별정직공무원, 4. 대통령령으로 정하는 외무공무원과 국가정보원의 기획조정실장, 5. 고등법원 부장판사급 이상의 법관과 대검찰청 검사급 이상의 검사, 6. 중장 이상의 장관급 장교, 7. 교육공무원 중 총장·부총장·학장(대학교의 학장은 제외) 및 전문대학의 장과 대학에 준하는 각종 학교의 장, 특별시·광역시·특별자치시·도·특별자치도의 교육감 및 교육위원, 8. 치안감 이상의 경찰공무원 및 특별시·광역시·특별자치시·도·특별자치도의 지방경찰청장과 소방정감 이상의 소방공무원, 9. 지방 국세청장 및 3급 공무원 또는 고위공무원단에 속하는 공무원인 세관장, 10. 위의 제3호부터 제6호까지, 제8호 및 제9호의 공무원으로 임명할 수 있는 직위 또는 이에 상당하는 직위에 채용된 계약직공무원, 11. 공기업의 장·부기관장 및 상임감사, 한국은행의 총재·부총재·감사 및 금융통화위원회의 추천직 위원, 금융감독원의 원장·부원장·부원장보 및 감사, 농업협동조합중앙회·수산업협동조합중앙회의 회장 및 상임감사, 12. 그 밖에 대통령령으로 정하는 정부의 공무원 및 공직유관단체의 임원, 13. 위의 제1호부터 제12호까지의 직(職)에서 퇴직한 사람 등이다.

재산공개는 원칙적으로 수시공개이지만, 1급 이상 공직자들은 「공직자 윤리법」에 따라 임용된 지 한달 이내인 3월 말까지 재산을 등록해야 하며, 신고 후 1개월 이내에 등록내용을 공개하게 되어있다. 그러나 공직자윤리법 12조의 '부양받지 않는 직계 존비속은 고지를 거부할 수 있다'는 규정 때문에 직계존비속의 경우 '고지(告知) 거부'가 가능하다.

공직자 재산등록(公職者 財産登錄) 공직자 및 공직후보자의 재산등록과 등록재산의 공개를 제도화하고 공직을 이용한 재산취득의 규제, 공직자의 선물신고, 퇴직공직자의 취업제한 등을 규정함으로써 공직자의 부정한 재산증식을 막고 공무집행의 공정성을 확보하여 공직자윤리를 확립함을 목적으로 하는 제도이다. 경찰관 재산등록의무자는 경사계급 이상이다.

공직자 재산등록제도는 「공직자윤리법」에 근거해 공직자들의 부정부패 등을 막기 위해 일정 직위 이상의 공무원들의 재산을 등록토록 하는 제도로서 1993년부터 이를 실시하고 있다.

「공직자윤리법」 제3조에서 규정하고 있는 재산등록 대상자는 1. 대통령 · 국무총리 · 국무위원 · 국회의원 등 국가의 정무직공무원, 2. 지방자치단체의 장, 지방의회의원 등 지방자치단체의 정무직공무원, 3. 4급 이상의 일반직 국가공무원(고위공무원단에 속하는 일반직공무원을 포함) 및 지방공무원과 이에 상당하는 보수를 받는 별정직공무원(고위공무원단에 속하는 별정직공무원을 포함), 4. 대통령령으로 정하는 외무공무원과 4급 이상의 국가정보원 직원 및 대통령실 경호공무원, 5. 법관 및 검사, 6. 헌법재판소 헌법연구관, 7. 대령 이상의 장교 및 이에 상당하는 군무원, 8. 교육공무원 중 총장 · 부총장 · 대학원장 · 학장(대학교의 학장을 포함) 및 전문대학의 장과 대학에 준하는 각종 학교의 장, 특별시 · 광역시 · 특별자치시 · 도 · 특별자치도의 교육감 · 교육장 및 교육위원, 9. 총경(자치총경을 포함한다) 이상의 경찰공무원과 소방정 및 지방소방정 이상의 소방공무원, 10. 위의 제3호부터 제7호까지 및 제9호의 공무원으로 임명할 수 있는 직위 또는 이에 상당하는 직위에 채용된 계약직공무원, 11. 「공공기관의 운영에 관한 법률」에 따른 공기업(이하 "공기업" 이라 한다)의 장 · 부기관장 · 상임이사 및 상임감사, 한국은행의 총재 · 부총재 · 감사 및 금융통화위원회의 추천직 위원, 금융감독원의 원장 · 부원장 · 부원장보 및 감사, 농업협동조합중앙회 · 수산업협동조합중앙회의 회장 및 상임감사, 12. 공직유관단체의 임원, 13. 그 밖에 국회규칙, 대법원규칙 및 대통령령으로 정하는 특정 분야의 공무원과 공직유관단체의 직원 등이다.

재상등록의 의무가 부과된 공직자는 등록의무자가 된 날부터 2개월 이내에 등록의무자가 된 날 현재의 재산을 다음 각 호의 구분에 따른 기관에 등록하여야 한다. 또한 등록의무자는 매년 1월 1일부터 12월 31일까지의 재산 변동사항을 다음 해 2월 말일까지 등록기관에 신고하여야 한다.

공직자윤리법(公職者倫理法)　공직자의 재산등록(4급 이상 공무원과 배우자 및 직계존비속), 재산공개(1급 이상 공무원), 선물신고 및 직무상 정보를 이용에 의한 재산취득 금지, 비밀누설 금지, 퇴직공직자의 유관 영리 및 사기업체의 취업제한 등을 정한 법률을 뜻한다.

공직자윤리위원회(公職者倫理委員會)　공직자 윤리에 관한 일정한 사항을 심의 · 결정하기 위해 행정부 · 국회 · 대법원에 각각 설치된 합의제 기관이다. 여기에서 일정한 사항이 의미하는 것은 공직자 재산등록에 있어 등록기관의 장이 공직자의 재산등록 사항 심사결과 재산은닉 또는 허위등록의 혐의가 있다고 인정된 자에 대해 법무부장관 또는 국방부장관에게 조사를 의뢰하는 경우에 관할 공직자윤리위원회로부터 얻어야 하는 승인이다. 또 퇴직 공직자의 유관사업체 취업에 관해 관할 공직자윤리위원회로부터 얻어야 하는 승인 등을 뜻한다. 공직자윤리위원회의 일정한 공직자는 본인 · 배우자 · 직계 존 · 비속의 재산을 등록할 의무가 있다. 등록의 무자기 된 공직자의 재산등록거부, 허위자료제출, 취업제한 위반, 직무상 비밀을 이용한 재물의 취득 등은 처벌된다.

공행간첩(公行間諜) 간첩의 분류 가운데 활동방법에 의한 분류로써 외교관 등과 같이 타국에 공용(公用)의 명목하에 입국하여 합법적인 신분을 갖고 이를 기화로 상대국에 대한 각종 정보를 수집하는 것을 목적으로 하는 간첩을 말한다.

과료(科料) 범인으로부터 일정액의 금액을 징수하는 형벌이다. 과료의 재판은 검사의 명령에 의하여 민사소송법의 집행에 관한 규정을 준용하여 집행한다(형사소송법 477조). 과료는 2천원 이상 5만원 미만이고(형법 47조), 판결확정일로부터 30일 이내에 납입하여야 한다. 과료를 납입하지 아니한 자는 30일 미만의 기간 노역장에 유치하여 작업에 복무하게 한다(형법 69~70조).

과잉준수(過剩遵守/overconformity) 관료제의 능률성 추구 원리에 따라 규칙을 절대적인 것으로 지나치게 준수하려는 현상을 말한다. 과잉준수는 법규 만능주의, 무사안일, 책임회피, 맹종 등과 같은 현상이 나타 날 수 있다.

과학수사(科學搜査) 범인을 발견하고 증거를 수집하여 사안의 진상을 밝히는 수사활동에 과학적 지식 · 기술과 감식시설 · 장비 · 기자재 등을 최대한으로 활용하는 수사로 자연과학 분야의 지식뿐만 아니라 사회과학 분야의 지식의 원리까지 총동원하는 학문을 말한다. 과학수사의 내용은 ① 사회학, 철학 등 인문과학을 포함하는 광범위한 분야의 과학적 지식과 감식장비, 기술을 최대한으로 이용 또는 응용하는 수사이다. ② 수사방법에 있어서 과학적으로 행하는 수사이다. ③ 범죄사건과 범죄현장의 여러 가지 상황을 종합적으로 판단함으로써 공통되는 점을 찾아 내어 수사법칙에 따라 수사를 진행하여야 한다. ④ 수사는 개인의 기본적 인권보장의 이념 아래 합법적으로 신속, 정확하게 진행되어야 하며, 그 결과에 대하여 국민이 이해하고 납득할 수 있는 합리성과 타당성이 있어야 한다.

과학적 관리론(科學的管理論/scientific management) F. W. Taylor에 의해 주창된 과학적 관리론은 조직관리를 과학적으로 하여 인간의 생산성을 증대시키고자 하는 일련의 연구를 의미한다. 테일러는 저서「과학적 관리의 원칙(The principles of scientific management)」에서 '주먹구구식 방법'을 반박하면서 조직 내의 직무를 수행하기 위한 유일 최고의 방법(one best way)을 규명할 수 있다고 주장하였다. 과학적 관리론은 능률과 공식적 구조를 강조하고 분업을 통한 노동 생산성의 증대에 관심을 두었다. 조직 내의 인간은 분업과 생산성 증대를 위해 기계의 부속품처럼 움직여 주기를 바라는 X이론적 인간관으로 간주했다.

과학정보 한 나라의 과학기술상 핵심요소에 관한 정보를 말한다. 그 나라의 잠재적 군사력에 영향을 미칠 수 있는 분야를 주요 대상으로 삼게 된다. 과학기술의 발달수준, 외국기술의 습득능력 등이 평가대상이다.

군사정보의 경우, 안보환경, 위협인식, 전략·전술, 전력조 C3IRS(지휘, 통제, 통신, 정보, 정찰, 감시) 그리고 무기체계 등 해당국가의 군사, 국방부분에 대한 총괄적 지식을 포함한다. 구체적으로는 인공위성 개발 및 활용동향, 유전공학 등이 해당된다.

관광진흥법(觀光振興法) 2008년 6월 5일 법률 제9097호로 일부개정된 법률로 관광진흥을 위하여 관광자원을 개발하고 관광사업을 육성하는 데에 필요한 사항을 규정하고 있다.

관내도(管內圖/Jurisdiction map) 관할구역의 구조와 상황을 한 눈에 알아볼 수 있도록 도식화 해놓은 지도를 말한다. 경찰서, 파출소 등에서 관내상황을 쉽게 파악할 수 있도록 관할구역, 주요 관공서, 유관기관, 중요시설, 우범지역 등 경찰상 중요대상물의 위치, 기타 필요하다고 인정되는 사항을 표시한 지도이며, 관내도를 통해 관내의 다각적인 상황을 개괄적으로 쉽게 파악 할 수 있다.

관료(官僚/bureaucrat) 행정을 집행하는 임명직의 개개의 공무원을 지칭하며 ① 동관의 사람. 동료, ② 관리들, ③ 특수한 권력을 가진 관리들을 뜻한다. 부정적 의미로는 국가 고위직 공무원이 국가권력을 배경으로 하여 국민의 의사와 사정을 무시하고 독선적·획일적으로 일을 처리하며, 자신들의 특권을 유지하는 수단으로 남용하는 경우 이를 비난하는 뜻으로 '관료적이다' 라는 말을 쓰는 경향이 있다.

관료제(官僚制/bureaucracy) 대규모조직의 가치중립적인 속성이나 특징을 뜻하기도 하고 정부 기능과 연관지어 국가관료제, 공공관료제, 행정관료제 등과 함께 국가행정의 집행기관을 뜻하기도 한다. 막스 베버(Max Weber)는 이념형(ideal type) 관료제 모형을 제시하고 권위의 정당성을 기준으로 전통적 지배, 카리스마적 지배, 합법적 지배의 세 가지 지배유형을 제시하였다. 베버의 이념형 관료제의 특징은 관청에 의한 권한, 계층제, 문서주의, 직무상의 공사분리, 전문적 지식과 기술, 관료의 직무상 전념화, 법규에 의한 행정, 고용계약의 자유계약성 등이다.

관리기관의 분임 경찰청장으로부터 물품관리관의 사무의 일부를 분장받은 분임물품관리관과 물품관리관으로부터 물품출납공무원의 사무의 일부를 분장받은 분임물품출납공무원으로 관직지정규칙에 지정된 경찰관을 의미한다. 무엇보다 경찰청장은 물품관리관이 부득이한 사유로 직무를 수행할 수 없을 때에는 그 사무를 대리하는 공무원을 지정할 수 있고, 물품관리관은 물품출납공무원 또는 물품운용관이 부득이한 사유로 직무를 수행할 수 없을 때에는 그 사무를 대리하는 공무원을 지정할 수 있다〈경찰장비관리규칙 제8조 참조〉.

관리사무(管理事務) 관리통제에 관한 사무로써 관리자·감독자가 행하는 사무를 계획·조직·통제 등의 관리에 부가하여 행해지며, 자원의 유효한 활용을 기하기 위한 의사결정을 위해 행해진다. 대부분 사안의 결정 · 심사 · 조사 · 계획의 입안 · 통제사무 등과 같이 전문적인 지식과 경험을 필요로 하는 사무가 주로 되기 때문에 이를 판단사무와 작업사무로 구분하기도 한다.

관리요원(管理要員) 순찰지구대 등에서 일근제로 행정 및 경리업무를 담당한다.

관리자 모델(Directive Model) 영국의 비교심리학자인 모간(Morgan)에 의해 주창된 것으로 경찰-지역사회 자문위원회 설치에 관한 연구에서 자문집단이 형성될 수 있는 상호 배타적이지 않는 세 가지 모델 가운데 하나이다. 이 모델은 경찰 정책을 민주적으로 의회 또는 지방위원회에서 선출된 위원회를 통해 통제하도록 하는 것이다. 이 모델은 지방정치집단이 관련법 제정 등에 동의하지 않을 수 있으며, 소수민족의 이익이나 권리를 등한시 할 수 있으며, 부정부패의 우려가 있다는 것이 문제점으로 지적되고 있다.

관리전환(管理轉換) 물품관리관이 물품의 효율적인 사용과 처분을 위하여 필요한 때에 대통령령이 정하는 바에 의하여 소속 중앙관서장의 승인을 얻어 그 관리하는 물품을 다른 물품관리관의 소관으로 전환하는 것을 말한다. 물품관리법에 의하면 물품이라 함은 국가가 소유하는 동산(動産)과 국가가 사용하기 위하여 보관하는 동산 중 ① 현금, ② 법령에 의하여 한국은행에 기탁하여야 할 유가증권(有價證券), ③ 국유재산법의 규정에 의한 국유재산을 제외한 동산을 말한다. 국가의 물품의 취득 · 보관 · 사용 및 처분에 관한 기본적인 사항을 규정함으로써 물품의 효율적이고 적절한 관리를 도모하기 위하여 제정된 법률로서 일반물품의 관리에 대하여는 다른 법률에 특별한 규정이 없는 한 이 법에 의하도록 되어 있다.

관리통제(管理統制/Managerial Control) 행정활동이 본래의 목표 계획과 기준에 따라 수행되고 있는가를 확인하고 동시에 실적과 성과를 비교하여 그 결과에 따라 필요한 사전조치를 취하는 것을 말한다. 목표(산출)와 수단(투입과 전환과정)에 관련되는 통제는 행정과정의 주요한 단계로서 행정의 획일성의 확보보다 행정쇄신과 행정발전에 기여하는 데 그 목적이 있다.

관사의 불가침(官舍의 不可侵) 외교특권 가운데 불가침권의 하나이다. ① 외교사절의 공관 및 관사는 불가침이다. 외교관의 주택도 불가침이다. 소유 또는 임차를 불문하며 관사는 본건물 뿐만 아니라 부속건물, 정원, 차고 등을 포함한다. 관사에 대한 불가침에 준하여 외교사절의 승용차, 보트, 비행기 등 교통수단도 불가침의 특권을 갖는다. ② 접수국의 관리는 외교사절의 요구나 동의없이는 출입할 수 없다. 다만, 화재나 전염병 발생 등 긴급을 요하는 경우에는 동의없이도 출입할 수 있다. ③ 공관의 범죄인 비호는 인정되지 않는다.

관서(官署/government office) 국가의 기관을 총칭하는 개념이다. 즉 정부

조직법상의 원 · 부 · 처 · 청 · 국(外局) 등의 구별에 한정되지 아니하고 널리 국가의 기관이라는 의미로 사용되는 개념이다. 국가의 관서(官署) 또는 행정관청(行政官廳)을 뜻한다. 관청이란 말은 두 가지 의미로 사용된다. 첫째는 사회적 · 통속적으로 국가기관을 의미하는 국가의 관서의 뜻으로 사용되고 있으며, 둘째는 행정법상 국가의사를 결정하고 외부에 표시할 수 있는 권한을 가진 국가기관을 뜻하는 행정관청의 준말로 사용되고 있다. 관청이 그 직무를 수행하는 데 필요한 인적 · 물적 설비를 총칭하는 것으로서 관청은 법률상의 권한을 가지고 있으나 관서는 권한의 주체는 아니다. 유사용어인 관공서는 널리 국가 또는 지방자치단체의 기관을 총칭하는 개념이다.

관서운영경비(官署運營經費) 지출관이나 지출사무를 담당하는 출납공무원을 두기 곤란한 관서 또는 재외관서의 경비를 그 관서장의 책임 하에 사용하도록 지급되는 공금을 말한다. 주로 지구대, 파출소, 출장소, 전투경찰중대, 해외주재관서 등에서 사용하고 있다.

관서운영경비 비목의 범위(官署運營經費 費目의 範圍) 관서운영경비의 비목의 범위는 ① 초과근무수당, ② 관서운영경비, ③ 여비 ④ 특수활동비, ⑤ 업무추진비 등이다. 이 가운데 초과근무수당과 특수활동비는 상급관서에서 직접 취급하고 있다.

관서운영경비의 사용(官署運營經費의 使用) ① 예산과목별 사용은 비목별 예산액 50% 이내에서 전용이 가능하다. 단, 상용잡금, 공공요금, 임차료, 자산취득비, 급량비, 차량비는 전용할 수 없다. ② 집행잔액 발생시 다음달, 익년 이월 사용하고 지출관이나 재무관에게 보고해야 한다. ③ 관서운영경비 출납공무원은 직접 취급하고 내역을 매월 말일에 공개하여야 한다. ④ 관서운영경비지급 증빙서류, 현금출납부, 물품관리부는 회계연도 종료후 5년간 보존해야 한다. ⑤ 물품구매시 신용카드 사용이 원칙이다.

관인(官印/official seal) 사무관리규정 제35조 제1항에 따라 행정기관 명의로 발송하는 문서에 사용하는 청인과 행정기관의 장 또는 보조기관의 명의로 발송 혹은 교부하는 문서에 사용하는 직인을 말한다. 청인은 의결기관, 자문기관 기타 합의제 기관에서 사용한다. 직인은 합의제 기관 이외의 각급 행정기관, 정부조직법 제6조 제2항의 규정에 의해 위임받은 사무를 행정기관으로 처리하는 보조기관, 법령에 의하여 합의제 기관의 장으로서 사무를 처리하는 경우의 합의제 기관의 장에 의해 사용되고 있다.

관인수재죄(官人受財罪) 백제에서 관인들의 범죄에 대하여 처벌하는 법으로 당시 백제에서는 공무원에 해당하는 관인들의 범죄가 새롭게 처벌의 대상이 되었다.

관인의 폐기(官印의 廢棄) 관인의 폐기는 당해 등록기관에 관인폐기 신고를 한 후 소각하거나 기타의 합리적인 방법에 의해 인영의 글씨를 알아보지 못하도록 완벽히 처리해야 한다. 관인등록기관은 관인을 등록, 재등록, 폐기 한 경우에는 즉시 행정안전부 장관에게 관보 게재를 의뢰하여 공고하여야 한다.

관찰묘사(觀察描寫) 관찰이란 일정한 목적하에 사물의 현상 및 사건의 본말을 감지하는 과정을 말하며, 묘사란 이러한 경험을 재생, 표현, 기술함을 말한다.

관찰사(觀察使) 고려 및 조선 시대에 도(道)에 배치되었던 지방장관을 말한다. 고려 초기에는 중앙정부의 재상들이 지방장관을 겸임했다. 도백(道伯) · 감사(監司) 등으로도 불렸던 관찰사는 행정권은 물론 사법권 · 경찰권 · 징세권까지 행사했다.

관할(管轄/jurisdiction) 사회가 복잡해지고 인구가 많아짐에 따라 한 가지 사무를 어느 한 관청에서 모두 처리할 수가 없게 됨에 따라 국가기관이 직권으로 지역 또는 사항에 따라 국가사무를 배분하는데, 이와 같은 배분범위를 관할이라고 한다. 사전적 의미는 ① 권한에 의하여 지배함 또는 그 지배가 미치는 범위, ② 국가 및 공공 단체가 취급하는 사무에 관하여 지역 · 사항 · 인건상(人件上)한계가 그어진 범위를 말한다. 관할에는 직분관할 · 토지관할 · 사물관할이 있으며, 직분관할은 직분에 따른 권한의 범위를 말하고, 토지관할은 그 기관의 권한이 미치는 구역의 범위를 말하며, 사물관할은 사건의 종류 · 내용 등에 따라 그 기관의 권한이 미치는 범위를 말한다. 행정기관이나 사법기관 등의 권한이 미치는 지역의 범위를 다른 관점, 즉 지역을 주로 하여 보는 경우에는 이를 관할구역이라고 한다. 또 일정한 사항에 대하여 관할권을 가지는 기관 등을 지칭하는 경우에는 그 기관의 이름 앞에 관할이라는 문자를 써서 관할법원 · 관할경찰서 · 관할세무서 등이라고도 한다. 이 밖에 민사소송법상으로는 법률에 의하여 추상적으로 정해지는 법정관할, 구체적 사건에 관해 재판에 의해서 정해지는 지정관할, 당사자끼리의 합의에 의하여 생기는 합의관할 및 피고의 응소(應訴)에 의하여 발생되는 변론관할이 있다(민사소송법 28~30조 참조).

관할의 경합(管轄의 競合) 하나의 공소사건에 관하여 수개의 관할법원이 병존하는 것을 말한다. 관할의 경합은 토지관할의 경우에 주로 발생한다. 범죄지, 피고인의 주소 · 거소 · 현재지 등을 관할하는 법원이 각각 다른 경우에는 그 어느 법원이나 모두 관할권을 가지며 이 경우 이들 법원 간에는 아무런 우열이 없으므로 동일사건(1개의 사건)에 대하여 토지관할권이 경합하게 된다. 관할의 경합은 사건관할을 달리하는 수개의 법원 간에도 생긴다. 이는 관계사건에 대한 병합관할정도의 결과이다. 즉 단독판사의 고유관할사건이 법원합의부의 고유관할사건에 대한 관계사건으로 되는 경우에는 1개의 사건에 대하여 법원합의부와 단독판사가 관할권을 갖게 된다. 이에 대해서 심급관할의 경우에는 1개의 법원만이 관할법원으로 되므로 관할이 경합되는 경우는 발생하지 아니한다.

관할의 지정(關轄의 指定) 구체적인 사건에 대하여 그 관할상 관계있는 법원의 직근상급법원이 관할법원을 지정하는 것을 말한다. 이에 의한 관할을 지정관할 또는 재정관할이라 부른다. 민사소송법상으로는 관할법원의 재판권행사불능의 경우 또는 관할구성이 불명하기 때문에 관할법원을 정할 수 없는 경우에 인정되는 것으로, 신청에 의해 결정으로 관할법원을 정하는 것이다. 관할의 지정판정에 대해서는 불복할 수 없다. 형사소송법상으로는 ① 법원의 관할이 명대하지 아니한 때, ② 관할위반을 선고한 재판이 대정된 사건에 관하여 다른 관할법원이 없는 때에는, 검사는 관계있는 제 1심 법원에 공통되는 직근상급법원에 권할 지정을 신청하여야 한다. 이는 법정관할에 대한 재판관할 중의 하나이며, 관할의 지정을 신청할 때에는 그 사유를 기재한 신청서를 직근상급법원에 제출하여야 한다.

광무개혁(光武改革) 1896년부터 고종 및 대한제국 정부의 개명(開明)된 집권층이 주도한 근대적 개혁이다. 고종이 1897년 황제에 등극하고 대한제국을 선포한 후 이 개혁이 집중적으로 진행되었기 때문에 고종황제의 연호인 '광무(光武)'를 따서 '광무개혁(光武改革)'이라고 부른다.

광역수사(廣域搜査) 수사대상의 범위를 경찰관할 중심의 범죄발생 지역에 한정하지 않고, 인접 경찰관서의 관할 지역까지 걸치게 하는 수사활동을 말한다. 즉, 실무상으로는 경찰조직을 지역별 · 방면별 · 사건내용별로 널리 종합하여 수사체제를 편성하거나 중앙집중체제에 의하여 운용하는 수사활동을 말한다. 광역수사의 대상사건으로는 ① 범죄행위가 수개 시 · 도 · 군 · 읍 · 면에 걸친 것, ② 사건관계자가 수개 시 · 도 · 군 · 읍 · 면에 걸친 것, ③ 범인의 연속적 범행이 수개 시 · 도 · 군 · 읍 · 면에 걸친 것, ④ 사건의 성질상 여러 개의 소관 부서의 협력 또는 공조를 희망하는 사건 등이다.

광역자치경찰 광역자치단체에 의해 광역자치경찰의 지휘자가 임명된다. 여기서 임명된 지휘자는 반드시 내무부의 전문화 과정을 이수해야 한다. 스페인의 수도인 마드리드시의 경우 총경, 경정, 경감, 경위를 관리계급(A그룹)이라고 하고, 준위(B그룹), 경사(C그룹), 경장(D그룹), 순경(D그룹)을 실무(집행)계급이라고 한다. 그리고 임시직 보조계급으로 고용경비원이 있다. 그리고 경감 이상의 계급은 인구 10만 이상의 시에만 설치할 수 있도록 규정되어 있다. 또한 광역자치단체는 광역자치경찰의 선발, 승진 및 교육을 책임지고 있다.

광의의 경찰홍보 경찰활동에 있어서 주민의 참여를 확대시키는 것은 물론이고 경찰이 수행하는 모든 활동을 각종 기관, 단체, 언론 등과 밀접하게 연계시켜 지역사회에 널리 알리는 종합적인 경찰홍보를 광의의 경찰홍보활동이라고 한다. 이에는 지역공동체 관계(CR), 언론관계(PR), 대중매체관계(MR), 기업이미지식 경찰홍보 등이 있다.

첫째, 지역공동체 관계(CR)이다. 이는 영어로 Community Relation으로 표현된다. 지역공동체 관계는 경찰관이 지역사회의 각종 기관, 단체, 주민들과 밀접하게 연락을 취하고 협조체제하에 지역사회 구성원들이 요구하는 경찰활동을 펼치면서 주민과 직접 소통하는 경찰홍보 수단이라고 볼 수 있다.

둘째, 언론관계(PR)이다. 영어로는 Press Relation으로 표기된다. 이는 여러 언론매체의 보도에 적극 대응하는 방식인데 즉 기자들의 질문에 답하는 대응적이며 소극적인 경찰홍보활동에 속한다.

셋째, 대중매체관계(MR)이다. 영어로는 Media Relation으로 표기된다. 이는 대중매체의 관계자와 긴밀한 협조체제를 유지하는 경찰홍보활동으로 전직 언론이나 전문가를 경찰에 채용하여 업무를 맡기는 일련의 활동을 말한다.

넷째, 기업이미지식 경찰홍보이다. 이는 영 · 미국가에서 발달한 방식이다. 특히 친근한 캐릭터를 활용해 경찰 이미지를 고양시키는 계획적 홍보활동을 중요시하는 것이다. 우리 경찰의 포돌이 경우처럼 상징물을 개발하여 이미지를 고양시키고 향상된 주민의 지지도를 토대로 예산획득, 형사사법환경하의 협력을 확보하는 계획적인 경찰홍보활동을 의미한다.

광의의 정보 '인간사회의 모든 현상'을 전부 정보라고 말할 수 있다. 일반적으로 사회에서 정보라 하면, 이같은 광의로 사용되는 관념이 있다. 이렇게 볼 때 사회나 국가나 어느 것 하나도 정보 아닌 것이 없으며, 사회현상 중에는 정확한 사실이나 부정확한 사실이나 전부 포함하게 된다.

정보의 내용과 정보의 생산절차를 기준으로, '지식'으로서의 정보를 한계 지으려는 태도라고 할 수 있다. 정보를 '국내외 활동과 국내외(또는 미국의 국토와 적 점령지역)지역과 관련된 실제 또는 잠재적 상황과 상태에 관한 첩보를 수집하고, 가공한 결과인 성과물'이라고 정의하는 경우가 이에 해당한다(문/황, 2010: 10).

교사(絞死) 질식사의 한 종류로써 끈졸림사라고도 한다. 목에 끈이 감기고 거기에 자기 체중 이외의 힘, 즉 타인이나 기타 외력이 가해져서 사망에 이르는 것으로 거의 타살의 경우이기 때문에 교살(絞殺)이라고 한다. 끈졸림사는 끈자국이 있으나 목맴보다 낮은 지점에 있고 혀의 돌출, 체액의 누출은 목맴과 유사하나 끈자국 주변에 손톱자국이 있는 경우가 있다. 끈자국의 깊이는 목 앞 부위와 목덜미 부위가 같고, 목을 수평으로 일주하며, 줄이 굵고 부드러운 경우에는 불명료하고 가늘고 단단할 경우에는 명료하다.

교육훈련(教育訓練) 경찰관이 경찰조직의 목적달성에 효과적으로 기여할 수 있도록 경찰관의 능력을 계발하는 기능을 말한다. 교육과 훈련을 구분하면, 교육(education)이란 경찰관의 일반적 · 잠재적인 능력을 증진시켜 나가는 과정이며, 훈련(training)이란 자기가 맡은 바 직책을 수행하는 데 있어 그 직책이 요구하는 자격을 구비하고 있지 못한 경우 그 부족한 능력을 증진시키는 것을 말한다. 공무원의 교육훈련의 경우 그 종류로는 신규채용자 및 승진, 그리고 배치전환자 등을 대상으로 한 적응훈련과 정부 고유업무 담당자 훈련, 일반재직자훈련, 감독자훈련, 관리자훈련, 윤리교육훈련 등이 있다.

교육훈련의 목적(教育訓練의 目的) 경찰 교육훈련의 목적은 경찰관으로 하여금 직무수행에 필요한 지식과 기술을 함양하고 가치관을 정립하여 경찰업무를 원활하게 처리하는 한편 경찰관 개인의 능력과 경력발전을 도모하려는 것이다. 즉, 경찰관의 가치와 행태를 경찰업무수행에 적합하도록 변화시켜 경찰조직의 통합성을 유지시키고 증진시키는 데 목적이 있다.

교정(矯正/corrections) 통상적으로 범죄인을 교화개선시켜 정상적인 사회구성원으로 정착할 수 있도록 하는 일련의 과정을 의미한다. 보다 구체적인 교정의 개념은 최협의, 협의, 광의, 최광의의 개념으로 구분된다. 먼저, 최협의의 교정은 형사절차에서 징역형, 금고형, 노역장 유치와 규류형을 받은 자에 대하여 형사재판 결과대로 교도소 내에서 형을 집행하는 절차를 말한다. 협의의 교정은 시설측면에서 보면 교도소에서의 수형자에 대한 교정과 더불어 구치소와 경찰서 유치장에서의 미결수용자에 대한 교정을 포함한다. 광의의 교정은 협의의 교정개념에 구금성 보안처분의 집행을 포함하는 개념이며, 최광의의 교정개념은 위의 모든 개념과 더불어 보호관찰과 갱생보호 등 사회내 처우를 포함하는 개념이다.

교차로(交叉路) '십'자로, 'T'자로나 그 밖에 둘 이상의 도로(차도)가 교차하는 부분을 말한다. 갈래가 5개 이상인 다지(多枝)교차로, 갈래가 4개(十字路)인 사지(四枝)교차로, 갈래가 3개가 교차하는 정자로(丁字路) 또는 도류식(導流式)교차로 등 2개 이상의 도로가 서로 직각 또는 이에 가까운 각도로 교차하는 도로의 연석측면을 연장하거나 혹은 연결된 선에 의하여 둘러싸인 구역을 의미하며, 직각이 아니라도 도로가 서로 교차함으로써 차량 상호 충돌을 일으킬 가능성이 있는 구역은 교차로에 포함된다. 모든 차의 운전자는 교차로에서 우회전하고가 할 때에는 미리 도로의 우측 가장자리를 서행하면서 우회전하여야 한다. 또한 좌회전하고자 할 때에는 미리 도로의 중앙선을 따라 서행하면서 교차로의 중심 안쪽을 이용하여 좌회전 하여야 한다. 다른 차의 통행에 방해가 되는 경우에는 그 진행을 방해해서는 아니 된다.

교통(交通) 사람이 장소적으로 이동하거나 혹은 사람 또는 물건을 장소적으로 이전하는 행위로서, 수단에 의한 교통은 육상교통, 해상교통, 항공교통의 세 가지로 분류되며, 방법에 의한 교통은 보행자 교통, 동물에 의한 교통, 기계에 의한 교통으로 구분된다. 경찰의 대상은 모든 교통이 해당되나 일반적으로 교통경찰의 대상은 육상교통 중 도로교통이다.

교통경찰(交通警察) 도로에서 발생하는 모든 교통상의 위험과 방해를 방지하고, 제거하여 안전하고 원활한 교통을 확보하기 위한 경찰 활동을 말한다. 교통경찰의 내용은 ① 교통혼잡을 완화하고 교통의 원활한 촉진을 도모하며, ② 교통공해를 예방하는 교통정리, ③ 도로에서의 위험을 방지하고 교통의 안전과 원활함을 위한 신호기, 안전표지, 교통경찰관의 수신호 및 지시 · 명령 등의 교통규제, ④ 교통법규 위반차량이나 보행자에 대한 감시, 예방, 경고, 주의 및 적발, 검거의 교통지도단속, ⑤ 운전면허 등이다.

교통사고(交通事故) 일반적(도로교통법 제54조 사고발생시의 조치)으로 도로상의 차의 교통으로 인하여 사람을 사상하거나 물건을 손괴한 사고를 말한다. 도로교통법상 교통사고는 도로에서 발생한 사고를 말하며, 교통사고처리특례법상 교통사고(제2조 2항)는 차의 교통으로 인하여 사람을 사상하거나 물건을 손괴하는 것을 말한다. 여기서 '차'라 함은 자동차, 건설기계, 원동기장치자전거, 자전거, 사람 또는 가축의 힘이나 그 밖의 동력에 의하여 도로에서 운전되는 것을 말한다. 다만, 철길이나 가설된 선에 의하여 운전되는 것, 유모차와 행정안전부령이 정하는 보행보조용 의자차를 제외한다(도로교통법 제2조). 교통사고를 분류하면 ① 피해의 경중에 따라 사망(교통사고가 주 원인이 되어 72시간내에 사망한 경우)사고와 중상(의사의 진단결과 3주이상의 치료를 요하는 부상)사고, 경상(5일이상 3주미만의 치료를 요하는 부상)사고, 부상신고(5일미만의 치료를 요하는 부상) 및 물적피해(물건의 피해와 기타 재산상의 손해)사고로 구분되며, ② 사고장소에 따라 ㉮ 노외교통사고(도로외의 장소에서 발생한 사고), ㉯ 노상교통사고(차도 또는 도로상에서 주행중인 차와 관계되어 발생한 사고)로 구분되고, ③ 사고종별에 따라 ㉮ 충돌사고(차 대 차, 차 대 사람, 차 대 물건, 차 대 기타 등 서로 부딪쳐서 발생한 사고), ㉯ 전복 · 전도사고(차 단독으로 뒤집혀 엎어지거나, 넘어진 상태의 사고), ㉰ 추락사고(차 단독으로 떨어진〈추락한〉사고로 충돌사고가 원인이되어 추락한 경우는 제외), ㉱ 추돌사고(차 대 차 사고의 일종으로 앞에서 진행하는 차의 뒷부분을 뒤차의 앞부분으로 충돌하는 상태의 사고), ㉲ 접촉사고(차 대 차의 앞지르기, 교행 등으로 서로 접촉하여 일어난 사고)로 분류된다(교통사고처리지침). 교통사고는 발생원인이 다양하며, 사람, 차마, 도로환경이 각각 원인인 경우도 있으나 거의 이들 요인이 상호작용한 복합적 요인이 많은 것으로 분석된다. 그러나 사람이 원인인 사고에 비하여 차마 또는 도로환경적 요인에 의한 사고발생시에는 인명피해가 크고, 치명적인 경향이 많다.

교통사고의 조사 국가경찰공무원은 교통사고가 발생한 때에는 다음 사항을 조사하여야 한다. ① 교통사고 발생일시 및 장소, ② 교통사고 피해상황, ③ 교통사고 관련자, 차량등록 및 보험가입 여부, ④ 운전면허의 유효 여부, 술에 취하거나 약물을 투여한 상태에서의 운전 여부 및 부상자에 대한 구호조치 등 필요한 조치를 하였는지 여부, ⑤ 운전자의 과실 유무, ⑥ 교통사고 현장상황, ⑦ 그 밖에 차량 또는 교통안전시설의 결함 등 교통사고 유발요인 및 증거수집 등과 관련하여 필요한 사항 등이다. 다만, ①부터 ④까지의 사항에 대한 조사 결과 사람이 죽거나 다치지 아니한 교통사고로서 교통사고처리 특례법(제3조제2항 또는 제4조제1항)에 따라 공소를 제기할 수 없는 경우에는 ⑤부터 ⑦까지의 사항에 대한 조사를 생략할 수 있다.

교통사고처리특례법(交通事故處理特例法) 업무상과실(業務上過失) 또는 중대한 과실로 교통사고를 일으킨 운전자에 관한 형사처벌 등의 특례를 정함으로써 교통사고로 인한 피해의 신속한 회복을 촉진하고 국민생활의 편익을 증진함을 교통사고처리특례법의 목적으로 한다. 차의 운전자가 교통사고로 인하여 형법 제268조의 죄를 범한 경우에는 5년 이하의 금고 또는 2천만원 이하의 벌금에 처한다. 차의 교통으로 업무상과실치상죄(業務上過失致傷罪) 또는 중과실치상죄(重過失致傷罪)와 도로교통법 제151조의 죄를 범한 운전자에 대하여는 피해자의 명시적인 의사에 반하여 공소(公訴)를 제기할 수 없다. 다만, 차의 운전자가 제1항의 죄 중 업무상과실치상죄 또는 중과실치상죄를 범하고도 피해자를 구호(救護)하는 등 조치를 하지 아니하고 도주하거나 피해자를 사고 장소로부터 옮겨 유기(遺棄)하고 도주한 경우, 같은 죄를 범하고 도로교통법 제44조 제2항을 위반하여 음주측정 요구에 따르지 아니한 경우와 다음 각 호의 어느 하나에 해당하는 행위로 인하여 같은 죄를 범한 경우에는 그러하지 아니한다.

① 도로교통법 제5조에 따른 신호기가 표시하는 신호 또는 교통정리를 하는 경찰공무원등의 신호를 위반하거나 통행금지 또는 일시정지를 내용으로 하는 안전표지가 표시하는 지시를 위반하여 운전한 경우, ② 도로교통법 제13조제3항을 위반하여 중앙선을 침범하거나 같은 법 제62조를 위반하여 횡단, 유턴 또는 후진한 경우, ③ 도로교통법 제17조 제1항 또는 제2항에 따른 제한속도를 시속 20킬로미터 초과하여 운전한 경우, ④ 도로교통법 제21조제1항, 제22조, 제23조에 따른 앞지르기의 방법 · 금지시기 · 금지장소 또는 끼어들기의 금지를 위반하거나 같은 법 제60조 제2항에 따른 고속도로에서의 앞지르기 방법을 위반하여 운전한 경우, ⑤ 도로교통법 제24조에 따른 철길건널목 통과방법을 위반하여 운전한 경우, ⑥ 도로교통법 제27조 제1항에 따른 횡단보도에서의 보행자 보호의무를 위반하여 운전한 경우, ⑦ 도로교통법 제43조, 「건설기계관리법」 제26조 또는 「도로교통법」 제96조를 위반하여 운전면허 또는 건설기계조종사면허를 받지 아니하거나 국제운전면허증을 소지하지 아니하고 운전한 경우, ⑧ 도로교통법 제44조 제1항을 위반하여 술에 취한 상태에서 운전을 하거나 같은 법 제45조를 위반하여 약물의 영향으로 정상적으로 운전하지 못할 우려가 있는 상태에서 운전한 경우, ⑨ 도로교통법 제13조 제1항을 위반하여 보도(步道)가 설치된 도로의 보도를 침범하거나 같은 법 제13조제2항에 따른 보도 횡단방법을 위반하여 운전한 경우, ⑩ 도로교통법」제39조 제2항에 따른 승객의 추락 방지의무를 위반하여 운전한 경우, ⑪ 도로교통법 제12조 제3항에 따른 어린이 보호구역에서 같은 조 제1항에 따른 조치를 준수하고 어린이의 안전에 유의하면서 운전하여야 할 의무를 위반하여 어린이의 신체를 상해(傷害)에 이르게 한 경우 등이다.

교통소통을 위한 제한(交通疏通을 위한 制限)　관할 경찰관서장은 주요도시의 주요도로에서의 집회 또는 시위에 대하여 교통소통을 위하여 필요하다고 인정할 때 교통질서 유지를 위한 조건을 붙여서 제한할 수 있다. 다만, 집회 또는 시위의 주최자가 질서유지인을 두고 도로를 행진하는 경우에는 금지할 수 없다(집시법 제12조).

교통순찰(交通巡察)　교통사고 방비 및 교통소통의 원활을 위해 일정지역을 순회하면서 교통법규 위반행위 예방, 위반행위 단속, 교통상황의 관찰 및 보고, 일반인에 대한 교통편의 제공, 교통정체 해소 등의 기동 교통경찰 활동을 말한다. 순찰의 방법은 고정순찰, 역습순찰, 합동순찰, 고정관찰의 방법이 있다.

교통시설(交通施設) 도로 · 철도 · 궤도 · 항만 · 어항 · 수로 · 공항 · 비행장 등 교통수단의 운행 · 운항 또는 항행에 필요한 시설과 그 시설에 부속되어 사람의 이동 또는 교통수단의 원활하고 안전한 운행 · 운항 또는 항행을 보조하는 교통안전표지 · 교통관제시설 · 항행안전시설 등의 시설 또는 공작물을 말한다.

교통신호(交通信號) 교통의 흐름을 원활하게 하기 위해 규칙적으로 알려주는 신호를 말하며, 교통신호의 방법은 신호기에 의한 신호와 수신호(手信號) 등이 있으며, 신호의 내용은 진행, 정지, 회전, 주의, 일시정지 등이다.

교통안전법(交通安全法) 교통안전에 관한 국가 또는 지방자치단체의 의무 · 추진체계 및 시책 등을 규정하고 이를 종합적 · 계획적으로 추진함으로써 교통안전 증진에 이바지함을 목적으로 하는 법률을 말한다. 총칙, 교통안전정책심의기구, 국가교통안전기본계획, 교통안전에 관한 기본시책, 교통안전에 관한 세부시책, 보칙으로 구성되어 있다.

교통안전의 원칙 교통사고를 방지하고 교통의 안전을 확보하기 위한 원칙으로 ① 교통시설(Traffic Engineering), ② 교통교육(Traffic Education), ③ 교통단속(Traffic Enforcement), ④ 교통환경(Traffic Environment)의 네 가지 원칙으로 교통 4E의 원칙이라고도 한다. 여기서 교통시설이란 교통규제, 안전시설, 도로구조, 차량 등의 도로상 교통안전을 위한 것을 말하며, 교통교육은 일반인, 운전자, 보행자, 사업주, 아동 등 도로 이용자에게 도로이용의 안전성을 위한 것이다. 교통단속은 교통규제, 교통지도 등 교통질서를 유지하기 위한 교육, 홍보, 계몽 등을 의미하며, 교통환경은 도로교통과 관련한 환경적 요인을 개선하는 것을 말한다.

교통안전점검(交通安全點檢) 교통행정기관이 이 법 또는 관계법령에 따라 소관 교통수단 · 교통시설 또는 교통체계에 대하여 교통안전에 관한 위험요인을 조사 · 점검 및 평가하는 모든 활동을 말한다.

교통안전진단(交通安全診斷) 육상교통 · 해상교통 또는 항공교통의 안전과 관련된 조사 · 측정 · 평가업무를 전문적으로 수행하는 교통안전진단기관이 교통수단 · 교통시설 또는 교통체계에 대하여 교통안전에 관한 위험요인을 조사 · 측정 및 평가하는 모든 활동을 말한다.

교통위반(交通違反) 도로상에서의 보행자와 차량의 통행방법, 운전자와 승객의 준수사항, 도로사용 및 운전면허 등에 관한 규정을 위반하는 행위를 말한다. 차량 운행시 무면허운전 · 음주운전 · 속도위반 · 신호지시위반 · 횡단보도위반 · 주차 · 정차위반 · 차선위반 · 건널목통과위반 · 앞지르기위반 · 진로위반 · 좌회전금지위반 · 우선순위양보위반 · 등화점멸위반 · 음향관제위반 · 승차정원 또는 적재중량 초과 · 정비불량 · 도장표지위반 · 개문운행 등이 있으며, 보행자의 신호위반 · 횡단보도위반 등이 있다.

교통장비 교통업무 수행을 위하여 관리 · 운영하고 있는 장비로, 다음과 같이 구분하는바, 교통단속장비로는 고정식 무인단속장비, 이동식 자동영상속도측정기, 음주측정기, 음주감지기, 가시광선투과율측정기 등이며, 교통사고조사용 장비로는 교통사고조사용 차량, 비디오카메라, 카메라, 녹음기, 교통사고조사세트 등이 있다.

교통정보센터(交通情報센터/traffic control center) 각종 교통정보의 수집 및 전달, 교통상황 종합분석 및 교통관리를 담당하는 기관을 말한다. 교통의 흐름과 사고, 정체, 공사, 집회시위 등 돌발상황을 관찰하여 교통을 관리한다. 국토해양부 국가교통정보센터와 각 지역의 교통정보센터가 그 기능을 수행하고 있다. 서울시 종합교통정보센터의 경우 1971년 10월 설치되어 교통정보 수집은 CCTV동영상, 실시간신호제어시스템, 검지기, 차량위치추적장치(GPS), 교통통신원, 교통경찰, 일반전화제보 등을 통해 수집하고 있으며, 수집된 교통정보는 첨단자동처리시스템을 통해 분석 처리하여 인터넷, TV, 라디오 방송국과 안내전화를 통해 시민들에게 실시간으로 제공되고 있다. 또한 도로교통의 흐름을 원활하게 하고, 교통사고의 예방을 위하여 설치된 교통신호기의 효율적 운영을 도모하고자 이용되고 있는 기구로서 중앙집중식 제어방법에 의한 시간계획에 따라 신호의 주기를 조정 통제하는 신호체제로 운영되고 있으며, 종전의 교통관제센터를 '96년도에 개편하여 교통정보센터로 운영하고 있다. 국가교통정보센터에서는 실시간 교통정보로 도로소통상태 정보와 사고정보, 도로통제정보 등을 제공하고 있다.

교통정체(交通停滯) 차량의 집중, 도로공사나 교통사고 등을 이유로 차량이 정지하거나 정상적이지 않은 저속운행을 하는 상태를 말한다. 교통수요를 초과한 교통량이 발생한 시점과 장소에서 발생하며, 도로상에서의 사고로 인해 정체되는 경우도 있다.

교통지도단속(交通指導團束) 도로에서의 위험을 방지하고 교통의 안전과 원활함을 도모하기 위하여 교통법규 위반차량 및 보행자에 대한 감시, 경고, 주의를 주거나 필요에 따라서 적발, 검거하는 경찰활동을 말한다. 교통지도단속은 핵심적인 내용은 신호위반, 중앙선 침범, 속도위반, 앞지르기방법 · 금지 위반, 건널목통과방법 위반, 횡단보도 보행자 보호의무 위반, 무면허 · 음주, 보도침범, 통행방법 위반 등 교통사고처리특례법의 10개 항이다. 특히 과속, 음주운전, 신호위반, 중앙선침범은 중점단속 대상이다.

교통진단(交通診斷) 교통소통의 원활함을 기하고, 교통사고를 예방하기 위해 특정 도로의 교통량, 안전성, 경제성 등을 종합적으로 고려하여, 도로망의 교통량 조사, 소통장애요인 조사, 교통안전시설에 대한 조사 등을 실시하는 것이다.

교통체계(交通體系) 사람 또는 화물의 이동 · 운송과 관련된 활동을 수행하기 위하여 개별적으로 또는 서로 유기적으로 연계되어 있는 교통수단 및 교통시설의 이용 · 관리 · 운영체계 또는 이와 관련된 산업 및 제도 등을 말한다.

구류(拘留)　1일 이상 30일 미만의 기간 동안 교도소 또는 경찰서 유치장에 구치하는 형벌이다(형법 41조7호 · 46 · 68조). 30일 미만이므로 최대한 29일까지 과할 수 있고, 형벌의 하나이므로 형사소송법상의 강제처분인 구금(69조 이하)과는 구별된다.

구상권(求償權)　국가나 주체기관 혹은 주체자가 우선 배상해 주는 제도의 일종이다. 다시말해 국가배상법에 의하여 배상한 경우 그 공무원에 중대한 과실이나 고의가 있는 경우 국가가 피해자에게 배상한 금액을 청구할 수 있는 권리를 의미한다. 예를들어 경찰공무원이 개인에게 업무상 손해를 끼친 경우 국가기관은 우선 합의 혹은 판결에 따라 경찰관을 대신해 손해배상을 해결해 주고 추후 개인 경찰관에게 그 액수에 해당하는 금액을 받아내는 행위를 구상권을 행사한다고 말한다.

구속(拘束)　구인과 구금을 포함하는 개념으로 구인은 피의자나 피고인을 일정한 장소에 인지하는 강제처분을 말하고, 구금은 피의자나 피고인을 교도소 또는 구치소에 감금하는 처분을 말한다. 구속의 목적은 형사절차의 진행과 형의 집행을 확보함에 있다.

구역순찰(區域巡察)　'담당구역 책임순찰제' 또는 '지역 책임근무제'라고도 불린다. 경찰관 개인별로 또는 순찰근무조별(보통 2인 1조)로 담당구역을 지정하여 순찰하는 방식이다.

구조모델론(structural model theory)　P. J. Brantingham과 F. L. Faust주 제안한 범죄예방유형으로 1차예방, 2차예방, 3차예방 이론 등으로 구분된다. 1차예방은 일반대중을 대상으로 물리적 · 사회적 환경 중에서 범죄원인이 되는 조건들을 개선시키는데 초점을 두는 것으로 환경설계, 이웃감시, 민간경비, 방범교육 등이 이에 해당하며 형사사법기관의 활동에 의해 이루어진다. 2차예방은 우범자나 우범집단을 대상으로 잠재적 범죄자를 초기에 발견하고 비합법적 행위가 발생하기 이전에 예방하고자 하는 것으로 우범환경이나 우범자를 대상으로 이들과 많이 접하는 지역사회 지도자, 교육자, 부모에 의해 이루어진다. 3차예방은 실제 범죄자들을 대상으로 하여 그들이 더 이상 범죄를 저지르지 않게 하는 활동으로 이에는 체포, 기소, 교도소구금, 치료, 사회복귀와 같은 것이 관련된다. 이러한 활동의 대부분은 형사사법기관이 담당하지만 이외에도 민간단체나 지역사회의 교정프로그램도 이에 포함된다.

국가공무원(國家公務員)　국가에 의해서 임명되고, 중앙정부의 국가사무를 수행하며, 보수는 국가로부터 지급받는 공무원을 의미한다. 그러나 국가공무원이 항상 국가사무만을 담당하는 것이 아니다. 즉 국가공무원은 '지방자치단체에 두는 국가공무원의 정원에 관한 법률과 시행령'에 규정된 극히 한정된 분야의 인원만을 지방자치단체에 두고 있다. 일반적으로 국가공무원과 지방공무원의 차이는 임용 주체가 중앙정부냐 혹은 지방자치단체냐에 따라 구분되는 것이다.

국가공무원법(國家公務員法) 국가공무원에게 적용할 인사행정의 기준이 되는 법률을 뜻한다. 우리나라 국가공무원법은 국가공무원으로 하여금 국민전체의 봉사자로서 민주적 · 능률적 행정을 수행하도록 함을 목적으로 하여 1963년에 처음으로 제정되었다.

국가목표(國家目標/National objectives) 국가가 목적하는 바의 것을 추구하고 달성하기 위하여 국력을 집중하고 노력을 지향해 나가는 목표를 말한다. 즉 기본적, 항구적인 것으로서 국가가 지향해 나가는 목표이다. 이에 따라 기본적, 항구적인 국가목표를 추구 · 달성하기 위해서 객관적, 현실적 실치판단에 입각한 국가이익을 감안하여 국가의지를 결정함으로써 이를 운용하는 일에 국가의 기본방침이 책정되어야 한다. ⇨ 국가이익

국가변란(國家變亂) 합법적이지 못한 방법으로 합법정부를 전복하고 새로운 정부를 조직하는 것을 말한다. 즉, 자유민주주의 국가가 아닌 전혀 다른 이념의 국가를 만드는 것을 말한다.

국가보안법(國家保安法) 국가의 안전을 위태롭게 하는 반국가활동을 규제함으로써 국가의 안전과 국민의 생존 및 자유를 확보함을 목적으로 한다. 법적성격은 국가가 그 구성원인 국민에 대한 특정한 행위의 금지를 요구하는 내용으로 국가와 국민간의 법률관계를 규율하는 법이므로 공법(公法)에 속한다. 또한 반국가적 행위에 대한 재판의 준거가 되는 법률이며, 국가형벌권의 실현을 목적으로 하는 형사사법법(刑事司法法)에 속하며, '反국가활동'이라는 특정한 행위에 대하여 특별한 처벌규정과 절차를 두고 있는(실체적 규정과 절차적 규정이 혼재) 일반형법과 형사소송법에 대한 형사특별법이다. 따라서 국가보안법에 특별한 규정이 없는 경우에는 형법과 형사소송법이 그대로 적용되나, 상충되는 경우에는 특별법 우선의 원칙에 따라 국가보안법이 우선 적용된다.

국가보안법상의 주요 범죄유형으로는 반국가단체의 구성 등의 죄(제3조), 목적수행죄(제4조), 자진지원죄(제5조 제1항), 금품수수죄(제5조 제2항), 잠입 · 탈출죄(제6조), 찬양 · 고무 등의 죄(제6조), 회합 · 통신죄(제8조), 편의제공죄(제9조), 불고지죄(제10조), 특수직무유기죄(제11조), 무고 · 날조죄(제12조) 등이다.

형법과 형소소송법과 다른 국가보안법의 주요한 특징은 첫째, 과실행위도 처벌하는 형법과는 달리 고의범만 처벌한다. 둘째, 형법은 중대한 범죄에 한하여 예비 · 음모 · 를 벌함에 반하여, 국가보안법은 예비 · 음모를 처벌하는 범위가 넓다(예비 · 음모 · 미수가 워칙적으로 적용되고, 불고지죄 · 특수직무유기죄 등 일부 죄에만 적용되지 않는다). 셋째, 특정인이 아닌 모든 국민에 대하여 고지의무를 부과하고 이를 위반하는 경우에는 처벌한다. 넷째, 형법상 종범 · 교사범에 해당하는 행위를 정범으로 처벌한다. 즉, 편의제공죄, 선동 · 선전 및 권유죄 등에 대하여 종범 · 교사범에 해당

하는 행위를 정범으로 처벌하는 것이다. 다섯째, 국가보안법 위반범죄에 관하여 유기징역을 선고할 때에는 그 형의 장기이하의 자격정지를 병과할 수 있다. 여섯째, 국가보안법, 군형법 기타 형법에 규정된 반국가적 범죄로서 금고 이상의 형을 선고받고 그 형의 집행을 종료하지 아니한 자 또는 그 집행을 종료하거나 집행을 받지 않기로 확정된 후 5년이 경과하지 아니한 자가 재차 특정한 범죄를 범하였을 때에는 최고형을 일률적으로 사형으로 정하고 있다. 일곱째, 이 법의 범인이 범행의 보수를 받았을 때에는 필요적으로 몰수하고, 몰수불능시에는 상당가액을 추징토록 하였으며, 불기소처분(공소보류 포함)시에도 압수물(서류 또는 물품)의 폐기 또는 국고귀속을 명할 수 있다. 여덟째, 국가보안법에 해당하는 범인이 다른 범인을 고발하였을 때와 타인의 범행을 방해하였을 때 그리고 범인이 자수하였을 때(범인이 자수하였을 경우 형법은 임의적 감면으로 함)는 그 형을 감경 또는 면제한다(필요적 감면). 아홉째, 검사 또는 사법경찰관으로부터 이 법에 규정된 죄의 참고인으로 소환을 받은 자가 정당한 사유 없이 2회 이상 소환에 불응할 때에는 지방법원 판사의 구속영장을 받아 구인할 수 있다. 구속영장의 집행을 받은 참고인을 구인하는 경우 필요한 때에는 가장 근접한 경찰서나 기타 적장한 장소에 임의로 유치할 수 있다. 열 번째, 지방법원 판사는 이 법 제3조의 반국가단체를 구성하거나 제10조의 불고지죄에 해당하는 범죄로서 수사를 계속함이 상당한 이유가 있다고 인정될 때에는 사법경찰관의 구속기간은 1차, 검사의 구속기간은 2차에 한하여 연장을 허가할 수 있다. 따라서 사법경찰관은 최장 20일, 검사는 최장 30일을 구속할 수 있어 도합 50일간 구속수사가 가능하다. 열한 번째, 검사는 이 법의 죄를 범한자에 대하여 형법 제51조의 사항(범인의 연령, 성행, 지능과 환경, 피해자에 대한 관계, 범행의 동기 및 수단)을 참작하여 공소제기를 보류할 수 있다. 또한 공소보류를 받은 자가 공소의 제기 없이 2년을 경과한 때에는 소추할 수 없다. 다만, 공소보류를 받은 자가 법뮤뷰장관이 정한 감시 · 보도에 관한 규칙에 위반한 때에는 공소보류를 취소할 수 있다.

국가보훈처(國家報勳處/ministry of patriots & veterans affairs) 국가유공자와 보훈가족의 영예로운 삶이 보장되도록 보상금 지급, 교육, 취업, 의료, 대부 등의 보훈정책을 수립하여 지원하기 위한 기관이다. 국가보훈처의 구성은 1관 4국 15과 2팀으로 구성되어 있다(http://www. mpva.go.kr).

국가원로자문회의(國家元老諮問會議/the Advisory Council on State Affairs) 국정의 중요한 사항에 관한 대통령의 자문에 응하기 위하여 국가원로로 구성되는 기관을 말한다. 설치 당시의 명칭은 국정자문회의였으나 1988년 헌법개정으로 그 명칭을 국가원로자문회의로 변경하였다. 헌법 제90조 제1항은 국정의 중요한 사항에 관한 대통령의 자문에 응하기 위하여 국가원로로 구성되는 원로자문회의를 둘 수 있다고 규정하고 있다. 그 조직 및 직무범위 기타 필요한 사항은 법률로 정하며(제90조 제3항), 국가자문원로회의의 의장은 직전대통령이 된다. 다만 직전대통령이 없을 때에는 대통령이 지명한다(제90조 제2항). 그러나 1989년 국가원로자문회의법은 폐지되었고 현재는 헌법상의 규정만 존재하고 있다.

국가정보 국가정보의 개념에 대해서는 학자별로 다양하게 정의되고 있다.

Mark M. Lowenthal: 정보란 비밀을 그 속성으로 하는 것으로 국방, 대외정책 등 국가안보와 관련하여 그 소요가 제기되고, 수집, 분석을 통해 국가안보정책에 유용하게 반영될 수 있는 하나의 투입 변수이다. 뿐만 아니라 국가정보활동은 국가안보에 중요한 첩보들이 요구, 수집, 분석, 생산되어 정책결정자에게 제공되는 과정으로서 여기에는 이러한 활동과 방첩활동에 의하여 생산된 첩보의 보호는 물론, 합법적인 기관에 의해 요청된 비밀공작이 포함된다.

Sherman Kent: 국가정보를 '작전 또는 전술정보'와 구분하여, '전략정보'가 되어야 한다고 주장하면서, '지식(knowledge), 첩보(information), 활동(activities) 및 조직(organization)을 포함하는 개념'이라고 정의하였다.

Abraham N. Shulsky: '국가안보적 이익을 증진시키고 외부로부터의 위협에 대처하는 정부의 정책입안 및 시행에 관련된 첩보'라고 하였다.

국가정보는 비밀성, 국가안보 등과 관련된 개념으로서 국가의 안전보장과 국익보호, 국가정책 수행을 위해 국가정보기관이 수집, 분석하는 정보라고 정의할 수 있다. 국가정보를 국가정보기관이 수집, 분석, 생산, 배포하는 전략정보라고 할 때, 국가정보기관은 부문별 정보기관과 대별된다.

국가정보기관은 독립기관으로 부문별 정보기관을 조정하거나 이러한 부문정보기관이 생산한 전술정보를 토대로 혹은 자체 정보활동을 통해 생산된 정보를 바탕으로 국가안보에 필요한 전략정보를 생산하는 기관이다. 한국의 국가정보원, 미국의 중앙정보국(CIA), 이스라엘의 모사드 등이 여기에 속한다.

국가정보목표우선순위(國家情報目標優先順位/priority of national intelligence objective) 일정한 기간에 걸쳐 정보기관이 지향하게 될 국가정보활동의 목표에 대하여 우선순위를 결정한 정보활동지침을 말한다. 즉 국가의 모든 정보활동의 기본지침이며 국가정책수립자의 질문에 응답하기 위해 선정된 우선적인 정보목표이다.

국가정보판단(國家情報判斷/national intelligence estimate) 국가정책을 수립하고 수행하기 위하여 외국의 능력 및 취약성 그리고 가능한 행동방책을 판단하는 것이다.

국내거류 외국인(國內居留 外國人) 고용 기타의 사유로 한국에 비교적 장기간(90일 이상)인 일정한 기간을 정하여 머무를 것을 예정하고 입국한 외국인 중에서 외교사절, 준 외교사절, 한미협정 대상자 등 외국인 등록에 관한 예외 규정을 적용받는 외국인을 제외한 외국인을 말한다.

국내체류 외국인(國內滯留 外國人) 국내체류 외국인이란 주로 관광 기타의 사유로 입국하여 일정한 기간을 정하지 않고 비교적 단기간(90일 미만) 동안 국내에 체류하는 외국인을 말한다.

국립경찰교향악단(國立警察交響樂團) 국립경찰교향악단은 국가행사와 경찰행사에 참여하는 것을 주목적으로 1981년 관악대로 처음 출발했다. 이후 1992년부터는 오케스트라로 조직을 확대, 개편하여 현재에는 100명 규모의 4관 편성의 정규 오케스트라로 발전했다. 국민과 경찰과의 유대강화를 위한 국민과 하나되는 어울림 음악회(민경 친선음악회)를 비롯해서 정부 및 경찰 자체의 의식행사 뿐만 아니라 매년 세종문화회관 정기연주회 및 순회연주, 예술의 전당 초청 연주, KBS 송년가곡의 밤 초청연주 등 그 동안 2,600여회에 달하는 연주실적을 쌓아 명실공히 국민으로부터 아낌없는 찬사와 사랑을 받는 전문 교향악단으로 성장한 것으로 유명하다. 특히 국내 유수의 음대 및 유학 중이거나 외국 유학을 마친 전공 특기자들로 구성된 경찰교향악단은 항상 친근하고 대중성 있는 레퍼토리와 활력에 넘치는 연주로 국민들의 성원에 보답하고 있다. 특히 고전에서 현대에 이르는 폭넓은 레퍼토리를 자유롭게 소화해냄으로써 음악 애호가들이 다양한 관현악의 세계를 경험하는 데 이바지하고 있다(http://www.police.ac.kr/annex/band.jsp). 이들은 전투경찰과 의무경찰이 군복무를 대신하는 제도로 운영되고 있는데 정부와 경찰청의 정책으로 전의경제도가 축소되고 있어 향후 인력난이 예상된다. 이러한 인력난으로 인해 이미 전남경찰악대가 폐지되었으며 강원경찰악대의 경우도 인력난으로 인해 해체위기에 처했다.

국립경찰병원(國立警察病院/national police hospital) 경찰업무를 수행하는 군무기관의 인사들에게 의료 및 제반 후생 혜택을 제공하기 위해 설립된 병원이다. 경찰병원에서 진료를 받을 수 있는 대상은 경찰기관에 근무하는 공무원과 그들의 기족, 경찰교육기관에서 교육을 받고 있는 자, 전투경찰순경 등이다.

국립과학수사연구원(國立科學搜査研究院/National Forensic Service) 국립과학수사연구원은 치안국 감식과에서 관장하던 법의학적 및 이화학적 감식사무를 이관받아 1955년 3월 25일 내무부 하에 설립되었다. 범죄수사 증거물에 대한 과학적 감정 및 연구활동을 통해 사건을 해결하고 범인을 검거할 수 있도록 지원함으로써 국민의 기본권을 보장하고 생명과 안전을 지키는 것을 목적으로 하고 있다. 기존에는 국립과학수사연구소(이하 '국과수')로 기능을 수행해 오다 2010년 8월 10일 국립과학수사연구원으로 승격하였으며, 조직으로는 총무과, 법의학부, 법과학부, 유전자 감식센터를 두고 있으며, 남부분원(부산/영남권), 서부분원(장성/호남권), 중부분원(대전/충청권), 동부분원(원주/강원전역 · 경기 · 충북 · 경북 일부) 등 4개 분원을 두고 있다.

국립범죄자센터 대부분 국가의 경찰공무원은 과거에 중범죄 또는 기타 위법행위의 협의를 받았던 사실이 있거나 중대한 교통법규위반기록이 있는 경우 최종 선발과정에서 탈락될 수 있다. 협의사실이 입증되지는 못했지만 체포된 사실이 있는 경우에도 풀려나게 된 이유가 실제로 범죄협의가 없음이 밝혀진 것인지 아니면 피해자와 합의를 하여 고소취소를 했기 때문인지를 명확히 조사하게 된다. 만약 후자의 경우라면 탈락시키게 된다.

국외정보(國外情報/Foreign Intelligence) 국가정책의 수립시행에 참작될 만한 여러외국의 정치, 경제, 사회, 문화, 군사, 지리, 과학 등 제반사항에 관한 정보를 말한다. 이를 다시 局外 보안정보와 국외적극정보로 나누기도 한다. ① 국외보안정보는 외국에서 일어나는 내란, 이동 등에 관한 정보가 아니라 타국에서의 간첩이라든지 선동자, 태업자 등에 전념하는 정보로서 국제적인 간첩단, 살인단, 마약단 등 주로 국제음모에 관계되는 정보사항이다. 외국에서 일어나는 이와같은 정보사항들은 언제 자국의 안전을 침해하게 될지도 모르기 때문에 자국의 보안을 위해 항상 유의해야 할 정보사항이다. ② 국외적극정보는 순수하고 외국과 외국민에 관한 정보로서 그들이 어떻게 되어 있고 무엇을 생각하며, 무엇을 하고 있는가에 관한 정보이며, 궁극적으로 그들 외국이 자국의 이익에 대한 행동 또는 정책의 방향을 어떻게 계획하고 있는가를 알기 위한 정보이다. ⇨ 국내정보

국제경찰군(國際警察軍, international police forces) 세계적으로 국제분쟁이 끊이지 않고 있다. 국제 분쟁 지역의 치안확보를 위하여 UN을 중심으로 군대와 경찰을 파견하여 질서를 유지하게 된다. 다시 말해 국제연합이 파견하는 군대 또는 경찰력을 국제경찰군이라고 지칭한다. 우리나라 경찰의 경우도 여러 분쟁지역에 여러차례 파견되어 국제경찰로서 많은 위상을 정립한 바 있다.

국제공무원(國際公務員) 국제연합을 비롯해 다양한 국제기구에 종사하는 직원을 총칭하는 말이다. 국제공무원의 역할은 국제기구에 종사하는 직무에 대해서 충성할 의무를 지니고 있으며, 어떤 특정 국가를 위해 일하거나 자기가 속한 국가의 훈령을 받아서는 아니 된다.

국제공조수사(國際共助搜査) 우리나라 사람이 범죄를 저지른 후 국외로 도피하거나 반대로 외국인이 범죄를 일으킨 후 국내오 들어오는 경우 이들 양 국가간에 협력수사를 진행하는 경우를 의미한다. 흔히 국제공조수사에는 크게 다음의 3가지 방식이 있다. 즉 외교경로를 통한 공조(범죄인 인도조약, 형사사법 공조조약 등 조약체결국과의 공조)와 인터폴을 통한 공조, 해외주재관을 통한 공조 등이 있어 그때마다 상황에 맞게 상호 협조방식이 활용되고 있다.

국제기구(國際機構/international organizations) 다수의 국가가 조약이라는 행태의 자발적 합의에 의하여 결합된 국제적 단체로서, 상설적인 기관을 갖고 일정한 자치능력과 국가간의 협조기능을 가진 국제법상의 법인격체를 말한다. 국제연합(UN), 북대서양조약기구(NATO) 등이 대표적인 국제기구이다.

국제성 범죄(International Crime) 범죄의 주체, 객체, 행위, 법익, 결과발생 등의 요소가 2개 이상의 국가에 관련되어 있는 범죄를 말한다. 즉, 국제성 범죄는 어느 특정 범죄에 한정된 개념이 아니라 광역화 · 조직화 · 대형화의 특징을 내포하고 있는 국제적 성격을 띤 일련의 범죄를 포함하는 개념으로 정의된다.

국제수배서(國際手配書) 국외도피범을 비롯 실종자, 우범자 및 장물 등 국제범죄와 관련된 수배 대상인 인적 · 물적 사항에 관한 정확한 자료를 회원국에 통보하여 국제적으로 범죄수사에 공동으로 대응하기 위해 발행한 수배서를 말한다.

국제수배서의 종류(國際手配書의 種類) ① 적색 수배서: 체포 수배서 ② 청색 수배서: 국제정보 조회 수배서(신원확인, 소재확인 요청 등) ③ 녹색 수배서: 상습 국제범죄자 수배서 ④ 황색 수배서: 가출인 수배서 ⑤ 흑색 수배서: 변사자 수배서 ⑥ 오렌지 수배서: 테러범, 위험인물 경고 수배서 등이다.

국제운전면허(國際運轉免許) 1949년 국제연합 경제사회이사회의 도로교통에 관한 협약에 따라 발급되는 자동차운전면허를 말한다. 국제운전면허증은 외국정부가 발급하고, 외국인이 소지하고 입국한 면허증을 말한다(도로교통법 제80조 제1항). 국제운전면허증을 소지한 사람은 입국한 날로부터 1년간 국내에서 그 면허증에 기재된 차종의 자동차를 운전할 수 있다. 국내에서 운전면허를 발급받은 사람이 외국에서 운전하기 위해 국제운전면허증을 교부받으려 할 때에는 지방경찰청에 신청하고, 지방경찰청은 국외 출국 예정 사실을 확인한 후 국제운전면허증을 교부한다. 이 때에도 유효기간은 1년이며, 국내운전면허 효력이 없어지거나 취소되면 그 효력이 없어지고, 국내운전면허 효력이 정지되면 그 정지기간 중 효력이 정지된다(도로교통법 80~82조).

국제조직범죄(國際犯罪組織) 국경에 상관없이 자신들의 경제적 이익을 추구하기 위하여 불법적 행동을 일삼는 자들의 집단, 조직체를 말한다. 활동형태는 주로 불법 마약거래를 비롯 인신매매, 통화 위 · 변조, 불법무기거래 등이다.

국제조직범죄의 특징(國際組織犯罪의 特徵) 국제조직범죄의 특징은 다음과 같다. ① 비정치적 · 비이념적 성격으로 금전과 권력의 획득을 목적으로 한다. ② 3개 이상의 영구적 지위가 있는 수직적 권력체계를 갖춘 계급적 구조를 형성한다. ③ 조직의 목표수행과 존속을 위해 폭력 · 매수 · 공갈 등 수단과 방법을 가리지 않는다. ④ 조직원의 임무와 활동영역이 전문화 · 분업화되어 있다. ⑤ 특정지역 · 사업에 대한 독점적 지위를 유지하며 경쟁자에 대하여 무자비한 탄압을 자행한다. ⑥ 내부적으로 독특하고 엄정한 규율이 존재하며 맹목적 충성심과 조직의 배반자에게는 무자비한 복수를 가함으로 조직을 통제한다.

국제협력활동(國際協力活動) 외국 및 국제경찰관련기구의 경찰공조 · 상호방문 · 교육파견 · 자매결연 · 국제회의 및 세미나 참석 등을 통하여 외국경찰이나 인터폴 등 국제경찰관련기구와의 협력관계를 증진하고, 정보를 교환하며, 국제성범죄에 보다 능동적이고 효과적으로 대처하기 위한 활동을 말한다.

국제형사경찰기구(ICPO/인터폴) 인터폴로 더 잘 알려진 국제형사경찰기구(ICPO(International Criminal Police Organization)는 국제범죄에 공동으로 대처하기 위해 각 국의 경찰을 회원국으로 하여 설립된 경찰의 세계 연합기구이다. 1923년 오스트리아 수도 빈에서 국제형사위원회로 창설되어, 1946년 본부를 파리로 옮겼으며, 1956년 빈 제26차 총회 때 규약을 개정하고 현재의 명칭을 채택 · 사용하고 있다. 국제형사경찰기구(이하 '인터폴')는 범인을 추적 · 수사하는 국제수사기관이 아니라, 국제범죄의 예방과 진압을 위해 인터폴 헌장과 국내법이 허용하는 범위 내에서 회원국 상호간 필요한 각종 정보와 자료를 교환하고 범인 체포 및 인도에 있어서 상호 신속 · 원활한 협조관계를 유지하는 형사경찰의 국제공조 수사기구이다. 우리나라는 1964년 10월에 가입하였으며, 2010년 현재 188개 국가가 회원국으로 가입되어 있다. 인터폴의 재정은 회원국 정부에 의해 확보된 연례분담금, 집행위원회에서 승인한 증여 · 보증금 · 교부금 등에 의해 운영되며, 공용어는 영어, 불어, 스페인어, 아랍어이다.

국제형사경찰기구 대한민국 국가중앙사무국 ① 조직운영: 인터폴 대한민국 국가중앙사무국을 경찰청 외사국장실에 두고 있으며, 외사수사과 인터폴계가 이에 대한 업무를 수행하고 있다. ② 범죄수사협조의 요청범위: 살인 · 절도 · 마약 · 무기거래 · 테러 · 대규모 국제사기 · 장물 · 은행사기 · 밀수 · 위조지폐 등을 비롯하여 이러한 사건과 관련된 범인의 체포 · 인도를 위한 범인수배, 전과조회, 신원조회, 실종자 소재확인, 우범자 수배, 증인수배 및 면담 등 광범위하다.

국제형사경찰기구를 통한 공조 절차 순찰지구대 등 → 경찰서 외사계 → 지방청 외사계 → 경찰청 외사수사과 인터폴계 → 상대국 인터폴 중앙사무국 → 상대국 경찰서 등이다.

국제형사경찰기구의 지위 국제형사경찰기구(이하 '인터폴')의 지위는 다음과 같이 두 가지로 요약할 수 있다. ① 국제기구로서의 지위: 창설초기에는 비정부간 국제기구로 인식되었으나, 1971년 UN경제사회 이사회로부터 정부기관 공식기구로 공인되고, 1996년 10월 UN총회에서 옵저버 기구로 인정됨으로써 정부간 국제기구로서의 지위를 확보하고 있다. ② 법적 지위: 인터폴 헌장, 일반 규정 및 각 회원국의 국내법에 의거하여 국제간 경찰협력을 위해 활동하는 정부간 기구로서 활동하지만 국제조약과 협약 또는 유사한 법적 근거를 두는 것은 아니며, 외교적 서명을 요하는 것도 아니고, 정부의 비준이 필요한 것도 아니다.

국제형사경찰기구 회원간 협력의 기본원칙 ① 주권의 존중: 경찰협력은 각 회원국 경찰기관들이 자국 영토 내에서 국내법에 따라 행하는 통상적인 업무수행의 범위 내에서만 협조한다. ② 일반 형법의 집행: 일반 범죄와 관련된 범죄의 예방 · 진압에 국한하고, 정치 · 군사 · 종교 · 인종적 사항에 대해서는 어떠한 관여나 활동도 배제한다. ③ 보편성: 모든 회원국은 타 회원국과 협력할 수 있으며, 그 협력은 지리적 · 언어적 요소에 의해 방해받지 않는다. ④ 평등성: 재정 분담국의 규모와 관계없이 동일한 혜택과 지원을 받는다. ⑤ 타 기관과의 협력: 국가중앙사무국을 통해 일반 범죄의 예방 · 진압에 관여하고 있는 타 국가기관과도 협조할 수 있다.

국제형사사법공조(國際刑事司法共助/Mutual Legal Assistance in Criminal Matters)　협조의 구체적인 내용이 각 국가마다 상이하게 운용되고 있는 관계로 정의하기가 곤란하다. 하지만, 일반적으로 국제형사사법공조란 형사사건에 있어서 수사 · 기소 · 재판절차와 관련하여 어느 한 국가의 요청에 의하여 다른 국가가 행하는 형사사법상의 협조를 말한다.

국제형사사법공조의 기본원칙(國際刑事司法共助의 基本原則)　국제형사사법공조의 기본원칙은 다음과 같이 세 가지로 요약된다. ① 상호주의: 외국이 사법공조를 해 주는 만큼 자국도 동일하거나 유사한 범위 내에서 공조요청에 의하여야 한다는 원칙이다. ② 쌍방 가벌성의 원칙: 국제형사사법공조의 대상이 되는 범죄는 피 요청국과 요청국 모두에서 처벌이 가능한 범죄여야 한다는 원칙이다. ③ 특정성의 원칙: 요청국이 공조에 의하여 취득한 증거를 공조요청의 대상이 된 범죄이외의 수사나 재판에 사용해서는 안 된다는 의미와 피요청국의 증인 등이 공조요청에 따라 요청국에 출두한 경우 피요청국을 출발하기 이전의 행위로 인해 구금 및 소추를 비롯한 어떠한 자유도 제한받지 않는다는 의미를 포함하는 원칙이다.

국제형사사법공조의 범위(國際刑事司法共助의 範圍)　① 사람 · 물건의 소재수사, ② 서류 · 기록의 제공, ③ 서류 등의 송달, ④ 증거수집 · 압수 · 수색 · 검증, ⑤ 증거물 등 물건의 인도, ⑥ 진술청취 기타 요청국에서 증언하게 하거나 수사에 협조하게 하는 조치 등이다.

국제형사사법공조의 제한(國際刑事司法共助의 制限)　국제형사사법공조망의 제한사유는 임의적 사유로서 다음과 같이 다섯 가지로 요약된다. ① 대한민국의 주권, 국가안전보장, 안녕 질서 또는 미풍양속을 해할 우려가 있는 경우 ② 인종 · 국적 · 성별 · 종교 · 사회적 신분 또는 특정 사회단체에 속한다는 사실이나 정치적 견해를 달리한다는 이유로 처벌되거나 형사상 불이익한 처분을 받을 우려가 있다고 인정되는 경우 ③ 공조범위가 정치적 성격을 지닌 범죄이거나 공조요청이 정치적 성격을 지닌다는 범죄에 대한 수사 또는 재판을 할 목적으로 행하여진 것이라고 인정되는 경우 ④ 공조범죄가 대한민국의 법률에 의하여 범죄를 구성하지 않거나 공소를 제기할 수 없는 경우 ⑤ 이 법에 요청국이 보증하도록 규정되어 있음에도 불구하고 요청국의 보증이 없는 경우 등이다.

국제화(國際化/internationalization)　일반적으로 국제질서의 변화를 올바로 인식하고 이에 수반하는 상황변화에 능동적으로 대응할수 있는 거시적인 시각과 안목을 가지는 것으로 정의되고 있다.

국회 교섭단체(國會 交涉團體)　국회에서 의원의 의사진행에 관한 중요한 안건을 종합하고 합의하여 사전에 교섭하기 위하여 일정한 수 이상의 의원들로 구성된 의원단체를 말한다. 원내교섭단체라고도 하며, 소속의원 20인 이상의 정당은 하나의 교섭단체가 된다. 그러나 정당 단위가 아니라도 다른 교섭단체에 속하지 않는 20인 이상의 의원은 따로 교섭단체를 구성할 수 있다. 교섭단체는 대표의원이 그 단체의 소속 의원이 연서 · 날인한 명부를 의장에게 제출함으로써 구성된다. 교섭단체의 대표의원을 원내대표라 하며, 원내 발언의 순서나 상임위원회 위원배정 등의 권한을 가진다.

국회의 결산 심의 · 의결 정부는 감사원에서 검사를 마친 전년도의 세입 · 세출 결산서를 국회의 정기회기 초에 제출한다. 국회에서는 예산 · 결산특별위원회에 회부해 심사하게 하고, 이를 본회의에 상정해 의결함으로써 결산이 확정된다. 이러한 일련의 예산과정을 거쳐 예산이 세워지고 지출되고 있다.

군사정보 한 나라의 군사적인 제요소에 관련된 정보를 말한다. 군사력의 규모 및 편제, 군대의 사기 등이 그 내용이 된다. 구체적으로 국방비, 군사력, 무기체계, 군맹관계 등이 포함된다.

군속(Civilian Component) 미국의 국적을 가진 민간인으로서 대한민국에 있는 미국 군대에 고용되거나 동 군대에 근무하거나 또는 동반하는 자를 말한다. 또한 대한민국이나 미국에서 공급할 수 없는 특정한 기술을 가지고 있는 자로서 미국에 의한 고용만을 위하여 미국 군대에 의하여 대한민국에 입국한 자, 미국 군대에 고용되거나 근무하거나 동 군대를 동반하는 제3국 국민을 말한다.

군주(軍主) 신라의 지방관직이다. 신라는 눌지마립간(417~458년) 때 고대국가의 기틀을 마련한 후 법흥왕(514~540년) 때 율령을 반포하는 등 중앙집권적 국가체제가 형성되었다. 당시 신라는 지방에 5주를 두고 군주(軍主)로 하여금 다스리게 하였는데, 이들이 군사업무는 물론 경찰기능도 수행했으리라고 추정된다.

군중(群衆/crowd) 순환반응에 의해 일시적으로 활동하는 미조직의 집합체를 말한다. 사용자에 항거하는 노동자의 집단, 지배층에 반대하는 대중의 폭동, 시민의 소요, 운동경기장 등에 참여한 선수와 관중, 각종 행사에 참여(동원)된 시민 등이 대표적인 군중의 예이다. 군중은 대체적으로 과도적인 군중, 우연적인 군중, 정기적인 군중, 표현적 행동을 위한 군중, 공격적 군중 등으로 분류할 수 있다.

군중심리(群衆心理) 군중행동을 유발한다는 특수한 심리상태 또는 군중속에서 개인이 경험하는 특수한 심리상태를 말한다. 군중을 구성하는 개인은 지적태도나 도덕적 개념을 잊고 그들의 생활방식을 비롯 직업적인 성격, 지성, 사상과는 전혀 다른 행동으로 나타나며, 암시나 충격에 의해 직접적인 영향을 받는다.

군중심리의 특징(群衆心理의 特徵) 일반적으로 경신성(피암시성), 충동성(변이성), 과장성(단순성), 편협성(전횡성) 등 네 가지 특징이 있다. ① 경신성(피암시성): 군중은 다른 사람의 암시에 따른 행위를 쉽게 하는 경향이 있다. ② 충동성(변이성): 군중은 충동적(즉흥적)인 행동을 한다. ③ 과장성(단순성): 군중들의 감정은 단순해 지고 감정이 과장되거나 강화되어 나타나게 된다. ④ 편협성(전횡성): 군중은 다른 사람(집단)의 반대 의견을 허용(수락)하지 않는 경향이 농후하다.

군중정리의 원칙(群衆整理의 原則) 다음과 같이 네 가지로 구분할 수 있다. ① 경쟁적 사태의 해소: 다른 사람보다 먼저 가려는 심리상태를 억제(자제)시켜, 질서를 유지하려는 것을 말한다. ② 이동의 일정화: 군중을 일정한 방향으로 이동시켜 혼잡상태를 예방하는 것을 말한다. ③ 밀도의 희박화: 가급적 많은 사람이 모이는 것을 예방하는 것을 말한다. ④ 지시의 철저: 철저한 지시를 통해 혼잡상태를 미연에 방지하여 사고를 예방하는 것을 말한다.

권고사직(勸告辭職) 직권면직과는 달리 국가공무원법상의 제도는 아니다. 권고사직은 의원면직의 형식을 취하나 인사권자의 자의에 의해 이루어지는 사실상의 강제퇴직이다. 권고사직은 흔히 징계대상의 공무원에 대해 가혹한 징계를 모면하게 하는 수단으로 이용된다. 그러나 이러한 권고사직은 공무원 인사제도의 정상적 작동을 방해한다는 의미에서 억제되어야 할 것이다. 즉 징계대상 공무원에게 온정을 베푸는 수단으로 이용되는 권고사직은 엄격한 법질서의 확립을 방해한다는 차원에서 삼가야 할 것이며, 비공식적 징계의 수단으로 이용되는 권고사직은 공무원의 신분보장을 위협한다는 점에서 억제되어야 한다. 권고사직은 공무원 본인의 의사표시의 하자에 대한 입증이 어렵다는 점에서 법적인 구제가 어렵다. 다시말해 권고사직은 의원면직의 형식을 취하나 인사권자의 자의에 의해 이루어 지는 사실상의 강제퇴직으로서 직권면직과 달리 국가공무원법상의 제도는 아니다. 권고사직은 종종 징계대상의 공무원에 대해 가혹한 징계를 모면하게 하는 수단으로 이용되거나 기타 비공식적 징계수단으로 이용된다.

권력통제이론(權力統制理論/Power-Control Theory) John Hagan의 권력통제이론(1985, 1987)은 범죄의 성별 차이를 설명하기 위하여 페미니즘이론, 갈등이론, 통제이론의 요소들을 종합하여 구성한 이론으로, 남성과 여성의 범죄차이를 가족구조(가부장적, 평등주의적)에 연결시켜 설명하는 이론이다. 이론의 구체적 내용은 ① 가족구조는 자본주의 체제에서 '계급적 위치'와 '남자와 여자에 대한 사회적 통제'의 차이에 의해서 결정된다. ② 가부장적 가정은 아버지의 직업이 타인에게 명령 지시를 내리는 것이고, 어머니가 전업주부이거나 명령 지시를 받는 복종적 위치의 직업을 가진 가정이며, 평등주의적 가정은 아버지가 없거나 부모가 공히 타인에게 권위를 가지는 직업에 종사하는 경우이다. ③ 남자는 위험을 '감수'하도록 교육하고, 여자는 위험을 '회피'하도록 교육하게 되는데, 특히 평등주의적 가정보다 가부장적 가정에서 그러한 경향이 강하다. ④ 가부장적 가정의 경우 남녀간의 비행이나 범죄의 차이가 크며, 평등주의적 가정일수록 그 차이가 적다는 것이다.

권리남용(權利濫用) 법률에서 인정한 사회적 목적과 어긋나게 권리를 부당하게 행사(行使)하는 일을 말한다. 형식상은 권리의 행사로서의 외형을 갖추고 있지만 그 권리의 본래의 사명을 벗어났기 때문에 실질적으로는 권리의 행사로 시인되지 않는 행위를 말한다. 민법에도 "권리는 남용하지 못한다."고 규정하여 민법의 근본원칙으로 삼고 있다. 어떠한 경우에 권리남용이 되느냐는 각 경우에 따라 판단하며, 권리남용의 경우 권리행사의 결과는 발생하지 않고 권리남용자의 요구에 따르지 않더라도 책임을 지지 않으며, 남용자의 행위가 불법행위로서 손해배상의 책임을 진다.

권리능력(權利能力) 권리나 의무를 가질 수가 있는 법률상의 자격 내지 지위를 말하는 것으로 권리능력 당사자는 사람으로서 사람에는 자연인과 법인이 있다. 자연인은 법률상의 인격자로서 성 · 연령 · 계층의 구별 없이 평등하게 권리능력이 인정된다. 법인은 사람의 결합인 사단법인과 재산의 집합체인 재단법인 모두 법률상의 인격을 부여하여 권리능력을 인정한다.

권리의무에 관한 문서(權利義務-文書) 권리의무의 발생 · 변경 또는 소멸에 관한 사항을 기재한 문서, 즉 법에 관계된 내용을 가진 문서로서 법률이 보호할 가치가 있는 것을 말한다. 예를 들면 매매의 신청서 또는 승낙서 · 유언서 · 매도증서 · 차용증서 등이다. 이와 같이 권리의무에 관한 사항 또는 이에 준할 사실증명에 관한 문항은 증명할 자료가 될 수 있는 문서만이 형법상 문서에 관한 죄의 객체가 될 수 있다.

권한부여(權限附與/empowerment) 권력의 공유와 하위 계층 구성원들에게 권한이나 권력을 위임하는 현상을 임파워먼트라고 한다. 조직 내의 하위 계층에게 권력과 권한을 위임함으로써 하위계층이 좀 더 자유롭게 직무를 수행 할 수 있도록 하는 것을 의미하며, 이는 조직 구성원들의 동기부여에 긍정적으로 작용한다.

귀납적 추리(歸納的 推理) 범죄수사상 추리의 하나로써 다수의 사실로써 하나의 결론을 추론하는 것을 말한다. 즉, 상승과정에서 입증하려고 하는 사실을 초점으로 하여 그 사실을 증명할 증거가 갖추어져 있는 가의 여부를 검토하는 것으로 고소 · 고발이 대표적이다.

규범 윤리학(規範 倫理學) 가치판단 기준과 관련되는 윤리학의 한 연구 분야를 말한다. 즉 옳고 그름 또는 의무인지 정의로운 것인지에 대해 주장을 하고, 그에 대한 근거를 제시하는 형식을 취한다. 따라서 행위에 대한 도덕적 평가의 기준을 제시하는 학문이며, 인간의 기본이나 실제 행위의 기준이 되는 규범들을 제시하는 것을 목적으로 하는 학문이다.

규범적 조직(normative organization) 규범적 권력이 주요한 통제수단이 되는 조직 유형으로 구성원은 조직에 헌신적이고 사명감, 일체감 그리고 충성심을 갖게 되는 조직이다. 이념적 정치조직, 종교단체, 병원, 대학 등이 규범적 조직 유형에 속하는 조직이다.

규제속도(規制速度) 차종별 혹은 도로의 구분에 따라 법 규정 등에 의해 제한된 운행 속도를 말한다.

규제표지(規制標識) 도로 교통의 안전을 위하여 각종 제한 및 금지 등의 규제 내용을 알리는 표지로 통행금지, 제한사항, 금지사항 등이 세 가지 종류가 있다.

규칙공리주의(規則功利主義) 규칙의무론과 같이 도덕적인 규칙을 강조하며 특정 행위가 최선의 결과를 가져온다는 것보다 최선의 결과를 가져오는 규칙에 따른 행위가 옳은 행위라고 강조한다. 의무론과는 달리 어떤 규칙이 모든 사람들에게 최대의 일반적 선을 가지고 오는지에 따라 규칙이 결정된다. 즉 행위가 가장 큰 공리를 가져오는 것이 아니라 어떤 규칙이 모든 사람들에게 가장 큰 공리를 가져오는지가 핵심이다.

근무복 착용기간(勤務服 着用其間) 경찰공무원의 근무복은 계절별로 구분하여 착용한다. 다만, 경찰청장 또는 소속기관장이 필요하다고 인정한 때에는 착용시기를 변경할 수 있다. 일반적으로 근무복의 착용기간은 9.21~익년 5,19, 성하복은 5,20~9.20이다.

근무성적(勤務成績) 주로 현직위의 업무수행상황을 평가하는 것이다. 평가요소는 공무원의 발전 가능성이 포함될 수 있으나, 그것은 중심적 평가대상이 아니며, 그에 대한 평가결과가 상위직에서의 성공여부를 확증해 줄 수 있는 것이 아니다. 그러므로 근무성적을 기초로 하여 승진을 결정하는 것은 원칙적으로 현직위에서의 성공여부를 기준으로 하는 것이라고 말할 수 있다.

근무성적평정(勤務成績評定) 과학적이고 합리적인 인사관리의 수단으로서 경찰공무원의 근무수행실력, 근무수행능력, 근무수행태도와 발전성 등을 상급감독자가 정기적으로 관찰 · 기록 · 평가하여 승진 등 공정한 인사관리의 기초자료로 활용하는 것을 말한다. 즉 조직구성원의 근무성적 · 능력 · 근무수행태도 · 발전가능성 등에 대하여 체계적이고 객관적이며 정기적으로 평가하는 것을 말한다. 경찰은 1995년부터 근무성적평정을 승진, 전보, 특진 그리고 특별상여금의 지급 등에 중요한 기준으로 삼고 있다. 현재 경찰관의 근무성적평정대상은 총경과 경정 이하의 경찰관이다.

근무성적평정 시기(勤務成績評定 時期) 총경이하의 경찰공무원을 대상으로 하는 경우는 전년도 11월 1일부터 당해 년도 10월 31일까지를 기준으로 한다. 또한 매년 1회씩 평정일로부터 20일 이내에 평정표에 의해 진행되며, 평정은 1 · 2 · 3차 감독자에 의해 단계별로 실시된다.

근본출처정보(← 혹은 직접정보) 정보를 수집하는 데 있어서, 중간매체가 개입되지 않는 경우의 정보를 말한다. 정보요원 자신이 직접 체험하여 수집한 것이 이에 해당한다. 일반적으로 근본출처정보 혹은 직접정보가 출처의 신빙성과 내용의 신뢰성면에서 우위가 있다 할 것이다.

근속승진(勤續昇進) 성실하게 경찰공무원으로 근무하고 헌신적으로 직무를 수행한 경찰관을 대상으로 상위계급으로 1계급 승진임용해 주는 것을 의미한다. 그러나 근속승진은 아무 근거 없이 승진시켜주는 것이 아니라 상위직의 직무수행능력이 인정되는 대상자라야 한다. "경찰공무원법 제11조 제2항은 경무관 이하 계급에의 승진은 승진심사에 의하되, 다만 경정이하 계급에의 승진에 있어서는 대통령령이 정하는 비율에 따라 승진시험을 병행할 수 있다"라고 규정하고 있다. 그러나 본 조문은 2006년 1월 개정되었고, 개정된 내용은 해당계급에서 일정기간 재직한 경찰관에 대해 대통령령이 정하는 바에 따라 순경을 6년 후 경장으로, 경장은 7년 후 경사로, 그리고 경사가 8년이 지나면 경위로 근속승진 시킬 수 있다고 개정되었다. 이것이 2011년에는 각각 5년, 6년, 7.6개월(7년 6개월)로 단축되어 시행 중이다. 이를 흔히 5 · 6 · 7.6경찰근속승진제도라고도 부른다.

근신(勤愼) 전투경찰대설치법에 의한 전투경찰의 징계 가운데 하나로써 훈련 또는 교육을 받는 경우를 제외하고는 평상근무를 할 수 없고, 15일 동안 일정한 장소에서 자기비행에 대해 반성하게 하는 징계를 말한다.

금오위(金吾衛) 고려시대의 군 조직으로는 서울의 경군으로 2군(軍) 6위(衛)가 있었는데, 이 중 금오위가 수도의 경찰업무를 담당하여, 수도 개경의 순찰 및 포도금란, 즉 도적을 잡고 반란을 방지하는 업무와 비위예방을 담당하였다.

급 · 대여품(給 · 貸與品) 경찰관에게 그 직무수행을 위하여 급여하는 물품과 대여하는 물품을 말한다. 즉 급여품은 경찰관 개인에게 지급되는 물품인데 현품으로 지급한다. 다만, 특별한 직무에 종사하는 자로서 제복을 착용하지 아니하는 자에 대하여는 급여품에 갈음하여 현금으로 지급할 수 있다. 대여품은 개인에게 지급하지만 사용 후 또는 사용중에라도 반납하여야 하는 물품을 말한다.

급 · 대여품 공용관리 급 · 대여품이라 함은 경찰관(전투경찰순경을 포함한다)에게 그 직무수행을 위하여 급여하는 물품과 대여하는 물품을 의미하며, 급 · 대여품 중 별표 1의 "공용관리 대상물품"의 경우 물품이동시 각급 경찰기관의 장비담당자는 제12조에 따라 물품을 등재 관리하고, 지구대 · 파출소 · 출장소 등의 지구대장 · 순찰팀장 · 파출소장 · 출장소장 등(이하 "지역경찰관리자"라 한다)은 별지 제1호 서식에 의한 "대여품관리대장" 및 제2호 서식에 의한 "대여품지급대장"을 비치하여 관리하여야 한다〈경찰장비관리규칙 제 17조 참조〉.

기계경비(機械警備) 민간경비의 주체에 따른 분류 가운데 하나로 인력경비에 대비되는 개념으로 범죄행위와 각종 재난 등으로부터 인적 · 물적인 가치를 기계경비시스템을 통하여 보호하는 경비형태를 말한다. 장점으로는 장기적으로는 경비가 절감되며, 감시지역의 광범위성과 정확성, 24시간 지속적으로 감시가 가능하다. 반면 단점으로는 초기 설치비용의 과다, 범죄자에 역이용 가능성, 오경보의 가능성 등이 있다.

기계적 관료제(機械的 官僚制/machine bureaucracy) 전통적 조직형태로서 표준운영절차(SOP)에 의해 운영되는 조직이다. 계층적 질서와 책임 구분이 명확하고 직무는 반복적이고 일상적인 업무가 많은 조직이다. 장점은 일반적인 관료제의 장점과 유사하고 규모의 경제적 이점이 있다. 조직규모가 크고 환경이 안정적이며 조직에 대한 외부통제가 이루어진다.

기계태업(機械怠業) 태업의 형태 가운데 물리적 태업의 하나로써 철물이나 설탕물을 기계 내에 투입하여 사용이 불가능하게 하거나, 전철기로 열차를 탈선하거나 전복케 하는 등 기계류의 조작에 의한 태업의 한 형태를 말한다. 기계태업의 특징은 다음과 같다. ① 범행이 용이하며 적발이 곤란하다. ② 목표물에 접근하여 있는 자가 실행한다. ③ 특별한 도구나 수단이 필요없다. ④ 장기공작원이 실행한다.

기관간 업무협조(機關間 業務協助) 기관간 업무협조란 한 기관이 업무를 처리 할 때 그 업무를 직접 담당하는 기관과 그 업무와 관계되는 다른 기관의 공동목적 달성을 위한 쌍방의 노력으로 협의에 의하여 관련 사항의 상호 균형과 조화를 유지 하도록 하는 것을 말한다. 업무협조의 요청을 받은 기관은 업무가 효율적으로 수행 될 수 있도록 적극 협조하여야 한다.

기관위임사무(機關委任事務) 국가 또는 상급지방자치단체가 지방자치단체의 장 또는 기타의 기관에 위임한 사무를 말한다. 단체위임사무에 대응하는 개념이다. 기관위임사무의 예는 도로 · 하천 · 공원 등의 유지 · 관리 · 호적 · 경찰사무 등이 있다. 지방자치법은 서울특별시 · 직할시 · 도 · 시 · 군 등에서 시행하는 국가행정사무(국가사무)는 법령에 다른 규정이 없는 한 서울특별시장 · 직할시장 · 도지사 · 시장 · 군수 등 지방자치단체의 장에게 위임하여 행하게 하고 있다. 지방자치단체의 장이 국가의 위임사무를 처리할 때에는 국가의 행정기관으로서의 지위를 가지게 되며, 그 사무 처리에 관하여 주무부장관 기타 국가의 행정기관의 감독을 받는다.

기능조직(機能組織) 관리자가 담당하는 일을 전문화하고 부문마다 다른 관리자를 두어 작업자를 전문적으로 지휘 및 감독하는 조직을 말한다. 즉 기능조직은 수평적 분화를 통해 관리자가 가능한 소수의 관리직능을 담당하도록 기능별 전문화를 기하는 조직형태이다. 장점으로는 작업이 전문화될수록 관리자의 자질이 있는 인원을 발견하기가 용이하므로 관리자를 짧은 시간에 양성할 수 있으며, 과업이 한정되므로 그 성과에 따라 보수를 가감할 수 있다. 이 같은 기능조직은 테일러(F. Taylor)가 계선조직의 결함을 시정하기 위하여 제창하였다.

기능직 공무원(機能職 公務員) 공직자가 토목건축, 전신, 위생, 기계, 화공, 선박, 농림, 보건위생 등의 기능적인 업무에 종사하는 공직자를 뜻한다. 기능직 공무원의 계급은 국회규칙, 대법원규칙, 헌법재판소규칙, 중앙선거관리위원회규칙 및 대통령령인 공무원 임원령은 기능직 공무원을 1등급에서 10등급으로 구분하고 있다.

기동대(機動隊/maneuver force) 의무경찰과 일반경찰로 구성되어 있으며 다중 범죄의 예방과 진압을 위해 조직된 경찰조직이다. 한국의 기동대는 경찰청장의 승인 하에 5개 중대의 기동중대를 둘 수 있다. 돌발 사태의 대처, 집단적 시위의 예방 및 경계, 진압, 대규모 행사의 경비, 다중범죄의 진압, 각종 일제 단속 따위를 실시하기 위하여 조직된 경찰관 부대를 말한다. 기동대의 구성은 경찰관으로 구성된 기동대와 전 · 의경으로 구성된 기동대로 구분된다. 서울지방경찰청 산하에는 현재 기동본부를 비롯 5개 기동단이 편제되어 활동하고 있으며, 기동본부장은 경무관이, 기동단장은 총경이 보임하고 있다. 기동대는 주 업무와 지원업무로 구분되며, 주 업무는 범죄 진압, 재해경비, 혼잡경비, 대간첩작전 등이고 지원업무는 교통지도 단속, 생활안전 활동, 범죄단속, 경호경비 등이다.

기동대원(機動隊員) 경찰기동대에 근무하는 경찰관과 전 · 의경을 말한다. 기동대에 근무할 수 있는 경찰관은 ① 경감 · 경위는 45세 미만인 자, ② 경사는 40세 미만자, ③ 경장 · 순경은 35세 미만자이어야 한다.

기동순찰(機動巡察) 112순찰차량에 의해 실시하는 것을 원칙으로 하되 필요시 방범오토바이 또는 자전거 등에 의해 실시한다. 112기동순찰 근무자는 지구대 관할 내 구역별로 배치하여야 하고 필요시 배치구역을 중첩되도록 하거나 우범지역 등이 연계되도록 순찰선을 지정 · 운용할 수 있다.

기동장비(機動裝備) 경찰장비관리규칙상의 개념으로 자동차와 원동기를 장치한 이륜차를 의미하며 일반적으로 차량이라는 용어로 사용되고 있다.

기록과 보고 일반적으로 경찰청장은 수입과 지출에 관한 내용을 장부에 기록하고 보관함과 동시에 월별로 기획재정부장관에게 재정보고서를 제출하는 절차에 따른다. 또한 경찰청장은 매분기마다 사업집행보고서와 예산에 관한 보고서를 기획재정부장관에게 제출하는 절차로 이루어진다.

기록물 분류기준표(記錄物 分類基準標) 처리과 별로 수행하는 단위 업무별로 보존 분류 사항(보존기간, 보존 장소, 보존방법, 비치여부) 및 검색어(특수목록) 등을 지정 · 고시하는 기록물 관리 규정으로 현대적 기록 관리시스템이다. 기록물 분류기준표는 출처 및 업무 기능의 동일성에 따라 기록물을 구분 관리하며, 중요도 및 물리적 특성에 따라 보존기간, 보존 장소, 보존 방법 등의 보존 방식을 구분하여 기록물 관리 및 활용의 효율성을 높이기 위해 도입된 제도이다.

기본급(基本給)　　공직자의 최저 생활을 보장하기 위해 가장 기본적인 임금 항목을 뜻하고 있다. 특수 상황에 의해서 지급되는 수당과는 많은 차이가 있다. 기본급은 본인급, 능력급, 근속급 등 세가지로 구성되며, 가족급, 지역급, 임시상여, 시간외 임금과 같은 수당은 포함되지 않는다.

기본정보(basic descriptive form of Intelligence)　　원래 국가정보를 시계열(time series)에 따라 분류하는 Sherman Kent의 분류방식에 의거, 분석형태에 따라 분류한 것이다.

과거의 사례를 총괄하여 서술적으로 망라형 정보를 제공해주는 것이며 과거의 사실이나 사건들에 대한 정적인 상태를 기술하여 놓은 정보를 지칭한다. 시계열을 기준으로 할 때, 과거에 해당한다. 국가안보와 정책결정에 필요한 모든 정보들을 망라하여 놓음으로써 정보사용자가 이를 참고하거나 정보생산자가 정보의 평가나 분석을 위해 활용하게 된다.

적성국을 포함하여 국가안보와 관련된 주요 관심국가에 대한 망라형(all source) 총괄정보를 의미한다. 일반적으로 정치, 군사, 경제, 과학기술, 사회문화, 지리, 인구, 역사 등 대상국가에 대한 첩보를 모두 포함한다.

기본정보는 과거의 사실이나 이벤트들에 대한 첩보를 수집, 분석해 놓은 것으로 일반적으로 참고용으로 활용된다.

국가정보원의 '세계각국소개' 혹은 CIA 'The World Factbook'이 기본정보의 대표적인 예라 할 수 있다.

기사도가설(騎士道假說/Cavalierism hypothesis)　　여성범죄의 은닉성을 설명하기 위해 O. Pollak이 주장한 이론으로 여성범죄가 은닉되는 중요한 요인은 여성을 향한 남성의 기사도(chivalry)정신이라는 것이다. 즉, 법집행기관이 여성에 대하여는 남성보다 관대하다는 것으로 그는 남성은 여성을 유순하고 보호가 필요한 존재로 취급해 옴에 따라 여성이 범죄자가 될 수 있다는 것을 믿기 어려워하고 신고나 고발, 유죄선고를 잘 하지 않는다는 것을 주장하였다.

그러나 그는 법원과 경찰에 의한 여성의 차별이 여성에게 이로운 측면만 논의했을 뿐, 어떤 여성(매춘부 등)은 희생양으로 이용되고 불리하게 차별받을 수 있다는 가능성은 무시하고 있다.

기소유예(起訴猶豫)　　피의사건에 대하여 범죄혐의가 인정되고 소송조건이 구비되었으나, 형법 제51조의 양형의 조건(범인의 연령 · 성행 · 지능과 성행 · 지능과 환경 · 범행동기 · 수단과 결과 · 범행후의 정황 · 피해자에 대한 관계)을 참작하여 공소제기를 하지 아니한 경우를 말한다.

기소중지(起訴中止)　　수사종결 형식 가운데 불기소처분(중간처리)의 하나로 검사가 피의자의 소재불명 등의 사유로 수사를 종결할 수 없는 경우에 그 사유가 해소될 때까지 수사를 중지하는 처분을 말한다. 기소중지는 잠정적인 수사종결이라는 점에서 협의의 불기소처분과 구별되며 수사의 종결이라기 보다는 수사의 중지처분에 해당된다.

기술감식(技術鑑識) 범죄감식의 분류 중의 하나로서 자연과학 등의 지식 · 기술, 최신기자재 등을 활용하여 경험과 육감으로서 파악할 수 없는 범죄현장에서 수사자료 등을 채집, 검사하고 감정하여 범인을 발견 · 범증확보를 하기 위한 수사활동을 말한다. 내용으로는 지문, 족윤적, 혈흔, 모발, 섬유, 미물 등의 채취 · 검사 · 감정, 사진촬영, 화재감식, 거짓말탐지기(poly-graph) 등의 사용, 성문감정 등이다.

기술정보(技術情報/Technical Intelligence) 과학이론을 응용하여 유형물을 제조하는 행위와 제조물의 설계, 조작원리, 명칭 및 성능에 관한 정보를 말한다. 통상 과학기술정보로 통용되나 엄격한 의미에서 과학정보와 기술정보는 상이하다. 즉, 과학정보가 자연법칙을 중심으로 하는 이론이라면 기술정보는 과학 이론을 실제로 응용하는 공예이고 또한 그런 공예물을 분석함으로써 얻어지는 기술이다. 다시말해 기술적 수단을 사용하여 수집한 정보를 말한다. 기술정보(Technical Intelligence: TECHINT)는 영상정보(imagery intelligence: IMINT)와 신호정보(signal intelligence: SIGINT)로 대별된다.

기안(起案/draft) 기관의 의사를 결정하기 위하여 문안을 작성하는 것을 말한다. 접수한 문서를 처리하기 위한 경우, 상급자의 지시 사항을 처리하기 위한 경우, 순수한 자기 발안 · 법령 · 훈령 · 예규 등의 근거에 의하여 하는 경우 등이 대부분이다. 기안의 방법에는 기안용지를 사용하는 일반기안, 공동기안, 수정기안, 일괄기안, 장부에 의한 기안, 보고서식에 의한 기안, 기안용지를 사용하지 않는 수정기안, 서식에 의한 처리 등이 있다.

기안문의 협조(起案文의 協助) 기안문의 내용이 다른 기관 또는 보조기관에 관련되는 것일 경우에 기안용지의 협조기관란에 협조기관의 서명 또는 협조문을 얻는 것을 말한다. 이것은 각 각 기안해 결재를 통하여 발신하고 결과를 기다리는 등의 복잡한 절차를 간소화하는 방법이다. 기안문과 상이한 의견일 경우에도 협조를 거부해서는 안 되며 상이한 의견을 기안용지의 협조란에 명시하든지 별지에 첨부하고 서명하여야 한다.

기안책임자(起案責任者) 기관의 의사를 결정하기 위하여 문안을 작성하는 것을 기안이라 하는바 기안책임자란 이 기안의 책임을 맡은 자를 말한다. 정부공문서규정 제17조에 의하여 기안책임자는 5급 이상 공무원 또는 이에 상당하는 공무원이 하도록 되어 있다. 그러나 5급 이상 공무원 또는 이에 상당하는 공무원이 과장급 이상의 직위에 보직된 행정기관과 6급 이하의 공무원 또는 이에 상당하는 공무원을 장으로 하는 행정기관의 경우에는 당해 기관의 장이 기안책임자를 따로 정하여야 한다.

기여제와 비기여제(寄與制와 非寄與制) 공무원 연금제도 조성의 하나로써 기여제란 정부와 연금수혜자인 공무원이 공동으로 기금조성의 비율을 부담하는 제도로 대부분의 국가들이 주로 채택하고 있는 제도이다. 비기여제란 기금조성의 비용을 정부에서 독자적으로 부담하는 제도를 말한다. 1960년부터 실시되고 있는 정부의 공무원연금제도는 기금제와 기여제를 채택하고 있으며, 우리나라의 공무원 연금제도는 퇴직 · 사망 · 노령 등에 의해 소득이 상실되거나 일시적으로 중단되었을 경우 설정된 기준에 따라 획일적으로 급여하는 사회보장방식의 연금제도이다.

기초수사(基礎搜査) 수사개시 당초에 수사상황의 결정 및 수사방침의 수립 등을 위하여 수사자료를 수집하는 활동을 말한다. 기초수사의 효과는 ① 범인상 및 범인의 조건을 명확히 하고 ② 현장자료를 면밀히 검토하여 효과적인 수사방침을 세울 수 있게 하며 ③ 사건판단 및 범행이 목표 · 장소를 확인 ④ 범인을 특정할 수 있는 근거를 마련하는데 있다. 기초수사의 내용은 ① 현장중심 수사 ② 피해자중심 수사 ③ 피해품중심 수사 등이 있다.

기초질서 위반사범(基礎秩序 違反事犯) 사람들이 일상생활에 흔히 범하기 쉬운 경미한 법익의 침해행위로서 경범죄처벌법과 도로교통법에 그 행위유형들이 규정되어 있으며 제재수단이 범칙금 부과로 되어 있는 행위를 말한다. 이러한 기초질서의 개념은 법률상의 용어나 학문적으로 정의된 개념이 아니라 실무상의 용어이다.

기초질서 위반사범단속은 국민의 일상생활 속에서 준법정신을 높이고 사회적 도덕심을 향상시켜 공동생활의 평화질서를 확보하고 비교적 경미한 범죄행위의 단속을 통하여 그 이후에 발생할 수도 있는 더 큰 범죄를 사전에 예방하는데 그 의의가 있다.

기타의 표현물(其他의 表現物) 이적표현물사범에 있어서 기타의 표현물이란 사람의 의사나 관념을 표현한 일체의 물건을 지칭한다. 문서가 대표적인 예시이며, 이 밖에도 도화 · 녹음테이프 · 영화나 사진의 필름 · 인터넷 가상공간 등도 여기에 해당된다.

긴급신원조사(緊急身元調査) 국가원수(외국원수포함)에 대한 경호 및 안전업무 수행을 위해서 행하여지는 신원조사를 말한다. 수명기관은 24시간 내에, 중계기관은 30분 이내에 희보하여야 하며 그 대상은 국가원수 참석하에 실시되는 각종 행사에 참여자(예정자포함) 중 경호 및 안전업무에 필요한 자와 청와대에서 필요로 하는 자(진정인, 면회요청자, 무단출입기도자 등) 등이다.

긴급자동차(緊急自動車) 본래의 긴급한 용도로 사용되고 있는 중인 자동차로서 법정 긴급자동차인 ① 소방자동차, ② 구급자동차, ③ 경찰용자동차 중 범죄수사, 교통단속 그밖에 경찰임무 수행에 사용하는 자동차, ④ 국군 및 주한국제연합군의 자동차중 군내부질서 및 부대이동을 유도하는 데 사용되는 자동차, ⑤ 수사기관의 자동차중 범죄수사를 위하여 사용되는 자동차, ⑥ 교도소 또는 교통기관의 자동차중 도주자의 체포 또는 피수용자의 소송경비를 위하여 사용되는 자동차 및 지방경찰청장의 지정을 받아야 하는 자동차, ⑦ 전기사업 가스사업 기타 공익사업기관에서 위험방지를 위한 응급작업에 사용하는 자동차, ⑧ 민방위업무를 수행하는 기관에서 긴급예방 또는 복구를 위한 출동에 사용되는 자동차, ⑨ 도로관리를 위하여 사용되는 자동차중 도로상의 위험을 방지하기 위한 응급작업에 사용되는 자동차, ⑩ 전신 · 전화의 수리공사 등 응급작업에 사용하거나 우편물의 운송에 사용하는 자동차 또는 긴급배달 우편물의 운송에 사용되는 자동차 및 전파 감시업무에 사용되는 자동차, 그밖에 ⑪ 긴급자동차에 유도되거나 ⑫ 생명이 위급한 환자를 운반중인 자동차 등이다. 긴급자동차는 일반자동차에 비하여 특례인정 우선권 등을 부여받는 반면 일정한 구조 · 기준을 갖추어야 한다. 긴급자동차의 지정 등에 관하여는 도로교통법 제2조 제16호를 근거로 동법시행령 제2조 및 제3조 동법시행규칙 제1조 · 제2조가 있고, 도로교통법 제25조에는 긴급자동차의 우선 제26조에 특례규정이 있으며, 제15조의 속도제한과 제48조의 운전자준수사항 중 좌석안전띠 착용, 제60조에 고속도로진입시의 우선 등의 특례가 규정되어 있고, 자동차관리법 제29조를 근거로 한 자동차안전기준에관한규칙 제58조에 경광등 및 싸이렌의 부착 등이 규정되어 있다.

긴급지휘무선망 경찰이 업무를 수행하면서 긴급상황이 발생할 경우 긴급지휘 무전기를 현장에 설치하여 지휘부와 현장 간에 운용하는 무선통신망을 의미한다.

긴급체포(緊急逮捕) 헌법 제12조 제3항 단서가 근거규정으로 중대한 범죄혐의가 있고 체포의 필요성이 인정되며 긴급을 요하는 경우에 현행범인이 아닌 피의자를 영장없이 먼저 체포한 후 구속영장을 발부받는 제도를 말한다. 즉, 긴급체포는 체포의 긴급성에 대처함으로써 수사의 합목적성을 실현하기 위한 제도로, 목적은 영장주의원칙을 고수함으로써 중대범죄인을 놓치는 결과를 방지하기 위함이다. 긴급체포의 절차는 긴급체포 → 범죄사실 등 고지 → 긴급체포서 작성 → 긴급체포원부 기재 → 긴급체포 통지 → 긴급체포 승인 건의(12시간 내) → 구속영장 신청 또는 석방 등이다.

긴장이론(緊張理論/Strain Theory) 사회해체이론이 지역사회의 제도적 조건을 중심으로 범죄를 설명한 반면에 긴장이론은 보다 큰 사회적 조건에 초점을 맞추는 이론이다. Robert Merton에 의하면, 문화적으로 규정된 목표와 이를 성취하는 합법적 수단 사이의 불일치가 아노미 상태를 초래하고, 불일치로 인한 좌절(긴장)을 경험한 사람들이 범죄에 의존한다고 본다. 따라서 Merton의 이론을 아노미(anomie)이론이라고도 한다.

길 가장자리 구역(區域) 보도와 차도가 구분되지 않은 도로에서 보행자의 안전을 확보하기 위하여 안전표지 등으로 그 경계를 표시한 도로의 가장자리 부분을 말한다. 1984년 8월 4일 도로교통법 개정시까지는 노견(路肩), 노측(路側), 길어깨 등으로 혼용되었으나, 명칭의 한글화와 통일성을 위해 길 가장자리 구역으로 통일되었다.

깨진유리창 이론(Broken-window theory) 1982년 미국의 사회학자 James Q. Wilson과 범죄학자 George L. Kelling이 Atlantic Monthly에 게재한 논문「broken window」에 의하여 제창된 이론이다. 논문의 부제「경찰과 지역의 안전: The Police and Neighborhood Safety」가 보여주듯이, 이 이론은 경찰과 지역공동체의 관계에 착안하여, 기존의 시점을 전환하는 것에 의하여, 범죄를 감소시키고 생활의 질적 향상을 도모하는 것을 목적으로 하고 있다. 특히, 미국에서 지하철의 깨진 유리창을 방치한 결과 시민들의 준법의식이 없어져 강력범죄가 증가한다는 심리학자의 실험결과에 착안해서 붙여진 이름이다. 공동체 내의 사소한 무질서를 계속 방치하다 보면 결국에는 사회전체로 무질서가 확대되어 범죄화되기 때문에 조그만 불법 · 무질서라도 방치하지 말고 제때에 단속하고 조치를 취해야 한다는 이론으로 기초질서단속의 중요성을 말해준다.

ㄴ

ㄴ

낙인이론(烙印理論/labeling theory) 1960년대에 등장한 Lemert와 Becker로 대표되는 낙인이론은 행위주체들간의 상호작용과정을 가장 잘 이론화한 관점으로 볼 수 있다. 사회반응이론이라고도 하는 낙인이론은 범죄를 사회화과정으로 이해하였다. 그러나 범죄의 원인을 연구하기보다 범죄 자체를 연구하여 왜 사람이 범죄를 저지르는가에 대한 관심보다 왜 사람을 그렇게 일탈자로 인정하고 차별하며 평가하고 강조하며 자의식을 심어 주는지를 연구하는 사회과정 이론이다. 낙인이론의 주요 논점은 다양한 원인과 영향에 의해 야기되는 범죄행위의 결과로 붙게 된 공식적 낙인이 그 행위자를 관습적 사회와 기회로부터 격리 · 소외시킨다는 것이다. 또한 그러한 합법적인 기회의 제한은 반대로 불법적 기회를 증대시키게 되고 이로 인해 지속적인 범죄행위를 야기한다고 본다. 그러나 낙인이론에서는 2차적 일탈에 초점을 두고 있기 때문에 1차적 일탈과 강자(권력을 소유한 사람들)의 일탈을 경시하는 경향이 있으며, 무엇이 일탈을 일으키고, 일탈률의 증가와 감소는 어떠하며, 일탈을 줄일 수 있는 방안은 무엇인가 하는 등의 질문들에는 적절한 대답을 하지 못한다는 등의 비판이 제기된다.

난선순찰(亂線巡察) 경찰사고발생상황 등을 고려하여 임의로 순찰지역이나 노선을 선정, 불규칙적으로 순찰하는 방법으로, 사전에 순찰노선을 정해 놓지 않고 임의로 불규칙적으로 순찰하는 방식이다. 범죄자의 예측을 교란시킬 수 있고, 종횡무진한 순찰을 통하여 범죄예방을 증대시킬 수 있으나, 순찰근무자에 대한 위치추적이 곤란하고, 근무자의 태만과 소홀을 조장할 수 있다.

난수표(亂數表) 암호문이라고도 하며 간첩이 지령이나 보고의 내용을 은닉하거나 보호하기 위해 약정한 암호 문건을 말한다.

난폭운전(亂暴運轉) 안전한 도로교통에 저해되는 운전 행위로서, 고의로 다른 사람의 교통을 방해하거나, 위협하는 운전 행위를 말한다. 예를 들어 급차선변경, 지그재그운행, 급제동, 직진도로에서 간선도로에 진입시 직진차량에 위해를 초래하는 행위 등이다.

납부핀(Nalbuphine) 응급환자용 강력 진통제로 사용되는 약물로 환각성으로 인해 유흥업소 등에서 많이 쓰이는데 누바인이라고도 불린다. 중독성이 강해 신체에 금단현상이 나타나며 우울증, 두통, 환각공상으로 인해 호흡곤란, 언어장애, 구토, 복통 등의 부작용이 나타날 수 있다.

내부고발자(內部告發者/deep throat, whistle blower)　특정 집단의 구성원이 내부에서 저질러지는 부정부패와 비리를 외부에 알림으로써 공공의 안전과 권익을 지키는 자를 말한다. 영국 경찰이 호루라기를 불어 시민의 위법행위와 동료의 비리를 경계한 데서 생겨난 말이다. 예컨대 어떤 식품회사가 불량 재료를 사용하는 것을 직원이 관계기관에 고발하는 행위 같은 것을 말한다. 공무원들의 각종 비리, 정경유착의 현장, 노동자에 대한 부당한 차별, 공공 의료기관들의 부도덕성, 환경 · 식품의 유통과 제조에 관련된 반사회적 행위 등이 이런 고발대상이 된다. 언론용어로는 '익명의 소식통'이라고 하며, 이와 관련된 유명한 사건으로는 미국의 닉슨 대통령을 해임으로 이끈 워터게이트의 내막을 워싱턴포스트 기자에게 전화로 알려준 자가 스스로를 'deep throat'로 지칭한 경우가 있다.

내부임용(內部任用)　채용된 경찰관을 적합한 임무를 효과적으로 수행할 수 있도록 배치운용하는 과정을 말한다. 어떠한 직책을 부여하고 그 직책을 잘 수행하도록 하는 것으로 보직관리라고도 한다. 즉, 보직관리란 어떤 직위에 가장 적합한 사람을 배치하여 업무를 수행하게 하는 것을 말한다.

내사(內査)　일반적으로 수사개시 이전의 단계를 말한다. 즉, 신문기사, 풍문, 익명의 신고, 풍설 등의 내용이 범죄의 혐의 유무를 조사할 만한 가치가 있다고 판단될 때 그 진상을 규명하기 위하여 사건이 형사사건으로 입건되기 이전 단계에서 조사하는 것을 말한다. 내사의 종류에는 첩보내사, 진정 · 탄원내사, 일반내사 등이 있으며, 내사의 종결권자는 경찰서장이다.

내인성 급사(內因性 急死)　사망의 원인이 될 어떤 증상이 출현되기 시작하여 약 30분 이내에 사망하는 것을 말한다. 내인성 급사의 유발요인은 ① 육체적 행동: 운동, 노동, 입욕, 계단의 승강, ② 정신적 흥분: 놀라움, 심한 감정의 변화, ③ 음주, 성교, 분만, 마취, 수술 등, ④ 타인으로부터의 구타 등이다.

네트워크조직(network organization)　권한의 형식적 위계보다 계약이나 동의에 의해 행동들이 조정되는 서로 다른 조직들의 집단이다. 네트워크조직은 고도로 분권화되어 있으며 상호 영향력과 의사소통을 극대화하는 통합된 체계로서 급변하는 조직환경에 의해 발생하는 상황에 대해 효율적이며 적절하게 대응 할 수 있다. 리프낵과 스탬프스(Lipnack & Stamps)는 네트워크조직의 기본원리를 공동목적, 독립적인 구성원, 자발적인 연결, 다수의 지도자, 계층통합 등으로 제시하고 있다.

노동조합(勞動組合/labor union)　현행 「노동조합 및 노동관계조정법」에 의한 노동조합은 근로자가 주체가 되어 자주적으로 단결하여 근로조건의 유지 · 개선 기타 근로자의 경제적 · 사회적 지위의 향상을 도모함을 목적으로 조직하는 단체 또는 그 연합단체를 말한다. 최고의사결정기관은 총회이며, 노동조합의 대표자는 그 노동조합 또는 조합원을 위하여 사용자나 사용자단체와 교섭하고 단체협약을 체결할 권한을 가진다. 근로자는 자유로이 노동조합을 조직하거나 이에 가입할 수 있다. 다만, 공무원과 교원에 대하여는 따로 법률로 정한다.

노령자 보호 경찰(Senior Liaison Officer) 1955년 미국 콜로라도주 아바다 경찰서에서 실시한 60세 이상 시민들에게 봉사하는 관습화된 프로그램을 말한다. 이 프로그램은 생필품을 공급하고, 문제점 등을 해결하고, 적당한 봉사를 하기 위해 노인들과 함께 행동한다. 이 프로그램의 장기적인 목표는 노인들 간의 범죄에 대한 두려움을 줄이고, 질 높은 봉사활동을 노인들에게 제공하기 위한 것이다.

노면표지(路面標識) 도로 위의 노면(路面)에 차량운행의 안전 및 원활한 소통을 위해 페인트, 도료(塗料) 등을 사용하여 표시하는 것을 말한다. 그 내용은 중앙선, 안전지대, 횡단보도, 정지, 속도제한, 서행, 방향 등이다.

노상경호(路上警護) 연도 · 노변경호라고도 불리우는데, 피경호자가 육로를 이용할 경우 도로상에서 경호근무를 실시하는 것을 말한다. 즉, 경호대상자가 통과하는 도로 등 기타 장소에 경호원과 경호경찰관을 배치하여 경호위해자와 위험물을 발견 · 제거하여 안전하게 통과할 수 있도록 하는 경호방법을 말한다.

노상주차(路上駐車) 도로상에서 차량이 주차하는 것을 말한다. 주차장이 아닌 차로에 주차하는 것이다.

노쇠화이론(aging out theory) 장기간의 복역으로 인한 범행기회의 상실이 범죄감소의 원인이 된다는 이론이다. Siegel의 이론으로 범행의 결과로 체포되어 장기간 구금당하게 되면 범행의 기회가 상실되기 때문에 범죄가 감소하게 된다고 본다.

노숙자를 위한 프로그램(Homeless Program) 1991년 미국 산타모니카, 캘리포나아 경찰에서 노숙자를 위해서 실시한 프로그램이다. 이 프로그램의 목적은 노숙자 문제의 악순환을 없애고, 지역사회의 주민들과 사업자들을 위해 삶의 질을 향상시키는데 있다. 특히 4명의 경찰관이 한조가 되어 노숙자들에 대한 지역주민의 관심을 직접적으로 끌어들이는 경찰조직을 만들어 노숙자 연락 프로그램을 시도했다.

노인보호구역(老人保護區域) **또는 장애인보호구역**(障碍人保護區域) 교통사고의 위험으로부터 노인 또는 장애인을 보호하기 위하여 필요하다고 인정하는 때에는 도로 가운데 일정 구간을 노인보호구역으로 또는 장애인보호구역으로 각각 지정하여 차마의 통행을 제한하거나 금지하는 등 필요한 조치를 할 수 있다. ① 노인복지법 제31조에 따른 노인복지시설 중 행정안전부령으로 정하는 시설, ② 자연공원법 제2조 제1호에 따른 자연공원 또는 도시공원 및 녹지 등에 관한 법률 제2조 제3호에 따른 도시공원, ③ 체육시설의 설치 · 이용에 관한 법률 제6조에 따른 생활체육시설, ④ 장애인복지법 제58조에 따른 장애인복지시설 중 행정안전부령으로 정하는 시설 등이 이에 해당된다.

뉴레프트(New Left) 운동 신좌파운동이라고도 하며 1960년대에 기존체제와 질서를 부정하면서도 마르크스주의 노선에 입각한 기존 좌익조직의 행동규율에 반기를 들고 행동하는 새로운 좌익행동파의 집단을 말한다.

NewYark시 도보순찰실험 뉴저지 주의 뉴왁에서는 1978년 2월부터 1979년 1월에 기존 도보순찰의 효과성이 떨어지는 점에 대해 경찰관들의 재배치를 통해 도보순찰실험을 실시하였다. 주로 순찰경찰관들이 매일매일 작성하는 활동기록표를 토대로 도보순찰의 효과성을 평가하였다. 실험결과 지역 주민들의 안전감은 증가하였으나 범죄의 감소에는 영향이 없는 것으로 확인되었다.

Nysten법칙 시체굳음(경직, 시강)에 대해 1811년 프랑스의 물리학자이자 화학자인 Nysten이 주장한 법칙을 말한다. 시체굳음은 춥고 습한 곳에서 환기가 잘 되고 마른 공기상태보다 오래 지속되는바, 체온, 즉 주위의 온도에 영향을 잘 받는다. 시체굳음은 순차적으로 발생하는데 저작근, 얼굴과 목의 근육, 체간과 팔 그리고 마지막으로 다리에 이전된다. 턱관절 → 어깨관절 → 손발의 상지 → 손 · 발가락 순으로 진행된다.

ㄷ

ㄷ

다수결의 원칙(多數決-原則)　　국체나 기관의 의사결정 내지 대변자의 선출 등을 그 단체 또는 기관의 다수 의견에 의하여 행하는 원칙을 말한다. 대의민주정치와 더불어 민주정치의 기본원칙을 이루고 있다. 다수결 원리의 이상적 근거에는 국민평등의 원리와 다수의 결정에 따르는 것이 보다 합리적이라는 경험적 판단과, 독단이나 전제를 배제하는 상대주의적 견해가 포함되고 있다. 다수결원리의 본질은 단순한 수의 지배 또는 힘의 지배가 아니라 논리의 지배라는 데에 있다. 또한 다수결은 그 전제로서 성원 상호간에 이성적 토론을 예정하고 있다. 이성적 토론은 소수의견의 존중과 반대의견에 대한 설득이 전제될 때에만 가능하다. 다수결방식에는 단순다수에 따르는 단순다수결(simple majority), 과반수의 결정에 따르는 절대다수결(absolute majority), 3분의 2 또는 4분의 3과 같은 특정다수의 결정에 따르는 제한다수결(qualified majority)이 있다.

다이버전(Diversion)　　전환조치라고도 불리는 다이버전은 일반적으로 공식적인 사법절차로부터의 이탈이라는 요소와 사회내처우 프로그램에의 위탁이라는 요소에 의하여 파악될 수 있다. 즉, 그 범위에 관하여 법원의 판결이 내려지기 전에 형사사법기관이 통상의 사법처리절차를 중지하는 조치로 이해하는 견해와 시설내처우를 사회내 처우로 대체하는 것과 같이 형사제재의 최소화를 뜻하는 개념으로 파악하는 견해로 나누어 볼 수 있다. 다이버전은 현실적으로 1960년대 미국에서 범죄의 증가와 이에 따른 법원의 부담가중, 교도소의 과밀수용이 문제가 되어 경미한 범죄에 대한 비범죄화 내지 교정시설의 선별수용, 형사절차에서의 선별처리 등의 다양한 대처방안이 논의되었다. 다이버전은 범죄인에게 유죄판결을 피할 수 있도록 하여 낙인효과를 방지하며 형사사법제도에 융통성을 부여하여 범죄를 효과적으로 처리할 수 있도록 하고, 과밀수용을 방지하여 교정의 효과를 극대화할 뿐만 아니라 각종의 시설내 처우의 폐단을 치휴할 수 있는 가장 합리적인 대안으로 주장되고 있다. 다이버전의 유형은 ① 형사사법절차 이전의 단계: 비범죄화를 의미하며 경미한 범죄에 대한 실정법상의 다이버전, ② 구금의 대안으로서 다이버전: 경찰단계에서 교정단계에 이르기까지 전 형사사법단계에서 가능하며 경찰단계에서의 훈방, 검찰단계에서의 선도조건부 기소유예, 재판단계에서의 형의 유예, 그리고 교정단계에서의 보호관찰부 가석방 등이 각 사법단계별 대표적인 다이버전, ③ 개입여부에 따른 분류: 전통적인 형사절차를 취하지 않는 일체의 제도를 의미하는 단순 다이버전과 일정한 비공식적 체재를 수반하는 형태의 다이버전인 개입형 다이버전으로 나뉜다.

다중범죄(多衆犯罪) 다수의 군중(2인 이상)이 각종 정치적 · 경제적 · 사회적 · 문화적 문제들에 대해 특정(특수)집단의 주장이나 주의를 관철시킬 목적으로 시위나 폭동을 행사함으로써 사회공공의 안녕과 질서를 해하는 범죄를 말한다. 특성으로는 초기에는 평화적으로 시작되는 경우가 많으나 종국에는 사회질서를 혼란시키고 국가존립을 위태롭게 할 우려가 많기 때문에 국가전체 사회에 미치는 영향은 크다고 할 수 있다.

다중범죄 진압의 기본원칙(多衆犯罪 鎭壓의 基本原則) 다중범죄를 진압하는데 있어서 경찰관이나 전 · 의경들이 준수해야 할 원칙을 말한다. ① 신속한 해산: 군중심리의 영향으로 파급성이 강하기 때문에 초기단계에서 신속하게 해산시켜야 한다. ② 주모자(주동자) 체포: 주모자(주동자)가 체포될 경우 집단은 방향력을 잃고 무기력해 질 수 있다. ③ 재집결 차단: 다중범죄에 있어서 군중은 해산된 후에도 다시 집결하는 경우가 많으므로 철저한 검문검색을 통해 재집결을 차단해야 한다.

단순추천제(單純推薦制) 공무원 임용 추천시에 채용후보자에 등록된 순서에 따라 결원된 인원의 숫자만큼 추천하는 방법이다. 채용시험이 절대적으로 타당성과 신뢰성을 지닌다는 전제에 입각하고 있는 이 방법은 임용권자의 재량권을 배제하기 위한 반엽관주의 인사원칙에 근거하고 있다.

단일형(單一形) 간첩망의 형태 가운데 하나로써 간첩이 단일 특수목적을 수행하기 위하여 동조자를 포섭하지 않고 단독으로 활동하는 점조직으로 대남간첩이 가장 많이 사용하는 형태이다. 단일형은 간첩상호간에 종적, 횡적연락의 차단으로 보안유지 및 신속한 활동이 가능하다.

단일호봉제(單一號俸制) 공무원의 급여를 호봉별로 차등을 두는 제도를 뜻한다. 단일호봉제는 계급 개념이 없는 교원 등 비계급제 공무원에게 적용된다.

단체위임사무(團體委任事務) 자치단체에 대하여 국가 또는 다른 자치단체가 위임하는 사무로서 기관위임사무에 대응하는 개념이다. 사무의 위임은 일종의 부담인 까닭에 법적근거를 요하며, 단체위임사무는 위임된 이후 그 자치단체의 사무가 되므로 자주적 책임 하에 처리되며, 지방의회의 의결을 거쳐 집행된다. 따라서 고유사무와 취급에 있어서는 다르지 않지만 위임에 있어서 반드시 개별적인 법적 근거가 있어야 하고 경비를 위임자인 국가나 다른 공공단체가 부담하는 점에서 고유사무와 다르다.

달솔과 방령(達率과 方領) 백제의 지방관직으로 당시 백제의 지방관제는 수도에 5부를 두어 달솔(達率)이, 지방에는 5방제를 취하여 방령(方領)이 다스리게 하였는데 이들이 지방행정과 함께 치안책임도 수행했으리라고 추정된다.

당연퇴직(當然退職) 경찰공무원이 일정한 사유가 발생하게 되면 근무관계가 소멸되는 경우를 말한다. 당연퇴직사유에는 경찰공무원 결격사유에 해당되는 경우, 연령정년, 계급정년에 도달한 경우, 사망한 경우 등이 있다. 경찰공무원이 경찰공무원법 제7조 제2항 각호의 1에 해당하게 된 때에는 당연히 퇴직된다(경찰공무원법 제21조). 경찰공무원법 제7조 제2항에 규정된 당연퇴직자는 다음과 같은 사유가 있을 경우 당연퇴직하게 된다. 예를 들면, ① 대한민국국적을 가지지 아니한 자, ② 금치산자 또는 한정치산자, ③ 파산자로서 복권되지 아니한 자, ④ 자격정지 이상의 형의 선고를 받은 자, ⑤ 자격정지 이상 형의 선고유예를 받고, 그 선공유예기간 중에 있는 자, ⑥ 징계에 의하여 파면 또는 해임의 처분을 받은 자이다. 그러나 2003년 5월 경찰공무원법 개정으로 ⑤의 사유는 제외되었다. 또한 연령정년 혹은 계급정년에 해당되는 자도 당연퇴직 된다. 경찰공무원법 제24조에 의하면 경찰공무원의 연령정년은 경정 이상 60세, 경감 이하 57세였다. 그러나 2009~2010년에 58세, 2011~2012년에 59세 그리고 2013년부터는 모든 경찰들이 모든 계급에서 60세까지로 퇴직기간이 늘어나게 되었다. 계급정년은 치안감 4년, 경무관 6년, 총경 11년, 경정 14년이다. 수사 · 정보 · 외사 · 보안 등 특수부서에 근무하는 경찰공무원으로서 대통령령이 정하는 총경 및 경정의 경우에는 3년 범위 안에서 대통령령이 정하는 것에 의하면 계급정년을 연장할 수 있다. 경찰청장 또는 해양경찰청장은 전시 · 사변 기타 이에 준하는 비상사태 하에서는 2년의 범위 안에서 동법 제24조 제1항 제2호의 규정에 의한 계급정년을 연장할 수 있다.

당직근무(當職勤務) 공휴일 또는 근무시간 외에 그 기관의 모든 업무처리를 대신해서 근무를 하는 것을 말한다. 당직의 구분은 일직과 숙직으로 구분되는데, 일직은 정상근무일의 근무시간을, 숙직은 정상근무시간 또는 일직근무 시간이 종료될 때부터 다음날의 정상근무 또는 일직근무가 개시될 때 까지를 말한다.

대간첩 작전(對間諜 作戰) 적의 침투를 봉쇄하고, 침투한 적을 조기에 색출 · 검거 · 진압하는 것을 말한다. 대간첩 작전은 통합방위법, 통합방위법 시행령, 통합방위지침(대통령훈령제28조)에 근거한다. 대간첩작전은 크게 갑종사태(대통령 선포)와 을종사태, 병종사태(시 · 도지사 선포)로 구분한다.

대결(代決) 결재의 한 종류로써 결재권자가 휴가나 출장 기타의 사유로 결재권자의 사정에 의하여 결재할 수 없는 때에 그 직무를 대리하는 자가 행하는 결재를 말한다. 이 경우 내용이 중요한 문서는 원결재권자에게 대결문서의 내용을 공람케 하거나 보고해야 한다.

대기발령(待機發令) 일반적인 대기발령은 인사 수요 · 공급의 불일치에 따른 경우이다. 공무원 임용령 제43조에는 무보직 발령이 가능한 경우로 휴직자의 복직, 파견자 복귀, 파면 · 해임 · 면직자 복귀 때 해당 직급에 결원이 없거나 1년 이상 장기국외훈련을 위해 2개월 이내에서 준비기간이 필요할 때 등을 들고 있다. 업무능력을 이유로 한 대기발령 조치도 있다. 고용노동부는 지난해 중앙부처로는 처음으로 무능 · 태만 공무원 40여명을 무더기 대기발령을 낸 바 있다. 지자체의 경우,

서울시가 2008~2009년, 2년에 걸쳐 모두 14명을 퇴출시킨 바 있다. 대기발령자는 출근의무도 없고 보수도 감액된다. 정상 근무에서 배제되기 때문이다. 급여와 기본 수당은 챙기지만 시간외 수당, 교통보조비, 정액급식비 같은 실비변상적 성격의 수당은 받을 수 없다. 4급 이상인 경우에는 관리업무수당과 직책금, 정액급식비, 교통보조비를 받지 못한다.

대등적 자치경찰제(절충형 또는 혼합형) 국가경찰과 자치경찰이 상호 병존해 운영되는 경찰체제로 사무의 영역을 가지고 구분한다. 경찰사무가 국가경찰사무로 분류된 것은 국가경찰이 담당하고 반대로 자치경찰사무로 이루어진 것은 지방경찰이 수행하는 것을 의미한다. 때에 따라서는 국가경찰이 업무를 자치경찰에 위임하여 그 업무가 이루어지게 하고 동시에 그 관리와 책임을 직접 지시 및 감독하는 통제권을 가지게 된다. 때문에 국가경찰과 자치경찰은 국가위임 사무를 제외하고는 종속적이거나 상하적인 관계가 성립되지 않고 상호간에 대등한 관계를 형성한다. 그럼에도 불구하고 실제에서는 국가경찰이 자치경찰을 은근히 지배하는 구조를 형성하게 된다는 점이 통설이다. 즉 자치경찰이 국가경찰의 영향권을 벗어나기가 쉽지 않기 때문이다. 이는 제도적이라기보다 경찰업무의 성격상, 경찰문화적 전통, 관행 등에 따라 다르다. 절충형 경찰제를 시행하는 나라는 일본이 대표적이다.

대량형 간첩(大量形 間諜) 간첩의 분류 가운데 활동범위에 의한 분류로써 주로 전시에 파견되어 특수한 대상의 지목도 없이 광범위한 분야에서 정보를 수집하는 간첩을 말한다.

대마 중국, 인도, 북부아프리카, 중남미 등에서 많이 재배하며 섬유, 천식, 두통의 약물로 재배해 왔다. 대마는 일명 삼이라고도 불린다. 그물을 짜는 원료로 쓰이며, 종자는 조미료용, 채유용으로도 쓰인다.

대마수지(해쉬쉬/Hashish) 성숙한 대마의 정상 꽃대 부분의 수지성 분비물을 알콜로 침출, 채취 또는 가마솥에서 증류하여 건조, 농축한 제품으로 마리화나보다 10배가량 효과가 높다. 모양은 찌꺼기가 말려진 덩어리로 색깔은 갈색, 암갈색, 흑색 등이다. 해쉬쉬는 그냥 피거나 흡입할 수 있는데 흡입시 마취성이 있어 혼수상태에 빠질 수 있다(http://www. conan21.com/xe/).

대마초(大麻草) 대마의 잎과 꽃대 윗부분을 건조시켜 담배 형태로 만들어서 피는 것을 말하며 포루투칼어로 마리화나(Marijuana)라고 부르고 있다. 이는 약리작용으로 흥분과 억제작용을 동시에 가지고 있고 환각제이다. 적은량을 복용시 초조감, 풍족감, 이완감을 느끼면서 시고의 형성과 표현의 예민한 변화와 함께 시각, 후각, 촉각, 미각 등도 변화한다. 그리고 다량을 남용할 경우는 공중에 뜨는 느낌과 빠른 감정의 변화를 경험하는 동시에 상실, 자아실현, 환각, 환청 등이 나타나는 것으로 알려졌다. 대마초는 합법적으로 재배하는 삼에서 채취할 수 있고, 국내에서도 야생 대마초를 손쉽고, 저렴하게 구입할 수 있으며, 중독성이 약하여 언제든지 끊을 수 있다는 인식을 갖는다. 한편 대마초는 3~4월경 파종 또는 야생되어 6~7월 성숙되므로 잎을 잘라 말린 후 가루를 내어 종이에 말아서 사용한다.

대민연락관제도(Community Liaison Dfficer) 1987년 영국은 런던경시청 및 경찰국 당위에 대민과(Community Relations Branch)를 그리고 각 경찰서에 대민연락관을 두고 관내 주민에 대하여 경찰업무활동을 홍보하여 이해를 돕고 경찰의 대민행정 시책에 대하여 종합적인 조정과 청소년선도활동에 대한 지도감독을 행하도록 하고 있다. 이들은 경찰과 일반사회와의 좋은 관계유지, 경찰활동의 일반시민의 이해촉구, 경찰활동과 방범활동에 대한 시민의 적극적인 참여와 협력을 유도하는 역할을 하고 있다.

대변인(代辯人) 경찰홍보 업무를 총괄하는 직책을 말한다. 기존의 공보관을 2005년 4월 15일 홍보관리관으로 명칭을 변경하였으며, 2008년 2월 29일 홍보관리관을 대변인으로 명칭을 변경하여 현재에 이르고 있으며, 경무관급에서 담당하고 있다. 대변인실의 주요업무로는 ① 경찰홍보에 관한 기획 및 조정, ② 보도자료 수집 및 배포, ③ 경찰관련 신문, 방송 및 간행물 보도 분석, ④ 언론사 협조 업무 및 각종 보도에 대한 대응 조치, ⑤ 경찰홍보 간행물의 발간 및 관리, ⑥ 기자실, 방송모니터실, 경찰청 방송국 운영 및 경찰악대, 의장대 관리 등이다.

대외연락부(對外連絡部) 노동당계열 소속으로 공작원의 밀봉교육 및 남파, 남한 내 지하당 구축 및 해외공작을 전담하는 북한의 대남공작 기구이다. 1995년 10월 부여간첩 김동식이 소속되었던 부서이다.

대집단토론(大集團討論) 몇 사람의 연사로 하여금 특정 주제를 발표하게 하고, 피교육자들도 참여시켜 토론하도록 하는 방법이다. 이 방법은 참여자들에게 관심을 유발시킬 수 있다는 장점이 있지만, 여기에 소수자만이 참여할 수 있다는 단점을 갖는다.

대테러장비 국가 대테러 업무수행, 대규모 시위진압 및 인명구조 등을 위하여 사용하는 특수장비이다. 즉 개인장비로는 P-7 권총, MP-5 기관총, 전자충격기, 방탄조끼, 방독면, 특수작전복, 배낭 등 작전수행시 개인이 운용하는 장비 등이 있다. 그리고 공용장비로는 특수 광학장비, 줄사다리, 서치라이트, 방탄방패, 로프, 특수진압차, 산탄총, 다목적 발사기, 석궁 등 작전 수행시 부대 단위로 운영되는 장비가 있다. 그리고 대테러 장비는 업무유형에 따라 다음과 같이 구분하는데, 즉 무기류로는 P-7 권총, MP-5 기관단총, 저격총, 다목적 발사기, 석궁, 산탄총, 로프발사총 등 무기류와 폭약(탄약)류 등이며, 전술 장비로는 방탄조끼, 방탄헬멧, 전자충격기, 다목적 공구, 특수진압차, 사다리차량 등 전술에 소요되는 각종 장비 등이 있다. 그리고 탐지 장비로는 탐지견 또는 탐지견 운용에 필요한 장비와 비금속물체에서 금속반응을 확인하는 장비가 있고, 수중장비로는 보트, 잠수복, 산소통 등 수중작전시 사용하는 장비가 있다. 나아가서 폭발물 처리 장비로는 이동식 폭발물검색차량, X-RAY 촬영기, 폭발물처리로봇, 방폭텐트, 방폭복, 방폭담요, 물포총 등 폭발물 검색 및 처리에 사용하는 장비가 있다. 화생방 장비도 있는데, 방사능 · 화학 · 생물학 테러예방 및 진압 등에 사용하는 장비가 이에 속한다〈경찰장비관리규칙 제74조 참조〉.

대표관료제(代表官僚制/Representation Bureaucracy) 한 나라의 사회 · 경제적 인구구성, 즉 인구, 종교, 성. 지역, 신분, 계급, 계층 등의 기준에 의해 고르게 구성되어 그 관료제가 국민의 각 구성부분의 이익을 평등하게 대변하며 정책을 결정해 나가고 출신집단에 책임을 지도록 하는 관료제를 말한다. 대표관료제는 그동안 사회적 영역에서 비교적 소외되어 불리한 입장에 놓여있던 사람들이 자신들의 요구를 본격적으로 제시하면서 등장하게 되었다. 한국의 경우 인재 지역할당제, 여성고용할당제, 장애인 의무고용할당제 등이 이 같은 대표관료제에 해당된다고 할 수 있다. 대표관료제는 공정성, 적극적 인사행정, 합의성, 민주성, 정치성, 대응성, 대표성 등을 이념으로 한다.

대한경찰복지학회(大韓警察福祉學會) 2011년 12월 박억종, 신현기, 이상열, 박동균, 임종헌, 한형서, 최미옥, 곽영길, 이정덕, 신관우, 양현호, 박종철, 이선영, 윤상호, 곽영걸, 이상교, 김재주, 최익용, 박형식, 유주희, 김정운, 한철희, 안병준 등이 중심이 되어 창설되었다. 초대회장은 박억종 교수가 맡았다. 이 학회는 한국연구재단에 전국규모학회로 정식 등록되었으며 매년 2회의 학술회의를 개최하고 연 2회 「경찰복지연구」라는 학술논총을 발행한다. 이 학회는 15만명에 달하는 한국경찰관들의 복지문제에 관해 집중 연구하는 전문학술단체로 자리잡고 지속적으로 발전하고 있다. 한국경찰복지의 메카인 이 학회의 홈 페이지는 http://cafe.daum.net/kripw 이다.

대한범죄학회 2005년 시작된 대한범죄학회(Korean Criminological Association)는 범죄, 청소년 비행, 범죄심리, 범죄예방, 형사법 등 범죄와 관련된 분야에 관한 제반학술연구와 지역사회의 안전을 위한 범죄예방활동, 범죄관련 교육연수 등을 통하여 관련분야의 향상 발전에 기여하고자 설립되었다. 또한 국내외 학회 및 관련단체와의 교류 및 협력, 연구회 또는 강연회를 개최하여, 범죄관련 연구지 또는 서적 발간을 돕고 나아가 정부정책과 관련기관에 대한 자문역할을 수행하고 있다.

2012년 현재 장준오 회장을 비롯해 70명의 임원진과 200여명의 회원이 활동하고 있으며, 2010년 선발된 학술진흥재단의 등재후보지인 "한국범죄학"을 연 2회 이상 발간하고 있다.

더불어 국내외 학회 및 관련단체와의 협력을 통해 연간 2회 이상의 학술대회를 개최하고 신진학자 및 대학원생을 참여 시켜 범죄학연구발전에 기여하고 있다.

델파이 방법(delphi technique) 특정한 주제에 대하여 숙지된 판단을 체계적으로 유도하고 대조하는 방법이다. 델파이 방법은 문제를 예측 · 진단 · 결정 할 때 원하는 결정이 도출 될 때까지 전문가 집단으로부터의 반응을 체계적으로 종합 분석하는 방법이다. 즉 전문가 집단에 의한 의사결정의 예측 방법으로 전문가들이 대면하지 않은 상태에서 설문지를 통해 자유롭게 의견을 개진하여 미래를 예측한다. 델파이는 익명성의 보장과 통제된 환류 과정을 거쳐 각 전문가의 응답은 집계되고 객관적인 확률분포로 전환되어 결과를 예측하게 된다.

도덕(道德) 라틴어 모레스(Mores)에서 유래한 말이며 도덕이란 어떤 학문적인 의미를 뜻하는 것이 아니라 개인의 행위 기준을 의미하며 인간 행동의 기준이 될 수 있는 다양한 덕목을 의미한다. 따라서 윤리학적 활동은 지적인 활동이라고 보며 도덕적인 활동은 개인적이거나 사회적인 개혁과 관련되는 활동이라고 할 수 있다.

도로(道路) 도로법에 의한 도로, 유로도로법에 의한 도로, 농어촌도로 정비법에 따른 농어촌도로와 그 밖에 현실적으로 불특정 다수의 사람 또는 차마의 통행을 위하여 공개된 장소로서 안전하고 원활한 교통을 확보할 필요가 있는 장소를 말한다(도로교통법 제2조 1). 도로의 종류는 ⓐ 고속국도, ⓑ 일반국도, ⓒ 특별시, ⓓ 광역시도, ⓔ 지방도, ⓕ 시도, ⓖ 군도, ⓗ 구도, 농어촌 도로정비촉진법에 의한 농어촌(農漁村)도로 등으로 구분되고 있다. 또 용도에 따라서는 ① 고속도로, ② 자동차전용도로, ③ 자전거전용도로, ④ 보행자전용도로, ⑤ 차도와 ⑥ 보도 등으로 구분되기도 한다.

도로교통공단(道路交通公團) 도로교통안전 관련 교육, 홍보, 연구, 방송, 기술개발, 운전면허시험 관리를 통한 교통사고 감소와 예방을 목적으로 설립된 준정부기관이다. 1954년 2월 12일에 대한교통안전협회 중앙연합회로 창립되어, 1999년 1월 29일 도로교통안전관리공단으로 명칭 변경후, 2008년 6월 22일 도로교통공단으로 명칭이 변경되었으며, 2011년 1월 1일 운전면허시험관리단과 통합되었다. 공단의 사업은 안전기술지원사업, 교통안전교육사업, 교통안전홍보사업, 교통방송사업, 연구개발사업 등이다. 1981년 5월 19일에 국제도로교통안전기구에 가입하였으며, 1986년 1월 13에는 미국교통연구원에 1급 국제회원으로 가입하였다. 2011년 1월 1일부터 운전면허시험관리단과 통합되면서 전국 26개 운전면허시험장을 운영하고 있다.

도로교통법(道路交通法) 도로상에서 발생하는 교통상의 모든 위험과 장해를 방지 · 제거하고, 안전하고 원활한 교통을 확보함을 목적으로 제정된 법률을 말한다. 도로, 자동차, 그 밖의 차량운행과 관련한 용어 정의, 신호기 설치 및 관리, 교통안전시설 및 무인교통단속장비, 보행자 통행방법, 차마의 통행방법, 운전자 및 고용주 등의 의무고속도로 및 자동차전용도로에서의 특례, 도로의 사용, 교통안전교육, 운전면허, 국제운전면허증, 자동차운전학원, 도로교통공단, 벌칙 등에 대해 규정하고 있다.

도로에서의 금지행위 도로교통의 안전과 원활함을 위해 금지되는 행위로 첫째, 함부로 신호기를 조작하거나, 신호기 또는 안전표지 등을 철거, 이전, 손괴하는 행위, 둘째, 교통에 저해가 되는 물건을 함부로 도로에 방치하는 행위 등이며, 그 밖에 도로에서 술에 취해 교통을 방해하는 행위, 교통에 방해가 되는 방법으로 눕거나 앉거나 서있는 행위, 교통이 빈번한 도로에서 공놀이 등의 놀이를 하는 행위, 돌, 유리 등 사람이나 차마에 손상을 줄 수 있는 물건을 던지는 행위, 도로 주행 중인 차량에 뛰어오르거나, 매달리거나 뛰어내리는 행위 등이다.

도로표지(道路標識/road signal) 안전하고 원활한 도로교통을 위해 필요한 장소, 즉 도로 위쪽이나 도로 옆쪽에 설치한 표지판으로서, 일반도로표지와 고속국도 표지로 구분된다. 일반도로표지에는 경계표지, 이정표지, 방향표지, 노선표지, 휴게소표지 등이 있으며, 고속국도 표지에는 노선번호, 주차장표지, 종점표지, 방향표지, 휴게소표지, 이정표지, 터널 안내, 하천안내, 매표소 안내, 경계표지 등이 있다. 경계표지는 교차점, 공사구간, 도로의 굴곡, 차선폭 감소 등을 알려준다. 일반국도의 경우 타원형의 청색 바탕에 흰색 글씨, 고속국도는 방패모양의 청색바탕에 흰색글씨로 설치되어 있으며, 그밖에 지방도와 시도는 직시각형과 육각형에 황색과 흰색 바탕에 청색글씨로 되어 있다. 도로표지는 주행 중에 먼 거리에서 단시간에 그 내용을 파악 할 수 있도록 설치되어야 하며, 야간이나 악천후에도 인식할 수 있도록 하는 것이 바람직하다.

도박죄(賭博罪) 재물을 걸고 우연한 승부에 의하여 승자에게 이를 교부하는 행위를 행한 범죄를 말한다. 형법은 도박행위와 달리 일시 오락행위인 경우에는 처벌하지 않고 있으므로 이들을 구별하는 판단기준이 필요하다. 일시오락행위는 도박에 거는 재물의 경제적 가치가 근소하다는 점이 판단기준이 된다. 한편 상습도박죄에 있어서의 상습성이란 반복하여 도박행위를 하는 습벽으로서 행위자의 속성을 말하는데 이러한 습벽을 판단함에 있어서는 도박의 전과나 도박 회수 등이 중요한 판단자료가 되나 도박전과가 없다 하더라도 도박의 성질과 방법, 도금의 규모, 도박에 가담하게 된 태양 등의 제반사정을 참작하여 도박의 습벽이 인정되는 경우에 상습성을 인정하여도 무방하다.

도보순찰(徒步巡察/a foot patrol) 경찰관이 도보, 즉 걸어다니면서 순찰하는 방식을 말한다. 장점으로는 사고발생시 신속한 대처가 가능하고, 보다 상세하고 치밀하게 정황을 관찰할 수 있으며, 특별한 기동수단이 필요하지 않으므로 경비소요가 없다. 또한 야간 등 청력을 필요로 하는 경우에 유리하고, 주민접촉이 용이하여 대민관계의 기회를 높일 수 있으며, 도로사정과 장소여건과 관계없이 순찰을 용이하게 할 수 있을 뿐만 아니라 은밀한 순찰로 현행범 체포에 유리하다.

반면에 단점으로는 순찰자의 피로로 순찰노선의 단축과 순찰횟수 감소를 야기하며, 기동성의 부족과 장비 휴대의 한계가 있고, 통행자가 다수일 경우 경찰력 발휘가 미흡하다.

도보순찰이론(徒步巡察理論/Walking Patrol Theory)　　도보순찰이 차량순찰에 비해 범죄예방효과가 높다고 믿고 도보순찰의 요령 및 효과 등을 체계화시킨 이론을 말한다. 도보순찰의 핵심은 경찰관이 차량에서 내려 주민들 곁으로 다가가야 한다는 데 있다.

도표식 평정척도법(圖表式 評定 尺度法/Graphic Rating Scale)　　직무수행실적, 직무수행능력, 직무수행태도 등에 대해 평정요소가 주어진 척도에 따라 피평정자의 특성과 평가내용을 표시하는 형태를 취한다. 일반적으로 척도는 여러 단계로 이뤄지고 있으며, 척도점수의 배정결과를 정확한 수치로 나타낼 수 있기 때문에 평가결과의 신뢰도 및 정확도를 높일 수 있다는 측면에서 일반적으로 사용하고 있는 방법이다.

경찰공무원 근무성적평정 방법으로도 활용되는데, 한편에는 평정요소, 다른 편에는 우열의 등급을 표시하는 방법을 말한다. 장점으로는 한번에 많은 직원을 대상으로 하며, 평정의 객관성 확보, 비용절약, 조정용이 등을 들 수 있다. 단점으로는 평정요소의 선택이 곤란하며, 집중화 · 관대화 · 연쇄효과가 발생할 수 있다는 점 등이다.

독립적 자치경찰제(獨立的 自治警察制)　　국가경찰과 자치경찰을 상호간 완전히 분리하여 운영하는 경찰체제이다. 이 경우 국가경찰은 중앙정부에 소속되어 국가경찰에 관해 권한을 행사한다. 그렇지만 자치경찰 사무에 관해서는 어떠한 영향력도 행사할 수 없는 입장에 있다. 이와 반대로 자치경찰은 지방정부에 소속되어 있으면서 자치경찰에 관한 업무를 독자적으로 수행하는데 여기에 국가경찰의 영향력은 절대로 미칠 수 없다. 즉 국가의 경찰 기능 대부분이 자치경찰로 이관된 경우를 의미한다. 이 경우에 특별한 것은 자치경찰의 설치 위치를 독립된 기관으로 운영하느냐 아니면 지방정부의 직속기관으로 운영하느냐에 따라서 차이가 있다.

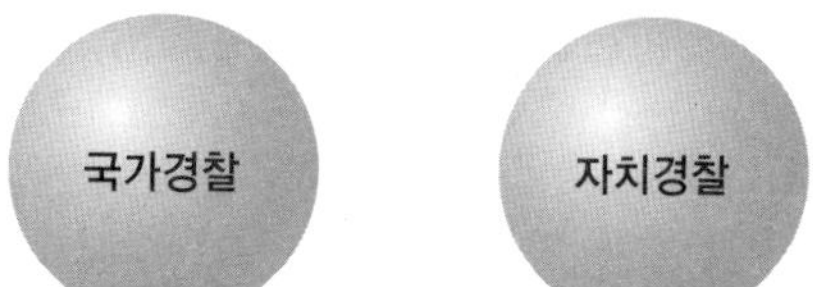

독일경찰대학원(DHP: Deutsche Hochschule der Polizei)　　독일연방공화국에서 유일한 경찰 '대학원'으로서 경찰고급공무원을 대상으로 경찰행정학 혹은

경찰학에 관한 일반(양성)교육 및 재(보습)교육(이하 재교육으로 표기)과 함께 실습교육훈련을 겸한 학문적 연구를 주요 핵심 과제로 수행하고 있다. 현재 독일어에는 영어의 'Graduate School'에 해당하는 특별한 용어가 없다. 독일학제(獨逸學制)에도 'Post-Graduate'교육에 대한 별도의 언급이 없는 상태다. 독일대학원 과정(예를들어 박사학위과정)을 대학(Universit t)에서 학부과정과 함께 시행하고 있다. 이와 같은 독일의 학제에서 독일경찰대학원은 대학졸업자들인 경찰고급공무원에게 입학을 허용하는 유일한 경찰교육기관이 되었다. 학교명칭에는 적절한 해당용어가 없으므로 대학을 포함한 일반적인 '최고교육기관'이란 총칭적 개념인 호크슐레(Hochschule)를 사용하고 있다. 일반적으로 독일에서 대학은 우니페어지테트(Universit t)이고 대학원은 호크슐레(Hochschule)를 사용하고 있다고 이해하면 된다. 참고로 영어의 공식명칭은 Post-Graduate School of Germany-Police로 번역된다. 따라서 아직까지 Deutsche Hochschule der Polizei에 대해 한국어로 어떻게 번역해야 할지에 관해서는 정확하게 검증되고 합의된 용어가 없다. 그동안 필자나 임준태 교수는 독일경찰대학원이라는 용어로 번역사용해 왔다. 이처럼 아직 통일된 용어가 없는 만큼 필자는 편의상 '독일경찰대학원'이라고 명명한다. 필자가 이렇게 번역하는 이유는 교육생인 경찰관들이 2년 과정의 교육 후 행정학 석사학위를 수여받고 있기 때문이며 나아가서 박사학위과정이 설치되어 있고 4종류의 박사학위까지 수여하고 있기 때문이다. 특히 독일경찰대학원은 독일연방경찰공무원들과 16개 주(Land) 소속의 경찰고급간부들을 대상으로 교육훈련을 맡고 있는 핵심연구기관으로서 지위를 유지하고 있다. 우리가 주목할 것은 독일경찰대학원의 기능이 단순히 경찰고급간부들의 교육훈련만을 담당하지 않고 한발 더 나아가 석사과정과 박사학위과정까지 제공하고 있다는 점이다. 이 대학원은 신임경찰간부교육 기관이 아니며 오직 경찰고급간부들의 보습교육 및 재교육기관으로서만 교육과 연구기능을 수행하고 있다. 독일 노르트라인-베스트팔렌(Nordrhein-Westfalen) 주정부는 자기 주 소속의 뮌스터(M nster)시에 소재하고 있는 독일경찰대학원에 대해 법에 따라, 예를들어 예산마련과 같은 그 운영상에 있어서 주도적 역할을 수행하고 있다. 물론 독일경찰대학원 내에서의 학제운영은 원장에게 철저히 맡겨져 운영된다. 그러나 그 운영예산은 노르트라인-베스트팔렌 주정부가 주도적 역할을 맡아 연방과 기타의 16개 주정부의 경찰관련 예산을 분담받아 마련하고 있다. 이제 이 독일경찰대학원은 독일연방과 16개 전체 주정부의 분담금으로 운영되는 독일의 유일한 경찰고급간부교육기관으로 확고하게 자리잡았다. 원래 이 기관의 전신은 1972년 4월 28일 독일경찰관리자아카데미(Polizei-F hrungsakademie(PFA))인데 학위과정 없이 재교육기관으로서만 역할을 수행하다가 정확히 33년만인 2005년 2월 행정협정에 의해 연방경찰고급간부와 16개 주 정부는 자기 주 소속의 경찰공무원들 중 승진예정자인 경찰고급간부(경위급 이상)를 위한 재교육을 포함해 학문적 경찰행정연구기관으로 발전시켜 나온 것이다. 나아가서 연방과 16개 주정부는 독일경찰대학원에 대해 재정적 지원을 계속해서 분담할 것에 합의하고 지속적으로 발전시키자는 열정을 실행에 옮기고 있다. 우리나라에는 경찰간부후보생을 교육훈련시키는 기관으로 충남 아산 소재 경찰교육원이 운영되고 있다. 그러나 우리나라 경찰교육원은 경찰간부후보생을 모집해 1년간 교육훈련 후 경위계급으로 임용하는 업무와 그 밖에 현직경찰간부 직원들의 재교육 기관으로 운영되고 있다. 동시에 경찰간부들의 단기 재교육 정도를 목표로 하고 있고, 아직 독일경찰대학원처럼 학위과정은 설치되어 있지 않다(신현기, 2012: 24).

독일연방경찰청(국/BPOL) 1951년 3월 16일 서독지역 국경수비의 목적하에 「국경수비법」을 근거로 설립되었다. 이후 해상경비, 여권통제, 난민법집행, 재해경비, 철도경비, 다중범죄진압, 국제공항경비, 대테러업무, 주경찰지원, 요인경호업무, 연방헌법보호청업무지원, 연방헌법기관경비, 국제경찰지원, 핵폐기물수송경비, 대규모 국제행사장경비, 형사범수사 및 질서위반범 추적에 이르기까지 다양한 역할과 임무로 확대되었다. 특히 지난 9 · 11 테러사건을 계기로 관련법령이 개정되었는데, 조직 및 임무에 부합하도록 2005년 6월 3일자로 연방경찰본부는 2008년 3월 1일부터 포츠담에 소재하며, 독일전역을 8개 권역으로 세분하고 9개의 관구경찰국 및 1개의 기동경찰국, 77개소의 지구경찰서를 각각 설치 · 운용하고 있다. 2011년 10월 기준, 소속공무원은 40,000여명이고, 정규경찰관은 약 30,000여명이다(신현기 · 임준태, 2012: 414).

독일연방범죄수사국(BKA) 특정한 범죄의 수사유형(국제적 범죄, 조직범죄, 마약, 폭발물 관련, 화폐위조 사건, 무기밀매, 요인암살기도 행위 등)에 있어서 관할권을 가지며, 범죄정보수집, 분석업무가 부여되어 있다(신현기, 2012: 23).

독일연방헌법보호청(BVS) 연방헌법의 기본질서를 파괴하는 행위에 대한 정보수집업무를 담당하는 기관으로 집행기관은 가지지 않고 있으며, 반국가사범의 위법한 행위에 대한 정보를 경찰당국에 이첩하며, 수사는 경찰이 행한다. 정보수집대상은 좌익테러, 군대 내의 극좌테러분자, 연방헌법의 기본질서를 파괴할 위험성을 갖고 있는 이념단체, 정당, 이들과 연계된 국제조직, 극우세력, 신나치 추종세력 및 조직원, 이들과 연계된 단체 등이며 내적 안전을 위협하는 극단적인 외국인 관련사항, 외국 첩보기관의 침투에 대한 방첩업무 등을 담당하고 있다(신현기 · 임준태, 2012: 414).

독일의 경찰노조 독일제국 시절인 1871년 독일경찰관조합(Polizeiverein)은 그 뿌리를 내리기 시작하였다. 독일 바이마르공화국이 출범하기 이전인 1917년에는 큰 저항을 일으키기도 하였으며 1928년에는 독일제국 공무원노동조합의 일원이 되어 활동하기 시작하였다. 그리고 히틀러 통치하인 1933년에는 해체되는 역사도 가지고 있다. 그 후 1951년에는 독일경찰공무원노동조합이라는 이름으로 새로이 출범하기도 했고 1966년에는 경찰노동조합이라는 명칭을 쓰기 시작했다.

2002년 독일의 경찰관 중 약 85,000여명이 경찰조합원으로 가입하고 있는 것으로 나타났다. 2001년에 경찰노동조합결성 50주년기념행사도 치르었다. 독일경찰노동조합은 2006년에 창설 55주년을 맞았다.

2001년 11월 독일경찰은 군인과 함께 25,000여명이 베를린에서 시위를 벌이기도 했다. 이슈는 경찰과 군인의 처우개선 문제였다. 근무여건이 악화되었고 경찰의 사회보장이 축소된 데 따른 시위였다. 유로화를 사용하게 되어 현금수송 차량의 경비수요가 늘어났는데 오히려 경찰력은 축소되고 국경수비대 경찰요원들이 격무에 시달리게 된 것이다. 여기에 연금지급액까지 삭감된 데 따른 반발이었다(신현기 · 임준태, 2003: 493).

독일 주경찰 독일의 경우 16개 州로 형성되어 있다. 독일은 1949년 제정된 서독의 기본법을 바탕으로 1990년 10월 3일 동서독 통일과 함께 16개 州로 이루어져 각기 자기 고유의 경찰법을 통해 치안을 유지하고 있다. 이들은 계속해서 경찰법의 통일을 기하는 노력을 경부하고 있다. 독일 주경찰은 독일경찰의 핵심으로서 대다수의 주에서는 주를 국가로 하는 국가경찰체제를 유지하고 있다. 다만 브레멘주 등 일부 주에서는 예외적으로 국가경찰에 읍면의 자치체경찰을 가미하고 있다. 한편 주경찰은 20세기부터 급속히 발전한 경찰조직으로 각 주마다 그 임무가 다르고 조직 · 기능의 형태도 그 지역적 특색, 임무의 차이, 발전과정에 따라 각각 다르다.

동국대학교 경찰행정학과 우리나라 최초로 동국대학교에 1963년 경찰행정학과가 설치되었다. 그동안 수백명의 경찰간부후보생을 배출해 냈다. 이 밖에 사법고시합격, 국정원 직원, 경호실 등으로 다수가 진출하였으며 한국경찰행정학의 메카로 자리잡았다. 석사와 박사도 다수를 배출해 전국 경찰행정학과 설치붐과 함께 수많은 대학의 경찰행정학과 교수의 직위를 섭렵하는 진기록도 세웠다. 이어서 1992년에는 관동대학교에 경찰행정학과가 설치되고 1995년 원광대, 1996년 계명대, 1998년 한세대 등에 경찰행정학과가 설치되어 2000년대까지 전국의 130여개 대학(전문대 포함)에 경찰행정학과가 설치돼 오늘에 이르고 있다.

동기부여이론(動機附與理論/motivation theory) 동기부여란 조직 구성원이 개인의 욕구충족 능력을 가지면서 조직 목표의 달성을 위하여 높은 수준의 자발적 노력을 기울이는 것이다. 동기부여이론은 인간 행동의 요인이 동기에 있으며 이를 유발하기 위해서는 동기의 유발이 필요하다는 이론이다. 동기부여이론은 인적자원의 적극적 개발, 생산성의 향상과 동기유발 방법의 처방 등을 위하여 여러 관점에서 다양하게 전개 되었다.

동심원 지대(concentric zone) 사회해체이론의 주요 연구가인 Crifford R. Shaw와 Henry D. McKay가 시카고지역에서 과도한 범죄율을 나타내고 있는 지역을 살펴보기 위해 Burgess에 의해 시작된 분석모델을 이용하여 5개의 동심원, 또는 지대로 구성된 상이한 생태학적 지역이 도시에서 성장하고 있음을 밝혀낸 것을 말한다. 연구결과 이들 지대 사이에서는 고정적이고 뚜렷한 범죄율의 차이가 있음을 발견했다. 범죄가 가장 집중되는 지역은 전환적 도심지역이고, 이러한 지역에는 외국 출신의 시민이 다수 정착한 것으로 밝혀냈다. 반면, 도심에서 멀리 떨어진 지역이 상대적으로 낮은 범죄율을 보이는 것으로 나타났다.

동요계층(動搖階層) 기본계층이라고도 불리우며 어느 쪽으로도 분류하기 어려워 회색분자, 기회주의자라고도 불리우며, 하급간부나 기술자로 배치되는 계층을 말한다.

동조(同調)　　동조란 반국가단체 등과 동일한 주장을 하거나 이에 합치되는 행위를 하는 것을 말하며, 그 내용과 방법에는 제한이 없다. 반국가단체의 활동에 동조하는 경우 뿐만 아니라 이를 찬양, 고무하는 행위에 동조하는 경우도 포함된다.

듀퀘노이스(Duquenois)　　마약류 시약의 하나로써 대마초를 대상으로 한다. 대마초인지를 현장에서 확인하기 위해 듀퀘노이스 시약을 가하면 청색, 진청색, 자색으로 변한다. 유의사항은 커피 등에도 반응하므로 최종적인 확인은 전문실험실에 의뢰해야 한다.

드보크(무인포스트/Dvoke)　　드보크는 러시아어로 참나무를 뜻하는 "두푸"에서 변형된 말로 2차대전 당시 연락수단이 없었던 시베리아 지방에서 큰 참나무 등을 표식으로 편지나 물건을 주고 받았던 것에서 유래한다. 주로 간첩 등이 문건이나 물건 · 공작금 · 무기 등을 주고 받는 연락수단으로 사용하고 있으며, 쉽게 식별할 수 있는 자연지형 지물 또는 주변 장소 등을 활용하고 있다. 간첩장비 비밀 매설장소를 일컫는 말이며, 무인포스트, 무인함이라고도 한다. 예를 들면 북한에서 남파된 공작원들이 공작금 · 무기류 · 송수신기 · 통신문건 등을 습기가 차지 않게 기름종이 등에 싸 플라스틱통 · 병 등에 담아 묻어 놓으면 고정간첩 등이 이를 찾아가는 방식 등이다.

디브리핑(Debriefing)　　공작임무를 마치고 귀환한 공작원이 공작관에게 공작상황을 보고하는 과정을 말하며, 공작지에 파견되었던 공작원이 귀환하는 즉시 시작한다.

METROPOLITAN
POLICE
ㄹ
경찰
POLICE

ㄹ

러시아의 경찰노조 러시아의 경찰은 노조를 결성할 권리를 가지고 있다. 즉 러시아 경찰들은 누구나 경찰노동조합에 회원으로 가입하여 경찰공무원 자신의 직업적, 사회, 경제적, 기타 권익을 보호하기 위해 단결할 수 있다. 하지만 러시아 경찰공무원에게는 집단적인 노동쟁의를 통해 직무를 중단하는 행위는 허용하지 않고 있다.

로버트 필경(Sir Robert Peel)**의 경찰개혁** 1828년 당시 잉글랜드 내무장관이었던 로버트 필이 수도경찰법(the Metropolitan Police Act)를 국회에 제출, 1829년 법안이 통과됨으로써 급여를 지급받고, 공적이고, 정규적으로 근무하는 경찰력이 창설하게 된다. 그와 함께 필경은 다음과 같은 12가지 경찰개혁안을 제시하였다. ① 경찰은 안정되고, 능률적이고, 군대식으로 조직화되어야 한다. ② 경찰은 정부의 통제하에 있어야 한다. ③ 경찰의 능률성은 범죄의 부재(absence of crime)에 의해 가장 잘 나타날 것이다. ④ 범죄발생 사항은 반드시 전파되어야 한다. ⑤ 시간과 지역에 따른 경찰력의 배치가 필요하다. ⑥ 자기감정을 조절할 줄 아는 것이 가장 중요한 경찰관의 자질이다. ⑦ 단정한 외모가 시민의 존중을 산다. ⑧ 적임자를 선발하여 적절한 훈련을 시키는 것이 능률성의 근간이다. ⑨ 공공의 안전을 위해 모든 경찰관에게는 식별할 수 있도록 번호가 부여되어야 한다. ⑩ 경찰서는 시내중심지에 위치하여야 하며, 주민의 접근이 용이해야 한다. ⑪ 경찰은 반드시 시보기간을 거친 후에 채용되어야 한다. ⑫ 경찰은 항상 기록을 남겨 차후 경찰력 배치를 위한 기준으로 삼아야 한다.

롬브로조(Cesare Lombroso) 범죄학에 실증주의적 방법론을 도입한 이탈리아의 정신의학자 · 법의학자이자 범죄인류학의 창시자이다. 롬브로소는 생래적 범죄인설을 주장하였는데, 생래적 범죄인은 원시선조의 야만성이 격세유전하여 후대에 나타나고, 알코올 중독이나 질병 등으로 인하여 유전자 염색체가 변질되기 때문에 선천적으로 나타나는 범죄인이라고 주장하였다. 즉, 이 이론에 따르면 생래적 범죄인은 환경에 관계없이 운명적으로 범죄인이 될 수밖에 없다고 한다.

때문에 롬브로소는 생래적 범죄인이 아닌 범죄인에 대해서는 관대하게 처분하여도 되지만, 생래적 범죄인은 예방과 교화가 불가능하므로 초범이라도 무기징역에 처하고, 누범이나 잔혹범은 사형을 인정하는 등 사회에서 격리해야 한다고 주장하였다.

루미놀 시험(Luminol 試驗) 과학수사의 한 방법으로서 육안으로 혈흔이 발견되지 않은 경우에 증거물에 분무하는 경우 혈흔의 혈색소가 루미놀 시약과 접촉되면 형광을 발하며 반드시 암실에서 실시해야 형광을 잘 볼 수 있는 과학수사 방법을 말한다.

리마증후군(Lima Syndrom) 인질범이 인질에 동화되는 현상을 말한다. 1996년 12월 17일 페루의 수도 리마에서 페루반군들이 일본대사관을 점거하고 400여명을 억류하면서 1997년 4월 23일까지 무려 126일 동안 이어졌다. 이 과정에서 인질들과 함께 지냈던 페루반군들은 차츰 인질들에게 동화되어 의약품 반입 등을 허용하고 자신들의 신상을 털어놓게 되었다. 이러한 현상을 리마증후군이라 부르고 있다.

ㅁ

ㅁ

마리화나(Marijuana) 대마의 잎과 꽃대 윗부분을 건조시켜 담배 형태로 만들어서 피는 것을 말하며, 외국에서는 포르투칼어로 마리화나라고 부르고 있다. 마리화나는 가수들의 감성을 높일 수 있다는 낭설이 널리 퍼져 있으며, 성매매 여성들이 성적수치심을 해소하는 것으로 알려져 있다.

마약(痲藥/narcotic) 마약이란 그리스어 narkotikos에서 유래한 것으로 무감각을 의미하는데 수면이나 혼미를 야기시켜 통증을 완화 시키는 물질을 말한다. 즉 이는 통증을 없애는 진통효과, 잠이 오게 하거나 혼수상태를 일으키는 마취효과 및 탐닉성(약물에 의한 신체의 약물 의존성)을 일으키는 약물로 알려져 있다. 최근에는 마약류라는 용어로 총징하여 쓰고 있다. 다음 백과사전에 따르면 한국의 마약법에서 정의된 마약은 ① 앵속(罌粟) · 아편 · 코카엽(葉), ② 앵속 · 아편 · 코카엽에서 추출되는 모든 알칼로이드로서 대통령령으로 정하는 것, ③ 앞의 ①과 ②에 속하는 것과 동일하게 남용되거나 해독작용을 일으킬 우려가 있는 화학적 합성품으로서 대통령령으로 정하는 것, ④ 앞의 ①과 ②에 속하는 것을 함유하는 것. 다만 다른 약품과 혼합되어 ②와 ③에 속하는 것의 재제제(再製劑)가 불가능하며 그 약품에 의해 신체적 · 정신적 의존성을 일으킬 염려가 없는 것으로서 보건복지부장관이 정하는 것(이하 '限外痲藥'이라 함)은 그렇지 않다고 발표되어 있다. 우리 주변에서 가장 폭넓게 사용되는 마약은 모르핀으로 양귀비(Papaver somniferum)의 유즙(乳汁)인 아편에서 얻는 천연물질이다(→ 양귀비). 모르핀과 유사한 작용을 하는 약물로는 아편에서 추출한 천연 아편제와 인공적으로 만든 합성 아편유사약이 있다. 아편제와 합성 아편유사약은 서로 같은 의미로 쓰이기도 하며, 마약과도 구별없이 쓰이고 있다. 마약의 탐닉성과 유해성으로 인해 전세계적으로 대부분의 나라에서는 마약의 생산 · 수입 · 사용을 제한하고 있다.

마약단속기관 우리나라 마약단속기관은 경찰, 검찰, 보건복지부, 세관, 국가정보원 등에서 맡고 있다. 검찰의 경우는 각 지검과 지청에 마약수사반을 설치하여 운영하고 있다. 보건복지부의 경우도 마약관리와 마약사범치료 등 사후관리에 역점을 두고 특별사법경찰권을 행사하고 있다.

마약류(痲藥類) 일반적으로 느낌, 생각 또는 행태에 변화를 줄 목적으로 섭취하는 정신에 영향을 주는 물질을 말한다. 수사상 마약류라 함은 인체의 중추신경계에 작용하는 약물, 즉 장기간 사용하면 사용자와 의존성, 금단증상을 체험하게 되는 물질을 말한다. 한편 세계보건기구(WHO)의 마약류에 대한 정의는 ① 약물사용에 대한 욕구가 강제적일 정도로 강하고(의존성) ② 사용약물의 양이 증가하는 경향이 있으며(내성) ③ 이를 중단할 경우 신체적으로 고통과 부작용이 따르며(금단현상) ④ 개인에 한정되지 아니하고 사회에도 해를 끼치는 약물이다. 마약류범죄의 특성은 ① 철저한 점조직성 ② 제작장소의 은밀성 ③ 접선장소의 치밀성 ④ 악질 · 흉포성, ⑤ 재범 · 누범의 증가, ⑥ 범죄루트의 광역화, ⑦ 타범죄에 대한 원인제공과 연계성, ⑧ 이욕범죄 등이다.

마약류 범죄특성 철저한 점조직성, 제작장소의 은밀성, 접선장소의 치밀성, 악질 및 흉포성, 재범과 누범의 증가와 범죄루트의 광역화, 타범죄에 대한 원인제공과 연계성, 조직의 국제화 경향 등이다.

마약수사계획 마약수사관은 수집된 정보를 토대로 범죄정보의 가치, 관련 조직계보와 범위, 제보자의 의도, 타 정보와의 연계, 타수사기관과의 상충문제, 수사의 효과 및 영향, 기타 예상되는 문제점의 분석, 검토 후 수사계획을 작성하는 방식이 바람직하다. 특히 수사계획에는 수사일정, 장소, 수사요원의 편성 등이 포함된다(박노섭 · 이동희, 2010).

마약수사 정보수집 마약사범은 은밀성과 점조직형태로 활동하기 때문에 그 파악이 어려워 정보수집이 매우 중요하다. 마약정보 수집은 조직이탈자, 공범자 등을 정보원으로 활용하거나 혹은 마약감시원, 세관원 등으로부터 정보를 입수하거나 이미 검거된 조직을 통한 반대조직의 정보입수, 홍보활동 강화를 통해 제보를 접수하고 전과자, 수형종료자, 기소중지자의 동향감시 활동을 통한 정보 입수방법이 많이 활용되고 있다.

마퀴스(Maquis) **시약** 마약류 시약의 하나로 모르핀, 코데인, 헤로인 등 알칼로이드류를 그 대상으로 한다. 진한 황산에 포르말린을 넣어 사용 직전에 만든 것으로서 알칼로이드의 정색반응에 사용된다. 시약사용시 처음에는 홍(붉은)자색을 띠다가 청색으로 변한다.

마피아(Mafia) Mafia(Morete Alla Francia Italiia Aneta)는 원래 이탈리아에 속한 섬 Sicily에서 1875년에 최초로 등장한 것으로 알려져 있다. 이들은 대지주를 대신하여 농민들에게 토지임대료를 징수하는 역할을 담당하는 조직이었다. 당시는 중앙의 왕권이 아직 지방까지 제대로 미치지 못하는 봉건제도하에 있었기 때문에 마피아는 지방에서 막강한 영향력을 행사하였다. 이들이 나중에 미국 마피아의 뿌리가 되었다.

막료(幕僚/staff) 계선에 대응하는 개념으로서 조직의 목적달성에 간접적으로 기여하며 대내적으로 관리적 기능과 정책조언 기능을 수행하는 참모조직으로서 최고책임자에게 전문적 지식을 통하여 조언 · 권고 · 협의 · 정보제공 등을 행하는 기관을 말한다. 즉 막료는 조직 목표를 직접적으로 달성하는 계선조직이 원활하게 기능을 수행할 수 있도록 지원 · 조성 · 촉진하는 기관으로, 자문 · 권고 · 협의 · 조정 · 정보의 수집과 판단 · 기획 · 통제 · 인사 · 회계 · 법무 · 공보 · 조달 · 조사 · 연구 등의 기능을 수행한다.

만족모형(滿足模型/satisfied model) 만족모형은 현실적으로 의사결정이 인간의 인지능력 · 시간 · 비용 · 정보 등의 부족으로 인해 합리모형이 가정하는 포괄적 합리성보다는 제한된 합리성에 의존할 수 밖에 없다는 것을 전제한다. 즉 최적의 대안보다는 현실적으로 만족할 만한 대안을 선택한다는 것으로, 의사결정을 지배하는 것은 최적화의 기준이 아닌 만족화의 기준이라고 인식하는 모형이다. 이러한 의미에서 만족모형을 현실적 · 실증적 · 주관적 모형이라고도 한다.

망의 확대효과(Net-Widnening Effects) 한 번 처벌을 받은 사람은 계속해서 범죄를 저지르게 되는 악순환을 말한다. 이러한 악순환을 예방하기 위해서는 가급적이면 비교적 사회적 위협이 약한 범죄들은 과감하게 합법화시켜야 한다는 것이다. 한편 문제를 악화시키는 것은 우리의 형사사법제도가 범죄자들을 교화시켜서 건전한 사회인으로 재사회화하고 있다는 점이다.

맥그리거의 XY이론 맥그리거(D. McMgregor)는 상반되는 인간본질에 대한 가정을 중심으로 XY이론을 제기하였다. X이론은 조직 구성원에 대한 전통적 관리전략을 제시하는 이론으로써, 사람은 본래 일하기를 싫어하고 야망이 없고 책임지기를 싫어하며 명령에 따라가는 것을 좋아하고 변화에 저항적이고 안전을 원하며, 자기중심적이며 속기 쉽고 영리하지 못하며 사기에 잘 속는다고 가정한다. 이러한 X이론에서의 관리자의 관리전략은 직원들의 행동을 감독 · 통제하고 시정하는 책임을 지며 처벌 · 통제 · 위협 등을 선호한다고 가정한다. 반면에 Y이론은 인간의 본성은 일을 싫어하지 않고 사람은 조직의 목표 달성을 위하여 자율적으로 자기 규제를 할 수 있으며, 조직목표에 헌신적 인간을 가정한다. 또한 조직목표에 헌신하는 동기는 자기실현 욕구나 존경욕구의 충족이 가장 중요한 보상이며, 조직문제 해결에 있어 창의력과 상상력을 발휘할 수 있다는 것을 전제한다. Y이론에서의 관리자의 관리전략은 개인목표와 조직목표를 조화 될 수 있도록 하며, 관리자는 직무를 통하여 욕구가 충족되고 개인이 발전 할 수 있는 운영방침을 채택하는 것이다.

메스암페타민(Methamphetamine) 흥분제(각성제)로 한국에서 가장 많이 남용되고 있으며 이른바 히로뽕으로도 널리 불려지고 있다. 이는 매우 강력한 중추신경 흥분제로 알려져 있는데 1888년 일본 도쿄대학 의학부의 나가이 나가요시 교수가 천식치료제인 마황으로부터 에페드린을 추출하는 과정에서 발견한 물질로 1893년 합성에 성공한 바 있는 일본의 대일본제약회사가 히로뽕이라는 상품으로 만들어 냈고 잠을 쫓으며 피로감 없애주는 각성약물로 판매하였다. 이것을 반복해서 사용하면 보통 3개월 정도에서 만성중독이 된다.

메타 윤리학(Meta ethics) 규범 윤리학에 대립되는 연구 경향이 메타 윤리학이다. 분석 윤리학이라고도 하며, 이는 선과 악 그리고 옳고 그름에 대해 가치판단을 연구하는 것이 아니라 옳은 것과 바른 것의 의미를 규명하고, 가치란 인식이 가능한 대상인가, 그렇다면 어떠한 방법으로 그것이 가능한 것인가 등의 문제에 관심을 가지는 것이다.

메타 윤리학은 인간 행동의 당위에 대해 규범이나 기준을 찾는 것이 아니라 윤리어에 대한 논리적인 분석과 관찰을 통해 윤리적 현상을 명백히 하는 데 목적을 둔다.

면접시험(面接試驗) 경찰채용절차의 일환으로 필기시험이나 배경조사를 통하여 평가할 수 없는 지원자의 직무수행에 필요한 능력 · 발전성 및 적격성을 검정하는 것을 말한다. 경찰에서 실시하고 있는 면접시험의 평정요소는 ① 경찰공무원으로서의 적성, ② 의사발표의 정확성과 논리성 및 전문지식, ③ 용모, 품행, 예의, 봉사성, 정직성, 성실성, 발전가능성, ④ 무도, 운전 기타 경찰업무관련 특수기술능력 등이 있으며, 각 평정요소마다 1점부터 5점까지 점수로 평정한다.

면직제도(免職制度) 공무원관계의 소멸사유로 면직제도가 있다. 면직제도의 종류는 의원면직, 직권면직, 징계면직, 명예퇴직 등으로 분류된다.

명령의 통일(命令의 統一) 조직구성원은 한 상관으로부터 명령을 받고 또한 한 사람의 상관에게만 보고한다는 원칙을 말한다. 즉 한 명의 구성원이 2명의 상관에게 복종하거나 보고할 수 없다는 원리이다. 조직에는 한 명의 상관이 있어야 하고, 이 한 명의 조직의 장에게 그 조직을 운영할 모든 책임과 권한이 집중되어야 한다는 것으로서 이 원칙은 전체조직에 적용될 수 있을 뿐만 아니라 하부조직도 똑같이 적용된다. 그런데 이러한 명령통일의 원리가 적용되려면 그 전제조건으로서 계층제의 원리가 적용되어야 한다.

명예퇴직(名譽退職) 국가공무원법 제74조 2항에 의해 명예퇴직은 20년 이상 장기근속자에 대한 명예로운 퇴직기회 부여와 퇴직시 금전적으로 보상을 함으로써 노고에 보답하기 위해 마련된 제도를 말한다. 경찰공무원은 치안감 이하의 계급에 해당되며, 현재 징계요구중인자, 현재 징계처분으로 승진제한 기간중에 있는 자, 공무원으로 계속 근무한 기간이 5년 미만인 자는 명예퇴직에서 제외된다.

명예퇴직수당 지급대상은 ① 정년퇴직일전 1년 이상 5년 이내에 자진퇴직하는 자 ② 질병 또는 부상으로 폐병으로 상태로 되어 정년퇴직일전 5년 초과, 10년 이내에 자진퇴직하는 자이다.

모르핀(Morphine) 마약의 하나로 1803년 독일의 약학자 Frederick Sertuner에 의해 만들어졌으며 그리스 신화에서 '꿈의 신'인 Morpheus의 이름을 따서 모르핀이라 칭하였다. 피하주사기의 발명과 더불어 미국의 남북전쟁, Franco- Prussian 전쟁시 광범위하게 사용되었다. 특히 모르핀은 생아편에서 추출된 약 10%의 알카로이드로 아편보다 효력이 강하고 설사약으로 가장 강력한 진통제이다. 색깔은 대부분 백색이나 황갈색, 커피색도 있으며 백색은 어두운 색보다 더욱 고도로 정제된 것이다.

모리츠(Moritz)**공식** 체온하강에 의해 사후 경과시간을 추정하는 방법으로 시체의 냉각속도는 대체적으로 10시간 이내에는 시간당 1℃씩, 그 이후에는 시간당 약 0.5℃~0.25℃ 정도 곧창자(직장 내) 온도가 하강한다. 사후경과시간 = 37℃−곧창자온도/0.83×보정계수(상수). 보정계수는 1.0(봄 · 가을), 1.4(여름), 0.7(겨울)

모의훈련(模擬訓練) 피교육자들에게 주어진 상황 속에서 설정된 목적달성을 하거나 또는 특정계획을 수행하도록 하는 훈련이다. 즉 교육생이 업무수행 중 당면하게 될 어떠한 상황을 가정해 놓고 교육생이 거기 상황에 대처하도록 하는 훈련방법이다. 특히 모의훈련의 장점은 이론과 실제의 괴리를 줄이고 팀워크와 의사소통을 중시하여 현실상황에 대한 적용능력과 분석능력을 높일 수 있다는 것이다.

모집(募集) 공무원의 신규채용시 희망자에게 채용에 대한 정보를 제공함으로써 공무원의 지원을 많이 하도록 유도하는 것이다. 모집의 의의는 공무원이 되고자 하는 자에게 단순히 시험정보와 기회를 제공하는 데 그치는 것이 아니라, 보다 적극적으로 유능한 인재가 공무원에 응시할 수 있도록 유도하는 데 있다.

목맴(縊死/hanging) 질식사의 하나로써 끈의 양쪽 끝 또는 한쪽 끝을 일정한 지점(매단점)에 고정시켜 끈을 목에 감아 스스로의 체중에 의하여 목이 압박되어 사망하는 것을 말한다. 끈자국의 형성과 끈자국 주변의 피부밑출혈, 피부까짐을 볼 수 있으며, 혀는 돌출되는 경우가 많으며, 체액을 누출할 때가 많다. 목맴의 분류는 몸의 위치에 따라 완전 목맴과 불완전 목맴, 매듭위치에 따라 전형적 목맴과 비전형적 목맴, 매듭, 결절의 방법에 따라 닫힌 올가미(폐쇄형 계제)와 열린 올가미(개방성 계제)로 구분한다.

목적형주의(目的刑主義) 형벌의 본질이나 목적이 응보(應報)에 있지 않고 법익(法益)의 보호와 범죄인을 교정 개선하여 사회복귀를 가능하게 하는 데 있다는 이론이다. 목적형론(目的刑論), 교육형주의(敎育刑主義) 또는 신파이론(新派理論)이라고도 한다. 목적형주의는 사회를 방위 · 보전하기 위하여 범죄예방을 그 임무로 하는데 이러한 목적을 추구하는 방법에는 일반예방과 특별예방의 두 가지가 있다.

목표대치(目標代置/displacement of goals) 목표의 심한 왜곡현상으로 원래의 조직목표와 수단이 바뀌는 경우를 말한다. 머튼(R. Merton)과 굴드너(A Gouldner)는 수단으로서의 법규가 조직목표보다 더 중시되는 목표대치 현상을 관료제의 병리현상으로 지적하였다.

목표승계(目標承繼/goal succession) 조직이 목표를 달성한 뒤에도 계속적인 생존을 위해 새로운 목표를 내세우는 것을 말한다. 조직은 한번 만들어지고 나면 그 목표가 실현된 경우에도 쉽게 해체되지 않으며 계속 존속하려고 한다. 미국의 산아제한협회가 1942년 미국가족계획협회로 개칭하고 불임치료, 혼인교육, 결혼상담 등의 목표를 추가하여 활동함으로써 산아제한이라는 원래 목표를 변화한 경우가 목표승계에 해당된다.

목표에 의한 관리(Management By Objective: MBO) 조직의 상하 구성원들이 참여의 과정을 통해 조직단위와 구성원의 공동 목표를 명확하게 설정하고 그에 따라 개인 및 부서의 목표와 책임을 공동의 합의에 의해 부과하고, 사후에 업적을 평가 및 환류 시킴으로써 조직의 효율성에 기여하고자 하는 관리방법이다. 목표관리는 목표의 설정에서부터 출발하며 목표와 수단의 연쇄 관계의 논리에 근거한다. 이러한 목표관리는 종합적인 운영기법으로서 근무성적평정이나 예산 운영 및 재정관리의 수단 등에서 다양하게 활용된다.

목표전환(目標轉換/goal diversion) 조직이 원래의 목표를 달성하는 것이 불가능하기 때문에 새로운 목표를 내세워 조직을 존속시키려는 경우를 말한다. 원래의 조직목표를 달성했기 때문인지 아니면 목표를 달성할 수 없기 때문인가의 차이에 따라 목표승계(目標承繼)와 구분된다.

몰수(沒收/forfeiture) 주형(主刑)에 부가하여 과하는 부가형(附加刑)으로서, 주형의 범죄행위와 일정한 관계가 있는 물건을 박탈하는 형벌이다. 몰수는 범인으로 하여금 범죄로 인하여 부당한 이득을 취득하지 못하도록 하는 데에 그 취지가 있는 한편, 그 물건(범죄행위에 제공하였거나 제공하려 한 칼 · 총 · 독약 등)으로부터 생겨날 사회적 위험을 방지하는 보안적 · 예방적 취지도 아울러 가진다. 몰수는 원칙적으로 다른 형벌에 부가하여 과하는 부가형이지만, 예외적으로 행위자에게 유죄의 재판을 하지 아니할 때에도 몰수의 요건이 있는 때에는 몰수만을 선고할 수 있다(형법 49조).

몽타주(Montage) 범죄수사에서 범인을 목격한 피해자나 목격인의 진술을 토대로 범인의 모습과 비슷한 눈 · 코 · 입 등 각 부위별 자료를 합성하여 범인의 모습과 유사하게 그 특징을 잡아서 그린 얼굴사진을 말한다. 조립한다(monter)라는 불어에서 유래된 말이다. 범죄수사시 몽타주 활용효과는 ① 사건현장 주변 탐문수사 및 공조수사에 활용한다. ② 공개수사 자료에 제공됨으로서 사건 및 범인에 대한 국민의 관심도를 고양시키고, 제보에 의한 범인 검거에 기여하게 된다. ③ 범인의 행동제약이나 심리적 압박을 유발시켜 자수 유도 및 미검증의 재범을 방지한다. ④ 사건현장 주변 거주 주민, 업무, 출입자를 상대로 사건예방 홍보자료에 활용된다.

무관용 경찰활동(zero tolerance policing) 깨진 유리창이론(Broken-window theory)에 착안하여 미국의 뉴욕경찰청(New York Police Department)에서 시행하여 전파된 정책으로 사소한 일탈도 용납되어서는 안 되며 철저히 단속되어야만 더 큰 범죄문제도 해결될 수 있다고 판단하여 경미한 일탈행위까지도 엄격히 단속하도록 한 경찰정책이다.

무기(武器) 사람을 살상할 수 있는 성능을 가진 기구들을 말한다. 경찰관직무집행법 제10조의4(무기의 사용)의 적용을 받는 무기는 인명 또는 신체에 위해를 가할 수 있도록 제작된 권총, 소총, 도검 등을 말한다. 무기휴대의 법적근거는 경찰공무원법 제20조 2항에 근거하며, 무기사용의 법적근거는 경찰관직무집행법 제10조의4에 근거한다.

무기사용의 제한(武器使用의 制限) 무기(총기)는 범죄와 무관한 다중의 생명이나 신체에 위해를 가할 우려가 있을 때에는 사용하여서는 아니 된다. 단, 타인이나 경찰관의 생명이나 신체에 대해 중대한 위험을 방지할 수 있는 다른 수단이 없다고 인정될 경우에는 필요최소한도의 범위내에서 사용할 수 있다. 특히, 총기나 폭발물을 가지고 항거하는 경우를 제외하고는 임산부나 14세 미만자에 대해서는 총기를 사용하여서는 아니 된다.

무기사용의 한계(武器使用의 限界) 무기사용의 한계의 대표적인 것으로는 경찰비례의 원칙과 보충성의 원칙이 있다. ① 경찰비례의 원칙: 무기를 사용하여야 할 필요가 인정되는 상당한 이유가 있을 때에는 필요한도내에서 사용하여야 한다(참새를 잡으려고 대포를 쏘아서는 아니 된다). ② 보충성의 원칙: 무기를 사용하지 아니하고는 다른 수단이 없다고 인정할 말한 상당한 이유가 있을 때에는 무기를 사용하여야 한다.

무기회수(武器回收) 무기를 회수할 수 있는 자는 강제적 회수대상과 임의적 회수대상으로 구분할 수 있다. ① 강제적 회수대상: 직무상 비위로 징계대상인 자, 형사사건으로 조사대상인 자, 사의를 표명한 자. ② 임의적 회수대상: 평소 불평불만자, 염세주의자, 병태성벽이 있는 자, 가정환경이 불화한 자로 구분한다.

무려라(武羅邏) 고구려에서 군대와 경찰기능을 담당하던 조직이다. 특히 무려라는 요수 서쪽에서 국경경비의 기능을 담당하였다.

무력화(無力化/incapacitation) 대부분의 사람들은 나이가 들면 범죄를 저지르지 않기 때문에 범죄를 가장 많이 저지르는 젊은 시기에 교정시설에 구금할 경우 범죄기회를 줄일 수 있다는 이론으로 이를 무력화 효과(incapacitation effect)라고 한다. 즉, 범죄 기회의 기간이 짧을수록 그 기간에 범죄를 덜 저지르게 되고, 따라서 범죄는 감소한다는 입장이다.

무선통신망(無線通信網) 경찰의 무선통신망은 경찰무전망이나 위성전화 같은 것을 의미하는데 정보를 송·수신함에 있어 무선설비나 전파를 이용하는 일련의 통신망을 의미한다.

무인포스트(授受所)　　비밀공작에 있어서 직접 접촉없이 조직의 양자간에 전달될 수 있도록 문서나 물품을 은닉하는 장소나 시설물을 말한다. 공중화장실, 전화박스, 자동차, 선박 등이 대표적이다.

무장간첩(武裝間諜)　　간첩의 분류 가운데 임무에 대한 분류로써 적지에 침투하여 암살이나 파괴를 하거나 간첩의 호송이나 연락, 안내 또는 호송로 개척을 위하여 특별히 무장한 간첩을 말한다.

무죄추정의 법리(無罪推定의 法理)　　수사의 지도원리 가운데 하나로서 수사절차에서 피고인 또는 피의자는 유죄판결이 확정될 때 까지 무죄로 추정된다는 것을 말한다. 이는 피의자의 인신구속에 대한 제한원리로 작용하기 때문에 현행법상 임의수사의 원칙, 구속적부심제도, 접견교통권의 보장, 고문의 절대적 금지 등은 무죄추정법리의 제도적 표현이다.

문서(文書/documents)　　문자, 부호 또는 도화에 의하여 의사 또는 관념을 표시한 것으로서 정부공문서 규정상의 문서에 국한할 경우 문서의 종류는 크게 공문서와 사문서로 나누고 공문서는 법규문서, 영달문서, 공고문서, 일반문서로 나눈다. 법규문서는 법률 · 대통령령 · 총리령 · 부령 · 조례 및 규정 등에 관한 문서를 말하고, 영달문서(지시문서)는 훈령 · 지시 · 예규 · 일일명령 등 행정기관이 하급기관이나 소속공무원에게 일정한 사항을 지시하는 문서를 말하며, 공고문서는 고시 · 공고 등 행정기관이 일정한 사항을 일반에게 알리기 위한 문서를 말하고 일반문서는 법규문서, 영달문서, 공고문서 이외의 문서를 말한다. 문서처리의 원칙은 다음과 같이 네 가지 원칙이 있다. ① 즉일처리의 원칙, ② 책임처리의 원칙, ③ 적법성의 원칙, ④ 전자처리의 원칙 등이다.

문서감정(文書鑑定)　　문서란 문자 또는 이에 대신할 부호를 사용하여 영속할 수 있는 상태로 어떤 물체 위에 기재한 의사표시를 말하고, 문서감정이란 범죄의 수단 등에 사용된 문서류의 진위 등을 판정하는 것을 말한다. 문서감정의 목적은 ① 수사방향의 설정을 목적으로 하는 감정, ② 절차를 위한 감정, ③ 사실입증을 위한 감정 등 세 가지가 있다.

문서발송(文書發送)　　문서주관과에서 문서를 우편 · 인편 · 모사전송 · 전신타자 · 전신 · 전화 등으로 발송하는 것을 말한다. 문서주관과에서 문서를 우편 또는 인편에 의하여 발송할 때에는 행정사무용 봉투를 사용하고 중요한 문서는 발송사실을 증명할 수 있는 등기 기타 특수한 방법으로 발송하며 문서의 측면 하단에 발송인을 찍어 발송한다. 시행한 문서의 원안은 당해문서의 주무과 또는 문서보관소에 발송 보관하게 한다.

문서분류(文書分類)　　문서를 일정한 기준에 의하여 각 종류별로 나누어 구분하는 것을 말하며, 인사 관계, 회계 관계 등으로 구분하여 분류하는 것 등이 그 예이다. 문서분류의 필요성은 필요한 문서를 쉽게 구분할 수 있으며, 불필요한 문서의 적시 폐기를 용이하게 하며, 문서보존의 전 과정에서의 기준을 얻게 되며, 필요한 문서를 적절한 기간 동안 보관 · 보존하게 할 수 있어서 문서의 파일링시스템의 기본요건을 충족하여 주는 데 있다.

문서에 관한 죄(文書-關-罪) 명의가 진정하지 않은 문서(또는 도화), 내용이 진실하지 않은 문서(또는 도화)를 만들거나 행사하거나, 진정 · 진실한 문서를 부정행사하는 죄를 말한다. 문서에 관한 죄의 유형으로는 공무서 등의 위조 · 변조죄, 허위공문서 등의 작성죄, 공정증서원본 등의 분실기재죄, 위조 등의 공문서의 행사죄, 공문서 등의 부정행사죄, 사문서의 위조 · 변조죄, 자격남용에 의한 사문서의 작성죄, 허위진단서 등의 작성죄, 위조 등의 사문서행사죄, 사문서 등의 부정행사죄 등이 있다.

문서의 보존기간(文書의 保存期間) 공문서는 공공기관의 기록물관리에관한법률시행령 제15조에 따라서 영구, 준영구(30년), 20년, 10년, 5년, 3년, 1년 등 7종으로 구분하고 있다. 보존기간의 기산일은 생산년도 다음해 1월 1일로 한다. 상황에 따라서는 행정안전부령이 정하는 바에 따라서 그 보존기간을 연장하거나 단축할 수 있다.

문서의 불가침(文書의 不可侵) 외교특권의 내용 가운데 불가침권의 하나이다. ① 외교사절 및 외교공관의 문서(공문서 및 사문서)는 언제, 어디서나 불가침이며 수색 · 검열 · 압수되거나 그 제시가 요구되지 아니한다. ② 다만, 문서가 간첩행위의 서증인 경우 또는 사절과 동일한 국적의 간첩이 주재국에서 절취 또는 복사한 문서로서 그것을 접수국에서 입수한 경우에는 불가침권을 상실한다.

문서의 시행(施行) 문서로 기관의 의사를 외부에 표시하는 단계로서 문서의 효력을 발생하게 하는 절차를 의미한다. 문서의 시행방법으로는 우편, 인편, 전신, 전화, 모사전송 및 전산망에 의한 방법과 공포, 공고, 관보게재 등의 방법이 있다. 일반적으로 인편이나 우편 또는 모사전송 방법으로 발송하는 문서의 경우는 시행문을 작성하여 유통하여야 한다.

문서의 폐기(文書의 廢棄) 보존연한이 종료된 문서나 이용도가 없어진 문서는 폐기 처리할 필요가 있다. 우리나라 기록물관리기관은 중앙기록물관리기관, 특수기록물관리기관, 지방기록물관리기관, 대통령기록관, 자료관 등이 대표적이다. 공공기관이 기록물을 폐기하고자 할 경우에는 공공기관의 기록물관리에 관한 법률 제22조에 따라 사전에 기록물 관리기관의 심사를 받아야 한다. 공공기관의 기록물관리에 관한 법률 제37조에 따르면 기록물의 폐기는 기록물관리 전문요원의 심사 및 기록물폐기심의회의 심의를 거쳐 기록물 관리기관의 장이 정하며, 기록물폐기심의회는 공공기관의 장이 기록물의 폐기시 수시로 구성하는데 심의회의 운영은 기록물의 보존가치의 평가에 적합하다고 인정되는 5인 이내의 소속공무원이나 직원으로 구성함을 원칙으로 한다.

문서주의(文書主義/red tape) 형식주의(formalism)라고도 하며, 모든 사무 처리는 서면주의 원리에 따라 서면으로 행하는 것을 말한다. 관료의 모든 행정 처리나 의무, 그리고 책임이나 한계는 차후에 서면을 통해서만 증거로 확인 될 수 있다는 것이다. 문서주의는 다인장, 문서다작, 번문욕례(red tape) 등으로 대표된다.

문서편철(文書編綴) 문서 내용의 처리가 끝나면 참고 자료 등 보존이 불필요한 문서는 폐기한 다음 보존 활용 할 문서를 기능 및 보존기간 등에 따라 분류하여 일정한 분량으로 묶어서 문서철을 만드는 것을 말한다. 문서철에 묶여져 있는 문서는 문서철에 완결 일자 순으로 최근 문서가 위에 오도록 묶으며, 문서철에 묶여진 문서는 보관에서 폐기에 이르기까지 전체로서 동일하게 취급된다.

문제 지향적 경찰활동(Problem-Oriented Policing: POP) 전문적 또는 사건지향적 경찰활동에 대한 불만족으로 인해 1970년대 후반에 처음 대두되었다. 이러한 경찰활동은 경찰활동에 대한 전통적이고 사건 지향적인 측면을 재평가하는 것이며, 경찰활동에 대한 정보에 바탕을 둔 체계적인 접근방법이다. 따라서 문제지향적 경찰활동에서는 특정문제를 다루고, 그 문제를 분석하고 대안을 결정하며, 프로그램을 집행하고, 지속적으로 평가한다. 문제지향적 경찰활동의 목표는 전통적인 경찰업무로 해결할 수 없거나, 그것의 해결을 위하여 특별한 관심을 필요로 하는 특정 문제를 해결함에 있어서 경찰과 지역사회가, 특정문제의 상황에 맞는 해결책을 개발하기 위하여 함께 노력하는 것이다. 문제지향적 경찰활동의 개념은 Goldstein에 의하여 제기되었으나 실제 상황에서의 개념은 Eck과 Spelman에 의한 'SARA'모델에 의하여 구체화되고 있다.

문화적 일탈이론(文化的 逸脫理論/Cultural deviance theory) 문화적 일탈이론은 현대적인 도시구조와 문화, 그리고 현대인들이 일탈이라는 측면에서 어떠한 행동양식을 보이며, 이러한 것들이 결과적으로 범죄와 어떠한 관련성을 맺는가를 연구하는 이론이다. 대표적인 이론으로 Walter Miller의 '중점관심(focal concerns)', Albert Cohen의 '비행하위문화이론(delinquent subculture theory)', Richard Cloward 와 Lloyd Ohlin의 '차별적 기회이론(differential opportunity theory)' 등이 있다.

문화정보(文化情報) 국가안전을 위하여 연구되는 안전정보활동으로서 한 나라의 교육과 종교 및 언어 등의 문화적 사정에 대한 지식을 말한다. 한 나라가 갖는 문화적인 능력과 취약성과 가능한 행동방책에 대한 지식을 얻기 위한 사회적 문화분석으로서의 연구가 되는 것이다. 이러한 제사항에 관한 지식은 한 국가가 국가정책을 수립하고 집행하는 데 기여하며 자국의 문화향상을 위한 자료로 제공된다. 문화적인 능력이란 문화제도 및 국민의 문화수준이 국가발전과 안정을 이루는 데 적절한 상태를 말하며 취약점이라 함은 국가의 안정과 발전을 이룩하기 위한 정책의 수립 · 집행시 차질을 초래할 문화적 약점을 말한다. 국가정보의 전략적 입장에서는 문화정보를 사회정보의 일부분으로 취급하고 있으나 경찰정보활동에서는 문화정보를 사회정보와 분리시켜 사무분장상의 편의상 독립하여 취급하고 있다.

문화정보의 대상(文化情報의 對象) 한 나라의 국력 중 무형적 잠재능력을 분석하여 궁극의 능력과 취약성 및 가능한 행동방책을 파악 결정하는 데 자료가 되고 있는 문화정보의 대상을 말한다. '문화정보'의 대상은 문화의 전분야로 문화의 범위를 한정하기는 어려운 것이나 문화정보의 대상으로서 문제가 되고 있는 것은 교육 · 종교 · 언론 · 출판문제 등이다. ① 교육문제: 문화정보의 대표적인 대상이라 할 수 있다. 한 나라의 문화수준은 곧 교육수준이라 이해할 정도로 밀접한 관계에 있으므로 한 나라의 1) 교육수준, 2) 교육제도와 방향, 3) 문교정책, 4) 학원관리, 5) 민의 교육에 대한 가치관, ② 교문제: 종교문제는 사회적으로 중요한 입장에 선다. 따라서 문화정보활동에서 1) 종교의 종류, 2) 종교에 대한 국가적 태도, 3) 종교에 대한 국민감정, 4) 종교운동의 역사적 배경 등 종교의 풍속과 계율을 이해하여야 한다. ③ 언론문제: 문화정보에서는 언론을 1) 언론정책, 2) 매개수단, 3) 언론에 대한 사회적 심리 등 사회정보에서 취급하는 일반여론과 구별하여 연구분석함으로써 국가안전상 장해되는 요소가 무엇인지를 발견하여 보안정보활동에 기여하는 것이다. 그러므로 사회정보부문인 여론에 대하여는 문화정보의 대상으로 하지 않는다.

문화혁명(文化革命) 문화분야에서 이루어 지는 혁명이라는 뜻으로 중국 마오쩌둥의 주도로 1960년대 후반기에서 1970년대 전반기에 걸쳐 일어난 대규모 사상, 정치 투쟁. 사회주의에서 계급 투쟁을 강조하는 대중 운동을 일으키고, 그 힘을 빌려 중국 공산당 내부의 반대파들을 제거한 투쟁을 말한다. 즉, 문화혁명이란 노동자들에게 높은 기술문화의 지식을 소유시키며, 새로운 사회주의 문화를 창조하고 발전시키기 위한 문화생활 영역에서의 변혁이라는 미명 아래 주민대중을 독재자에게 더욱더 철저히 예속시키고 효과적으로 다루려는 인간정신개조운동을 말한다.

물리적 경비요소조사(物理的 警備要素調査) 경비진단활동 가운데 경비요소조사활동의 일부분으로써 경비대상물이 위치하고 있는 주변지역과 시설물에 대한 경비요소를 조사하는 활동을 말한다. 여기에는 시설외부 환경요소와 시설자체요소, 건물출입요소, 화재예방요소 등이 포함된다.

물리적 파괴(物理的 破壞) 컴퓨터범죄의 유형 가운데 일부분으로서 하드웨어 파괴와 소프트웨어 파괴 등 두 가지 종류가 있다. 하드웨어 파괴는 컴퓨터의 하드웨어를 물리적인 방법으로 파손하는 행위로 시스템의 본체, 드라이브, 보드, 기억장치 등을 파손하여 컴퓨터의 기능을 상실하게 하는 행위이다. 반면에 소프트웨어 파괴는 컴퓨터를 운영하기 위해 필요한 운영프로그램이 저장되어 있는 자료들을 불을 비롯 물, 물리적 공격, 자석 등을 이용하여 지워버리거나 동작하게 하지 못하는 행위를 말한다.

물리학적 검사법(物理學的 檢査法) 법과학에서 어떤 물체를 감정하여 그 물체가 무엇인지, 동일한지, 변형된 원인이 무엇인지, 흔적이 어떻게 형성된 것인지, 두 흔적이 동일한지 등 수사상 필요한 의문점을 알아내는 방법을 말한다.

물품관리(物品管理) 경찰업무를 수행하는 데 필요한 물품을 취득하여 효율적으로 보관사용하고 사용후에는 합리적으로 처분하는 과정을 말한다. 물품관리는 물품의 분류→수급관리→재고관리→재물활용→불용품의 처분 등의 과정으로 이루어진다.

물품관리관(物品管理官) 각 중앙관서의 장은 그 소관에 속하는 물품의 관리에 관한 사무를 소속 공무원에게 위임할 수 있고, 필요한 때에는 다른 중앙관서의 소속 공무원에게 위임할 수 있는데 이 경우 위임받은 공무원을 물품관리관이라고 한다. 일반적으로 경우에 따라서는 한 중앙관서 내에서 2인 이상의 물품관리관을 임명하여 관리하게 할 수도 있는데 이 경우 1명을 총괄물품관리관으로 지정하여 사무총괄 및 조정업무를 부여해야 한다.

물품운용관 물품관리관으로부터 물품의 사용에 관한 사무를 위임받은 자로 관직지정규칙에 지정된 경찰관을 의미한다. 물품운용관은 물품관리관에게 필요한 물품의 출납명령을 청구하고, 출납 받은 물품을 관리 · 운용하며, 사용중인 물품의 불용 및 손망실품 발생시 즉시 물품관리관에게 보고할 의무를 진다.

물품의 성질별 분류 경찰 물품은 성질에 따라 비소모품과 소모품으로 구분할 수 있다. 비소모품이란 일반적으로 1년 이상 사용할 수 있는 물품으로서 계획적인 수급관리가 필요한 물품을 말하며, 1년 이상 사용할 수 없는 물품일지라도 취득단가가 일정금애 이상인 물품은 비소모품으로 분류할 수 있다. 소모품이란 일반적으로 사용함에 따라 1년 이내에 소모되어 없어지거나 다시 사용할 수 없는 물품을 의미한다.

미국경찰의 종류 통상적으로 미국의 경찰은 다음의 5단계로 구성되어 운영된다고 이해된다. 미국의 경찰제도는 그 종류나 특성에 있어서 다양한 형태를 띠고 있고 상당히 복잡한 편이다.

- 연방(Federal) 경찰: 국토안보부(DHS), 연방범죄수사국(FBI), 마약단속국(DEA), 경호및화폐수사실(SS), ATF, 연방보안관실(US Marshal Service), 국세청(IRS), 이민귀화국(INS) 등이다.
- 주(State) 경찰: State Police, State Highway Patrol 등이다.
- 군(County) 경찰: County Police, Sheriff, Coroner, Medical Examiner
- 도시(Municipalities) 경찰: City Police, Town Police 등이다.
- 마을(township) 경찰: Towanship Police, Constable 등이다.

그러나 중요한 것은 연방경찰이 주경찰에 앞서서 존재한다는 뜻이 아니라는 점인데 왜냐하면 미국에서 대개 법이라고 하면 주법을 의미하고 연방법은 특수한 경우나 예외적인 경우로 이해되기 때문이다.

미국경찰의 특징 미국의 경찰제도는 고도로 분권화 및 단편화되어 있다. 따라서 미국 주민의 의사가 직접적으로 반영될 수 있는 가장 순수한 자치경찰의 형태로 보여진다. 하지만 지방정치에 예속되기 쉽고 경찰업무처리에서 업무의 중복이나 업무표준의 결여 및 상호간 조정이나 어려움이 비효율적이라는 단점을 지니고 있다. 이 문제를 풀기 위해 광역범죄 대응기관들이 생겼는데 FBI 같은 기관이 그 좋은 예가 된다.

미국 국토안보부(Department of Homeland Security) 2001년 9월 11일 발생한 미국대폭발테러사건 이후 미국 행정부 내의 각 부처에 분산된 대 테러기능을 통합할 목적으로 추진되기 시작하였다. 이어 2002년 11월 19일 500쪽에 달하는 신설법안이 의회에서 통과됨으로써 창설되었다. 1947년 전쟁부와 해군부를 통합해 국방부를 창설한 이후 가장 큰 규모의 정부조직 개편으로, 기존의 22개 정부 조직에서 17만 명을 흡수하였다. 국경 경비, 재난대비 활동, 화생방 공격대비 활동, 정보분석 등의 업무를 관할하며, 세관, 이민귀환국, 국경순찰대, 비밀경찰국, 연방비상계획처 등 기존의 조직을 흡수하였다. 그 밖에 교통안전부와 국토안보연구센터, 사이버 보안전략 총괄기관 등 새로 창설되는 기관도 산하기관에 포함되는 등 미국 행정부 내에서 규모가 가장 크다. 예산은 약 400억 달러로 추산되며, 기존의 연방수사국(FBI)과 중앙정보국(CIA)은 흡수에서 제외되었다. 가장 중요한 업무는 미국에 대한 테러공격의 예방과 국민보호이며, 수장인 장관은 미국 안의 모든 테러 위협과 관련된 정보에 대한 접근권, 비자발급 및 거부권한을 갖는다. 그러나 국토안보부 신설법안에는 인권침해와 관련된 조항들이 많이 포함되어 있어 기본권을 위협한다는 국내외의 비난도 따르고 있다.

미국 근대경찰의 창설과 경찰개혁 1830년대 급속한 산업혁명에 따르는 도시화, 산업화, 이민의 증가 등으로 인한 인구증가는 종래의 치안관, 보안관, 야경원만으로는 치안유지와 증가하는 범죄에 대처할 수 없게 되어 전문경찰조직을 창설하게 되었다.

① 주(州)경찰기관 설립

19세기 미국 경찰의 지나친 분권화 및 정치화로 효과적인 범죄대처가 불가능하게 되자 각 주별로 경찰기관을 재조직하기 시작하였다. 그리고 최초의 주경찰을 만들었다. 즉 1835년 멕시코 국경경비를 전담하기 위해 창설된 Texas Ranger가 점차로 주전지역의 치안업무를 맡게 된 것이 주경찰의 시초이다. 이후 점차로 다른 주에서도 주경찰을 보유하게 되었다.

② 연방경찰 창설

일반치안유지는 주의 임무로서 자치단체가 담당하였지만 주간(州間) 통상, 화폐위조, 도량형 표준화, 우편사무의 증가, 범죄의 광역화 등의 이유로 연방 경찰의 필요성이 대두되었다.

그리고 연방범죄수사국을 창설했다. 즉 1908년 법무부에 설치된 수사국은 주정부와의 갈등으로 제기능을 다하지 못하고 있었는데 이것이 1935년 연방범죄수사국(FBI)으로 확대되었다(남재성).

③ 근대경찰로의 개혁

미국의 대도시에 경찰개혁이 시작되어 1838년에 보스톤 경찰, 1844년에 뉴욕시 경찰, 1848년에 필라델피아 경찰 등이 근대경찰로 개혁하였다.

④ 보스톤시의 경찰개혁

보스톤시의 경우 시보안관(City Marshal) 밑에 9명의 경찰관리를 임명, 9명의 경찰관리는 체포영장집행, 질서유지, 소요진압 권한을 가짐, 최초의 1838년 보스톤 시경찰국을 창설하는 등의 개혁이 있었다. 그리고 최초로 제복경찰이 등장하게 되었다.

⑤ 20세기 초의 경찰개혁

미국 경찰개혁의 기본목표는 경찰로부터의 정치분리와 정치로부터의 경찰의 분리하는 것이었다. '준법 및 법 집행에 대한 실태조사위원회'의 보고서를 통해 미국 대통령 후버는 설치와 동시에 ㉠ 정치적 간섭배제, ㉡ 경찰채용기준의 강화, ㉢근무조건의 개선, ㉣ 교육의 강화를 주장했다. 윌슨(O. W. Wilson)은 경찰의 조직구조, 순찰운용, 통신의 효율성 등을 통한 혁신을 주장했다. 그리고 1908년 캘리포니아 버클리시에는 최초로 경찰학교가 신설되었고 1916년에는 최초 경찰학부가 설립되었다.

미국 연방경찰기관 미국의 법집행기관과 연방경찰의 형태는 다양한데 2004년 기준으로 60여개 104,884명이며 법무부, 재무부, 국토안보부에 소속되어 있다. 법무부 관할로는 연방범죄수사국(FBI / Federal Bureau of Investigation), 마약단속국(DEA/ Drug Enforcement Administration), 연방보안관실(US Marshal Service), 이민귀화국(INS), 연방검찰청(U.S. Attorneys Office), 형사국(Criminal Division) 등이 있다. 재무부의 경우는 관세조사국(BC), 국세조사국(IRS), 경호 및 화폐수사실(SS), 총기수사국(BATF) 등이다. 그리고 우편조사국, 해안경비대, 군수사대 등이 연방차원에서 운영되고 있다. 내무부의 경우는 교화국(Bureau of Reclamation), 동물보호국(U.S. Fish and Wildlife Service), 국립공원관리국(U.S National Park Service) 등이 있다. 2001년 9 · 11테러를 계기로 2003년 03월 01일에 신설된 각부처의 테러기능을 통합하여 국토안보부(Department of Homeland Security: DHS)가 설치 · 운영 중이다.

미국 연방범죄수사국 FBI의 지위는 연방의 일반경찰기관으로 2008년에 100주년을 맞았다. FBI 이외에는 모두 특정한 법영역만을 담당한다. 1908년에 법무부에 설치된 수사국으로 출범하여 초기에는 주정부와의 갈등으로 제 기능을 다하지 못하였는데, 1924년 후버가 국장이 되면서 획기적으로 발전하다 1935년 연방범죄수사국(Federal Bureau of Investigation)으로 확대되었다. 그 임무는 연방법 위반 범죄수사, 국내범죄정보 수집을 위한 첩보활동, 공무원 신원조사, 범죄감식, 범죄통계작성, 경찰관 교육 등이다.

미국의 경찰계급 익히 알려진 바와 같이 미국은 자치경찰제가 발달하여 지역마다 다양한 계급간의 특색을 보여준다. 캘리포니아 주의 제복경찰관은 9등급의 경찰계급을 가지고 있다. 즉 주경찰청장, 순찰대장(Commissioner), 차장(Deputy Commissioner), 담당관 또는 보좌관(Assistant Commissioner), 부장(Deputy Chief), 과장(Assistant Chief), 경감(Captain), 경위(Lieutenant), 경사(Sergeant), 순경(Traffic Officier) 등이다.

미국의 경찰노조 미국에서의 경찰노조는 대부분의 지역에서 그 합법성을 인정받고 있다. 이미 미국의 경우는 1960년대부터 공무원들이 노조를 결성하고 단체교섭권을 행사하기 시작했다. 특히 교사나 체신공무원의 노조활동이 두드러졌다. 1970년대에 이르러서는 노동운동의 합법화를 활발하게 추진하기도 했다. 이러한 결과에 힘입어 미국에서는 오늘날 경찰관의 70% 이상이 노조에 가입해 활동하고 있는 모습을 보여준다. 경찰노조대표는 경찰대표자와 노조의 보수와 후생 등 경찰의 복지향상을 위해 협상을 벌이고 있으며 나아가서 경찰조직 내의 정책결정에 대해서 많은 영향력을 행사하고 있다. 다음의 사항들은 당시의 미국에서 경찰노조활동을 활성화해주는 계기가 되었다.

첫째, 경찰인력은 부족한데 국가는 경찰에게 요구사항이 커졌다. 즉 미국에서 1960년대에 경찰력의 부족현상은 극치에 달해 35%나 부족한 모습을 보여주었다. 경찰관의 연봉이 전문직이나 기능공에 비해 2,000여 달러 가량 적었다. 경찰관은 원래 임무를 수행하면서 큰 위험에 노출되어 있는 상황이다. 이 와중에서 경찰기관은 경찰관들의 수준을 높이기 위해 대학교육을 받을 것을 권장하였다. 이러한 와중에서 경찰관들은 노조활동을 통해 자신들의 상황을 호소하며 권리를 찾게 되었고 더 좋은 권리를 주장함으로써 경찰노조가 활성화되는 계기가 되었다.

둘째, 경찰서장에게 속해있던 독단적인 의사결정들에 대해 대항하였다. 미국의 경우 1960년대에 경찰조직은 경찰서장에 의해 독단적으로 운영되었다. 특히 경찰의 승진이나 징계권을 경찰서장이 행사함으로써 경찰관들은 노조활동을 통해 대항하게 되었다. 만일의 경우 경찰서장이 하급경찰관들에게 부당한 대우나 인사조치를 취할 경우 경찰노조원들은 자기들의 경찰노조를 통해 물리적인 대응을 취하며 발언권을 행사하였다.

셋째, 경찰관들이 정치적 희생양이 되는 데서 벗어나고자 했다. 1960년대 미국의 경우 경찰관들이 열악한 환경에서 근무하고 있었으며 시민들로부터 대우받지 못하는 실정이었다. 어떤 문제가 터질 때마다 정치인들은 나름대로 여론을 등에 업고 경찰을 정치적 속죄양으로 삼았다. 이에 대해 경찰노조는 자신들의 입지를 지키기 위해 경찰노조를 활성화 시키게 되었다.

넷째, 시민들의 폭동이 활발하게 발생했다. 이에 대해 경찰이 공공질서를 유지하는 데 크게 기여했다. 경찰의 역할이 매우 중요하다는 분위기가 형성되었다.

이러한 사항들로 인해 미국에서 1960년대에는 경찰노조를 인정하고 합법성을 인정하게 되었다.

노동3권은 단결권, 단체교섭권, 단체행동권을 말한다. 이 중에서 단체행동권은 경찰에게 인정하기 어려운 것이다. 예를 들어 경찰이 파업을 하는 경우 치안에 큰 공백이 생긴다. 그러므로 미국에서 경찰의 파업을 금지하는 경우가 많다. 그럼에도 불구하고 미국에서 경찰관들은 자신들의 의사를 파업을 통해 관철하는 방식을 종종 활용한다. 또한 태업의 방식도 활용한다. 질병을 핑계로 경찰들이 집단적으로 늦게 출근하는 경우라든지 혹은 경찰업무를 아주 느리게 처리하는 방식 등이다.

단결권은 경찰들이 노조를 결성할 권리를 의미한다. 미국에서 경찰관이 노조에 가입하는 데는 2가지 방법이 있다. 전자는 개방형이고 후자는 폐쇄형이다. 즉 개방형은 경찰관의 노조가입 여부가 개인경찰관의 자유이다. 그러나 폐쇄형은 누구나 경찰서에 채용되는 동시에 의무적으로 경찰노조에 가입하는 것을 의미한다.

단체교섭권은 노동자와 사용자가 타협을 통해 노조원들의 보수나 후생복지 등의 고용조건을 결정하는 일련의 과정이다. 단체교섭에서 해결방안이 나오지 않으면 노사는 제3자에 의한 중재를 통해 해결책을 강구하기도 한다. 단체교섭의 대상을 임금, 노동시간, 기타 고용의 조건으로 하는 데는 문제가 없다. 그러나 경찰이 중요한 정책결정을 할 때 경찰노조대표에게도 참여할 권리를 부여하느냐 하는 문제에 대해서는 논란이 있다. 또한 경찰관들이 어느 계급까지 노조가입을 허용할 것인가에 대해서도 결정해야 할 문제로 남아있다. 미국의 경우 경찰사용자 측에서는 경찰서장, 시장, 시의회의원, 주의회의원 등이 참여한다. 시의원의 경우는 경찰예산을 통제하는 자격이 있기 때문이다. 그리고 경찰노조 측에서는 대부분 전문대리인과 노조대표 경찰관들이 대표성을 띠고 협상에 참여한다. 또한 노조전문 변호사가 협상에 나오기도 한다. 아무튼 경찰노조에 대해 많은 사람들은 우려를 한다. 그럼에도 불구하고 미국에서 경찰노조는 다음과 같은 기대효과를 가져왔다. 첫째, 경찰노조 활동을 통해 경찰의 봉급과 근무여건의 개선을 가져왔다. 둘째, 노조는 경찰의 업무향상에 기여하였다. 셋째, 미국에서 경찰노조의 활동으로 인해 경찰서장의 부하 경찰관들에게 부당하게 행하던 인사조치 등이 대폭 감소되었다는 것이다(신현기 · 전돈수, 2003: 416).

미국의 군경찰(County Police) 미국 전역에 대략 3,340개의 보안관실이 존재한다. 이는 대부분 군(county)의 경찰기관 역할을 한다. 주민 직선으로 선출되며 임기는 2년에서 4년까지 다양하다. 주법에 보안관에 대한 자격, 권한 그리고 임무가 규정되어 있고 보수는 카운티 조례로 정하고 있다. 보안관의 임무는 질서유지, 민 · 형사상 소송절차, 법정질서유지 등이고 주로 비도시 지역이 주요 관할지역이다. 군경찰은 대개 시정부와 군정부가 병합된 지역에 많이 설치되는데 군수 등이 군경찰의 장을 임명한다. 플로리다 주가 대표적이며 캘리포니아 주의 LA군경찰은 580명의 경찰관과 160여명의 민간인으로 구성된 주에서 4번째로 큰 경찰기관인데 종합적인 경찰기능을 수행하고 있다.

미국의 도시경찰(Municipal Police) 도시마다 경찰의 규모는 다양한데 뉴욕이나 LA(경찰관 약10,354명/민간인 3,640여명), 시카고(경찰관 13,400명/민간인 1,850여명)와 같은 대도시 경찰은 고도의 훈련을 받은 경찰들로 도시경찰을 운영하고 있다. 물론 10명 이하로 구성된 작은 도시경찰이 있는 곳도 있다.

미국의 정보기관 1947년 CIA 창설 이후 미국의 정보기관들은 냉전이라는 세계적 조류에 편승하여 각 부처별로 정보기관을 만들면서 그 숫자가 폭증하였다. 하지만 1980년대 말부터 1990년대 초까지 동구권과 소련이 몰락하면서 냉전이 종식되자 정보예산을 대폭 삭감하게 되었으며 난립한 정보기관의 조정 · 통합이 제대로 되지 않는 상태로 상당한 시일이 흘러 2001년 '9.11 진상조사위원회'를 구성하여 2004년 최종보고서를 내고 9.11 테러예방 실패원인으로 정보기관 예산과 인력의 과도한 감축으로 대응체제의 약화, 테러위협에 대한 과소평가, 국가정보의 통합적 관리체제 부재 등을 제시하였다. 이 보고서의 내용을 기초로 정보개혁법(Intelligence Reform Art)을 제정하였다.

① 국가정보장(DNI)

정보개혁법은 CIA, FBI 등 정보공동체 소속, 16개의 정보기관의 예산과 인력을 총괄 조정할 수 있는 장관급의 국가정보장(Director of National Intelligence: DNI, 2011년 4월 취임한 제4대 국가정보장은 James R. Clapper이다) 직제를 실시하였다. 미국의 16개 정보공동체는 중앙정보부(CIA), 국가안보국(NSA), 국가정찰국(NRO), 국방정보국(DIA), 국가지구공간정보국(NGA), 국토안보부(DHS), 육군 · 해군 · 공군 · 해병대 정보부대, 국무부 정보조사국(INR), 연방수사국(FBI), 해안경비대 정보실(USCG), 법무부 마약수사청(DEA), 재무부 정보지원실(OIS), 에너지부 정보실(IN)으로 구성되어 있다. 국가정보장(DNI)은 기존 CAI국장이 겸임하고 있던 중앙정보장(DCI) 직제를 폐지하고 신설된 것이기 때문에, CIA의 위상과 역할이 한 단계 강등된 것이라고 평가되기도 한다. 그렇다 하더라고 CIA는 여전히 미국에서 가장 중심적인 역할을 하는 정보기관이다.

② 미국 중앙정보부(CIA: Central Intelligence Agency)

국가안정보장회의(NSC: National Security Council)의 지휘를 받아 국가정보활동을 수행하는 대통령 직속기관으로 1947년 9월 국가안전보장법에 따라 창설되었다. CIA법 제 6조에 의거하여 조직 · 기능 · 명칭 · 직명 · 보수 · 인원 및 자료 등은 원칙적으로 의회를 포함하여 대외에 공개하지 못하도록 규정되어 있으며 CIA의 의회정보위원회에서의 증언은 원칙적으로 모두 비공개로 되어 있다. 비밀활동의 자금지출은 CIA부장의 증빙서류로 가능하며 외부의 감사대상에서 제외된다. CIA는 국가의 정책정보를 수집하며, 수집된 정보를 분석하여 생산, 배포하고 방첩활동과 대통령이 승인한 특수공작을 수행하나 경찰활동 · 소환영장발부 등 법집행이나 국내치안 단속의 기능은 갖지 아니한다. 2011년 4월 현재, 19대 국장(19th Director of the Central Intelligence Agency)은 Leon Edward Panetta이다.

③ 국가안보국(NSA: National Security Agency)

국방부 소속으로 1952년 대통령으로 설치되었으며, 통신과 신호들에 대한 첩보 보안 및 각종 도청공작, 암호해독 및 암호보호 기술개발, 우주공간 및 미사일 감청 등을 담당한다. 전자첩보활동의 메카로서 120개가 넘는 위성을 기반으로 전세계를 대상으로 한 통신감청시스템인 일명 '에셜론(ECHELON)'을 운용하고 있다. NSA는

ㄱ ㄴ ㄷ ㄹ ㅁ ㅂ ㅅ ㅇ ㅈ ㅊ ㅋ ㅌ ㅍ ㅎ

"내부인에게는 어떤 말도 하지 말라(Never Say Anything), 외부인에게는 그런 기관은 없다(No Such Agency)"라는 경구(警句)로 상징될 만큼 철저한 보안시스템을 갖추고 있는 것으로 유명하며 NSA 국장은 NSA본부와 해외시설의 활동을 지휘하는 것뿐만 아니라 암호 관련 부서의 신호정보활동을 감독하는 역할을 수행하고 있다. 2011년 4월 현재(2005년 8월 1일부터 재직), 4星 장군인 Keith B. Alexander가 책임자이다.

④ 국가정찰국(NRO: National Reconnaissance Office)

미국의 정보공동체 전체의 위성정찰 계획 등을 관리하고 있으며 우주정찰에 대한 미국의 정책을 검토하기 위해 1962년 케네디 대통령에 의해 설립되었다. 2011년 4월 현재, 제16대 국가정찰국 국장은 공군 4星 장군 출신 Bruce Allen Carlson이다.

⑤ 연방수사국(FBI: Federal Bureau of Investigation)

스파이 · 사보타지 · 반란 · 소요 · 정부전복 등의 범죄에 대한 수사뿐만 아니라 범죄예방을 위한 첩보수집활동도 수행하고 있다. FBI는 국내수사 · 방첩정보활동을 원칙으로, 해외방첩활동은 CIA와 협조하에 수행, 정보협의체를 구성하고 있는 각 정보기관들의 국내 방첩업무를 조정하는 역할을 수행한다. 알콜, 위조지폐, 밀수, 우편, 밀입국 등과 같이 특별법 규정으로 다른 연방기관에 위임된 사항은 해당 기관에 관련 정보와 수사결과를 넘겨주도록 되어 있다. 2011년 4월 현재, 제6대 국장은 Robert Swan Mueller III으로서, 2001년 9월 임명되어 국장으로 재직하고 있다.

⑥ 국토안보부(DHS: Department of Homeland Security)

2001년 9 · 11 테러사건을 계기로 부시 대통령이 22개 정부기관들을 통합하는 정부조직 개혁을 단행, 테러위협으로부터 국토를 수호하는 것을 주요 임무로 2002년 11월 25일 신설되었다. 미국 내 법집행기관 · 정보기관들의 첩보는 물론 기타 연방정부, 주 및 지방정부 기관과 민간 분야의 첩보를 개척, 수집, 분석하고 테러 방지 등의 목적을 위해 이들을 통합 · 분석하여 국토안보부 내 또는 관련 연방 정부기관에 배포하는 역할을 담당하고 있다. 2011년 4월 현재, 제3대 국토안보부 장관은 Janet Napolitano(女)이다. 그는 2003년부터 2009년까지 Arizona 주지사를 지낸 바 있다. 2010년 말 현재, 직원 216,000명이며, 예산규모는 551억 달러 정도였다.

미국의 타운십경찰　미국에는 약 19,000개의 타운십이 존재한다. 미국의 면이나 읍에 해당하는 소단위 자치단체에서 전통적 경찰조직으로 치안관(Constable)이 지역치안유지 활동과 법원의 민사소송 업무 집행, 세금징수의 임무를 수행하였으나 현재 대부분의 지방에서 치안관 대신 새로운 타운십 경찰(Township Police)로 재편되고 있다.

미국의 특별구역 경찰(Specialised Police)　공원, 학교, 대학 등에서 질서유지를 위해 특별구역경찰이 공원 등의 장이나 관리위원회에서 선발된다. 예를 들어 워싱턴 수도경찰(4,900명), 대통령경호실 정복경찰(1,100명), 국회의사당 경찰대(1,265명), 연방신변보호경찰대(270명), 대법원 경찰대(76명), 국회도서관 경찰대(152명), 지하철 경찰대(274명), 철도경찰대(35명) 등이 대표적이다.

미국 자치경찰의 재정 통상적으로 미국에서 자치경찰의 비용은 자신들의 경찰을 스스로 관리하는 자치단체에서 전적으로 부담하는 원칙을 따르지만 물론 다 그런 것은 아니고 예외적으로 연방정부나 주정부에서 교통안전이나 특정범죄의 단속과 같은 공조프로그램에 참여하는 경우, 그에 대한 보상 및 동기부여의 차원에서 자치경찰에게 일부 보조금을 지급하는 경우도 있다. 그리고 재정자립도가 낮아 어려움을 겪는 자치단체는 비용을 절약하기 위해 주정부나 인접한 도시경찰 및 군(郡) 경찰에 임무를 위탁하여 운영하는 경우도 있다.

미국 주경찰(Stote Police) 미국 50개 州들은 주경찰로 주경찰국, 고속도로 경찰대, 주경찰청을 두고 있다. 특이한 것은 미국의 모든 주가 경찰의 임무와 권한을 달리한다는 점이다. 예를 들어서 첫째, 주경찰국은 뉴욕 버지니아 등 21개 주에서 설치되어 있다. 둘째, 고속도로경찰대는 캘리포니아주, 오하이오주 등 주로 미국 남서부지역에서 설치 · 운영되고 있다. 셋째, 주경찰청은 애리조나와 텍사스 등 9개 주에 설치되어 고속도로순찰대나 주경찰국과 비슷한 임무를 수행하고 있다.

미국 주경찰의 사무 고속도로순찰대(Highway Patrol) 미국 각종 교통관련 단속, 소통업무 수행, 교육훈련 등의 업무를 수행한다. 주경찰국(State Police)은 주 전체를 관할로 일반 수사권을 유지하며 교육, 범죄감식, 채용, 교통 등 부족한 지방 경찰의 업무를 지원하는 일을 수행한다. 주경찰청(Dept. of Public Safety)은 교통관련 업무 이외에 형법집행, 비상사태관리업무, 알콜 및 도박단속, 운전면허발급, 경찰관 교육 등을 수행한다.

미국 주경찰의 임무와 권한 미국 주경찰의 임무와 권한은 50개 각 주(州)의 주법에 의해 정해진다. 미국 50개 주가 각각 다르기는 하지만 대개 주경찰국, 주경찰청, 고속도로순찰대로 구분된다. 미국 서부와 남부지역의 주(캘리포니아, 유타, 네바다 등 19개 주)들에서는 주경찰의 권한이 매우 약한편이므로 고속도로순찰대 형태로 극히 일부의 권한만을 행사하는 데 그치고 있다. 이에 반해 셰리프의 권한이 약한 동부의 미시간, 버지니아, 뉴욕 등 21개 주들에서는 주경찰의 권한이 강화되어 주경찰구 형태로 운영된다. 최근 들어서는 그동안 고속도로순찰대로 운영하던 텍사스, 미네소타 등 9개 주에서는 각종 경찰기관을 통합하여 효율성을 높이기 위한 방안으로, 즉 주경찰청 형태로 바꾸었다.

미군정기(美軍政期) 1945년 일본의 항복으로 삼팔선(한반도 북위 38° 선) 이남 지역에 미군이 진주하여 9월 8일부터 1948년 8월 15일 남한단독정부가 수립되기까지 3년 동안 실시한 군사통치시기이다.

미끄러지기 쉬운 경사이론(Slipperly Slope Theory) 작은 호의가 나중에 심각한 부정부패로 발전할 수 있다고 보는 주장을 말한다. 예를 들어 처음에는 시민이 단순한 성의나 표시로 커피나 음식을 대접하는 것이 나중에는 은연 중에 경찰의 호의와 보호를 기대하는 것으로 발전된다는 것이다.

미네소타식 다면적 인성검사(MMPI: Minnesota Multiphasic Personality Inventory) MMPI는 다면적 인성 검사로 세계적으로 널리 쓰이고 있는 성격 검사이다. MMPI-1은 3개의 타당도 척도와 10개의 임상 척도로 되어 있는데 MMPI-2는 타당도 척도에 5가지가 추가되었다. 10개의 임상척도는 Hs(건강염려증), D(우울증), Hy(히스테리), Pd(반사회성), Mf(남성성-여성성), Pa(편집증), Pt(강박증), Sc(정신분열증), Ma(경조증), Si(내향성)으로 나뉘고 임상적인 문제를 판별하는 데 쓰인다. MMPI의 1차 기능은 정신과적 진단과 분류를 위한 것이다.

Micigan주 Flint시 도보순찰실험 1979년 플린트 경찰서에서는 찰스모트(Charles Mott) 재단의 후원금으로 지역사회에 기초한 도보순찰실험을 실행하였다. 도시 거주자의 20% 정도를 포함하는 14개의 지역에 배치된 22명의 도보순찰경관으로 시작하여 상업지역뿐만 아니라 거주지역도 순찰하였다. 실험과정에서 경찰은 법집행 서비스와 조직화된 지역 감시를 제공하고 자문위원회를 만들어 다른 지역사회 기관과의 연결고리로 활동했으며, 지역사회의 문제해결과 안전의 확보, 노인들의 희생과 청소년 범죄 등 지역사회 문제해결을 시도하였다. 또한 경찰관들은 영구적인 순찰구역을 가지고 지역사회와 상호작용을 증대시켰다. 그 결과 실험지역이 다른 지역에 비해 범죄가 감소되었음이 발견되었고, 시민들은 경찰관의 도보순찰로 안전하다고 느꼈으며, 특정한 문제에 대하여 경찰관에게 말하는 빈도도 증가하는 효과가 있었다.

미행 · 잠복감시(尾行 · 潛伏監視) 미행이란 범죄증거, 수사자료의 수집 또는 범인의 체포 · 발견을 위하여 용의자 · 우범자 또는 관계자를 상대자로부터 감지당하지 않으면서 은밀히 추적 · 감시하는 것을 말한다. 잠복감시(은신파수)란 범죄증거, 수사자료의 수집, 범인의 발견, 검거, 소재확인, 용의자 등의 발견을 위하여 일정한 장소 또는 특정지역에서 계속적으로 은신하여 은밀히 감시하는 것을 말한다. 미행과 잠복 · 감시의 공통목적은 ① 범인을 체포, ② 용의자를 발견, ③ 용의자의 언동과 동정을 파악, ④ 장물 등의 이동사실을 확인, ⑤ 공범자를 파악, ⑥ 정보의 신빙성을 내사 또는 확인하는 데에 있다.

민간경비(民間警備/private security) 실질적 개념으로는 국민의 생명과 신체 그리고 재산 보호, 사회적 손실 감소와 질서유지를 위한 일체의 활동을 말한다. 형식적 개념으로는 실정법인 경비업법에서 규정하고 있는 업무를 수행하고 동법에 의하여 허가받은 법인에 의하여 수행되는 활동을 말한다.

따라서 민간경비란 개인이나 기업 또는 어떠한 집단이 자신의 생명이나 재산을 보호하기 위하여 특정한 의뢰자로부터 대가를 받고 생명이나 재산의 안전에 필요한 서비스를 제공하는 개인, 단체, 영리기업 등을 의미한다.

민간경호의 특별원칙(民間警護의 特別原則) 일반적으로 다음과 같이 6원칙이 대표적이다. ① 신의성실의 원칙-민간경호조직이나 경호원은 사적 계약에 의거하여 이루어 진 신변보호 행위를 계약당사자인 경호대상자의 신뢰에 어긋나지 않도록 항상 성실히 수행해야 한다는 원칙이다. ② 수익자부담원칙-서비스에 대한 비용을 부담한 자에 대하여만 경호서비스를 제공한다는 원칙이다. ③ 비폭력수단 우선원칙-경호를 행함에 있어 경호대상자에 대한 위해상황이나 불손한 의도의 접근이 있을 경우 이에 대한 방어나 대응시 비폭력적 수단을 우선하여야 한다는 원칙이다. ④ 법집행기관 우선의 원칙-민간경호 임무 수행시 발생하는 상황이 공적인 법집행기관의 활동과 중첩되거나 충돌될 경우 법집행기관의 활동이 우선되어야 한다는 원칙이다. ⑤ 과잉방어금지의 원칙-경호활동 중 발생한 위해기도에 대응한 수단이 위해기도자의 행위의 정도에 비례하여 너무 지나친 수단을 사용하면 안된다는 원칙이다. ⑥ 개인비밀 엄수의 원칙-경호원은 경호대상자의 신변에 관한 모든 사항을 외부에 발설해서는 안된다는 원칙이다.

민영화이론(民營化理論/Private Management Theory) 정부의 역할을 줄이고 민간역할의 증대하여 국가 비용절약의 효과를 거두고 나아가 작은 정부를 수립하여 시민권 성장과 국민권리의 신장, 정치(권력)의 최소화를 주장하는 이론이다. 민영화이론은 국가 중요시설의 경호 및 경비를 민간에게 위탁시키는 경우 전용된다. 따라서 이 이론은 서비스의 내부 공급에서 외부공급으로 전환이 이루어지고, 이 과정에서 경쟁개념을 도입하여 보다 효율적인 서비스를 제공함에 그 의의가 있다고 할 수 있다.

민원담당관(民願擔當官) 치안센터에서 일근근무를 원칙으로 하며 민원업무처리 및 지역사회 봉사활동 등을 수행한다.

민원사무(民願事務/civil affairs) 민원인이 행정기관에 대해 특정한 행위를 해결해 주도록 요청하는 사항으로서 ① 허가 · 인가 · 면허 또는 승인의 신청, ② 등록의 신청, ③ 증명 또는 확인의 신청, ④ 이의신청 · 진정 · 건의 또는 질의, ⑤ 기타 행정기관의 특정 행위를 요구하는 의사 표시에 관한 사무 등을 말한다. 행정안전부장관은 민원인의 편의를 위하여 관계법령 등에 규정되어 있는 민원사항의 처리기간 · 구비서류 · 처리절차 · 신청방법 등에 관한 사항을 종합한 민원사무처리기준표를 작성하여 관보에 고시하고 인터넷에 게시하여야 한다.

민원인(民願人) 경찰행정기관에 대하여 처분 등 특정한 행위를 요구하는 개인이나 법인 또는 단체를 말한다. 민원사무는 그가 요구하는 사무의 성격에 따라 일반적 민원사무(즉시민원 포함), 고충민원(반복빈원 포함), 중복(복합) 민원으로 구분된다.

밀항사범(密航事犯) 여권 · 선원수첩 기타 출국에 필요한 유효한 증명없이 대한민국 이외의 지역으로 도항(渡航) · 월경(越境)하거나 이선(離船) · 이기(離機)한 자를 말한다. 밀항사범의 처벌 목적은 밀항의 방지와 재범방지, 밀항지에서의 각종 불법행위, 특히 국가보안법 위반사실의 유무를 확인하기 위한 것이다.

ㅂ

ㅂ

바르비탈염제제(Barbiturates)　　신경활동, 골격근, 평활근 및 심장근육 등에 상당한 억제효과가 있다. 이는 넓은 범위의 생물학적 기능들을 억제시킬 수 있다. 그리고 심리적 의존은 물론 내성이 형성되며, 합법적으로 생산된다. 특히 알콜과 섞어 과다 복용하면 생명에 위험이 올 수 있는 것으로 알려져 있다.

바이러스(Virus)　　컴퓨터의 정상적인 동작에 나쁜 영향을 미치거나 이미 저장된 데이터를 무차별 파괴하는 행동을 하는 일종의 악성 프로그램을 의미한다. 이는 생물학적인 바이러스처럼 자기 자신을 복제하여 다른 컴퓨터에 전염되는 특성을 가지고 있다. 일단 컴퓨터가 감염되면 다른 수많은 컴퓨터들에게 감염되어 엄청난 피해가 발생할 수 있다. 대표적인 것이 트로이 목마(Trojan horse) 프로그램인데 이는 정상적인 프로그램으로 위장하고 있으나 실행을 시키는 동시에 컴퓨터 시스템을 바로 파괴시킨다. 또 하나는 벌레(worm)프로그램인데 이는 악성은 아니지만 계속 자기 자신을 증식하여 컴퓨터의 기억장소를 소모시키기도 한다. 이는 정상적인 컴퓨터 수행속도를 떨어뜨리는 피해를 입히는 특징을 지니고 있다.

반국가단체(反國家團體)　　정부를 참칭하거나 국가를 변란할 목적으로 하는 국내외의 결사 또는 집단으로서 지휘통솔체제를 갖춘 단체를 말한다.

반도체내장형 자물쇠(I.C Lock)　　잠금장치 가운데 디지털식 자물쇠의 하나로써 최근에 각광받는 자물쇠 형태로 내부에 반도체 칩을 내장하여 규정된 입력신호에 따라 열리고 닫히는 방식을 말한다. 이 자물쇠의 특징은 자동잠김 기능, 동일 Key 복제불가 기능, Key 분실시 새로운 Key 등록 기능, 장난/도난방지 기능, 내부강제 잠금기능, 외부강제 잠금기능, 침입경보 기능 등이 있다.

반사회적 인격장애(反社會的 人格障碍/ASPD, APD: Antisocial Personality Disorder)　　타인을 속이고, 범죄 행위를 하는 데에 죄책감을 느끼지 않으며, 착취적이며 지나친 야망과 우월한 태도를 보여 타인에 공감하지 못하며 감정 기복이 심한 정신 장애다. 환경에 대해 비난을 많이 하고, 15세 이상이 되어서 증상을 보이는 특징이 있다.

반합법적 기술잠복(反合法的 技術潛伏)　　잠복전술의 하나로써 유흥접객업소 종사자와 동거 또는 동숙하면서 신분확인이 곤란한 점을 이용하여 합법적인 인물처럼 공개적으로 잠복하는 방법을 말한다.

반합법적 엄호잠복(反合法的 掩護潛伏) 잠복전술의 하나로써 침투간첩들이 포섭된 대상의 엄호를 받으며 그의 거주지나 영업소에 은거하여 합법적인 인물로 가장하여 잠복하는 방법을 말한다.

발탁인사제도(拔擢 人事制度) 경찰인사제도 가운데 하나로써 자질과 능력이 우수하다고 평가받은 인물을 나이와 경력에 관계없이 상위계급으로 승진시키거나 보직하는 제도를 말한다. 이 제도의 목적은 조직의 침체를 해소하기 위한 것이지만 정치적 요인이나 정실주의에 의해 특정대상자를 배려하기 위해 악용될 소지가 있다는 단점을 지니고 있다. 이 제도는 미국의 잭 웰치(Jack Welch)식 인사기법에서 유래되었다.

방범(防犯/crime prevention) 범죄가 발생하기 이전에 사전에 예방하는 활동을 말한다.

방범심방(防犯尋訪) 외근경찰관이 관내의 각 가정, 기업체, 기타 시설을 방문하여 범죄예방, 청소년 선도, 안전사고 방지 등의 지도계몽과 상담 및 연락 등을 행하고 민원사항을 청취하며 주민의 협력을 얻어 예방경찰상의 기초 자료를 수집하는 활동을 말한다.

방범진단(防犯診斷) 범죄예방 및 안전사고방지를 위하여 관내 주택, 고층빌딩, 금융기관 등 현금다액취급업소 및 상가 · 여성운영업소 등에 대하여 방범시설 및 안전설비의 설치상황, 자위방범역량 등을 점검하여 미비점을 보완하도록 지도하거나 경찰력 운용상의 문제점을 보완하는 활동을 말한다.

방범초소(防犯哨所) 자율방범대 등 방범조직이 자율적으로 방범활동을 하기 위해 설치한 활동거점을 말한다. 방범초소는 주로 범죄다발지역이나 우범지역 등에 설치하여 범죄예방 활동을 전개하고 있다.

방범홍보(防犯弘報) 범죄에 대한 정보와 방지대책을 일반 시민에게 알려서 범죄의 피해자가 되는 것을 방지하고 경찰과 지역사회와의 친밀한 유대관계를 유지하기 위한 제반 활동을 말한다.

방어공간(防禦空間/Defensible Space) 거주자가 그 공간을 통제할 수 있도록 주거환경에 실제적, 상징적 방어물이나 영향력, 감시기회 등을 확대시켜 놓은 공간을 말한다. 1960년대 초 Jane Jacobs는 당시의 경향이었던 방사형 도시 디자인 형태가 범죄를 통제하였던 많은 전통적 통제수단(거리에 대한 감시 등)을 파괴하였으며, 현대 건축설계는 주택, 보도, 거리에 대한 전통적 연관성을 포기함으로써 범죄를 증가시켰다고 지적하였다. 이에 경찰력을 통한 범죄통제의 한계극복 및 어떤 지역의 방어공간의 특성을 강화하여 잠재적 범죄를 예방하려는 시도로써 '환경설계를 통한 범죄예방(CPTED, Crime Prevention Through Environmental Design)'의 개념을 제기하였다. 이후 Oscar Newmann이 동료교수들과 '도시거주지역의 방범설계프로젝트'를 수행하면서 방어공간으로 개념을 정리하였다. Newmann의 방어공간(defensible space)의 요건은 ① 영역성(territoriality): 거주자들 사이의 소유에 대한 태도를 자극하기 위한 주거건물 안팎의 공적 공간의 세분화와 구획작업(직선형 주택배치, 위계적 주택배치, 가로폐쇄 등), ② 자연스런 감시(natural surveillance): 거주자들이 주거환경의 내/외부 공동지역을 자연스럽게 감시할 수 있도록 아파트 창문위치선정, 건축물 배치(일자형/타워형 배치 등), ③ 이미지(image): 범죄의 주된 목표라는 이미지를 갖지 않도록 하며, 범행을 하기 쉬운 대상이라는 느낌을 주지않도록 설계, ④ 환경(milieu): 안전하다고 생각되는 도시지역(safe zone)에 주거지역 선정 (정부기관지역 등) 등으로 구성된다.

방첩(防諜/Antiespionage) 기밀유지 · 보안유지라고도 하며, 적의 정보활동에 대비하여 자기편을 보호하는 노력으로서 아측에 대한 간첩, 전복, 태업행위 등을 적발하고 미연에 방지하기 위한 조직된 활동을 말한다. 즉, 간첩으로부터 첩보를 보호하고, 전복으로부터 인원을 보호하며, 태업으로부터 시설이나 물자를 보호하기 위해 행하는 적극적 · 소극적 보안대책에 관계되는 일련의 활동을 말한다.

방첩공작(防諜工作) 간첩이나 정보사범 및 기타 관련자와의 배후조직을 색출, 검거하기 위하여 인지하거나 수집한 첩보, 체포 또는 자수한 간첩을 활용하거나 역용하여 실시하는 각종 공작활동을 말한다.

방첩정보(防諜情報) 국가의 안전을 유지하기 위한 경찰적 기능의 정보로서 소극적 방어대책에 관한 지식이다. 즉 전략정보와 전술정보가 적극적 정보인 데 비하여, 방첩정보는 소극적 성질을 갖는다. 보안상 대간첩, 대태업, 대전복 등의 수단을 강구하며 인원자재 등의 보안지식을 포함한다.

방화태업(放火怠業) 태업의 형태 가운데 물리적 태업의 하나로써 유류 등 인화물질로 목표물에 화재를 발생케 하는 태업방법을 말한다. 방화태업의 특징은 다음과 같다. ① 가장 파괴력이 강하다. ② 어떠한 목표에 대해서도 위력을 발휘한다. ③ 우연한 사고로 가장하기 용이하다. ④ 인화물질의 습득이 용이하다.

배공영사죄(背公營私罪) 통일신라시대 관리들의 직무와 관련된 범죄의 유형으로 현재의 직권남용죄에 해당한다.

배수추천제(倍數推薦制) 결원된 직위의 정해진 배수(3-7배수)만큼 인원을 추천하는 방법이다. 지금까지 공무원 임용시 가장 많이 이용된 추천의 방법은 주로 3배수 추천제이다. 이 제도는 채용시험의 타당성이 완전하지 않다는 전제 위에 임용권자에게 어느 정도 재량권을 부여하기 위한 것이다. 오늘날 추세는 임용권자에게 더 많은 재량권을 부여하기 위해 5–7배수를 뽑는 추세로 바뀌고 있다.

배임죄(背任罪) 타인의 사무를 처리하는 자가 해야 할 임무에 위배하는 행위를 통하여 재산상의 이익을 취하는 범죄를 말한다. 여기서 타인의 사무를 처리하는 근거는 법령, 계약 법률행위 등 다양하며 그 사무는 사회상규에 타당한 내용이어야 한다. 배임죄의 특징은 회사 · 은행 등에서 행해지므로 관계자가 사회적 신용이 손상당하는 것이 두려워 적극적으로 피해신고를 하지 않는 잠재성이 강하다. 한편 입증상 요점은 ① 피의자는 타인을 위하여 사무를 처리하는 자로 피의자와 본인의 관계 및 피의자가 처리하는 사무의 종류 · 성질 · 내용 · 사무를 처리하기에 이른 경위 · 원인을 명백히 한다. ② 피의자가 자기 또는 제3자의 이익을 꾀하였을 것 ③ 피의자가 임무위배행위를 했을 것, ④ 그 결과 본인에게 손해를 가했을 것, ⑤ 특별배임죄에 있어서는 피의자가 회사의 임직원일 것 등이다.

배치전환(配置轉換) 담당직위의 수평적 변동을 지칭하는 것을 의미한다. 즉 공무원이 지금까지 담당하고 있던 직위와 책임수준이 같은 직위로 이동하는 것을 뜻한다. 이와 같이 동일계급(등급) 내의 인사이동을 배치전환이라 한다. 배치전환에는 보수액의 변동이 수반되지 않는다. 배치전환은 여러 가지 유형이 있는데, 다음과 같은 경우로 볼 수 있다. 첫째, 한 기관의 하부조직단위 내(예컨대 국내 또는 과내)에서 배치전환이 일어날 수 있다. 둘째, 한 기관 내(예컨대 법무부 내)의 이동이 있다. 셋째, 기관간(예컨대 법무부에서 국방부로)의 이동이 있다. 넷째, 인사관할을 달리하는 기관(예, 입법부에서 행정부)으로 이동이 있는데, 이것을 한국에서는 전입(轉入)이라고 부르고 있다.

배회간첩(徘徊間諜) 간첩의 분류 가운데 활동방법에 의한 분류로써 일정한 공작기간이 설정되어 있는 점이 주된 특징으로 일정한 주거없이 전국을 배회하면서 임무를 수행하는 간첩을 말한다.

백색선전(白色宣傳) 출처를 밝히고 행하는 선전을 말한다. 국가 또는 공인된 기관이 공식적인 보도기관을 통하여 행하므로 주제의 선정과 용어사용에 제한을 받지만 신뢰도가 높다. 흑색선전에 반대되는 개념이다.

벌금(罰金/fine) 과료(科料) · 몰수(沒收)와 더불어 재산형의 일종으로 그 금액이 많다는 점에서 과료와 다르고, 재산권을 일방적으로 국가에 이전시키는 물권적 효과를 수반한 부과형의 성질을 가진 몰수와 구별된다. 형법상 벌금은 5만 원 이상으로 한다(45조). 벌금은 판결 확정일로부터 30일 이내에 납입하여야 하며, 벌금을 선고할 때에는 동시에 그 금액을 완납할 때까지 노역장에 유치할 것을 명할 수 있다(형법 69조 1항). 벌금을 납입하지 않은 사람에게는 3년 이하의 기간, 노역장에 유치하여 작업에 복무하게 한다(69조 2항). 따라서 벌금을 선고할 때에는 납입하지 아니하는 경우의 유치기간을 정하여 동시에 선고하여야 한다(70조).

범법소년(犯法少年) 소년법상 소년은 19세 미만자를 말하는데(제2조), 소년은 정신적 · 육체적으로 아직 완전히 성숙하지 않은 상태에 있으므로 비록 범법을 하였더라도 그 장래를 위하여 소년법에 의하여 환경의 조정과 성행(性行)의 교정에 관한 특별조치를 행함으로써 소년의 건전한 육성을 도모하고 있다. 범법소년은 ① 14세 이상 19세 미만의 형사책임능력자인 범죄소년, ② 10세 이상 14세 미만의 형사책임무능력자인 촉법소년, ③ 10세 미만의 범법소년의 3가지로 분류된다. ②와 ③의 소년은 형법상 형사책임무능력자로서 형사처벌은 하지 못하나, 소년법에 의하여 ②의 소년은 소년사건으로 하여 보호처분을 할 수 있고, ③의 소년은 아직 어려서 아무런 법적 규제를 하지 않으므로 당해 소년과 보호자를 훈계하는 방법밖에 없다. ②의 소년은 경찰서장이 지방법원 소년부에 송치하거나, 보호자 또는 학교와 사회복리시설의 장이 소년부에 통고함으로써 보호처분을 할 수 있다(제4조). ①의 소년은 형사책임능력자이므로 형사처벌을 할 수 있지만, 벌금 이하의 형에 해당하는 범죄이거나 보호처분을 함이 타당하다고 인정될 때에는 검사 또는 법원이 소년부로 송치하여 보호처분을 하게 할 수 있다. 그러나 금고 이상의 형에 해당하는 범죄이거나, 소년부에서 보호사건으로 심리한 소년에 대하여 형사처분을 함이 타당하다고 인정하여 검사에게 송치한 경우에는 검사가 공소를 제기하여 형벌을 과하되, 부정기형이나 사형 · 무기형의 완화 등 일반성년자와는 다른 특별조치를 한다(제49조 · 제59조 · 제60조).

범죄(犯罪/Crime) 특정한 사회통제에 복종하지 않는 행동양식을 가리킨다. 일반적 개념으로는 법적으로 규정된 유책위법행위(有責違法行爲)이다. 즉, 형법상 범죄는, 범죄의 구성요건에 해당되고, 위법하고 책임있는 행위이어야 한다. 이 3가지의 요건 중 하나라도 부족할 경우 범죄가 성립하지 않는다.

범죄다발지역 경찰활동(Hot Spoot Policing) 범죄가 지리적 위치와 밀접한 관계가 있다는 사실에서 출발하므로 '우범지역 경찰활동'이라고도 한다. 이러한 경찰활동은 경찰이 범죄가 발생할만한 장소를 선점하여 범죄를 원천적으로 봉쇄함으로써 경찰의 범죄억제력을 강화하려는 경찰활동으로 정의할 수 있다. 이를 위해서는 경찰과 지역 주민들로 구성된 지역 네트워크의 강화를 통해 지역에 관한 정보를 수집해야 하며, 우범지역 선정에 있어 지역 여론을 충분히 수렴하여 결정하고 적극적인 홍보와 설득이 필요하다.

범죄수사의 3대원칙(犯罪搜査의 3大原則) 일반적으로 3S원칙으로 불리우는데 신속착수의 원칙(Speed Initiation), 현장보존의 원칙(Scene Preservation), 공공협력의 원칙(Support by the Public)을 말한다.

범죄소년(犯罪少年) 형벌법령에 위반하는 행위를 한 14세 이상 19세 미만의 자로서 형사책임이 있는 자를 말한다.

범죄와의 전쟁(犯罪와의 戰爭) 1990년 10월 13일, 당시 노태우 대통령이

민생치안 확립을 위한 특별선언으로 '범죄와의 전쟁'을 발표하였다. 이 선언의 주요 골자는 첫째, 국가의 공동체를 파괴하는 범죄와 폭력에 대한 전쟁을 선포하고 헌법이 부여한 대통령의 모든 권한을 동원해서 이를 소탕해나갈 것, 둘째, 민주사회의 기틀을 위협하는 불법과 무질서를 추방할 것, 셋째, 과소비와 투기, 퇴폐와 향락을 바로잡아 '일하는 사회', '건전한 사회'를 만들어나갈 것 등이었다. 그 후속 조치로서는 사회 질서 확립을 위해 자정 이후 심야영업 단속, 유흥업소 단속, 교통질서 위반 집중단속, 청소년보호구역 확대, 가정파괴범 · 유괴범 · 흉악범을 비롯한 각종 범죄조직에 대한 소탕 등 종합대책을 수립했다. 또 보복범죄를 특정범죄가중처벌 대상에 추가하고 각종 형사관계법을 개정해 마약, 폭력조직, 인신매매, 가정파괴범에 대한 처벌을 강화하였다.

범죄와의 전쟁이 선포된 지 2년 만에 살인, 강도, 강간, 절도, 폭력 등 5대 범죄가 선포 전에 비하여 5.9% 감소한 것으로 나타났다. 검찰에서는 "범죄와의 전쟁 결과 폭력조직은 사실상 와해되었으며 매년 증가하던 흉악범도 감소 추세로 바뀌고 퇴폐 · 향락 분위기가 수그러드는 등 긍정적인 성과를 거두었다"고 자체평가했다.

범죄의 전이(轉移/displacement)　특정지역 안에서 범죄예방을 위한 전략이 실행된 후 다른 지역으로 범죄가 이동하는 것이다. 전이를 주장하는 학자들에 의하면 범죄예방을 위한 노력들이 실제로 범죄를 예방하기 보다는 단순히 범죄를 주변으로 이동시키는 것이라고 주장한다. 예컨대, 특정한 지역에 순찰력을 강화하면 특정지역에 국한되던 범죄가 인접한 다른 취약지역으로 옮겨간다는 것이다.

범죄인 가계연구(犯罪人 家系硏究)　범죄인, 이상성격자(정신병자, 정신질병자), 부랑자 등이 많이 출생한 특정 가계를 조사, 연구함으로써 그 가계 내에서의 범죄성 유전여부를 분석, 평가하는 연구방법이다. 그러나 후계에 대한 환경의 영향 무시, 범죄생물학적, 정신의학적 지식의 결여, 후손의 배우자 영향 무시, 조사결과의 일반화를 가능하게 할 만큼의 많은 연구사례가 없는 점, 그리고 사회통제의 범인성 억지력을 간과한 점 등에서 비판받는다.

범죄인 인도(犯罪人 引渡/criminal extradition)　외국에서 그 국가의 형벌법규에 위반한 범죄인이 자국에 도망하여 온 경우, 그 외국의 요청에 응하여 인도하는 것을 말한다. 세계 최초의 범죄인 인도조약은 B.C. 1280년경 이집트와 힛타이트 사이의 평화조약이며, 1948년 이후 범죄인 인도를 국제법규화하였다.

범죄인 인도의 목적은 범죄는 반드시 처벌한다는 신념에 따라 범죄를 진압함으로써 질서를 유지하는 데 있고, 범죄피해로 인하여 직접적으로 법익을 침해당하는 국가는 범죄지 국가이며, 그 범죄인의 수사와 재판 그리고 형의 집행을 가장 효과적으로 할 수 있는 나라도 범죄지 국가이므로 범죄인을 범죄지 국가로 인도하는 것이다.

범죄인 인도법(犯罪人 引渡法)　우리나라는 1988년 8월 5일 범죄인 인도법을 제정 · 공포하였으며, 시행을 위하여 범죄인 인도법에 의한 심사 등의절차에관한 규칙(대법원 1989.2.28)을 제정 · 시행하고 있다. 한편 2007년 12월 21일 범죄인 인도법이 개정되었는데 내용은 다음과 같다. ① 인도에 관한 원칙: 대한민국 영역안에 있는 범죄인은 이 법이 정하는 바에 따라 청구국의 인도청구에 의하여 소추, 재판 또는 형의 집행을 위하여 청구국에 인도할 수 있다(동법 제5조). ② 인도범죄: 대한민국과 청구국의 법률에 의하여 인도범죄가 사형 · 무기 · 장기 1년 이상의 징역 또는 금고에 해당하는 경우에 한하여 범죄인을 인도할 수 있다(동법 제6조).

범죄정보관리시스템(CIMS: Criminal Information Management System) 수사전산시스템을 통합하여 One-Click 서비스가 가능하도록 구축한 시스템을 말한다. 즉, 네트워크망을 통하여 수사지식정보를 공유함으로써 범죄의 예방과 검거능력의 극대화를 기할 수 있는 수사경찰의 기본시스템을 말한다.

범죄징표(犯罪徵標) 범죄징표란 범죄행위에 수반하여 나타나는 내 · 외적 현상 일체를 말한다. 범죄징표는 일반적으로 다음과 같이 다섯 가지로 구분할 수 있다. ① 생물학적 특징에 의한 징표: 인상, 지문, 혈액형, DNA, ② 심리적 특징에 의한 징표: 성격, 인격, ③ 사회관계에 의한 징표: 사회적 지문, 사회관계에 의한 범죄사실의 확정, 사회적 소문(파문), ④ 자연현상에 의한 징표: 일시의 확정, 물건의 특징, 물건의 이동, ⑤ 문서에 의한 징표: 문서의 동일성 확정

범죄첩보(犯罪諜報) 수사첩보의 한 내용으로서 범죄수사상 참고가 될 만한 제반사항을 말한다. 즉, 수사의 단서가 될 만한 사실, 범죄를 유발하고 범죄의 원인이 되고 범죄로 이행된다고 예상되는 사실, 이미 발생한 범죄에 대한 사항 등이 포함된다. 현대사회의 복잡화 · 다양화 · 교묘화되어 가는 특성에 따라 범죄첩보의 중요성이 날로 증가하고 있다.

범죄첩보분석시스템(CIAS: Criminal Intelligence Analysis System) 범죄첩보분석시스템이란 수사첩보의 작성을 비롯 수집, 평가, 배당 등 모든 과정을 전선화한 시스템으로 경찰청 과학수사센터에서 구축, 운영중인 것을 말한다.

범죄통계(犯罪統計) 범죄의 통계를 일정한 형식과 방법에 의하여 정확하고 신속하게 과학적인 검토를 행하고 범죄현장을 분석 · 연구한 범죄대책상 자료를 말한다. 현재 운용되고 있는 범죄통계는 경찰관서에 신고된 사건(발생통계원표), 검거된 사건(검거통계원표, 피의자통계원표)을 토대로 작성된 공식적인 통계자료를 말한다. 범죄통계원표는 경찰뿐만 아니라 검찰, 소방관서, 군 수사기관 등 모든 수사기관에서 작성한다. 한편 범죄통계의 보존연한은 다음과 같다. ① 1년: 발생통계원표, 검거통계원표, ② 3년: 피의자통계원표 대장, ③ 5년: 범죄발생 · 검거통계원표 대장, ④ 20년: 경찰청 및 지방경찰청 · 경찰서(해양경찰서 포함)발간 범죄통계분석지

범죄피해자보호법(犯罪被害者保護法) 범죄피해자 보호 · 지원의 기본정책을 정하고 타인의 범죄행위로 인하여 생명 · 신체에 피해를 받은 사람을 구조함으로

써 범죄피해자의 복지증진에 기여함을 목적으로 한다. 범죄피해자란 타인의 범죄행위로 피해를 당한 사람과 그 배우자, 직계친족 및 형제자매를 말한다. 범죄피해 방지 및 범죄피해자 구조활동으로 피해를 강한 사람도 범죄피해자로 본다.

범죄학(犯罪學/Criminology)　　범죄의 발생과 그 원인, 그리고 대책을 탐구하는 학문분야로서, 사회학, 심리학, 법학, 경찰행정학 등의 다양한 부문에서 접근하는 학제적 분야이다.

범죄학이 가장 발달한 미국의 경우에 대부분 사회학적 배경을 가진 사람들이 주류를 이룬다. 미국의 범죄학자 에이커스(Akers)에 따르면, 범죄학의 분야는 크게 ① 법의 제정과 집행을 연구하는 분야와, ② 범죄의 원인을 연구하는 분야, 그리고 ③ 범죄에 대한 대책을 연구하는 분야로 나누어 진다. 그러나 이 세 가지 중에서 가장 중요한 부분은 두 번째의 범죄의 원인을 연구하는 분야로서, 좁은 의미의 범죄학이라고 할 때는 주로 이것을 말한다.

범칙금(犯則金)　　경범죄처벌법 · 도로교통법 등 일상생활에서 흔히 일어나는 경미한 범죄행위를 행한 자에게 벌금 · 구류 · 과료 · 범칙금을 부과함으로써 경미한 범죄행위를 사전에 막으려는 데 그 목적이 있다. 경범죄처벌법상의 행위 유형으로는 쓰레기 방치 · 자연훼손 · 노상방뇨 · 담배꽁초 버리기 · 도로 무단횡단, 공공장소에서의 흡연, 공중에게 혐오감을 주는 행위 등 이루 헤아릴 수 없이 많다. 그러나 경범죄처벌법이 대상으로 하고 있는 행위들은 법익침해의 중대성이 형법상의 범죄행위만큼 크지 않은 행위들이다. 경범죄에 대한 제재수단은 범칙금이나 구류 · 과태료 등이다. 경범죄처벌법상의 제재수단에서는 형법에서 형벌로 규제하고 있는 사형 · 징역 · 금고 · 자격정지의 형을 배제하고 있다.

범칙행위(犯則行爲)　　일반적으로는 규칙(법령)을 위반한 것이라 할 수 있으나 도로교통법상으로는 도로교통법에서 규정하고 있는 사항들을 위반한 행위로서 벌칙 규정의 최고한도가 10만원 이하의 벌금 · 구류 또는 과료의 형에 해당하는 것을 말한다. 차량운전자와 보행자에 따라 범칙행위의 유형이 다르며, 범칙행위에 따라 범칙금의 액수도 달라진다. 구체적인 처벌한계는 도로교통법시행령에 규정하고 있다.

법곤충학(法昆蟲學/Forensic Entomology)　　곤충에 대해 주로 분류학과 생태학 그리고 발달생리학적인 지식을 종합하여 법적 판단이 필요한 사회적 문제를 해결하는 데 기여하는 응용곤충학의 한 분야로서 근본적으로 현실참여를 전제로 하는 실용적인 학제간 과학이다. 법곤충학의 종류는 다음과 같이 세 종류가 있다. ① 도시곤충학(都市昆蟲學 · Urban Entomology): 환경의 인위적인 구조와 기능에 대한 곤충의 역할을 연구, ② 창고곤충학(倉庫昆蟲學 · Stored Product Entomology): 곡물, 의약품, 의류 외에 여러 저장품에 대해 가해곤충과 저장상태의 관계를 연구, ③ 법의곤충학(法醫昆蟲學): 수사나 법의학적 사실 규명에 관련된 곤충을 이용하여 조언하는 것 등이다.

법과학(法科學) 과학적인 관찰과 실험을 통하여 수사 또는 재판에 필요한 지식이나 자료를 제공하는 기술과학을 말한다. 법과학의 창시자는 물적증거에 대한 과학적인 실험의 중요성을 주장했던 오스트리아의 법관 한스그로스이다. 한편 법과학의 분야는 법의학, 물리학, 생화학, 문서감정, 성문분석, 유전자감식, 중성자방사화분석 등의 방법 등이 있다.

법의생물학(法醫生物學/Forensic Biology) 인체로부터 얻어진 생물학적 증거물에서 DNA프로필 분석 및 혈액형을 감정하는 분야이다. 법의학의 검사대상이 되는 혈액(혈흔) · 모발 · 타액 · 땀 · 대소변 등에 대한 감정은 법의학적 개인감별이 그 목적이며, 증거물 채취요령의 준수여부에 따라 감정의 신속과 그 결과의 정확성이 결정되기 때문에 주의하여 채취하여야 한다.

법의학(法醫學/Forensic Medicine) 법률상의 문제를 해결함에 있어 필요한 의학적 사항을 연구하는 학문으로서, 재판의학 또는 감정의학이라고 한다. 따라서 법의학은 범죄수사나 재판에 필요한 각종 증거물에 대하여 의학적 감정을 하는 응용과학의 일종으로 경찰수사와 밀접히 관련되어 있는 분야이다. 법의학의 종류에는 법의병리학, 법의혈청학, 임상법의학 등이 있다.

법의혈청학(法醫血清學/Forensic Serology) 법의학의 검사대상 중 인체에서 각종 증거물을 혈청학적인 실험방법에 의하여 감정 및 연구하는 학문이다. 혈액형의 판정결과는 범죄수사를 위한 범인의 색출 및 개인식별에 활용되고 있어 바로 이 항원과 항체의 반응원리는 혈액은 물론 각종 인체조직과 인체분비액 중에 존재하는 혈액형 물질의 검출이 가능하다.

법정대리(法定代理) 직무대리의 한 종류로 기관의 장 또는 직원의 결원, 출장, 사고가 있을 때에 직무대리 규정에서 미리 정하여 놓은 자가 자동적으로 대리인이 되어 피대리인의 직무를 수행할 수 있도록 하는 제도를 말한다. 법정대리의 순위는 다음과 같다. ① 기관의 장이 사고가 있을 때에는 차장 기타 이에 준하는 자가 대리한다. ② 차장 기타 이에 준하는 자가 없는 기관의 장이 사고가 있을 때에는 법령에서 정한 국의 순위에 의하여 국장이 대리하되, 국이 설치되지 아니한 기관의 경우에는 순위에 따른 과장이 대리한다. ③ 차장 기타 이에 준하는 자가 사고시에도 위와 같은 순위에 따라 국장 또는 과장이 대리한다. ④ 국장이 사고가 있을 때에는 법령에서 정한 과의 순위에 따라 과장이 대리한다. ⑤ 과장이 사고가 있을 때에는 과의 직원 중 상위서열의 직원이 대리한다.

법최면검사(法催眠檢査) 물리적 단서가 없고 피해자 혹은 목격자 진술에만 의존해야 하는 사건수사의 경우 시간의 경과 혹은 범죄로 인한 심리적 외상의 이유로 기억 인출이 곤란한 피해자 혹은 목격자의 기억회상을 고양시키기 위하여 신문시에 최면기법을 적용하는 것을 말한다. 대상은 범죄사건을 분명하게 인지한 피해자 및 목격자로 법최면검사에 동의한 자만을 대상으로 한다. 단, 피의자 및 범죄사건을 인지하지 못한 단순한 참고인은 제외한다. 절차는 다음과 같다. 법최면검사 의뢰 → 사건개요의 파악과 타당성 검증 → 피해자 또는 목격자 면담 → 법최면검사에 대한 설명 및 동의서 작성 → 최면 반응성 검사, 최면 유도 및 심화 → 최면상태에서 사건내용 회상 → 최면종결 → 최면 후 면담과정 등이다.

벤조다이아제핀제제 1955년 Sternbach가 최초로 클로르다이아제폭사이드(ch-lordiazeposide)를 합성해 만들어 냈다. 불안뿐 아니라 각종 정신, 신체 장애와 신체 질병에 수반되는 감정장애에도 효과적인 것으로 알려져 있다. 항경련 작용과 근육이완 작용으로 널리 이용되고 있다. 벤조다이아제핀계열중 로라제팜은 구입이 용이하여 우리나라에서도 남용되고 있다.

벤치마킹(benchmarking) 경영기법의 용어로서 조직의 지속적 개선을 달성하기 위해 조직의 내부 활동 및 기능, 관리능력을 외부적인 비교 시각을 통하여 평가하고 판단하는 것을 말한다. 경쟁 상대나 우수하다고 인정되는 조직들과 비교해 업무를 지속적으로 개선 · 혁신해 나가는 관리기법이다. 벤치마킹을 성공적으로 활용하 위해서는 최고관리층에서 실무 담당자까지 현 수준에 대한 인식과 개선에 대한 공감대 형성이 있어야 하며, 벤치마킹 적용 분야의 활동성과를 정량적으로 표현 할 수 있는 합리적인 성과 측정 지표의 마련을 통해 대상과의 차이 및 극복을 위한 목표 설정이 명확해야 한다.

결국 벤치마킹은 타산지석의 지혜를 경영에서 실현하는 것을 의미한다. 경찰조직에서 팀제를 도입한 것이 대표적인 벤치마킹 가운데 하나로 볼 수 있다.

변사자(變死者) 일반적으로 병사나 자연사가 아닌 시체로서 범죄로 인한 사망의 의심이 있는 시체를 말한다. 즉, 노쇠사 · 병사 등의 자연사가 아니고 부자연한 이유로 사망을 하여 그 사인이 불명하여 범죄에 기인한 것이 아닌가 의심이 있는 시체를 말한다.

변상책임(辨償責任) 공무원이 국가에 대하여 재산상의 손해를 끼치는 경우에 국가에 대하여 변상책임이 지는 것을 의미한다. 즉 국가배상법에 의한 변상책임은 다음과 같은 경우에 해당된다. ① 국가배상법 제2조 제2항, ② 국가배상법 제5조 제2항, ③ 사경제적 직무행위의 책임, ④ 자동차손해배상보장법에 의한 책임 등이 있다. 또 회계관계직원 등의 책임에 관한 법률에 의한 변상책임이 있다.

경찰공무원에 있어서도 경찰공무원이 국가 또는 지방자치단체에 대해 재산상의 손해를 발생시킨 경우에는 배상책임이 있다. 경찰공무원의 변상책임은 국가배상법에 의한 변상책임과 회계관계직원등의 책임에 관한 법률에 의한 책임으로 구분된다. 경찰공무원이 그 직무를 집행하는데 있어서 고의 또는 과실로 법령에 위반하여 타인에게 손해를 가한 경우에 국가는 해당 경찰공무원에게 구상권을 행사할 수 있다.

변혁적 리더십(transaction leadership) 임무, 성공의 비전, 공유하는 가치,

추종자들이 리더를 신뢰하고 확신 할 수 있도록 유도하는 카리스마, 재활력, 부하에 대한 권한 부여와 개발, 조직구성원들의 높은 관여와 실적을 호소하는 유사한 장치들을 강조한다. 리더가 추종자를 가르치고 변형하는 리더십을 말한다.

별정직 공무원(別定職 公務員) 국회전문위원, 감사원 사무차장, 서울특별시 및 광역시 · 도 선거관리위원회 상임위원, 국가정보원 기획조정실장, 원자력위원회 상임위원, 과학기술심의실장, 각급노동위원회 상임위원, 해난심판원의 원장 및 심판관, 비서관, 비서 기타 다른 법령이 별정직으로 지정하는 공무원 등이 있다. 반면 전문직 공무원으로는 국가와 채용계약에 의해 일정한 기간 연구 또는 기술업무에 종사하는 과학자 · 기술자 및 특수분야의 전문가 등이 해당된다.

병가(病暇) 정신적 · 육체적 질병으로 인하여 일정한 기간을 쉴 수 있도록 얻는 휴가를 말한다. 공무원의 병가는 일반병가와 공무상병가로 나눌 수 있다. 여기서 병가는 건강문제에 대한 사후적 또는 치료적 의미를 갖는 것이다. 따라서 병가는 공무원이 질병이나 부상으로 인해 직무를 수행할 수 없는 경우 또는 전염병에 걸린 공무원의 출근이 다른 공무원의 건강에 영향을 줄 수 있기 때문에 병가를 허가한 경우로 병가기간을 60일을 한도로 간다. 그러나 질병이나 부상이 공무상의 것일 때에는 180일까지 병가를 허가할 수 있다. 병가기간의 사용은 병가기간의 범위 내에서 1회에 사용할 수도 있고, 수회에 걸쳐 사용할 수도 있다. 병가일수의 계산은 병가실시일을 기준으로 과거 1년간의 사용일수를 합산하여 계산한다. 당해 공무원의 병가가 계속되어 30일 이상이 되는 경우에는 공휴일수를 병가일수계산에 산입하고 있다.

병부와 형부(兵部와 刑部) 고려는 성종 때 3성 6부의 중앙관제와 12목의 지방관제의 정비가 이루어졌는데, 경찰기능은 병부와 형부에서 담당했던 것으로 보인다. 군사기능을 담당했던 병부는 평상시에는 치안유지의 역할을 하고, 형부는 법률 · 소송 및 사법경찰 업무를 관장했다.

보고(報告/report) 조직 내에서 상하 계층 간이나 부서 상호간 또는 기관 상호간에 법령의 규정 또는 지시나 명령에 의하여 구두, 전화, 전신, 서면 등으로 일정한 의사 또는 자료를 전달하는 과정을 말한다. 일반적으로 하급자(하급기관)가 상급자(상급기관)에게, 즉 수직적인 관계에서 일정한 의사전달을 하는 경우 보고라 하며, 동일직급이나 동급의 부서간 또는 기관 간 수평적 관계에서의 일정한 의사전달 과정은 통보라는 용어를 사용한다.

보고 통지규정에서의 보고는 법령 또는 요구에 의하여 한 기관에서 다른 기관에 전달되는 구두, 서면 또는 통신으로 작성되는 모든 결과를 말한다. 보고의 종류에는 정기보고, 임시보고, 특별보고가 있다. 일반적으로 보고는 하급기관이 상급기관에 전달되는 구두, 서면 등을 말하나 보고, 하달 등의 용어는 규정상의 용어가 아니고 사실상 사용되고 있는 용어이다.

보고의 원칙에는 ① 필요성의 원칙, ② 완전성의 원칙, ③ 적시성의 원칙, ④ 정확성의 원칙 등이 있다.

보급간첩(補給間諜) 간첩의 분류 가운데 임무에 의한 분류로써 간첩을 파견함에 있어서 필요한 장소에서 토대를 구축하고 남파간첩의 공작활동에 필요한 공작금, 장비, 증명서 원본 등 물적지원의 사명을 수행하는 간첩을 말한다.

보도(步道) 연석선, 안전표지나 그와 비슷한 공작물로써 경계를 표시하여 보행자(유모차 및 행정안전부령이 정하는 보행보조용 의자차 포함)의 통행에 사용하도록 된 도로의 부분을 말한다.

보수(報酬) 공무원이 공직에서의 봉사에 대하여 정부가 지급하는 금전적인 보상을 말한다. 공무원 보수규정에는 기본급을 봉급이라 부르고 있다. 기본급에는 생활급, 연령급, 근속급, 자격급, 능력급, 직능급, 직무급, 업적급, 종합결정급 등으로 분류된다. 보수 결정 요인에는 사회윤리적 요인을 비롯 부가적 요인, 정책적 요인, 경제적 요인 등이 있다.

보수청구권(報酬請求權) 경찰공무원은 직무를 통해 보수와 수장을 받을 재산상의 권리를 갖는다. 공무원보수 규정에 따라 기본급여, 계급별 및 호봉별로 받는 기본급여를 받는다. 한편 이들이 받는 수당에는 직무수당, 상여수당, 가계보전수당, 특수지근무수당, 초과근무수당에 속하는 제수당과 기말수당, 가족수당, 겸임수당, 명예퇴직수당 등이 있다. 현재 공무원 보수청구권의 소멸시효는 3년으로 되어 있다.

보수체계(報酬體系) 공무원의 보수체계는 보수형식에 따라 기본급과 부가급(수당)으로 분류할 수 있으며, 목적에 따라 생활급, 근속급, 자격급, 능력급, 직무급, 실적급, 종합결정급 등으로 구분한다.

보안감사(保安監査) 보안의 대상인 인원, 문서, 자재, 시설, 자역 및 장비 등의 보안관리 상태에 대한 적정여부를 조사하는 것을 말한다. 보안감사의 종류에는 정기감사와 수시감사가 있다.

보안경찰(保安警察) 국가안전보장을 위태롭게 하는 간첩활동을 비롯하여 모든 반국가활동 세력에 대비하는 국가적 대공취약점에 대한 첩보수집과 분석 및 판단 그리고 보안사범의 수사를 전문적으로 담당하는 경찰을 말한다.

보안경찰의 성질상 특징(保安警察의 性質上 特徵) 다음과 같이 네 가지로 요약된다. ① 국가의 안전보장: 보안경찰의 제1차적 목적이 국가의 안전보장에 있다. ② 사전 · 예방적 성격: 보안경찰의 경우 추구하는 목표가 국가안전보장에 있기 때문에 사후진압적 활동으로는 보안경찰의 목표를 달성할 수 없게 된다. ③ 위태성 범죄를 대상: 보안경찰은 사전예방적 활동이 그 기초가 되기 때문에 법익이 현실적으로 침해됨을 요하는 범죄를 대상으로 삼을 가치가 없게 된다. ④ 보호법익은 국가적 법익: 일반경찰의 경우는 개인적 법익 중심으로 활동하고 있으나, 보안경찰은 국가적 법익으로 활동하고 있다.

보안경찰의 수단상 특징(保安警察의 手段上 特徵) 다음과 같이 비공개성과 비노출성 두 가지가 있다. ① 비공개성: 보안경찰의 활동수단은 비공개가 원칙이다. 보안요원의 행동은 은밀하게 이루어져야 하며 아울러 자연스러운 분위기 속에서 목적을 달성할 수 있어야 한다. ② 비노출성: 보안요원은 임무수행에 있어서 신분을 노출시키지 말아야 한다.

보안경찰의 직무범위(保安警察의 職務範圍) 구체적이고 실질적인 보안경찰의 직무범위는 다음과 같이 일곱 가지로 구분할 수 있다. ① 보안관찰 업무, ② 간첩 등 보안사범에 대한 수사, ③ 불온유인물의 수집 및 분석, ④ 북한에 대한 정보의 수집 및 분석, ⑤ 남북교류와 관련되는 업무, ⑥ 간첩 등 중요 방첩수사, ⑦ 중요 좌익사범 수사

보안관찰(保安觀察) 보안관찰이란 행위자의 장래 위험성을 예방하고 행위자의 치료 및 교육 그리고 재사회화를 위한 개선과 사회방위를 주목적으로 하여 과해지는 형벌 이외의 형사제재를 말한다. 보안관찰 해당범죄는 형법, 군형법, 국가보안법 등이 있다.

보안사범의 특징(保安事犯의 特徵) 보안사범의 특징은 일반적으로 다음과 같이 여섯 가지로 요약할 수 있다. ① 확신범, ② 보안성, ③ 비노출적 범행, ④ 조직적 범죄, ⑤ 비인도적 범행, ⑥ 동족 간의 범행 등이다.

보안상황(保安狀況) 간첩이나 거동수상자, 간첩선, 민간인 납북어선 등 보안상 의혹이 있는 사건이 발생하여 국가안전보장에 영향을 미치거나 미칠 우려가 있을 때의 상태를 말한다.

보안의 원칙(保安의 原則) 효과적으로 비밀을 보호하기 위하여 보안대상에 대한 최소한의 접근만을 허용하는 방법을 말한다. 보안업무의 원칙이라고도 한다. 보안의 원칙은 다음과 같다. ① 알 사람만 알아야 하는 원칙–보안에 있어서 가장 중요한 원칙이다. ② 부분화의 원칙–알 사람만 알게 하고 한 번에 다량의 비밀이나 정보가 유출되지 않도록 하는 원칙이다. ③ 보안과 효율의 조화–보안과 업무 효율이 균형을 유지하여야 한다는 원칙이다.

보안정보(保安情報/Security Intelligence) 국가안전보장을 위태롭게 하는 간첩활동, 태업 및 전복에 대비할 국가적 취약성의 분석과 판단에 관한 정보를 말한다. 적극 정보에 대응한 개념이며, 방첩정보라고도 한다. 보안정보는 특정의 국가정책을 적극적으로 추진하기보다는 국가사회의 안전을 유지하는 데 필요한 정보로 국

가의 경찰기능을 다하기 위한 정보이기 때문에 자국에 관계되거나 영향을 미치게 될 국내외의 보안사항을 망라하게 되며 이를 세분한다면 ① 외부에서 침투하는 간첩 기타 비밀활동자의 색출을 위한 정보, ② 밀입국자, 밀수업자, 마약거래자의 예방과 적발을 위한 정보, ③ 자국령역 내에서 이루어지는 폭동, 내란, 강 · 절도 그리고 자국민 또는 자국 내에 거주하는 외국인이 국내법에 대한 범법행위를 하는 데 관한 정보 등으로 나뉜다. ⇨ 적극정보

보우가의 주자(The Bow Street Runners) 1748년 Henry Fielding이 보우가(街)의 행정장관으로 임명되면서 타락한 보우가의 치안을 유지하기 위해 시민들 가운데 지원자들을 선발하여 치안조직을 만들고 이들에게 봉사에 대한 보수를 지급하였다. 보우가의 주자는 신속한 범죄수사와 분실 재산의 성공적인 회수활동으로 최초의 형사기동대로 알려지게 되었다.

보이스피싱(Voice Fishing) 최근에 유행하고 있는 사기수법의 하나로서 전화를 통한 사기를 일컫는 말로 음성(voice)과 개인정보(private data), 낚시(fishing)를 합성한 신조어이다. 보이스피싱은 대부분 통장명의자와 사용자가 다른 소위 대포통장 등을 범죄에 이용한다. 조선족 등을 동원하여 전화를 무작위로 거는 수법으로 수사기관, 국민건강보험공단, 각종 금융기관 등을 사칭하여 금원을 편취한다.

보조기관(補助機關/uxiliary agencies) 행정관청 등에 부속하여 행정기관의 의사 또는 판단의 결정이나 표시를 보조함으로써 행정기관의 목적달성에 공헌하는 기관을 말한다. 보조기관은 행정관청에 예속하여 자기의 의사를 결정하고 선고하는 권리나 능력은 없고, 다만 관청의 의사결정에 대하여 준비하고 또는 이미 결정된 의사를 실현함에 그치는 기관을 말한다. 예컨대 국가의 경우, 행정 각부의 차관 · 차관보 · 실장 · 국장 · 과장, 지방자치단체의 경우는 부시장 · 부지사 · 국장 · 과장 등이다. 보조기관은 국가나 공공단체의 의사를 결정하여 외부에 표시할 수 있는 권한을 가지지 못하는 것이 원칙이나, 예외적으로 권한의 위임을 받은 범위 내에서는 관청의 지위에 서는 경우가 있다(정부조직법 5조 2항). 보조기관의 설치와 사무분장은 법률로 정하는 것을 제외하고는 대통령령으로 정한다

보좌기관(補佐機關/staff agencies) 행정기관이 그 기능을 원활하게 수행할 수 있도록 그 기관장이나 보조기관을 보좌함으로써 행정기관의 목적달성에 공헌하는 기관을 말한다. 전문적 지식을 활용하여 정책의 기획, 계획의 입안, 연구 · 조사, 심사 · 평가 및 홍보와 행정개선 등에 관하여 행정기관의 장이나 그 보조기관을 보좌하는 기능이 필요할 때 설치가 가능하다. 행정기관 내에서의 막료조직을 말하며, 우리나라의 경우 중앙행정기관의 보좌기관은 차관보와 담당관 등을 들 수 있다.

보직(補職) 공무원을 직위에 배치하는 행정행위를 말한다. 즉, 보직은 관(官)과 직(職)이 분리되어 있는 경우 일정한 관에 임명된 자에게 구체적인 직의 담당을 명하는 행정행위이다.

"국가공무원법 제32조 5항에 따르면 공무원의 보직은 전공분야, 훈련, 근무경력, 전문성, 적성 등을 고려하여 그 적격한 지위에 임용하여야 한다"고 규정되어 있다. 따라서 경찰공무원의 보직은 사기문제와 직결되는 중요한 문제이므로 신중하게 이뤄져야 한다. 즉, 현직 경찰공무원이 적재적소에 가장 적합한 업무에 배치되었는지, 경찰공무원의 직무에 맞게 배치함으로써 경찰조직은 업무에 대한 효율적인 극대화를 가져올 수 있는 것이다.

보통경찰제도(普通警察制度) 1919년 이후 일제 강점기의 경찰제도이다. 헌병정치 또는 무단통치 방식은 결국 1919년 3·1운동의 주원인이 되어 헌병경찰제도와 함께 마감하게 되었다. 따라서 당시 일본은 헌병경찰정치를 버리고 소위 문화정치를 실시한다고 하여 식민정책의 일부를 수정하였는데, 헌병경찰제도에서 보통경찰제도로 경찰제도를 전환하였다. 당시 종래의 총독부 직속의 경무총감부는 폐지되고, 그 대신에 경무국을 설치하여 전국의 경찰사무와 위생사무를 감독하도록 하였다. 지방에서도 각도에 제3부(1920년에 경무부로 개칭)를 도지사의 직할로 두어 경찰사무와 위생사무를 관장토록 하였다. 그러나 헌병경찰제도로부터 보통경찰제도로 전환되었다고는 하나, 기본적으로 경찰의 직무와 권한에는 변화가 없었다. 치안유지업무 이외에 조장행정에의 원조, 민사쟁송사무, 집달리 사무 등도 계속하여 경찰이 맡아 수행하였다. 또한 정치범처벌법 등 각종 치안입법을 제정하고 일본의 치안유지법(1925)을 국내에 적용하는 등 탄압의 지배체제를 오히려 한층 강화하였다. 특히, 1937년 중일전쟁 이후에는 경찰업무가 경제경찰, 외사경찰에까지 확대되었으며, 1941년 예비검속법 등을 통하여 독립운동에 대한 탄압을 강화하는 한편, 전시동원체제를 공고히 하는데 경찰이 이용되었다.

보행자(步行者) 도로를 걷는 사람을 말하며, 유모차 및 신체장애인 의자차도 포함된다. 손수레를 끌고가는 사람은 보행자로 보며, 손수레나 자전거를 타고 도로를 횡단하는 사람은 보행자로 보지 않는다.

보행자전용도로(步行者專用道路) 보행자만이 다닐 수 있도록 안전표지나 그와 비슷한 공작물로써 표시한 도로를 말한다.

보행자, 행렬 등의 통행방법 보행자는 보도와 차도가 구분된 도로에서는 언제나 보도로 통행하여야 한다. 다만, 차도를 횡단하는 경우, 도로공사 등으로 보도의 통행이 금지된 경우나 그 밖의 부득이한 경우에는 그러하지 아니하다. 보행자는 보도와 차도가 구분되지 아니한 도로에서는 차마와 마주보는 방향의 길가장자리 또는 길가장자리구역으로 통행하여야 한다. 다만, 도로의 통행방향이 일방통행인 경우에는 차마를 마주보지 아니하고 통행할 수 있다. 보행자는 보도에서는 우측통행을 원칙으로 한다.

차도는 차마가 통행할 수 있는 지역이나 다음과 같은 경우 차도를 통행할 수 있다. ① 말·소 등의 큰 동물을 몰고 가는 사람, ② 사다리·목재나 그 밖에 보행자의 통행에 지장을 줄 우려가 있는 물건을 운반 중인 사람, ③ 도로의 청소 또는 보수 등

도로에서 작업 중인 사람, ④ 군부대 그 밖에 이에 준하는 단체의 행렬, ⑤ 기 또는 현수막 등을 휴대한 행렬 및 장의행렬. 또한 지하도 또는 육교 등의 도로횡단시설을 이용할 수 없는 지체장애인의 경우에는 다른 교통에 방해가 되지 아니하는 방법으로 도로횡단시설을 이용하지 않고 도로를 횡단할 수 있다. 보행자는 모든 차의 바로 앞이나 뒤로 횡단하여서는 안 된다. 다만, 횡단보도를 횡단하거나 신호기 또는 경찰공무원등의 신호 또는 지시에 따라 도로를 횡단하는 경우에는 그러하지 아니하다. 보행자는 안전표지 등에 의하여 횡단이 금지되어 있는 도로의 부분에서는 그 도로를 횡단하여서는 안 된다. 보행자는 제1항의 규정에 의한 횡단보도가 설치되어 있지 않은 도로에서는 가장 짧은 거리로 횡단하여야 한다. 행렬 등은 사회적으로 중요한 행사에 따라 시가를 행진하는 경우에는 도로의 중앙을 통행할 수 있다. 경찰공무원은 도로에서의 위험을 방지하고 교통의 안전과 원활한 소통을 확보하기 위하여 필요하다고 인정하는 때에는 행렬 등에 대하여 구간을 정하고 해당 구간에서 행렬등이 도로 또는 차도의 우측(자전거도로가 마련되어 있는 차도에 있어서는 자전거도로 외의 부분의 우측을 말한다)에 붙여 통행할 것을 명하는 등 필요한 조치를 취할 수 있다.

보호관찰(保護觀察/probation, parole) 범죄인을 교도소나 기타의 시설에 수용하지 않고 사회생활을 영위하면서 개선 · 갱생시키는 제도이다. 연혁적으로 대륙법계의 감시위주의 제도와 영미법계의 보호위주의 제도의 두 계열이 있다. 제2차 세계대전 때는 소년에게는 보호적이고, 성인에게는 감시적이었으나, 전후에는 영미의 프로베이션(probation: 선고유예 · 집행유예에 수반하는 보호관찰)이나 패롤(parole: 가석방에 수반하는 보호관찰)을 본받아 보호적인 보호관찰제도가 채택되고 있다. 한국은 '보호관찰법'에 의하여 이 제도가 시행되고 있다. 보호관찰 대상자는 ① 보호관찰을 조건으로 형의 선고유예를 받은 자, ② 보호관찰을 조건으로 형의 집행유예를 선고받은 자, ③ 가석방 또는 가퇴원된 자, ④ 소년법의 규정에 의하여 보호처분을 받은 자 등이다(보호관찰법 3조).

보호구역(保護區域) 국가기밀 또는 중요시설 등을 보호하기 위하여 필요한 장소에 일정한 범위를 정하여 불필요한 인원의 접근을 금지하고 출입을 제한하도록 정한 구역을 말한다. 보호구역의 종류에는 다음과 같이 세 가지가 있다. ① 제한지역; 울타리나 경호원에 의하여 출입에 감시가 요구되는 지역 ② 제한구역: 비인가자의 접근을 방지하기 위하여 출입에 안내가 요구되는 구역 ③ 통제구역: 비인가자의 출입이 금지되는 보안상 극히 주요한 구역 등이다.

보호조치(保護措置) 경찰관이 긴급구호를 요하는 자를 발견, 관계기관에 긴급구호를 요청하거나 경찰관서에 일시적으로 보호하여 구호의 방법을 강구하는 조치를 말한다. 강제보호조치대상자는 정신착란 또는 술취한 상태로 인하여 자기 또는 타인의 생명 · 신체와 재산에 위해를 미칠 우려가 있는 자와 자살을 기도하는 자이다. 임의보호조치대상자는 미아 · 병자 · 부상자 등으로서 적당한 보호자가 없으며 응급의 구호를 요한다고 인정되는 자로서 단, 당해인이 이를 거절하는 경우에는 예외로 한다. 한편 피구호자가 휴대하고 있는 무기 · 흉기등 위험을 야기할 수 있는 것으로 인정되는 물건은 경찰관서에 임시영치할 수 있다. 경찰관서에서의 보호는 24시간을, 임시영치는 10일을 초과할 수 없다.

복무(服務) 경찰관으로서 맡은 바 직무에 복종함에 관한 상태를 포괄하는 의미를 말한다. 복무는 법령에 근거를 두고 있으며, 경찰공무원법 · 경찰공무원복무규정 · 공무원복무규정 등에 규정되어 있다.

복잡인관(複雜人觀/complex man) 인간은 복잡하고 다양한 존재이며 욕구와 잠재력을 가진 인간의 동기는 상황과 역할에 따라 달라진다고 본다. 복잡인관에서의 관리자는 진단자로서 직원의 다양한 능력과 욕구를 감지 할 수 있는 감수성과 진단능력을 가져야 하며, 인간의 변이성과 개인차를 파악하여 유연성이 있는 관리전략을 세워 나가야 한다.

복종의 의무(服從의 義務) 공무원의 의무 가운데 하나로써 국가공무원법 제57조에 따라 자기 상관의 직무상 명령에 복종해야 할 의무를 말한다. 단, 복종의 의무는 법관이나 감사위원 등 독립이 보장된 공무원의 직무수행에는 성립될 수 없다.

복직(復職) 휴직 또는 직위해제 중인 공무원을 직위에 복귀시키는 것을 뜻한다(경찰공무원임용령 제2조, 국가공무원법 제5조 제4호). 휴직기간이 끝난 공무원은 30일 이내에 복직신고를 함으로써 당연히 복직되며, 휴직기간 중 그 사유가 소멸되면 해당 공무원은 30일 이내에 그 사유를 임용권자에게 신고하여야 하고, 임용권자는 지체 없이 복직을 명하여야 한다. 그리고 직위해제 중인 공무원은 직위해제 사유가 소멸되면 곧 복직시켜야 한다.

본예산(本豫算) 예산안에 대해 정기국회에서 의결하고 확정한 예산을 의미한다. 이것은 다른 용어로 당초예산(當初豫算)이라고도 불리고 있다.

본회의 의결 종합심사를 마친 예산안은 최종적으로 국회 본회의에 상정되어 질의 및 토론을 거쳐 의결된다. 본회의에서 예산안이 의결되면 사실상 예산으로 확정되며, 예산의 공고는 의결된 예산안이 정부로 이송된 후 예산전문을 붙여 대통령이 서명하고 국무총리와 관계 국무위원이 부서(副署)하여 관보에 게재함으로써 이루어진다.

봉급(俸給) 공무원의 기본 급여인 봉급은 직무의 난이도 · 책임도의 정도에 따라 계급별 및 호봉별로 지급되는 '직무급'과 계급에 관계없이 재직기간에 따라 지급되는 '근속급'을 합한 금액으로 하고 있다. 우리나라의 공무원 봉급은 계급별 호봉제를 실시하고 있는데 10등급으로 구성되어 있다. 순경에서 치안정감까지 각 등급별 호봉차액은 호봉수가 위로 올라갈수록 좁아진다.

부가급(附加給) 공무원 보수체계에 기준외 보수로서 기본급을 보완해 주는 부가적 급여를 뜻한다. 일반적으로 수당이라고도 한다. 오늘 공직근로자들에게 수당제도를 통해서 기본급의 미비점을 보완할 수 있도록 하고 있다.

부대단위활동의 원칙(部隊單位活動의 原則) 경비경찰 조직운영의 원칙 가운데 하나로서 경비경찰은 업무의 성격상 부대단위(본부-단-대-소대)의 활동으로 이루어지는 경우가 대부분이므로 부대에는 지휘관과 직원 및 대원, 지휘권과 장비가 편성되며 임무수행을 위한 보급지원체계를 갖추고 있다. 특히, 부대의 관리와 임무수행을 위한 최종결정은 지휘관만이 할 수 있으며, 지휘관의 명령에 의해서 임무가 수행된다.

부속기관(附屬機關) 특정한 행정기관에 부설된 기관으로서 행정권의 직접적인 행사를 임무로 하는 기관에 부속하여 그 기관을 지원하는 행정기관을 말한다. 부속기관은 행정기관의 소관사무의 범위 안에서 필요한 때에 대통령령에 의해 설치될 수 있다. 부속기관으로는 시험연구기관 · 교육훈련기관 · 문화기관 · 의료기관 · 제조기관(製造機關), 자문기관 등이 있다.

부식독(腐蝕毒) 독물의 중독작용별 분류 가운데 하나로써 조직에 접촉되면 특히, 단백질을 괴사시켜 국소적인 부식을 초래하는 독물을 말한다. 독물에는 산(황산, 염산, 질산, 초산 등)과 알칼리(NaCl, KCl 등) 등이다.

부여의 경찰(扶餘의 警察) 부여는 북만주의 송화강 유역에 자리잡은 부족국가로서 왕과 마가, 우가, 저가, 구가 등의 관직이 있어, 이들에 의해 지배세력이 형성되었고, 국방과 경찰기능도 이들에 의해 수행되었다. 부여에는 전국 도처에 죄인을 감금하기 위한 감옥이 상당수 존재했으며, 살인자는 사형에 처하고 그 가족은 노비로 삼았다. 남의 물건을 훔친 자는 12배로 배상케 하고(一責十二法), 남녀간의 간음과 부인의 투기에 대하여 사형에 처하도록 하는 등 가부장적 사회체제를 유지하기 위하여 강력히 처벌하였다. 제천행사인 '영고(迎鼓)' 때에는 형옥을 중단하고 죄인들을 석방하였다.

부차적 출처 정보(←간접정보) 중간매체가 있는 경우의 정보를 의미한다. 인터넷, TV, 라디오, 신문, 잡지 등의 공개출처정보들이 대표적인 중간매체들의 사례이다. 정보요원은 이러한 매체를 통하여 정보를 감지하게 되지만, 사실은 그 내용에 해당 매체의 주관이나 편견이 개입될 소지가 있다는 측면에서, 근본출처정보에 비하여, 출처의 신빙성과 내용의 신뢰성이 낮게 평가될 소지가 있다(문/황, 2010: 20).

부하평정(部下評定) 공직에 있어서 근무성적평정을 위해 부하(하급자)가 상관을 평정하는 유형을 말한다. 이러한 제도는 아직 정부기관에서 사용하는 일반적인 평가방법이라 할 수 없다.

북한이탈주민(北韓離脫住民) 북한을 탈출하여 한국으로 넘어온 사람을 일컫는 말로서 현재 정부가 공식적으로 사용하고 있는 용어를 말한다. 1997년 「북한이탈주민의 보호 및 정착지원에 관한 법률」이 제정되면서 본격적으로 사용된 용어이다. 북한이탈주민에 대한 용어들은 통일되어 있지 않은 채 다양하게 사용되어 지고 있는데, 탈북난민, 망명자, 탈북자, 탈북주민, 월남자, 새터민 등의 용어로 사용되어 지고 있다.

분권화(分權化/decentralization) 의사결정의 권한이 지방 또는 하급기관에 위임되는 것을 말한다. 분권화는 권한의 위임을 통해 이루어지며 조직 환경의 변화에 신속하게 적응 할 필요가 있을 때, 최고관리층의 업무 부담을 경감시킬 필요가 있을 때 이루어진다. 분권화는 환경변화에 신속하게 대응 할 수 있고 의사결정과정에서 상세한 정보 투입이 가능하며 하급자의 참여를 허용함으로써 구성원의 동기유발을 할 수 있다는 장점이 있다.

분권화체제 자치경찰제도(分權化體制 自治警察制度/fragmented system) 경찰의 조직과 관리에 관한 권한이 각 지방자치단체에 분산되어 있는 경찰제도이다. 경찰조직이 지방정부의 통제를 받는 경찰제도로서 경찰권 행사에 관한 책임은 지방정부나 지역경찰이 지게 된다. 분권화 체제 자치경찰제도 하에서는 중앙과 지방간 경찰 활동을 조정할 수 있는 기본 구조가 없으므로 기관간의 할거주의, 관할분쟁 및 경찰권 발동의 비능률이 발생 할 수 있다. 벨기에, 캐나다, 네델란드, 스위스, 미국 등에서 수용하고 있는 제도이다.

분말소화기(粉末消火器) 주로 A유형 화재(일반화재), B유형 화재(유류화재), C유형화재(전기화재)에 사용되는 소화기를 말한다. 분말소화기 속에는 밀가루와 같은 미세한 분말인 '제1인산 암모늄'이라는 소화약제가 들어 있어 화재가 난 곳에 방출하면 질식 또는 냉각효과가 있어 쉽게 불이 꺼진다. 분말소화기에는 축압식과 가압식이 있는데, 이 가운데 축압식은 용기에 압력 게이지가 부착되어 있고, 가압식은 소화기통 속에 질소 또는 이산화탄소를 넣은 압력용기가 들어 있는 것으로서 기능과 사용법에는 별다른 차이가 없다.

분산 서비스 거부공격(DOS: Denial of Service Attack) 컴퓨터범죄 수법 가운데 하나로써 관리자 권한없이도 한꺼번에 여러 곳에서 엄청난 양의 정보를 반복적으로 요구해 컴퓨터가 이를 처리하느라 다른 일을 못하게 하는 것을 말한다. 일반적으로 이 공격방법은 악의를 품은 집단이 서버에 대해 동시에 엄청나게 많은 접속요구를 함으로써 서버의 리소스를 탕진시키고, 정상적인 사용자들에 대한 접속서비스 제공을 불가능하게 만드는 형태이다.

분석판단(分析判斷) 분석판단이란 발생한 보안상황의 정확성과 신뢰도 여부에 대한 지식을 알기 위한 것으로 보안업무 수행상 필요 불가결한 사태검토와 종합정리를 위한 기본과정을 말한다.

분소(分所) 분소의 사전적 의미는 본부(本部)에서 갈라 따로 설치한 사무소를 말하며, 치안수요가 적은 지역에 설치하는 최일선의 경찰기관이다. 분소 배치 지역경찰관은 일근제 근무를 하며, 순찰 및 범죄예방활동, 민원 및 범죄신고의 접수처리, 관할 내의 지역사회경찰활동, 기타 지역경찰관리자가 지정한 직무를 수행한다.

분임토론(分任討論) 분임토론은 피훈련대상자들을 10명 내외로 혹은 몇 개의 소집단으로 편성하여 각 집단별로 동일한 연구 과제를 주고 문제해결방안을 찾도록 훈련하는 방법이다. 특히 이것은 상호간에 해결방안을 토론하고 최종의 대안모델을 찾는데 유익하다고 볼 수 있다. 따라서 분임토론은 고위관리자 훈련과정에 자주 이용되고 있는 교육훈련이다.

불고지죄(不告知罪) 국가보안법상 반국가단체를 구성하거나 반국가단체에 가입한 자 또는 그 구성원으로부터 지령을 받은 자의 일정한 범죄행위 또는 그들에 대한 자진지원 행위를 알면서도 그 사실을 수사기관이나 정보기관에 신고하지 아니함으로써 성립하는 범죄를 말한다.

불량행위소년(不良行爲少年) 비행소년은 아니나 음주 · 흡연 · 싸움 기타 자기 또는 타인의 덕성을 해하는 행위를 하는 소년을 말한다.

불명문자(不明文字) 고의 또는 자연현상 등으로 인하여 육안으로 읽을 수 없는 상태로 된 문자를 말한다. 불명문자는 인위적으로 이미 써진 문자를 다른 용도로 쓴 것, 삭제한 것과 자연적 퇴색에 의해 없어진 것으로 구분한다. 불명문자는 많은 광학적 검사법으로 감정을 실시하는데, 적외선과 자외선에 의한 관찰, 적외선 사진, 자외선 사진, 형광사진, X선사진, 사광선 사진 등 광학적 검사법이 이용된다.

불법체류(不法滯留) 외국인이 국내에 들어오는 경우 허가된 체류자격과 체류기간의 범위를 법적으로 보호받게 되어 있다. 그러나 이러한 법적범위를 넘어서서 위반한 행위가 바로 불법체류에 해당한다.

불법체류자(不法滯留者) 국내에 체류하는 외국인 중에서 체류기간과 체류목적 등을 위반하여 체류하고 있는 자를 말한다. 여기에는 입국당시부터 입국 금지사유가 있었거나 체류기간을 넘겨서 체류하거나 체류자격을 위반하였거나 정치활동 금지의무를 위반하여 체류하고 있는 자를 포함한다. 실무상 불법체류자란 취업비자 이외의 비자를 받아 입국하였으나 이를 위반하고 국내에 체류하는 외국인과 취업비자를 받고 입국하였더라도 체류기간을 넘겨서 체류하고 있는 외국인을 함께 지칭하는 것이 일반적이다.

불심검문(不審檢問) 경찰관직무집행법 제3조에 명시되어 있다. 경찰관은 수상한 거동 기타 주위의 사정을 합리적으로 판단하여 어떠한 죄를 범하였거나 범하려 하고 있다고 의심할 만한 상당한 이유가 있는 자 또는 이미 행하여진 범죄나 행하여지려고 하는 범죄행위에 관하여 그 사실을 안다고 인정되는 자를 정지시켜 질문하는 행위를 말한다. 경찰관은 질문하거나 동행을 요구할 경우 당해인에게 자신의 신분을 표시하는 증표를 제시하면서 소속과 성명을 밝히고 그 목적과 이유를 설명하여야 하며, 동행의 경우에는 동행장소를 밝혀야 한다. 동행을 한 경우 경찰관은 당해인의 가족 또는 친지 등에게 동행한 경찰관의 신분, 동행장소, 동행목적과 이유를 고지하거나 본인으로 하여금 즉시 연락할 수 있는 기회를 부여하여야 하며, 변호인의 조력을 받을 권리가 있음을 고지하여야 한다. 특히, 동행을 한 경우 경찰관은 당해인을 6시간을 초과하여 경찰관서에 머물게 할 수 없다.

불온선전물(不穩宣傳物) 북한이 대남심리전의 일환으로 국내의 정치 · 경제 · 사회 · 문화 · 군사 · 외교 등의 문제를 시사성에 맞춰 왜곡 · 선전하는 내용을 담은 각종 전단 및 책자 등의 대남모략 비방선전물을 말한다.

불용품(不用品) 협의의 개념으로는 계속사용이 불가능 해진 물품을 말하며, 광의의 개념으로는 사용 불가능품(폐품) 이외에도 잉여품이나 과장품을 포함하는데 일반적으로 불용품 처분의 대상은 광의의 불용품을 말한다. 불용품 발생요인 일반적으로 다음과 같다. ① 내용연수의 경과, ② 불가피한 사유: 자연감모, 정상적인 사용애 의한 마모, ③ 인위적인 사유: 불요불급한 구매, 사업의 축소, 중단, 변경, 관리기능 결여로 인한 관리전환 부진, 조기노후와

브레인 스토밍(brain storming) 집단토의의 일종으로 특정한 문제나 주제에 대하여 생각나는 아이디어를 가능한 한 많이 산출하도록 하는 방법으로 오스번(A. Osborn)에 의해 제안되었다. 브레인 스토밍에서 중요한 것은 산출된 생각에 대하여 비판을 하거나 섣부른 결론을 내리지 않아야 하며 어떠한 아이디어라도 많이 내놓음으로써 아이디어간에 연상을 기대하게 하는 방법이다, 이를 통해 여러 사람들이 자유롭게 제시한 창의적인 아이디어를 종합하여 합리적인 해결책을 모색해야 한다. 브레인 스토밍의 변형된 형태로 브레인 라이팅(brain writing)과 전자 브레인 스토밍(electronic brainstorming)이 제안되고 있다

비공식적 의사전달(非公式的 意思傳達/informal communication) 비공식적 상호관계에 입각하여 친분 · 상호 신뢰 및 직책을 떠난 인간관계 등을 통하여 이루어지는 의사소통을 말하며 공식적 의사소통망을 보완하는 작용을 한다. 공무원은 기관에 영향을 미치는 결정을 하는 데 필요한 정보를 다른 기관의 친구로부터 의존하는 경우와 같이 최종 결정을 하는 데 있어 비공식적 통로에 의한 정보에 의존하는 경우도 많다. 비공식적 의사전달은 이와 같은 공식적 조직 내에서의 결정에 필요한 정보를 비공식적 경로를 통해 전달되는 경우의 의사전달형태를 말한다.

비공식적 조직(非公式的 組織/informal organization) 조직 구성원의 비공식적 상호 접촉이나 친근성 등과 같은 인간관계를 토대로 자연발생적으로 형성된 조직을 말한다. 비공식조직 조직은 성문화 되어 있지 않고 비제도적 · 비가시적이며

내재적이고 비합리적 감성의 논리에 의해 형성된다.

비례대표제(比例代表制)/proportional representation) 국회의원은 지역구와 비례대표로 구성된다. 이 중 비례대표제는 정당의 득표율에 비례해 당선자 수를 결정하는 선거 제도이다. 따라서 비례대표제는 공약을 보고 특정정당을 지지하면 득표율에 따라 비례대표 의석이 배분되는 제도로 국민의 의사를 가장 정확하게 의석에 반영하고자 하는 목적이 있다. 또한 각계 각층의 국민의 뜻을 최대한 반영하고 전문성을 제고하기 위한 목적도 내포하고 있다.

19대 국회의원 총선 기준 의석은 지역구 246석, 비례대표 54석이다.

비밀(secret) 정보를 소유한 주체가 해당 사실이 알려지지 않도록 하는 조치들을 취하고 있는 경우를 말한다. 비밀은 외국의 정부 또는 알려지지 않은 단체가 의도하고 있는 현안, 상황 또는 절차들에 관한 첩보를 정보분석가에게 제공하게 된다.

비밀경호국(Scret Service) 미국 국토안보부(Departmenr of Homeland Security) 소속의 경호조직을 말한다. 1865년 당시 심각히 대두된 연방화폐의 위조사건, 은행 · 통화에 관련한 범죄를 담당하기 위해 10명의 전속수사관으로 창설하였으며, 재무성 소속의 미국 최초 연방 법집행기관이다. 임무는 ① 경호임무 ② 통화위조수사 ③ 금융범죄(재정범죄) 수사 ④ 재정범죄 대응팀, 자산몰수 및 과료 관련 업무 ⑤ 감식관련 업무 등이다. 경호요원은 특수요원(영방법집행요원), 제복경호원, 전문요원, 행정요원, 기술요원, 사무보조원, 전문경비기술직 등으로 구분되어 있다.

비밀문서(秘密文書) 보안업무규정에 의하여 비밀로 분류된 내용을 포함하고 있는 문서를 말한다. 비밀은 그 내용이 누설되는 경우 국가안전보장에 유해로운 결과를 초래할 우려가 있는 것으로 그 정도에 따라 Ⅰ급, Ⅱ급, Ⅲ급으로 나누어지며 각 조직에서는 그 내용이 비밀은 아니나 비밀에 준해서 취급해야 할 문서는 대외비로 구분하여 처리 보관하고 있다.

비밀번호(Password) 컴퓨터 시스템을 사용하기 위해 사용자가 로그인을 할 때 당사자가 정당한 권리를 가지고 있는 자격을 확인하기 위해 입력하도록 하는 문자열이나 코드번호이다. 이는 사용자가 사전에 등록하여 자기만 알고 있는 비밀번호를 설정해 놓고 활용하는 제도이다.

비밀엄수의 의무(秘密嚴守의 義務) 경찰공무원의 신분상의 의무 가운데 하나를 말한다. 경찰공무원은 국가공무원법 제60조에 따라 재직 중은 물론 퇴직 후에도 직무상 지득한 비밀을 엄수해야 한다는 의무를 말한다. 특히 비밀사항으로 분류해 놓은 것들은 물론이고 직무와 관련해 알게 된 모든 사항들이 해당된다. 물론 경찰공무원의 비밀엄수의무는 행정정보공개요구권과 같은 국민의 알권리에 의해 일부 제한될 수도 있다.

비밀의 구분 비밀은 그 중요성과 가치의 정도에 따라 다음과 같이 1급비밀, 2급비밀, 3급비밀로 구분한다. 이밖에 직무수행상 특별히 보호를 요하는 사항에 대해서는 '대외비'로 하며, 비밀에 준하여 보관한다. ① 1급비밀－누설되는 경우 대한민국과 외교가 단절되고 전쟁을 유발하며, 국가의 방위계획 · 정보활동 및 국가방위상 필요불가결한 과학과 기술의 개발을 위태롭게 하는 등의 우려가 있는 비밀을 말한다. ② 2급비밀－누설되는 경우 국가안전보장에 막대한 지장을 초래할 우려가 았는 비밀을 말한다. ③ 3급비밀－누설되는 경우 국가안전보장에 손해를 끼칠 우려가 있는 비밀을 말한다.

비밀출처정보 비밀보호의 정도에 따른 분류이다. 비밀출처정보는 그 출처가 외부에 노출될 경우, 출처로서의 기능을 상실하게 된다. 출처의 입장이 곤란하게 될 우려가 있기 때문에, 외부로부터 강력한 보호를 받아야 하는 출처이다.

비밀출처의 사례로는 국가정보기관과 부문정보기관에서 정보의 수집과 생산 등에 종사하는 정보요원이 대표적이다. 이들 정보요원이 비밀리에 관리하는 공작원이나 협조자, 귀순자 등은 물론이고 외교관, 주재관 등이 비밀출처에 해당한다. 비밀출처라고 해서 반드시 공개출처에 비해 신뢰성이 높다고 할 수는 없다. 일반적으로 비밀출처정보의 취득비용이 공개출처정보의 경우보다 높은 것으로 평가된다.

BBB(Before Babel Bridge) **서비스** 민간통역지원단체가 제공하는 통역서비스로 KT 3인 통화기능을 신청한 후 대표전화 1588－5644로 전화하면 17개 국어 통역을 무료로 받을 수 있는 서비스를 말한다.

비상경찰(非常警察) 경찰의 분류 가운데 위해의 정도 및 적용법규와 담당기관에 따른 분류로써 비상사태 발생으로 계엄령 또는 위수령이 선포된 경우 군대가 병력으로 일반사회의 공공의 안녕과 질서를 유지하기 위해 행하는 경찰작용을 말한다. ① 계엄령－전시나 사변 또는 이에 준하는 국가비상사태에 있어서 병력으로써 공공의 안녕과 질서를 유지할 필요가 있을 때에 계엄법에 따라 대통령이 선포한다. ② 위수령－재해 또는 비상사태시에 시 · 도지사로부터 병력출동 요청을 받은 위수사령관이나 육군참모총장의 승인을 얻어 이에 응할 수 있다(위수령(대통령령) 제12조).

비상경찰기관(非常警察機關) 국가의 비상사태에 있어서 군대의 힘에 의하여 치안을 확보하는 특수한 행정경찰이라 할 수 있다. 일반적으로 사회질서유지는 일반 경찰 본연의 임무이므로 경찰관이 담당하나 사태의 심각성으로 경찰관에 의함이 불가능하다고 판단 될 때에는 군대의 힘에 의해 공안의 유지가 필요할 때 구성된다. 비상경찰기관으로 계엄사령관과 위수사령관이 있다. 계엄사령관은 헌법에 의해 대통령은 전시 · 사변 또는 이에 준하는 국가 비상사태에 있어서 병력으로서 군사상의 필요 또는 공공의 안녕과 질서를 유지할 필요가 있을 때 계엄을 선포하고 계엄사령관을 공고한다. 위수사령관은 재해 또는 비상사태에 있어서 일반경찰력으로는 치안의 유지를 확보할 수 없다고 판단될 때 군대의 출병에 의하여 치안을 유지할 수 있다. 이 경우 위수사령관은 치안의 유지에 대한 조치와 관련하여 시장, 군수 및 경찰서장과 협의하여야 한다.

비정부조직(非政部組織/NGO: non-governmental organization) 정부 이외의 민간단체와의 협력관계를 규정한 유엔 헌장 71조에서 공식적으로 사용함으로써 고유명사화 되었으며, 비영리 민간조직을 지칭한다. 민간부문의 자율적인 결사체를 의미하며, 종교단체, 학술단체, 취미활동단체, 직능단체 등 다양한 유형을 포함하지만 다양하게 사용되고 있다. 유사한 용어는 NGO의 특성 중 비영리성을 강조한 NPO(non profit organization), 자발성과 자원성을 강조한 VO(voluntary organization), 사회경제적 약자인 민중조직을 지칭하는 PO(people organization)등이 있다.

비트(Bit) 간첩들이 사용하는 비밀집합장소, 비밀연락장소를 말한다. 즉, 땅을 파고 들어가 은신하는 비합법적 잠복거점을 말한다.

비판범죄학(批判犯罪學/critical criminology) 급진주의범죄학 또는 급진적범죄학, 갈등론적범죄학, 사회주의적범죄학, 마르크스주의적범죄학이라고도 한다. 1960년대 중반부터 낙인이론과 함께 전통적 범죄학(주류 범죄학)에 대항하여 일어난 범죄학의 새로운 경향이다.

범죄란 자본주의 체제 자체의 이윤추구적 속성과 구조화된 불평등에서 비롯되며, 따라서 자본주의 사회에서의 범죄는 사회구조에 내재하는 문제들에 대한 합리적인 반응이라고 본다. 자본주의사회의 모순을 범죄의 원인으로 파악하고 그 모순을 극복해야만 범죄가 사라질 수 있다고 주장한다. 주류 범죄학에 대해서는 지배계급의 사회제도 변화를 고려하지 않고 범죄의 원인을 단순하게 제거할 수 있는 요소로만 파악한다고 비판한다.

비판범죄학은 종전의 주류 범죄학과 달리 법과 사회통제는 범죄의 결과로 당연하게 받아들일 것이 아니라 그 자체로서 분석 대상이 되어야 한다고 봄으로써 범죄학 연구의 새로운 방향을 제시하였다. 또한 자본주의 사회의 모순이라는 구조적 불평등이 범죄 등 사회병리 현상을 야기한다는 관점은 신범죄학과 좌파현실주의로 발전하였다. 한편 이 이론은 이데올로기적 성격이 짙고, 막연한 논의에 그칠 뿐 범죄통제를 위한 구체적인 대안을 제시하지 못하고 있다는 비판을 받기도 한다.

비표관리(秘標管理) 비밀표시의 줄임말로서, 경호안전업무에 있어서 인적위해요소 배제를 위해 비표관리를 철저하게 해야 한다. 즉, 경호행사시 초청인사와 참석자 등에는 비표를 지급하여 불순분자의 참석을 통제해야 한다. 비표는 경호배치 전에 교양실시 후 지급하고, 경호 종료 즉시 현장에서 반납해야 한다.

비합법적 기술잠복(非合法的 技術潛伏) 잠복전술의 하나로써 가장 기본적인 잠복으로 공작지역에 체류하는 전 기간에 은거하는 잠복을 말한다.

비합법적 자연잠복(非合法的 自然潛伏) 잠복전술의 하나로써 비트(잠복장소)를 만들 시간적인 여유가 없거나 토질조건의 불량 등 비트 제작여건이 못되는 경우에 자연지리적인 조전과 지형지물을 이용하여 잠복하는 유형을 말한다.

비행소년 소년업무처리규칙 제2조에 근거한 청소년 선도의 대상을 말한다. 비행소년은 다음과 같이 범죄소년, 촉법소년, 우범소년으로 구분된다. ① 범죄소년－형벌법령에 위반하는 행위를 한 14세 이상 20세 미만의 자로서 형사책임이 있는 자, ② 촉법소년－형벌법령에 저촉되는 행위를 한 10세 이상 14세 미만의 자로서 형사책임이 없는 자, ③ 우범소년

비행하위문화이론(非行下位文化理論/delinquent subculture theory) Albert Cohen이 1955년 「Delinquent Boys」에서 처음 언급한 이론이다. 이론의 주된 논점은 하류계층 청소년들의 비행행위는 중산층의 규범과 가치에 대한 반항이라는 것이다. 즉, 하류계층의 청소년들에게는 정당한 방법으로 성공할 수 없도록 사회적 조건이 제한되어 있는데, 그들에게는 항상 중산층의 측량 잣대가 강조되어 '지위좌절(status frustration)'을 경험하게 되고, 그 결과로 인해 그들은 폭력적 집단에 가입하거나 불법적 행위에 가담하게 된다고 본다. 한편, Cohen은 중산층의 의사결정자에 의해 거부를 겪는 하류계층 청소년들을 세 가지의 유형으로 분류하였다. ① 코너보이(corner boy)는 상습적인 비행은 아니지만 가벼운 비행에 가담하는 소년이다. ② 칼리지보이(college boy)는 중산층의 문화적 · 사회적 가치를 받아들이고 그 기준에 순응해 성공하려고 능동적으로 노력하는 유형이다. ③ 비행소년(delinquent Boy)은 중산층의 가치와 직접적으로 반대되는 하류계층만의 규범과 원칙을 선택하여 반동형성(reaction formation)을 경험하게 되고, 이로 인해 상습적 비행을 저지르게 되는 것이다.

그러나 이 이론은 하류계층 청소년에 대한 이론으로 중산층 청소년들의 비행행위를 설명하기 곤란하고, 하류계층 청소년 중에서도 非범죄 청소년의 수가 더 많다는 점, 그리고 하류계층 청소년들의 범죄는 대부분 경제적 이유에서의 절도에 그친다는 점 때문에 비행하위문화는 큰 영향을 미치지 못한다는 비판도 제기된다.

빼꾸기알 사건(The Cuckoo Egg) 1988년 독일 하노버에 거주하는 대학생 5명이 브레멘 대학교의 인터넷 계정을 이용하여 대서양 건너 미국의 방위산업체 전산망에 침투한 다음 군사비밀에 해당하는 각종 정보를 입수하여 소련 KGB에 넘겨주고 그 대가로 코카인 등 마약을 받았던 컴퓨터 해킹 사건을 말한다. 1년 반 이상 은밀하게 진행되던 이 사건은 침투당한 방위산업체에 근무하는 클리프 스톨(Cliff Stoll)이라는 한 천문학자의 끈질긴 추적으로 적발되었다.

ㄱ ㄴ ㄷ ㄹ ㅁ ㅂ ㅅ ㅇ ㅈ ㅊ ㅋ ㅌ ㅍ ㅎ

ㅅ

ㅅ

사건수배(事件手配)　　사건의 용의자와 수사자료 그 밖의 참고사항에 관하여 통보를 요구하는 것을 말한다. 사건수배의 목적은 수사중인 사건에 관하여 수사자료를 광범위하게 수집하기 위하여 다른 경찰관서에 대해 협력을 요구하는 당해 사건의 수사상 참고가 될 사항의 통보를 얻는 것이다.

사고발생시 조치　　차의 교통으로 인하여 사람을 사상(死傷)하거나 물건을 손괴(損壞)하는 등 교통사고가 발생한 때에는 그 차의 운전자나 그 밖의 승무원은 즉시 정차하여 사상자를 구호하는 등 필요한 조치를 하여야 한다. 사고발생시 그 차의 운전자 등은 경찰공무원이 현장에 있는 때에는 그 경찰공무원에게, 경찰공무원이 현장에 없는 때에는 가장 가까운 국가경찰관서(지구대 · 파출소 및 출장소 포함)에 사고가 일어난 곳, 사상자 수 및 부상 정도, 손괴한 물건 및 손괴 정도, 그 밖의 조치사항 등을 지체 없이 신고하여야 한다. 다만, 운행 중인 차만이 손괴된 것이 분명하고 도로에서의 위험방지와 원활한 소통을 위하여 필요한 조치를 한 때에는 그러하지 아니하다. 긴급자동차 또는 부상자를 운반 중인 차 및 우편물자동차등의 운전자는 긴급한 경우에는 승차자로 하여금 조치 또는 신고를 하게 하고 운전을 계속할 수 있다. 교통사고 발생시 누구든지 위와 같은 조치 및 신고에 대해 방해해서는 아니 된다.

사기죄(詐欺罪)　　사람을 기망하여 재물을 교부받거나 재산상 이익을 취득하는 것을 말한다. "기망-기망에 의한 잘못된 의사결정(착오)-처분행위-편취"라는 일련의 행위가 자연스럽게 연결되어 존재하여야 성립한다. 한편 사기죄의 특징은 사기의 수단과 방법의 다양화에 따른 상습성과 고정화 경향, 반복으로 인한 지능화 경향, 범죄의 광역화 경향, 높은 재범율 등이다.

사다리대형(사다리 隊形)　　경호대형의 종류 가운데 하나로써 경호대상자를 중심으로 4명의 경호원이 사다리 형태를 유지하며 이동하는 대형을 말한다. 즉, 진행방향을 중심으로 양쪽에 군중이 운집해 있는 도로의 중앙을 이동할 때 적합한 대형으로 전방을 열어주고 좌우측방 경계를 강화해 주는 대형을 말한다. 이 대형의 단점은 전방경호원의 목이 너무 넓게 위치한 관계로 전방에서 저격시 또는 위험물체 투척시 안전방어의 효과가 어렵다는 점이다.

사단법인(社團法人/incorporated association) 일정한 목적을 위하여 결합한 사람의 단체를 실체로 하는 법인으로서 권리능력이 인정되는 법인으로서 재단법인에 대립된다. 사단법인은 영리를 목적으로 하는 영리사단법인과 공익을 목적으로 하는 공익사단법인, 영리도 공익도 목적으로 하지 않는 비영리사단법인이 있다. 민법상의 비영리사단법인의 설립은 영리 아닌 사업을 목적으로 하며, 정관을 작성하여 주무관청의 허가를 얻어 주된 사무소의 소재지에 등기함으로써 성립한다. 사단법인의 의사결정기관은 사원총회이며, 이사는 매년 1회의 정기총회와 필요에 따라, 특히 총 사원 5분의 1 이상의 요청이 있는 때에 임시총회를 소집한다. 법인의 내부적 사무를 집행하며, 대외적으로 대표하는 상설 · 필수기관은 이사이다. 법인의 재산상황이나 이사업무집행을 조정 감독하는 기관으로 감사가 있는데 이것은 필수기관은 아니다.

SARA 모델(SARA model) 문제확인을 위한 탐색(Scanning), 문제의 분석(Analysis), 정형화된 전략의 형태적인 대응(Response), 대응의 성공을 모니터링 하기 위한 평가(Assessment)의 4단계로 구성되어 있다. ① 탐색(Scanning): 문제를 발견하고 확인하는 과정, 경찰과 시민의 관심사항이 되는 지역사회에서 발생하는 일련의 유사한 사건을 탐색하는 단계, ② 문제의 분석(Analysis): 문제해결에 필요한 자료와 정보는 경찰제작 기록 뿐만 아니라 다양한 분야에서 수집되어야 하고, 분석기초는 6하 원칙에 의거해 문제가 발생하는 때와 장소를 확인, 지역사회 타 기관의 정책과 제도 등 문제발생 원인 촉진결과의 요소 확인, 관련 기관의 대응과 그 효과를 점검하는 단계, ③ 정형화된 전략의 형태적인 대응(Response): 문제의 화젯거리 혹은 사건, 상태 등에 직접적으로 반응하여 행해지는 활동이라 정의함. 대응과정에서는 자원, 외부협조, 기획단계의 필요한 사항 검토, 문제를 완전 해소하거나 해결 가능수준으로 축소를 시도하는 단계, ④ 평가(Assessment): 문제해결과정에서의 최후 단계로 결과와 시행된 계획의 효과성을 비교평가, 발전가능성 탐색, 필요 범위 내에서 계획 · 수정하는 단계 등이다.

사례연구(事例硏究) 특정 사례에 대해 여러 사람이 사례에 대한 전개과정, 특성, 문제점과 원인 및 대책을 검토하고 분석하는 훈련방법이다. 이 방법은 실제의 구체적인 사례를 갖고 토의하는 방식이다. 이러한 사례연구는 참여자에게 분석적 · 경험적 사고를 갖게 하고 문제해결능력을 발전시켜 줄 수 있으며, 또 자유로운 토론이 가능하고, 다양한 의견을 들을 수 있다는 장점을 지닌다. 오늘날 우리나라 중앙경찰학교에서도 지구대 실습을 마친 후 사례발표를 함으로써 강의식 교육훈련에서 오는 단점을 어느 정도 보완하고 있다. 또 순경의 실습은 일선 경찰서 지구대에서 1차로 4주 동안 그리고 2차로 2주 동안 실시하고 있다.

사망의 종류(死亡의 種類) 다음과 같이 세 가지가 있다. ① 내인사(內因死, 自然死 · natural death): 내인사란 질병 등의 신체내적 원인에 의해 사망한 것이 명확한 죽음을 말하는 것으로 자연사 · 변사 등이 있다. ② 외인사(外因死): 외인사란 신체외적 원인에 의해 사망한 것을 말하는 병사(病死) 이외의 죽음을 의미하는 것으로 자살 · 타살 · 사고사 · 재해사 및 사인불명의 죽음을 포함한다. ③ 변사(變死): 사인이 자신의 인체 외의 것에 기인된 죽임을 말하며, 병사(病死) 이외의 죽음은 모두 이에 속하여 외인사와 사인불명의 죽음을 모두 포함시킨다. 자살 · 타살 · 사고사 · 재해사 등이 이에 해당한다.

사무(事務/office work) 자신이 맡은 직책에 관련된 여러 가지 일을 처리하는 일로서 주로 책상에서 문서 따위를 다루는 일을 말한다. 전통적 의미에 있어서의 사무의 개념은 문서의 기록과 보관을 뜻하였으나 현대적인 사무의 개념은 행정 및 경영활동의 진행을 간접적으로 촉진하고 이들 활동 간에 일정한 질서를 유지하도록 작용하는 것을 뜻하고, 기능면에서는 활동과 활동을 서로 연결시키는 결합기능으로서 정보처리기능을 의미한다. 통상 업무와 같은 의미로 사용되며, 사무에는 인간의 행위 중 법률적 행위와 사실적 행위가 포함되나 단순한 부작위는 업무라고 할 수 없다.

사무간소화(事務簡素化/work simplification) 사무처리의 시스템 절차 및 방법 등에 관한 원칙으로 사무분석에 의하여 시간의 능률성과 효과성을 연구한 후 불필요하고 부적합한 자료, 기기, 시간, 공간을 제거하거나 중복을 배제하는 것을 말한다. 또한 필요한 것도 가능한 한 통합 · 조정하여 일체의 낭비적 · 형식적 · 비생산적 요소를 제거하여 사무의 품질을 높이는 것을 말한다.

사무관리(事務管理/office management) 조직의 운영에 필요한 정보를 효율적 · 합리적으로 생산, 유통, 활용하기 위한 관리활동을 말한다. 즉 사무작업의 과학적 관리를 기초로 하면서 능률적인 사무처리에 의하여 생산된 업무정보를 조직 전체에 침투시킴으로써 조직운영의 효율화를 도모코자 하는 것이다. 새로운 사무관리는 사무의 작업관리와 정보관리라는 두 개의 관리적 측면을 통일된 체제로서 파악한다는 점에서 사무작업에 중점을 두었던 종래의 사무관리와 구별된다.

사무분장(事務分掌) 행정기관별 단위 조직 간의 임무 및 직능을 분배하여 맡는 것을 말하며, 중앙행정기관의 장은 당해 중앙 행정기관과 그 소속기관의 직제에 규정된 사항을 세부적으로 정하는 것을 행정안전부 장관과 협의하여 훈령으로 정할 수 있다(행정기관의 조직 및 정원에 관한 통칙). 경찰사무분장의 경우 경찰청은 행안부 사무분장규정에, 경찰국은 각시 · 도 사무분장 규정에, 경찰서는 각시 · 도 경찰서 조직규칙에, 경찰교육원은 경찰교육원사무분장규정에, 해양경찰대는 해양경찰대사무분장규정에, 경찰병원은 경찰병원사무분장규정에, 국립과학수사연구원은 국립과학수사연구원 사무분장규정에 규정하고 있다.

사무용 컴퓨터 워드프로세서, 데이터베이스, 엑셀 등 사무용 소프트웨어를 설치하여 업무에 사용하는 컴퓨터를 말한다.

사무인계(事務引繼) 일정한 사유의 발생 또는 일정한 자의 신분변동으로 인하여 보직이 변경된 때 그 책임소재를 명백히 하기 위하여 전 · 후임자가 사무를 인계인수하는 것을 말한다. 인계의 사유, 절차는 단위책임자로서 면직, 정직, 휴직, 보직 기타 이에 준하는 사유가 발생하였을 때 이를 행한다. 다만, 단위책임자 이외의 직에 있는 자라 할지라도 출장사무 또는 소속관서장이 지정한 자는 이 규정에 의하여 사무인계를 하여야 한다. 또한 소관사무의 타 조직 또는 타부서에의 이관으로 분장 사무를 인계하거나 기타 사유로 사무가 인계될 때에는 당해 관서장인 경우에는 그 직무를 대리하는 공무원, 기타 경우에는 직속상사가 지정한 자에게 인계하고 후임자가 결정되는 즉시 다시 인계하여야 한다. 사무인계는 인계할 사유가 발행한 날로부터 7일 이내에 완료하여야 한다. 경찰사무인계의 경우 경찰공무원이 신속하고 정확하게 사무인계를 하여 신임자가 업무파악을 쉽게 하고 업무의 공백을 줄이도록 하는 것을 말한다. 사무인계의 사유는 단위책임자(경찰청, 각급 경찰의 학교장 및 지방경찰청의 과장급 이상, 경찰병원, 경찰서장, 전투경찰대장, 기동대장, 파출소장 기타 이에 준하는 자)로서 면직, 정직, 휴직 보직 기타 이에 준하는 사유가 발생하였을 때이다. 사무인계는 전임자와 후임자가 이를 행함을 원칙으로 하며, 사무인계서를 3통 작성하여 인수자에게 제시하여야 한다.

사무편람(事務便覽/affairs manual) 사무활동을 올바로 인도하고 통제하는 새로운 관리문서로서 일절의 경영방침 또는 관리조직책임과 권한, 근무방법, 사무절차 등을 표준화 · 규정화함으로써 모든 행정서식의 교본이 되도록 서술한 것을 말한다. 즉 ① 사무방법을 전문화(specialization), 표준화(standardization), 단순화(simplification)의 3S 방법에 의하여 처리한 관리문서 책이다.

사무환경(事務環境) 효율적이고 창의적으로 업무를 수행할 수 있도록 심리적 · 신체적으로 쾌적한 환경을 조성하는 것으로 일상 사무를 처리하는 데 있어서 환경의 쾌적성과 분위기의 조성 또는 능률적인 조직, 조직 및 용품설치, 배치 등의 물리적 여건과 심리적인 요소 등의 적합여부를 말한다. 사무환경을 사무원으로 하여금 쾌적한 환경에서 근무케 함으로써 사무능률을 최대한으로 발휘되도록 사무환경을 적정 배치하는 것이 중요하므로 사무소의 위치, 사무소 설치, 사무실배치 등이 고려되어야 한다.

사문서(私文書) 경찰사무관리에 있어서 사문서(私文書)는 작성주체에 의한 분류에 해당된다. 사문서(私文書)란 사적인 목적을 위해서 작성된 문서를 말한다. 사문서도 허가(許可)나 신청서(申請書) 등과 같이 행정기관에 제출하여 접수가 된 것은 사문서(私文書)가 아니고 공문서(公文書)로 간주된다.

사상경찰(思想警察) 기존체제에 대한 반대운동을 단속 · 탄압하는 것을 목적으로 하는 경찰을 말한다. 따라서 사상경찰은 반체제운동 자체도 탄압하게 된다. 사상경찰은 그 근저에 있어서 정신적 자유 등의 박탈을 기도하는 것으로서, 그 예로는 중세의 종교재판을 들 수 있다. 그 수단으로서 금서 · 분서 등이 쓰였다. 사상경찰은 이와 같이 반체제운동을 탄압하는 것이기 때문에 그 반면에 있어서는 기존체제의 사상적 확립과 국민의 이에 대한 동조를 꾀하며 따라서 우민정책과 표리의 관계에 있다.

SAS(Special Air Service) 1942년 영국에서 창설된 세계 최초의 대테러특수부대이다. 1980년 이란대사관 점거사건때 대사관을 점거한 6명의 테러리스트를 1분만에 무력화시키고 22명의 인질을 모두 구출함으로써 그 명성을 떨치기도 했다. 현재 SAS부대는 인질극, 유괴, 선박 및 항공납치, 폭파공격, 암살 등을 포함한 모든 형태의 테러사태의 처리를 그 임무로 하고 있다.

사실판단 증명의 원칙(事實判斷 證明의 原則) 수사실행의 5원칙 가운데 하나로써 재판정에 제시된 심증(판단)이 수사관뿐만 아니라 다른 사람에 의해서도 진실이라는 것이 객관적으로 검증되어야만 한다는 원칙을 말한다.

사업부 조직(事業部 組織/divisional structure organization) 조직 내 기능별, 직업별, 서비스별 등 독자적인 구조를 지닌 작은 조직들이 분화되어 있는 조직형태이다. 사업부 조직의 경우 사업부 간에 갈등이 유발될 수 있고 조정이 어려울 수 있다. 또한 사업부간의 중복으로 예산낭비, 사업부간 이기주의의 초래 등 문제점이 발생 할 수 있다. 사업부 형태의 조직은 변화가 심하지 않은 조직에 적합하며, 급격한 변화가 초래되는 조직에는 적합하지 않다.

사이버(Cyber) 우리가 일상적 의미에서 사이버라고 함은 가상공간(假想空間) 또는 사이버 공간 혹은 사이버스페이스(cyberspace)를 말하는데 이것은 바로 현실세계가 아닌 컴퓨터, 인터넷 등으로 만들어진 가상의 공간을 의미한다. 한편 '사이버스페이스'라는 용어는 윌리엄 깁슨이 1984년에 쓴 과학 소설 「뉴로맨서」에서 최초로 등장했다고 하며 이는 인공두뇌학(cybernetics)을 뜻하는 Cyber와 공간을 뜻하는 Space의 합성어로서 말하자면 현실이 아니라 인간들의 두뇌속에서 무한하게 펼쳐지는 또 다른 우주의 세계를 의미한다고 볼 수 있다. 이러한 사이버스페이스라는 용어를 처음 사용한 사람은 John Perry Barlow인데 그는 의사전달의 공간(Communication Space)이라는 개념으로 이 단어를 사용하였고 그것이 시간이 지나면서 이제는 일상적인 용어가 되어 우리가 일상적으로 활용하고 있는 것이다.

사이버경찰의 일반현황 우리나라는 오래전부터 IT강국으로서 사이버산업이 급속히 발달했으며 그에 따라 많은 사이버범죄가 발생해 왔다. 경찰기관에서는 이에 대한 위험성을 인지하고 적극적이며 지속적인 장기대책마련에 고심해 왔다. 경찰청은 1999년 12월 25명의 전문사이버 수사요원으로 구성된 이른바 사이버범죄수사대를 출범시켰으며 24시간 사이버순찰을 통해 실시간 대응체계를 구축해오고 있다. 2002년에는 경찰청 수사국 산하의 사이버수사인력을 125명으로 늘렸고 그 명칭을 사이버테러대응센터로 변경하고 총경이 센터장을 맡았다. 2007에는 수사인력을 181명 늘렸다. 2011년 현재 이러한 수치는 매년 평균 20여명씩 늘어나고 있어 그 역량이 점차 강화되고 있다.

사이버경찰청 사이버경찰청이란 인터넷을 통해 일련의 경찰활동을 하는 기관을 말한다. 우리나라 경찰청도 이른바 사이버 경찰청(www.police.go.kr)을 운영하고 있다. 오늘날 우리는 사이버를 빼놓고 더 이상 사회생활을 영위하는 것이 어렵게 되었다. 사이버경찰청의 경우도 국가 보안, 범죄 수사, 치안, 방범, 공개수배자 제보, 보상금, 범죄자 신고, 조회, 민원 안내 등 모든 영역에서 사이버 시스템을 통해 업무가 이루어지고 있다. 우리나라 경찰청이나 각 지방경찰청에서도 2000년대 중반부터 신임경찰관 모집원서접수도 사이버를 통해 이루어지는 시스템으로 완전히 체계화함으로써 사이버를 통하지 않고는 일상 업무가 불가능하게 되었다.

사이버몰(Cyber Mall) 이는 정보통신설비, 즉 컴퓨터 등을 이용하여 재화나 용역을 거래할 수 있게끔 설정된 가상의 영업장소를 의미한다. 이와 관련하여 오래전부터 대학들이 나서 e-비즈니스 학과 등을 설치해 관련 인재들을 길러내고 있다.

사이버범죄(Cyber-Crime) 컴퓨터범죄를 포함하여 사이버공간에서 행해지는 모든 범죄를 말한다. 컴퓨터범죄는 독립적인 컴퓨터 시스템에서의 범죄라는 개념으로 사이버범죄를 하나 이상의 컴퓨터를 사용하여 인터넷상에서 또는 인터넷을 도구로 하여 감행되는 범익침해행위를 통칭하는 것을 말한다. 한편 사이버범죄의 특징은 다음과 같이 구분할 수 있다. ① 범행행위의 측면: 게임이나 단순한 유희, 지적 모험심의 추구, 정치적 목적이나 산업경쟁, 개인적인 보복, 경제적 이익의 취득 등이다. ② 행위자 측면: 행위자의 연령이 낮고, 죄의식이 희박, 컴퓨터 전문가나 조직내부인이 많고, 초범이 많고, 익명성을 과시한다. ③ 범행행위의 측면: 범행이 반복될 가능성이 높다. 발각이 어렵고 고의 입증이 곤란하다.

사이버범죄 단속법규의 한계 법적근거나 적용할 죄명이 없어 피해가 방치되며, 동일행위가 여러 법률에 중복되어 단속에 혼선을 빚을 수 있다. 온라인을 통한 정보제공자가 개인정보를 남용하는 행위 혹은 불필요한 개인정보를 수집하는 행위에 대한 객관적 규제가 없어 형평성 시비가 생길 수 있다. 법적 근거는 있으나 단속기준이 시대상황이나 개인주관에 따라 다르므로 사실 혼란과 혼동을 야기하는 경우가 많다. 인터넷의 큰 특징은 개개인이 정보의 수요자이자 공급자일 수 있다는 점인데, 모든 정보제공을 국가에서 통제한다는 것은 권위주의적 발상이라는 논란이 제기될 수 있고, 현실적으로 불가능한 일이다.

사이버범죄 단속의 한계 개개인에 대한 피해가 경미하다는 이유로 발생건에 비하여 신고 되지 않는 경우가 많다. 일반적인 현실 세계의 범죄보다 고의의 입증이 어렵다는 문제점이 있다. 그것은 사이버범죄를 발견하기가 어렵고 대개 범죄행위 성립에 대한 지식이 없고, 죄의식이 희박하기 때문으로 보인다. 특히 범행 자체가 시공을 초월하여 동시다발적이며 일시적으로 일어나는 경우가 많아 범행 자체를 특정하기 어려운 문제점도 지니고 있다.

사이버범죄 대응을 위한 국제적 연대 국가간 공조를 추진하려면 상대국가와 범죄인 인도조약 또는 형사사법공조조약이 체결되어 있어야 하는 것이 원칙이다. 지정학적으로 관련이 깊은 공조문제에 우선하여 정보인프라가 발달한 국가간의 공조가 강조된다. 외국해커의 침입시 실시간(Real-Time)으로 접속기록의 정보를 해당국가에 제공한다. 인터폴(Interpol)은 세계각국의 사이버경찰을 상대로 사이버범죄의 동향에 대한 최신정보를 제공함이 매우 중요하다.

사이버범죄 분류표 미국 FBI의 컴퓨터범죄에 관한 대처는 비교적 치밀하게 이루어지고 있는데 그 수법을 분류하는 기준과 내용을 보면 다음과 같다. 첫째, 자료변조(Data diddling)이다. 이는 자료가 최종적으로 컴퓨터에 입력되는 순간에 자료를 절취, 삭제, 변경, 추가하는 방법을 말한다. 둘째, 트로이목마(Trojan horse)이다. 이는 프로그램 목적을 실행하면서 일부에서 부정한 결과가 나오도록 프로그램 속에 범죄자만이 아는 명령문을 삽입시켜 이용하는 방법을 의미한다. 셋째, 살라미기법(Salami techniques)이다. 이는 어떤 일을 정상적으로 수행하면서 관심밖에 있는 조그마한 이익을 긁어 모으는 수법으로서 금융기관의 컴퓨터 체계에 이자계산시 단수 이하의 적은 금액을 특정계좌에 모이게 하는 방법 등을 의미한다. 넷째, 트랩 도어(trap door)이다. 이는 프로그램 개발과정에서 프로그램 검증을 위해 프로그램을 수정할 수 있는 명령이 끼워 넣어져 있는 것을 삭제하지 않고 범행에 이용하는 것을 말한다. 다섯째, 슈퍼재핑(Super Zapping)이다. 슈퍼잽(Super Zap) 컴퓨터가 작동정지되어 복구나 재작동 절차에 의하여 해결할 수 없을 때 사용하는 만능키와 같은 프로그램으로 이 프로그램의 강력한 힘을 이용하여 범죄행위를 하는 것을 말한다. 여섯째, 부정명령 은닉(logic bomb)이다. 이는 프로그램에 어떠한 조건을 넣어주고 그 조건이 충족될 때 마다 자동적으로 부정행위가 이루어지도록 하는 것이다. 일곱째, 스카벤징(scavenging)이다. 이는 컴퓨터의 작업 완료 후 체계 주변에서 정보를 획득하는 방법(=쓰레기 주워모으기)이다. 여덟째, 전송시 은닉과 위장(piggy backing and impresonation)이다. 이는 정규의 절차를 거쳐서 사용되고 있는 단말기의 회선을 전환시켜 자격이 없는 단말기에 연결, 부정하게 컴퓨터를 사용하거나 사용허가를 받지 않은 자가 유자격자를 가정하여 컴퓨터를 부정사용하는 방법을 의미한다. 아홉째, 부정접속(Wire trapping)이다. 이는 데이터 통신회사에 불법적으로 선로를 접속시켜 단말기 등을 연결조작하여 자료를 절취하거나 컴퓨터를 부정적으로 사용하는 방법을 말한다. 열째, 시뮬레이션 모델링(simulation & modeling)이다. 이는 컴퓨터를 정상적인 시험이나 시뮬레이션을 하는 것처럼 하면서 실제로는 컴퓨터를 범행도구로 이용하여 부정행위를 자행하는 수법을 말한다. 열한번째, 비동기성의 이용(asynchronous attack)이다. 이는 컴퓨터 운영체계의 비동기성을 이용하여 범죄행위를 저지르는 것을 의미한다(경찰공제회, 2006: 524).

사이버범죄의 발생건수와 심각성 사이버범죄는 2009년 총164,536건이 발생했다. 이 중에 인터넷 사기가 41,644건, 불법복제 36,768건, 불법사이트운영 29,589건, 해킹과 바이러스 16,601건 등으로 매년 증가하고 있다. 사이버상에서 인터넷범죄는 날로 그 심각성이 커지고 있다. 인터넷 사기범죄는 물론이고 명예훼손과 아동포르노의 등장, 개인정보침해 문제, 원조교제, 불법의약품 판매, 음란물 유통, 자살방식과 장소의 알선, 폭발물과 총기류의 판매와 같은 불법행위들이 나무하고 있어 경찰의 적극적인 개입이 요구된다.

사이버범죄의 범위 오늘날 사이버범죄의 범위는 날이 갈수록 상당히 넓어지고 있다. 첫째, 사이버범죄에는 사이버공간상에서 일어나는 해킹, 바이러스 유포, 서비스 거부공격, 명예훼손, 전자상거래 사기, 사이버 머니, 게임 아이템 청취, 음란물 유포, 저작권 침해 등이 해당된다. 둘째, 범죄행위의 모의나 계획, 사이버 공간을 이용한 후 실제로 현실공간으로 옮겨가서 절도나 강도 및 성폭행 혹은 청부살인 등의 범죄를 일으킨다. 셋째, 사이버공간상에서 회원을 모집하고 회비도 걷은 후 현실세계에서 성매매를 알선하기도 한다. 넷째, 사이버상에서 해킹을 통해 정보입수 후 현실세계에서 사기나 갈취 등의 범죄를 일으키기도 한다. 다섯째, 사이버공간상에서 물리적인 폭행이나 협박 등의 범죄를 저지르기도 한다.

사이버범죄의 수사단계 수사관이 사이버 범죄를 수사하는 절차를 살펴보면 다음과 같다. 즉 초동수사(도메인 주소, IP주소, MAC주소) → 현장수사(피해컴퓨터 조사, PC방 조사) → 범인추적(ID추적, IP주소 추적, E-mail주소 추적) → 압수수색(컴퓨터 압수, 디지털 매체 압수, 압수확인서 작성) → 증거수집 및 분석(원복 복제 및 해쉬값 생성 원본 보관, 복제본 분석 및 보고서) → 피의자(디지털 증거제시, 진술의 진실성 확인)조사의 과정을 통해 이루어진다.

사이버범죄의 특수성 오늘날 사이버범죄는 여러 가지 특성을 보여주고 있다. 문제는 상대방을 볼 수 없으며 무작위로 많은 피해자가 발생할 수 있으며 그 심각성이 날로 증가하고 있다. 첫째, 비대면성 또는 익명성이다. 사이버공간은 인터넷을 매개로 하여 형성되는 생활공간으로서 상대방에게 범죄자가 자신의 얼굴과 정체를 노출시키지 않고 대화나 행동을 하면서 많은 피해를 입힐 수 있다는 점이다. 둘째, 자율성이다. 사이버공간에서는 접근 가능한 누구나 자신의 목적이나 의도를 달성하기 위해 자신의 사상, 생각, 견해 등을 유포할 수 있다. 따라서 자율성은 사이버공간의 가장 강력한 도덕적 원리로서, 오프라인에서의 일방향적인 소통방식과 통제기구 및 규범으로부터 벗어나 자율적인 개인들이 스스로 표현의 자유를 만끽할 수 있는 원리인 것이다. 셋째, 개방성이다. 혹자는 사이버공간을 '무정부주의'라 칭하기도 한다. 사이버공간은 누구에게나 개방되어 운영될 수 있는 것이다. 누구를 막론하고 어느 공간이나 시간을 초월하여 무한정의 문제들을 야기시킬 수 있다. 넷째, 시공간적 초월성, 탈공간적 구속성이다. 사이버공간에서의 삶은 시간과 공간의 개념을 무색하게 만든다. 즉, 이러한 요인들로 인해 일련의 바이러스 유포 사건(예컨대, 멜리사, CIH, 러브바이러스, 웜바이러스, 트로이 목마 등)과 같이 범죄자는 인터넷이 연결된 곳이면 세계 어느 곳에 있는 컴퓨터에라도 바이러스를 유포할 수 있고 해킹도 할 수 있다. 다섯째, 즉시성과 비물질성이다. 사이버 공간상의 특성상 컴퓨터를 통해 언제 어디서든지 아무에게 엄청난 용량의 정보를 보내기도 하고 문제점을 야기시킬 수 있는 위험한 존재이다. 그리고 이는 비물질적인데 정보나 명예, 게임

아이템, 사이버머니 등과 같은 가상의 것들이 범죄를 일으키고 있다.

사이버테러(Cyber Terror) 컴퓨터 통신망 및 인터넷과 같은 기구를 이용하여 가상이라는 사이버 공간상을 활용해 불특정 다수에게 엄청난 피해를 입히는 일련의 행위들인데 컴퓨터해킹, 컴퓨터 바이러스 및 메일폭탄유포, 사이버 스토킹 등의 방법이 대표적이다.

사이버테러대응 1990년 초를 기점으로 공공기관, 회사는 물론이고 일반가정까지 급속하게 컴퓨터와 인터넷이 보급되었다. 이에 따라 사이버범죄의 발생률이 나날이 높아짐에 따라 별도로 전문수사인력과 수사체계가 필요하게 됨으로써 국가경찰청은 1995년 해커수사대를 발족시켰고, 1997년 컴퓨터범죄수사대를 비롯해 1999년 사이버범죄수사대 등을 만들어 사이버 전담조직을 확대 개편하게 되었다. 경찰청의 이러한 일련의 대처에 따라 MOV(Master Of Virus), Worm 등 바이러스 제작사범과 주요 사이트 해킹 사범을 검거하는 큰 성과들을 올림으로써 사이버테러 대응기관답게 많은 성과를 올렸다. 그러나 경찰청은 2000년 7월 11일 마침내 사이버테러대응센터를 창설하였는데 이는 나날이 증가하는 해킹 바이러스와 사이버테러의 위험성에 대한 범정부 차원의 종합적 대응 체제의 필요성이 제기된 데 따른 결과였으며 오늘날 그 중요성은 날로 증가되고 있다.

사이버테러대응센터 경찰청이 설치해 운영하고 있으며 협력운영팀, 수사팀, 기획수사팀, 기술지원팀 등으로 구성되어 있다. 또한 전국의 16개 지방경찰청의 수사과에 사이버수사대가 설치되어 운영 중이다. 각 경찰서 산하 수사과나 형사과에도 사이버수사팀이 운영되고 있다.

사이버테러형범죄 해킹이나 바이러스유포, 메일폭탄, 전자기적 침해장비 등을 활용한 컴퓨터 시스템을 주로 공격하는 범죄행위로서 정보통신망을 공격하는 특징을 지니고 있다.

사이코시스(Psychosis) 정신병 가운데 기능장애 중에서 가장 증세가 심한 것을 말한다. 사이코시스 환자는 현실과 그렇지 않은 것을 제대로 구분하지 못한다. 이러한 이유로 학교나 직장생활을 제대로 할 수 없는 경우가 많다. 정신분열증(Schizophrenaaaia)이 그 중 가장 증세가 심한 것이다.

사이코패스(Psychopath) 인격적 결함의 일종으로 반사회성 인격장애 중의 하나이다. 원인은 뇌의 전두엽에 이상이 오는 것 때문으로 알려져 있으며, 이 증상을 앓고 있는 사람들을 사이코패스(Psychopath)라 부른다. 1920년대 독일의 쿠르트 슈나이더(Kurt Schneider)가 처음 소개한 개념으로 보통 반사회적 인격장애를 앓고 있는 사람을 가리킨다. 이들은 발정 · 광신 · 자기현시 · 의지결여 · 폭발적 성격 · 무기력 등의 특징을 지닌다. 이들의 기질은 평소 내부에 잠재되어 있다가 범행을 통하여서만 밖으로 드러나기 때문에 주변 사람들이 쉽게 인지하지 못한다. 관련 연구 결과에 따르면, 이들은 감정을 지배하는 전두엽 기능이 일반인의 15%밖에 되지 않아 다른 사람의 고통에 무감각하고 양심의 가책을 느끼지 않는다. 고통에 무감각하므로 자신이 저지른 죄의 대가로 받게 될 처벌을 두려워하지 않음으로써 재범률도 높고 연쇄 범죄를 저지를 가능성도 일반 범죄자들보다 높다. 또 공격적 성향을 억제하는 분비물인 세로토닌이 부족하여 사소한 일에도 강한 공격적 성향을 드러낸다고 한다. 사이코패스는 이같은 유전적 · 생물학적 요인에 사회환경적 요인이 결합되어 나타나는 전인격적 병리현상으로 본다. 캐나다의 심리학자 로버트 헤어(Robert D. Hare)가 PCL-R (Psychopathy Checklist-Revised)라고 부르는 사이코패스 진단방법을 개발하였는데, 40점을 최고점으로 하여 이에 근접할수록 사이코패스 성향이 높다고 판단한다.

사전정찰(事前精察) 비밀공작활동의 하나로써 이미 계획된 공작활동을 위해 공작목표나 대상지역에 대해 사전활동을 통하여 예비지식을 수집하는 일련의 조사활동을 말한다.

사증(VISA) 외국을 여행하고자 하는 자에게 목적지 국가에서 발급하는 입국허가서로 해당국에서 입국해도 좋다고 확인하는 행위를 말한다. 사증은 여권과 함께 외국여행에 필수적인 것이므로 여권이 있어도 사증을 받지 못하면 해당국에 입국할 수 없다. 사증의 종류에는 사용횟수에 따라 단수사증 · 복수사증 · 단체사증 등 세 가지 종류가 있으며, 발급권자는 법무부장관이지만 사증발급에 관한 권한을 재외 공관장에게 위임할 수 있다.

사진감식(寫眞鑑識) 현장에 유류된 각종 자료 및 사람의 인상을 채증, 과학적으로 식별하여 범인을 찾아내고 검거하게 하는 등 현장 및 범인을 감식할 수 있도록 촬영되어 작성되는 사진을 말한다. 현장에서 육안으로 관찰시에는 관찰범위가 넓어 세밀한 부분을 놓칠 수 있는데 사진은 촬영 이후 고정된 상태에서 세밀하게 관찰이 가능하며 실무에서도 종종 유력한 흔적들을 발견하는 경우가 있다. 사진감식의 목적은 현장사진의 작성과 현장사진 기록의 관리에 필요한 사항을 정함을 목적으로 한다.

사행행위(射倖行爲/speculative behavior) 종류 · 명목 · 방법 여하를 막론하고 타인으로부터 금품을 모아 우연의 결과에 의하여 특정인에게 재산상의 이익을 제공하고 다른 참가자에게 손실을 미치게 하는 일체의 행위를 사행행위라 한다. 이러한 사행행위는 사람들의 요행심을 조장하고 건전한 근로의욕을 해치는 것이므로 법률로써 금지, 처벌하고 있으나 법령에 의하거나 허가를 받은 경우에는 허용된다. 사행행위는 ① 공공복리의 증진을 위해 특히 필요한 경우, ② 상품의 판매선전을 위해 특히 필요한 경우, ③ 관광진흥과 관광객의 유치촉진을 위하여 특히 필요하다고 인정되는 경우에 경찰청장 또는 지방경찰청장은 허가신청이 있을 경우 복표발행업 · 현상업 또는 기타 사행행위업에 한해 허가할 수 있다. 부가가치세법상 신용카드매출전표 등의 추첨 및 보상금의 지급에 관하여는 「사행행위 등 규제 및 처벌특례법」을 적용하지 아니한다.

사헌부(司憲府) 조선시대에 정책을 비판하는 일을 포함하여 시정(時政)을 논의하고, 백관(百官, 모든 관리)을 규찰하며, 기강과 풍속을 바로잡고, 억울한 일을 해결해 주는 일 등을 맡은 일종의 사법기구이다.

사회생물학적 원인론(社會生物學的 原因論/social biological theory) 유전과 환경 중의 하나만이 아니라, 양자의 상호작용에 의한 인간행동에 주목한다. 따라서 선천적인 것 보다 후천적인 생물학적 요인을 중요시하는 이론이다.

사회유대이론(社會紐帶理論/social bond theory) 1969년 Travis Hirschi가 「비행의 원인(Causes of Delinquency)」에서 제시한 사회통제이론 시각의 가장 지배적인 이론이다. 사람들은 보편적으로 일탈경향이 있는 잠재적 범죄자라는 것을 전제로, 일탈은 관습적인 신념과 규범에 관한 사회의 일반적인 합의에 기초한 사회통제기제의 결함 또는 부재 때문에 발생한다는 이론이다. 따라서 사회유대이론은 범행 잠재력이 있는 일반인들이 범죄를 억제하는 것은 자신의 행위로 부모나 친구 등의 중요한 사람과의 유대관계나 학교와 직장 등 중요한 사회제도와의 유대관계에 치명적인 해를 받을 수 있다는 두려움 때문이라고 설명하고 비행청소년을 기존의 범죄이론과 달리 비행을 야기하는 가치관을 가진 소년으로 보지 않고 비행을 저지하는 규범 내지 가치관이 결여된 소년으로 보았다. 사회유대의 결정요소는 ① 애착: 애착이란 애정과 정서적 관심을 통하여 개인이 사회와 맺고 있는 유대관계를 의미하며 부모와의 사랑이나 학교 선생님에 대한 존경심 등에 의하여 형성된다. Hirschi는 사회의 가치나 규범을 개인이 내면화하기 위해서는 다른 사람들에 대한 애착관계가 형성됨으로써 가능하다는 점에서 애착을 가장 강조하였다. ② 전념: 전념이란 규범준수에 따른 사회적 보상에 얼마나 관심을 갖는가에 관한 것으로 충실한 학교생활은 이후에 안락한 생활을 보장해 줄 수 있다는 정서 등을 의미한다. ③ 참여: 참여는 행위적 측면에서 개인이 사회와 맺고 있는 유대의 한 형태로 관습적 목표에 얼마나 많은 시간을 투자하고 있는가 하는 것으로 평가될 수 있다. ④ 신념: 신념은 관습적인 규범의 내면화를 통하여 개인이 사회와 맺고 있는 유대의 형태로 사회규범을 준수해야 한다고 믿는 정도에 따라 비행의 발생 가능성이 다르다는 것 등으로 구성된다. 한편, 사회유대이론은 애착이 강할수록 비행률이 낮다고 주장하나 비행친구에 대한 애착은 오히려 비행가능성을 증대시킬 수도 있는 문제점이 있으며 사회유대 결속의 정도가 사람마다 다른 이유를 설명하지 못하고 나아가 사회유대가 약한 사람이 일탈하지 않는 이유를 설명하지 못한다는 비판도 제기된다.

사회윤리(社會倫理) 사회의 기본 구조, 질서, 사회제도 틀의 정당성과 윤리성을 강조한다. 사회윤리는 사회문제를 개인의 양심과 의식에서 찾는 것이 아니고 사회의 제도, 구조, 도덕성에서 찾는다는 것이다.

사회인관(社會人觀/social man) 인간관계론의 인간관과 동일하며, 인간을 사회적 존재로서 파악하고 인간은 사회적 욕구의 충족에 의하여 동기가 부여된다고 보는 인간관이다. 사회인관은 업무자체보다는 업무수행과정에서 형성하는 인간관계 · 사회관계 내지 동료관계를 중시한다.

사회정보(社會情報) 사회적 제요소에 관한 정보로서 국가의 사회적 능력과 취약성 및 가능한 행동방책에 관한 지식을 말한다. 사회정보의 대상인 사회현상은 정치, 경제, 문화, 군사 등 제정보에 흡수될 성질의 것이 대부분이기 때문에 독립적 분석이 어려울 경우가 불감하나 특히 사회정보에서 다루어야 할 주요내용은 ① 인구문제, ② 민족, 인류, ③ 사회제도 및 사회질서, ④ 사회계층, ⑤ 사회복지와 사회적 성격, ⑥ 사회운동, ⑦ 국민의 사기 및 여론 등으로 볼 수 있다. 구체적으로 인구규모, 공용어, 문맹률, 종족구성(소수민족), 종교문제 등이 해당된다. 사회정보의 올바른 분석을 위하여는 사회심리 및 인류학, 사회형태학은 물론 경제 정치학 등 모든 사회과학에 관한 충분한 지식을 바탕으로 한 종합적인 연구가 절실히 요망된다.

사회통제이론(社會統制理論/Social Control Theory) 여타의 범죄이론과 달리 왜 소수의 사람들이 범죄를 저지를까?가 아니라 왜 다수의 사람들은 범죄를 저지르지 않을까?라는 의문을 설명하고자 하는 이론이다. 그런데, 사회통제이론은 다수의 사람들이 범죄를 저지르지 않는 이유를 그 행동과 욕구가 내적 · 외적 요소에 따라 통제되기 때문에 사람들이 법을 준수하는 것이라 보고 있다. 즉, 어떠한 사람은 강한 도덕감의 자아통제력(self-control)을 갖고 있어서 다른 사람을 해치거나 사회규범을 위반하지 않으며, 어떠한 사람은 동조에 대한 관여(commit-ment to conformity)를 발전시켜 사회규칙에 따른다는 것이다.

사회해체이론(社會解體理論/Social Disorganization Theory) 긴장이론, 하위문화이론 등과 함께 사회구조를 강조하는 이론 중 하나로서 규범과 가치에 대한 합의론적 시각이라고 할 수 있다. 사회질서, 안정성, 통합 또는 유대가 약화되면 범죄나 비행이 증가한다는 입장으로 간단히 설명하면, 질서나 안정성, 유대나 통합이 붕괴된 현상을 사회해체로 간주하고 사회해체가 이루어진 지역은 구성원의 변동이 있더라도 지속적으로 높은 범죄율이 나타날 수 밖에 없다는 것이다. 이 이론은 1930년대 시카고 대학을 중심으로 주로 도시지역의 범죄와 비행의 지역적 분포에 대한 관심에서 발전하여 최근까지 많은 관심의 대상이 되고 있으며, 범죄학 연구의 주요한 변수를 제시하고 이론적 지향에 영향을 끼쳤다.

주요한 이론인 Crifford R. Shaw와 Henry D. McKay(1931)의 '차별적 조직이론(Differential Organization Theory)'은 도시환경이 어떻게 일탈을 일으키는가에 관심을 두고 시카고시의 청소년 55,998명의 법정기록을 분석하여 청소년 비행은 유전적으로 발생하는 것이 아니라 그들이 살고 있는 지역의 환경에서 발생하는 것이라고 주장하였다. 구체적으로 Shaw & McKay는 그들의 이론에서 사회적 환경이 범죄에 영향을 미친다는 데 주목하였다. 지역과 범죄율이 관계 있다는 증거로는 ① 학교 결석율이 높은 지역에서 비행 및 범죄율이 높다. ② 범죄율과 비행율은 도시중심부에서 가장 높으며 외곽으로 갈수록 낮아진다. ③ 거주자들의 사회적, 민족적 구성이 변동함에도 불구하고 일부 생태학적 지역에서는 높은 비행율이 지속되어왔다. ④ 비행율이 높은 지역은 사회조직외의 지표들(높은 인구이동, 낮은 수입, 낮은 수택소유율, 높은 비율의 외국태생인)로 특정지워져 있다고 강조함으로써 범죄가 지역의 환경에서 발생하는 것이라는 사실을 주장하였다.

산업스파이(産業스파이/Industrial Spy) 일정한 이익을 취할 목적으로 타사의 영업기밀이나 제품개발정보, 기타 이익이 되는 정보를 불법으로 빼내 해당조직(회사)에 손실을 입히는 행위를 말한다. 특징은 ① 피해액이 막대하다. ② 내부인이 연루된 경우가 많다. ③ 적발이 매우 어렵다는 점이다. 유형으로는 ① 외부인과 결탁하여 기밀서류를 빼돌리는 행위, ② 경제적 목적 하에 내부인이 제품개발 정보를 빼내 파는 행위, ③ 회사 내의 각종 정보를 경쟁사에게 제공하는 행위, ④ 사이버스파이행위, ⑤ 보안의식이 희박한 종사자의 부주의로 인한 유출 ⑥ 회사에 불만을 가진 자에 의한 정보유출, ⑦ 협력업체, 파견연구원, 외국 대사관 직원에 의한 스파이 행위 등이 있다.

살인죄(殺人罪) 고의로 타인의 생명을 빼앗은 것을 내용으로 하는 범죄로 전체 범죄의 0.05%에 불과하나, 극단적으로 법질서를 파괴하고 피해자 가족과 여타 사회구성원에게 직접적인 충격을 주고, 생활의 안전 위협, 불안심리를 가중시킴으로써 성립하는 범죄를 말한다. 특징은 주로 범죄현장에서 단서를 얻는 것이 보통이고, 대부분 동기와 목적이 있기 마련이다. 유형으로는 보통살인, 존속살해, 영아살해, 촉탁 · 승낙에 의한 살인죄, 자살교사 및 방조죄, 위계 · 위력에 의한 살인죄가 있다.

삼각형(三角形) 간첩망의 형태 가운데 하나로써 지하당조직에서 주로 사용하는 간첩망을 말한다. 지하당 구축을 하명 받은 간첩이 3명 이내의 행동공작원을 포섭하여 직접 지휘하고 포섭된 공작원간의 횡적 연락을 차단시키는 활동조직이다. 삼각형은 공작원간의 횡적연락이 안되므로 비교적 보안유지가 잘되고 일망타진의 가능성이 적다.

3급지 경찰서(3給地 警察署) 농어촌형 경찰서라고도 하며, 등급기준은 인구 15만명 미만 군에 소재한 경찰서로서 경찰관 정원이 50명 이상인 경찰서를 말한다.

삼별초(三別抄) 고려시대에 경찰 및 전투의 임무를 수행한 부대의 명칭이다. 경찰과 전투를 맡는 등 공적인 성격이 강하지만, 사병이란 성격 역시 강했다. 즉 사병이면서도 공병(公兵)의 성격을 지닌 삼별초는 다른 도방(都房)이나 마별초(馬別抄) 등의 사병보다 기동력을 갖추었고 전투력도 겸비한 까닭에, 최씨 무인정권 이후에도 중요한 역할을 맡아 수행했다. 또한 고려왕조가 몽고의 종속정권으로 전락하자, 반란을 일으켜 진도를 본거지로 삼아 3년 동안 몽고와의 항전을 계속하였다.

3선 경호의 개념(3線 警護의 槪念) 영국 런던경시청 경호국에서 최초로 등장한 개념으로 경호대상자를 기준으로 최근접 거리부터 엄중한 경호수준을 취한다. 경호원의 정보분석활동 등 외곽경호의 사건발생 소지의 사전제거활동을 중시한다. 경호대상자를 기준으로 근접경호, 중간경호, 외곽경호로 구분한다. ① 근접경호: 대상자의 신변보호, 숙소경비 ② 중간경호: 정복경관의 일상적 경찰활동, 교통질서유지, 관찰, 통신활동 ③ 외곽경호: 정보분석, 항만관리, 위험인물 파악, 사건발생 소지의 사전제거

35호실 노동당계열 소속으로 대외 · 대남 정보 수집, 해외간첩 공작 및 테러공작을 전담하는 북한의 대남공작기구이다. 1987년 11월 29일 발생한 KAL기 폭파사건의 김현희가 소속되었던 부서이다.

3중 경호의 원칙(3重 警護의 原則) 경호의 일반원칙 가운데 하나로써 경호는 경호대상자의 위치를 중심으로 3선 개념 즉, 3중 경호체계에 의한 효율적인 경호가 실시되어야 한다는 원칙을 말한다. ① 내부: 안전지역(근접경호에 의한 완벽한 통제), ② 내곽: 경비지역(근접경호원 및 경비경찰에 의한 부분적 통제), ③ 외곽: 경계지역(인적 · 물적 · 자연적 취약요소에 대한 첩보, 경계)

삼진아웃제(三振一制/three strikes) 재범자에 대한 가중처벌제도로 야구에서 스트라이크를 세 번 받으면 아웃되는 것처럼 동일한 유형의 범죄를 세 번 저지른 사람에서 사회내처우가 아닌 장기구금형의 강력한 처벌을 부여하는 정책이다. 미국에서는 캘리포니아주를 비롯해 약 25개 주에서 시행중이며, 현재 한국에서도 음주운전은 3회째 적발되면 무조건 운전면허가 취소되는 삼진아웃제가 적용되고 있다.

삼한의 경찰(三韓의 警察) 한강 이남에 위치하고 있던 마한 · 진한 · 변한을 삼한이라 한다. 삼한의 부족국가는 제정이 분리되어 있었다. 신지 또는 읍차 등으로 불리웠던 부족지배자들에 의해 세속의 질서가 유지되었을 것으로 추정되며, 제사장인 천군(天君)이 주관하는 소도(蘇塗)는 정치적 군장의 세력이 미치지 못하는 곳으로, 죄인이 도망을 하여 이곳에 숨더라도 잡아가지 못하였다.

삼합회(三合會) 주요 국제범죄조직으로 홍콩과 대만에 기반을 두고 있다. 삼합회는 청나라에 대항하기 위해 조직된 백련교를 그 시조로 하고 있으며, 삼합회라는 명칭은 홍방의 한 세력인 홍문회라는 비밀결사가 단체를 상징하는 삼각형의 깃발을 사용하였는데 홍콩에 거주하는 유럽인들이 이를 보고 삼합회라고 부른 데서 유래되었다.

상생전략(相生戰略/win-win strategy) 거래 상대방과의 교류에서 서로의 장점만을 취하는 전략으로 경쟁이나 갈등 관계에서 공존하면서 상대방의 장점만이 발휘되어 양측의 장점의 합 이상의 시너지 효과(synergy effect)를 가져오게 하는 것이다. 경쟁이나 갈등 상황에서 어느 한쪽이 패자가 되는 측은 손해를 본다는 총량

영화 게임(zero-sum game)과 반대되는 개념이다.

상위수준경비(High-Level Security) 경비실시방식 가운데 경비의 중요도에 따른 분류의 하나로써 대부분의 패턴이 없는 외부 및 내부의 행동을 발견 · 저지 · 방어 · 예방하고 CCTV, 경계경보시스템, 고도로 훈련받은 무장경비원, 고도의 경계경보시스템, 고도의 조명시스템, 경찰과의 협력시스템 등을 갖춘 경비수준을 말한다. Level Ⅳ라고도 하며, 교도소, 제약회사, 전자회사 등이 해당된다.

상의하달식 의사전달(上意下達式 意思傳達/top-down communication) 상급자가 하급자에게 자신의 의사를 전달하는 명령이나 지시를 의미한다. 조직상의 상하 간에 양방향 의사전달을 가능하게 하고, 상의하달의 오류를 시정 할 수 있는 장점이 있다. 최고 관리층은 최종 권한을 가지고 있으므로 지시에 대한 복종을 강요하는 수단을 발동시키게 되고 결정과정에 하급자의 참여가 제한된다.

상임위원회 예비심사 예산심의는 원칙적으로 국회의 예산결산특별위원회에서 다룬다. 그러나 예결위는 본격적인 심의에 앞서 각 상임위원회에다 소관부처 예산안에 대한 예비심사를 의뢰한다. 2010년 6월 현재 국회에는 16개의 상임위원회가 있다(국회법 제37조). 예비심사는 소관 장관의 예산안에 대한 제안 설명, 전문위원의 예산안 검토 보고, 장관에 대한 정책 질의 및 예산안 심사로 이루어진다.

상주경보시스템(常主警報System) 경보시스템의 일종으로 침입이 예상되는 주요 지점에 경비원을 배치하여 비상시에 대응하는 방식을 말한다. 가장 고전적인 방법으로 많은 인력이 필요하다는 단점을 지니고 있으나 반면에, 사람이 일일이 감시와 경비순찰을 하기 때문에 문제가 발생할 경우 신속하고 융통성있게 대응할 수 있다는 장점을 지니고 있다.

상향적 의사전달(上向的 意思傳達) 조직에서 아래로부터 상급자에게 전달되는 수직적 의사전달과정을 뜻한다. 일반적으로 이러한 방법은 공식적인 조직에서 의사전달을 하는 경우에 사용되고 있다.

상향평가제(上向評價制) 공공조직의 평가에 있어서 부하직원이 상사의 업무수행능력이나 부하와의 관계 등 다양한 영역에서 상사를 평가하는 인사평정제도이다. 이와 같은 평가제도는 철저히 평가된 내용에 대해서 비밀보장이 전제되어야 하고, 상사에 대한 부정적인 평가로 인해 부하직원이 불이익을 받아서는 안된다.

상호주의 원칙(Principle of Reciprocity) 범죄인 인도 원칙(인도법 제4조)의 하나로서 우리나라와 범죄인 인도조약이 체결되지 않은 국가의 경우에 동일하거나 유사한 사안의 경우에 대하여 대한민국의 공조요청에 응한다는 요청국의 보증이 있는 경우에만 인도에 응한다는 원칙을 말한다.

상황적 범죄예방(狀況的 犯罪豫防/situational crime prevention) 특정 범죄를 저지를 기회를 감소시키고, 범죄자에 의해 인식된 위험을 증가시키는 전략이다. 1970년대초 Oscar Newman이 '방어공간(defensible space)'이라는 개념을 제시하면서 처음으로 알려지기 시작했다. 이후 1992년 Ronard Clarke는 자신의 「상황적 범죄예방(situational crime prevention)」에서 범죄사건의 감소를 위한 전략을 제시하였다.

이 이론에 따르면 범죄자의 범죄 실행을 어렵도록 만드는 전략, 즉 범죄 기회를 감소시키기 위한 방안들이 강조된다. 예컨대, 잠금장치나 경보장치를 사용함으로써 목표물의 물리적 안전성을 증대시키는 대상의 강화, 시정장치나 울타리 등을 통한 접근통제, 무기 구입이나 공공장소에서의 음주행위 등을 통제하는 등의 요인통제, 출입자 통제, 그리고 경찰의 순찰증대와 민간경비의 활성화, CCTV 설치 등으로 위험을 증대시키고 보상을 감소시키는 전략이 연구된다.

상황적합이론(狀況適合理論/contingency theory) 모든 상황에 적합한 유일 · 최선의 조직화 방법은 존재하지 않으며, 최선의 조직설계 · 관리방법은 환경에 있다고 주장하는 조직이론이다. 따라서 조직의 내 · 외부 환경에 잘 맞는 조직이 가장 잘 적응 할 수 있다고 본다. 상황적합이론은 조직구조를 결정하는 요인으로 조직의 환경을 지나치게 강조했다는 점과 관리자의 임의적 선택 가능성을 무시했다는 비판을 받고 있다.

새로운 성과주의 예산제도(New Performance Budgeting) 실질적으로 1990년대의 새로운 성과주의 예산제도는 기존의 투입 중심 예산제도와 반대되는 개념으로서, 정부활동의 산출 또는 결과를 중심으로 예산을 운영하는 제도를 말한다. 즉 예산집행 결과 어떠한 산출물(output)을 생산하고 어떠한 결과(outcome)를 달성하였는가를 측정하며 이를 기초로 책임을 묻거나 보상을 하는 결과 중심(result-oriented)의 예산체계를 말한다. 새로운 성과주의 예산제도가 초기(1950년대) 성과주의 예산제도와 구별되는 점은 무엇보다 투입, 활동 및 업무량보다는 산출과 결과 위주의 성과에 초점을 맞추어 예산운영을 도모한다는 것이다. 우리나라에서는 2005년부터 새로운 성과주의 예산제도가 성과관리(예산)제도라는 명칭으로 도입되었다. 정부업무평가 기본법은 성과관리에 대해 "정부업무를 추진함에 있어서 기관의 임무, 중 · 장기 목표, 연도별 목표 및 성과지표를 수립하고, 그 집행과정 및 결과를 경제성 · 능률성 · 효과성 등의 관점에서 관리하는 일련의 활동"이라고 규정하고 있다(제2조 6호). 또한 동법은 성과평가의 결과를 예산에 반영할 것을 규정하고 있는데, 중앙행정기관의 장은 평가결과를 조직 · 예산 · 인사 · 보수체계와 예산요구에 반영해야 하고, 기획재정부장관은 평가결과를 중앙행정기관의 다음 연도 예산편성에 반영하도록 되어 있다(제28조). 이러한 성과관리 예산제도는 결과 중심의 성과를 강조하기 때문에 국민의 요구에 대한 대응성과 책임성을 높일 수 있고 예산집행의 자율권을 부여함으로써 효율성을 높일 수 있다. 그러나 성과관리 예산제도는 기존의 예산제도와 보완적 차원에서 활용하는 것이 일반적이어서 목표관리제(MBO)와 같은 차원의 관리도구로 볼 수 있다.

새터민 '새로운 터전에서 삶의 희망을 갖고 사는 사람'이라는 뜻의 순 우리말로서 통일부가 '탈북자'라는 용어를 좀더 친근하게 바꾸는 작업을 통해 마련된 대체용어를 말한다.

생래적 범죄인(生來的 犯罪人) 범죄인 가운데 기회범죄인이나 격정범죄인과는 달리 신체적 · 정신적으로 변질징후를 가진 변종의 인간으로서 환경 여하를 불문하고 운명적으로 범죄에 빠질 수 밖에 없는 유형을 말한다.

생물학적 원인론(生物學的 原因論) 환경의 영향보다 개인적 자질이나 속성을 보다 중심적으로 범죄의 원인을 분석하는 실증주의 범죄학 이론이다. 특히, 개인의 속성을 신체적 조건, 뇌의 기능, 생화학적인 특징 등 유기체적 속성에서 찾는다.

생정보(生情報) 첩보가 부분적으로는 평가, 분석되었으나 완전히 종합되고 해석되지 못한 상태의 정보를 말한다. 입수된 첩보에 의해 평가 · 분석 · 종합 · 해석되어진 결과 얻은 것이라야 완전한 정보가 된다. 그러나 어떠한 경우에 있어서는 시급을 요하여 입수된 첩보를 지체없이 사용자에게 전달해야 할 때가 있다. 이러한 경우에는 간단한 평가 · 분석작업을 하고 완전한 확인과 설명적 해석을 함이 없이 사용자에게 전달된다. 따라서 기본정보, 현용정보 등이 완전한 지식이라 한다면 생정보는 긴급성에 의한 불완전성의 지식이다.

생화학적 기능장애(生化學的 機能障礙) 인간의 체내에서 일어나는 각종 화학물질의 화학적 변화와 에너지 변화에 장애가 생긴 경우에 이로 인하여 반사회적 행동이 야기될 수 있다고 보는 이론이다. 대표적으로 내분비 기능장애, 호르몬 등 생화학적 불균형과 범죄, 영양과 범죄의 상관관계 등이 연구되고 있다.

생활안전경찰(生活安全警察) 범죄예방 정책의 수립과 집행, 기타 이에 관련된 활동을 통하여 국민의 생명과 재산을 보호하고 공공의 안녕과 질서를 유지하는 경찰의 기능이다. 경찰작용상의 분류로는 경찰의 종류를 사법(司法)경찰과 행정경찰로 분류할 때 행정경찰에 속한다. 또한 행정경찰을 다시 보안경찰과 협의의 행정경찰로 구분했을 때에는 보안경찰에 해당된다. 범죄발생을 기준으로 하여 예방경찰과 진압경찰로 분류할 때는 예방경찰에 속한다.

현재 경찰청 사무 분장규칙에 의거, 경찰청 생활안전국에서 활동을 담당하며, 생활안전국에는 생활안전과, 생활질서과, 여성 · 청소년과로 편재되어 있다.

생활안전과(生活安全課) 경찰청 생활안전국 소속으로 범죄예방에 관한 연구 및 기획 등의 생활안전업무, 지역경찰업무, 협력방범업무 등을 수행한다.

생활안전협의회(生活安全協議會) 2004년 상반기에 지역경찰제를 정착하는 과정에서 지역주민들이 지역경찰의 업무에 협력할 수 있는 체제의 필요성이 대두되면서 각 지구대 단위로 구성된 경찰협력단체를 말한다. 생활안전협의회는 교수, 의사, 변호사, 자영업자 등으로 구성되어 간담회 개최를 비롯 경찰 근무지원과 각종 캠페인 등을 실시하고 있다.

생활양식-노출이론(Lifestyle-Exposure Theory) 1970년대 말 개인이나 집단의 범죄피해를 설명하기 위해 Michael Hindelang과 그의 동료들에 의해 제시된 이론으로 사람들의 사회인구학적 특성들과 범죄피해 위험 간의 관계에 초점을 두었으며, 이 둘 간의 관계를 설명해 주는 중심개념이 '생활양식'이라고 주장하였다. 이들은 생활양식을 사람들의 일상적인 여가 및 직업활동(직장, 학교, 가사 등)의 맥락에서 정의하였다. 생활양식에 있어서의 차이는 곧 사람들이 자신의 전체 활동 영역에 대해 시간과 에너지를 분배하는 양식에 있어서의 차이와 같다. 이러한 생활양식에 있어서의 차이는 사람들이 처하는 범죄피해 위험의 정도에 있어서 차이와 연결된다. 예컨대, 잠재적 범죄자가 많이 포함된 집단과 접촉하는 사람들이나, 범죄가 자주 발생하는 시간대(늦은 밤)와 장소(유흥가, 어두운 골목 등)에서 활동하는 사람들의 경우 높은 피해율을 보인다. Hindelang과 그의 동료들은 남성들, 청년층, 그리고 소수인종집단들이 대개 위험한 생활양식을 가지고 있기 때문에 일반적으로 높은 피해를 경험한다는 것을 발견하였다.

생활질서과(生活秩序課) 경찰청 생활안전국 소속으로 풍속사범의 지도·단속에 관한 기획 등 생활질서업무, 총포·도검·분사기·전자충격기 등의 허가 및 지도·단속 등의 업무를 수행한다.

서류전형(書類銓衡) 직무에 관련되는 자격 및 경력 등을 서면에 의하여 심사하는 것이다. 경찰공무원의 복직 또는 자격증소지자와 대학이나 전문대학 재학생 중 장학금을 지급받는 자 등을 경찰공무원으로 채용하는 경우의 시험방법은 대개 서류심사의 방법에 의하는 경우가 많다. 이것은 서면시험에 비해 비용이 적게 들고, 응시자들에 대한 상세한 정보를 얻어 평가할 수 있으나, 평정과정의 표준화가 난해함으로 평정자의 주관 및 편견이 개입될 우려가 있다.

서브스테이션(substation) 원활한 도보순찰과 지역주민과의 협력을 위하여 미국의 일부 경찰서에서 우리나라의 파출소와 유사한 조직을 두고 있는데 이를 스토어프론트(store fronts), 미니스테이션(mini-station), 그리고 서브스테이션(substation) 등으로 불리고 있다. 스토어 프론트는 대형상점에 상주하는 파출소를 말하며 경찰관들은 이곳을 기점으로 순찰활동을 한다. 서브스테이션은 우리나라의 파출소보다 담당하는 지역이 넓고 운영하는 방식도 각 경찰서별로 차이가 많다.

서식(書式) 사무처리에 관련된 일정한 항목을 미리 인쇄하여 두고 필요한 사항을 그 여백에 기록할 수 있도록 설계된 용지를 말한다. 양식(樣式)이라고도 하며 일본에서는 장부와 전표에 대한 합성어의 준말로 장표라고 하고, 미국 및 영국에서는 폼(form) 또는 비즈니스 폼(business form)이라 하여 광범위하게 사용된다.

서울시특별사법경찰 서울특별시는 시와 자치구에서 2004년부터 특별사법경찰을 운영했으나 직무역량의 부족으로 대부분의 범죄행위 적발을 검찰과 경찰에 고발조치하는 미비점을 보여주다가 2008년 서울특별시 행정국 산하에 특별사법경찰과가 출범하였다. 서울특별시와 25개 자치구가 공동협력하여 수사전담 특별사법경찰 조직을 창설하게 되었다. 핵심 직무분야는 5개인데 식품위생, 보건, 환경, 원산지 표시, 청소년보호 등이다. 대검찰청의 지원노력은 서울에서 그치지 않고 인천, 경기, 충남, 대전, 대구, 부산 광역단위의 시도에서도「수사전담 특별사법경찰조직」이 발족되게 하는데 크게 기여한 것으로 평가된다. 특히 부장검사 혹은 차장검사를 파견하여 형사소송법 관련 법지식을 전수해 줌으로써 오늘의 광역자치단체에서 특별사법경찰이 굳건히 토대를 구축하는데 중요한 역할을 수행했다고 평가된다. 대검찰청은 광역자치단체에서 토대만 구축되도록 지원한 것이 아니라 현재에도 해당 특별사법경찰의 업무상 법률지식을 돕도록 부장검사나 차장검사를 파견하여 법률자문을 통해 기여하고 있다.

서울특별사법경찰의 연혁 서울특별시 특별사법경찰제도가 출범하게 된 연혁을 살펴보면 다음과 같다. 2008년 1월 1일 서울특별시와 25개 구청은 공동합의에 따라 서울시가 10명, 25개 자치구가 파견한 71명 등 총82명이 서울중앙지방검찰청 검사장으로부터 특별사법경찰로 지명받아 식품위생, 보건, 환경, 원산지표시, 청소년보호 분야에서 직무를 시작하게 되었다.

출범당시 오세훈 서울시장은 대검찰청으로부터 부장검사 1명을 지원받아 특별사법경찰과를 설치하고 특별사법경찰들에게 충분한 법률적 교육과 재교육 기회를 제공받는 토대를 구축하였으며, 이러한 노력들은 오늘날 서울특별사법경찰제가 많은 발전을 가져오는데 중요한 계기가 되었다. 2008년 1~ 2월에 서울특별사법경찰의 직무교육이 서울시 인재개발원에서 이론교육이 4주간 진행되고 실무수습도 2주간 진행되었다. 특히 서울 5개 지방검찰청에서 검사들이 특별사법경찰 교육생을 대상으로 1:1 지도가 진행됨으로써 특별사법경찰에 대한 교육의 극대화를 꾀했다. 서울중앙지방검찰청 검사장은 2008년 2월 21일을 기해 서울특별시 특별사법경찰 82명을 1차로 지명하게 되었는데 직무 분야 4개는 식품위생, 보건, 환경, 원산지 표시에 관한 범죄 등이었다. 2008년 3년 20일에는 법무부에서 지도검사 사법보좌관을 파견을 파견하게 되었다. 마침내 서울특별사법경찰은 2008년 4월 30일을 기해 본격적으로 현장단속 및 수사활동에 돌입하게 되었다. 2008년 5월 27일에는 기존의 특별사법경찰 직무에 청소년보호법 위반 범죄 분야가 추가되었다(김찬동 · 이세구, 2009: viii 참조). 2009년 8월 31일에는 법무부에서 또 다른 지도검사 사법보좌관 파견하였으며 이 제도는 오는날까지 서울특별사법경찰과에 부장검사가 파견된 형식으로 상근하면서 법률적 지도 및 자문에 응하고 있다. 이처럼 서울특별시 특별사법경찰과가 출범하여 지역별로 5개의 전담 수사팀(중앙수사팀, 동부수사팀, 서부수사팀, 남부수사팀, 북부수사팀)을 발족시키게 됨으로써 관련 분야의 위법행위자들을 적발 및 처벌하는데 상당한 효율성을 기대할 수 있게 되었다(신현기, 2012).

서클형(Circle 形) 간첩망의 형태 가운데 하나로써 간첩이 합법적 신분을 이용해 침투하여 합법적으로 공 · 사무활동을 하면서 대상국의 정치와 사회문제 등을 이용하여 적국의 이념이나 사상에 동조하도록 유도하여 공작목표를 달성하기 위한 조직형태를 말한다. 서클형은 간첩활동이 자유롭고 대중적 조직 및 동원이 가능하다.

서행(徐行) 운전자가 차를 즉시 정지시킬 수 있는 정도의 느린 속도로 진행하는 것을 말한다. 모든 차의 운전자는 다음과 같은 장소에서 서행하여야 한다. ① 교통정리가 행하여지고 있지 아니하는 교차로, ② 도로가 구부러진 부근, ③ 비탈길의 고개마루 부근, ④ 가파른 비탈길의 내리막, ⑤ 지방경찰청장이 도로에서의 위험을 방지하고 교통의 안전과 원활한 소통을 확보하기 위하여 필요하다고 인정하여 안전표지에 의해 지정한 곳 등이다.

선거경비(選擧警備) 각종 선거에 동원되는 경비를 말하며, 혼잡 · 특수 · 다중범죄진압 경비 등 종합적인 경비가 요구되는 특성을 내포하고 있다. 선거경비는 투표소 외곽경비를 비롯 투표함 운송경비, 개표소 경비로 구분할 수 있으며, 이 가운데 개표소 경비는 제1선(개표소 내부), 제2선(개표소 내곽), 제3선(개표소 외곽)으로 구분된다.

선거기간(選擧其間) 「공직선거법」제33조에서 규정하고 있는 선거별 선거기간은 대통령선거는 23일, 국회의원선거와 지방자치단체의 의회의원 및 장의 선거는 14일이다. "선거기간"이란 대통령선거의 경우 후보자등록마감일의 다음 날부터 선거일까지의 기간을 말하며, 국회의원선거와 지방자치단체의 의회의원 및 장의 선거는 후보자등록마감일 후 6일부터 선거일까지의 기간을 말한다.

선거운동(選擧運動) 「공직선거법」제58조에 의한 "선거운동"이라 함은 당선되거나 되게 하거나 되지 못하게 하기 위한 행위를 말하며, 누구든지 자유롭게 선거운동을 할 수 있다. 다만, 선거에 관한 단순한 의견개진 및 의사표시나 입후보와 선거운동을 위한 준비행위, 정당의 후보자 추천에 관한 단순한 지지 · 반대의 의견개진 및 의사표시, 통상적인 정당활동, 특정 정당 또는 후보자(후보자가 되려는 사람을 포함)를 지지 · 추천하거나 반대하는 내용 없이 투표참여를 권유하는 행위(호별로 방문하는 경우 또는 선거일에 확성장치 · 녹음기 · 녹화기를 사용하거나 투표소로부터 100미터 안에서 하는 경우는 제외) 등의 행위는 선거운동으로 보지 아니한다.

또한 동법 제59조에 의한 선거운동기간은 선거기간개시일부터 선거일 전일까지에 한하여 할 수 있다.

선거인(選擧人) 「공직선거법」제3조에 따르면, "선거인"이란 선거권이 있는 사람으로서 선거인명부 또는 재외선거인명부에 올라 있는 사람을 말한다. 동법 제15조에서는 19세 이상의 국민은 대통령 및 국회의원의 선거권이 있다고 명시하고 있다. 다만, 지역구국회의원의 선거권은 19세 이상의 국민으로서 해당 국회의원지역선거구 안에 주민등록이 되어 있는 사람, 「재외동포의 출입국과 법적 지위에 관한 법률」 제6조 제1항에 따라 해당 국회의원지역선거구의 선거구역 안에 거소를 두고 그 국내거소신고인명부에 3개월 이상 계속하여 올라 있는 사람 중 어느 하나에 해당하는 사람에 한하여 인정된다.

또한 지방자치단체의 의회의원 및 장의 선거권은 동법 제37조 제1항에 따라 선거인명부작성기준일 현재 19세 이상으로서 해당 지방자치단체의 관할 구역에 주민등록이 되어 있는 사람, 「재외동포의 출입국과 법적 지위에 관한 법률」 제6조 제1항에 따라 해당 지방자치단체의 국내거소신고인명부에 3개월 이상 계속하여 올라 있는 국민, 「출입국관리법」 제10조에 따른 영주의 체류자격 취득일 후 3년이 경과한 외국인으로서 같은 법 제34조에 따라 해당 지방자치단체의 외국인등록대장에 올라 있는 사람의 요건 중 어느 하나에 해당해야 한다.

선거일(選擧日) 「공직선거법」제34조에서 규정하고 있는 선거일은 대통령선거는 그 임기만료일전 70일 이후 첫번째 수요일, 국회의원선거는 그 임기만료일전 50일 이후 첫번째 수요일, 지방의회의원 및 지방자치단체의 장의 선거는 그 임기만료일전 30일 이후 첫번째 수요일이다. 다만, 선거일이 국민생활과 밀접한 관련이 있는 민속절 또는 공휴일인 때와 선거일전일이나 그 다음날이 공휴일인 때에는 그 다음주의 수요일로 한다.

선면수사(扇面搜査) 범인의 인상 및 특징을 알고 있는 참고인이나 피해자 등의 협력을 얻거나 이미 파악된 범인의 사진 등과 대조함으로써 불특정 다수인 중에서 범인을 특정하거나 발견하게 하는 수사방법을 말한다. 한편 범인의 특징발견은 실물에 의한 선면을 비롯 사진 등에 의한 선면, 사진 등에 의한 식별, 인상서에 의한 선면 등으로 구분된다.

선무심리전(宣撫心理戰) 점령지역 또는 해방지역 민중에 대해 정부의 의사를 전하여 질서를 확립하고 이들의 협력을 촉구하기 위해 실시하는 심리전을 말한다.

선발경호(先發警護) 신변보호경비의 유형 가운데 하나로써 경호대상자가 목적했던 행사가 실시되기 이전에 미리 현장조사를 실시하여 관계기관과의 효과적인 경호 협조와 각종 경호준비를 위해 수행되는 활동을 말한다. 이러한 선발경호에는 경호안전작용으로서 경호정보작용, 경호보안작용, 경호안전대책작용 등이 있다.

선별정년제(選別停年制) 정년연령에 도달한 직원에 대해 고용주가 퇴직시킬 것인가 또는 정년연령연장을 할 것인가 여부를 선별한 권리를 갖게 하는 변형된 정년제를 의미한다.

선서의 의무(宣誓의 義務) 경찰공무원의 의무 가운데 하나를 말한다. 경찰공무원은 국가공무원법 제55조에 따라 소속기관장 앞에서 선서를 하게 할 수 있다. 선서의 내용은 ① 본인은 법령을 준수하고 상사의 직무상 명령에 복종한다. ② 본인은 국민의 편에 서서 정직과 성실로 직무에 전념한다. ③ 본인은 창의적인 노력과 능동적인 자세로 소임을 완수한다. ④ 본인은 재직중은 물론 퇴직후 에라도 업무상 알게 된 기밀을 절대로 누설하지 아니한다. ⑤ 본인은 정의의 실천자로서 부정의 발본에 앞장선다 등 5개 항이다.

선수승화법(先手昇華法) 다중범죄에 있어서 정책적 치료법으로 하나로서 특정한(특수한) 불만집단에 대한 정보활동을 강화하여 사전에 불만 및 분쟁요인을 찾아내어 해소시켜 주는 방법을 말한다.

선원수첩(선원신분증명서) 대한민국 정부 또는 외국 정부가 발급한 선원임을 증명하는 문서로 기존에는 여권에 준하는 효력을 인정하였으나, 즉 여권을 대신할 수 있는 증명서로 인정하였으나, 현재에는 선원수첩에 대한 여권기능이 배제되었다. 선원신분증명서의 발급권자는 국토해양부 해양수산관청(지방해운항만청장)이다.

선임순위(先任順位) 공무원이 승진후보자가 될 수 있는 자리에서 근무한 기간을 기초로 한 순위이다. 선임순위라는 용어는 경력과 같은 뜻으로 쓰일 때도 있으나, 여기서 말하는 선임순위는 승진예정직의 바로 하위직에 누가 먼저 임용되었는가에 관한 기준을 의미하는 것이다.

선전 · 선동(宣傳 · 煽動) 선전이란 어떤 사실이나 취지를 불특정 다수인에게 주지시켜 이해를 촉구하거나 공명을 구하는 일체의 행위를 말한다. 선동이란 문서, 도화 또는 언동에 의하여 타인으로 하여금 일정한 행위를 실행할 결의를 생기게 하거나, 이미 생긴 결의를 조장케 할 자극을 주는 것을 의미한다.

선전태업(宣傳怠業) 태업의 형태 가운데 심리적 태업의 하나로써 허위사실이나 유언비어 등을 유포시키거나, 또는 반국가 선전을 함으로써 국민들의 사기를 저하시키고 여론을 혼란케 하여 전투수행능력에 영향을 미치게 하는 행위를 말한다.

선택응답법(選擇應答法) 탐문수사시 질문방법의 하나를 말한다. 질문자가 미리 준비한 몇 개의 특정한 답변 가운데 하나를 선택해서 답변하게 하는 방법으로 장점은 시간절약과 중요한 점을 놓치지 않으며, 단점으로는 암시나 유도의 염려가 있고 조사관이 알고 있는 사항 이외에는 다른 사항을 청취하지 못할 우려가 있다는 점이다. "그 때가 오전 9시였습니까?, 10시였습니까?", "그 KTX는 부산행이었습니까?, 목포행이었습니까?"가 대표적인 표현방법이다.

선택적 무력화(選擇的 無力化/selective incapacitation) Peter Greenwood 등의 이론으로 무력화의 보다 효율적인 모델로 소수가 사회 전체 범죄의 상당 부분을 차지한다고 한다면 이들을 대상으로 중점적인 무력화가 더욱 효과적일 것이라는 이론이다. 예컨대, 만성적 범죄자에 대하여 형량을 높이는 방식이다.

선택정년제(選擇停年制) 정년에 도달하기 전에 해당 구성원이 그 조직에 계속 근무할 것인지, 퇴직할 것인지를 독자적으로 결정하게 하는 변형된 정년제를 의미한다. 이는 정년에 도달하더라도 일할 의욕과 능력이 있으면, 고용관계가 계속될 수 있게 하는 제도이다.

선택추천제(選擇推薦制) 공무원 임용후보자 추천에서 임용권자가 특정한 자격 등을 지닌 후보자를 추천해 줄 것을 요구하는 경우, 채용후보자명단에 등재된 성적순에 관계없이 추천하는 방법이다. 이 방법은 단일추천제 등의 단점을 보완하기 위하여 도입되는 제도이다. 이와 같이 우리나라의 공무원임용령에서는 '특별추천'할 수 있는 경우를, 임용예정기관에 근무하고 있거나 6개월 이상의 근무경력이 있는 자, 임용예정기관의 장이 학력, 경력 및 특수자격요건을 정하여 추천을 요구하는 경우 등으로 한정하고 있다.

선형계획기법(linear programming) 주어진 계약조건 하에서 두 개 이상의 독립변수와 종속변수와의 관계를 표시하여 주는 이론의 간단한 표현이다. 선형계획기법은 제한된 자원을 어떻게 생산적 용도에 맞게 합리적으로 배분 할 것인가를 결정하는 수리적 기법의 하나이며, 판매량 수익, 자원의 사용 또는 시간을 어떻게 최적화 할 수 있는가에 관해 광범위하게 이용되는 계량적 계획기법이다. 이 기법은 1차 함수로 표시되는 목적 함수와 선형부등식으로 표현되는 제약조건을 갖고 자원할당문제의 최적화를 구하는 것이다.

성과관리카드(成果管理CARD) 공무원 개인의 업적과 능력에 대한 성과정보를 종합적이고 체계적으로 관리하기 위해 기존 인사기록 카드를 대체해 승진 및 보직관리, 교육훈련 등 각종 인사관리의 기초자료로 활용하는 카드를 말한다. 이 제도는 2005년 7월부터 공공부분에 도입되어 시행되고 있다.

성과상여금제도(成果賞與金制度) 열심히 일한 경찰공무원들에게 더 많은 경제적 혜택을 주어 일할 의욕이 생성되도록 하는 선진국형 업무관리제도를 말한다. 즉, 정부에서는 무한경쟁시대에 공직사회의 경쟁력과 전문성을 최대한 강화하는 것이 매우 중요하다는 인식하에 일반공무원과 경찰공무원의 급여체제를 기존의 사람 중심에서 일 중심으로 그리고 경력과 연공서열 중심에서 성과와 능력 중심으로 경쟁원리를 도입하여 근무실적이 우수한 자에게 인센티브를 부여함으로써 행정의 생산성을 향상시키고 열심히 일하는 분위기를 조성하기 위한 제도를 말한다. 경찰공무원 성과상여금제도는 2001년 2월부터 총경 이하를 대상으로 전격 도입되었다.

성과주의(成果主義) **예산제도**(Performance Budgeting) 품목별 예산제도가 결여하고 있는 사업, 활동, 프로그램 등 예산을 들여 '무슨 일을 하는지'에 대한 정보에 초점을 맞추는 것을 의미한다. 성과주의 예산제도는 사업(치안서비스)을 구체적인 하위사업으로 나누어 소요경비를 산출한다. 이를 위해 각 사업에 대해 성과를 측정할 수 있는 단위, 단위당 원가, 그리고 달성하고자 하는 성과목표를 정한 다음 성과목표와 단가를 곱하여 사업당 비용을 계산한다.

성과주의 예산은 정부가 수행하는 활동과 업무량(workload)에 대한 정보를 제공함으로써 품목별 예산의 한계를 보완해 줄 수 있다. 예를 들어 경찰관 1인당 몇 명의 범죄자를 검거하는지? 그 결과 얼마나 많은 기소가 이루어지는지? 그리고 경찰이 처리하는 서비스요청이 몇 건이나 되는지? 등에 대한 정보를 포함할 수 있다. 그리하여 성과주의 예산은 예산사용 기관의 생산성 향상 노력을 유도할 수도 있다. 하지만 성과주의 예산은 품목별 예산에 비해 편성과정에서 훨씬 많은 노력이 소요되고, 자칫 지나치게 단순화된 활동척도가 사용되거나 일부의 활동만이 측정될 경우 예산사용 기관의 활동을 왜곡시킬 우려도 있다. 더 나아가 그러한 활동의 궁극적인 목적이 달성되고 있는지에 대한 정보는 거의 다루지 못한다는 한계점을 지니고 있다.

성매매알선 등 행위의 처벌에 관한 법률(性賣買斡旋 등 行爲의 處罰에 관한 法律) 성매매 공급자와 중간매개체를 차단하기 위하여 성매매 목적의 인신매매를 처벌하고, 벌칙에 있어서 성매매 강요 · 알선 등의 행위에 대하여 형태별로 다양화하여 형량을 강화하고, 성매매알선 등 행위로부터 취득한 금품 그 밖의 재산상 이익은 몰수 · 추징하고, 성매매알선 등 행위를 신고한 자에 대한 보상금을 지급하며, 성매매 강요 · 알선 등 행위자가 성을 파는 자에 가지는 채권을 무효화하고, 성을 파는 행위를 한 자를 보호하기 위하여 성매매피해자의 형사처벌 제외, 수사 · 재판과정에서 신뢰관계 있는 자의 동석, 신고자 등에 대한 법정심리의 비공개를 규정함으로써 우리 사회에 만연되어 있는 성매매알선 등 행위와 성매매를 근절함을 목적으로 하고 있다.

성매매행위(性賣買行爲/prostitution) 성매매행위라 함은 금품, 그 밖의 재산상의 이익을 수수 · 약속한 상태에서 이뤄지는 직접적인 성행위는 물론, 신체의 일부 또는 도구를 이용한 '유사 성행위'까지 포괄적으로 포함한다. 우리나라는 「성매매알선 등 행위의 처벌에 관한 법률」과 「풍속영업의 규제에 관한 법률」, 「청소년의 성 보호에 관한 법률」 등 특별법에 의해서 성매매행위를 처벌한다.

성범죄자 신상공개제도(性犯罪者 身上公開制度/The Disclosure System of Personal Information of Sexual Offenders) 아동 · 청소년 대상 성범죄자 신상공개제도는 아동과 청소년을 대상으로 이루어지는 성매수 행위, 강간, 강제추행, 성매매 알선 등의 성범죄 행위를 저지르고 형이 확정된 자에 대하여 당해 범죄자의 신상을 공개하는 제도이다. 국내에서는 2000년 7월 1일부터 시행된 「청소년의 성 보호에 관한 법률」에 의해 최초로 도입되었으며, 징역형 또는 벌금형 등 형사처벌 이외에 별도로 형이 확정된 자의 신상을 공개할 수 있도록 규정하고 있다. 제도운용은 아동 · 청소년 대상 성범죄자 가운데 재범 우려가 있어 법원에서 신상공개 명령을 선고받은 이들의 신상을 인터넷 사이트인 '성범죄자 알림-e'를 통해 최장 10년 동안 공개하고 있다. 이와 같은 인터넷 공개는 법 시행 이후 처음 실시되는 것으로 집행유예 판결을 받은 10명이 그 대상이며, 장기징역으로 현재 수감되어 있는 자는 그 형이 종료되면 공개하게 된다. 신상공개제도에서는 19세 미만 유아와 청소년을 대상으로 한 성범죄자 중 재범 우려가 높은 자들의 얼굴과 실명, 주소 등 신상 정보를 인터넷에 공개한다. 또한 인터넷을 통한 신상정보 공개와는 별도로 신상공개 대상자의 정보를 고지대상자가 거주하는 읍 · 면 · 동의 지역주민에게 고지하도록 명령할 수 있다. 한편, 2011년 4월 16일 부터는 2010년 4월 15일 개정된 「성폭력범죄의 처벌 등에 관한 특례법」에 따라 19세 이상의 성인을 대상으로 범행을 저지른 성폭력 사범에 대해서도 신상공개 제도가 시행되고 있다.

성숙이론(成熟理論/maturation theory)　　Glueck부부의 이론으로 범죄인 중 많은 사람들이 25~30세까지는 많은 범죄행위를 하지만, 그 연령기를 지나면서 스스로 이를 중단하는 원인이 성숙에 있다고 보는 이론으로, Matza의 이론이 범죄중단효과를 사회학적 요인으로만 설명하려고 한다고 비판하였다.

성염색체연구(性染色體硏究)　　성염색체의 형태, 구성, 개수 등에 있어서 이상이 발생할 수 있으며, 이로 인하여 성격적 결함을 초래할 수 있고, 이것이 범죄와 관련된다는 이론이다. 대표적으로 Klinefelter 증후군에 관한 연구, XYY(초남성)에 관한 연구 등이 있다.

성장효과이론(maturation effect theory)　　Matza의 이론으로 변화하는 사회적 역할과 사회화의 결과로 청소년이 성장함으로써 직업과 가정에 대한 책임감과 이를 충족시키기 위한 욕구 때문에 범행을 위한 동기와 기회가 줄어들게 된다는 것이다.

셍겐조약(Schengen Acquis)　　유럽 각국이 공통의 출입국 관리 정책을 사용하여 국경시스템을 최소화 해 국가간 통행에 재한이 없게 한다는 내용을 담은 조약을 말한다. 아일랜드를 제외한 전 EU 회원국으로 확대되면서 EU 국가간에 경찰의 추적권 · 감시권 · 셍겐정보시스템에 의한 정보협력 등 범죄수사의 국경적 제약요소를 상당부분 제거했다.

소극적 방첩수단(消極的 防諜手段)　　보안경찰의 주요 활동 가운데 방첩활동의 수단으로서 적의 비밀공작으로부터 우리 측을 보호하기 위하여 자체보안기능을 발휘하는 방어적 조치수단을 말한다. 예를 들어 정보 · 자재 · 문서보안확립, 인원보안확립, 시설보안확립, 보안업무의 규정화, 관련법령의 개정 건의 등이 해당된다.

소년경찰(少年警察)　　소년경찰활동은 생활안전 경찰활동의 일환으로서 소년비행을 방지하고 그 건전한 육성을 위해 유해환경을 정화하여 소년들이 올바르게 자라나 사회활동을 할 수 있도록 지도 · 보호하는 경찰활동을 말한다. 소년경찰은 ① 범죄소년의 수사, ② 청소년비행 예방, ③ 우범소년 및 불량행위소년 선도 등의 임무를 수행한다.

소년법(少年法) 반사회성이 있는 소년에 대해 그 환경의 조정과 성행(性行)의 교정에 관한 보호처분을 하고 형사처분에 관한 특별조치를 함으로써 소년의 건전한 육성을 기하기 위해 제정된 법률이다. 19세 미만의 자를 소년으로 규정하고 있으며, 10세 이상 14세 미만의 소년을 소년보호사건의 대상으로 하였다(제2 · 4조). 총칙, 보호사건, 형사사건, 비행예방, 벌칙 등 4장으로 나뉜 전문 71조와 부칙으로 되어 있다.

소년법상 보호처분(少年法上 保護處分) 반사회성이 있는 소년에 대해 그 환경의 조정과 성행(性行)의 교정에 관한 보호처분을 하고 형사처분에 관한 특별조치를 함으로써 소년의 건전한 육성을 기하기 위해 제정된 것이다. 소년부 판사는 소년법 제32조에 의하여 심리 결과 보호처분을 할 필요가 있다고 인정하면 결정으로써 다음 각 호의 어느 하나에 해당하는 처분을 하여야 한다.

1. 보호자 또는 보호자를 대신하여 소년을 보호할 수 있는 자에게 감호 위탁
2. 수강명령
3. 사회봉사명령
4. 보호관찰관의 단기(短期) 보호관찰
5. 보호관찰관의 장기(長期) 보호관찰
6. 「아동복지법」에 따른 아동복지시설이나 그 밖의 소년보호시설에 감호 위탁
7. 병원, 요양소 또는 「보호소년 등의 처우에 관한 법률」에 따른 소년의료보호시설에 위탁
8. 1개월 이내의 소년원 송치
9. 단기 소년원 송치
10. 장기 소년원 송치

소년원(少年院/training school) 소년법 및 소년원법에 따라서 가정법원 및 지방법원 소년부의 보호처분에 의하여 송치된 소년을 수용하여 교정교육을 행할 목적으로 설립된 법무부 산하 특수교육기관이다. 법무부장관이 관리(소년원법 제3조)하며, 16세 미만의 자와 그 이상의 자, 남자와 여자는 각각 분리 수용한다(제8조). 소년원장은 보호소년이 22세에 달한 때에는 퇴원시켜야(제43조)하고, 법무부장관은 교정교육상 필요하다고 인정할 때에는 소년원을 교과교육소년원, 직업훈련소년원, 여자소년원 및 특별소년원 등 기능별로 분류하여 운영하게 할 수 있다(제4조).

소양교육(素養教育) 경찰 교육훈련의 종류 가운데 학교교육에 있어서 신임교육과정의 하나로서 경찰기관의 연혁, 경찰존립의 목적과 기능, 경찰조직의 구조와 역할, 각 부서의 업무상황 등을 이해하고 나아가 자기의 위치와 역할을 이해하도록 하는 교육을 말한다.

소외감(疎外感) 조직에서의 소외감은 무력감 · 무의미성 · 무규범성 · 고립 · 자기소원을 포함한다. 무력감은 조직인이 조직의 여러 활동에 영향을 미치지 못하고 있다는 것을 느끼는 감정이다. 또한 무의미성은 조직인이 자신이 하고 있는

일이 본인이나 사회에 어떤 의미를 갖는지 모르는 것이며, 무규범성은 조직인이 사회적 규범의 파괴로 좌절감과 절망을 느끼는 감정이다. 고립감은 조직인이 그가 접촉하는 동료 · 상관 · 부하로부터 고립되어 있다고 느끼는 감정이며, 자기 소원이란 자신의 인간적 가치마져 무시하고 경원하는 감정이다. 조직에서의 소외감은 대규모 조직, 공식적 조직인 관료제 조직에서 두드러지게 나타난다.

소요(騷擾/civil disturbance, riot) 다수인이 폭행과 협박 · 파괴로 질서를 교란시키거나 사회의 평온을 해칠 정도의 상태를 말한다. 소요에 대한 광의적인 개념은 다중이 집합하여 폭력 · 시위 · 폭동으로 내란 · 무장봉기 등 전투적인 것 까지 포함한다. 특히, 소요는 정치적 목적을 명확히 하고 조직적으로 행하여 지는 경우에는 내란이나 혁명으로 변화되는 경우가 있다.

소집단(小集團/small group) 소수의 사람들이 대면적인 상호작용을 하며 직접적인 의사 전달을 하는 집단으로 현상과 행태면에서 비공식 집단과 유사하나 공식적 소집단도 있다. 소집단이 형성되는 요인은 기질 및 성격의 동질성, 성별, 연령, 혈연관계, 동향, 출신학교, 거주지역, 인근성, 취미, 오락 등으로 구성원 상호간의 인간적 유대감을 조성하여 그들 간에 능동적 자발적 협동을 가능하게 한다.

소청심사위원회(訴請審査委員會) 공무원이 징계처분이나 강임, 휴직, 면직처분 기타 그의 의사에 반하여 불리한 처분을 받았을 때 그 시정을 요청할 수 있도록 1963년 4월 17일 국가공무원법 제9조(법률 제1325호)에 의거하여 설치된 기관이다. 경찰공무원은 행정안전부에 설치되어 있는 소청심사위원회에 소청심사를 청구한다. 하지만, 전투경찰대 대원 중 경사 이하의 경찰공무원(전경포함)은 그의 소속에 따라 경찰청, 각 시도의 지방경찰청에 소청을 제기하여야 하며, 이 때 각 소속의 기관장들은 경찰관 보통징계위원회를 구성하여 소청내용을 심사한다.

손상(損傷) 법의학적 의미로는 물리력에 의한 형태학적 파괴만 손상이라 하며, 이를 외상과 동의어로 쓴다. 의학적 손상이란 그 원인이 무엇이든 조직의 정상적 구조가 형태학적으로 파괴되는 것을 말하며, 상처 그 자체를 말한다. 한편 손상은 피부의 연속성이 파괴되었는가에 따라 열린손상, 닫힌손상으로 분류한다. 열린손상은 창(創), 닫힌손상은 상(傷)이라 하며 이들을 합하여 창상(創傷)이라 한다.

쇼크(Shock) 상처에 의한 혈액손실이나 혈관확장, 심박동 이상, 호흡기능의 이상, 알레르기 반응, 심인성 내지 과민성 반응 등의 원인으로 신체의 기능이 떨어져 허탈상태에 이르는 것을 말한다. 대포적인 증상으로는 불안감과 두려움, 약하고 빠른 맥박, 차갑고 축축한 피부, 불규칙한 호흡, 청색증, 느린 동공반응, 혈압저하와 의식이 약해짐, 구토증세 등이다.

수급관리(需給管理) 물품의 적정한 취득, 사용 및 처분을 위하여 계획을 수립하고, 불요불급품의 구매를 억제하여 잉여품과 저장품의 발생을 예방하고 보유물품을 활용하는 관리행위를 말한다. 일반적으로 수급관리의 기대효과는 다음과 같다. ① 적정한 품질과 수량의 물품을 적절한 시기에 적절한 장소에서 취득·사용함으로써 물품의 효용성을 높인다. ② 적정한 가격으로, 적정한 공급원으로부터, 적정한 방법으로 취득함으로써 경제성을 높인다. ③ 재고를 활용하고 재고고갈을 방지한다. ④ 잉여품이나 과장품의 발생을 예방한다.

수당(手當/Allowance) 공무원의 직책, 능력, 자격에 따라 일률적으로 지급하는 보수가 아니고 근무여건이나 생활여건의 특수성에 따라서 일부 또는 특정한 공무원들에게만 지급되는 부가급여를 말한다. 수당은 직책, 계급 및 호봉에 따라 획일적으로 책정되는 봉급이 직원간의 공정한 근무보상을 하지 못하는 문제점을 보완하는 제도이다. 경찰관의 수당은 경찰관의 직책·능력·자격에 따라 일률적으로 지급되는 것이 아니고 근무조건이나 생활조건의 특수성에 따라 일부에게만 지급된다. 현재 수당제도는 경찰공무원의 기본급의 미비점을 보완해 주는 역할을 하기 때문에 보수제도의 보완적인 기능을 하고 있다. 수당에는 「공무원수당 등에 관한 규정」에 근거한 상여수당으로 기말수당, 대우공무원수당, 정근수당, 성과상여금 등이 있고, 가계보전수당으로 가족수당과 자녀학비보조수당이 있으며, 특수지근무수당, 그리고 특수근무수당으로서 위험근무수당과 특수업무수당이 있고, 초과근무수당으로서 시간외근무수당, 야간근무수당, 휴일근무수당, 관리업무수당 등이 있다.

수배(手配) 피의자 및 수사자료를 발견·확보하기 위하여 다른 경찰관서에 대해서 수사상 필요한 조치를 의뢰하여 경찰의 조직력을 활용하는 활동을 말하고, 근거법규로는 범죄수사규칙과 지명수배규칙이 있다. 수배의 기본원칙은 신의성실의 원칙과 수배의 적정화가 있다. 지명수배·통보 주무부서는 경찰청은 과학수사센터로 하고, 지방경찰청 및 경찰서는 형사과로 한다. 단, 형사과가 없는 경우 수사과로 한다. 수배의 종류로는 (긴급)사건수배, 지명수배·통보, 장물수배가 있다.

수배자 조회 검문대상자의 성명, 생년월일 등이 같거나 발음 등의 착오로 동명이인이 수배자로 현출되는 경우가 있으므로 수배자료 전체를 확인하여, 피검문자와 일치여부를 확인하여야 한다. 특히 동일인이 수 개의 범죄로 수배된 경우가 있으므로 수배자료 전부를 확인하여야 한다. 그리고 피검문자의 수배여부가 확실하지 않을 때는 주민조회용 단말기를 이용하여 수배 여부를 확인해야 하는 의무를 진다.

수배차량 조회 차량번호 중 용도별, 기호를 입력하지 않고 조회한 경우에 다수의 수배차량이 화면에 현출되므로 피검문차량의 수배일치 여부를 확인하여야 한다.

수법수사(手法捜査) 반복적인 범행의 수단과 방법 및 습벽에 의하여 범인을 식별하려는 인적 특징의 유형기준을 범죄수법이라 하고, 범인이 일정한 수단과 방법 및 습벽으로 반복하여 범행하는 특징을 이용하여 범인을 찾아 검거하는 수사활동을 말한다. 일반적으로 범죄수법의 특징은 수법의 관행성·반복성과 수법의 필존성(잔존성) 등이다.

수법원지(手法原紙) 범죄수법자료의 하나로서 수법범인의 인적사항, 인상특징, 수법내용, 범죄사실, 직업, 사진, 필적 등을 수록한 기록지 또는 이를 전산입력한 것을 말한다. 수법원지 내용 기재방법 가운데 피의자의 공범 등에게 확인하여 이명 · 별명 · 아명 · 속명 등을 최대한 기재하여야 하며, 혈액형은 "A, 에이", "B, 비이", "O, 오"로 기재하되, 혈액형을 모르거나 불확실한 경우에는 "X, 모름"으로 기재하여야 한다. 한편 수법원지는 성별, 수법, 소분류별, 생년월일 순으로 보관하여야 한다.

수사경찰(搜查京察) 사후진압적 활동이며, 사법경찰에 해당된다. 일반적으로 수사경찰이란 범죄사건이 발생한 후 수사를 통해 사건의 진실을 밝혀내고 범인을 검거해 범죄사실을 조사하며 증거를 발견 · 수집 · 보전하는 경찰을 말한다.

수사기관(搜查機關) 법률상 범죄수사의 권한이 인정되어 있는 국가기관을 말한다. 수사기관의 종류에는 검사와 사법경찰관리가 있으며, 사법경찰관리는 일반사법경찰관리와 특별사법경찰관리가 있다.

수사 긴급배치(搜查 緊急配置) 중요사건 발생시 적시성이 있다고 판단되는 경우 신속한 경찰력의 배치, 범인의 도주로 차단, 검문검색을 통하여 범인을 체포하고 현장을 보존하는 등의 초동조치로 범죄수사자료를 수집하는 수사활동을 말한다. 수사긴급배치의 중점은 범인의 도주경로를 신속히 차단하여 범인을 체포함에 있다. 긴급배치의 발령권자는 사건발생지 관할 경찰서 또는 인접 경찰서에 시행할 경우는 발생지 관할 경찰서장이, 사건발생지 지방경찰서의 모든 경찰서 또는 인접 지방경찰청에 시행할 경우는 발생지 지방경찰청장이 발령한다. 전국적인 긴급배치는 경찰청장이 발령한다.

수사 및 과학수사장비 범죄수사활동 및 과학수사업무에 사용되는 장비와 그 부속품을 의미한다. 수사 및 과학수사장비(이하 "수사장비 등"이라 한다)는 당해 경찰기관의 시설 내에 긴급출동이 가능하도록 보관하고, 손 · 망실 등을 방지하기 위하여 관리에 만전을 기하여야 한다. 그리고 수사장비 등은 해당 경찰기관의 수사요원의 정 · 현원, 범죄추세, 범죄발생 빈도, 보유 수사장비 등의 상황을 참작하여 배정하여야 한다〈경찰장비관리규칙 제 110조 참조〉.

수사보고서(搜查報告書) 범죄수사를 실행하면서 사건과 관련된 사항을 조사 · 확인하여 기록으로 남겨 둘 필요가 있을 때 작성하며, 정형화된 규정서식이 없거나 서식을 활용하기에 부적합한 수사관련 사항을 보고서 형식으로 작성하는 서류를 말한다. 수사보고서는 사법경찰관리가 수사의 단서에 대하여 그 입수상황 · 수사경과 또는 결과를 상사에게 보고하면서 작성하는 경우도 있고, 특히 상사의 명을 받아 특정한 사항에 대하여 수사한 결과를 보고하면서 작성하는 경우도 있다. 후자의 경우에는 실무상 수사복명서라고 부르는데 수사복명서도 수사보고서이다. 한편 수사보고서는 수사실무상 광범위하고 빈번하게 사용되는 것으로서 수사기록 전체의 윤활유 같은 역할을 하고 증거서류로서의 의미를 부여하는 기능도 하게 된다.

수사비례의 원칙(捜査比例의 原則) 수사의 목적달성에 적합해야 하며, 필요한 최소한도의 범위 안에서만 해야 하고 목적과 그로 인한 법익 침해 사이에 균형이 유지되어야 한다는 원칙을 말한다. 즉, 죄질과 피해가 극히 경미한 사건을 입건하는 경우에는 수사비례의 원칙에 위배된다.

수사서류(捜査書類) 수사기관 또는 일반인이 작성한 서류로서 구체적인 범죄의 증명에 참고가 되는 서류를 말한다. 통설은 수사기관이 범죄수사에 관하여 당해 사건의 유죄판결을 받게 할 목적으로 공소의 제기 및 유지를 위하여 수사기관이 스스로 작성한 서류와 수사기관 이외의 자가 작성한 서류로서 수사기관이 수집한 서류 중 내용적 의의만이 증거로 되는 것을 말한다. 수사서류의 작성원칙은 '선증후포'의 수사원칙과 같이 증거가 되는 사항을 먼저 작성하고 최종적으로 피의자를 체포·신문해야 한다.

수사선(捜査線) 범죄현장에서 구체적으로 수집된 지문 등 범죄흔적을 기초로 범인 및 범죄사실을 추리하는 선을 말한다. 수사선의 종류에는 다음과 같이 세 가지가 있다. ① 개인의 특징에 관한 수사선(제1원리): 범죄는 인간의 행동으로 신체적 특징과 성격 또는 습성에 의한 특징이 있다. ② 사회관계에 의한 수사선(제2원리): 범죄는 사회적 행동으로 사회환경, 행동유형, 범죄의 사회적 파문 등이 있다. ③ 자연과학에 관한 수사선(제3원리): 범죄는 물건 기타의 자연현상을 수반하는 것으로 물건의 특징, 물건의 이동, 현장관찰, 문서, 자연현상 등이 있다.

수사수단(捜査手段) 일반적으로 구체적인 사건의 수사에 필요한 자료를 입수하는 방법을 말한다. 즉 범죄의 흔적으로 남겨진 징표를 수사기관이 입수하는 방법을 의미한다. 수사수단의 종류에는 다음과 같이 세 가지가 있다. ① 듣는 수사(사람에 대한 조사): 범죄를 직접 경험했거나 또는 타인의 경험을 전문한 자의 기억을 증거화하는 수사수단으로 주로 사람에 대한 조사로 용의자 조사, 참고인 조사, 풍설의 탐문 등이 해당된다. ② 보는 수사: 시각을 동원하여 현장 또는 물건의 형상과 이동에 따라 남겨진 수사자료를 입수하여 증거화하는 수사수단으로 광의의 현장관찰이다. 장소의 관찰, 장소에서의 물건입수, 물건의 수색발견, 물건현상의 관찰 등이 해당된다. ③ 추리수사: 듣는 수사와 보는 수사의 보충적 수사로서 추리선에 따라 수사자료를 입수하는 수사수단이다.

수사실행의 5원칙(捜査實行의 5原則) 수사를 실행함에 있어서 준수해야 할 5가지 원칙을 말한다. 수사자료 완전수집의 원칙, 수사자료 감식과 검토의 원칙, 적절한 추리의 원칙, 검증적 수사의 원칙, 사실증명판단의 원칙 등이 해당된다.

수사의 목적(捜査의 目的) 크게 다음과 같이 구분할 수 있다. 첫째, 사건의 진상을 파악하는 것이다. 둘째, 기소여부를 결정하는 것이다. 셋째, 공소의 제기 및 유지이다. 넷째, 유죄판결을 받도록 하는 것이다. 다섯째, 형사소송법의 목적실현이다.

수사자료(捜査資料) 범죄의 존재를 명백히 하고 범죄와 범인과의 연관성을 추리 · 판단 · 단정하기 위하여 수집되는 유 · 무형의 증거자료와 기타 수사과정에서 범인 및 범죄사실을 분명하게 하는데 이용되는 것으로 수사활동에 뒷받침이 되는 제반 자료들을 말한다. 수사자료의 특징은 범죄수사의 주요대상이며, 범인 및 범죄사실을 명백히 하는데 이용되고, 구체적 특정사건의 자료에 국한되지 않는다.

수사자료 완전수집의 원칙(捜査資料 完全收集의 原則) 수사실행의 5원칙 가운데 하나로써 수사에 있어서 수사관은 발생한 사건에 대해 수사를 진행하면서 그와 관련된 모든 자료들을 완전하게 수집해야 한다는 원칙을 말한다.

수사종합검색시스템(捜査綜合檢索System) 범죄수법자료의 하나로서 수법 · 마약 · 변사 · 조직폭력 영상시스템을 통합하고, 경찰청 주전산기(IBM HOST) · 교통전산망 · 지문자동검색시스템(AFIS) 수용자료 등과 연계하여 다양한 수사자료를 검색할 수 있는 체계를 말한다.

수사지휘(捜査指揮) 수사간부가 수사활동이 적정하게 이루어지도록 수사요원을 조직적으로 편성하고 실제 수사를 할 때 수사의 착수부터 종결에 이르는 각 단계에서 수사상황을 장악하여 수사방법의 적부를 검토하며, 필요한 지시와 감독으로 수사의 진행을 적정수사의 궤도에 올려 놓기 위하여 수사조직의 편성, 수사요원의 지휘 및 사건의 지휘 등을 내용으로 하는 수사간부의 감독기술을 말한다. 수사지휘의 필요성은 수사지휘가 적절하지 못할 경우 사건의 신속정확한 해결은 불가능하며 오히려 사건을 미궁 속으로 빠뜨리는 결과를 초래하는 경우가 있기 때문에 필요하다. 한편 수사지휘의 기본은 적정수사의 실현에 있으며, 적정수사는 합법성 · 합리성 · 타당성의 3가지 요소를 구비함에 있어 가능하다.

수시정보(隋時情報) 모든 사상의 현시점에 관한 일시적이고 단편적인 정보로서 현용정보의 한 분야를 말한다. 일명 적시정보라고도 한다. 즉, 수시정보는 어떤 사실의 전체적인 연속사항을 종합 평가한 것이 아니라 통상 그때 그때의 현상에 대한 정보보고를 가리키는 것이다.

수익자부담이론(受益者負擔理論/Profit-Oriented Enterprise Theory) 경찰의 역할과 기능을 국가와 자본주의의 전반적 체제유지를 위한 공권력작용 차원으로 한정한다. 따라서 사회구성원 개개인의 차원이나 여타 집단과 조직 등 예컨대, 회사차원의 안전과 보호는 결국 해당 개인이나 조직이 담당하여야 한다는 인식에 기초를 둔 것이다. 이 이론은 개인이 자신의 건강을 보호받기 위해 상업적 의료보험에 가입하는 것과 같이 개인 스스로의 안전감을 증진시키기 위해서는 스스로 민간 경비 등에 대한 비용을 지불해야 한다는 것이다.

수입(收入) 조세 등 국고금이 세입으로 납입되거나 기금에 납입되는 것을 의미한다(국고금관리법, 제2조 2호). 기획재정부장관은 수입의 징수와 수납을 총괄하고 경찰청장은 소관 수입의 징수와 수납을 관리한다. 경찰청장은 소관 공무원에게 소관 수입의 징수에 관한 사무를 위임할 수 있으며, 수입 징수에 관한 사무를 위임 받은 공무원을 '수입징수관'이라고 부른다(국고금관리법 제9조 1 · 2항). 그리고 경찰청장 또는 그 위임을 받은 공무원의 임명에 의하여 자금을 출납 · 보관하는 공무원을 '수입금출납공무원'이라고 부른다(국고금관리법, 제4조의3).

수정예산(修整豫算) 국회에서 예산안이 심의되고 있는 중에 정부가 예산의 일부를 수정하고자 할 때 편성하는 예산을 의미한다. 정부는 예산안을 국회에 제출한 후 부득이한 사유로 인하여 그 내용의 일부를 수정하고자 하는 때에는 국무회의의 심의를 거쳐 대통령의 승인을 얻은 수정예산안을 국회에 제출할 수 있다(국가재정법 제35조).

수집기관(蒐集機關/collection agency) 첩보출처를 개척하여 소요첩보를 획득하는 조직체 또는 그 구성원을 말한다. 정보기관 중에는 전적으로 첩보수집기능만을 가진 기관이 있고, 첩보수집과 정보작성의 양기능을 동시에 가진 기관도 있다. 모든 정보기관은 첩보를 수집하기 위하여 수집기관을 운용한다. 상급정보기관은 하급정보기관을 하나의 수집기관으로 이용한다.

수퍼남성증후군(Supermale Syndrom, XYY) 유전이 인간행동에 미치는 영향 가운데 성염색체 이상과 범죄 가운데 하나를 말한다. 수퍼남성은 정상남성에 비해 한 개의 더 많은 Y염색체를 가지고 있다. 따라서 수퍼남성은 정상적인 남성에 비해 공격적인 성격을 가지고 있어서 폭력행위를 저지르기 쉽다는 것이다.

수평적 의사전달(水平的 意思傳達/horizon communication) 동료들 간이나 업무 협조를 필요로 하는 사람들 및 부서간에 이루어지는 의사전달을 의미한다. 하향적의사전달이 대체로 권위적인데 반해 수평적(횡적)의사전달 방식은 협력적이며 의사전달과정에서의 왜곡의 정도도 약한 것이 특징이다.

숙소경호(宿所警護) 행사장 경호 중의 하나로서 피경호자가 평소에 거처하는 공관이나 관저가 아닌 임시로 외지에서 머무는 장소를 경호하는 것을 말한다. 숙소경호근무에는 단독주택과 호텔의 경우를 고려할 수 있는데, 단독주택의 경우는 행사장경호와 거의 동일한 요령으로 근무가 이루어 진다. 단, 호텔의 경우는 특별한 조치가 필요하다. 여타 경호와의 차이는 체류기간의 장기화와 야간근무가 이루어진다는 점이다.

순군만호부(巡軍萬戸府) 고려 · 조선 초기 방도금란(防盜禁亂: 도적을 막고, 변란을 금함)을 맡아보던 관청으로 개성의 방도(防盜)와 야간경비를 담당하게 하기 위해 몽골의 제도를 본떠 순마소(巡馬所)를 설치한 것을 1300년에 확대 개편하여 순군만호부라 하였다. 순군만호부는 조선 태종 2년인 1402년 명칭이 순위부(巡衛府)로 되었다가 다시 의용순금사(義勇巡禁司)로 바뀌었고, 1414년 의금부(義禁府)로 개편되었다.

순군부(巡軍府) 고려 건국 초기 국가사회 질서유지를 위한 최고경찰기관으로 각 부대를 순찰하며 도적을 잡고 분란을 금지하는 임무를 담당하였다.

순라(巡邏) 조선시대 순찰제도로 도둑이나 화재 따위를 예방하기 위하여 밤에 궁중과 도성둘레를 순시하는 것을 말한다. 초기에는 고려의 '순군만호부' 제도에 따라서 시작되었으며, 도성내외의 야간경비는 국왕의 지휘하에 이루어졌을 정도로 중요시하였다.

순직(殉職) 국가유공자에관한법률 제4조 5항에 따라 경찰공무원으로서 교육훈련 또는 직무수행 중 사망하거나 질병으로 사망한 자를 말한다. 순직이 경찰공무원승진임용규정 제37조(특별유공자 등의 특별승진)에 해당하는 경우에는 1계급 특별승진(추서)되며, 공무원연금법상 배우자에게는 사망조위금 · 유족연금 · 유족연금부가금을 지급하게 되며, 임무수행중 전사 또는 순직한 경찰관은 국립묘지에 안장된다.

순찰(巡察/police patrol) 외근경찰관이 개괄적인 경찰임무의 수행과 관내정황을 파악하기 위하여 관내의 일정한 지역을 순회시찰하는 외근활동을 말한다. 순찰은 외근근무 중에서도 가장 대표적이며 기본적인 근무이다.

경찰학자 C. D. Hale은 순찰의 기능으로 범죄예방, 범인검거, 법집행, 질서유지, 대민서비스제공, 교통정리 등 6가지로 나누어 설명하면서 범죄예방활동을 포함한 모든 경찰활동의 목적이 순찰을 통하여 달성된다고 한다. 우리나라 경찰의 경우에 있어 범죄예방 업무는 통상적으로 파출소 경찰관들에 의해서 수행되고 있으며 이들에 의해 수행되는 순찰활동은 경찰활동의 핵심영역으로 인식되고 있다. 순찰의 종류로는 순찰노선에 의해 정선순찰, 난선순찰, 요점순찰, 구역순찰 등으로 구분되며, 수단에 따라 도보순찰, 자동차순찰, 싸이카순찰, 자전거순찰 등으로 구분된다.

순찰실험(巡察實驗/Patrolling experiment) 뉴욕경찰의 작전 25실험이 최초의 순찰시험이다. ① 켄자스시 예방경찰 순찰실험: 차량수준을 증가하여도 범죄가 감소하지 않았고 반면에 일상적인 순찰을 생략해도 범죄는 증가하지 않았다는 연구결과이다. ② 플린트시 도보순찰 실험: 공식적인 범죄가 증가하였음에도 불구하고 도보순찰 결과 시민들은 오히려 더 안전하다고 느낀다는 연구결과이다. ③ 뉴왁시 도보순찰실험: 도보순찰이 증가하여도 범죄발생은 감소하지 않았으나 주민들은 자신의 구역에서 범죄가 줄고 있다고 생각한다는 연구결과이다.

순찰요원(巡察要員) 순찰지구대 등에 편성되어 있는 경찰관으로 순찰요원은 순찰팀별로 편성 · 배치하여 교대제 근무를 실시하고 지구대 관할지역에 대한 현장치안활동을 수행한다.

순찰지구대(巡察地溝帶/police patrol division) 2003년 8월 1일부터 시행 중인 순찰지구대는 지역경찰제의 일환으로 시행된 제도로, 기존 소단위 파출소 운영상의 여러 문제점을 개선하고, '치안질서확립, 대민서비스 강화, 효율적 근무여건 개선' 등을 목적으로 관할인구 · 면적 · 교통여건 · 주민생활권 등 지역실정을 종합적으로 검토, 지역에 따라 여러개의 파출소로 분산된 인력과 장비를 1개 순찰지구대로 확대 · 개편하여 현장치안역량을 강화한 제도이다. 지방경찰청장은 인구, 면적, 행정구역과 사건사고의 발생상황 등을 고려하여 경찰서의 관할지역을 나누어 순찰지구대를 설치한다. 순찰지구대는 관할지역 내의 파출소, 분소, 초소를 총괄 관리 · 운영하며, 원격지 기타 특별한 치안수요가 있는 파출소는 특수파출소로 운영할 수 있다. 지방경찰청장은 순찰지구대 및 특수파출소를 설치하거나 폐지할 때에는 경찰청장에게 보고하여야 한다.

순찰팀장(巡察팀장) 순찰지구대에서 지구대장 아래 순찰팀장을 둔다. 팀장은 소속순찰요원의 근무를 감독하고 제반사건 · 사고 발생시 현장상황을 지휘 · 처리한다. 팀장을 보좌하고 부재시 업무대행을 위해 순찰팀별 부팀장을 둘 수 있다.

순찰활동 예비 프로젝트 1993년 5월 호주 형사정책위원회와 퀸스랜드 경찰서비스에서 퀸스랜드 남동부의 투움바를 대상으로 2년 계획으로 수립했던 순찰활동을 말한다. 이 프로젝트는 지역사회 경찰활동을 제안한 정부보고서에 의해 추천되었으며, 문제해결지향적 경찰활동이 경찰관들의 평상업무에 포함되도록 계획되었다.

순환보직(循環補職) 사전의 장기적이고 체계적인 계획을 기초로 피교육훈련자를 직무간에 또는 조직단위간에 순환시키는 교육훈련 방법이다. 즉, 경찰관을 한 직위에서 경험이나 실무를 통해서만 훈련시키는 것이 아니라 여러 다른 직위에 전보 또는 순환보직시키면서 각종 경찰업무의 기술과 응용능력을 배양시키는 교육훈련방법을 말한다. 순환보직의 장점은 ① 전보에 의하므로 경찰관의 견문과 경험을 넓힐 수 있다. ②고위경찰관의 훈련 또는 전문가로서 특채된 경찰관의 훈련에 효과적이다. 반면에 단점으로는 ① 전보를 통한 시간과 경비의 소모를 들 수 있다.

슈퍼임포즈감정법(Superimposition method) 물건 위에 물건을 겹치어 간다는 사진상의 용어로서 이중으로 겹치는 방법을 말하며 법의학적으로 활용되어 시체의 신원을 확인하는 방법으로 사용되고 있다.

SWAT(Special Weapons Assault Team) 1967년 FBI에 소속되어 창설된 미국 경찰특공대로서 주요인물의 신변경호, 인질구조, 무장용의자의 무력화 등 이다. SWAT의 구성은 일반적으로 공격조, 관측 및 저격조, 지원조의 3개조로 구성되어 있다.

스카벤징(Scavenging) 컴퓨터범죄 수법의 하나로 컴퓨터가 작업수행이 완료된 후 체계 주변에서 정보를 획득하는 방법을 말한다. 즉, 쓰레기통이나 주위에 버려진 명세서 또는 복사물을 찾아 습득하거나 컴퓨터 기억장치에 남아 있는 것을 찾아내서 획득하는 방법으로 일명 '쓰레기 주워 모으기'라고 불리고 주로 컴퓨터 체계 접근 이용자들이 사용한다.

스토킹(Stalking) 근래에 문제가 되고 있는 범죄 가운데 하나를 말한다. 스토킹이란 타인으로 하여금 공격을 당하거나 살해가 될 위협을 느끼게 할 정도로 남을 쫓아 다니는 것을 말한다. 이것은 직접적인 접촉이 없는 폭력행위의 하나로 볼 수 있다. 남을 쫓는 행위는 물리적으로 남을 따라가는 것 뿐만 아니라 전화, 이메일, 그리고 편지 등을 보내 지속적으로 괴롭히는 것 등을 모두 포함한다.

스톡홀롬증후군(Stockholm Syndrom) 인질이 인질범에 동화되는 현상을 말하는 것으로서 1973년 스웨덴의 수도 스톡홀롬에서 4명의 무장강도가 은행에 침입해 직원들을 인질로 잡고 6일동안 경찰과 대치하는 과정에서 인질들은 인질범들을 무서워했으나 시간이 경과하면서 인질범들을 옹호하고 인질범과 사랑에 빠져 인질범과 함께 경찰에 대항해서 싸운데서 유래된 비이성적인 심리현상을 말한다.

스튜어드 · 청중 모델(Steward · Auditing Model) 영국의 비교심리학자인 모간(Morgan)이 경찰-지역사회 자문위원회 설치에 관한 연구에서 자문집단이 형성될 수 있는 상호 배타적이지 않는 세 가지 모델 가운데 하나의 모델이다. 이 모델에서 자문위원회는 자신의 관할구역 내의 경찰활동에 대해서 설명해 주는 연구보고서를 발간하도록 요구할 수 있다. 이 모델에 있어서 위원회는 보조적 · 간접적 역할을 하기 때문에 경찰정책과 실제운용에 있어서 경찰이 전적으로 모든 책임을 지게 된다.

스트레스(stress) 조직 구성원이 느끼는 부정적 심리상태의 일종으로 환경의 요구가 어떤 개인의 능력이나 그가 가진 자원을 초과하거나 개인이 요구하는 환경을 마련해 주지 못할 때 느끼는 심리적 압박감이다. 스트레스는 직무불만족과 관계가 있으며, 스트레스가 심하게 되면 심리적 불안과 초조는 물론 질병에까지 이를 수 있다.

스파이웨어 사용자 컴퓨터에서 특정한 정보를 유출하거나 훼손시키는 프로그램이다. 이러한 과정을 통해 감염되면 사용자 PC의 파일, 메일내용, 키보드로 입력되는 내용 등이 유출될 위험에 처한다.

SPACE 프로그램(Sttafordshire Police Activity and Community Enterprise

Program) 1981년 영국 England Sttaffordshire 경찰국에서 청소년을 위해 개발한 프로그램의 하나이다. 이 프로그램은 여름방학 동안의 청소년 비행을 방지하기 위해서 청소년들을 대상으로 폭넓은 활동의 기회를 제공하기 위한 취지에서 고안되었으며, 경찰과 다른 정부기관 및 민간부분과의 공조를 유지할 뿐만 아니라 지역사회와의 관계를 증진하려는 목적에서 시작되었다.

스페인 계급구조의 구성 총경 계급은 250,000명을 초과하는 인구를 가진 경우 또는 275명 이상의 경찰관이 근무하는 경우 반드시 배치하여야 하며, 150,000명 이상의 인구를 가진 시에 배치할 수도 있다. 경정 · 경감 계급은 150,000명을 초과하는 인구를 가진 경우 또는 200명 이상의 경찰관이 근무하는 경우 반드시 배치하여야 하며, 75,000명 이상의 인구를 가진 시에 배치할 수도 있다. 경위 계급은 75,000명을 초과하는 인구를 가진 경우 또는 125명 이상의 경찰관이 근무하는 경우 반드시 배치하여야 하며, 25,000명 이상의 인구를 가진 시에 배치할 수도 있다. 준위 계급은 35,000명을 초과하는 인구를 가진 경우 또는 35명 이상의 경찰관이 근무하는 경우 반드시 배치하여야 하며, 15,000명 이상의 인구를 가진 시에 배치할 수도 있다. 경사 계급은 15명이 근무하는 경찰관서에 반드시 배치하여야 한다. 경장 계급은 지역경찰관이 근무하는 경우 반드시 배치시켜야 한다.

스페인 기초자치경찰 기초자치경찰은 첫째, 공공장소에서 안전을 유지하는 일을 한다. 주요인사의 신변보호 및 시 소유물의 보호를 담당한다. 그리고 범죄예방 활동 및 집회시위의 질서유지를 위해 국가경찰과 긴밀히 협조하고 있다. 둘째, 도로상의 안전유지 활동이다. 즉 도심지구 내의 교통관리를 담당한다. 그리고 시의 영역 내에서 발생하는 교통사고 사범을 처리한다. 셋째, 시의 법령을 수호하는 업무를 한다. 법규나 명령 등 시의 권한내의 처분 수행과 관련한 행정경찰 업무를 담당하고, 시 당국을 대표하는 행사에 적극적으로 협력한다. 넷째, 국가경찰조직과 협력을 한다. 즉 법이 정하는 바에 따라 사법당국에 협력하며 사법경찰의 업무를 수행한다. 그리고 기타 법이 위임하는 모든 경찰기능을 수행한다.

스페인 기초자치단체의 시경찰 주민이 5,000명 이상인 기초자치단체에 자치경찰의 창설권이 부여되어 있지만 州별로 다른 자치규약의 체제와 각 시의 규약이 다른 관계로 그 형태는 다양하게 나타나고 있는 실정이다. 1995년 12월 현재 자료에 따르면 스페인의 시는 8,097개인데 이 중에 약 1,146개 정도(14%)만이 5,000명 이상의 인구를 보유하고 있다. 市 경찰의 활동은 해당시 영역 내에 한하는 것을 원칙으로 한다. 그러나 긴급한 경우에는 당국의 요청이 있는 경우는 예외로 한다. 민간 성격의 무장기관으로 계급제 구조와 조직으로 이루어져 있다.

스페인 자치경찰서장 서장의 임명은 시장이나 시의회에 의해서가 아니라 자치경찰 중에서 내부승진으로 이루어지고 있다. 자치경찰서장 자리가 나면 모집공고를 내고 심사위원회에서 임명하는 절차로 이루어진다. 심사위원회는 타지역의 자치경찰 중 2명, 국가경찰서장, 시의회 보안의원, 군인경찰서장 등으로 구성된다. 자치경찰서장의 임기는 정년퇴직 시까지 무기한으로 되어 있다. 즉 65세 정년퇴직 시까지 자치경찰서장을 할 수 있다.

스페인 자치경찰의 인사교류 자치경찰은 타지역과 인사교류가 가능하다. 즉 마드리드주 내의 자치경찰 간에 상호 인사교류도 가능하고 여러 주들 간에도 가능하다.

스페인 자치주 경찰 카탈루냐 주, 빠이스 주, 나바라 주에만 자치주 경찰을 운영하고 있다. 위의 3곳 이외에는 국가경찰이 담당하고 있으며 국가경찰과 군인경찰은 스페인 어느 지역에나 있는데 주경찰, 군인경찰, 자치경찰이 그것이다. 1994년은 매우 중요한 해였는데 군인경찰은 지방에서 활동을, 그리고 국가경찰은 도시에서 경찰활동을 하게 되었다. 위의 양자는 거의 비슷한 업무를 담당했는데 예를 들어 국경수비, 밀입국자 적발, 마약밀거래 적발 등이다. 지역경찰은 교통이나 시민안전을 담당하고 범죄수사는 관여하지 않고 있다.

스페인 지역안전위원회 본 위원회의 회의는 시장이 주재한다. 시의원들과 국가경찰서장, 그리고 자치경찰서장 등이 참여한다. 정기회의는 6개월마다 열린다. 임시회의는 급한 상황의 발생시에 아무 때나 열린다.

스페인 치안위원회 스페인에서 자체 州경찰을 운영하는 3개 주에서는 양자간 업무의 계속적인 조정과 상호원조, 정보교환을 위해 중앙정부와 주정부 동수의 대표로 구성되는 치안위원회를 두고 있다. 치안위원회의 기능을 보면 다음과 같다. 치안위원회는 자문기관의 성격을 지니고 있지만 업무조정 문제와 관련해서 주정부는 그 의견에 반하는 결정을 할 수 없다. 위원장은 경찰관 임명시에 제청할 권한을 소유하고 있고 경찰업무관련 법제정, 그리고 경찰력의 철수, 경찰관의 임명, 해임의 문제 등을 판단한다.

승급(昇級) 현재의 호봉보다 호봉이 높아지는 것을 말한다. 경찰공무원의 승급에 필요한 기간은 1년이며, 승급시기는 매년 1월 1일과 7월 1일이다. 한편 다음 기간 동안은 승급이 제한된다. ① 징계처분 · 직위해제 또는 휴직(공무상 질병으로 인한 휴직을 제외한다)중에 있는 자, ② 징계처분의 집행이 종료된 날로부터 다음의 기간이 경과되지 아니한 자. 정직: 18월, 감봉: 12월, 영창 · 근신 또는 견책: 6월, ③ 법령의 규정에 의한 근무성적평정점이 최하등급에 해당되는 자 등이다.

승진(昇進/Promotion) 상위계급의 직위, 즉 책임수준이 높은 직위로 이동하는 것을 의미한다. 승진은 상급직위에 결원이 생기면 하급자가 그 자리를 메우는 것으로 책임수준, 보수, 계급 등의 변화를 수반한다. 여기서는 승진대상의 기관적 범위에 따라 승진은 일반승진(一般昇進)과 공개경쟁승진(公開競爭昇進)으로 구별된다. 경찰공무원의 승진은 직근 하위계급에 있는 경찰공무원 중에서 근무성적 · 경력평정 · 기타 능력에 따라 그 상위계급으로 수직이동 시키는 것을 말한다. 승진의 종류에는 심사승진과 시험승진, 특별승진, 근속승진이 있으며, 심사승진은 경무관 계급까지, 시험승진은 경정 계급. 특별승진은 경감 계급, 근속승진은 경위 계급까지이다.

승진소요 최저연수(昇進所要 最低年數)　공무원은 각 계급별로 승진을 위해 필요한 최소한의 근무연수를 의미한다. 공무원의 승진에는 각 계급별로 승진하기 위해서 승진에 소요되는 최저연수가 있다. 그러나 특별승진의 경우에는 이러한 승진규정에도 불구하고 승진연수에 관계없이 승진임용 할 수 있다. 하지만 승진에 필요한 최저 소요연수는 계급마다 다르며, 일반직의 경우 4급 및 5급이 5년 이상으로 가장 길고, 또 6급이 4년, 3급 이상 및 7급~8급은 3년, 9급은 2년으로 되어 있다.

승진의 기준(昇進의 基準)　승진후보자를 선발하는 방법 또는 기준에는 근무성적, 선임순위, 시험, 학력과 경력, 훈련성적, 승진예정직에서의 시험적인 근무, 상벌의 기록 등이 있다. 이것을 임용권자의 자의적인 재량으로 승진기준의 하나로 꼽는 사람들이 있다.

승차 또는 적재의 방법과 제한　모든 차의 운전자는 다음과 같은 사항을 지켜야 한다. ① 승차인원 · 적재중량 및 적재용량에 관하여 대통령령이 정하는 운행상의 안전기준을 넘어서 승차시키거나 적재하고 운전하여서는 아니 된다. 다만, 출발지를 관할하는 경찰서장의 허가를 받은 때에는 그러하지 아니하다. ② 운전 중 타고 있는 사람 또는 타고 내리는 사람이 떨어지지 아니하도록 하기 위하여 문을 정확히 여닫는 등 필요한 조치를 하여야 한다. ③ 운전 중 실은 화물이 떨어지지 아니하도록 덮개를 씌우거나 묶는 등 확실하게 고정될 수 있도록 필요한 조치를 하여야 한다. ④ 유아나 동물을 안고 운전장치를 조작하거나 운전석 주위에 물건을 싣는 등 안전에 지장을 줄 우려가 있는 상태로 운전하여서는 아니 된다. 지방경찰청장은 도로에서의 위험을 방지하고 교통의 안전과 원활한 소통을 확보하기 위하여 필요하다고 인정하는 때에는 차의 운전자에 대하여 승차인원 · 적재중량 또는 적재용량을 제한할 수 있다. 적재중량, 적재용량이라 함은 차량이나 선박 등이 화물을 적재함에 있어 허용되는 최대한의 무게와 부피를 말한다. 또한 적재정량이라 함은 적재중량과 적재용량을 모두 포함한 것을 의미한다. 차량에 적재정량을 초과하여 적재운행할 수 없으며, 부득이 한 경우 관할 경찰서장의 허가를 받아야 한다. 화물자동차의 적재중량은 그 적재정량의 10%를 초과할 수 없고, 적재용량에 있어서는 자동차 길이의 1/10을 더한 길이, 너비는 자동차의 후사경으로 방향을 확인할 수 있는 범위, 높이는 지상으로부터 3.5m의 높이를 초과할 수 없다. 그러나 분할 할 수 없는 화물로서 그 기준에 맞출 수없는 사유가 있는 경우 안전운행상 필요한 허가하여야 하며, 그 길이 또는 폭의 양 끝에 너비 30cm, 길이 50cm 이상의 빨간 헝겊으로 된 표지를 달아야 한다(야간운행 시에는 반사체로 된 표지를 달아야 한다).

시나리오법(scinario)　시나리오란 현재 상태와 관련된 조건들을 뽑아 그 조건이 미래에 변경될 가능성을 말 또는 글로 서술하여 문장화한 것을 말한다, 시나리오법은 어떤 조건의 변화를 가정하여 현재의 입장에서 계획을 수립함으로써 사전에 현실적으로 가능한 대안을 마련하는데 목적을 둔다. 시나리오의 핵심 개념은 미래의 관점에서 현재의 행동을 명확히 하며, 다양하고 불확실한 미래를 탐색하고, 체계적인 접근을 통해 탐색하고, 질적 요소와 행위자들의 전략을 고려하고, 정보와 예측이 항상 중립적인 아니라는 것을 알고, 다양하고 보완적인 접근 방법을 채택하며 이미 제안된 예측에 대하여 의문을 갖는 것이다.

시노미이론(Synomie Theory) Freda Adler가 개발한 이론으로 아노미(Anomie) 상태의 반대되는 말이다. 즉, 사회구성원 모두가 비공식적 사회통제를 통해서 다른 사람의 일탈행위를 잘 통제하는 상태를 말한다. Durkeim은 아노미가 범죄를 유발하는 원인으로 본 반면에, Adler는 시노미가 한 사회에서의 범죄를 억제하는 요인으로 보았다.

시민경찰학교(Citizens Police Academy) 시민경찰학교 개념은 1977년 영국경찰에서 발전되었는데, 처음에는 야간경찰학교(The Police Night School)라는 명칭으로 명명되었다. 설립목적은 일반시민들로 하여금 경찰업무의 본질과 경찰체계의 조직에 관한 이해와 친근감을 갖게 하는 것이었다. 한편 일반적으로 미국의 시민경찰학교 프로그램은 1980년대 후반 경찰업무 전반에 대한 시민의 이해를 돕고, 경찰과 시민의 관계를 보다 효과적으로 발전시켜 경찰에 협력하고 여론에 영향력을 행사할 수 있는 준법시민들을 육성하려는 계획에서 이루어 졌다. 시민경찰학교는 1985년 플로리다주의 Orando에서 최초로 시작되었다.

시민순찰대(Civil Patrolling Unit) 1991년부터 미국 워스(Ft. Worth) 경찰학교에서 실시하고 있는 프로그램이다. 시민순찰대원이 되기 위해서는 12시간의 훈련을 받으며, 교육에는 법적 의무, 순찰 절차, 대화법 그리고 형법 등이 포함되어 있다. 시민순찰대원은 순찰경찰관들과 협력관계를 유지하고 있는데, 10명의 순찰경찰관은 4개 수행 구역에 배치된다. 각 순찰경찰관들은 범죄 근원지역이라 불리는 지역에서 특별 지역 마을에 배치되어 범죄 데이터를 제공하고 시민순찰대원들에게 때와 장소를 지정해 그들의 마을순찰을 순찰하도록 한다.

시보(試補) 공무원의 임용후보자가 정식 공무원으로 임용되기 이전에 그 적격성과 자질 등을 검증받기 위해 일정 기간 동안 거치게 되는 과정이다. 임용권자는 임용후보자 가운데 적격자를 선발해 일정한 기간 동안 시보 공무원으로 임명하고, 시보 공무원은 시보기간이 끝나면 특별히 하자가 없을 경우에 정식 공무원으로 발탁된다. 시보는 주로 신규채용된 공무원을 대상으로 하고 있지만 경우에 따라 승진, 전보, 전직 등 내부임용의 경우에도 적용될 수 있다.

시보임용(試補任用) 채용후보자의 적격성 검사에 그 목적이 있으며, 또한 처음 임용자에게 적응 훈련을 시키는 기회를 제공한다. 그러나 현행 시보임용제도는 형식적으로 운영되고 있어, 일정한 시보임용기간이 지나면 채용후보자는 거의 대부분 정식으로 임용되고 있다. 시보임용자는 임용예정직의 업무를 상당한 기간 동안 실제로 수행할 기회를 주고, 이를 관찰해서 업무에 대한 적응성을 판단하고 경찰업무수행에 필요한 지식 및 경험을 습득하도록 업무와 사람의 적합성을 높일 수 있도록 하는 제도이다. 그러나 시보임용기간에는 일반공무원에게 인정되는 신분보장이 없다. 경찰관 신규 채용의 경우 일정기간을 정하여 그 기간 내에 공무원으로서 자질과 적성 등을 관찰하여 부적격하다고 판단될 경우에 임용권자가 면직시킬 수 있는 제도를 말한다. 한편 시보임용의 적용을 받지 않는 자들은 다음과 같다. ① 경찰대학 졸업자, ② 간부후보생으로 교육을 마친 자, ③ 퇴직한 경찰공무원으로서 퇴직한 계급의 채용한 자를 재임용하는 경우이다.

시사정보(時事情報)　　어떤 사실의 전부 또는 일부가 표면화하여 시사성을 띤 사건에 관한 정보로서 현용정보의 한 분야를 말한다. 따라서 정보사항이 비록 현재 계속되는 것이라도 그것이 시사성을 갖지 못하면 시사정보라고 하지 않는다.

시설경비(施設警備)　　민간경비의 유형 가운데 목적에 따른 분류의 하나로써 국가중요시설, 빌딩, 주택, 상가, 공공건물, 공항 등 경비대상 시설에 대한 각종의 위해로부터 그 시설물의 인적 · 물적 가치를 보호하는 경비형태를 말한다. 수행형태로는 경비실을 설치하고 상주하면서 하는 형태, 일정한 구역을 순회하는 순찰형태, 일정한 시설에 감지장치를 설치하고 경보시 경비원이 출동하여 조치하는 형태, 경보장치의 설치를 통해 경보를 각 경찰관서로 전달하게 하는 경보서비스형태 등이 있다.

시위(示威)　　다중이 집합하여 특정의 공동의사를 표시하는 행위를 말한다. 집회 및 시위에 관한 법률에서는 「다수인이 공동목적을 가지고 도로 기타 실외장소를 진행하거나 위력 또는 기세를 보여 불특정다수인의 의견에 영향을 주거나 제압을 가하는 행위를 말한다」고 규정하고 있다(1의2).

시정연설과 국정감사　　예산안이 국회에 제출되어 본회의에 상정되면 먼저 대통령의 시정연설이 있게 된다(국회법 제84조). 사실상 시정연설은 국정 전반에 관한 대통령의 시각과 예산편성과 관련된 경제 및 재정에 관한 정책적 사항을 담고 있다. 국정감사는 매년 소관 상임위원회별로 9월 10일부터 20일간 실시한다(국정감사 및 조사에 관한 법률 제2조 1항). 국정감사는 예산심의와 직접적으로 관련되는 것은 아니지만 이를 통해 예산에 반영할 정책자료를 획득하고 예산심의활동에 도움을 받을 수 있다.

시체굳음[硬直屍殭]　　사망 후 일시적으로 근육들이 이완(풀어짐)되는데 그 후에 점차 굳어지는 현상을 말하며, 시체굳음은 시체가 굳어지고 있는 도중에 강제로 풀면 다시 굳어지는 현상을 말한다. 시체굳음은 여러 가지 상황에 따라 생성시간은 다를 수 있다. 하지만 일반적으로 2~4시간에 나타나고 6~8시간이면 전체근육에 미치는 바, 통상 사후 12시간 정도면 전신에 미친다. 근육발달이 양호한 사람일

수록 강하게 나타나고, 노인, 소아, 쇠약자 등은 약하게 나타나며, 급사체는 굳음의 지속시간이 짧다.

시체부패(屍體腐敗) 시체부패는 공기 중에서 가장 빠르고 물속 또는 흙속에서 느리다. 대기 중에 1주일간 있던 시체의 부패정도는 물속에서는 2주일간, 땅속에서 8주일간 경과된 것이나 거의 비슷하다. 사후 3~5일 경과하면 얼굴의 안구, 눈꺼풀, 입술 등이 부풀어 올라 이른바 사천왕현상(여름 3일, 겨울 2~4주)으로 보이게 된다. 부패시체에서는 황화수소와 암모니아가스 등 부패가스로 말미암아 특유한 냄새를 발산한다.

시체얼룩(屍斑) 시체얼룩은 혈액침전이라고도 하며 사망 후 혈액순환이 멈추게 되면 적혈구들이 시체의 가장 낮은 부분으로 혈관속을 따라 이동하여 압박되지 않은 피부가 빨갛게 혹은 암적색(검붉은 색)으로 나타나는 현상으로 시체얼룩은 혈액순환이 멈춤에 따라 중력에 의해 혈액이 가라앉아 들어갈 수 있는 혈관계를 채우는데, 특히 정맥과 모세혈관들이다. 한편 시체얼룩은 내부기관에서도 보이는데 가끔 검고 울혈된 장이나 심근경색으로 오인되기도 하므로 주의를 요한다.

시험(試驗) 지원자들 중에서 적격자를 선발하기 위한 수단 내지는 도구를 말한다. 경찰공무원 시험은 공개채용의 경우는 경정, 간부후보생, 경찰대학생과 순경 선발에 이용하고 있다. 경찰공무원의 시험종류에는 신체검사, 필기시험, 적성검사, 면접시험, 실기시험, 서류전형 등이 있다.

시험성적(試驗成績) 실적주의제도하에서는 시험성적이 승진후보자의 선발기준으로 사용되고 있는 것이 일반적이다. 즉, 시험은 좁은 의미의 시험이며, 서류심사 · 전력조사 등은 여기에 포함되지 않는다. 승진후보자의 선발에 쓰이는 시험의 종류와 성격이 다름에 따라 그 효과도 크게 달라질 수 있는 것이지만, 시험을 활용하는 경우의 일발적인 득실을 생각해 볼 수 있다.

시험승진(試驗昇進) 경정 이하의 경찰관을 시험성적에 의하여 승진임용하는 것을 말한다. 시험승진은 경찰공무원승진임용규정 제27조(시험실시의 원칙)에 따라 승진소요 최저근무년수에 포함되어야 한다. 또한 경찰공무원교육훈련규정 제8조 제1항 및 제2항의 규정에 따라 교육을 받은 자이어야 하는데, 본 교육의 성적 중 만점의 6할을 넘어야 한다. 또 하나의 기준은 경찰공무원승진임용규정 제6조(승진임용의 제한) 제1항의 규정에 따라 승진임용의 제한을 받은 적이 없는 경찰공무원이어야 한다.

식품위생법(食品衛生法) 식품에 의한 위해를 예방하고 영양을 향상시키기 위한 법률로 1962년 1월 법률 제1007호로 제정 · 공포된 뒤, 1986년 5월 10일 법률 제3823호로 전문개정되었다. 식품으로 인한 위생상의 위해를 방지하고 식품영양의 질적 향상을 도모함으로써 국민보건의 증진에 이바지함을 목적으로 한다.

신경생리학적 요인(神經生理學的要因) 중추신경(뇌, 척수), 말초신경(신체 각부)의 생리학적 역할과 범죄와의 상관관계에 관하여 연구히는 것이다. 대표적 연구로 이상뇌파와 범죄, 전두엽 및 측두엽 등 뇌기능장애와 범죄의 관련성 등을 연구한다.

신뢰성(信賴性) 경찰행정의 신뢰성이란 정부의 정책이나 각종 형태가 국민에게 믿을 만한 것으로 비쳐 경찰행정의 예측가능성을 높이고 정부와 국민간의 일체감을 이루는 것을 의미한다. 오늘날처럼 국민의 행정의존도가 커지고 있는 복리국가에 있어서 경찰행정의 신뢰성은 경찰행정의 민주화, 인간화를 이룩하고 아울러 진정한 능률성과 효과성을 가져올 수 있는 중요한 경찰행정의 이념으로 인식되고 있다.

신문지법(新聞紙法) 1907년(광무 11) 7월 24일 공포된 언론관계 법률로 광무신문지법이라고도 한다. 법의 내용은 일본의 신문지조례(新聞紙條例)를 모방한 것으로, 정기간행물 발행의 허가제와 보증금제로 발행허가를 억제하고, 허가받은 정기간행물도 발매 · 반포 금지, 발행정지(정간), 발행금지(폐간) 등의 규제를 가할 수 있도록 되어 있었다. 국권피탈 이후에는 일본이 신문지법을 악용하여 한국인들에게는 정기간행물의 허가를 극도로 억제하였고, 민족 언론을 탄압하는 도구로 사용하였다.

신변보호(身邊保護) 사람의 생명이나 신체에 대한 각종 위해의 발생을 방지하고 그 신변을 보호하는 경비업무를 말한다. 일반적으로 사설경호활동이라고도 불리운다. 일반적으로 신변보호의 목적은 ① 대상자의 생명이나 신체보호, ② 대상자의 명예유지, ③ 혼란상태의 방지 등이다. 기본원칙으로는 ① 중첩경호(3중경호)의 원칙, ② 두뇌경호의 원칙, ③ 방어경호의 원칙, ④ 은밀경호의 원칙, ⑤ 자기담당구역 책임의 원칙, ⑥ 목표물 보전의 원칙, ⑦ 하나의 접근통로의 원칙, ⑧ 자기희생의 원칙 등이 있다.

신분보유권(身分保有權) 경찰공무원의 경우 국가공무원법 제68조에 따라 경찰공무원은 형의 선고 · 징계처분 또는 법에 정하는 사유에 의하지 아니하고는 그 의사에 반하여 면직당하지 아니한다는 것을 의미한다. 하지만 경찰공무원법 제10조 3항과 제30조 1항에 따라 시보임용 중의 경찰공무원과 치안총감 및 치안정감에게는 이 권리가 인정되지 아니한다.

신분보장(身分保障) 행정권에 의하여 일방적으로 그 신분을 침해할 수 없도록 한 제도를 말한다. 신분보장은 공개채용시험, 공무원의 정치적 중립성과 함께 실적주의 공무원제도의 3대 요소에 해당된다.

신속착수의 원칙(Speedy Inition) 범죄수사의 3대 원칙(3S) 가운데 하나로 범죄가 발생한 후 그 흔적은 시간의 경과에 따라 변질되거나 멸실되는 단계를 거치게 된다. 이러한 이유로 인해 범죄수사는 가급적 신속하게 착수하여 죄증이 인멸되기 전에 수사실행을 종결하여야 한다.

신원보증서(身元保證書) 불구속피의자의 경우 피의자의 재출석을 보증하기 위하여 징수하는 서류를 말한다. 대상은 ① 구속영장이 기각된 피의자, ② 구속적부심으로 석방된 자, ③ 기소중지 재기사건의 피의자, ④ 고소사건 중 고소 취소되지 않은 사건의 피의자, ⑤ 주거부정 기타 관할 검찰청 검사장이 필요하다고 인정하는 경우 등이다. 신원보증서의 효력은 실질적으로 신원보증서를 작성하여 보증인이 출석을 보증하였다고 하더라도 피의자가 불출석하는 경우 보증인에게 출석의무를 강제케 하는 등의 효력은 전혀 없다. 단, 심리적 강제효과만 있다.

신원조사(身元調査) 국가안전에 관련된 인원 및 배후에 대한 신원정보의 수집을 말한다. 여기서 '국가안전에 관련된 인원'이란 직위의 고하를 막론하고 국가의 안전에 위해행위를 할 수 있는 기회가 있는 직위에 근무하는 인원을 말하고, '배후'란 대상자의 친족, 추천인, 교우, 접복인물 등을 말하며, '신원정보'란 본인이 출생으로부터 현재에 이르기까지의 신원에 관한 모든 사항과 배후인물에 대한 신원사항을 총망라하는 것이다.

신원조사의 목적은 국가의 첩보, 기밀, 인원 및 시설을 적의 간첩, 태업, 전복행위로부터 보호하기 위하여 신원조사 대상자들의 국가에 대한 충성심, 성실성, 신뢰성을 측정하고 판단력, 인품 등에 관한 사항을 조사하는 데 있다. 또한 신원조사의 종류는 국내신원조사, 해외신원조사, 긴급조회, 긴급신원조사로 구분된다.

① 국내신원조사: 공무원임용예정자, 비밀취급인가 예정자 등 국내 거주 내국인에게 행하는 신원조사이다. ② 해외신원조사: 해외여행자, 출입국자, 해외이주자, 해외취업자와 외국기관으로부터 요청이 있는 자의 신원을 긴급히 파악하기 위해 행하는 것으로 일선업무에 우선하여 신속히 조사, 회보토록 한다. ③ 긴급신원조사: 국가원수(외국원수포함)에 대한 경호안전업무수행을 위해 실시한다.

신임교육(新任教育) 공개채용 및 특별채용 시험에 의하여 신규채용된 사람들을 경찰공무원으로의 임용을 전제로 실시하는 적응 및 기초훈련을 말한다. 신임교육은 경찰관으로서 갖추어야 할 소양교육을 비롯하여 실무에 필요한 법규 등 직무수행에 필요한 기초지식 그리고 체력연마와 체포술 등 무술훈련이 교육의 중심이 된다.

신임장(信任狀 · Credential) 외교사절로서의 자격을 증명하는 공문서를 말한다. 즉, 특정인을 자국의 외교사절로서 파견한다는 뜻을 기재한 문서를 말한다. 접수국이 아그레망의 요청에 동의(아그레망의 부여)하면 피견국은 그 인물을 외교사절로 임명하고 신임장을 주어 파견한다.

신종마약 대마초 · 히로뽕처럼 기존에 잘 알려진 마약류 외에 상대적으로 값이 싸고 환각 효과는 더 강한 신종 마약들이 최근 몇 년 새 무섭게 확산되고 있다. 반입 경로도 갈수록 다양해지는 추세다. 특히 해외 인터넷 사이트에 주문한 물량이 국제우편물 등을 통해 밀반입되는 경우가 급증하고 있다고 한다. 2011년 상반기에 세관 단속망에 걸린 마약류만 104건(81억원 상당)으로 지난해 같은 기간보다 51%나 늘었다는 게 관세청의 집계다. 최근 방향제나 허브 제품으로 둔갑한 신종 마약이 1

년 전보다 17배 이상 국내 밀반입되고 있다. 특히 방향제나 허브 제품으로 둔갑한 합성대마(JWH-018)는 전년(30g)보다 무려 17배나 많은 양(557g)이 국내로 들어왔는데 이렇게 들어온 합성대마는 태워서 연기를 내면 그 환각 성분이 대마초보다 훨씬 강력하다. 주로 차와 함께 복용하는 신종마약 크라톰(Kratom)의 밀반입량도 매년 증가하고 있다. 또 대마오일을 섞어 만든 대마쿠키나 대마케익의 밀반입도 4kg 적발됐다. 이들 마약은 주로 국제우편이나 특송화물로 밀반입됐는데 일부는 땅콩버터 병 안에 숨겨져 들여오기도 했다. 관세청은 일단 단속의 사각지대에 있던 신종마약 10종을 추가 지정해 단속을 강화하고 있다. 또 국내 수사당국은 물론 미국 마약단속청 등 외국 세관과도 공조해, 신종마약류와 밀수범에 대한 정보 공유를 확대하고 있다.

신체의 불가침(身體의 不可侵) 외교특권의 내용 가운데 불가침권의 하나이다. ① 외교사절의 신체는 불가침이며 신체의 불가침에는 생명 · 신체의 안전뿐만 아니라 신체의 자유까지도 포함한다. ② 외교관은 어떠한 형태의 체포 또는 구금도 당하지 아니한다. 다만, 정당방위나 긴급피난은 외교관에 대해서도 할 수 있다. ③ 우리 형법은 대한민국에 체재하는 외교사절에 대한 폭행이나 협박 등의 죄에 대하여 일반범죄보다 가중하여 처벌하는 규정을 두고 있다(형법 제107조, 108조).

신축성 유지 예산집행의 책무성을 확보하기 위해서는 기본적으로 통제가 요구된다. 그러나 예산을 능률적으로 집행하여 정부활동의 궁극적인 목적을 달성하고 예산환경의 변화에 대응할 수 있도록 하기 위해서는 어느 정도의 신축성을 부여해 줄 필요가 있다. 예산집행의 신축성 유지를 위한 주요 수단을 국가재정법을 중심으로 파악하면 다음과 같다. 첫째, 전용이다. 세출예산은 기관, 장, 관, 항, 세항, 목 등의 예산과목으로 분류된다. 이 중에서 항 이상을 입법과목, 세항과 목을 행정과목이라고 한다. 예산의 전용(轉用)은 행정과목 간의 융통을 뜻한다. 경찰청장은 예산의 목적범위 안에서 재원의 효율적 활용을 위하여 기획재정부장관의 승인 또는 위임을 받아 각 세항 또는 목의 금액을 전용할 수 있도록 허용되고 있다(제46조 제1 · 2항). 둘째, 이용이다. 예산의 이용(移用)은 입법과목 간의 융통을 말하며 원칙적으로는 허용되지 않으나, 예산집행 상의 필요에 따라 미리 예산으로서 국회의 의결을 얻은 때에는 기획재정부장관의 승인 또는 위임을 받아 이용할 수 있다(제47조 제1항). 셋째, 이체이다. 정부조직 등에 관한 법령의 제정 · 개정 또는 폐지로 인하여 그 직무와 권한에 변동이 있을 때에는 그 예산을 신 · 구 기관 간에 옮겨 쓸 수 있는데 이를 이체(移替)라 한다. 이체의 사유가 있을 때 기획재정부장관은 해당 중앙관서의 장의 요구에 따라 예산을 이체할 수 있다(제47조 제2항). 넷째, 이월이다. 예산의 이월(移越)은 당해 회계연도에 지출을 마치지 못한 예산을 다음 연도의 예산으로 옮겨 사용하는 것이다. 이월에는 명시이월과 사고이월이 있다. 명시이월은 경비의 성질상 연도 내에 지출을 끝내지 못할 것이 예측될 때 그 취지를 세입세출예산에 명시하여 미리 국회의 승인을 얻어 다음 연도에 사용할 수 있도록 하는 것을 의미한다(제23조 제1항). 사고이월은 지출원인행위를 하였으나 연도 내에 지출하지 못한 경비 및 지출원인행위를 하지 않은 그 부대경비 등을 이월하는 것을 의미한다(제48조 제2

항). 다섯째, 계속비이다. 완성에 수년을 요하는 공사나 제조 및 연구개발사업은 경비의 총액과 연부액(年賦額)을 정해 미리 국회의 의결을 얻은 범위 안에서 수년에 걸쳐 지출하는 것이 허용된다. 지출 기간은 5년 이내이며, 필요한 경우 국회의 의결을 거쳐 연장할 수 있다(제23조). 여섯째, 예비비이다. 예측할 수 없는 예산 외의 지출 또는 예산초과지출에 충당하기 위하여 일반회계 예산총액의 100분의 1 이내의 금액을 예비비로 세입세출예산에 계상할 수 있다(제22조 제1항). 예비비는 총액으로 국회의 의결을 얻고 그 지출은 차기 국회의 승인을 얻어야 한다(헌법 제55조 제2항).

신호(信號/Signal) 공작활동에 있어서 상호간에 어떠한 의사를 전달하는 약속된 표시를 말한다. 사용목적상으로는 인식신호, 안전신호, 위험신호, 확인신호, 행동신호 등으로 구분할 수 있다.

신호기(信號機) 도로교통에 관하여 문자 · 기호 또는 등화로써 진행 · 정지 · 방향전환 · 주의 등의 신호를 표시하기 위하여 사람이나 전기의 힘에 의하여 조작되는 장치를 말한다. 신호등은 다음과 같은 성능을 가져야 한다. ① 등화의 밝기는 낮에 150미터 앞쪽에서 식별할 수 있도록 할 것, ② 등화의 빛의 발산각도는 사방으로 각각 45도 이상으로 할 것, ③ 태양광선이나 주위의 다른 빛에 의하여 그 표시가 방해받지 아니하도록 할 것 등이다. 신호기 등의 설치 및 관리의 권한 지방자치단체장에게 있으며(도로교통법 제3조), ① 특별시장 · 광역시장 · 제주특별자치도지사 또는 시장 · 군수(광역시의 군수는 제외한다. 이하 "시장등"이라 한다)는 도로에서의 위험을 방지하고 교통의 안전과 원활한 소통을 확보하기 위하여 필요하다고 인정하는 경우에는 신호기 및 안전표지(이하 "교통안전시설"이라 한다)를 설치 · 관리하여야 한다. 다만, 「유료도로법」 제6조에 따른 유료도로에서는 시장등의 지시에 따라 그 도로관리자가 교통안전시설을 설치 · 관리하여야 한다. ② 도(道)는 시장이나 군수가 교통안전시설을 설치 · 관리하는 데에 드는 비용의 전부 또는 일부를 시(市)나 군(郡)에 보조할 수 있다. ③ 시장 등은 대통령령으로 정하는 사유로 도로에 설치된 교통안전시설을 철거하거나 원상회복이 필요한 경우에는 그 사유를 유발한 사람으로 하여금 해당 공사에 드는 비용의 전부 또는 일부를 부담하게 할 수 있다.

신호정보(SIGINT) 기술정보에 속하는 시각적 정보 이외의 각종 신호(signal)를 대상으로 하는 경우 이를 신호정보(signal intelligence: SIGINT)로 분류한다. 신호정보는 과학기술의 발달에 따라 그 대상이 무한대로 확장될 수 있는 특성을 가지는데 인간의 음성, 모르스(Morse)부호, 전화회선, 이메일, 무선통신 등의 각종 통신수단을 물론 레이더 신호, 레이저 등의 유도 에너지, 적외선의 방사현상, 방사능 물질의 방사현상 등이 이에 포함된다. 음성, 전파 등의 각종 신호를 수집수단으로 하며, 인간의 통신수단, 즉 음성, 전신부호, 전화회선, 공중파, 전자우편 등을 도청 또는 감청하는 통신정보(communication intelligence: COMINT)가 대표적이다. 기술정보는 원칙적으로 잠재적국의 현황과 취약점 등을 파악하기 위해서 이용되는 것이며, 국내에서 이를 수집하고자 할 때에는 법원의 통제를 받아야 한다.

실기시험(實技試驗) 직무수행에 필요한 지식 및 기술을 실습 또는 실기의 방법에 의하여 검정하는 것이다. 수험자에게 도구나 장비를 제공하여 특정 업무를 하도록 하거나, 또 업무분야에 따라 기계조립을 시켜보거나 혹은 작업에 쓰이는 설비의 모형을 놓고 일을 해보게 하는 방법 등이 있다. 이것은 상황적 검사절차의 하나로 임상적 성향을 지닌 시험으로 직무상황에 대응하는 지원자의 능력을 현실감 있게 평가하는 데 사용되며, 일정 기간의 시험기간을 통해서 소속감검사, 조립연습, 감정면접, 사회자가 없는 집단연습 등의 복수기법이 동원된다.

실비변상(實費辨償) 업무수행상의 필요로 특별한 비용이 들 때에는 따로 실비변상을 받는다. 예를 들면, 여비 · 일당 · 숙박료 등이 해당된다.

실적제도(實積制度) 직업공무원제도를 확고히 하는 현대 경찰인사행정제도의 기초가 되는 인사제도라 볼 수 있다. 실적제도는 공무원의 채용과 승진 등에 있어서 연공서열을 우선하는 것이 아니라 실적을 최우선으로 하는 제도를 뜻한다. 실적제도는 1883년 최초로 미국에서 시행된 펜들톤법(Pendleton Civil Service Act)이 그 효시이다. 여기서 경찰공무원에 있어서 실적제도의 의미는 특별히 자격을 갖추고 있는 자의 채용, 승진에 있어서도 연공서열이 아닌 경찰의 본연의 능력과 자질을 기초로 하는 제도라 생각된다. 특히 실적주의 실천방안으로는 공개경쟁의 채용, 경찰공무원의 정치적 중립과 신분보장, 그리고 합리적인 인사제도의 정착을 위한 중립적인 중앙인사위원회의 운영이 중요하다.

실종아동(失踪兒童) 「실종아동 등의 보호 및 지원에 관한 법률」에 의한 '아동등'이라 함은 실종신고 당시 14세 미만 아동과 「장애인복지법」 제2조의 장애인 중 정신지체인 · 발달장애인 · 정신장애인을 말한다. '실종아동 등'이라 함은 약취 · 유인 · 유기 · 사고 또는 가출하거나 길을 잃는 등의 사유로 인하여 보호자로부터 이탈된 아동 등을 말한다.

실증주의 범죄학(實證主義 犯罪學/positivism Criminology) 사회문제의 연구에 과학적인 방법을 적용하였던 19세기의 실증철학에서 따온 이론이다. 실증주의에서는 범죄는 개인이 자유의사에 의해 합리적으로 선택하는 것이 아니라, 개인의 통제할 수 없는 요소에 의해 결정되어지는 것이라 분석한다. 따라서 고전주의는 사람의 내부(inside-the-person)에 있는 비정상적이고 병적인 요소가 범죄성을 일으킨다고 보고, 그 요소가 제거되지 않는 한 범죄는 발생할 수 밖에 없다고 본다. 실증주의를 포함하는 3개의 원인론은 생물학적 원인론, 심리학적 원인론, 사회학적 원인론 등으로 구분된다.

실질적 의미의 경찰(實質的 意味의 警察) 사회공공의 안녕과 질서유지를 위해 일반통치권에 의거 국민에게 명령하고 강제하는 권력작용을 말한다. 즉 실질적 의미의 경찰은 실정법상 경찰기관의 종류에 관계없이 경찰작용을 기준으로 규정되고 학문적으로 정립된 개념을 의미한다. 예를 들어 위생경찰, 건축경찰, 영업경찰, 산림경찰 등이 실질적 의미의 경찰에 해당된다.

실체적 진실주의(實體的 眞實主義)　　수사의 지도원리 가운데 하나로써 소송의 대상인 사건에 대하여 객관적 진실을 발견하여 사안의 진상을 명백히 하자는 주의를 말한다. 실체적 진실주의는 다음과 같이 구별된다. ① 적극적 실체적 진실주의: 범죄사실을 밝혀 "죄있는 자를 빠짐없이 벌해야 한다"(범인필벌)는 주의로써 대륙법계의 직권주의 소송구조에서 강조되었다. ② 소극적 실체적 진실주의: 주로 영미법계의 당사자주의적 소송구조에서 강조된 것으로 "죄없는 자를 유죄로 하여서는 안 된다"는 주의이다. "열 사람의 범인을 놓치는 한이 있더라도 한 사람의 죄없는 자를 벌해서는 안 된다"는 격언이 대표적인 표현이다.

실황조사서(實況調査書)　　수사기관이 수사상 필요에 의하여 강제력을 사용하지 않고 범죄현장 그 밖의 범죄관련 장소 · 물건 · 신체 등에 대하여 그 존재 및 상태를 오관의 작용에 의하여 실험 · 경험 · 인식한 사실을 명확히 하는 수사활동이고 그 결과를 서면으로 작성한 것을 말한다. 실황조사서의 성격은 검증의 결과를 기재한 검증조서와 그 실체는 다를 바 없으나 수사절차에 있어서 실황조사는 임의절차이고, 검증은 강제절차이다. 한편 실황조사서의 작성 목적은 ① 범인 및 증거발견, ② 범죄 증거자료, ③ 범죄사실 입증, ④ 자백의 진실성 등이다.

심리전(心理戰)　　비무력적인 선전이나 선동, 모략 등의 수단에 의해 직접 상대국 국민 또는 군대에 정신적인 자극을 주어 혼란과 국론의 분열을 유발시킴으로써 자국의 의도한 바 대로 유도하는 비무력적인 전술을 말한다. 심리전의 특징으로는 ① 전달의 단순단일성, ② 내용의 반복성, ③ 선전주체의 권위성 등이 있다.

심사승진(審査昇進)　　경찰공무원 승진의 종류 가운데 하나로써 승진될 계급에서의 직무수행능력을 평가하여 승진임용하는 것을 말한다. 경찰공무원법 제12조 제2항은 다음과 같이 규정하고 있다. 즉 제1항의 규정에 의하여 설치된 승진심사위원회는 제11조 제4항의 규정에 의하여 작성된 승진대상자명부의 선순위자 순으로 승진시키고자 하는 결원수의 5배수의 범위 안에 있는 자 중에서 승진후보자를 심사 · 선발한다. 한편 경찰청장은 경정이상의 경찰관 및 경찰청 소속 경찰공무원에 대하여 그리고 지경찰청장, 경찰대학장, 경찰교육원장, 중앙경찰학교장은 경감 이하의 경찰공무원에 대해 심사대상자 명부를 작성한다.

심사승진제도(審査昇進制度)　　이 제도는 승진시험 없이 서류심사와 면접만으로 공무원을 승진시킬 수 있다. 우리나라의 경우 5급 공무원의 임용승진은 반드시 시험을 거치도록 하고 있으나, 1996년부터 필요에 따라 승진심사위원회의 심사를 거쳐 임용이 가능하도록 개정하였다.

10사　　조선전기시대 경호기관으로써 당시 궁궐의 시위와 한성의 순찰 · 경비 임무를 담당했다. 중군의 의흥시위부, 충좌시위사, 웅무시위사, 신무시위사, 좌군의 용양순위사, 용기순위사, 용무순위사, 우군의 호분순위사, 호익순위사, 호용순위사 등으로 구성되었다.

쌍방 가벌성의 원칙(雙方 可罰性의 原則) 범죄인 인도조약(인도법 제6조)의 하나로서 양국에서 모두 범죄가 성립하는 경우에만 범인을 인도한다는 원칙을 말한다. 우리나라의 경우 인도 범죄의 대상은 사형 · 무기 · 장기 1년 이상의 징역 또는 금고에 해당하는 경우이다.

쌍생아연구(雙生兒硏究) 일란성 쌍생아와 이란성 쌍생아가 각기 범죄를 행하는 일치율을 비교하여 범죄에 있어 유전적 영향을 명확히 규명하려는 연구방법이다. 대표적으로 Lange는 일란성 일치율(64.4%)과 이란성 일치율(28.9%)을 비교하여 범죄에서 유전소질의 중요성을 강조한 바 있으며, Christiansen은 일정한 사회적 변수에 따른 범죄의 유전성을 조사한 결과, 쌍생아의 범죄일치율은 범죄의 종류, 출생지역, 사회계층 및 범죄에 대한 집단저항의 강도에 따라 차이가 있다고 주장하였다.

쓰레기통모형(garbage can model) 조직의 구성단위나 구성원 사이에 응집성이 아주 약한 혼란 상태에서 이루어지는 의사결정의 특징적 측면을 강조하는 모형이다. 쓰레기통모형은 여러 가지 문제와 해결 방법들이 쓰레기통 속에 쓰레기와 같이 담겨져 있는 것을 의미하며, 시간이 흐름에 따라 문제, 해결책, 참여자 및 선택의 기회도 같이 흐른 것으로 파악하였다. 선택의 기회는 문제, 해결책 및 참여자가 서로 엉켜 있는 형태인 쓰레기통 모형과 같다.

C_3 지휘(command), 통제(control), 통신(communication)의 약자로 '112신고 즉응 체제'로 불린다. 원래는 군이 전자전 아래에서 적에 대한 선제 대응수단으로 도입한 것을 민생치안에 응용한 것이다. C_3체제란 경찰역량을 순간적으로 극대화시켜 광역화 · 고속화 · 강력화해 가는 범죄에 경찰이 즉각 출동하여 검거할 수 있도록 통신수단을 획기적으로 개선한 제도이다.

CCTV(closed circuit television) 특정 수신자를 대상으로 화상을 전송하는 텔레비젼 방식을 말하며, 산업용, 교육용, 의료용, 교통 관제용 감시, 방재용 및 사내의 화상정보 전달용 등으로 그 용도가 다양하다. CCTV는 화상의 송,수신을 유선 또는 무선으로 연결하며 수신대상 이외는 임의로 수신할 수 없도록 돼 있어 폐쇄회로 텔레비젼이라고 한다. 최근에는 특히 골목과 같은 우범지대에 CCTV를 설치하는 등 범죄예방을 위한 설치가 늘고 있다. CCTV의 설치가 급증하는 것은 그것이 가지는 범죄의 예방 및 억제효과, 범인의 발견 및 체포의 용이성, 시민들이 인식하는 범죄의 두려움 감소, 그리고 주요지역에의 설치로 인한 한정된 경찰인력의 보완 등의 효과가 실증적으로 증명되었기 때문이다. 그러나 CCTV로 인해 일반시민들의 초상권이 침해될 수 있고, 사생활이 심각하게 노출될 뿐만 아니라 시민 개개인이 잠재적 범죄자로 각인될 수 있다는 등의 문제점도 제기되고 있다.

CIQ 과정 외국을 여행할 때 반드시 출입국에 필요한 통관 절차 · 출입국심사 · 검역조사를 받게 되는 절차를 말한다. ① Customs(통관절차): 세관공무원의 세관검열, ② Immigrations(출입국심사): 출입국관리 공무원의 검역조사, ③ Quarantine(검역조사): 검역관리 공무원의 검역조사 등이다.

ㅇ

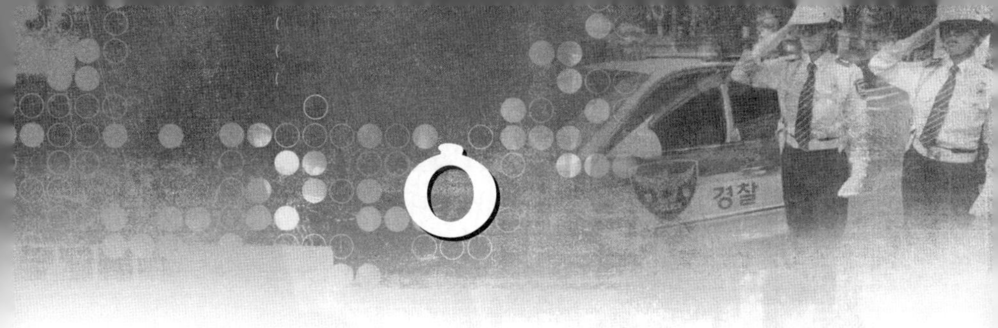

ㅇ

아그레망(Agrement) 사전적 의미로는 특정한 사람을 대사나 공사로 임명할 때, 파견될 상대국에서 동의하는 의사 표시를 말한다. 예를 들어 "아그레망을 받았다"는 의미는 접수국이 파견국에서 외교사절로 파견할 예정인에 대하여 아무런 이의가 없다는 것으로써 파견에 동의한다는 것을 의미한다.

아노미이론(Anomie Theory) Emile Durkheim에 의해 최초로 주장된 이론으로 긴장이론(strain theory)의 뿌리를 이룬다. Durkheim에 따르면 아노미는 한 사회를 지배하는 강력한 가치관이 세력이 약화되고, 한 가지 이상의 서로 다른 가치관이 동등한 세력을 가지면서 한 사회 내에서 공존하는 현상을 의미한다. 이와 같은 아노미 상태에서 살고 있는 개인들은 어떤 가치관을 따라야 할지와 같은 가치관의 혼란을 경험하게 된다. 따라서 그 사회에서 지배적인 가치 · 규범에서 벗어난 행동인 일탈행위를 할 가능성이 높아진다고 본다. 또한 일탈의 형태와 관련하여, 경제적 호황이나 공황이나 급속한 사회구조의 변동 속에서 옳고 그름을 판별할 수 없는 상황에 직면한 사람들이 행하는 자살을 아노미적 자살이라고 보고 일탈의 중요한 형태로 생각했다. 뿐만 아니라 범죄와 관련해서는 어떠한 사회에서도 범죄 행위가 전무할 수 없다는 '범죄정상설'과 범죄가 오히려 사회를 건강하게 만들 수 있다는 '범죄유용설' 등을 주장하기도 하였다. 한편, 이후 흔히 '긴장이론'으로 대표되는 아노미 이론을 주장한 Robert Merton은 1938년 'Social Structure and Anomie'라는 논문에서 특정사회에서 문화적 목표는 지나치게 강조하는 반면 제도적 수단으로 그 목표를 달성할 수 있는 기회가 제한되어 있기 때문에 사회적 '긴장'이 발생한다고 보았다. 그러나 Merton은 아노미 상황에서 사람들이 내면화한 문화적 목표와 제도화된 수단에 따라 각기 다른 적응방식을 보인다고 보았다. Merton이 제시하는 개인의 적응방식은 크게 다섯 가지로 ① 동조형(conformity)은 정상적인 기회구조에 접근할 수는 없지만 그래도 문화적 목표와 제도화된 수단을 수용하는 적응방식이다. ② 혁신형(innovation)은 문화적 목표는 수용하지만 제도화된 수단은 거부하는 적응방식으로서 비합법적인 수단으로 사회적으로 가치 있는 목표를 달성하려 하는 대부분의 범죄가 이에 포함된다고 할 수 있다. ③ 의례형(ritualism)은 문화적 목표를 거부하고 제도화된 수단만을 수용하는 적응방식이다. 이 유형은 조직의 목표보다는 절차적 규범이나 규칙만을 준수하는 데 치중하는 무사안일한 관료에서 그 예를 찾을 수 있다. ④ 도피형(retreatism)은 문화적 목표와 제도화된 수단을 모두 거부하고 사회로부터 후퇴 내지는 도피해버리는 적응양식이다. 만성적 알코올중독자 또는 마약상습자 등이 이러한 적응양식의 예라고 할 수 있다. ⑤ 반역형(rebellion)은 기존의 문화적 목표와 제도화된 수단을 모두 거부하면서 동시에 새로운 문화적 목표와 제도화된 수단으로 대치하려는 적응양식이다. 이러한 적응방식 가운데 Merton이 가장 관심을 둔 것은 혁신형이었다. 이 유형은 합법적인 기회가 중상류층에 비하여 차단된 하류계층의 높은 범죄율을 설명하는 논리적 근거로 생각되면서 이후 많은 조사연구의 이론적 근거가 되었다.

아동복지법(兒童福祉法)　　아동의 복지를 보장하기 위한 법률로 2008년 6월 13일 법률 제9122호로 일부 개정되었다. 이 법은 18세 미만의 아동이 건강하게 출생하여 행복하고 안전하게 자라나도록 그 복지를 보장함을 목적으로 한다.

아동안전지킴이집(兒童安全지킴이집)　　2008년 경기도 안양에서 발생한 이혜진 · 우예슬 양 유괴 · 살해 사건을 계기로 경찰과 지역사회가 연계하여 위험에 무방비 상태로 노출되어 강력범죄의 표적이 되는 어린이들을 보호하기 위하여 도입된 제도이다. 전국의 초등학교나 공원, 주택가 부근에 어린이가 많이 출입하거나 출입하기 쉬운 업소를 선정하여 출입문 유리에 '아동 안전 지킴이집' 로고가 그려진 스티커를 부착하고 업소 앞에도 스티커를 부착한 곰돌이 모양의 입간판을 세워둔다. 2008년 4월 14일부터 전국 각지에 선정된 2만 4412군데의 지킴이집에서 일제히 로고 부착 행사를 열면서 운영되기 시작하였다. 아동안전지킴이집으로 선정된 업소는 관할 경찰 지구대와 비상연락 체계를 구축하여 낯선 사람이나 동물로부터 위협을 받거나 사고 또는 길을 잃는 등 위급한 상황에 처한 어린이가 도움을 요청하면 어린이를 안정시키고 임시로 보호하며 112 신고 등으로 경찰과 연계하는 역할을 수행한다.

아동 · 청소년의 성보호에 관한 법률(兒童 · 青少年의 性保護에 關한 法律)　아동 · 청소년의 성을 사거나 이를 알선하는 행위, 아동 · 청소년을 이용하여 음란물을 제작 · 배포하는 행위 및 아동 · 청소년에 대한 성폭력행위 등으로부터 아동 · 청소년을 보호 · 구제하여 청소년의 인권을 보장하고 건전한 사회구성원으로 성장할 수 있도록 함을 목적으로 하는 법률(전부개정 2009년 6월 9일, 법률 제9765호)로 시행일은 2010년 1월 1일이다. 전부개정 이전에는 「청소년의 성보호에 대한 법률」이라는 명칭이었으나, 아동도 이 법에 따른 보호대상임을 명확히 하기 위해 개정을 통해 명칭을 변경하였다.

아동학대(兒童虐待)　　아동의 부모 또는 보호자가 아동에게 계속적으로 폭력을 가하거나 방임함으로써 아동이 심각한 해를 입는 것이다. 아동학대는 신체적 학대, 정서적 학대, 언어적 학대, 성적 학대, 방임 등으로 구분된다. 신체적 학대는 구타, 폭력, 감금 등 아동의 신체에 직접적인 해를 입히는 행위이며, 정서적 학대는 아동에 대한 애정과 관심을 주지 않는 행위, 아동을 다른 아동과 부정적으로 비교하는 행위, 아동이 보는 앞에서 부부간의 싸움 등을 하는 행위이다. 언어적 학대는 아동에게 욕을 하거나 심하게 고함을 지르는 행위, 아동의 단점을 계속적으로 놀리는 행위이며, 성적 학대는 근친상간, 강간, 아동의 생식기를 가지고 놀리는 행위, 다른 성적행위를 포함한다. 또한 방임은 아동의 의식주 등 기본적인 욕구를 충족시키지 못하는 행위, 적절한 수면과 안전감독 등의 불이행으로 인한 의료적 치료행위를 방치하는 행위를 말한다.

아들러(Alfred Adler) 오스트리아의 정신의학자로 '개인심리학'을 수립하였으며, 인간의 행동과 발달을 결정하는 것은 인간존재에 보편적인 열등감 · 무력감과 이를 보상 또는 극복하려는 권력에의 의지, 즉 열등감에 대한 보상욕구라고 생각하였다. 특히, 범죄와 관련하여 열등감과 비사교성을 이용한 범죄관을 전개하였으며, 열등감을 가진 소년이 그것을 과도하게 보상받기 위하여 타인의 이목을 끄는 행동이 비행이라 주장하였다.

아웃소싱(outsourcing) 외부 조달 또는 외주(外注)를 의미하는 용어로서 공공기관이나 기업이 서비스를 공급할 때 외부 공급자와 상업적인 계약을 통해 업무를 대신 수행 하도록 하는 방법으로 비용절약과 조직의 핵심 역량을 강화하는 데 초점을 두는 경영기법이다. 아웃소싱은 업무의 질적 개선, 비용절감, 조직의 탄력적 운영, 업무 및 서비스의 내실화 추구 등의 장점을 지니고 있다.

아이드마(AIDMA)**의 법칙** 도안이나 그 밖의 원고를 작성할 때 사용되는 기술적인 광고상의 법칙을 말한다. 즉, 소비자의 구매심리과정을 말한다. ① A는 Attention의 약자로 주의를 끌어야 한다는 것, ② I는 Interest의 약자로 흥미를 갖게 하라는 것, ③ D는 Desire의 약자로서 욕망을 일으키게 하라는 것 ④ M은 Memory의 약자로서 기억시키라는 것, ⑤ A는 Action의 약자로서 행동화시키라는 것이다. 이 같은 AIDMA의 법칙은 TQM(총체적 품질관리), 6시그마 등과 같이 공조직인 경찰조직에도 '고객제일주의', '고객우선주의'로 대변되는 사기업의 경영마인드가 도입되었음을 의미한다.

아지트(Agit) 선동지령본부(agitation)의 약칭으로 비합법적인 운동이나 간첩행위 등의 근거지로 사용되는 집합소나 지도본부를 말한다.

아큐사인(Accusign) 마약류 투약자 검거를 위해 사용하는 1회용 소변검사 시약을 말한다. 장점은 투약혐의자의 뇨(尿)를 즉시 현장에서 검사하여 2~5분 이내에 정확도 95% 이상의 성능으로 투약자를 판별해 낼 수 있는 장점이 있다. 반면 단점으로는 일반 감기약에 포함된 암페타민의 성분에 의하여 양성반응이 나타나는 경우가 있다는 점이다.

악성 애드웨어 정당한 동의 없이 강제적인 대포광고를 사용자 PC에 띄워 불편과 프라이버시 침해를 야기하는 프로그램이다. 예를 들어 쇼핑, 포르노, 도박사이트의 광고페이지를 노출하고 강제 연결시킴으로써 사용자의 인터넷 생활을 방해하는 것으로 그 피해가 날로 증가하고 있다.

ㄱ ㄴ ㄷ ㄹ ㅁ ㅂ ㅅ ㅇ ㅈ ㅊ ㅋ ㅌ ㅍ ㅎ

아세아나폴(ASEANAPOL) 1981년 필리핀 · 인도네시아 등 1ORO 국가가 가입하여 창설한 동남아시아 지역 경찰협력체로 매년 회원국이 돌아가며 아세아나폴 회의를 개최한다. 아세안지역 범죄 등에 대한 현안문제를 논의하고 인터폴과 협력하여 테러, 마약 등 국제성 범죄에 대한 공조를 주목적으로 활동하고 있다.

안전거리확보(安全距離確保) 교통사고를 예방하기 위해서 모든 차량은 앞차와의 간격을 정지거리 이상으로 유지해야 한다. 특히 고속도로에서 안전거리 확보는 매우 중요하다. ① 모든 차의 운전자는 같은 방향으로 가고 있는 앞차의 뒤를 따르는 때에는 앞차가 갑자기 정지하게 되는 경우 그 앞차와의 충돌을 피할 수 있는 필요한 거리를 확보하여야 한다. ② 자동차등의 운전자는 같은 방향으로 가고 있는 자전거 옆을 지날 때에는 그 자전거와의 충돌을 피할 수 있도록 필요한 거리를 확보하여야 한다. ③ 모든 차의 운전자는 차의 진로를 변경하고자 하는 경우에 그 변경하고자 하는 방향으로 오고 있는 다른 차의 정상적인 통행에 장애를 줄 우려가 있는 때에는 진로를 변경하여서는 아니 된다. ④ 모든 차의 운전자는 위험방지를 위한 경우와 그 밖의 부득이한 경우가 아니면 운전하는 차를 갑자기 정지시키거나 속도를 줄이는 등의 급제동을 하여서는 아니 된다.

안전검측(安全檢測) 사전적인 의미로는 검사하고 측정하는 것으로서, 경호안전업무에 있어서 피경호자에게 위해를 가할 수 있는 여건을 제공할 수 있는 자연 및 인공물에 대하여 사전에 위해를 가할 수 없는 상태로 환원시키는 제반활동을 말한다.

안전도시 프로그램(Safer Cities Program) 안전도시 운동은 영국 내무성에 의하여 1988년에 시작되었는데, 이 프로그램은 몇몇 대도시의 다양한 사회적, 경제적 문제들을 해결하고자 하는 목적을 가진 정부의 광범위한 프로그램의 일부분이었다. 이 프로그램은 지역사회에서 주로 발생하는 범죄와 주민들이 두려움을 느끼는 범죄들을 대상으로 한 구체적인 범죄예방활동의 전개를 통해서 범죄를 감소시킬 수 있음을 보여주고 있다. 이 프로그램의 목적은 경찰과 지역사회가 상호 협력하여 지역사회가 번영할 수 있는 안전한 도시를 창조하자는 데 있다.

안전지대(安全地帶) 도로를 횡단하는 보행자나 통행하는 차마의 안전을 위하여 안전표지나 그와 비슷한 공작물로써 표시한 도로의 부분을 말한다. 모든 차량은 횡단하는 보행자의 안전을 위하여 설치된 안전지대 내에 진입해서는 안 된다.

안전표지(安全標識) 교통안전에 필요한 주의 · 규제 · 지시 등을 표시하는 표지판이나 도로의 바닥에 표시하는 기호 · 문자 또는 선 등을 말한다. 안전표지는 다음과 같이 구분한다. ① 주의표지: 도로상태가 위험하거나 도로 또는 그 부근에 위험물이 있는 경우에 필요한 안전조치를 할 수 있도록 이를 도로사용자에게 알리는 표지, ② 규제표지: 도로교통의 안전을 위하여 각종 제한 · 금지 등의 규제를 하는 경우에 이를 도로사용자에게 알리는 표지, ③ 지시표지: 도로의 통행방법 · 통행

구분 등 도로교통의 안전을 위하여 필요한 지시를 하는 경우에 도로사용자가 이에 따르도록 알리는 표지, ④ 보조표지: 주의표지 · 규제표지 또는 지시표지의 주기능을 보충하여 도로사용자에게 알리는 표지, ⑤ 노면표지: 도로교통의 안전을 위하여 각종 주의 · 규제 · 지시 등의 내용을 노면에 기호 · 문자 또는 선으로 도로사용자에게 알리는 표지 등이다.

안전한 집 프로젝트(Safety House Project) 1982년 호주 빅토리아주 경찰에서 실시한 프로젝트 가운데 하나로 아동들이 등하교길에 위험한 상황을 직면한 경우에 당황하지 않고 곧바로 찾아가 도움을 요청할 수 있는 집들을 지정해 놓은 것을 말한다. 안전한 집은 시민들이 자율적으로 범죄예방과 안전욕구를 해결하려고 했다는 점에서 매우 성공적이었으며, 시민참여의 힘을 보여주는 계기가 되었다.

안찰사(按察使) 고려 초기 12목의 지방관제는 그 후 5도 양계로 정착되었다. 도의 장인 안찰사는 경찰업무를 포함한 행정, 군사, 사법 등의 사무를 총괄처리하였다.

알리바이수사(Alibi 搜査) 범죄의 혐의자가 범죄가 행하여진 시간에 범죄현장 이외의 장소에 있었다는 사실이 명확하여 범죄현장에는 있지 않았다는 사실을 증명하는 현장부재증명(現場不在證明)을 말한다. 알리바이(Alibi) 수사란 알리바이가 위장된 것임을 입증(현장존재증명수사)하여 이를 파괴하는데 있다. 수사기관은 혐의자의 현장부존재 주장을 반복하기 위한 알리바이 위장을 입증하여 이를 파괴하는 현장존재증명수사를 한다. 알리바이 수사의 특징은 알리바이는 피의자 단독으로 그 존재를 입증할 수 없는 특징을 갖는 것으로 알리바이를 위장하기 위한 공작에는 반드시 제3자의 협력(증언 등)이 있게 마련이므로 알리바이 수사에 있어서는 위장공작에 의한 제3자의 증언여부를 밝히는 것이 중요한 과제로 된다. 알리바이의 종류에는 절대적 알리바이와 상대적 알리바이, 위장 알리바이, 청탁 알리바이 등 네 가지가 있다.

REID 9단계 신문기법(REID 9段階 訊問技法) 수사관이 유죄라고 판단한 용의자에 대한 신문과정에 사용되는 전략과 기법을 말한다. ① 1단계: 수사관은 용의자를 단도직입적이고 유죄 단정적인 태도로 대한다. ② 2단계: 수사관은 신문의 화제를 제시한다. ③ 3단계: 수사관은 용의자 범죄사실의 초기의 부인을 다룬다. ④ 4단계: 수사관은 용의자의 반론을 압도한다. ⑤ 5단계: 수사관은 용의자의 주의를 끌고 신뢰감을 보여준다. ⑥ 6단계: 수사관은 용의자의 소극적인 상태를 알아차린다. ⑦ 7단계: 수사관은 용의자에게 선택적 질문을 하여 그가 답변을 선택하게 한다. ⑧ 8단계: 수사관은 용의자로 하여금 범죄사실에 대해서 상세하게 설명한다. ⑨ 9단계: 수사관은 용의자의 구두자백을 서류화하여 기록한다.

알카에다(Al-Qaeda) 사우디아라비아 출신의 오사마 빈 라덴(Osama Bin Laden)이 조직한 국제테러단체이다. 창설연도에 대해서는 1979년 소련이 아프가니스탄을 침공하였을 때 의용군으로 참전했다는 1979년설과 1988년설이 대립하고 있다. 알 카에다는 전세계 테러리스트들에게 재정지원과 훈련 병참지원을 하고 있는 것으로 알려지고 있다.

암살(暗殺)　정치적 · 종교적, 기타 제반의 이유로 법을 무시하고 공적이나 사회적으로 중요한 지위에 있는 사람을 살해하는 것을 말한다. 암살의 동기는 정치적 동기 또는 혁명적 동기, 이념적 동기, 개인적 동기, 심리적 동기, 경제적 동기, 적재적 동기, 순교자적 동기, 금전적 동기 등이 있다. 일반적으로 암살은 경호정보수집 → 무기 및 장비획득 → 임무의 분배 → 실행의 단계를 거치게 된다.

암수범죄(暗數犯罪/hidden crime)　해당 범죄가 실제로 발생하였으나 수사기관에 인지되지 않거나 수사기관에 인지되어도 용의자 신원파악 등이 해결되지 않아 공식적 범죄통계에 집계되지 않은 범죄이다. 주로 성범죄와 같이 피해자가 수사기관에 신고하기를 꺼리거나 마약범죄와 같이 범죄자가 피해자이면서 가해자이기도 한 범죄에 많다.

압력단체(壓力團體/pressure group)　정치권에 대하여 압력을 가하는 조직화된 특수이익의 집단을 말한다. 압력단체들은 자신들의 이익을 관철시키기 위해서 정부와 의회에 대한 로비활동 등을 통해 정치권력에 영향을 미친다. 압력단체는 경제적 · 사회적 이익의 다양화와 세분화, 지역별 이익대표원리(제도)의 결함, 정당의 대표기능 약화, 확대 · 강화된 국가권력에 대한 통제 등을 원인으로 점차 그 영향력이 증가하고 있다.

압수수색(押收搜索)　압수란 물건의 점유를 취득하는 강제처분을 말한다. 원칙적으로 수사상 압수는 영장주의가 적용되므로 수사기관에 의한 독자적인 제출명령은 인정되지 않는다. 압수의 종류에는 압류, 영치, 제출명령 등이 있다. 수색이란 압수할 물건 또는 체포할 사람을 발견할 목적으로 주거 · 물건 · 사람의 신체 또는 기타 장소에 대하여 행하는 강제처분을 말한다. 일반적으로 수색은 주로 압수와 함께 행해지고 실무상으로도 압수수색영장이라는 단일의 영장이 발부되고 있다.

앞지르기　차의 운전자가 앞서가는 다른 차의 옆을 지나서 그 차의 앞으로 나가는 것을 말한다. 앞지르기 방법은, ① 모든 차의 운전자는 다른 차를 앞지르고자 하는 때에는 앞차의 좌측으로 통행하여야 한다. ② 자전거의 운전자는 서행하거나 정지한 다른 차를 앞지르고자 하는 때에는 제1항에도 불구하고 앞차의 우측으로 통행할 수 있다. 이 경우 자전거의 운전자는 정지한 차에서 승차 또는 하차하는 사람의 안전에 유의하여 서행하거나 필요한 경우 일시 정지하여야 한다. ③ 앞지르고자 하는 모든 차의 운전자는 반대방향의 교통과 앞차 앞쪽의 교통에도 주의를 충분히 기울여야 하며, 앞차의 속도 · 진로와 그 밖의 도로상황에 따라 방향지시기 · 등화 또는 경음기를 사용하는 등 안전한 속도와 방법으로 앞지르기를 하여야 한다. ④ 모든 차의 운전자가 앞지르기를 하는 때에는 속도를 높여 경쟁하거나 앞지르기를 하는 차의 앞을 가로막는 등의 방법으로 앞지르기를 방해하여서는 아니 된다. 모든 차의 운전자는 다음 과 같은 어느 하나에 해당하는 경우에는 앞차를 앞지르지 못한다. ① 앞차의 좌측에 다른 차가 앞차와 나란히 가고 있는 경우, ② 앞차가 다른 차를 앞지르고 있거나 앞지르고자 하는 경우이다. 또한 교차로, 터널 안, 다리 위, 도로의 구부러진 곳, 비탈길의 고갯마루 부근 또는 가파른 비탈길의 내리막 등 지방경찰청장이 도로에서의 위험을 방지하고 교통의 안전과 원활한 소통을 확보하기 위하여 필요하다고 인정하는 곳으로서 안전표지에 의하여 지정한 곳 등에서 앞지르기를 시도해서는 아니 된다. 고속도로가 4차선인 경우 양방향에서 중앙선쪽 차선(주행차선의 왼쪽 차선)이 앞지르기 차선이다.

애드호크라시(Adhocracy) 특정업무를 수행하기 위해 여러 분야의 사람들로 일시적으로 구성되었다가 그 업무를 완성한 뒤에 해체되고 다른 업무를 위해 재구성 되는 임시방편적 일시적 조직형태이다. 애드호크라시란 '임시변통의', '그때그때의'라는 의미를 지닌 adhoc와 지배를 의미하는 cracy의 합성어로서 '특별임시위원회'로 번역되는 용어이다. 즉, 애드호크라시는 동태적이고 급변하는 환경에 조직이 전략적으로 적응할 필요가 있을 때, 위험부담이 높을 때 또는 기회라고 생각될 때, 비일상적 · 비정형적 문제해결이 필요한 상황일 때 만들어 지는 조직형태이다.

애착(愛着/attachment) 애정과 정서적 관심을 통하여 개인이 사회와 맺고 있는 유대관계(타인에 대한 감정적, 정서적 친밀성)를 말한다. 예건대, 부자지간의 정, 관습적 친구 사이의 우정, 가족구성원간의 사랑, 학교선생님에 대한 존경심 등이다. 가치나 규범을 내면화하기 위해서는 타인에 대한 애착관계의 형성이 중요하며, 결속의 요소 중 가장 강조되고 있다.

액사(扼死) 질식사의 한 종류로써 '손졸림사'라고도 한다. 목 부위를 사람의 손으로 압박하여 사망하는 것으로 모두가 타살이므로 액살(扼殺)이라고 하며, 목을 조를 때 손톱, 손가락, 손바닥의 압력에 의하여 목 부위의 손상, 즉 손 졸린 자국(扼痕)이 나타난다.

야바(Yaba) 말처럼 힘이 솟고 발기에 좋은 약이라고 알려져 있는데 한국에서는 2000년도부터 남용사례가 나타났다.

야쿠자(Yakuza) 야쿠자의 사전적 의미는 정당한 생활을 하지 않은 사람, 노름꾼, 불량배 등이다. 주요 국제범죄조직 가운데 하나로 18세기 중반 일본 봉건시대의 전문적 도박꾼 바쿠토(博徒)와 보부상 집단인 데키야(的屋)를 모체로 하여 성장하였다. 야쿠자 조직은 보스를 오야붕(親分), 부하를 꼬붕(子分)이라고 부르고 있으며, 이들의 관계는 절대적인 상명하복의 관계이다.

약취 · 유인(略取 · 誘引/Abduction) 약취 · 유인은 폭력 또는 기타 사술(詐術)에 의하여 사람을 한 나라의 관할로부터 다른 나라의 관할로 이동시키는 것을 의

ㄱ ㄴ ㄷ ㄹ ㅁ ㅂ ㅅ ㅇ ㅈ ㅊ ㅋ ㅌ ㅍ ㅎ

미하는 것으로, 당해 국가의 묵인 하에 또는 묵인 없이 외국의 국가기관에 의해 행해지거나, 민간에 의하여 행해지기도 한다.

양동작전(陽動作戰) 기만적인 작전으로서 아군이 작전을 기도하고 있는 지역으로부터 적의 관심과 행동을 다른 곳으로 이끌어 가기 위한 작전이다. 즉, 아군의 의도를 숨기기 위하여 의도되지 않는 작전을 실시하여 적을 기만하는 작전(행위)을 말한다.

양면작전(兩面作戰) 전투력을 양분하여 두 개의 별개의 적을 담당하는 작전을 말한다. 양면작전은 전투력을 반감하여 실패할 경우에는 위험에 빠질 수 있기 때문에 원칙적으로 그 양측면을 수세방면과 공세방면으로 구분하여 가능한 한 수세방면의 전투력을 절약하여 공세방면으로 많은 전투력을 집중시키는 방법이다.

어린이 · 노인 · 장애인 등에 대한 보호 어린이, 노인, 장애인 등은 도로 위에서 보호되어야 할 대상이며 이에 대해서는 다음과 같다. 어린이의 보호자는 교통이 빈번한 도로에서 어린이를 놀게 해서는 아니되며, 유아(6세 미만의 사람)의 보호자는 교통이 빈번한 도로에서 유아만을 보행하게 하여서는 아니된다. 앞을 보지 못하는 사람이 도로를 보행하는 때에는 흰색지팡이를 가지도록 하거나, 앞을 보지 못하는 사람에게 길을 안내하는 맹도견을 동반하도록 하여야 한다. 어린이의 보호자는 도로에서 어린이가 자전거를 타거나 행정안전부령이 정하는 위험성이 큰 움직이는 놀이기구를 타는 때에는 어린이의 안전을 보호하기 위하여 인명보호장구를 착용하도록 하여야 한다. 경찰공무원은 신체의 장애가 있는 사람이 도로를 통행하거나 횡단하기 위하여 도움을 요청하거나 도움이 필요하다고 인정하는 때에는 그 사람이 안전하게 통행하거나 횡단 할 수 있도록 조치를 취하여야 한다. 어린이, 노인 및 장애인 등을 교통사고의 위험으로부터 보호하기 위하여 필요하다고 인정하는 때에는 각각의 보호구역을 지정할 수 있다.

어린이 보호구역 교통사고의 위험으로부터 어린이를 보호하기 위하여 필요하다고 인정하는 때에는 다음 각 호의 어느 하나에 해당하는 시설의 주변도로 가운데 일정 구간을 어린이 보호구역으로 지정하여 자동차등의 통행속도를 시속 30킬로미터 이내로 제한할 수 있다. ① 유아교육법 제2조의 규정에 의한 유치원, ② 초 · 중등교육법 제38조 및 제55조의 규정에 의한 초등학교 또는 특수학교, ③ 영유아보육법 제10조의 규정에 의한 보육시설 가운데 행정안전부령이 정하는 보육시설, ④ 학원의 설립 · 운영 및 과외교습에 관한 법률 제2조에 따른 학원 가운데 행정안전부령으로 정하는 학원 등이 이에 해당된다.

어린이 통학버스 어린이(13세 미만의 사람)를 교육대상으로 하는 시설에서 어린이의 통학 등에 이용되는 자동차로서 도로교통법(제52조)에 의하여 신고된 자동차를 말한다. 유아교육법에 의한 유치원, 초 · 중등교육법에 의한 초등학교 및 특수학교, 영유아보육법에 의한 보육시설, 학원의 설립 · 운영 및 과외교습에 관한 법률에 의하여 설립된 학원, 체육시설의 설치 · 이용에 관한 법률에 의하여 설립된 체육시설 등에서 어린이 통학 등에 이용되는 자동차이다.

어사대(御史臺) 고려시대의 경찰역할 기관으로 내외의 비위를 규탄하고 풍속교정을 담당하는 등 풍속경찰의 임무를 수행하였다.

억제이론(抑制理論/deterrence theory) 범죄자에 대한 체포, 기소, 처벌의 가능성이 증가할수록 범죄율은 줄어든다는 이론이다. 즉, 억제이론은 인간은 합리적이며 경제적 선택을 하는 존재라는 것을 전제로 범죄에 의한 이익이 처벌의 고통보다 크면 범죄가 발생하며 처벌의 고통이 범죄의 이익보다 크면 범죄는 일어나지 않는다는 이론이다. 억제이론은 고전주의 범죄이론과 동일하게 공리적인 인간을 전제로 하여 인간은 이익과 고통을 비교하여 자신의 행위를 결정한다는 전제에서 시작하나 고전주의 범죄이론이 범죄자를 대상으로 연구한다면 억제이론은 일반인을 대상으로 연구하는 것이 차이점이다. 대표적인 억제효과의 연구로 1968년 Gibbs는 살인사건에 대한 형벌의 집행이 확실하고 엄격한 주일수록 살인사건의 발생률이 낮은 것을 연구하여 사람들이 형벌을 두려워하는 정도가 그 사회의 범죄발생 정도를 결정하는 중요한 요인이라고 결론지었다. Tittle은 Gibbs의 연구를 살인사건뿐만 아니라 모든 범죄에 확장하여 형벌의 엄격성은 살인사건의 경우에만 그 억제효과가 있었으나 형벌의 확실성은 모든 유형의 범죄발생률에 영향을 준다고 주장하였다. 1982년 Ross는 시계열분석방법에 의한 연구에서 음주운전자의 면허를 취소시키는 도로안전법의 제정이전과 재정이후를 시계열적으로 비교 분석한 결과, 새롭게 채택한 형벌로 인하여 음주운전이라는 반사회적 행위를 감소시켰다고 주장하였다.

억제제(抑制濟) 마약류에 있어서 효능에 의한 분류의 하나로 안정제라고도 한다. 억제제(안정제)는 중추신경계의 기능을 저하 또는 억제하고 진정시키는 기능, 헤로인 등 아편계열의 마약과 마약으로 분류되지는 않으나 알코올 등도 이에 해당된다. 억제제(안정제)는 정신적 스트레스와 불안을 해소시키기도 하지만 계속 사용하면 의존성이 생기고 중단하게 되면 심각한 금단현상을 경험하게 된다.

에스알아이(SRI) 어떤 돌발사항에 대하여 필요한 내에서 임시적이고 단편적이며 특수지역적 특수사건에 대한 단기적 해결을 위하여 필요한 경우에 요구되는 정보를 말한다. SRI는 특별한 사전수집계획서가 필요치 않으며, 수시로 돌발적 사항에 대하여 명령되는 것이 원칙이다. 즉, 사태에 즉응하는 첩보요구방법이라 할 수 있으며, 어떤 사건과 관련하여 지역적인 제한, 내용이 한정되는 수시사항으로서, 사건이 끝나면 거의 효력을 다하게 되는 것이다. SRI는 특별요청정보로 special requirements for information의 약어이다.

AGIL모형 파슨즈(T. Parsons)의 조직에 대한 유형분류로서 조직을 사회적 기능에 따라 적응기능(Adptation), 목표달성 기능(Goal attainment), 통합기능(Integration), 유형유지 기능(Latent pattern maintenance) 등으로 분류하고 머리글자를 따서 AGIL모형이라 하였다. 첫째, 적응기능은 사회체제의 환경에 대한 적응 기능을 수행하는 조직으로서 경제적 재화의 생산과 배분에 종사하는 조직이며 사기업이 이에 해당된다. 둘째, 목표달성기능은 사회체제의 목표를 결정하고 순서를 정하여 목표달성을 촉진하는 것을 말하며, 행정기관, 정당이 이에 해당하는 조직이다. 셋째, 통합기능은 체계 내부의 협동적이고 조화된 사회적 관계를 보장하는 것으로 사회 내의 구성원들의 관계를 통제하고 사회적 규범을 창조하고 유지하는 조직을 말한다. 법을 다루는 일련의 정부조직, 사법기관, 경찰, 정신병원 등이 이에 해당된다. 넷째, 유형유지 기능은 사회체제를 유지하거나 문화적 가치를 창조하는 문화적이고 교육적인 기능과 밀접한 관련이 있는 조직이다. 학교, 교회, 학술 · 예술 등의 문화 클럽이나 연구소 조직 등이다.

FC활동(For the Community) 일본 지바현에서 지역경찰활동의 활성화를 위해 실시하고 있는 프로그램 중 하나이다. 이 FC활동은 지역주민에게 있어서 문제해결이 절실한 치안상의 문제에 대해 지역경찰이 가장 중점을 두고 해결하자는 운동이다. 따라서 우선 보기에 경미한 범죄라 할지라도 연속적으로 발생하여 지역주민의 원성이 높으면 이에 최우선 대응하여 주민서비스를 지향하는 활동을 말하는 것이다.

FTO 프로그램 1972년 캘리포니아(California)주 산호세(San Jose) 경찰국에서 최초로 시작되었다. 원래 FTO(Field Training Officer)는 경찰학교 교육생과 경찰실무자 사이의 공백을 없애고자 시도한 프로그램이다. 경찰행정가들은 다음과 같은 이유에서 FTO 프로그램을 실시하였다. 첫째, 계속된 교육을 위한 장치로서 기여한다. 둘째, 표준적인 것을 교육하는 데 기여한다. 즉 이 프로그램은 기초훈련을 받았던 경찰학교 교육생들로 하여금 어떤 교육훈련의 목적들이 충족되고 있는지, 부족한지 확인할 수 있는 것이다. 셋째, 경찰관리자로 하여금 신임 경찰관들이 경찰학교에서 기초적인 교육을 습득했는지 여부를 결정할 수 있도록 하고 있다. 또한 교관들은 실제 경찰임무상황에서 특정한 임무를 수행하는 신임 경찰관들을 관찰할 수 있는 프로그램이다.

XYY(초남성) 연구 성염색체의 Y염색체의 수가 증가하는 경우로 Sandberg로부터 Jacobs로 연구가 진행되었고, 범죄학상 Klinefelter증후군보다 더 문제시된다는 이론이다. 초남성의 특징으로는 장신, 성적 조숙, 낮은 지능, 조발성 범죄인이 많다는 점이다. 범죄성향은 조발성 범죄, 공격성 – 성범죄, 방화, 살인 등의 경향이 강하며, 구체적 사례는 1966년 미국 Richard Speck, 프랑스 Hugon 등이 대표적이다. 그러나 신체적 특징으로 인한 법관의 선입견에 영향을 줄 수 있다는 점과 신체적 특징으로 인해 타인보다 가시적이고, 저지능으로 인해 체포나 유죄판결의 회피 능력이 부족하기 때문에 수용률이 높다는 등의 비판이 제기된다.

엔이아이(N.E.I) 국가적 첩보의 기본요소를 말한다. 즉, 국가안전보장에 관련되는 정보임무를 가장 효과적으로 완수하기 위하여 정부가 필요로 하는 첩보이다. 따라서 이는 사실상 국가의 최고정보기관이 국가정책수립자의 요구에 응할 우선적 사항이다. N.E.I는 National Element of Information의 약어이다.

MBTI(The Myers-Briggs Type Indicator) 마이어브릭스 유형지표(The Myers-Briggs Type Indicator)의 약어이다. 융(C.G. Jung)의 심리유형론을 근거로 하는 심리검사이다. 1921~1975년에 브릭스(Katharine Cook Briggs)와 마이어(Isabel Briggs Myers) 모녀에 의해 개발되었다. 개인이 쉽게 응답할 수 있는 자기보고 문항을 통해 각자가 인식하고 판단할 때 선호하는 경향을 찾아낸 뒤, 그 경향들이 행동에 어떤 영향을 끼치는가를 파악하여 실생활에 응용한다. 1921년부터 본격적인 연구를 시작하여 A~E형이 개발되었고 F형은 1962년 미국 ETS(Educational Testing Service)에서 출판했다. 1975년에는 G형이 개발되었으며 이후 K형 · M형 등이 개발되었다. 성격유형은 모두 16개이며 외향형과 내향형, 감각형과 직관형, 사고형과 감정형, 판단형과 인식형 등 네 가지의 분리된 선호경향으로 구성된다. 선호경향은 교육이나 환경의 영향을 받기 이전에 잠재되어 있는 선천적 심리경향을 말하며, 각 개인은 자신의 기질과 성향에 따라 각각 네 가지의 한쪽 성향을 띠게 된다.

여객자동차(旅客自動車) 버스, 택시 등과 같이 승객이 가고자 하는 목적지까지 운전기사가 운송해주는 대중교통 수단을 말하며, 여객자동차운송사업법 시행규칙에서 그 종류를 규정하고 있다.

◆ 여객자동차운송사업에 사용되는 자동차의 종류

구 분	자동차의 종류
1. 시내버스운송사업 및 농어촌버스운송사업	중형 이상의 승합자동차. ① 시내좌석버스: 광역급행형, 직행좌석형 및 좌석형에 사용되는 것으로 좌석이 설치된 것 ② 시내일반버스: 좌석과 입석이 혼용 설치된 것
2. 시외버스운송사업	중형 또는 대형승합자동차. ① 시외우등고속버스: 고속형에 사용되는 것으로서 원동기 출력이 자동차 총 중량 1톤당 20마력 이상이고 승차정원이 29인승 이하인 대형승합자동차 ② 시외고속버스: 고속형에 사용되는 것으로서 원동기 출력이 자동차 총 중량 1톤당 20마력 이상이고 승차정원이 30인승 이상인 대형승합자동차 ③ 시외직행 및 시외일반버스: 직행형과 일반형에 사용되는 중형 이상의 승합자동차
3. 택시운송사업	승용자동차
4. 마을버스운송사업	중형승합자동차. 다만, 관할관청이 필요하다고 인정하는 경우에는 소형 또는 대형승합자동차로 할 수 있다.
5. 전세버스운송사업	중형 이상의 승합자동차(승차정원 16인승 이상의 것만 해당한다)
6. 특수여객자동차운송사업	특수형 승합자동차 또는 승용자동차. 이 경우 일반장의자동차 및 운구전용 장의자동차로 구분한다.

여권(旅券/Passport) 대한민국 정부나 외국정부 또는 권한이 있는 국제기구에서 발급한 내국인의 출국, 외국인의 입국을 허가 · 증명하는 문서를 말한다. 여권의 발급권자는 원칙적으로 외교통상부장관이나, 대통령이 정하는 바에 의하여 영사와 특별시장 · 광역시장 또는 도지사에게 대행하게 할 수 있다. 여권의 종류에는 사용자의 신분과 여행목적에 따라 외교관여권 · 관용여권 · 일반여권으로 구분되며, 사용가능한 횟수에 따라 단수여권과 복수여권으로 구분한다.

여권의 효력상실(旅券의 效力喪失) 여권의 효력상실은 다음과 같이 다섯 가지로 요약할 수 있다. ① 여권의 유효기간이 만료되었을 때, ② 신청인이 여권의 발급 등을 받은 날부터 6월이 경과할 때 까지 여권을 받아가지 아니 하였을 때, ③ 여권의 명의인이 귀국하였을 때, 다만 복수여권의 경우는 예외로 함, ④ 여권을 분실하거나 소실하여 그 명의인이 대통령이 정하는 바에 의하여 신고하였을 때, ⑤ 여권의 발급 또는 재발급의 신청을 위하여 반납된 여권에 있어서는 신청한 여권이 발급 또는 재발급 되었을 때 등이다.

여성승진목표제(女性昇進目標制) 경찰의 승진심사시에 총경 · 경정은 여경승진대상 인원의 30%, 경감은 10%, 경위 이하는 남 · 여 승진대상 인원의 비율에 따라 여경에게 별도로 승진인원을 배정하여 2014년 이내에 여경의 계급별 점유율을 남자경찰과 형평성을 이루게 한다는 계획이다.

여성채용목표제(女性採用目標制) 현재 우리나라 여자경찰의 비율을 볼 때 타행정직공무원에 비해 현저히 낮은 수준이다. 따라서 여성채용을 해마다 20~30% 선발하여 2005년 12월말 전체경찰관의 4.60%를 여경이 차지하게 되었다. 앞으로 2014년까지 10%대로 높여 선진국 수준으로 높이는 것을 목표로 추진하고 있는 제도이다.

여성청소년과(女性青少年係) 경찰청 생활안전국 소속으로 여성 · 청소년 관련 기획업무와 소년경찰에 관한 비행예방대책 연구 등 청소년 관련 업무, 대여성 범죄 지도단속 등 여성 관련 업무를 수행한다.

여행증명서(旅行證明書) 긴급하거나 부득이 필요한 경우에 외교통상부장관이 여권에 대신하여 발급하는 증명서를 말한다. 발급대상자는 ① 출국하는 무국적자, ② 긴급을 요하는 자, ③ 국제 입양자 기타 외교통상부장관이 필요하다고 인정하는 자이다. 유효기간은 1년 이내이며 발급목적이 성취된 때에는 그 효력을 상실한다.

역삼각형 대형(逆三角形 隊形) 경호대형의 종류 가운데 하나로써 진행방향 전방에 위해가능성이 있는 경우 취하는 대형을 말한다. 이 대형은 경호대상자를 도로와 경호원의 중앙부에 위치시키도록 하며, 진행방향의 전방에 오솔길, 곡각지, 통로 등과 같은 지리적 취약점이 있는 경우 좌우측방 경호원은 잠시 보행을 멈추고 안전을 확인한 후 진행하도록 한다. 또한 우측전방경호원은 전방 및 측방 경계업무를 수행하면서 보속(步速)을 유지하고 조절하는 임무를 수행하고 후방경호원이 팀장의 임무를 수행하는 대형이다.

역정보(逆情報/disinformation) 의도적으로 정보분석가를 대상으로 은폐, 기망 또는 오도하기 위한 정보를 말한다.

역할연구(Role-Playing) 인간관계 등에 관한 사례를 몇 명의 피훈련자가 나머지 훈련자들 앞에서 실제의 행동으로 연기하고, 사회자가 청중들에게 그 연기내용을 비판 혹은 토론하도록 한 후 거기에 참여하는 청중이 각 내용들을 비판적 안목에서 평가하는 방식이다.

연가(年暇) 공무원이 정신적 및 육체적 휴양을 취하여 생산성을 유지할 수 있게 하고 공무원의 사생활을 돌볼 수 있는 편의를 제공하려는 것이다. 따라서 연가는 공무원이 받는 편익이며, 이를 받는 것은 공무원의 권리라 할 수 있다. 현재 연가는 유급휴가로서 공무원의 권리에 속하기 때문에 해당 공무원이 원하는 때에 받을 수 있게 해야 하지만, 일시에 많은 공무원이 연가를 받을 경우에 업무수행에 지장을 초래하게 되므로 어느 정도의 통제는 불가피하다. 연가일수가 7일 이상 필요로 한 자에게는 연2회 이상으로 분할하여 허가한다. 다만 공무외의 국외여행 기타 특별한 사유가 있는 공무원에 대하여는 그러하지 아니한다.

연고감 수사(緣故感 搜査) 사전적 의미의 '연고(緣故)'란 한 혈통 · 정분 · 법률 따위로 맺어진 관계 또는 사람들 사이에 맺어지는 관계'라 할 수 있다. 따라서 연고감 수사는 범인과 피해자(또는 그 가족 및 피해가옥)와의 관계에 대하여 수사하는 것이다. 연고감 수사의 대상은 보통 피해자와 다음과 같은 관계를 가진 사람들이다. ① 가족, 친족, 동거인, 고용인, 우인, 지인, 전동거인, 전고용인 등, ② 본적지, 출생지, 전거주지 등의 관계로 내왕이 있는 자, ③ 직장관계로 출입한 자, ④ 외판원, 전기 및 수도 등의 각종 수금원, 신문이나 우유 등의 각종 배달인, 청소부, 행상인 등으로 내왕이 있는 자, ⑤ 거래, 대차관계로 출입한 자, ⑥ 가옥의 신축, 수리공사 등에 종사했던 목수, 전공, 기타 종업원, ⑦ 피해자의 일기, 메모, 우편물, 명함, 거개장부, 주소록, 영수증 등에 의하여 파악된 자, ⑧ 이상의 자들과 면식자 또는 교제자 등이다.

연고주의(緣故主義) 공식적인 조직관계에 있어서 혈연 · 지연 · 학연의 관계가 공식조직의 관계보다 중시한다. 특히 연고주의는 조직 내에 가족적 · 친화적 분위기를 조성해 경직된 인간관계와 정적인 관계를 개선시킬 수 있으나, 조직 내의 공식적 조직을 와해하고 파벌적 · 할거주의적 행태를 조장함으로써 조직관리의 공평성과 객관성 및 합리성을 저해하는 부작용을 초래할 수 있다.

연금제도(年金制度) 공무원이 상당한 기간 근무하고 퇴직하거나 사망할 경우 또는 공무로 인한 부상 · 질병 등으로 퇴직 또는 사망하였을 때 법률이 정하는 바에 의하여 지급하는 급여를 말한다. 연금제도의 목적은 ① 사회보장, ② 경제생활 안정, ③ 복지향상 등이다. 연금의 성격에 관하여는 장기간에 걸친 성실한 근무에 대한 위로와 감사의 표시로 지급하는 공로보상설, 퇴직 후의 생활보장을 위해 지급하는 생활보장설, 감원, 퇴직, 사망 등에 대한 위자료의 뜻으로 지급하는 위자료설, 보수의 일부가 적립되었다가 퇴직 이후에 지급하는 가치보수설 등이 있다.

연금청구권(年金請求權) 경찰공무원은 공무원연금법 제1조에 따라 경찰공무원의 퇴직, 사망, 공무로 인한 부상, 질병, 폐질의 경우 공무원 및 그 유족의 생활안전과 복리향상에 기여를 목적으로 지급하는 급여를 받는 것이다.

연령정년제(年齡停年制) 공무원이 일정한 연령에 도달하면 당연히 퇴직하게 되는 인사제도이다. 우리나라 공무원의 경우 계급에 따라 60세 전후로 정년연령을 정하고 있다. 그러나 앞으로 이러한 연령정년제는 사회적 상황에 따라 약간 탄력적으로 운영될 수 있는 제도이다.

연역적 추리(演繹的 推理) 범죄수사의 추리의 하나로써 전개적 추리라고도 한다. 즉, 하나의 사실로써 다수의 가능한 사실을 추론하는 것을 말한다. 하강과정에 있어서 하나의 자료로써 다수의 추리선을 전개하여 진상규명이라는 목적에 도달하는 추리방법으로 용의자 수사가 대표적이다.

엽관제(獵官制) 미국에서 시작한 제도로써 제퍼슨(Jefferson) 대통령이 행정부에 도입하였다. 이 제도는 정권이 바뀔 때마다 고위 공무원도 같이 바뀌는 것을 뜻한다. 즉 공무원은 능력이나 자질 및 자격 등에 관계없이 선거과정에서 커다란 기여를 하거나 충성한 사람이 공직에 임명된다는 것이다. 이것은 무엇보다 정당의 책임정치를 할 수 있고, 민주정치의 이념에도 도움이 된다는 장점이 있다. 그러나 엽관제는 다음과 같은 단점도 있다. 즉, 무능하고 전문지식이 없는 사람이 공직에 임명됨으로써 행정에 비능률성이 초래될 수 있다는 것이다. 또 정권이 바뀔 때마다 공무원이 대폭 교체됨으로써 행정의 안전성과 연속성이 없다는 것이다. 그리고 공직에서 직업공무원제가 발전할 수 없고, 신분이 불안하며, 정당에 기여하지 않은 사람은 능력이 있다고 하더라고 고위 공직에 발탁되는 기회가 주어지지 않는다는 단점을 갖고 있다.

영구보존문서(永久保存文書) 연한의 제한 없이 영구적으로 보존하는 문서를 말한다, 역사적 가치가 있는 문서 중 영구적으로 보존할 필요가 있는 문서, 국무회의의 심의를 거치는 중요 정부문서 중 영구적으로 보존할 필요가 있는 문서, 그밖에 영구적으로 보존할 필요가 있는 문서가 이에 속한다.

영국경찰의 4원체제(Quadripartite System) 영국경찰은 그동안 3원체제하에서 지방자치경찰이 기능해 왔다. 내무부장관이 지방자치경찰의 예산 중 60% 이상까지 지원해 주는 상황에서 예산의 통제는 물론 치안목표까지도 요구함으로써 원래 영국의 자치경찰적 성격을 상실해 왔다고 비판받았다. 2009년부터 5월부터 영국의 새정부는 이러한 자치경찰적 기능의 상실을 회복하고자 경찰개혁을 단행하였으며 기존의 3원체제를 향후 4원체제로 대개혁하기에 이르렀다. 3원체제하에서는 내무부장관, 지방경찰위원회, 지방경찰청장이 상호 협조와 견제하에 치안질서를 유지했으나 2012년 전격 개편되는 4원체제는 주민들이 직접 지역치안위원장을 선출하여 지역치안위원장이 해당 지역의 치안질서유지를 총책임진다. 지역치안의 대표자인 지역치안위원장은 지역치안평의회로부터 견제를 받게 된다. 특히 지역치안위원장 밑에는 기존의 지방경찰청장이 지역경찰을 독자적으로 운영한다. 그리고 내무부장관은 바로 국가적인 조직범죄인 경우만 대응을 조율하는데 이 경우 내무부장관은 국립범죄청을 발족시키게 되며 이 국립범죄청장에는 내무부 장관이 52명의 지방경찰청장 중에서 1명을 임명한다. 초대 국립범죄청장은 2011년 10월경 워릭셔(Warwickshire) 경찰청장인 케이스 브리스토(Keith Bristow)가 내정되었다. 일단 국립범죄청장으로 임명된 지방경찰청장은 그 직위를 상실하고 오직 전국을 단위로 하는 국립범죄청 업무만을 담당하게 된다. 김학경의 연구에 따르면 영국 4원체제의 구성은 다음과 같이 만들어져 운용된다고 한다(김학경, 2012: 164). 특히 지역치안위원장과 같은 시스템은 상당히 주민 중심의 민주적인 방식과 모델이 아닐 수 없다. 영국에서 새로이 개편되는 지역치안위원장은 2012년 11월에 주민직선이 치러지고 12월에는 취임하여 업무를 시작한다. 이와 관련된 법률도 이미 상원에서 여러차례 검토하고 통과시킨 상태이며 매우 혁신적인 경찰개혁조치로 평가된다.

지역치안평의회
(지역치안위원장 견제)

- 관할구역 내 각 지자체에서 파견된 1인의 선출직 대표 및 2명의 독립위원 포함 최대 20명으로 구성
- 지역경찰의 예산지출에 대한 감사
- 지방세, 예산안, 지방경찰청장 임명에 대한 거부권
- 지역치안위원장에 대한 정보 및 출석요구권
- 조사의뢰 및 주민소환투표 실시

↔

지역치안위원장
(지역치안의 대표자)

- 지역주민의 선거에 의하여 선출
- 지방경찰청장 및 차장의 임명 및 해임권
- 예산 및 재정 총괄권
- 지역치안계획 수립 (전략적 경찰활동 요구조건 참조 필수)

↔

내무부 장관
(국가적인 조직범죄 대응 조율)

- 예산 50% 부담 및 이에 따른 감사
- 전략적 경찰활동 요구조건 작성 및 배포
- 국가적인 범죄대응과 관련 지역경찰에 대한 임무 부여 및 조정(전략적 경찰활동 요구조건 및 국립범죄청을 통하여)
- 지방경찰청장 중에서 국립범죄청장 임명

↕

지방경찰청장
(지역경찰의 독자적 운용)

- 지역경찰에 대한 독립적인 지휘 및 통제권
- 차장이외의 모든 경찰관 인사권
- 일상적인 예산운용권

영국경찰의 삼각관리 체제(tripartite system)

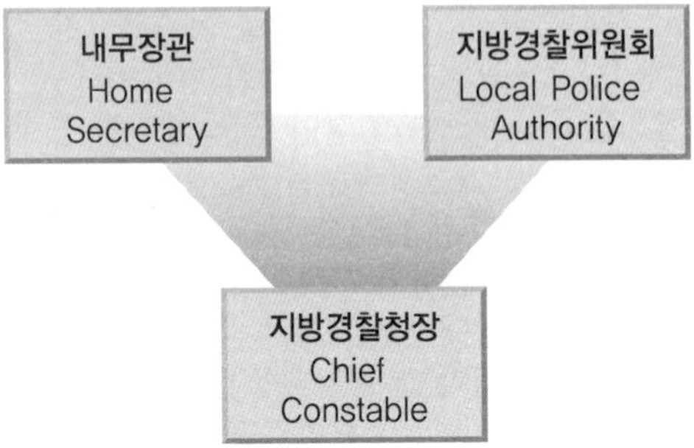

내무장관(Home Secretary)

- 전국 경찰의 효율성 향상 위한 조정 · 지원 · 통제
  - 지방경찰위원 5명사실상 선발
  - 지방경찰청 · 차장임면 승인 및 해임 요구
  - 예산 50% 부담 및 이에 따른 감사
  - 치안목표설정 → 달성도 평가 →보조금 지급에 반영
  - 연구 · 교육 · 기술 · 정보 지원
  - 제반규칙제정

지방경찰위원회(Local Police Authority)

- 해당지역 경찰의 효율성 유지
  - 지방경찰청의 관리기관
  - 지방경찰청 예산 · 재정 총괄
  - 지방경찰청 · 차장 임면
  - 지방경찰 활동계획 및 목표 설정

지방경찰청장(Chief Constable)

- 관할경찰의 지휘 · 운영
  - 누구의 관여도 받지 않는 독자적 지휘권
  - 차장 이외의 모든 경찰관 인사권

영국런던수도경찰청 런던수도경찰청은 1829년 탄생되어 2000년 6월까지 존속했다. 영국의 경찰제도는 자치경찰로 대변되었음에도 불구하고 런던의 주요시설과 특수치안 문제로 인해 이곳에서는 국가경찰제도를 취해 왔다. 그러나 1997년 7월 내무부에서 사상 처음으로 런던시장과 의회의원을 직선으로 선출하는 런던자치정부수립안이 나왔다. 이 수립안은 1998년 5월 7일 런던 시민투표(referendum)에서 65% 이상의 찬성을 얻었고 이어서 런던경찰위원회가 설치되고 영국 전역은 자치경찰의 시대를 열었다. 그러나 북아일랜드 지역은 테러 등 보안상의 이유로 인해 여전히 국가경찰제로 유지되고 있다.

영국의 경찰노조 영국에서 경찰관의 노조는 경찰연합(Police Federation)이라는 이름으로 허용되고 있다. 그러나 이 경찰연합은 경정 이하의 경찰관들에게만 그 대표성이 인정되는 기관이다. 1919년 경찰법에 의해 설립된 역사를 가지고 있다. 반드시 경찰관이어야만 자격이 주어지며 경찰관은 정치활동에 관여하는 것은 안 된다. 경찰연합의 회원은 1996년 기준으로 126,000여명으로 알려졌다(이황우 외, 2003: 438).

영국의 고대경찰 고대 영국에서 공공의 안녕 유지에 대한 1차적 책임은 시민 또는 전체로서의 마을이 지는 이른바 자치치안체제로 유지되었다. 이 당시에 영국에서는 지역치안을 유지하기 위하여 마을마다 10가족을 1개의 단위로 편성된 10인조합(티싱/Tything: 영국의 옛 행정구역, 10호 담당제)라는 제도를 유지하고 있었다. 10인 조합은 다시 모여 100가구 단위로 100인조합(hundred: 영국의 옛 행정구역, 100호 담당제)을 형성하고 그 중에 1명을 조합장으로 뽑아 치안책임을 맡도록 했다. 이 당시 10인 조합제도는 12세 이상 남자들이 돌아가면서 경계를 서는 방식으로 운영되었다. 이들은 범죄가 발생했을 때 10인조합이나 100인조합에 신고하였으며 범죄자를 체포했다. 10인조합 구성원들이 순찰도중 도적을 발견하면 Tything의 장과 소속원은 "저놈 잡아라"라고 고함을 질러 추적하고 범죄자를 체포하며 형벌을 부과할 책임이 있었다. 체포하지 못한 경우는 영주로부터 처벌을 받기도 했다. 영주는 100인조합의 관리자인 컨스터블(Constable/치안관)을 임명했으며 오늘날 경찰의 기원이 되었다. 또한 치안판사와 그의 보조자인 컨스터블(Constable)은 그 당시에 무보수명예직이었으며 오늘날 영국 최초의 상설경찰이었던 것이다. 100인조합(hundred: 영국의 옛 행정구역, 100호 담당제)은 다시 합쳐져서 샤이어(Shire)를 형성했는데 이것이 오늘날 카운티(County)로서 한국에서는 도(道)에 해당한다(양문승 · 신현기, 2007: 6). 영주는 각 샤이어의 치안을 유지하기 위해 군인이면서 재판관인 샤이어 리브(Shire-Reeve)를 임명했다. 그는 영주를 대신해 세금징수, 치안유지, 재판권 행사 등을 담당하였고 훗날 영국의 보안관(쉐리프/Sheriff)으로 바뀌게 됐는데 보안관은 해당지역에서 행정권과 사법권을 행사하였다.

영국의 자치경찰 영국의 전역은 자치경찰로서 모두 시의회(Comcon Council) 또는 경찰위원회(Police Committee)가 관리한다. 이러한 위원회제도가 영 · 미법계 제도상의 특성인 민주성과 중립성의 구체적 장치임은 말할 것도 없다. 영국 경찰은 연원적으로나 관념적으로 일반 국민에 비하여 특별한 권력을 더 가지고 있는 것으로 인식되지 않는다. 따라서 명령강제권이 매우 약하여 정치적 영향력이 없을 뿐 아니라 정당정치에서 완전히 분리되어 선거에의 이용이 완전히 배제되어 있다. 또한 영국 경찰의 5원칙 중 제1원칙은 "경찰은 왕의 즉 정부의 관료가 아니다"라는 것으로서 자치단체의 의원과 시민의 대표로 구성되는 경찰위원회가 관리하는 자치단체의 경찰이며, 정부의 지휘 하에 있지 않다는 것이 기본 원리로 되어 있으므로 중앙정부의 정치적 영향을 받지 않는 정치적 중립성이 전통적으로 확립되어 있으며, 국가경찰인 수도경찰청조차도 그 경찰권의 주체는 중앙정부인 국가에 있는 것이 아니라 어디까지나 영국 국민인 것으로 인식되어 있다.

영국의 중세경찰 노르만 침공(1066년)으로 인해 티싱(Tything)이 상호보증제도(프랭크플래지/Frankpledge)로 변화되었다. Frankpledge는 성인남자 10인으로 구성된 1조를 의미하며, 개개인의 행위에 대하여 연대책임을 지는 제도였다. 이는 앵글로색슨 시대의 '국왕의 평화(King's of Peace)'를 달성하기 위해 법집행의 보장과 침입부족으로부터의 지역사회 보호를 위한 목적으로 만들어진 것으로 이웃에 대한 각 조원의 책임과 각 조원에 대한 집단의 책임을 확립하는 방법으로 12세 이상의 남자인 자유민은 10인조의 구성원이 되어 평화유지의 책임을 져야 했다. 공동책임의 단위는 봉건영지인 장원(莊園)이고, 장원의 영주는 자신의 영지를 통치하는 데 필요한 경찰관(Constable)과 지방관리를 선출(임명)하였는데 13C 말에는 이 경찰관의 지위가 국왕에 의해서 인정되기에 이르렀다. Frankpledge의 우두머리인 Sheriff는 중앙정부에 의해 임명되어 치안과 행정의 집행을 담당하였다(이윤근, 2002: 71-72). 영국의 경찰은 상호보증제도(Frankpledge)에서 유래하였다. 1285년 에드워드 I세는 각종 범죄로 사회가 불안하자 중소도시(Town)의 경찰활동을 보장하기 위해 상호보증제도를 폐지하고 윈체스터 법령(Statute of Winchester, 1285)을 제정하였다. 이 법은 영국 런던의 야경과 경비제도를 규정한 것이었으며 조직적인 경찰제도를 정착시키는 계기가 되었던 것이다. 중세 영국경찰의 조직과 활동을 규율하는 법령으로서의 중요성을 갖은 윈체스터법령은 15세 이상 60세까지의 남자에게 무기를 비치하도록 규정했으며 1829년 수도경찰청법이 제정되어 영국의 근대경찰이 탄생하기 전까지 약 500여년간 활용된 중세시대 영국경찰조직의 기본법으로서 기능했다.

영국의 특별사법경찰

① 군대 및 원자력위원회경찰

군대 및 원자력위원회 소유나 특별구역 및 군대의 군사목적이나 그 목적 수행과 관련하여 사용하는 지역과 15마일 이내의 구역을 관할한다. 육군최고회의, 해군본부, 공군최고회의 및 원자력위원회의 지명으로 임명된다. 임명기관이 배타적으로 관리하고 경찰관을 정직하거나 해직할 수 있다.

② 철도경찰

운수위원회 소유 및 임차중인 철도, 항만, 수로, 정류장, 방파제, 호텔과 공장 및 그 인접지역을 관할하는 특별경찰이다. 운수위원회의 요청으로 치안법관이 임명한다.

③ 운하 및 하천경찰

운하와 하천, 이에 소속한 공장 또는 위 회사에 소속한 철도, 궤도, 방파제, 수문, 육영시설 및 인접 1/4마일 이내의 지역을 관할한다. 하천경영 회사관리위원회 등의 신청으로 치안법관이 임명하고, 치안법관이나 추천자는 면직할 수 있다. 경찰관에 대한 봉급, 기타 비용은 회사가 부담한다.

④ 타인강 경찰

타인강과 그 연안을 관할한다. 관리기관은 타인강개발위원회이나 실제로는 그 밑의 경찰위원회에 모든 권한을 위임한다.

⑤ 항만경찰

부두, 운하, 다리, 철도와 공장이나 토지 및 인접 1마일 이내의 지역을 관할한다. 런던항만경찰과 전국항만경찰로 나누어지며, 이 중에서 런던항만경찰은 런던항만관리청장이 임명하고, 전국항만경찰은 치안법관이 임명한다.

⑥ 민간항공경찰

교통부장관의 관할구역 내에서 민간항공과 관련하여 경찰임무를 수행한다. 교통부장관의 추천으로 치안법관이 임명한다. 교통부장관은 경찰관을 전속 지휘하고, 정직 또는 면직시킬 수 있다.

⑦ 대학경찰

대학구내 및 인접 4마일 이내를 관할한다. 대학법에 의해 대학의 총장이나 부총장이 임명 또는 면직한다.

⑧ 공원경찰

공중위생법이 정한 공원과 유원지를 관할한다. 지방자치단체가 소속직원을 공원관리목적으로 경찰관으로 임명한다.

영국자치경찰의 재정 전통적으로 자치경찰제가 발달한 영국의 경우 자치경찰에 소요되는 비용이 절반 정도는 중앙정부에서 나오고 있고 나머지 절반은 자치단체의 부담금과 자체수입을 통해 이루어지는 것으로 알려져 있다. 정부로부터 나오는 자금도 일반회계예산에 통합 · 편성되어 자치경찰에 재배정되는 절차에 따르고 있다. 1999/2000년도의 자치경찰의 예산배정 내역을 보면 다음과 같다. 평균적으로 내무부의 경찰보조금이 65%, 세입지원교부금이 20%, 자치단체부담금이 15%, 나머지 자체수익금이 0.1%로 이루어졌다. 얼른 계산해 보아도 자치경찰의 예산 중 중앙정부가 85%나 부담해 주고 있다. 이는 국가경찰 중심이 아니고 전통적으로 자치경찰로 토대를 다진 영국 자치경찰제의 독특한 모습이기도 하다. 지방의회도 경찰에 대해 별로 관여하지 않는 편이다.

영국지방경찰위원회(Police Authorities) 영국지방경찰위원회는 17인으로 구성되어 있다. 의장은 위원 중에서 호선한다. 경찰위원회 위원은 4년을 임기로 하되 임기 중 70세에 달한 자는 사퇴하여야 한다. 그러나 연임할 수 있으며 내무부 장관이 정한 바에 따라 위원들에게는 수당을 지급할 수 있다. 17명 중 9명은 해당지역의회의 의원 중에서 선임한다. 3명은 그 지역의 치안판사 선임위원회를 통해 지역 치안판사 중 선출된다. 나머지 5명은 별도의 선발위원회를 통해 이루어지는데 내무부 장관을 경유해 12명의 경찰위원회에 제출되어 기존의 경찰위원들이 최종적으로 선발한다. 그러나 이 방식에는 내무부장관의 입김이 들어갈 수밖에 없다는 비판이 존재한다. 경찰위원회는 막강한 인사권을 가지고 있는데 지방경찰청장과 차장을 임명하고 해임시킬 수 있다. 그러나 지방경찰청장의 경우는 내무부 장관의 승인을 그리고 차장의 경우는 지방경찰청장의 승인을 요한다.

영국지방경찰청(英國地方警察廳) 영국에서는 광역단위의 '자치경찰'이 그 핵심을 이루고 있는데 영국식 경찰제도의 이념은 주민의 필요와 요청에 의해 해당 지역의 치안정책이 결정되는 방식에 놓여 있다. 즉 주민이 치안정책의 수립과정에 직접적으로 참여하고 결과를 정확히 알게 됨은 물론이고 주민이 평가도 담당하는 기회를 갖게 된다. 오늘날의 런던경시청과 런던시티경찰청 그리고 스코틀랜드를 제외한 41개 지방경찰청의 구조는 1964년 경찰법(Police Act 1964)에 토대를 두고 있다. 오늘날 영국 전체의 경찰조직은 경시청과 런던시티경찰청, England 지역에 37개의 지방경찰청, Wales지역에 4개의 경찰청, Scotland지역에 8개의 경찰청, 그리고 북아일랜드(Northern Ireland)에 왕립 얼스터 경찰청을 비롯해 총52개가 설치되어 있다.

영기준 예산제도(Zero-Based Budgeting, ZBB) 해마다 권위 있는정부 기관이 전년도와 근접한 수준의 예산을 필요로 한다는 전제가 아니라 오히려 아무런 예산도 필요 없다는 것을 전제로 하는 개념이다. 즉 영점 기준(base zero)에서 출발하여 영점 기준을 넘는 모든 예산요구액 하나하나(every dollar)에 대해 타당한 근거를 요구하는 관점에 기초하는 것을 의미한다. 그러므로 영기준 예산제도는 기존 사업과 새로운 사업을 구분하지 않고 모든 사업을 효율성 · 효과성 · 중요도 등의 측면에서 엄밀히 분석하고 그에 따라 우선순위가 높은 사업과 활동을 선택하여 예산을 편성하는 일련의 방식을 의미한다. 따라서 영기준 예산제도는 의사결정 단위(decision unit), 즉 활동이나 단위사업과 같은 예산운영의 의미 있는 최소 단위를 선정하고, 의사결정 단위들을 상호 비교 · 평가할 수 있는 의사결정 패키지(decision package) 내에서 각각의 의사결정 단위들을 분석하고, 모든 의사결정 패키지에 대한 평가와 순위결정(ranking)을 통해 예산요구액을 도출하는 과정으로 진행된다. 영기준 예산제도는 전통적인 점증적 예산편성이 기존의 예산에 대한 소폭의 변화만 추구하여 자원의 최적배분을 저해하는 폐단을 극복하는 동시에 예산의 경직성을 없앨 수 있는 장점을 가지고 있다. 그러나 영기준 예산제도의 실행에는 많은 시간과 노력이 필요하다. 그리고 적지 않은 사전준비와 효과성 및 효율성에 대한 타당한 측정이 확보되어야만 성공이 가능하다는 단점을 지니고 있다. 이런 의미에서 볼 때 영기준 예산은 전통적 예산편성 방식을 전면 대체하는 제도는 아니다. 그에 반해 조직의 제반 활동에 대한 전략적 분석을 위한 주기적 심사기법으로 간주될 수도 있다고 한다(신현기 · 박상주, 2012: 307).

영사(領事/Consul) 임명국의 통상 · 산업 · 교통 · 항해 기타의 국가 경제적 목적수행과 임명국 국민의 보호를 위하여 국가간에 파견된 공식기관을 말한다. 한편 영사는 국제법상 법인인 국가의 기관이기 때문에 영사의 사실적 · 법률적 행위의 결과는 법인인 국가에 귀속되게 된다. 특히, 영사는 정치적인 목적을 주로 수행하는 외교사절과는 구별된다.

영사의 계급(領事의 階級) 영사의 계급에는 총영사, 영사, 부영사의 3계급이 있다. ① 총영사: 총영사관의 장으로서 영사 또는 부영사를 감독하고 이들의 업무를 총괄하는 역할을 한다. ② 영사: 총영사를 보좌하는 경우와 독립된 경우가 있다. ③

부영사: 총영사 또는 영사를 보좌하는 경우와 독립된 관할구역을 가진 경우가 있다.

영사의 업무(領事의 業務) 영사의 업무는 일반적으로 다음과 같이 여섯 가지로 요약할 수 있다. ① 자국민 보호, ② 정보수집, ③ 우호관계 촉진, ④ 제반 공증사무, ⑤ 여권 및 사증발급, ⑥ 선박 및 항공기의 감독 등 이다.

영사의 종류(領事의 種類) 영사의 종류에는 전무영사(파견영사)와 명예영사(선임영사)가 의 두 종류가 있다. ① 전무(專務)영사: 본국으로부터 일정한 봉급을 받고 영사 직무에 전임하는 자로서 파견국의 국민이며, 파견국의 관리이다. ② 명예영사: 접수국의 국민 중에서 선임되며, 단순히 위촉을 받아 영사직무에 종사하나 이에 전임되는 것은 아니다.

영상정보(IMINT) 기술정보 가운데 시각적 정보를 수집하는 경우, 이를 영상정보(imagery intelligence: IMINT)라고 하며, 이러한 수집수단에는 위성전자사진(satellite electronic photography: SATINT), 레이더 영상(radar imagery: RADANT), 재래식 항공사진(conventional aerial photograph: PHOTINT)이 포함된다.

영역성(領域性/Territoriality) 사람들은 그들이 느끼는 영역이 그들 자신의 소유라고 느끼는 영역을 보호하며, 다른 사람들의 영역에 대해서는 어떤 존중감을 갖고 있는 것을 말한다. 범죄예방을 위한 울타리, 도로의 포장된 처리, 미술품설치, 표지판, 훌륭한 외관유지 그리고 조경은 자신의 소유물이라는 것을 외적으로 알리는 일종의 물리적 방법들로 영역성은 CPTED의 주요 요소이다.

영조물(營造物) 국가나 공공단체 또는 그로부터 특허받은 자에 의하여 공공의 목적에 사용되는 인적 · 물적시설의 통일체를 말한다. 영조물의 종류에는 공용영조물과 공공용 영조물이 있다. ① 공용 영조물–행정담당자의 사용에만 제공되는 영조물(교도소, 시험장 등) ② 공공용 영조물–일반공중의 이용에 제공되는 영조물(우편, 철도, 수도 등)

영창(營倉) 전투경찰대설치법에 따른 전투경찰의 징계 가운데 하나로써 전투경찰은 근무규율을 위반한 행위로 영창이라는 징계를 받게 되면 15일 이내의 구금으로 징계될 수 있다. 관할 구역의 경찰서 유치장에 감금한다.

예규(例規) 지시문서의 일종으로써 행정사무의 통일을 기하기 위하여 반복적 행정사무의 처리기준을 제시하는 법규문서 이외의 문서를 말한다.

예방경찰과 진압경찰(豫防警察과 鎭壓警察) 경찰권 발동의 시점을 기준으로 분류한 경찰의 종류를 말한다. 예방경찰은 경찰상 위해가 발생하기 이전에 미리 방지하기 위한 작용으로 정신착란자, 주취자, 자살기도자 등의 보호조치가 대표적인 예이다. 진압경찰은 이미 발생한 경찰상의 위해를 신속하게 제거하기 위한 경찰작용으로 진압, 수사, 범인에 대한 체포 등이 대표적인 예이다.

예방경호의 원칙(豫防警護의 原則) 경호활동이란 실제적이고 주도면밀한 범행의 성공기회를 최소화 · 무력화시키는 활동이며, 경호대상자의 안전한 보호를 위해 위험요소를 사전에 제거하거나 최소한의 수준으로 감소시키고, 무력화시켜 경호대상자에 대한 공격을 사전에 예방하는 원칙을 말한다. 즉, 경호활동에 있어 가장 최선의경호작용은 모든 위해가 사전에 예방되거나 제거 또는 해소되어 행사당일에 위험요소(상황)가 발생되지 않는 것으로 경호활동 역시 이러한 사전예방적 경호에 주력해야 한다는 원칙을 말한다.

예비검속법(豫備檢束法) 일제강점기에 범죄 방지 명목으로 죄를 저지를 개연성이 있는 사람을 사전 구금하는 것을 규정한 법률로 당시 우리나라에 대한 탄압을 더욱 공고히 하기 위한 법률이다. 특히, 일제는 2차 대전이 일어나자 전시체제를 구축하면서 1941년 식민지 조선에 "조선정치범 예비구금령"을 시행한 바 있다.

예비비(豫備費) 예측하기 어려운 세출예산의 부족에 충당하기 위해 예산에 넣는 일련의 비용을 말한다.

예비후보자(豫備候補者) 「공직선거법」 제60조 제2항에 의하면, 예비후보자가 되려는 사람(비례대표국회의원선거 및 비례대표지방의회의원선거는 제외)은 동법에서 정하는 날 부터 관할선거구선거관리위원회에 예비후보자등록을 서면으로 신청하여야 한다. 구체적인 예비후보자 등록기간은 대통령선거는 선거일 전 240일, 지역구국회의원선거 및 시 · 도지사선거는 선거일 전 120일, 지역구시 · 도의회의원선거, 자치구 · 시의 지역구의회의원 및 장의 선거는 선거기간개시일 전 90일, 군의 지역구의회의원 및 장의 선거는 선거기간개시일 전 60일까지 예비후보자로 등록해야 한다.

예산결산특별위원회 종합심사 예결위는 예비심사 후 상임위원회의 예비심사보고서를 첨부한 예산안을 받으면 즉시 종합심사에 들어간다. 중요한 것은 예결위는 소관 상임위의 심사내용을 존중하여야 한다. 그리고 소관 상임위원회에서 삭감한 세출예산 및 각 항의 금액을 증가하거나 새 비목을 설치할 경우에는 소관 상임위의 동의를 구하도록 법이 정하고 있다(국회법 제84조 5항). 통상적으로 예결위의 종합심사는 정부측 제안 설명, 전문위원 검토, 정책 질의, 부별 심사, 계수조정소위원회 회부, 전체회의 의결 등의 절차를 거친다.

예산과목(豫算科目) 예산의 내용을 표시하는 명칭을 말한다.

예산배정(豫算配定) 예산이 성립된 이후 기획재정부 장관이 각 중앙관서의 장에게 예산을 배정하는 것을 의미한다.

예산사정과 정부예산안 편성 기획재정부장관은 경찰청장의 예산요구서를 비롯한 각 중앙관서의 예산요구서에 대한 예산 사정과 조정 작업을 거쳐 정부예산안을 편성 및 확정한다.

예산심의(豫算審議) 행정부가 제출한 예산안을 국민의 대표기관인 입법부가 검토 · 분석 · 심사하는 정치적 의사결정과정이다. 예산심의는 사업 수준의 확정, 예산 총액의 결정, 그리고 행정에 대한 통제 등의 기능을 수행하며, 그 절차는 다음과 같다.

예산안의 편성 각 행정부가 국회에 제출할 예산안을 편성하는 일련의 행위를 말한다.

예산의 배정과 재배정 일반적으로 예산의 집행은 예산을 배정받는것부터 시작된다. 일단 국회에서 예산이 확정되면 경찰청장은 사업운영계획 및 이에 의한 세입 · 세출예산, 계속비와 국고채무부담행위를 포함한 예산배정요구서를 기획재정부장관에게 제출하는 방식에 따른다. 이어서 기획재정부장관은 예산배정요구서와 월별자금계획에 의하여 분기별 예산배정계획을 작성하고 이를 국무회의의 심의를 거쳐 대통령의 승인을 얻은 후 경찰청장에게 예산배정을 하게된다. 이와 같이 배정받은 금액의 범위 내에서 경찰청장은 다시 전국의 16개 지방경찰청에 배분하고 지방경찰청은 자기 소속의 산하 경찰서에 해당예산을 재배정하는 절차를 행한다.

예산의 이용(豫算 移用) 예산집행상의 필요에 의해 미리 예산으로써 국회의 의결을 얻은 경우, 그 예산이 정한 각 기관간, 각 장(章), 관(款), 항(項)간의 금액을 기획재정부 장관의 승인을 얻어 서로 융통하는 일련의 활동을 말한다.

예산의 이월(豫算 移越) 세출예산 중에서 당해 회계연도에 지출을 필하지 못한 것을 익년도에 이월하여 익년도의 예산으로서 사용하는 것을 말한다.

예산의 전용(豫算 轉用) 예산의 집행시 필요에 따라서 각 중앙관서의 장이 경제기획원장관의 승인을 얻어 각 세항이나 목간(目間)의 금액을 서로 융통하는 것을 말한다.

예산의 증액수정(豫算 增額修正) 국회에서 정부가 제출한 예산의 원안에 없는 완전히 새로운 비목을 증가하거나 이들의 금액을 증액하는 수정을 가하는 일련의 활동을 말한다.

예산제도(豫算制度) 예산의 구조와 종류, 예산의 분류, 예산관계 법률과 조직, 예산과정 등을 말한다. 일반적으로 예산은 통제, 관리, 기획의 세 가지 기능이 있으며, 이러한 세 가지 기능에 대한 상대적 비중을 어떻게 두느냐에 따라 서로 다른 예산제도의 특징이 부여된다. 대표적인 예산제도 가운데 품목별 예산제도는 통제, 성과주의 예산제도는 관리, 계획 예산제도는 기획의 기능을 상대적으로 강조하는 제도들이다. 우리나라는 품목별 예산제도를 근간으로 하지만 계획 예산제도, 영기준 예산제도 등의 도입 시도가 있었고 최근에는 성과관리 예산제도의 확산에 노력하고 있다.

예산집행(豫算執行) 일반적으로 국가의 수입 · 지출을 실행 · 관리하는 모든 행위를 의미한다. 말 그대로 예산집행은 국회에서 의결한 세입세출 예산을 그대로 실행하는 것이지만 예산편성과 심의 때 미처 예견하지 못했던 사태에 대응하기 위한 제반 행위도 모두 포함된다. 특히 예산의 집행은 통제와 신축성이라는 상반된 목표를 동시에 추구한다는 특징을 지니고 있다. 그리고 대체로 예산과정의 다른 단계에 비해 사람들의 주목을 비교적 적게 받는 경향이 있다.

예장(禮裝) 경찰복제 가운데 예복차림의 복장을 말한다. 예장의 차림새는 ① 예모 ② 예복 ③ 단화 ④ 어깨 표장 및 소매 표장 ⑤ 와이셔츠 또는 블라우스 ⑥ 넥타이 ⑦ 가슴표장 · 경찰장 ⑧ 훈장 및 기장의 정장 또는 약장을 갖추어야 한다.

5가통(五家統) 조선시대 근대이전의 경찰제도 가운데 하나로 원래 당나라에서 활용되던 5가비(五家比)의 제도를 모방한 것으로 마을에서 자발적으로 부락방위상 조직된 것이라기 보다는 조정에서 강제로 조직된제도를 말한다. 조직으로는 경외(京外)를 막론하고 5호를 1통으로 두며, 서울에서는 통위에 방(坊)을 두고 방은 관령으로 하여금 통할하게 하였으며, 지방에서는 5통을 이(里)라하여 이정(里長)을 두며 몇 개의 리가 1면(面)을 형성하고 각 면에 권농관이 있어 이를 통솔하였다. 목적은 인보(隣保)의 상호부조와 연대책임을 기본으로 하여 호적과 호구를 명백히 하고 상호검찰과 상호부조, 나아가서는 예방경찰의 효과를 거두려는데 있었다.

오이디푸스 콤플렉스(Oedipus complex) 그리스 신화 오이디푸스에서 유래한 것으로 S. Freud가 정신분석학에서 쓴 용어이다. 구체적으로 남성이 부친을 증오하고 모친에 대해서 품는 무의식적인 성적 애착을 말하며, 남아의 모친에 대한 독점 의식은 부친과의 경쟁의식(증오감)을 유발하게 되고, 부친을 살해하거나 근친상간의 부정적 행위를 유발한다고 본다. 이러한 경향은 남근기(男根期: 3~5세)에서 분명하게 나타나며 잠재기(潛在期)에는 억압된다고 한다. 반면 성장기에 억압에 실패할 경우 신경증, 반사회적 행동이 발생할 가능성이 증대된다고 한다.

완전협조의 원칙(完全協助의 原則) 방첩활동의 기본원칙 가운데 하나이다. 이 원칙은 일반 국민의 적극적인 협력 없이는 방첩기관만으로 방첩의 사명을 완수할 수없기 때문에 전담기관과 보조기관 그리고 국민이 삼위일체가 되어 긴밀히 상호 협조(협력)하여야만 방첩목표를 달성할 수 있다는 원칙을 말한다.

외교사절(外交使節/diplomatic envoy) 외교교섭 기타의 직무를 수행하기 위하여 외국에 파견되는 국가의 대외적 대표기관을 말한다. 1961년 「외교관계에 관한 비엔나 협약」이 체결되어 국제법상 일반적인 제도로 정착되었다. 외교사절의 종류에는 상임 외교사절(상주사절 · 상치사절)과 임시 외교사절(특파 외교사절)이 있으며, 외교사절의 계급에는 대사, 공사, 대리공사의 세 가지가 있다.

외교사절의 종류(外交使節의 種類) 외교사절의 종류에는 상임사절과 임시사절의 두 종류가 있다. ① 상임사절: 접수국에 상주하며 외교관계를 처리하는 외교사절로서 대사, 공사, 대리공사의 계급이 있다. ② 임시사절: 특정한 외교교섭이나 국제회의 참석 또는 조약체결을 위해 일시적으로 파견하는 사무사절과 외국의 축전 또는 의식에 국가대표로 파견되는 예의사절이 있다.

외교사절 직무의 종료사유(外交使節 職務의 終了事由) 외교사절 직무의 종료사유에는 다음과 같이 여덟 가지가 있다. ① 본국으로부터의 소환, ② 접수국으로부터의 퇴거요구, ③ 사절의 승진으로 본래 임무가 종료되고 새로운 신임장을 요하는 경우, ④ 외교관계의 단절 또는 전쟁 발발, ⑤ 본국 또는 접수국 원수의 사망, 퇴임, 임기만료, ⑥ 본국 또는 접수국의 정체의 변경, ⑦ 본국 또는 접수국의 소멸, ⑧사절 본인의 사망 등이다.

외교특권(外交特權/diplomatic privilege) 치외법권 또는 특권과 면제라고도 한다. 외교관은 체재국법의 적용을 받지 않고 본국법을 따르는 국제법상의 특권을 말한다. 외교사절은 종류와 계급을 불문하고 일반 외국인과는 달리 국제법과 국제관습상 인정된 일정한 특권적 지위와 권리를 갖게 되는데 이를 외교특권이라 한다.

외국 경찰의 홍보 역사 미국 경찰의 홍보조직과 활동은 미국 경찰의 다양성과 복잡성으로 말미암아 한마디로 정의하기 어렵다. 하지만, 미국 경찰의 역사에서 경찰의 홍보활동의 중요성이 나타나기 시작한 것은 1960년대라고 할 수 있다. 미국의 경찰학자 Samuel Walker는 미국 경찰의 역사를 크게 3단계로 분류하였다. 1840년부터 1900년까지를 정치경찰 시대(Political era), 1900년대부터 1960년대를 전문화 경찰의 시대(professional policing), 1960년대 이후부터 현재까지를 경찰에게 갈등적 압력이 가중되는 시대(Conflicting Pressures of the police)로 구분하고 있다. 이러한 시대적 분류 중에서 경찰과 공중과의 관계와 경찰홍보의 중요성이 부각되기 시작한 시기는 경찰의 일반 대중들 사이의 위기가 시작된 1960년대라고 할 수 있다. 미국의 경우에 1960년대 도시에서의 소수민족의 폭동과 다양한 인권 시위 등이 빈발하게 되었고, 이러한 문제점 때문에 다양한 자문기구로부터 경찰개혁의 필요성이 제기되었다. 대표적으로 1967년 린든 존슨의 대통령 범죄 위원회로 알려진 [법집행 및 사법행정에 관한 대통령 위원회](President's commission on Law Enforcement and Administration Justice)와 1973년 [형사정책의 기준과 목표를 위한 국가 자문위원회](National Advisory Commission on Criminal Justice Standards and Goals)는 공통적으로 경찰조직이 강한 지역사회 유대 관계를 형성하고 좀 더 우호적인 언론관계를 형성할 것을 주문하였다. 특히 1973년 형사정책의 기준과 목표를 위한 국가 자문위원회](National Advisory Commission on Criminal Justice Standards and Goals)는 모든 경찰기관은 주민의 요구와 기대를 확인하고 그 요구와 기대를 실행한 후에 정책의 성과를 주민에게 알리는 것을 강조함으로써 주민과의 쌍방적 의사소통의 중요성을 인정할 것을 권고하면서, 다음과 같은 절차를 제안하였다.

첫째, 모든 경찰기관은 직원들을 통하여 주민과 효과적인 의사소통을 위한 정책을 즉시 채택할 것이다. 둘째, 대민업무를 할당받은 모든 직원은 경찰과의 접촉, 절차 그리고 기대에 관한 질문에 응답하기 위한 충분한 정보를 가지고 있어야 한다. 셋째, 대민담당자에 의하여 수집된 자료는 경찰기관의 명령계통을 통하여 접수해야만 하고 적당한 절차에 따라 처리되어야 한다. 넷째, 일정한 규모의 집단에 봉사하고 있는 모든 경찰기관은 그 집단의 요구를 파악하여야 하고 그들과의 효과적인 의사소통을 보장하기 위하여 적당한 방법을 개발하여야 한다. 다섯째, 상당수의 영어를 못하는 주민에게 봉사하고 있는 모든 경찰기관은 경찰업무에 관한 요청에 응답하기 위하여 2개 국어에 능통한 직원을 가지고 있어야 한다. 자문 위원회의 이러한 권고사항 이후에 현재 미국의 대부분의 경찰조직은 경찰과 지역사회의 동반자 관계를 강화하고, 경찰과 지역사회 사이의 연락담당관 (Community Liaison officer)을 조직 구성에 포함하고 경찰의 정책 개발에서도 시민들과 적극적으로 교류하고 있다. 예를 들어 뉴욕 경찰의 홍보 조직은 경찰국장의 한 참모로서 일반인으로 임명된 공보담당 부국장이 있으며, 그 밑에 지역사회 부서가 설치되어 있다. 이 부서는 다시 프로그램 개발분과(Program Development Branch), 지역사회연락분과(Community Liaison Branch), 홍보분과(Public Information Branch)등의 3개 분과 등에서 특별 채용된 민간 홍보요원을 포함한 27명의 직원이 다양한 경찰홍보 활동을 실행하고 있다. 영국 경찰의 홍보 역사는 1919년에 런던 경시청에 언론 홍보실(Press office)을 설치한 것이 공식적 홍보활동의 시작이다. 하지만 당시 언론홍보실을 설치한 이유는 기자들이 경찰들에게 뇌물을 주고 기사가 될 만한 정보를 빼가는 것은 막기 위한 것이었다. 이후에도 영국경찰과 언론매체 간에 불안정한 관계를 유지해 왔는데, 1962년 경찰문제 왕립조사단이 전 경찰에 언론홍보실을 설치하는 등 대중매체 관계를 개선하기 위한 새로운 제도적 장치를 마련하도록 권고하였고, 1962년 왕립조사단의 권고 이후 영국전역 43개의 경찰청에는 언론홍보실이 갖추어 지게 되었고, 이러한 언론공개 정책이 경찰과 언론매체사이의 부정적인 관계를 청산하는 계기가 되었고, 이후 런던 경시청은 대민업무부서 및 대민 연락관 제도, 지역 담당관 제도, 이웃 감시제도를 운영하여 적극적인 홍보활동을 펼치고, 경찰관련 방송프로그램 제작에도 많은 지원과 참여를 하고 있다(신현기 · 류준혁, 2011: 311).

외국기관(外國機關) 외국공관(대사관 · 영사관 · 대표부 등)에 포함되지 않는 기관으로 외국정부나 국제기구에 소속된 기관 또는 외국인학교 등을 말한다.

외국상사(外國商社) 외국기업의 한국지점 및 연락사무소, 외국자본이 100% 투자하고 있는 기업체, 외국과 합작으로 설립 · 운영되고 있는 외국기업의 국내합작업체 등을 포함한다.

외국인(外國人) 외국인의 개념에서 최광의 개념은 자국의 국적을 가지지 않은 모든 사람으로서 무국적자와 외국국적을 가진 자를 포함한다. 광의의 개념은 일반적으로 외국인의 국제법상 지위를 논할 때의 외국인에 대한 개념으로, 자국의 국적을 가지지 않은 무국적자를 포함한 외국국적을 가진 사인(私人)을 말하며, 국가원수와 외교사절, 군대의 구성원 등 공적기관의 지위에 있는 자는 제외한다. 협의의 개념은 무국적자를 제외한 외국국적을 가지고 있는 모든 사람을 말한다.

외국인 등록(外國人 登錄) 우리나라에 90일을 초과하여 체류하는 외국인에 대하여 등록하도록 함으로써 장기체류하는 외국인의 체류 현황 및 신분관계를 정확히 파악하고, 이를 행정시책에 반영하여 국제법상 외국인에게 부여한 권리를 보호하는 것을 말한다.

외근경찰(外勤警察) 대체로 광의와 협의로 구분할 수 있는바 광의의 외근경찰은 순수한 내근 경찰을 제외한 외근 활동 위주의 모든 경찰을 말하며, 협의의 외근경찰은 파출소에 근무하는 경찰과 이에 대한 관리 업무를 담당하는 경찰을 포함하는 개념이다.

그런데, 일반적으로 외근경찰이라 부를 때는 후자인 협의의 외근경찰을 말한다. 즉, 외근경찰이란 경찰의 업무별 구별에 의한 한 분야로서 지구대를 활동 거점으로 하여 일정한 담당 구역을 가지는 경찰관이 제반 경찰 사안에 즉응하는 활동 체제에 의하여 경찰 업무를 일반적이며 초기적으로 수행하는 경찰 활동을 말한다.

외근근무(外勤勤務) 외근경찰관이 행하는 제반 근무를 총칭하는 것으로 현행 외근경찰관근무규칙(경찰청훈령)은 기본근무, 특수근무, 병행근무로 구분하여 17가지의 근무를 규정하고 있다. 따라서 파출소장은 매일 17가지의 근무유형에 의하여 직원들의 근무를 지정한다. 이와 같이 외근경찰의 근무는 일상적으로 정형화된 근무 형식이 정하여져 있는 것이 타 전담경찰과 다른 점이다. 그러나 외근경찰관근무규칙상의 외근근무방법이 정형화되어 있지만 실제 업무 수행시 발생되는 각종 사안은 다양하고 돌발적이어서 예측이 곤란하므로, 이러한 대상에 효과적으로 대처하기 위한 고도의 직무수행능력이 요청된다.

외사경찰(外事警察/Foreign Affairs Police) 외국인, 해외교포 또는 외국과 관련된 기관이나 단체 등 외사대상에 대하여 이들의 동정을 관찰하고 이들과 관련된 범죄를 예방 · 단속하는 것을 주된 임무로 하는 경찰활동을 말한다.

외사경찰의 대상(外事警察 對象) 외사경찰의 대상은 다음과 같이 다섯 가지로 구분할 수 있다. ① 주한 외국인 또는 외국기관이나 단체가 대한민국 내에서 저지른 범죄, ② 내국인 또는 해외교포가 외국에서 저지른 범죄, ③ 내국인이 외국인 또는 외국기관이나 단체 등과 연계하여 저지른 범죄, ④ 외국인이 외국에서 대한민국 또는 대한민국 국민을 대상으로 저지른 범죄, ⑤ 간첩이나 불순분자가 제3국을 통한 우회 침투를 방지 · 색출하고 무장 · 과격분자 또는 국제범죄단체 등에 의한 테러 또는 납치 등 국제성 범죄 등이다.

외사경찰의 대상의 특성(外事警察의 對象의 特性) 외사경찰은 국내에 체류하고 있는 외국인, 외국기관 · 단체 또는 해외교포를 주요대상으로 하기 때문에 일반경찰 활동과 구별되며, 국내 치안질서 유지와 반국가적 행위의 예방단속에 대해서도 그 대상이 외국인 또는 해외교포라는 점에서 일반정보 및 보안활동과 구별된다. 또한 외사경찰은 외교사절도 그 대상으로 하고 있다.

외사경찰의 법적 근거(外事警察의 法的 根據) ① 직접적인 근거: 재외국민 · 외국인 및 이에 관련되는 신원조사, 외국경찰기관과의 협력 및 교류, 국제형사경찰기구에 관련되는 업무, 외사정보의 수집 · 분석 및 관리, 외국인 또는 외국인과 관련되는 간첩의 검거공작 및 범죄의 수사 · 지도, ② 간접적인 근거법규: 헌법 제6조의 조약과 국제법규의 효력에 관한 규정, 경찰법 제3조, 경찰관직무집행법 제2조.

외사경찰의 이론적 근거(外事警察의 理論的 根據) 다음과 같이 크게 두 가지로 요약될 수 있다. ① 국제화에 능동적으로 대처: 국제화로 인한 외국인 관련 범죄의 양적 · 질적 증가에 능동적으로 대처하기 위해서는 전문적으로 외국인 범죄만을 전담할 수 있는 경찰부서의 인력확보가 필수적이다. ② 국가이익의 확보: 적극적이고 전문적인 외사경찰 활동을 통하여 대외 통상관계 외교정책을 수립하는데 필요한 정보를 수집하며, 외국인 관련 경제범죄에 효율적으로 대처함으로써 국가이익을 확보하는데 기여하여야 한다.

외사경찰의 일반적 특성(外事警察의 一般的 特性) 다음과 같이 네 가지로 구분되고 있다. ① 고도의 기술성: 외국인의 특성, 국제관례, 외국의 정치 · 경제 · 사회 · 문화 등에 관한 충분한 이해와 외국어 능력 등 고도의 기술성이 요구된다. ② 국가법익의 보호: 개인의 이익보다는 국가의 안전과 국익의 보호를 우선시 한다. ③ 비공개성: 외사경찰업무를 수행함에 있어서 신분과 업무내용의 비밀보장이 필수적이다. ④ 비노출성: 외사업무 대부분은 국제외교상에 직접적인 영향을 미치기 때문에 외사활동의 은밀성과 비밀성이 요구된다.

외사경찰의 중요성(外事警察의 重要性) 세계화와 자유시장경제체제라는 새로운 국제질서 속에서 대외무역의 증가, 새로운 국가와의 교류확대, 해외여행자의 증가, 관광객 및 외국인 노동자를 비롯한 국내체류 외국인의 증가 등 외사경찰의 대상이 급증하는 추세에 있으므로 외사경찰의 중요성은 더욱 증대되고 있다.

외사경찰의 활동에 대한 법률과 조약(外事警察의 活動에 대한 法律과 條約) ① 법률: 출입국관리법, 범죄인 인도법, 국제형사사법공조법, 여권법, 밀항단속법, 외국환거래법, 외국인토지법, 외국인투자촉진법, 대외무역법 등, ② 조약: 한미행정협정(SOFA), 범죄인인도조약, 형사사법공조조약, 외교 및 영사관계에 관한 비엔나 협약 등이다.

외사범죄(外事犯罪)　일반 외사범죄와 국제성 범죄로 구분한다. 통상 외국인 범죄는 주로 국내체류 외국인에 의한 외국인 범죄와 내국인의 외국관련 범죄를 포함하는 것으로서 성질상 국제성 범죄에 속하지 않는 범죄를 말한다.

외사범죄의 특징(外事犯罪의 特徵)　① 직접적 · 개인적 피해가 없으므로 국민의 피해의식이 약하다. ② 조직적 · 계획적 · 광역적이며 일반범죄에 비해 잘 노출되지 않는다. ③ 외교특권 등이 이용되기도 한다. ④ 수사상 섭외사건에 관한 특칙이 적용된다.

외사보안활동(外事保安活動)　주한 외국인, 주한 외교사절, 주한 외국기관, 상사단체, 외국인과 관계있는 내국인, 해외교포, 출입국자 등 각종 외사활동의 객체를 대상으로 간첩행위 등 국가보안법 위반이나 산업스파이 등 기타 반국가적 행위 여부를 관찰하여 대한민국의 안전과 이익 또는 사회 공공의 안녕과 질서를 유지하는 목적을 가진 외사경찰의 활동을 말한다. 외사보안활동의 내용으로는 ① 외사보안업무, ② 외사동향관찰업무, ③ 외사방첩업무 등이 있다.

외사수사활동(外事搜查活動)　주한 외국인, 주한 외교사절, 주한 외국기관 등 각종 외사활동의 객체를 대상으로 그 범죄 및 범죄자에 대하여 공소를 제기하고 이를 유지하기 위한 준비절차로서 범죄사실을 탐지하고, 범인을 검거, 조사하며, 증거를 수집 · 보전하는 외사경찰의 활동을 말한다. 일반수사활동과의 차이점은 그 대상이 외국인 또는 해외동포, 외국인 관련사건이라는 점과 활동무대가 국내에 한정되지 않다는데 있다.

외사요원의 임무(外事要員의 任務)　외사요원관리규칙상(경찰청 훈련 제36호) 외사요원이람 함은 다음의 업무를 취급하는 경찰공무원을 말한다. ① 외사정보업무, ② 외사방첩공작업무, ③ 외사수사업무, ④ 국제협력업무, ⑤ 해외주재업무 등이다.

외사정보활동(外事情報活動)　각종 외사활동의 객체를 대상으로 외사첩보를 수집하고 분석하여 정책수립 자료로 제공함으로써 경찰상 또는 국가안보상의 위해를 사전에 제거하고 그 대책을 마련하여, 대한민국의 안전과 이익 또는 사회공공의 안전과 질서를 유지하는 목적을 가진 외사경찰의 활동을 말한다.

외사협력 자문위원회(外事協力 諮問委員會)　2006년 4월 27일 외국인과 관련된 치안정책의 수립과 집행에 대한 자문을 위하여 경찰청장 소속하에 발족하였다. 위원장 포함 10인 이상 30인 이내로 구성하고 위원의 임기는 2년(연임가능)이며 위원(장)은 모보수 명예직이나, 예산의 범위 내에서 여비 등을 지급할 수 있도록 하고 정기회의는 반기에 1년 개최하도록 규정하였다.

요보호소년(要保護少年)　비행소년은 아니나 학대 · 혹사 · 방임된 소년 또는 보호자로부터 유기 또는 이탈되었거나 그 보호자가 양육할 수 없는 경우 기타 경찰관직무집행법 제4조 또는 아동복지법에 의하여 보호를 요하는 자(미아, 기아, 가출아, 혹사소년 등)를 말한다.

요점순찰(要點巡察) 순찰구역 내의 중요지점을 지정하여 순찰자는 반드시 그곳을 통과하며, 지정된 요점과 요점 사이에서는 난선순찰 방식에 따라 순찰하는 방법이다. 정선순찰과 난선순찰의 장점을 절충한 방식으로 중요 요점에만 순찰함이 놓이게 되므로 순찰함이 정선순찰에 비해 적게 소요된다.

욕구단계이론(慾求段階理論/needs hierarchy theory) 매슬로우(A. H. Maslow)는 욕구5단계이론을 제시하며 인간의 욕구는 다섯 계층으로 이루어지며 하위 욕구로부터 상위 욕구로 전개된다고 주장하였다. 인간의 욕구단계는 5단계로서 1단계는 생리적 욕구(physiological needs) 단계로서 이는 인간의 가장 기본적인 욕구를 의미하며 의식주 및 성적 욕구 등이다. 2단계 욕구는 안전욕구(safety needs)단계로서 안전과 보호, 경제적 안정, 질서 등에 대한 것으로 일종의 자기 보전적 욕구를 말한다. 3단계 욕구는 사회적 욕구(social needs)의 단계로서 인간은 사회적 동물로서 여러 집단에 소속되고 싶고 그러한 집단으로부터 받아들여지기를 원하는 욕구로 소속욕구, 애정욕구 등이다. 4단계의 욕구는 존경욕구(esteem needs)로서 스스로 자신을 중요하다고 느낄 뿐만 아니라 다른 사람들로부터도 인정되고자 하는 욕구이다. 지위, 존경, 인정, 명예, 위신, 자존심, 성공 등에 대한 욕구를 말한다. 5단계 욕구는 자아실현욕구(self-actualization needs)로서 성장, 자아실현 등을 통해 자신의 잠재 가능성을 실현하려는 욕구이다. 매슬로우는 인간의 욕구는 우선순위가 있고 가장 낮은 단계의 욕구에서 높은 욕구 단계로 순차적으로 발생한다고 보았다.

욕살(褥薩) 고구려의 지방관직 중 하나이다. 왕권 확립, 율령 반포(372년) 등을 통하여 5세기에는 정치 · 군사 · 경제제도 등을 완비하게 되었다. 당시 고구려는 신분관제로서 14관등체계를 갖추었고, 지방을 5부로 나누고 욕살(褥薩)이라는 지방장관을 두어 지방행정과 치안책임을 병행하게 하였다.

용공(容共) 공산주의 사상이나 공산주의자들의 활동을 긍정적으로 용인하는 태도나 자세를 말하며 그러한 용인태도를 주장 또는 행동으로써 외부로 표출하는 자를 용공분자라고 한다.

용역경비업법(用役警備業法) 1976년 12월31일 법률 제 2946호에 의거 제정 된 경비업에 관한 법률을 말한다. 즉, 용역경비업법이란 국가공공단체 또는 개인시설 등 경비수요자와의 도급계약에 의하여 그 단체나 시설 등을 경비하는 영업을 말한다.

우범소년(虞犯少年) ① 집단적으로 몰려다니며 주위 사람들에게 불안감을 조성하는 성벽(性癖)이 있는 소년, ② 정당한 이유 없이 가출하는 소년, ③ 술을 마시고 소란을 피우거나 유해환경에 접하는 성벽이 있는 소년을 말한다.

우범자(虞犯者) 범죄단체의 조직원 또는 불시 조직화가 우려되는 조직성 폭력배 중 범죄사실 등으로 보아 죄를 범할 우려가 있는 자, 살인, 방화, 강도, 강간, 강제추행, 마약류사범의 범죄경력이 있는 자 중 그 성벽, 상습성, 환경 등으로 보아 재범의 우려가 있는 자를 말한다. 한편 경찰서에서는 매 분기별로 3인 내지는 5인의 위원으로 구성된 우범자 편입 심사위원회를 개최하고 있다.

우범지역(虞犯地域/a crime-ridden district) 범죄가 자주 일어나거나 일어날 가능성이 높은 지역을 말한다.

우연출처정보 정보요원이 의도한 정보입수의 시점과는 무관하게 부정기적으로 얻어지는 정보를 말한다. 우연출처정보는 원칙적으로 정보요원에 의하여 취득되는 비밀출처정보라고 할 수 있다. 이는 다시 소극적 우연출처정보와 적극적 우연출처정보로 나눌 수 있다. 전자는 정보요원이 우연한 기회에 공개된 장소에서의 주변인물의 대화를 듣거나 행동을 관찰하는 경우 또는 사물의 상태를 관찰하게 되는 경우가 이에 해당한다. 한편 후자는 정보요원이 상시적인 정보출처로부터 관리하지 않은 인물의 자발적인 협조를 통하여 정보를 제공받는 경우이다.

운영연구(運營研究/OR: operation research) 군대에 있어서 '작전연구'라는 용어에서 유래된 것으로 제2차 세계대전 중 군수물자의 수입에 의존하는 것과 전체 생산에서의 비교 검토에 의해 수학적 방법이 동원되어 정책에 공헌한 것과 전쟁수행에 최대의 효과를 달성하기 위한 방법 등에 이용되었다. 이것을 관리적인 측면에서 보면 계획을 위한 기법, 운영을 위한 기법, 예측을 위한 기법, 전략을 위한 기법, 시뮬레이션에 의한 기법으로 OR은 관리정책의 결정에 관한 계량적인 기초를 주는 과학이다.

운영자 가장수법(Superzapping) 컴퓨터범죄의 유형 가운데 자료의 부정조작의 하나로서 컴퓨터가 고장났을 때 복구나 재작동 절차에 의하여 정상적으로 가동할 수 없는 경우에 비상용으로 사용하는 프로그램을 말한다. 절대권이용 범행이라고도 불리우는데, 이 프로그램이 작동할 때는 패스워드 등 각종 보안장치의 기능이 상실되어 컴퓨터 주기억장치에 수록된 모든 자료에 접근이 가능하기 때문에 컴퓨터의 고장을 수리하는 것처럼 하면서 그 안에 수록되어 있는 자료를 조작하거나 입수하는 방법 등에 의한 범행수법이다.

운전면허(運轉免許) 자동차 등을 운전하고자 하는 사람이 소정의 교육과정과 운전면허시험 등을 거쳐 지방경찰청장으로부터 받는 운전할 수 있음을 증명하는 공문서를 말한다. 운전면허의 종류는 ① 제1종 운전면허(대형면허, 보통면허, 소형면허, 특수면허), ② 제2종 운전면허(보통면허, 소형면허, 원동기장치자전거면허), ③ 연습운전면허(제1종 보통연습면허, 제2종 보통연습면허) 등이 있다. 운전면허는 1910년 8월 1일 미국에서 직업 운전기사를 대상으로 시행되기 시작하였다.

종별	구분	운전가능차량	취득가능연령
1종	대형 면허	승용자동차, 승합자동차(버스 포함), 화물자동차, 긴급자동차, 건설기계(덤프트럭, 아스팔트살포기, 노상안정기, 콘크리트믹서트럭, 콘크리트펌프, 트럭적재식 천공기), 특수자동차(트레일러 · 레커는 제외), 원동기장치자전거	만19세 운전경험 1년 이상
	보통 면허	승용자동차, 승차정원 15인 이하의 승합자동차, 승차정원 12인 이하의 긴급자동차(승용 및 승합자동차에 한함), 적재중량 12톤 미만의 화물자동차, 원동기장치자전거, 건설기계(도로를 운행하는 3톤 미만의 지게차에 한함)	만18세
	소형 면허	3륜화물자동차, 3륜승용자동차, 원동기장치자전거(125cc이하 이륜차)	만18세
	특수 면허	트레일러, 레커, 제2종보통면허로 운전할 수 있는 차량	만19세 운전경험 1년 이상
2종	보통 면허	승용자동차(승차정원 10인 이하의 승합자동차 포함), 적재중량 4톤 이하의 화물자동차, 원동기장치자전거	만18세
	소형 면허	배기량 126cc 이상의 이륜자동차(측차부 포함), 원동기장치자전거	만18세
	원동기장치 자전거면허	원동기장치자전거(125cc이하의 이륜차)	만16세
연습면허	1종 보통	승용자동차, 승차정원 15인 이하의 승합자동차, 적재중량 12톤 미만의 화물자동차	만18세
	2종 보통	승용자동차(승차정원 10인 이하의 승합자동차 포함), 적재중량 4톤 이하의 화물자동차	만18세

운전면허 결격사유의 범위 운전면허 결격사유에 해당하는 사람의 구체적인 범위는 대통령령에서 규정하고 있으며, ① 치매, 정신분열병, 분열형 정동장애, 양극성 정동장애, 재발성 우울장애 등의 정신질환 또는 정신 발육지연, 간질 등으로 인하여 해당 분야 전문의가 정상적인 운전을 할 수 없다고 인정하는 사람, ② 다리 · 머리 · 척추나 그 밖의 신체장애로 인하여 앉아 있을 수 없는 신체장애인, ③ 마약 · 대마 · 향정신성의약품 또는 알코올관련 장애 등으로 인하여 해당 분야 전문의가 정상적인 운전을 할 수 없다고 인정하는 사람을 말한다.

운전면허시험관리단(運轉免許試驗管理團) 운전면허 관련 사무와 운전면허시험장의 유지 및 관리에 관한 사무를 주로 관장하는 기관을 말한다. 주요 업무는 운전면허시험, 운전면허증의 제작 및 교부, 적성검사, 면허전산실 운영 등이다. 운전면허시험관리단은 1999년 12월 28일 경찰청 책임운영기관으로 신설되어 운영되어 오다가 2011년 1월 1일부로 도로교통공단으로 이관되었다.

운전면허의 취소 · 정지 지방경찰청장은 운전면허(연습운전면허는 제외)를 받은 사람이 다음 사항의 어느 하나에 해당하는 때에는 행정안전부령이 정하는 기준에 의하여 운전면허를 취소하거나 1년 이내의 범위에서 운전면허의 효력을 정지시킬 수 있다. ① 술에 취한 상태에서 자동차등의 운전을 한 때, ② 술에 취한 상태에 있다고 인정할 만한 상당한 이유가 있음에도 불구하고 경찰공무원의 측정에 응하지 아니한 때, ③ 약물의 영향으로 인하여 정상적으로 운전하지 못할 우려가 있는 상태에서 자동차 등을 운전한 때, ④ 교통사고로 사람을 사상한 후 필요한 조치 또는 신고를 하지 아니한 때, ⑤ 운전면허를 받을 수 없는 사람이 운전면허를 받거나 허위 그 밖의 부정한 수단으로 운전면허를 받은 때 또는 운전면허효력의 정지기간 중 운전면허증 또는 운전면허증에 갈음하는 증명서를 교부받은 사실이 드러난 때, ⑥ 법규정에 의한 적성검사를 받지 아니하거나 그 적성검사에 불합격된 때, ⑦ 법규정에 의한 기간 이내에 운전면허증을 갱신하지 아니하고 1년이 경과된 때, ⑧ 운전중 고의 또는 과실로 교통사고를 일으킨 때, ⑨ 운전면허를 받은 사람이 자동차 등을 이용하여 살인 또는 강간 등 행정안전부령이 정하는 범죄행위를 한 때, ⑩ 다른 사람의 자동차 등을 훔치거나 빼앗은 때, ⑪ 다른 사람이 부정하게 운전면허를 받도록 하기 위하여 운전면허시험에 응시한 때, ⑫ 교통단속임무를 수행하는 경찰공무원등 및 시 · 군공무원에 대하여 폭행한 때, ⑬ 운전면허증을 다른 사람에게 빌려주어 운전하게 하거나 다른 사람의 운전면허증을 빌려 이를 행사한 때, ⑭ 자동차관리법 규정에 의하여 등록되지 아니하거나 임시운행허가를 받지 아니한 자동차(이륜자동차를 제외)를 운전한 때, ⑮ 제1종 보통면허 및 제2종 보통면허를 받기 전에 연습운전면허의 취소사유가 있었던 때. 이밖에 다른 법률의 규정에 의하여 관계 행정기관의 장이 운전면허의 취소 또는 정지의 처분을 요청한 때와 도로교통법이나 이 법에 의한 명령 또는 처분을 위반한 때에도 마찬가지이다. 운전면허의 취소 또는 정지의 처분을 받은 사람은 그 사유가 발생한 날부터 7일 이내에 주소지를 관할하는 지방경찰청장에게 운전면허증을 반납하여야 한다.

운전자의 준수사항 모든 차의 운전자는 법률의 규정에 의거하여 다음의 사항들을 준수하여야 한다(도로교통법 제49조). ① 물이 고인 곳을 운행하는 때에는 고인 물을 튀게 하여 다른 사람에게 피해를 주는 일이 없도록 하여야 한다. ② 다음의 어느 하나에 해당하는 때에는 일시정지하여야 한다. ㉠ 어린이가 보호자 없이 도로를 횡단하는 때, 어린이가 도로에서 앉아 있거나 서 있는 때 또는 어린이가 도로에서 놀이를 하는 때 등 어린이에 대한 교통사고의 위험이 있는 것을 발견한 때, ㉡ 앞을 보지 못하는 사람이 흰색지팡이를 가지거나 맹도견을 동반하고 도로를 횡단하고 있는 때, ㉢ 지하도 또는 육교 등 도로횡단시설을 이용할 수 없는 지체장애인이나 노인 등이 도로를 횡단하고 있는 때, ③ 자동차의 앞면 창유리 및 운전석 좌우 옆면 창유리의 암도(暗度)가 낮아서 교통안전 등에 지장을 줄 수 있는 정도로서 가시광선의 투과율이 대통령령이 정하는 기준 미만인 차를 운전하지 아니할 것. 다만, 요인경호용 · 구급용 및 장의용(葬儀用) 자동차는 제외한다. ④ 교통단속용 장비의 기능을 방해하는 장치를 한 차나 그 밖에 안전운전에 지장을 줄 수 있는 것으로서 행정안전부령이 정하는 기준에 적합하지 아니한 장치를 한 차를 운전하지 아니하여야 한다. ⑤ 도로에서 자동차등을 세워둔 채로 시비 · 다툼 등의 행위를 함으로써 다른 차마의 통행을 방해하지 아니하여야 한다. ⑥ 운전자가 운전석으로부터 떠나는 때에는 원동기의 발동을 끄고 제동장치를 철저하게 하는 등 차의 정지상태를 안전하게 유지하고 다른 사람이 함부로 운전하지 못하도록 필요한 조치를 하여야 한다. ⑦ 운전자는 안전을 확인하지 아니하고 차의 문을 열거나 내려서는 아니 되며, 승차자가 교통의 위험을 일으키지 아니하도록 필요한 조치를 하여야 한다. ⑧ 운전자는 정당한 사유 없이 다음의 어느 하나에 해당하는 행위를 하여 다른 사람에게 피해를 주는 소음을 발생시키지 아니하여야 한다. ㉠ 자동차 등을 급히 출발시키거나 속도를 급격히 높이는 행위, ㉡ 자동차 등의 원동기의 동력을 차의 바퀴에 전달시키지 아니하고 원동기의 회전수를 증가시키는 행위, ㉢ 반복적이거나 연속적으로 경음기를 울리는 행위, ⑨ 운전자는 승객이 차 안에서 안전운전에 현저히 장해가 될 정도로 춤을 추는 등 소란행위를 하도록 내버려두고 차를 운행하지 아니하여야 한다. ⑩ 운전자는 자동차 등의 운전 중에는 휴대용 전화(자동차용 전화를 포함)를 사용하지 아니하여야 한다. 다만, 다음의 어느 하나에 해당하는 경우에는 그러하지 아니하다. ㉠ 자동차 등이 정지하고 있는 경우, ㉡ 긴급자동차를 운전하는 경우, ㉢ 각종 범죄 및 재해 신고 등 긴급한 필요가 있는 경우, ㉣ 안전운전에 장애를 주지 아니하는 장치로서 대통령령이 정하는 장치를 이용하는 경우, ⑪ 운전자는 자동차의 화물 적재함에 사람을 태우고 운행하지 아니하여야 한다.

ONE-STOP 민원서비스 민원실에서 경찰근거리 통신망(LAN)을 이용하여 각 부서와 네트워크를 구축하여 민원서류 발급요청 등 각종 민원 발생시 전산망을 이용하여 즉시처리하는 제도를 말한다. ONE-STOP 민원서비스는 민원인이 1회 방문을 통하여 민원을 해결함으로써 대국민서비스를 한층 더 향상시키는 데 그 목적이 있다.

원주 한라대학교 경찰행정학과 2006년 교육부의 학과신설을 위한 인가를 받아 2007년 3월에 개교했다. 강원도 원주시 한라대길 28에 위치하고 있으며 학부과정에서는 학년별 50명을 선발하고 있으며, 2012년에 석사과정이 개설되었다. 2012년 현재 20여명의 경찰공무원과 형사사법 기관 및 기타 공무원을 배출하였으며, 특히 일반순경 채용고시에서는 전국수석을 배출한 바 있다.

ONE-TWO UP 작전 일본 오사카경찰에서 1994년 지역사회 경찰활동을 강화하기 위하여 구체적 활동의 대상을 정한 지역경찰 쇄신 전략을 말한다. 이 전략은 지역경찰체제와 실무능력의 향상, 지역사회의 결속강화는 물론 '생각하는 지역경찰관'을 육성하기 위한 전략이다.

위생경찰(衛生警察) 식품위생법에 의한 음식물의 단속, 의료법과 약사법 등에 의한 단속, 검역법에 의한 검역 등의 조치를 담당하는 경찰을 말한다. 즉, 국민의 건강을 보호할 목적으로 그에 대한 장해를 예방하거나 제거하기 위해 행하는 경찰을 말한다.

위아(尉衙) 고려시대에는 현위(縣尉)를 장으로 하는 위아라는 지방기관이 설치되어 있었는데, 이 기관의 성격에 대하여 위아를 현재의 경찰서, 현위를 경찰서장이라고 주장하는 견해가 있어 주목되는바, 현위는 현 내의 비행 및 범죄의 방지와 그 처리, 치안불안 지역에서의 질서회복 · 유지임무를 담당하였다고 한다.

위원회조직(委員會組織/committee organization) 다수의 합의체 조직으로 계층제에 의한 의사결정보다는 회의에 의해 의사결정이 이루어지는 조직형태이다. 위원회 조직은 독립적인 조직이라기보다 계층제적 조직에 부속되어 그 조직을 보조하며 다수의 위원에 의해 의사결정이 이루어지는 독임제의 계층제와 구분된다. 위원회 조직은 집단토의의 기회를 제공하며 광범위한 의견을 종합 할 수 있는 장점이 있다. 반면에 다양한 의견의 표출로 시간이 지연되어 낭비를 초래할 위험이 있고 소수의 유력한 위원에 의해 회의가 지배될 수 있는 단점이 있다.

위임명령(委任命令) 법률에서 위임을 받은 사항에 대하여 법률 내용을 보충하기 위해 내리는 행정관청의 명령으로, 법률에서 구체적으로 범위를 정하여 위임받은 사항에 관하여 발하는 법규명령을 말한다. 대통령은 법률에서 구체적으로 범위를 정하여 위임받은 사항과 법률을 집행하기 위하여 필요한 사항에 관하여 대통령령을 발할 수 있고, 국무총리 또는 행정각부의 장관은 소관 사무에 관하여 법률이나 대통령령의 위임 또는 직권에 의하여 총리령 또는 부령을 발할 수 있으며 중앙선거관리위원회는 법령의 범위 안에서 선거의 관리 등에 관한 규칙을 제정할 수 있다. 위임명령은 사실상 법률의 내용을 보충하는 것이기 때문에 보충명령이라고도 한다. 위임받은 범위 안에서는 새로운 법규사항을 정할 수 있다.

위임사무(委任事務) 지방자치단체 또는 그 기관이 국가 또는 다른 공공단체의 위임에 의하여 행하는 사무로서 고유사무(공공사무)에 대응하는 개념이다. 단체위임사무와 기관위임사무 및 사인에 대한 위임사무 등이 있다. 단체위임사무는 보건소의 설치 · 경영, 도로 · 하천의 비용에 관한 사무 등이 이에 속하며, 사무 처리의 면에서는 고유사무와 유사하다. 기관위임사무는 자치단체의 장 기타의 기관에 대한 위임사무 등이며, 그 기관은 특히 국가사무를 위임받아 처리하는 범위 내에서 국가기관의 지위에 있게 된다. 자치단체의 장의 기관위임사무처리에 대해서는 지방의회는 그에 관여할 수 없다.

위임입법(委任立法/delegated legislation) 입법부 이외의 국가기관이 일반적 · 추상적 규범을 정립하는 것으로, 법률의 위임에 의하여 입법부 이외의 국가기관 특히 행정부의 기관이 법규를 제정하는 것을 말한다. 입법권은 의회의 고유 권한이나 복잡한 현대사회에서 모든 법규를 국회가 제정한다는 것은 현실적으로 곤란하다. 때문에 법률은 그 대강 또는 추상적인 규준을 정하고 구체적 · 실제적인 규정은 행정기관에 위임하는 위임입법이 증가하고 있다.

윈체스터법(Statude of Winchester) 1285년 에드워드 1세가 반포한 법령으

로 조직적인 경찰제도를 확립하려는 독특한 조치로서 런던 내외에서의 야경 및 경비제도를 규정한 법을 말한다. 이 법은 평화유지를 부락책임제로 하는 종래의 원칙을 법으로 명문화하고, 주야간 파수제를 도입하였다. 이 법은 근대경찰이 탄생하기 이전까지 무려 500년 이상을 두고 시행된 영국 중세 경찰제도의 기본법이었다. 치안판사의 지휘 · 감독 아래 치안관(Constable)이 법을 집행하였다.

유괴사건(誘拐事件) 미성년자를 대상으로 한 인질강도죄를 의미하는 것으로 형법상의 약취와 유인의 죄를 포함하는 개념이다. 유괴사건의 기본정신은 신속수사의 원칙, 과학수사의 원칙, 비밀수사의 원칙, 합법수사의 원칙 등이 있다. 범죄의 특징은 ① 계획적인 범죄이다. ② 연고감 · 지리감이 있다. ③ 감금 · 협박을 수단으로 한다. ③ 공범자가 있는 것이 보통이다. ④ 범행객체는 주로 어린이와 부녀자이다. ⑤ 검거가 장기화되면 피유괴자가 살해될 가능성이 있다. ⑥ 범인이 전화를 이용한 협박을 한다.

유기준 의원의 자치경찰제 모형도 17대와 18대 한나라당에서 국회의원을 지낸 유기준 의원은 2007년 자치경찰제 도입안으로서 국가경찰은 그대로 유지하면서 시 · 도지사 밑에 자치경찰제를 운영하는 모델을 제시한 바 있으나 논의에 그쳤다. 그러나 그의 모델은 광역자치단체 차원에서 자치경찰제를 도입해야 한다는 도입안을 제시했다는 점에서 시 · 도지사협의회 등으로부터 높은 지지를 받았다. 그의 모델은 특히 노무현 참여정부가 기초자치단체 차원에서 자치경찰제를 도입한다는 모델에 대항한 것으로 우리나라 자치경찰학자들로부터 큰 의미를 지니고 있는 모델이라고 평가되었다. 그의 모형은 다음과 같다.

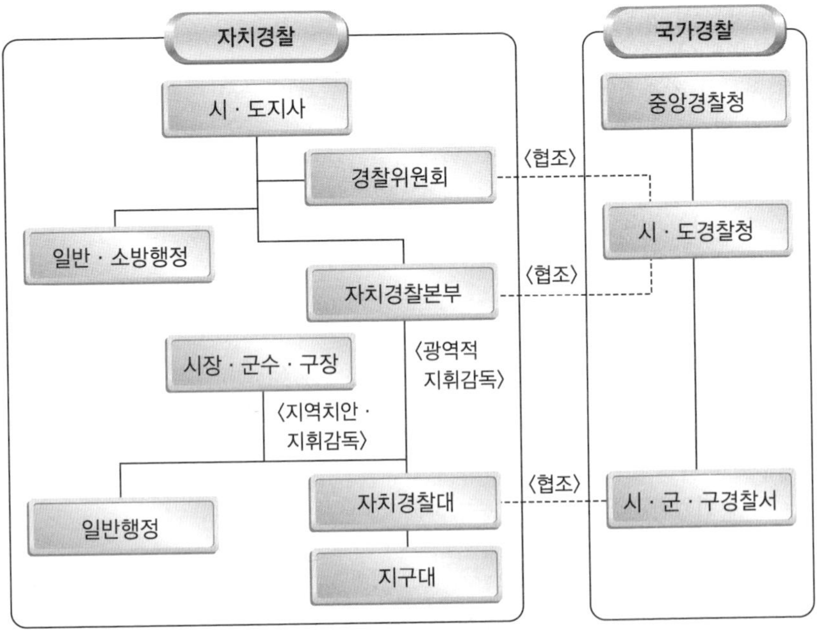

유네스코(UNESCO) United Nations Educational Scientific and Cultural Organization의 약어로서 국제연합교육과학문화기구를 말한다. 국제연합(UN)과 제휴하는 전문기구의 하나로써 교육 · 과학 · 문화에 관한 국제협력을 촉진하여 세계의 평화와 안전에 공헌함을 목적으로 한다. 1945년 발족하였으며, 총회 · 집행이사회 · 사무국이 있고 본부는 파리에 있다. 우리나라는 1964년 6월 14일 회원국이 되었다.

유럽형사경찰기구(EUROPOL) European Police Office의 약자로서 1990년 유럽형사경찰 중앙사무소 설치에 관한 제의가 그 시초가 되었으며, 1995년 7월 26일 유럽연합조약에 근거하여 네덜란드 헤이그에 본부를 설치하였으며, 실질적인 활동은 1999년 7월 1일부터 시작되었다. 임무로는 ① 각 국가단위의 자발적 동기에 의하여 그들의 임무수행에 필요한 정보를 유로폴에 제공한다. ② 정보를 계속 보관하고 이를 개발 · 전파하는 것이다. 기구로는 관리위원회와 단장, 연락요원을 두고 있다.

유로코뮤니즘(Euro Communism) 1970년대 중반 스페인, 프랑스, 이탈리아 등 세 나라의 공산당에 의해 주창된 이론으로 자본주의 국가의 발전과 공산주의 국가에서의 모순점 등장으로 기성 공산주의에 대한 근본적인 회의와 재검토가 필요하게 되자 독자적인 노선, 프롤레타리아독재 폐기와 민주주의 가치의 중시 등을 표방하여 고전적 공산주의의 수정을 주창하였다. 즉, 유로코뮤니즘은 유럽식의 공산주의를 말한다.

유류품 수사(遺留品 搜査) 범죄현장 및 그 부근에 남겨져 있는 흉기나 착의 등 유류품에 대하여 그 출처를 추적하여 범인을 색출하는 수사방법을 말한다. 유류품수사의 효과는 직접 범인의 추정을 비롯하여 범인의 속성 추정, 범인의 행동 추정, 범행 상황 등을 추정할 수 있다. 구별개념은 다음과 같다. ① 유류품: 범인이 소지하고 있었던 흉기, 의류, 휴지 등 범죄현장 및 그 부근에 유류한 물건 ② 흔적: 범인이 범죄현장 및 그 부근에 남겨놓은 물흔, 차량흔, 도구흔 등을 의미하며, 물품과 같이 수사할 수 있는 흔적 ③ 유류물: 지문, 장문, 족문, 혈액, 정액, 타액 등의 신체적인 소산물 등이다.

유선통신망(有線通信網/MSPP) 경찰전산화 및 경찰 FAX처럼 일련의 정보를 송신하고 수신하는 데 있어서 유선설비나 회선을 이용하는 일련의 통신망을 의미한다.

유언비어(流言蜚語) 공작목표에 따라 확실한 근거가 없고 출처가 불분명한 풍설을 퍼뜨리는 것을 말한다.

유연근무제(柔軟勤務制) 공무원이 근무하는 동안 일정한 시간과 공간에 제한 받지 않고 탄력적으로 근무하는 제도이다. 이것은 개인의 특성과 환경에 따라 주

근무시간을 제외하고는 편리한 시간에 근무할 수 있도록 시간과 공간에 구애받지 않고 근무하는 제도이다. 또 이것은 출 · 퇴근시간이 자유로울 뿐만 아니라, 경우에 따라 출근하지 않고 집에서 근무하는 재택근무의 한 형태를 취할 수 있는 제도이다. 이와 같이 유연근무제는 업무와 근무형태에 따라 다양한 방법으로 사용되고 있다.

유인포스트(授受者) 비밀공작에 있어서 조직구성원 간의 접촉 없이 문서나 물건 등의 전달을 매개해 주는 제3자인 중간 연락자를 말한다. 유인포스트는 노출 가능성이 크기 때문에 보통 비상시에만 사용한다.

유전(遺傳/heredity) 동일한 속성이 선조와 자손에 나타나는 것을 유전이라고 한다. 다만 유전되는 것은 외면적인 것이 아니고 유전소질(유전자)이다. 범죄학에 있어 유전은 자손의 범죄발현에 중요한 유전적 결합의 내용을 밝히는 문제(유전부인연구), 선조의 범죄성이 과연 자손에 유전되는지를 밝히는 문제(통계방법에 의한 연구, 범죄인가계연구, 쌍생아연구, 양자연구 등)를 주로 설명한다. 그러나 유전소질과 범죄의 관계를 필연적으로 보지 않는 것이 일반적이며, 범죄학상 유전소질이 범죄에 어떠한 영향을 미치는가 하는 점이 문제된다.

유족급여(遺族給與) 전 · 현직 공무원이었던 사람이 사망 당시에 그에 의해서 부양되고 있는 유족(배우자, 자, 부모, 손 및 조부모)에게 지급되는 급여의 한 종류를 뜻한다. 유족급여의 종류는 유족연금, 유족연금기부금, 유족연금일시금, 유족일시금, 순직보조금 등의 형태로 분류되고 있다.

유족보상금(遺族補償金) 공무원이 공무와 관련해 질병이나 부상으로 사망하거나 퇴직한 지 3년 이내에 그것이 원인이 되어 사망에 이른 경우 보수월액의 36배에 해당하는 금액을 지급하는 제도이다.

유치(留置) 피의자의 도주, 증거인멸, 자해행위, 통모행위, 도주원조 등을 미연에 방지하고 동시에 유치인의 건강을 보호하기 위하여 신체의 자유를 구속하는 것을 말한다. 유치의 목적은 피의자(피고인, 구류자 및 의뢰 입감자 포함)의 유치 및 호송의 적정을 기하기 위하여 필요한 사항을 규정함에 있다. 특히 피의자를 유치함에 있어서는 형사범과 구류수, 20세 이상인 자와 20세 미만인 자, 신체장애인 및 사건관련의 공범자 등은 분리 유치하여야 한다.

유형론적 접근(類型論的 接近) 성격을 유형별로 구분하여 연구한 것으로 Kretschmer, Sheldon 등은 기질과 체형과의 관계를 연구(체격과 성격)하였다. 구체적 연구방법으로 개인의 성격을 전체적, 통합적으로 파악하여 다양한 성격들의 공통점 추출 후 성격의 본질로 이해하였다.

그러나 다양한 성격을 한정된 수로 유형화한 결과 구체적 개인이 가지지 않는 성격까지 부여할 위험성이 존재할 뿐만 아니라 종래의 유형론은 성격을 고정적인 것으로 파악하여 환경적 요인이 성격 형성 및 변화에 미치는 영향을 무시한다는 비판을 받는다.

육식성 경찰 · 초식성 경찰(肉食性 警察 · 草食性 警察)　1970년대 미국 냅프위원회(Knapp Commision)에서 규정한 부패경찰관의 유형을 말한다. 육식성 경찰관(Meat Eatrer Policeman)은 적극적으로 돈 생기는 일을 찾아다니면서 비리를 저지르는 자를 말한다. 초식성 경찰관(Grass Eater Policeman)은 소극적으로 기회가 주어지는 경우에 한하여 부패를 행하는 경우이다. 즉, 초식성 경찰관은 시민이 뇌물을 제공하면 거절하지 않고 받지만, 고의로 뇌물을 받기 위해 노력하지 않는다. 그러나 초식성 경찰관이 언제든지 육식성 경찰관으로 발전할 가능성은 많다.

6좌평제(六佐平制)　백제의 여섯 좌평(佐平)으로서, 내신좌평(內臣佐平), 내두좌평(內頭佐平), 내법좌평(內法佐平), 위사좌평(衛士佐平), 조정좌평(朝廷佐平), 병관좌평(兵官佐平)을 가리킨다. 이 중 위사좌평은 궁중 및 수도경비, 조정좌평은 형옥을 관장하였으며, 병관좌평은 지방의 상비 군마를 관장하던 최고책임자였는데 국내치안을 담당했다.

윤리(倫理/Ethics)　그리스어 에티케(Ethike)에서 유래한 말로서 사람이 지켜야 할 도리. 곧, 실제의 도덕규범이 되는 원리. 윤리는 인간이 행하여야 할 올바른 길이며 공동의 선에 해당하는 길이 바로 윤리이고 그 길에 따라서 가는 것이 인간의 도리이다.

윤리적 관념론(倫理的 觀念論/Ethischer idealismus)　피히테(Fichte)의 관념론이 가장 윤리성을 기본적 성격으로 하고 있는 점에서, 셸링(Schelling)의 미적 관념론, 헤겔의 논리적 관념론에 대하여 특색적으로 일컫는 말이다.

윤리적 냉소주의(倫理的 冷笑主義)　경찰관이 사회나 자기가 소속된 조직 자체에 대해 윤리적으로 냉소적인 태도를 취하는 것을 뜻한다. 즉 자기가 소속된 조직에 대해서는 조직문화, 풍토, 조직의 관리 등에 대해 냉소적이고, 사회에 대해서는 부유층과 지식층 또는 시민들의 이중적인 태도에 대해 냉소적이다.

윤리적 법규(倫理的 法規)　주로 윤리적 규범을 내용으로 하는 법규, 형법, 친족법 등이 있다.

윤리적 사회주의(倫理的 社會主義/Ethical socialism)　도덕적 관념을 기초로 성립한 사회주의 사상을 말한다. 즉 정의관, 평등관, 국가주의 등의 중심 관점을 도덕적으로 설명하려는 경향이 있다.

윤리적 실존(倫理的 實存/Ethische existenz)　키에르 케고르(Kier Kegaard)의 용어로, 미적 실존과 종교적 실존의 중간에 위치하는 것을 말하며 인간 최초의 실존으로서의 미적 실존이 점차 내면화 됨에 따라 인간 본연적 졸렌(Sollen)으로서의 윤리를 중심으로 한 이 윤리적 실존에 달한다고 한다. 다시 이로부터 자기의 죄악 · 죄에 대학 불안 · 절망을 통하여 고차(高次)의 종교적 단계에 이른다는 것이다.

윤리학(倫理學/Ethics) 사회적 인간관계에 있어서 도덕적 의욕 및 행위의 원리를 연구하는 학문을 말한다. 도덕의 현상을 기술, 설명하는 도덕 과학과 도덕의 본질 · 법칙 · 규범을 철학적으로 연구하는 도덕 철학으로 대별한다.

윤리학사(倫理學史) 윤리의 사상. 학설사(學說史). 고대로부터 현대에 이르기까지의 윤리학설 및 그 변천 · 발달 과정을 해명하는 학문이며 철학사(哲學史)의 일부로서 사회의 도덕적 실제의 변천을 기술하는 도덕사(道德史)와 밀접한 관계가 있으나 구별되고 있다.

은밀경호의 원칙(隱密警護의 原則) 경호의 일반원칙 가운데 하나로써 "경호는 요란스럽게, 떠들썩하게 하지 말라"는 것을 말한다. 즉, 근접경호원은 언제나 행동을 은밀하게, 침묵속에서 행하여 경호대상자의 행동을 방해하지 않으며, 편안한 마음을 갖도록 하고, 항상 대상자의 최근접에서 각종 상황에 대처할 수 있도록 하여야 한다는 원칙을 말한다.

을지연습(乙支鍊習) 1968년 무장공비침투사건을 계기로 비정규전 상황에 대처할 수 있는 능력을 향상시키기 위해 실시되었다. 매년 1회씩 각급 행정기관 상호연계하에 을지연습을 실시하며, 이를 통해 제기되는 문제점들을 수정하고 보완함으로써 매년 충무계획이 수립된다. 1976년부터 군사연습과 정부연습이 통합되어 오늘에 이르고 있다. 연습일정은 월요일부터 토요일까지 6일간이며, 경비과장 주관하에 종합상활실 총괄반을 편성 · 운영한다.

음란행위(淫亂行爲/obscenity) 음란의 개념에 대하여 우리나라의 학설과 판례는 일반적으로 성욕을 자극하거나 흥분 또는 만족하게 하는 내용으로서 일반인의 정상적인 성적 수치심을 해치고, 건전한 성적 도덕관념에 반하는 것으로 보고 있다. 이것은 매우 추상적인 개념이어서 어떤 행위가 음란한 행위인가에 대한 판단은 구체적 행위를 개별적으로 판단하는 수밖에 없다. 우리나라 「형법」은 공연한 음란행위를 처벌하고(동법 제245조), 「풍속영업의 규제에 관한 법률」과 「식품위생법」은 해당업소에서의 일체의 음란행위를, 「경범죄처벌법」은 과다노출(제1조 41호)을 처벌하고 있다. 인터넷에서의 행위는 「정보통신망이용촉진 및 정보보호 등에 관한 법률」에 의해 처벌한다.

음주운전(飮酒運轉) 누구든지 술에 취한 상태에서 자동차 등을 운전해서는 아니 된다. 경찰공무원(자치경찰공무원 제외)은 교통의 안전과 위험방지를 위하여 필요하다고 인정하거나 술에 취한 상태에서 자동차 등을 운전하였다고 인정할 만한 상당한 이유가 있는 때에는 운전자가 술에 취하였는지의 여부를 호흡조사에 의하여 측정할 수 있다. 이 경우 운전자는 경찰공무원의 측정에 응하여야 한다. 음주 측정의 결과에 불복하는 운전자에 대해서는 동의를 얻어 혈액 채취 등으로 다시 측정할 수 있다. 운전이 금지되는 술에 취한 상태의 기준은 혈중알콜농도가 0.05퍼센트 이상으로 한다. 술에 취한 상태에서 자동차 등을 운전하거나, 술에 취한 상태에 있다고 인정할 만한 상당한 이유가 있는 사람으로서 경찰공무원의 측정에 응하지 아니한 사람은 3년 이하의 징역이나 1천 만원 이하의 벌금형을 받을 수 있고, 운전면허 정지나 취소의 사유가 된다. 혈중 알코올 농도 0.1% 이상이면 면허 취소, 0.36% 이상이면 구속 사유가 된다. 그리고 3회째 음주운전이 적발되면 무조건 운전면허가 취소되고(도로교통법 시행규칙상의 삼진아웃제), 면허 재취득 금지기간은 2년이다.

응보주의(應報主義) 응보형주의(절대설)라 함은 형벌의 본질을 범죄에 대한 정당한 응보라고 이해하는 사상으로 후기 고전학파에 의하여 주장된 이론을 말한다. 응보주의는 절대적 응보주의와 상대적 응보주의로 구분된다. 절대적 응보형주의는 형벌에는 응보 이외에 범죄예방과 같은 목적이 존재할 수 없고 오직 응보 그 자체를 자기 목적으로 한다는 이론을 말한다. 상대적 응보형주의는 형벌이 범죄의 규범적 의미를 명백히 함으로써 행위자 본인이나 사회일반인의 규범의식을 각성, 강화시키고 범죄행위로 나아가지 않도록 동기를 부여하기 위하여 가해지는 것이라고 주장하여 형벌의 범죄억지목적을 중시한 이론을 말한다.

응소관할(應訴管轄) 어떤 사건이 그 법원의 관할에 속하지 않음에도 불구하고 원고의 제소에 대하여 피고가 이의 없이 응소함으로써 생기는 관할을 말한다. 피고가 청구의 당부에 대하여 변론을 하거나 준비절차에서 진술을 하거나 할 경우 응소관할이 생기게 된다. 법정관할은 당사자의 이익을 존중하는 것이므로 이에 위반한 제소라도 피고가 응소를 한다면 법원이 굳이 관할위반의 재판을 할 것이 아니라 차라리 관할권을 인정하는 것이 소송경제에도 적합할 것이다. 그러나 전속관할이 있을 때에는 응소관할은 인정되지 않는다.

의견서(意見書) 사법경찰관이 범죄사건에 관하여 1차적인 수사를 마치고 검사에게 사건을 송치할 때에 그 수사과정에서 밝혀진 사실을 간명하게 기재하고, 이에 대한 법령의 적용 또는 정상, 기소, 불기소의 의견을 붙여서 제출하는 서류로 종합수사보고의 일종이다.

의금부(義禁府) 고려 말의 순군만호부(巡軍萬戶府)가 순위부, 의용순금사를 거쳐 태종 14년에 의금부로 개칭되었다. 포도금란, 즉 순찰 · 도둑체포 · 질서유지의 임무를 담당하였으며, 후에 의금부는 중요한 특별범죄를 관장한 특별사법기관으로서 다음의 범죄를 처리하였다.

- 왕족의 범죄 및 현직관리 또는 퇴직관리로서 관규(官規)를 문란케 한 자
- 국사범, 모역죄, 반역죄 등의 사건, 사교(邪敎)에 관한 금령을 범한 자
- 상민으로서 왕실에 대한 범죄, 기타 사헌부에서 탄핵한 사건 등이다.

의무경찰(義務警察) 1982년 12월 31일 부족한 경찰력을 충당하기 위해 실

시된 제도를 말한다. 즉, 전투경찰대설치법을 개정하여 대간첩작전임무를 하는 전투경찰순경(전투경찰)은 내무부장관이 국방부장관에게 요청한 자 가운데에서 임용하고, 치안업무의 보조를 임무로 하는 전투경찰순경(의무경찰)은 내무부장관이 국방부장관에게 추천한 자 중에서 임용하였다. 의무경찰 실시 이전에도 전투경찰대설차법을 개정하여 1981년도부터 전경대원을 도시 파출소 지원요원으로 활용할 수 있게 함으로써 도시파출소 1,360개소에 4명씩 5,400명, 교통외근 908명, 일반부서 행정요원 3,579명을 배치 · 활용하였다.

의무론(義務論/Deontology)　　옳음을 결정하는 법칙에 따라 행동하는 것이 인간의 당연한 의무이고 선이라는 것이다. 의무는 도덕 법칙에 대한 존중, 법칙에 따라 행위해야 할 필연성을 의미한다. 그래서 의무론적 윤리설에서 근본적인 문제는 시대나 지역을 초월하여 어디서나 타당한 행위의 법칙이 무엇이냐 하는 것이다.

의사결정지원시스템(DSS: Decision Support System)　　임원이나 고위직 관리자의 의사결정을 지원하기 위해서 개발된 시스템으로서 반구조적 문제를 사례별로 대응하는 데 유용한 시스템이다. DSS는 사람의 의사결정을 대신하여 기계로 의사결정을 내리도록 하는 것이 아니라 사람의 의사결정을 지원하는 데 목적이 있다. 또한 data base와 model base를 인터페이스를 통해 의사결정자가 대화하면서 문제를 해결할 때 사용한다.

의원면직(依願免職)　　공무원관계의 소멸사유로써 공무원 자신의 사의표시에 의하여 공무원관계를 소멸시키는 행위를 말한다. 의원면직은 공무원 자신의 자유로운 의사에 의한 신청을 전제로 하나, 실제로는 강요에 의한 사의표시, 즉 권고사직을 강요하는 경우가 종종 발생하고 있어 공무원법상의 신분보장규정을 악용하여 공무원의 신분을 박탈하는 수단으로 남용되는 경우도 있다.

의전(儀典/Protocol)　　국가 간의 공식 의례에서 통용되는 예법을 말한다. 국기, 국가원수, 서열, 국제회의, 축의와 조의, 상훈 등 여러 종류가 있다.

의전서열(儀典序列)　　경호의전의 하나로써 의전서열에 있어서 공식서열과 비공식 서열을 정함에 명문의 규정은 없으나 각국마다 관행적으로 적용하고 있는 실정이다. 일반적으로 적용되는 서열은 ① 지위가 비슷한 경우 남자보다 여자가, 연소자보다 연장자가, 내국인보다 외국인을 상위로 한다. ② 여자들의 서열은 기혼부인, 미망인, 이혼부인 및 미혼자의 순위로 하여 기혼부인 간의 서열은 남편 지위에 따른다. ③ 공식적인 서열을 가지지 않은 사람이 공식행사 또는 연회에 참석할 경우의 좌석은 그 사람의 개인적, 사회적 지위와 연령 등을 고려하여 결정한다. ④ 원만하고 조화된 좌석배치를 위해서는 서열결정상의 원칙은 다소 조정되지 않아도 좋다. ⑤ 남편이 국가를 대표하는 지위에 있는 경우 Lady First의 원칙은 적용되지 않아도 된다. ⑥ 한 사람이 2개 이상의 사회적 지위를 가지고 있을 때에는 원칙적으로 상위직을 기준으로 하되, 행사의 성격에 따라 행사와 관련된 직위를 적용하여 조정 등의 일반원칙이 존중된다.

2군6위(2軍6衛) 고려시대 공경호기관 가운데 중앙군의 하나로써 2군은 응양군과 용호군으로 근장(近仗), 친종(親從), 친어(親御) 등으로 불리어 친위군 또는 시위군으로서의 역할을 담당했다.

2급지 경찰서(2給地 警察署) 중소도시형 경찰서라고도 하며, 등급기준은 인구 25만 미만 시에 소재한 경찰서, 인구 15만 이상 25만 미만 관할 경찰서로서 경찰관 정원이 80명 이상인 경찰서를 말한다.

EDI(Electronic Data Interchange) 전자자료교환으로서 조직간 또는 부서간에 주고 받는 문서정보를 종이로 된 서류 대신에 전산시스템에 의하여 주고 받는 것을 말한다. EDI는 문서의 발신 · 수신에 관련된 정보유통 시스템이기 때문에 전자문서교환(Electronic Document Interchange) 또는 EDOC라고도 한다. EDI는 1960년대 중반 미국 캘리포니아주 은행간에 시도되었으나, 실제 이용은 1970년대 중반부터 미국 운송분야에서 시작되었다.

EDIFACT(Electronic Data Interchage For Administration Commerce and Transport) 제조업자, 수출입업자, 도 · 소매상인, 운송회사, 은행, 정부기관 사이에 거래 데이터의 국제적 전자교환을 용이하게 하는 원칙들의 집합체이다. 즉, EDIFACT는 전세계적으로 상거래에 이용되는 제반 서류를 EDI를 활용하여 거래당사자 상호간에 교환할 수 있도록 유엔유럽경제위원회(UNECE)에서 연구개발한 EDI 표준을 의미한다. EDIFACT는 기존의 서류를 전자파일로 대체시키고 국제표준에 따라 작성된 메시지를 쌍방향 커뮤니케이션을 통해 통일적으로 제공함으로써 정보의 흐름을 가속화시켜 행정 등의 업무를 원활하게 해주는 특징이 있다.

이명박 정부의 자치경찰제 모형 이명박 정부(2008.2~2013.2)는 2008년 2월 25일 출범했다. 자치경찰제 도입에 관한 노력에 심혈을 기울여 노무현 참여정부(2003.2~2008.2)에서 상정한 자치경찰제 모형을 모체로 하여 다음과 같은 모형을 확정했는데 이 모형에서 특이점은 시도지사 밑에 자치경찰지원관과 치안협력관을 추가로 도입한 것만 변화된 것이고 나머지는 이전 정부의 모델을 그대로 수용한 것이다. 그러나 이명박 정부는 2013년 2월 25일자로 끝나게 되는데 임기내의 자치경찰제 도입은 불가능하게 되었고 차기 정부의 출범과 함께 2013년부터 다시 논의될 것이다.

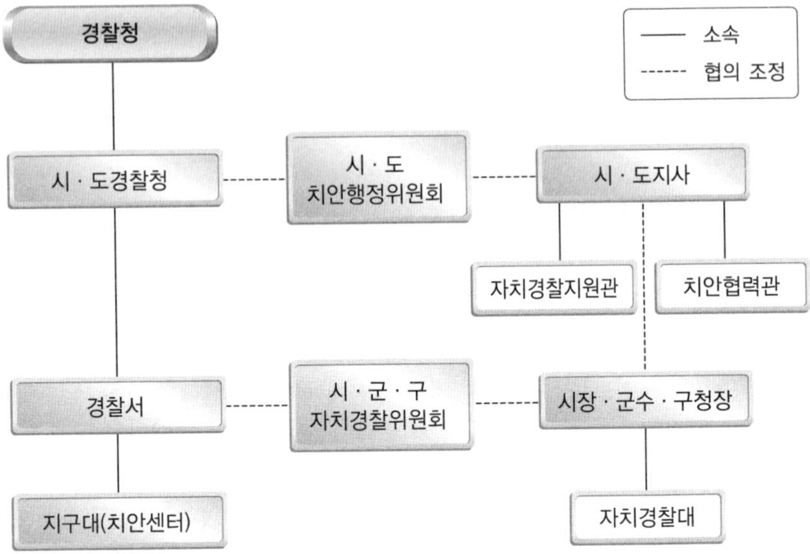

출처: 이명박 정부의 행정안전부 자치경찰제실무추진단 자료(2010).

이방부(理方府)　　통일신라시대에 법률 · 소송 · 형옥(刑獄) 등에 관한 사무를 관장하던 기관이다. 좌이방부와 우이방부의 두 관청으로 되어 있었는데, 좌이방부는 651년(진덕여왕 5)의 관제 개혁 때, 우이방부는 667년(문무왕 7)에 각각 설치되었다. 특히, 이방부는 당시 범죄수사와 집행을 담당하였다는 점에서 의의를 찾을 수 있다.

이웃감시 프로그램(Neighborhood Watch Program)　　1960년대 말 미국에서 주민이 주도하는 지역사회 범죄예방활동의 대표적인 사례로써 이웃감시 활동의 대상구역과 활동방법에 따라 이웃감시 · 구역감시 · 가정감시 · 지역사회 감시 등 여러 이름으로 불리는 활동을 말한다. 이 프로그램은 지역사회 공동체 의식을 부활시켜 지역사회의 전통적인 비공식적 사회통제 능력을 통하여 범죄를 예방하려는 프로그램이다.

이웃지킴이 프로그램(Save a Neighborhood Program)　　미국 메릴랜드주 볼티모어시에서 창안된 지역사회 경찰활동 프로그램의 하나이다. 이 프로그램은 볼티모어시의 공공안전을 저해하고 범죄를 유발할 수 있는 유해환경을 정화하기 위한 목적을 가지고 지역사회 자원의 활용과 지역주민의 참여를 유도하기 위해 고안되었다. 또한 이 프로그램은 일반 시민참여자들을 위한 훈련프로그램을 개발하여 제공하며, 중 · 고등학교 과정 이수를 위해 지역사회 봉사활동 시간을 필요로 하는 청소년들에게도 프로그램에 참여할 수 있는 기회를 제공하고 있다.

이웃지향적 경찰활동(Neighborhood-Oriented Policing: NOP) 경찰과 시민의 의사소통의 라인을 개방하고 공동체의식을 조장하기 위하여 협력하는 일체의 프로그램을 포함하는 개념이다.

EEI 첩보의 기본요소를 말한다. 즉 첩보수집의 요구에 있어서 가장 기본적인 지침이 되는 요구사항이다. EEI는 계속적 반복적이며 전체적 지역에 걸쳐서 수집되어야 할 사항의 요구수단이다. 정보요구의 내용이 성질상 일회적이며, 돌발적 특수지역의 사정인 때에는 구태여 EEI의 형식에 의하여 요구될 필요가 없으며, 사실상 그 같은 구체적 사항을 미리 특정사건에 맞추어 요구사항을 계획할 수도 없다.

EEI 계획서는 첩보요소의 결정 · 배경의 세부요청 · 수집기관 · 식별기호 등을 구비해야 한다. EEI는 essential elements of information의 약어이다. ⇨ 에스알아이

이익집단이론(利益集團理論/Interest Group Theory) 민간경비를 하나의 외부 독립적인 행위자로 인식하며 민간경비 자체가 그 이익을 추구할 수 있는 이익추구 집단으로의 활동에 따라 민간경비가 발전되었다는 이론이다. 이러한 이익집단이론은 민영화 이론의 경제적 측면인 기업의 경쟁력 강화와 효율성 증가에 따라 소득 재분배와 시너지 효과를 기대할 수 있다.

이중국적자(二重國籍者) 자국의 국적과 외국국적을 가지고 있는 자와 한 외국국적과 다른 외국국적 두 가지를 가지고 있는 자를 말한다. 이 때 자국국적과 외국국적 두 가지를 갖고 있는 자의 경우는 자국민으로 분류되며, 외국인으로 취급되지 않는다. 이러한 이중국적자는 자국에 있는 한 그가 국적을 가진 다른 외국의 외교적 보호를 받을 수 없다.

이탈리아의 경찰노조 1981년 이탈리아는 경찰개혁을 통해 경찰노조를 허용하였다. 우선 이탈리아는 내무부 국가경찰에 국한하여 경찰노조를 허용했으며, 군인경찰에 대해서는 경찰노조가 허용되지 않았다. 이탈리아는 경찰노조 허용을 포함한 각종 경찰기관들 업무조정을 위한 조정기관 설치 등 여러 경찰개혁을 위한 조치들을 취했다. 그러나 아직 이탈리아는 경찰비리민원조사위원회 혹은 경찰옴부즈만 등을 아직까지 도입하고 있지 않다. 이탈리아는 여성의 경우 1981년 경찰개혁 조치 이후 내무부 국가경찰에 대해서 입직할 수 있도록 허용했다. 그 후 여성경찰은 1987년에 이탈리아 전체 경찰의 5%에 불과하다가 1990년대 초반 들어서면서 그 비율은 50% 이상으로 급증하였다. 스페인의 경우 여성경찰관이 고작 1% 미만인 것에 비교하면 큰 규모다. 이탈리아의 경우 여성은 군인경찰, 재무경찰 분야에서는 아직도 그 입직이 불허되고 있다.

이탈리아 경찰노조는 자주성과 독립성을 강조한다. 한편 경찰노조는 유럽경찰노조협의회에 소속해 있다. 위원장은 리용, 사무국장은 독일 프라이부르크에 소재하고 있다. 유럽경찰노조협의회에는 이탈리아를 포함하여 포르투갈, 독일, 헝가리, 키프러스, 아일랜드, 몰타, 마케도니아 체카공화국, 불가리아, 폴란드, 그리스, 슬로베니아, 벨기에, 프랑스, 스페인 등 총 17개국의 경찰노조가 가맹되어 있다. 그리고

영국, 에이레, 네덜란드, 스웨덴, 노르웨이, 핀란드 등의 경찰노조는 별도로 조직되어 활동을 펼치고 있다(신현기, 2012: 441).

이탈리아 자치경찰 이탈리아 자치경찰의 법적근거를 보면 자치경찰법에 임무와 조직, 운영을 규정하고 있다. 주정부 차원에서 지역 내 자치경찰의 통일성을 유지하기 위해 지역 중심의 통일된 규정을 자치경찰법령으로 제정 및 운영하고 있다. 이탈리아에서 자치경찰 하면 도시경찰이 그 주류를 이루고 있다. 도시경찰은 운영에 있어서 독립성을 유지하며 자치원칙에 따라 조직된다. 또한 도시경찰은 행정법에 근거해 지방행정부서가 가지고 있는 행정과 관련된 법이나 시행령에 의해 도시경찰이 운영되고 있다. 도시경찰은 일부 사법경찰로서의 역할을 수행하는 경우도 있다. 그리고 만약의 경우를 대비해서 무장도 허용하고 있다. 특히 위험한 상황에 처했을 때 정당방위 차원에서도 무기 소지가 허용될 수 있다. 예를 들어 권총과 수갑을 소지하고 있는 경우가 바로 그것이다(신현기, 2010: 155).

이탈리아 자치경찰의 인사 州자치경찰은 주지사가 지휘감독, 道자치경찰은 도지사의 지휘를 받는 경찰본부장이 지휘한다. 도지사는 공공질서 유지책무만 있고 경찰본부장이 경찰업무는 총괄 · 지휘한다. 市자치경찰은 시장이나 그의 위임을 받은 시의원의 지휘를 받는 자치경찰의 장이 지휘한다. 자치경찰의 장은 시장을 대신해 조직구성원의 교육과 업무수행에 대한 책임을 지고 주요업무는 시장에게 보고한다.

이탈리아 자치경찰 재정 자치경찰법(Legge quadro sull'ordinamento della Polizia Municipale, LEGGE 7 marzo 1986, n. 65) 제14조에 따라서 자치경찰의 운영에 대한 재정부담은 국가예산의 부담 없이 각 자치단체의 자체적인 예산에서 충당하고 있다. 이와 같이 자치경찰의 비용을 자치단체 홀로 부담하는 방식은 같은 라틴계열인 프랑스나 스페인에서도 마찬가지이다. 또한 이것이 자치경찰의 본래 취지에도 부합하는 것이다.

익사(溺死) 익사란 액체를 기도에 흡입함으로써 야기된 질식사를 말한다. 온 몸이 물속에 빠지거나 소량의 물이 고인 곳에 얼굴을 파묻고 죽는 경우도 익사에 포함된다. 그리고 익사하였을 때의 흡입된 액체를 익수라고 한다. 물속에서 발견된 시체가 익사냐 혹은 사후 물속에 넣은 것이냐의 결정은 법의학상 매우 중요하다. 익사의 판정은 각 기관(장기)에서 익수를 증명하는 게 중요하며, 익수를 증명하기 위해서는 익수와 함께 침입한 플랑크톤을 검출하는 시험을 하면 된다.

인간관계론(人間關係論/human relation theory) 조직 내의 인간문제에 관심을 두고 조직현상을 연구하는 일련의 조직연구 방법이다. 과학적 관리론의 비인격성을 비판하면서 대두된 인간관계론은 조직 속에 인간은 정서적이며 복잡한 사고의 존재로서 생산성 증대를 위해서는 인간의 감정과 사회적 관심에 주의를 기울일 필요가 있다고 주장한다. 인간관계론의 특징은 첫째, 조직 내의 사회적 능률을 강조하고 조직 참여자들의 주관적 만족도가 중시되고, 조직 내의 비공식적 관계를 강조한다. 둘째, 구성원의 동기부여와 만족도를 결정하는데 비경제적인 보상과 제재가 중요한 영향을 미친다고 보며, 셋째, 조직 내의 인간은 집단의 구성원으로서 행동하거나 반응하며 비공식적 조직을 중심으로 사기가 형성된다. 넷째, 원활한 의사소통, 민주적 리더십, 참여의 확대에 의한 심리적 욕구 충족 등이 능률 향상에 도움을 준다고 주장한다.

인간정보(HUMINT) 인적수단을 사용하여 수집한 정보(Human Intelligence: HUMINT)를 말한다. 정보를 수집하는 임무를 수행하는 공무원인 정보요원(intelligence officer: IO)이 대표적인 수단이다. 이밖에도 해외에 주재하면서 주재국의 정보를 수집하는 외교관인 주재관(attache)도 공적인 인적수단이다.

공적인 인적수단 외에도 인간이 정보수집의 대상이 되는 경우가 많다. 공작원이나 협조자 또는 망명자, 여행객 등이 그 대표적인 사례이다.

인력경비(人力警備) 민간경비의 주체에 따른 분류 중의 하나로 범죄나 각종 재난 등으로부터 인적이나 물적인 가치를 인력을 통해 보호하는 경비형태이다. 인력경비의 형태로는 상주경비를 비롯하여 신변보호경비, 혼잡경비, 호송경비, 순찰경비 등이 있다. 장점으로는 통합서비스가 가능하며, 현장에서의 신속한 조치가 가능하며, 단점으로는 인건비의 부담을 비롯하여 사건의 신속한 전파의 장애, 야간 경비활동의 제약, 사건발생시 인명피해 가능성 등을 들 수 있다.

인민무력부(人民武力部) 우리나라의 국방부에 해당하는 북한의 행정조직 가운데 군사행정의 최고기관을 말한다. 원래 명칭은 민족보위성으로 1972년 12월 27일 개정되었다. 정찰국은 인민무력부 산하 내부기구로서 대남공작기구의 하나이다.

인사교류(人事交流) 공무원의 경력발전계통을 어느 한 기관에 국한시키지 않고 담당업무의 성격이 유사한 범위 내에서 기관상호간에 이동시키는 것을 말한다. 경찰조직의 인사교류란 경찰기관 사이의 인사이동으로서 경찰청, 지방경찰청, 경찰서, 기동대, 전경대 등 기타 경감 이상을 장으로 하는 기관 중 경찰청장이 정하는 기관을 말한다.

인사자기내신서(人事自己內申書) 경찰 인사제도 가운데 하나를 말한다. 경찰공무원들의 보직이동이 있기 전에 경찰관 개인별로 희망하는 보직에 대하여 4지망까지 신청을 받아 보직인사에 반영하는 것을 말한다. 하지만 인사자기내신서는 인사에 있어서 참고자료로 활용할 뿐이다.

인영감정(印影鑑定) 인영이란 특정인의 인격을 상징하여 그 동일성을 증명하기 위해서 사용되는 일정한 상형을 의미하며 보통문서, 유가증권 등과 결합하여 그 신용을 높이는 데 중요한 의미를 지닌다. 인영감정의 대상은 계약서, 약정서, 각서, 차용증, 위임장 등 문서에 날인된 인영(印影)의 이동(異同)식별, 위조여부 등을 판독하는 감정을 말한다.

인정신문(認定訊問) 사법경찰관이 피의자를 신문함에 있어서 성명 · 연령 · 주거와 직업을 물어 피의자임에 틀림없음을 확인하는 것을 말한다.

인증기관(認證機關/CA: Certificate Authority) 보안 적격 여부 및 메시지 암호화를 위한 공개키의 발급과 관리를 담당하는 네트워크상의 기관. 공개키 기반구조의 일부로서 디지털 인증서 신청자에 의해 제공되는 정보를 검증하기 위한 등록 기관(RA)과 함께 보안성 등을 검사하고, 등록 기관에 의해 요구자의 정보가 입증되면 인증 기관은 인증서를 발급한다. 인증서는 대개 요구자의 공개키, 인증서의 유효 기간, 요구자의 이름 및 기타 공개키의 신청자에 관한 다른 정보들이 들어있다. 즉 디지털 공중 사무소 인터넷 상에서 거래를 하는 사용자에게 전자 신원 보증서 CA(Certificate Authority)를 발행해 주는 역할을 하는 곳이다. 사용자가 소지한 공개키에 대해 인증서를 요청하면 CA는 사용자의 정보를 검토한 후 인증서를 발급하게 된다. 전자 상거래와 같이 금전적인 문제가 오고가는 곳에서는 상호 간에 신뢰가 성립되어야 한다. 따라서 각 사용자에 대해 믿을 만한 제3의 기관이 보증을 서 주는데, 제 3의 기관이 바로 CA가 되는 것이다. 모든 등급의 CA는 최소한 다음과 같은 기능을 수행할 수 있어야 한다. ① 자신의 공개키 쌍 생성, ② 공개키 파라미터에 대한 테스트, ③ 하위 CA의 인증서 발급/전송, ④ 식별자(Distinguished Name)에 대한 확인, ⑤ 인증서 신청인에 대한 신원 확인 및 인증 능력, ⑥ 전자서명 생성 및 검사, ⑦ CRL 생성/관리/분배, ⑧ 발행된 인증서에 대한 기록 유지, ⑨ 시스템 감사 기록 생성 및 관리, ⑩ 인증서 및 CRL 보관, ⑪ 타임스탬프 생성 또는 획득, ⑫ 인증서 취소 등이다. 암호학에서 인증 기관(Certificate Authority, CA)은 다른 곳에서 사용하기 위한 디지털 인증서를 발급하는 하나의 단위이다. 인증 기관은 많은 공개 키 기반구조(PKI, public key infrastructure)에 설명되어 있다. 이러한 서비스로 요금을 부과하는 상업 목적의 인증 기관들이 많이 있으며, 공익 단체나 정부들도 저만의 인증 기관을 가지고 있으며 무료 인증 기관들도 있다. 기업이나 단체별로 운영하는 인증 기관도 있는데, 이 경우 사설 인증기관으로 분류하기도 한다.

인터넷 환경의 변화 우리나라 인터넷인구가 2009년 기준 약3,658만명에 이르렀고 이는 계속해서 증가하고 있다. 이에 따라 인터넷 매체의 익명성과 이동성을 악용한 해킹, 악성코드 유포, 명예훼손, 인터넷 도박, 물품거래 사기 등이 점점 사회문제화 되고 있다.

인터폴(INTERPOL) 국제형사경찰기구(International Criminal Police Organization)의 약칭이다. 이는 국제범죄의 예방과 진압을 위해 자체 헌장과 국내법이 허용하는 범위내에서 회원국 상호간의 필요한 자료와 정보를 교환하는 협조체제를 유지한다. 한마디로 인터폴은 범인체포 및 인도에 협력하는 국제기구를 의미하는 것이다. 범죄는 어느 한 국가에 국한되는 것이 아니라 국제적으로 연계되어 복잡한 양상을 띠게 되었다. 이러한 문제를 상호협조하에 해결해 나가기 위해 1923년 오스트리아 비엔나에서 '국제형사경찰위원회'로 창설되었다. 이는 1956년 현재의 기구로 변경되었다. 그후 1989년에는 본부를 프랑스 리용으로 이전하였다. 오늘날 인터폴의 운영 재원은 UN에서와 같이 각 회원국의 연례분담금으로 충당해 나가고 있다. 동 기구는 총회, 집행위원회, 사무총국 및 전세계 회원국들의 중앙사무국으로 이루어져 운영되고 있다. 우리나라의 경우도 인터폴 회원국으로 가입하여 세계 인터폴 회의도 치른바 있으며 그 위상을 높여나가고 있다. 현재 대한민국사무총국은 경찰청 외사국에 두고 세계 여러나라와 국제범죄에 적극 대처하며 밀접한 협력체계를 굳건히 하고 있다.

1급지 경찰서(1給地 警察署)　　대도시형 경찰서라고도 하며 특별시, 광역시, 도청소재지 경찰서를 말한다. 등급기준은 인구 25만 이상 시에 소재한 경찰서, 인구 25만 이상 관할 경찰서로서 경찰관 정원이 150명 이상인 경찰서를 말한다.

일렉트라 콤플렉스(Electra complex)　　정신분석학에서 오이디푸스 콤플렉스와 대비되는 개념이다. S. Freud가 이론을 세우고 K. Jung이 이름을 붙였다. S. Freud에 따르면 3~5세의 남근기(男根期)에 여자아이들은 자신에게는 남동생이나 아버지가 갖고 있는 성기(penis)가 없다는 사실을 알고 남성을 부러워하는 한편 자신에게 남성 성기를 주지 않은 어머니를 원망한다고 한다. S. Freud는 이와 같은 음경선망(penis envy)이 여자아이로 하여금 엘렉트라 콤플렉스를 갖게 하는 적극적인 원인으로 보았다. 이러한 욕구는 어머니의 여성적 가치를 자기와 동일시하고 초자아(超自我)가 형성되면서 사라진다.

일몰예산(日沒豫算)　　경찰의 재무관리의 한 부분으로서 일몰법(sunset legislation)에 기초를 두고 있는 예산제도를 말한다. 일몰법이란 입법부에서 정부의 사업계획과 행정기관을 계속 유지시킬 것인가 아니면 사멸시킬 것인가를 결정하기 위해서 장기적으로 정부의 사업계획과 행정기관을 재조사하고 검토하는 일종의 종결제도를 말한다. 즉, 일몰법에는 자금이 배정된 사업계획과 행정기관을 다시 승인하거나 아니면 소멸하거나 둘 중의 하나를 결정하도록 규정되어 있다.

일문일답법(一問一答法)　　탐문수사시 질문방법의 하나를 말한다. 장점으로는 질문자가 듣고 싶은 점을 하나하나 묻는 방법으로 문제점을 명확히 할 수 있으며, 단점으로는 질문 이외의 정보를 획득하기가 어렵고 질문자의 암시나 유도의 염려가 있다는 점이다. 예를 들어 "그곳에 도착한 시각은 언제였습니까?", "누구하고 같이 식사를 하셨습니까?" 등이 대표적인 방법이다.

일반간첩(一般間諜)　　간첩의 분류 가운데 임무에 의한 분류로써 우리나라에 잠입한 대다수의 간첩으로 일반적인 정보를 수집하거나 또는 태업공작, 전복공작을 전개하는 간첩을 말한다.

ㄱ ㄴ ㄷ ㄹ ㅁ ㅂ ㅅ ㅇ ㅈ ㅊ ㅋ ㅌ ㅍ ㅎ

일반경찰집행기관(一般警察執行機關) 일반경찰업무를 집행하는 기관을 말하며 이들 집행기관에는 경찰청과 그 직할기관, 서울특별시 · 광역시 · 도 지방경찰청과 그 직할기관 및 경찰서 직할기관 등이 있다. 이러한 경찰기관은 경찰관으로 구성되며, 이들은 특정직공무원에 해당된다.

일반긴장이론(一般緊張理論/General Strain Theory) Robert Agnew가 주장한 긴장이론 중 하나이다. 이 이론은 과거 Merton이 제시했던 긴장이론에 뿌리를 두고 있지만, Merton의 이론과 달리 계층과 상관없는 긴장의 개인적, 사회심리학적 원인을 다루고 있다. 따라서 Agnew의 일반긴장이론은 하류계층의 범죄 행위가 아닌 사회의 모든 구성요소의 범죄 행위에 대한 일반적 설명을 제공하고 있다. 이론의 주요 내용은 개인의 목적달성 실패, 기대와 성취 사이의 괴리, 긍정적 자극의 제거와 부정적 자극의 출현 등이 긴장의 원인이 되며, 이러한 긴장의 원인들은 노여움이나 좌절, 실망, 우울, 두려움과 같은 '부정적 감정의 상황(negative affective states)'을 야기한다고 본다. 또한 이러한 부정적 감정의 상황은 약물남용이나 일탈, 폭력, 학교 중퇴와 같은 반사회적 행동으로 나타나게 된다는 것이다.

일반사이버범죄 사이버 상에서 벌어지는 일반적인 불법행위들을 말하는데 예를 들어 사이버도박, 사이버스토킹, 사이버성폭력, 사이버명예훼손과 협박, 사이버선거사범, 전자상거래 사기 등이 대표적이다.

일반억제(一般抑制/general deterrence) 범죄율이 범죄자 처벌의 위협에 영향을 받고 통제된다는 것을 뜻한다. 즉, 체포되어 처벌을 받게 된다는 사실이 두렵다면 잠재적 범죄자뿐만 아니라 일반인들 역시 법을 위반하지 않게 된다는 것이다.

일반예방(一般豫防) 형벌을 통한 일반인에 대한 예방효과를 뜻하는 것이다. 즉 범죄를 저지른 자에 대하여 특정한 형벌을 부과함으로써 일반인에게 위하감을 조성하고 이를 통해 범죄를 하지 못하도록 하는 것을 목적으로 하는 것이다.

일반회계예산(一般會計豫算) 경찰예산 종류의 하나로 일반적인 국가 활동에 사용되는 예산을 말한다. 일반회계예산은 조세수입을 재원으로 하여 국가의 존립과 유지 및 경제개발을 위하여 지출된다. 치안업무는 국가의 고유 업무로서 치안의 확보 및 질서유지는 전형적인 공공재이기 때문에 경찰업무와 관련된 예산은 기본적으로 일반회계예산에서 다루어지는 것이 원칙이다. 따라서 우리나라의 경우 치안 및 경찰업무와 관련된 예산의 대부분은 일반회계예산에서 다루어지고 있다.

일본경찰과 검사의 관계 일본에서 검사와 사법경찰직원은 상호 대등한 협력관계에 있고, 검사는 공소제기를 위하여 사법경찰직원을 지시 · 지휘할 수 있다. 체포장은 검사 또는 사법검찰관(경부이상)이 청구한다. 일본경찰은 독자적 수사권을 가지고 있는데, 이는 연합국 총사령부에 의한 점령정책의 일환이었다.

일본경찰관리기관 국가경찰인 경찰청은 내각총리대신의 소할하에 있는 국가공안위원회가 관리하고, 자치체경찰인 도도부현경찰은 지사의 소할하에 있는 도도부현 공안위원회가 동경도경시청과 도부현경찰본부를 관리한다.

일본경찰관의 신분 국가경찰기관에 소속된 경찰관은 국가공무원이고, 도도부현에 소속된 경찰관은 지방공무원이다. 다만 경시정 이상으로서 도도부현에 근무하는 이른바 '지방경무관'은 국가공무원이며, 국가공안위원회가 도도부현 공안위원회의 동의를 얻어 임면한다.

일본경찰제도의 개혁 미국의 초기 대일방침은 군국주의 및 그 제도를 철저히 일소하는 데 있었는데, 그 구체적 방법으로 비밀경찰조직의 철폐와 경찰제도의 개혁이 단행되었다. 1945년 10월 '정치적 · 시민적 및 종교적 자유의 제한의 철폐에 관한 각서'에 의하여 다음과 같은 것이 실현되었다. 그 내용은 각종 치안악법 폐지, 내무대신 이하 경찰수뇌부와 사상경찰 및 정치경찰 관계자 파면, 내무부 및 헌병대 폐지, 비경찰화(非警察化) 작업도 단행되었는데 경찰사무 중 위생사무와 같은 협의의 행정경찰사무를 다른 행정기관에 이관하는 등 독일에서와 같은 비경찰화 작업이 일본에서도 단행되었다.

일본경찰제도의 정착 1947년에 제정된 경찰법은 1951년과 1954년에 2차 개정이 이루어졌다. 1952년 미군정이 끝난 후에 미군정 당시의 불합리한 것을 시정하기 위해 1954년 5월 경찰법의 전면 개정이 이루어져 도도부현 단위의 도도부현 경찰제도와 공안위원회에 의한 경찰관리라는 현행제도의 골격이 마련되었다.

일본경찰청 경찰업무 관장기관으로 경찰청장은 총리의 동의를 얻어 국가공안위원회가 임면한다. 경찰청은 국가공안위원회의 관리하에 있으나 단순한 보조기관이 아니라 독립적 관청이다. 경찰청장은 경찰청의 소장사무 범위 내에서 도도부현 경찰을 지휘 · 감독한다.

일본관구경찰국 경찰청의 지방기관으로 전국에 7개의 관구경찰국이 있다. 관구경찰국장은 소장사무의 범위내에서 부현경찰을 지휘 · 감독한다.

일본국가공안위원회 내각총리대신의 소할(所轄)하에 설치된 비상설의 경찰관리기관으로 경찰의 민주성과 정치적 중립성 확보를 목적으로 한다. 내각총리대신은 공안위원회에 대한 지휘 · 감독권이 없다. 국가공안과 관련된 경찰운영과 경찰교양, 경찰예산, 범죄감식, 범죄통계 및 경찰장비에 관한 사항 등 경찰청의 소장사무에 대해서 경찰청을 관리한다.

일본도도부현경찰과 지사와의 관계 도도부현 지사는 공안위원회를 소할하에 두고 있을 뿐, 경찰의 운영에 관하여 공안위원회를 지휘 · 감독할 권한을 가지고 있지 않다. 그러나 지사는 공안위원회 위원의 임명에 관한 권한 외에 지방자치법상 가지고 있는 직무권한, 즉 도도부현 경찰에 관한 조례안 및 예산안의 의회 제출권, 예산의 지출명령권, 경찰서의 설치권 등을 가지고 있다.

일본도도부현공안위원회 도도부현 지사의 소할하에 도도부현공안위원회를 두고 도도부현경찰을 관리하고 있다.

일본동경경시청 창설 1874년 내무성의 관할하에 동경경시청이 창설되었다. 종래의 나졸은 순사가 되고, 또한 자치경찰제적인 번인제도도 폐지됨으로써 자치경찰제적인 요소가 완전히 일소되었다. 일반경찰업무는 내무성 대신의 지휘를 받으나 정치경찰에 해당되는 고등경찰사무는 총리대신의 지휘를 받는 체제를 갖추었다. 정치경찰인 특별고등경찰과가 1911년 경시청에 설치되었다.

일본자치경찰의 재정 일본자치경찰의 재정은 자치단체에서 자주재원을 통해 부담하는 원칙에 따르고 있다. 특히 도도부현 경찰의 운영경비는 자치단체의 일반회계 예산에 통합되어 이루어지고 이것을 자치경찰에 재배정하여 사용되어지는 절차에 따르고 있다. 이밖에 일본은 일본경찰법 제37조에 근거하여 도도부현 예산에 포함시키지 않고 경찰청에서 직접적으로 도도부현 경찰에 교부하는 이른바 국고지변금제도와 경찰청에서 도도부현 예산에 포함시켜 보조하는 경찰보조금제도를 활용하고 있다. 국고지변금제도는 경시정 이상의 인건비와 국가경찰의 위임사무 처리비용으로 100% 지출된다. 이는 우리나라의 교부금에 해당하며 교부금은 국가가 국가사무를 자치단체에 주고 그 사무처리 비용을 주는 것을 의미한다. 이에 반해 경찰보조금제도는 일본의 국가경찰과 자치경찰이 공동의 이해관계가 걸려 있는 사무를 처리할 때 쓰라고 국가가 50%만 보조해 주는 돈이다. 이는 우리나라의 부담금에 해당한다고 볼 수 있는데 국가가 자치단체에게 이해관계가 있는 사무를 처리하도록 보조하는 비용으로 50%가량 된다.

일상활동이론(Routine Activity Theory) Lawrence Cohen과 Marcus Felson에 의하면, 동기가 부여된 범법자(motivated offender), 적절한 표적(suitable target), 보호능력의 부재(absence of capable guardianship)라는 조건이 동일한 시간과 공간에 주어질 때 범죄가 발생한다고 한다. 그리고 이와 같은 세 가지의 범죄유발요인이 동일한 시간과 공간에 나타나는지의 여부는 개인의 일상적인 활동양상에 의존한다고 한다. 여기서 일상활동은 인간의 기본적인 욕구를 위하여 자주 행해지는 활동으로 정의되며, 생활양식의 용어와 유사하게 일상활동은 공식적 작업, 여가, 의식주를 위한 행동, 사교적 욕구 및 성적 욕구 등을 위한 활동이 포함된다. 따라서 일상활동이론은 잠재적 피해자가 높은 가시성(visibility), 접근성(accessibility), 그리고 매력성(attractiveness) 등 높은 표적적합성(target suitability)을 가지지만, 보호능력(guardianship)이 낮을 때 약탈범죄의 위험성이 가장 높다고 예측할 수 있다는 이론이다. 그러나 이 이론은 범죄행위에 대해서 그것을 직접적으로는 설명하지 못한다는 단점이 있다. 즉, 이 이론은 기본적으로 범죄피해이론이기 때문에 왜 어떤 사람들이 특정범죄를 저지르고자 하는가에 대해서는 설명할 수 없다는 것이다(민수홍

외 공역, 2005: 73).

일시정지(一時停止) 차의 운전자가 그 차의 바퀴를 일시적으로 완전히 정지시키는 것을 말한다. 도로교통법(제31조)에 의하면 다음의 경우 일시정지하여야 한다. ① 교통정리가 행하여지고 있지 아니하고, 좌우를 확인할 수 없거나 교통이 빈번한 교차로, ② 지방경찰청장이 도로에서의 위험을 방지하고 교통의 안전과 원활한 소통을 확보하기 위하여 필요하다고 인정하여 안전표지에 의해 지정한 곳 등이다.

1.21사태(1.21事態) 1968년 1월 21일 북한이 특수부인 124군부대 소속 31명을 청와대를 습격하기 위해 침투시킨 사건을 말한다. 당시 유일하게 생포되었던 공작원 김신조의 이름을 따서 김신조 사건이라고도 한다. 1.21. 사태를 계기로 우리나라에서는 4월 1일 향토예비군을 창설하여 대공방위태세를 더욱 공고히 하게 되었다.

112제도 사건 발생시 경찰의 도움을 애타게 기다리는 시민의 요청에 신속히 대처하기 위하여 제한된 경찰인력 · 장비를 최대한 신속히 범죄현장으로 총집결하여 필요한 조치를 하도록 하는 자동화된 시스템이다. 112제도는 112신고를 접수하여 현장조치가 끝날 때까지 통제역할을 수행하는 112신고센터 와 실제로 현장에 출동하여 범인을 검거하는 '112순찰차'를 중심으로 운영된다.

112신고센터는 각 경찰서별로 설치 · 운영되고 있으며, 서울 등 대도시의 경우 지방경찰청 또는 권역별로 중심이 되는 경찰서에 통합112신고센터를 설치 · 운영하고 있으며, 신고를 받은 112 순찰차는 범죄 발생시 즉시 출동할 수 있는 체제를 갖추고 있다.

112타격대(112打擊隊) 간첩의 출현 및 기타 각종 사건 · 사고 및 재해발생, 민생치안 활동상 긴급한 조치가 필요한 경우 초동조치 및 구조활동을 위하여 경찰기관에 설치한 부대를 말한다. 112타격대는 경사 또는 경장급 경찰관 2명을 교대로 배치하고, 11명의 대원이 1개 분대로 편성되어 있으며, 경찰서의 경우 경비과 소속하에 있다.

일차적, 이차적 일탈(primary deviance, secondary deviance) Edwin Lemert가 작인과정을 설명하는 이론이다. 일차적 일탈은 행위자에게 별다른 영향을 주지 않고 쉽게 잊혀버리는 규범위반이나 행동을 말한다. 반면, 이차적 일탈은 일탈사건이 그것에 낙인을 부여할 중요한 다른 사람이나 사회통제기관에 주목받을 때 일어나는 것으로 새롭게 낙인을 부여받은 위반자는 일탈행위의 결과로 자신의 행동과 정체성을 재조직한다는 것이다. 따라서 이차적 일탈은 일탈 역할로 재사회화되어 가는 것을 포함하는 것이다.

일책십이법(一責十二法) 부여시대의 법으로 당시 부여시대의 법이 엄하여서 사람을 죽인 자는 죽이고 그 가족은 노비로 삼으며, 도둑질한 자는 12배를 배상하도록 하였다.

일탈장소이론(逸脫場所理論/Deviant place theory)　피해자들이 범죄를 조장하는 것이 아니라 자신의 행위나 생활양식과는 무관하게 잠재적 범죄자와 접촉하게 될 위험성을 많이 내포하고 있는 사회적으로 해체된, 범죄율이 높은 1지역에 거주하고 있기 때문에 피해자가 되는 경향이 높다는 것이다.

임용(任用/Appointment)　경찰공무원 임용령 제2조에 따르면 임용이란 어떤 특정인에게 공무원의 신분을 부여하거나 박탈 또는 승진 임용하는 등 공무원 신분을 발생(신규채용), 변경(승진 · 파견 · 전보 · 휴직 · 정직 · 직위해제 · 복직), 소멸(면직 · 파면 · 해임)케 하는 공법행위를 말한다.

임용의 원칙(任用의 原則)　다음과 같이 세 가지가 있다. ① 평등의 원칙: 국가공무원법 제35조는 공개경쟁에 의한 채용시험은 동일한 자격을 가진 모든 국민에게 평등하게 공개하도록 규정하여 민주국가의 국민이면 누구에게나 공무담임권을 인정하고 있다. ② 실적주의 원칙: 국가공무원법 제26조는 공무원의 임용은 시험성적, 근무성적 기타 능력에 의하여 행한다고 규정하여 실적주의 임용의 원칙을 명시하고 있다. ③ 적격자 임용의 원칙: 국가공무원법 제32조의 5에서 공무원을 보직함에 있어서 해당 공무원의 전문분야, 훈련, 근무경력, 전문성 및 적성 등을 고려하여 그 적격한 지위에 임용하여야 한다고 명시하고 있다.

입건(立件)　수사기관이 스스로 사건을 인지한 후 수사를 개시하는 것을 말한다. 통상적으로 입건은 내사를 통한 범죄의 인지를 비롯하여 고소 · 고발의 접수, 자수, 자복, 변사체 검시, 검사의 수사지휘 등을 통해 시작된다. 특히 입건의 기준시점은 수사기관에 비치된 사건접수부에 기재하고 사건번호를 부여받는 단계를 의미한다.

입양아연구(入養兒研究)　범죄인 중에서 입양아(양자)를 조사하여 그 실부와 양부의 범죄성을 대비시켜, 만약 실부가 범죄성이 있는 경우에 양자가 범죄인으로 되는 비율이 양부의 경우보다 훨씬 높다면 범죄의 유전성에 대해 어느 정도의 확신을 가지려는 연구방법이다. 대표적 연구로 Hutchings & Mednick는 실부가 범죄인이었던 양자들이 원래 집안에 범죄적 결함이 없는 양자들보다 훨씬 범죄율이 높다고 주장하였다. 특히 실부, 양부가 모두 범죄인이었던 경우에 범죄율이 가장 높다고 한다. 구체적으로 실부와 양부 모두 범죄인 〉 실부만 범죄인 〉 양부만 범죄인 〉 실부, 양부 모두 비범죄인의 순으로 범죄의 발생가능성이 높다고 한다. 그러나 연구에 있어서 환경의 영향을 직접 통제하지 못했다는 점에서 비판받고 있다.

METROPOLITAN
POLICE
ㅈ
경찰
POLICE

자가용해　시체의 후기현상의 하나로서 부패와는 다른 개념으로 세균의 작용과는 별도로 사후 체내에 있는 각 실질장기(기관)나 연조직 등의 단백질분해효소, 지방질분해효소, 탄수화물분해효소 등 각종 효소에 의하여 분해되어 가는 과정을 말한다. 사후에는 미생물의 관여없이도 세포 가운데의 자가효소에 의하여 분해가 일어나 세포구성 성분은 분해되어 변성되고 세포간 결합의 붕괴로 조직은 연화된다.

자경대(自警隊/vigilante)　흔히 자경단(自警團)이라고 표현한다. 사전적 의미로는 자신의 안전과 재산을 스스로 경계하여 보호하기 위하여 조직한 단체라고 표현할 수 있다. 스페인어로 '감시하는, 경비하는, 경계하는, 조심하는'의 의미에서 유래된 용어로 주로 감시인(watchman)이나 문지기(guard)의 의미를 가진다.

자경대는 주로 권리의 침해가 행해지는 곳에서 지역사회의 주민들이 자발적으로 지역사회 내의 실존적 문제와 잠재적 문제들을 해결 및 예방하기 위해 조직하는 민간단체라 할 수 있다. 따라서 자경대는 경찰이 제대로 법을 집행하지 않고, 법원이 형사사법적 정의를 올바르게 실현하지 않는다고 생각할 때 각자와 공동체의 권리를 보존 보장하기 위해 스스로 나서서 범죄문제를 해결하고 정의를 바로 세우려는 생각을 가지고 결성된 조직이다.

자구행위(自救行爲)　일정한 권리를 침해당한 자가 사후에 국가권력의 보호를 받는 것이 불가능하거나 심히 곤란하게 될 긴급한 사정이 있는 경우 그 권리를 회복 · 보존하기 위하여 직접 사력을 행사하는 행위를 자구행위라고 한다. 이러한 자구행위가 상당한 이유가 있는 때에는 벌하지 아니하며, 자구행위가 그 정도를 초과한 때에는 정황(情況)에 의하여 그 형을 감경(減輕) 또는 면제할 수 있다(형법 제23조).

최근에는 사회질서를 문란하게 할 우려가 있어 자력구제(自力救濟)가 원칙적으로 금지되지만, 예외적으로 사법제도로써도 구제가 불능한 특별한 사정이 있는 경우가 있으므로, 그러한 경우를 위하여 형법이 자구행위를 인정하고 있다.

법적성질의 측면에서는 정당방위나 긴급피난과 함께 위법성을 조각하는 긴급행위의 일종이라고 볼 수 있으며, 위법한 권리침해에 대한 청구권의 보전행위로서 정당화되기 때문에 그 본질이 '부정 대 정의' 관계로 표현된다. 또한 정당방위나 긴급피난이 사전적 긴급행위인 것과는 달리 자구행위는 과거에 침해된 청구권을 구조

실현하기 위한 사후적 긴급행위이며, 긴급상태에서 사인이 국가권력을 대행한다는 점에서 그 위법성이 조각된다고 볼 수 있다.

자국민불인도의 원칙(自國民 不引渡의 原則) 범죄인 인도 원칙(인도법 제9조)의 하나로서 자국민은 원칙적으로 인도의 대상이 아님을 말하며(임의적 거절 사유), 보편적인 국제 원칙이 아니다. 일반적으로 대륙법계 국가들은 ① 대다수 국가가 형벌법규의 적용에 있어서 속인주의를 채택하여 내국인의 국외범을 처벌하고 있고, ② 자국민은 외국의 형사소송절차에서 자신의 이익을 충분히 옹호할 수 없으며, ③ 국가의 배타적인 속지권한이 침해된다는 등의 논거에 의해 범죄인 인도조약에서 자국민을 인도하지 않는다는 원칙을 채택하고 있다. 반면, 영미법계 국가들은 속지주의를 채택하여 자국민의 국외범을 처벌하기 위해서는 범죄지 국가에 이를 인도하는 방법 외에 다른 방법이 없다는 점에서 이 원칙을 채택하고 있지 않다.

자기통제이론(自己統制理論/Self Control Theory) 일반이론(general theory)이라고도 불리는 Gottfedson과 Hirschi의 자기통제이론은 범죄나 비행을 저지름에 있어서의 개인간의 차이는 인생의 초기단계에서 만들어지고, 그 이후로는 한평생 안정적인 경향이 있다고 한다. Wilson과 Herrnstein도 이와 비슷한 이론을 발표한 바가 있지만 Gottfedson과 Hirschi와는 달리 범죄에 대한 생물학적이나 유전적 설명을 제시하지 않았다. Gottfedson과 Hirschi는 고전주의 범죄학의 가정을 따라서 인간의 본성을 자기이익을 추구하고 이기적인 존재로 보고 있다. 범죄나 비행이 행위자에게 쉽고, 즉각적이고, 확실한 이익을 제공한다는 면에서 모든 사람은 범죄나 비행에의 동기를 가지고 있자는 것이다. 이들의 이론은 특히 행위자의 내적인 통제인 자기통제력에 초점을 맞추고 있다. 즉, 자기통제력은 순간만족과 충동을 조절할 수 있는지, 스릴과 모험을 추구하기보다는 분별력과 조심성이 있는지, 근시안적이기 보다는 앞으로의 일을 생각하는지, 쉽게 흥분하는 성격인지 등을 말하는 것이다. 개인이 범죄나 비행으로부터 자신을 지켜낼 수 있는 능력을 나타내는 이러한 자기 통제력은 결국 가정으로부터 생겨나기 때문에 가정을 중심으로 한 초기 사회화는 개인의 범죄를 설명함에 있어서 그 이후의 다른 어떠한 경험들보다 더 중요한 의미를 갖는다. 자기통제력이 낮은 사람들은 욕구를 즉각적으로 충족시키려 하고, 단순한 일을 선호한다. 또한 위험한 행동을 좋아하고, 말보다는 행동으로 스스로를 표현하며, 자기중심적이어서 다른 사람의 고통에 무신경하고, 성미가 급한 경향이 있다고 한다. 결국 자기통제이론에서 자기통제력이 낮은 사람은 '지금 당장 이 자리에서(here and now)' 욕구충족을 지향하는 경향이 있는 사람이라고 한다.

자기평정(自己評定) 근무성적평정에 대한 방법으로써 피평정자가 직무에 대해서 자기 스스로 평정하는 것을 의미한다. 일반적으로 자기평정은 직무에 대한 결과를 스스로 평가하는 데 큰 의미가 있다. 그러나 근무평정에 대한 자기 주관성이 강하기 때문에 객관성이 결여될 수 있으나 자기발전이라는 측면에서 직무에 대한 동기부여가 될 수도 있다.

자동차 등의 속도 자동차와 원동기장치 자전거의 도로 통행 속도를 말한다. 자동차 등이 도로를 통행하는 경우의 속도는 행정안전부령으로 정한다. 경찰청장 또는 지방경찰청장은 도로에서의 위험을 방지하고 교통의 안전과 원활한 소통을 확보하기 위하여 필요하다고 인정하는 때에는 구역 또는 구간을 지정하여 속도를 제한할 수 있다(경찰청장은 고속도로, 지방경찰청장은 고속도로를 제외한 도로). 자동차 등의 운전자는 도로교통법(제17조)의 규정에 의한 최고속도를 초과하거나 최저속도에 미달하여 운전하여서는 아니된다. 다만 교통이 밀리거나 그 밖의 부득이한 사유로 최저속도에 미달하게 되는 경우에는 그러하지 아니하다. 도로교통법 시행규칙(제19조)에 의하면 자동차 등의 속도는 다음과 같다. ① 일반도로(고속도로 및 자동차전용도로 외의 모든 도로를 말한다)에서는 매시 60킬로미터 이내. 다만, 편도 2차로 이상의 도로에서는 매시 80킬로미터 이내, ② 자동차전용도로에서의 최고속도는 매시 90킬로미터, 최저속도는 매시 30킬로미터, ③ 고속도로의 경우 ㉠ 편도 1차로 고속도로에서의 최고속도는 매시 80킬로미터, 최저속도는 매시 40킬로미터, ㉡ 편도 2차로 이상 고속도로에서의 최고속도는 매시 100킬로미터[화물자동차(적재중량 1.5톤을 초과하는 경우) · 특수자동차 · 위험물운반자동차 및 건설기계의 최고속도는 매시 80킬로미터], 최저속도는 매시 50킬로미터, ㉢ 편도 2차로 이상의 고속도로로서 경찰청장이 고속도로의 원활한 소통을 위하여 특히 필요하다고 인정하여 「도로의 구조 · 시설기준에 관한 규칙」제8조 · 제18조 및 제23조에 따른 도로의 구조와 교통사고 발생의 위험성 등을 고려하여 지정 · 고시한 노선 또는 구간의 최고속도는 매시 110킬로미터(화물자동차 · 특수자동차 · 위험물운반자동차 및 건설기계의 최고속도는 매시 90킬로미터), 최저속도는 매시 60킬로미터 이며, 비 · 안개 · 눈 등으로 인한 악천후 시에는 감속운행하여야 한다('감속운행' 참조). 견인자동차가 아닌 자동차로 다른 자동차를 견인하여 도로(고속도로를 제외한다)를 통행하는 때의 속도는 ㉠ 총중량 2천킬로그램 미만인 자동차를 총중량이 그의 3배 이상인 자동차로 견인하는 경우에는 매시 30킬로미터 이내, ㉡ ㉠ 이외의 경우 및 이륜자동차가 견인하는 경우에는 매시 25킬로미터 이내이다(도로교통법 시행규칙 제20조).

자동차 등의 운전에 필요한 적성의 기준 첫째 시력(교정시력을 포함)은 제1종 운전면허의 경우 두 눈을 동시에 뜨고 잰 시력이 0.8 이상이고, 양쪽 눈의 시력이 각각 0.5 이상일 것, 제2종 운전면허의 경우 두 눈을 동시에 뜨고 잰 시력이 0.5 이상일 것. 다만, 한쪽 눈을 보지 못하는 사람은 다른 쪽 눈의 시력이 0.6 이상이어야 한다. 둘째, 적색 · 녹색 및 황색의 색채식별이 가능할 것. 셋째, 청력(제1종 운전면허)의 경우 55데시벨의 소리를 들을 수 있을 것. 다만, 보청기를 사용하는 사람은 40데시벨의 소리를 들을 수 있어야 한다. 넷째, 조향장치나 그 밖의 장치를 뜻대로 조작할 수 없는 등 정상적인 운전을 할 수 없다고 인정되는 신체 또는 정신상의 장애가 없을 것. 다만, 보조수단이나 신체장애 정도에 적합하게 제작 · 승인된 자동차를 사용하여 정상적인 운전을 할 수 있다고 인정되는 경우에는 예외이다.

자동차손해배상보장법(自動車損害賠償保障法) 자동차의 운행으로 사람이 사망 또는 부상하거나 재물이 멸실 또는 훼손된 경우에 손해배상을 보장하는 제도를 확립하여 피해자를 보호하고 자동차운송의 건전한 발전을 촉진함을 목적으로 하는 법률이다. 총칙, 손해배상을 위한 보험 가입, 자동차보험진료수가 기준 및 분쟁조정, 책임보험 등 사업, 자동차손해배상 보장사업, 보칙, 범칙행위에 관한 처리의 특례 등으로 구성되어 있다. 이 법에 의해 자동차를 운행하고자 하는 자는 손해배상책임에 대한 책임보험 또는 책임공제에 가입하여야 한다. 의무보험 등에 가입되어 있지 않은 자동차는 도로에서 운행을 하여서는 아니 된다. 자동차를 운행하는 자는 그 운행으로 인하여 다른 사람을 사망 · 부상하게 한 때에는 그 손해를 배상할 책임을 진다.

자동차운전학원(自動車運轉學院) 자동차 등의 운전에 관한 지식 · 기능을 교육하는 시설을 말한다. 그러나 다음의 시설은 제외된다. ① 교육관계법령에 의한 학교에서 소속 학생 및 교직원의 연수를 위하여 설치한 시설, ② 사업장 등의 시설로서 소속 직원의 연수를 위한 시설, ③ 전산장치에 의한 모의운전연습시설, ④ 지방자치단체 등이 신체장애인의 운전교육을 위하여 설치하는 시설 가운데 지방경찰청장이 인정하는 시설, ⑤ 대가를 받지 아니하고 운전교육을 실시하는 시설, ⑥ 운전면허를 받은 사람을 대상으로 다양한 운전경험을 체험할 수 있도록 하기 위하여 도로가 아닌 장소에서 운전교육을 실시하는 시설 등이다.

자료(data) 특별한 의미가 부여되지 않은 상태, 즉 여러 사회현상이나 단순한 사실, 기호 등을 말한다.

자료감식(資料鑑識) 범죄감식의 분류 가운데 하나로서 전국에서 수집한 기초자료를 컴퓨터 등에 수록하여 집중관리함으로써 범인의 추정, 범증자료의 판별 등 범죄수사에 활용하는 감식을 말한다. 내용으로는 지문자료에 의한 신원 · 범죄경력의 확인 및 피의자 사진에 의한 범인추정, 수법원지에 의한 감식, 족윤적자료에 의한 용의자 추정 등이다.

자문기관(諮問機關/advisory organ) 부속기관 중 행정기관의 자문에 응하여 행정기관에 전문적인 의견을 제공하거나, 자문을 구하는 사항에 관하여 심의 · 조정 · 협의하는 등 행정기관의 의사결정에 도움을 주는 행정기관으로 집행기관(행정청)이나 의결기관에 대응하는 개념이다. 집행기관은 행정의사를 결정할 뿐만 아니라 그것을 외부에 표시하여 집행하는 권한까지 가진 기관을 말하고, 의결기관은 그 결정이 법률상 당해 행정청을 기속(羈束)하는 힘을 가진 기관인 데 대하여, 자문기관은 당해 집행기관의 요구가 있을 때 또는 자진하여 어떤 사항에 대한 의견을 제출하는 기관을 말한다. 자문기관 자신은 행정의사를 결정하거나 이를 표시 · 집행하는 권한이 없고, 오직 참고의견을 제출할 수 있을 뿐이므로, 그 의견의 채택 여부는 전적으로 당해 집행기관에 달려 있다. 보통 '위원회'라 부르지만 그 밖에 심의회 · 조사회 · 협의회 등으로 불릴 때도 있다. 자문기관은 헌법 또는 법률에 직접 규정된 경우를 제외하고는 대통령령으로 당해 행정청에 둘 수 있게 되어 있다.

자수(自首) 범인이 스스로 수사기관에 대하여 자신의 범죄사실을 신고하여 처벌을 희망하는 의사표시를 말한다. 자수는 수사의 단서인 동시에 양형상의 참작 사유가 되고, 성질상 자수의 취소는 인정되지 않으며, 형법상 형의 감면사유이다.

자아 실현인간(自我 實現人間/self-actualization man) 인간은 자기의 능력 · 자질을 최대한으로 생산적으로 활용하고자 하는 자기실현 욕구와 성취욕구를 가지고 있으며, 자율적으로 자기규제를 할 수 있다고 보는 인간관이다. 자아 실현인관에서의 관리자는 동기부여자이며, 통제자로서 보다 직원이 일에 대하여 긍지와 자부심을 가지고 보람을 느낄 수 있도록 촉진자 · 촉매자로서의 역할을 수행해야 한다.

자연적 감시(自然的 監視/Natural Surveillance) CPTED의 주요요소로서 순찰 강화, 전자감시 장치의 설치, 담장 및 시야 장애물제거, 가로조명 개선, 지역주민의 조직화 등을 통해 침입자에 대한 감시를 강화하는 것이다. Oscar Newman(1972)에 따르면, 건축공학적 설계 아이디어들은 주로 감시개념에 많이 의존을 하고 있다고 한다. 주택의 모든 방향 쪽으로 창문을 설치하여, 주민들로 하여금 외부의 모든 행동을 관찰할 수 있도록 하는 것을 제안하고 있다. 문들은 가로쪽을 향하도록 설치하고, 출입문 안쪽에서 밖에서 일어나는 모든 일들을 관찰할 수 있게 설계하도록 권고하고 있다.

자연정화법(自然淨化法) 다중범죄에 있어서 정책적인 치료법의 하나로써 불만집단의 고조된(흥분된) 주장을 시간을 끌어 이성적으로 생각하고 판단할 기회를 주어 정서적으로 감정을 둔화(약화)시켜서 흥분을 가라앉히게 하는 방법을 말한다.

자유응답법(自由應答法) 탐문수사시 질문방법 중 하나를 말한다. 질문에 대하여 자유로이 대답하게 하는 방법으로 장점은 예기치 않은 중요한 자료를 얻을 수 있으며, 부정확한 진술을 할 위험이 적으며, 내용의 진실성이 높고, 암시나 유도가 적다. 단점으로는 시간낭비와 중요사항이 빠질 염려가 있다는 점이다. 대표적인 표현 방법은 "그 때가 몇 시였습니까?", "어디로 가는 기차였습니까?" 등으로 의문사를 주로 수반한다.

자율방범대(自律防犯隊) 지역사회의 주민들이 지구대 및 파출소, 치안센터의 지역경찰과 협력하여 범죄예방을 하고자 결성한 자율봉사조직을 말한다. 주요 임무는 취약지역에 대한 순찰 및 현행범 체포 등 범죄예방활동, 범죄현장 및 용의자 발견시 신고, 경찰관과 합동근무시 신고출동, 관내 중요 행사시 질서유지 및 기타 경찰업무 보조 등으로 규정되어 있다. 한편 한국의 자율방범활동은 1963년경 지역주민들이 범죄피해를 스스로 막아보겠다는 의지와 부족한 경찰력의 공백을 메워서 내가 살고 있는 지역을 내 힘으로 지켜 보겠다는 자율적인 주민야경제에서 출발하였다.

자전거도로 안전표지, 위험방지용 울타리나 그와 비슷한 공작물로써 경계를 표시하여 자전거의 교통에 사용하도록 된 자전거이용 활성화에 관한 법률 제3조의 도로를 말한다.

자전거 통행방법(自轉車 通行方法) 자전거의 운전자는 자전거도로가 따로 있는 곳에서는 그 자전거도로를 통행하여야 한다. 자전거도로가 설치되지 아니한 곳에서는 도로의 우측 가장자리에 붙어서 통행하여야 한다. 길가장자리구역을 통행할 수 있으나, 보행자의 통행에 방해가 되는 때는 서행하거나, 일시정지하여야 한다. 안전표지로 통행이 허용되는 경우를 제외하고는 2대 이상이 나란히 차도를 통행해서는 아니 되며, 횡단보도를 이용하여 도로를 횡단하고자 할 때는 자전거에서 내려서 자전거를 끌고 보행하여야 한다.

자진지원죄(自進支援罪) 반국가단체나 그 구성원 또는 그 지령을 받은 자의 요구나 권유 등에 의하지 아니하고 즉, 아무런 의사의 연락없이 자기 스스로의 의사에 의하여 범행함을 말한다.

자체경비(自體警備) 민간경비의 성격에 따른 분류 가운데 하나로 자체적으로 경비부서를 조직하고 경비활동을 실시하는 경비형태를 말한다. 장점으로는 경비원 자질의 우수성을 비롯 효과적인 통제와 관리, 높은 충성심(애사심), 우수한 자기계발의 기회를 들 수 있다.

자치경찰 복제개발안

동정복	하정복

근무복	**춘추 점퍼**

출처: 행정자치부 자치경찰제실무추진단, 「2004-2007 자치경찰제 추진 중간보고서」, 2008, p. 149.

자치경찰의 단점 첫째, 경찰이 일반행정에 소속된 부속기구인 듯한 모습이 있다. 대체적으로 집행력이 강하고 작은 분립 지역내에서 독립된 경찰이므로 경찰기관간의 상호협력 내지는 응원이 비교적 곤란하며 내부에 다수의 예산이나 경찰력의 확보가 용이치 않아 기동성이 약하다. 둘째, 최근 교통통신의 발달로 형식적인 행정구획을 무시하고 불가분의 일체를 이루게 되는 경향이 있는 관계로 범죄수사 및 교통단속상의 차원에서 통일된 경찰활동을 요구하게 되는 경향이 있다는 점에서 작은 관할지역에 한정된 자치경찰은 경찰기능을 최대한 발휘해야 하는 차원에서 극히 불편할 수밖에 없으며 때로는 치명적인 결함이 될 수도 있다. 셋째, 지방정치가의 간섭이 필연적으로 생기며 선거에 의하여 지방자치단체의 수뇌부가 경질될 수 있다. 이러한 상황이 되면 경찰간부의 이동이 뒤따르게 되어 장기근무가 곤란하게 되고 자치행정이 부패하는 경우가 발생하면 경찰의 부패뿐만 아니라 오히려 악정을 초래할 위험도 있게 된다. 넷째, 경찰인사에 대한 정치가의 간섭으로 경찰간부의 소속직원에 대한 통제력이 충분하게 행하여지지 않을 경우에는 간부의 위신이 떨어지고 필요한 관리 · 감독 및 적정한 배치를 할 수 없게 되어 결국에는 기강문란과 경찰정신의 이완을 초래하고 전면적인 붕괴상태에까지 도달할 위험성이 있다. 다섯째, 자치단체가 작고 조직인원이 적은 경우에는 인사가 고정되어 유능한 자도 승진할 기회를 얻기가 곤란하며, 나아가서 적재적소에 배치하기가 어렵고 교양훈련을 위한 특별시설도 만들기 곤란하고, 형사(刑事)와 같은 특수훈련과 경험이 필요한 전문가를 확보하기가 매우 어렵다. 여섯째, 경찰의 임무가 원칙상 소극적 성격을 가지고 있기 때문에 경비절약 측면에서 희생문제가 따를 수 있고, 자치단체가 비교적 작고 재정이 부족한 경우에는 더욱 어려움에 처할 수 있다.

자치경찰의 장점 자치경찰제도의 장점으로 첫째, 지방자치단체가 작은 지역에 집중된 행정조직이기 때문에 대체로 주민의 경제상태나 문화의 과정 등에 따라서 지역마다 색다른 특색들을 유지하고 있고 범죄 · 교통 등 경찰상의 제반문제들 안에서도 서로 다르며 그 특색에 따라 대응할 수 있는 유리한 조건이 주어져 있다. 둘째, 경찰관이 지방자치단체소속의 공무원이기 때문에 치안유지에 대한 책임감이 강할 뿐 아니라 토착생활을 하려는 경향이 많아 공복으로서 주민에 대해 비교적 친절하며 무책임한 행동이 적어질 수 있다. 주민(시민)도 경찰에 호감을 가지고 경찰관의 제반 비행문제를 주관하면서 자발적으로 협력하게 됨은 물론이고, 조직 및 시설의 결함에 대해서도 비교적 개선하려는 노력을 보이게 된다. 셋째, 지방자치단체가 작은 지역의 독립조직이므로 필요한 조직운영의 개혁이 용이하다. 특히 인접 또는 동급의 지방자치단체와의 경쟁심에서 개혁이 더욱 촉구되는 경우가 많다. 넷째, 지역상황에 적응한 인선을 할 수 있다. 이러한 토대 위에서 인사행정이 안정될 수 있는 관계로 같은 지위에 오래 있을 수 있고, 경우에 따라서는 우수한 실적을 올릴 기회가 비교적 많을 수 있다(신현기, 2010: 27–28).

자치경찰제 시범지역의 심벌마크

자치경찰제 실시 국가　　지구상에 자치경찰제를 시행하는 국가는 2012년 현재 대략 50여 개 국가에 달한다. 그 국가들은 남아프리카공화국, 대만, 대한민국, 독일, 멕시코, 미국, 벨기에, 브라질, 스위스, 스페인, 슬로바키아, 아르헨티나, 영국, 오스트레일리아, 오스트리아, 이탈리아, 인도, 일본, 체코, 캐나다, 폴란드, 프랑스, 핀란드 이외에 다수국가들이 있다. 이들 국가들은 전적으로 혹은 부분적으로 자기 나라 실정에 맞게 실시하고 있다.

자치경찰제의 이념　　흔히 분권화, 민주화, 중립화로 대표되고 있다.

첫째, 분권화는 국가경찰제인 경우는 경찰권이 중앙집권화 되어 있는바 이를 지방으로 이양해 지역치안을 자기 지역경찰 스스로가 책임을 지고 자기 지역실정에 적합하게 수행하도록 하여 경찰운용에 있어서 그 효율성을 극대화 하자는 것이다.

둘째, 민주화는 경찰운영에 있어서 지역주민의 참여를 통해 경찰행정을 구현함은 물론 권력적 행정작용의 특성이 강한 경찰활동을 그 지역의 주민이 감시하고 동시에 통제까지 할 수 있게 하려는 것을 의미한다.

셋째, 중립화는 경찰이 어떠한 정치세력에 의해서 흔들리지 않고 오로지 법과 원칙에 바탕을 두고 오직 지역주민의 편익을 위해 법집행으로 질 좋은 치안행정을 구현해 내어야 함을 의미한다.

작업사무(作業事務) 생산 · 판매 · 구매 등의 직접 활동과 인사 · 재무 등의 간접 활동에서의 운영에 수반되는 사무로 전표나 장부의 기입, 컴퓨터 단말기나 워드프로세서 입력 등의 사무가 포함된다. 작업사무는 사무 활동 중에서 사무를 전문적으로 행하는 사무원 또는 서기적 사무가 이에 해당된다.

작위(作爲/Tat) 의식적인 의사에 의한 적극적 행위를 말한다. 법적 행위에는 작위와 부작위가 있다. 작위란 일정한 적극적 행위로 나아가 법적 책임을 져야 하는 일정한 행위를 하는 경우이고, 부작위란 일정한 작위 의무가 있는 자가 그 행위를 하지 않음으로써 일정한 행위를 한 것과 동일한 결과를 유발하는 경우이다. 예를 들어 칼로 사람을 살해한 경우가 작위이고, 산모가 어린 아이에게 젖을 먹이지 않아 굶겨 죽이는 경우가 부작위이다.

작은정부 지향사상(small government) 미국의 경찰이 전통적으로 고도의 분권화를 이루는데 크게 기여한 사상으로 미국은 강력한 중앙정부에 의해 시민의 자유와 권리가 침해단하는 것을 방지하기 위해 분권화된 경찰제도를 도입하고 유지하고 있다는 것이다.

사전적 의미에서의 작은정부(small government)라는 것은 국가는 최소한의 인력으로 국방과 치안에 주안점을 둔 활동을 하고 가장 기본적이며 최소한의 역할을 하며 그 나머지 것을 자유시장경제에 맡김으로써 국가의 통제와 규제를 줄이고, 시장과 개인의 영역을 존중하는 정부형태를 뜻한다.

작전부(作戰部) 노동당계열 소속으로 공작원들에 대한 기본교육훈련, 침투공작원 호송 · 안내 · 복귀, 대남 테러공작 및 대남 침투로개척이 주된 임무인 북한의 대남공작기구이다. 1998년 속초 잠수정 침투 사건을 주도했다.

잠복전술(潛伏戰術) 침투 간첩들이 남한지역에 체류하는 동안 정보 수사기관의 인지를 피하여 활동거점을 마련하고 은신하는 기술과 활동을 말한다.

잠입 · 탈출(潛入 · 脫出) 잠입이란 반국가단체의 지배하에 있는 지역으로부터 대한민국의 통치권이 실제로 행사되는 지역 즉, 사실상의 영토 내로 들어오는 것을 말한다. 탈출이란 반국가단체의 지배하에 있는 지역 안으로 들어가는 것을 의미한다.

잠정예산(暫定豫算) 미국, 영국, 캐나다, 일본 등에서 많이 활용되고 있다. 만의 하나 예산불성립시 일정금액의 예산 중 국고지출을 잠정적으로 허가하는 제도 중의 하나를 말한다. 흔히 잠정예산은 그 사용을 위해 의회의 의결을 필요로 한다. 보통 사용기간이 정해지지 않으며, 전년도 예산 수준으로 지출되며, 본예산이 성립되면 그 효력을 상실하고 본예산에 흡수되는 절차가 이루어진다.

장기실종아동(長期失踪兒童) 보호자로부터 신고를 접수한 지 48시간이 경과하도록 발견하지 못한 찾는 실종아동을 말한다.

장려(奬勵) 경찰관이 공무수행 중 공로가 현저하거나 또는 직무에 성실·청렴한 자, 대민 처우시 각종 선행으로 경찰의 명예를 고취시켰거나 기타 모범적인 선행사유가 현저하다고 인정되는 사안에 대하여 공적을 인정하고 우대하는 것을 말한다.

장물수배서(臟物手配書) 범죄수사상 필요하다고 인정할 때에는 장물과 관련있는 영업주에 대하여 경찰서장이 발급하는 수배서를 말한다. 장물수배서는 3종으로 구분한다. ① 특별중요 장물수배서: 수사본부를 설치, 수사하고 있는 사건에 관하여 발행하는경우의 장물수배서로서 홍색용지를 사용한다. ② 중요장물수배서: 수사본부를 설치하지 않고, 수사하는 중요사건에 관하여 발부하는 용지는 청색을 사용한다. ③ 보통 장물수배서: 그 밖의 사건에 관하여 발부하는 경우의 장물수배서(장물품표)를 말하고 발부는 백색용지를 사용한다. 장물수배서 보존기간은 영업주는 장물수배서를 받았을 때에는 그 장물수배서의 도달시기를 기재하고 그 날로부터 6개월간 보존하여야 한다.

장물수사(臟物搜査) 범죄의 피해자를 통해 피해품을 확정하고, 종류와 특징을 명백히 함으로써 그 이동경로에 따라 장물수배, 장물수배서 발행, 불심검문, 임검조사 등을 행하여 범인을 발견하고자 하는 수사방법을 말한다. 장물수사는 합리적인 수사의 추진과 더불어 피해회복의 추진에 중요성이 있다.

장해급여(障害給與) 공무원이 직무상 질병 또는 부상으로 인해 신체적인 장해가 되었을 경우, 또는 퇴직 이후 3년 이내에 그 질병 혹은 부상으로 인해 신체적 장해상태에 직면하게 된 경우에 지급되는 급여를 뜻한다. 장해급여의 종류는 장애연금과 장해보상금이 있다. 장해보상금액은 당사자가 받을 수 있는 장해연금의 5배에 상당하는 금액으로 하고 있다.

재난(災難/disaster) 국민의 생명·신체 및 재산과 국가에 피해를 주거나 줄 수 있는 것으로서 태풍(颱風)·홍수(洪水)·호우(豪雨)·폭풍(暴風)·폭설(暴雪)·가뭄·지진(地震)·황사(黃砂) 등 자연현상으로 인하여 발생하는 재해, 화재·붕괴·폭발·교통사고·환경오염사고 등 이와 유사한 사고로 대통령령이 정하는 규모 이상의 피해 등 국가기반체계의 마비와 전염병 확산 등으로 인한 피해를 말한다.

재난관리체계(災難管理體系) 관련법으로는 민방위기본법, 자연재해대책법, 재난및안전관리법이 있으며, ① 인위재난관리체계에 있어서 국가차원의 중앙안전관리위원회와 중앙재난안전대책본부를 설치 운영하고 있으며, 지역차원의 지역

위원회와 지역재난안전관리대책본부를 설치 운영하고 있다. ② 긴급구조체제에 있어서 중앙응급구조는 중앙긴급구조통제단(소방방재청장), 지역응급구조는 지역긴급구조통제단(소방서장)으로 구성되어 있다.

재난의 특성(災難의 特性) 현대사회 재난의 특성으로는 ① 일상성, ② 타율성, ③ 익명성, ④ 불확실성, ⑤ 안전불감증 등이 있다.

재단법인(財團法人/foundation corporation) 일정한 목적에 바친 재산, 즉 재단이 그 실체를 이루고 있는 법인으로서 사람의 집단을 본체로 하는 사단법인과는 다르다. 재산을 실질상의 본체로 하는 것이어서 재산이 있는 한 항구적 사업을 행하기에 합의한 바, 영리 아닌 사업을 목적으로 하는 비영리법인만 인정된다. 재단법인은 주로 민법의 규정에 의하지만, 학교법인 · 종교법인 등 특별법에 의하여 설비된 특수법인의 경우도 있다. 재단법인의 설립 · 운영은 재산을 출연하고 정관을 작성하여 주무관청의 허가를 얻어 주된 사무소의 소재지에 설립등기를 함으로써 설립된다. 그 운영은 주로 설립자의 의사에 따라서 고정된 목적과 조직 하에서 행하여지며, 이사가 업무를 집행하고 법인을 대표한다.

재량권(裁量權/discretionary authority) 자유재량으로 처분할 수 있는 권한을 말한다. 행정행위는 원칙적으로 일정한 범위 안에서 재량권을 가진다. 이는 법률이 행정의 모든 분야에 걸쳐 구체적인 경우를 모두 규정할 수는 없기 때문이다. 행정관청이 재량권에 따라 독자적으로 행위나 판단한 행위에 대해서는 일정한 한도 내에서는 부당함에 그칠 뿐 위법을 구성하지 않으며, 따라서 행정소송의 대상이 되지 않는다.

그러나 재량권의 행사는 일정한 한계 내에서 이루어져야 한다. 재량행위가 행정청에게 부여된 재량권의 한계 내에 있다면 '부당'의 문제가 생겨도 위법의 문제는 생기지 않지만, 한계를 벗어난 경우에는 재량의 하자가 있게 되고 위법하게 된다. 특히, 현행 행정소송법 제27조에서는 행정관청의 재량에 속하는 처분이라도 재량권의 한계를 넘거나 그 남용이 있는 때에는 법원이 이를 취소할 수 있도록 규정하고 있다. 따라서 재량권의 한계를 넘는 경우가 재량권일탈이고, 남용의 경우는 재량권남용에 해당된다.

재량행위(裁量行爲/discretionary act) 관계 법률상 행정청에 당해 행정행위를 할 것인가의 여부(결정재량) 내지는 법적으로 허용되는 다수의 행위 중에서 어떠한 행위를 할 것인가(선택재량)에 대하여 선택의 자유가 부여되는 행정행위를 말한다.

이것은 법규의 엄격한 구속을 받는 행정행위인 기속행위(羈束行爲)와 상반되는 개념이다. 기속행위는 법규가 요건과 그에 대한 효과를 일의적, 확정적으로 규정하여 행정청이 단순히 기계적으로 법규를 집행하는데 그치는 행위이다.

재정하명(財政下命) 재정목적을 위하여 통치권에 의거하여 개인에게 일정한 작위 · 부작위 · 급부 또는 수인을 명하는 행정행위를 말한다. 이는 과하여지는 그 의무의 내용에 따라 조세신고의무 또는 장부기재 · 비치의무나 보고제출의무 등을 과하는 것과 같이 일정한 적극적인 행위를 할 것을 명하는 작위하명, 전매물품의 제조 · 판매의 금지 등과 같이 일정한 행위를 금지하는 부작위하명, 조세의 납부를 명하는 것과 같이 일정한 물건 또는 금전의 지급을 명하는 급부하명, 재정권의 발동으로 인한 실력행위를 수인할 것을 명하는 수인하명으로 나눌 수 있다. 국가가 국민에 대해 재정하명을 발하는 형식에는 직접 법률의 규정으로써 하는 경우(재정법률)와 법의 규정에 의지하는 행정처분(재정처분)의 두 가지가 있다.

재판관할권(裁判管轄權) 한 · 미행정협정(SOFA) 형사재판권의 하나로써 영토주권의 원칙과 일반국제법상의 원칙에 입각하여 대한민국과 미합중국 군당국이 재판권을 행사하는 주체임을 명시하는 '재판권 분장의 원칙'을 선언하고 있다. ① 대한민국당국: 대한민국 당국은 미합중국 군대의 구성원, 군속 및 그들의 가족에 대하여 대한민국 영역 안에서 범한 것으로서 대한민국 법령에 의하여 처벌할 수 있는 범죄에 대하여 재판권을 가진다. 여기서의 대한민국 당국은 군당국이 아니라 민간당국을 의미한다. 계엄령을 선포한 경우에는 대한민국의 재판관할권이 정지된다. ② 미합중국군당국: 미합중국 군당국은 미합중국 군대의 구성원, 군속 및 그들의 가족에 대하여 미합중국 법령이 부여한 모든 형사재판권 및 징계권을 대한민국 안에서 행사할 권리를 가진다.

재한국 외국인민에 대한 경찰에 관한 한일협정(1909. 3. 15) 한국에 있는 외국인에 대한 경찰사무의 지휘 · 감독권을 일본계 한국경찰이 행사토록 한 협정이다.

재해경비(災害警備) 천재지변이나 화재 등 자연적 또는 인위적인 돌발사태로 인한 인명이나 재산피해를 예방 · 진압하기 위한 경비활동을 말한다. 재해는 자연적인 재난인 천재지변, 폭풍우, 지진, 홍수, 해일, 폭설 등이 있으며, 인위적인 재난인 폭발물사고, 대형구조물의 붕괴, 독극물 · 방사능 사고 등이 있다.

저체온사(低體溫死) 온도이상으로 인한 사망의 하나로써 외계의 저온에 의하여 체열이 방산되는 정도가 체내의 열생산에 비하여 과도하여 사망에 이른 것을 말한다. 일반적으로 심부체온은 30℃ 이하가 되면 사망한다. 저체온사에 대한 시체소견 및 진단은 ① 급속한 체온 하강 및 동결: 사망전에 이미 체온이 떨어져 있고 사후에는 급속히 하강하므로 사후경과 시간에 비하여 체온은 현저히 낮아진다. ② 선홍색 시체얼룩: 주위 온도가 낮을 때는 생전에 결합된 혈중의 산화헤모글로빈이 잘 해리되지 않는다. ③ 손상: 흔히 헤매거나 넘어지므로 얼굴부위나 팔다리, 특히 다리에서 피부까짐이나 타박상과 같은 경미한 손상을 많이 본다.

적극적 경찰홍보 전략 국민과 경찰과의 관계를 원만하게 하는 것이며 지역사회 국민의 협력을 이끌어 내는 좋은 방법이다. 첫째, 홍보전문가의 경찰채용이다. 언론이나 홍보전문가를 경찰에 채용하여 대중매체 업무를 담당하도록 하는 방식으로서 상당한 효과성을 나타낼 가능성이 있다. 둘째, 공개주의와 비밀최소화 원칙이다. 영국은 필요최소한의 경찰자료를 제외하고는 모두 공개하는 경찰홍보정책을 시행하고 있다. 이는 경찰의 적극적인 대언론 정책에 기인하고 있다. 비록 국민과 언론으로부터 비판을 받는 상황이 더 많이 발생할지라도 다른 한편에서는 경찰과 언론이 상호 신뢰할 수 있는 우호관계가 형성되고 나아가서 국민들로부터 경찰이 신임을 얻는 계기로 작용하게 될 것으로 본다. 셋째, 전체 경찰의 홍보요원화이다. 우리나라의 경우는 경찰개인이 사적으로 언론과 접촉하여 인터뷰하는 것이 금지되어 있다. 그러나 영국 · 미국과 같은 경우는 신임순경부터 경찰간부에 이르기까지 경찰교육과정에서 실습을 통해 대 언론 훈련을 실시하여 전체 경찰관의 홍보요원화에 성공을 거두고 있다. 이는 우리경찰에게도 시사하는 바가 크다. 넷째, 실시간 알리는 경찰홍보제도이다. 영국 · 미국과 같은 경우는 상황실, 순찰차, 형사, 생활안전, 경비교통 기능 등에서 경찰의 업무를 실시간별로 홍보실의 모니터를 통해 알리고 있다. 문제가 나타나면 실시간 홍보실에서 곧바로 해명이나 수정할 수 있고 국민에 대해 경찰의 신뢰성을 향상 시킬 수 있다.

적극적 방첩수단(積極的 防諜手段) 방첩활동 수단의 하나로서 침투되어 있는 적 및 적의 공작망을 분쇄하기 위하여 취하는 공격적인 수단으로 대간첩행위 · 대태업행위 · 대전복행위 등을 말한다. 예를 들어 적에 대한 첩보수집, 적의 첩보 공작분석, 대상인물에 대한 감시, 검거된 간첩심문 등이 대표적이다.

적극정보(positive intelligence) 국가이익의 증대를 위한 정책의 입안과 계획 수립 및 정책계획의 수행에 있어서 필요한 정보를 말한다. 정치, 경제, 군사, 과학 기타 각분야의 국가정책들이 적극정보가 추구하는 정보요소들이다. 정책과의 연관성을 강조하여 정책정보라고 부르기도 한다. 중요정책 수행상의 문제점, 정책과 관련된 민심의 동향이나 여론 등이 그 사례에 속한다(문/황, 2010: 18).

적대계층(敵對階層) 복잡계층이라고도 불리우며 북한 공산집단에 동조하지 않는 계층으로 유해노동직에 배치되고 진학이나 입당 등이 원칙적으로 봉쇄된 계층을 말한다.

적색수배서(赤色手配書/Red Notce) 국제수배서 종류의 하나로써 국제체포수배서, 일반형법을 위반하여 체포영장이 발부되고 범인인도를 목적으로 하는 경우에 발행한다. 요청기준은 ① 살인, 강도, 강간 등 강력범죄 관련사범, ② 폭력조직 중간보스 이상 조직폭력사범, ③ 다액(50억원 이상) 경제사범, ④ 기타 수사관서에서 특별히 적색수배를 요청하는 중요사범 등이다.

적시성의 원칙(適時性의 原則) 경비수단의 원칙의 하나로서 경비사태 발생시 실력을 행사할 겨우 상대군중보다 유리한 지점과 위치를 확보하여야 한다는 원칙을 말한다.

적정절차의 법리(適正節次의 法理/Due Process of Law) 수사의 지도원리 가운데 하나로써 헌법정신을 구현한 공정한 법적인 절차에 의하여 형벌권이 실현되어야 한다는 원칙을 말한다. 적정절차의 법리의 대표적인 것으로는 공정한 재판의 원칙, 비례의 원칙, 피고안보호의 원칙(진술거부권 고지 등) 등이 있다.

전결(專決) 조직 내부에서 기관의 장이 그 권한에 속하는 사무의 일부를 일정한 자격권자에게 위임하면 그 위임받은 자가 일정한 범위의 위임 사항에 관하여 장을 대신하여 결재하는 제도를 말한다. 전결은 보조기관이 기관장을 대신하여 결재한다는 점에서 대결과 동일하나 장의 부재에 관계없이 평시에 행해진다는 점이 차이가 있다. 행정기관의 장으로부터 사무의 내용에 따라 결재권을 위임받은 보조기관 또는 보좌기관이 행하는 결재를 말하며, 위임 전결 사항은 당해 기관의 장이 훈령으로 정한다. 대결(代決)은 결재권자가 휴가, 출장, 기타의 사유로 상당 기간 부재중이거나 긴급한 문서의 경우에 결재권자의 사정에 의하여 받을 수 없는 때에는 그 직무를 대리하는 자가 하는 결재이다.

전과와 특기변경(轉科와 特技變更) 전과는 경과를 바꾸는 것이고 특기변경은 특기를 바꾸는 것을 말한다. 전과는 일반경과에서 특수경과로 전과하는 것에 한하여 인정된다. 한편 특기변경은 일반특기 상호간 또는 전문특기 상호간에만 허용되며, 1회에 한하여 허용된다. 다만, 정원 감축 등 부득이한 경우가 발생하였을 경우에는 통신, 운전경과에서 일반경과로의 전과가 가능하다.

전국 시 · 도지사협의회가 주장한 초기 자치경찰제 모형

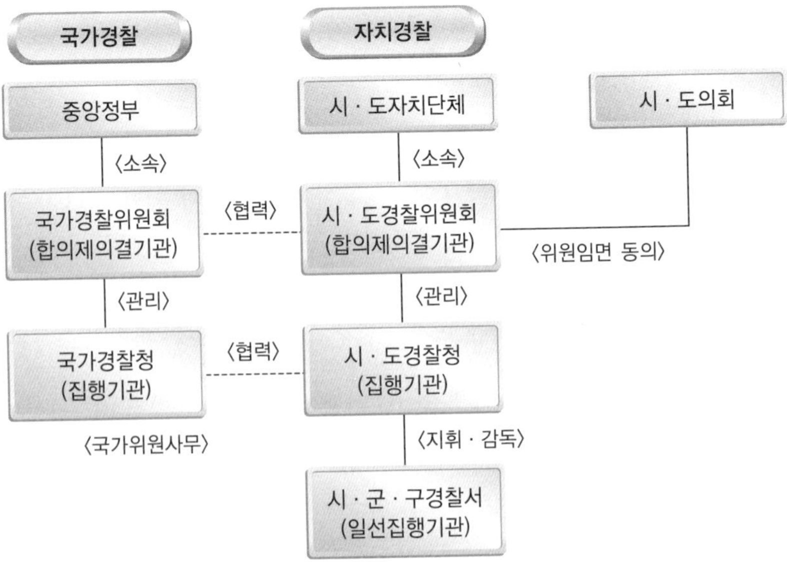

출처: 전국시 · 도지사협의회, 「바람직한 자치경찰제에 대하여」, 2005, p. 25.

전기적 자료검사(傳記的 資料檢査) 경찰직에 채용하는 경우 활용하는 검사방법 중에 하나인데 이는 예를 들어 어떤 사람이 이전의 성장배경 및 경험 등을 통해 보았을 때, 다른 사람 즉 현재 경찰직에 잘 적응하고 있는 현직 경찰관들과 얼마나 유사한 이력을 가지고 있는가의 정도를 측정해보는 방식을 의미한다.

전략정보(戰略情報/Strategic Intelligence) 국가정책지도자들이 종합적인 국가정책의 수립과 국가안전보장문제에 관하여 필요로 하는 국내의 상황과 타국의 능력 · 취약성 및 가능한 행동방책에 관한 지식을 말한다.

국가수준의 정보를 의미하는 것이며 국가정책과 안전보장에 중대한 영향을 주는 상황에 대하여 각 정보기관에서 작성된 정보가 종합되어 작성되는 것으로 平時에 있어서는 국가안전에 관한 적당한 정책의 기초가 되고 전시에 있어서는 국가총력전 수행에 필요한 전반적인 군사작전계획의 기초를 제공하는 것이다.

전략지향적 경찰활동(Strategic-Oriented Policing: SOP) 경찰이 전통적인 관행과 절차를 이용하여 확인된 문제 지역에 대한 그들의 자원을 재분배하는 것이다. 즉, 치안수요가 많은 시간대나 장소에 많은 경찰력을 배치하는 방식으로 최소한의 자원을 투입하여 최대한의 범죄나 무질서를 예방하는 효과를 거두는 활동을 강조한다.

전문계약직 공무원(專門契約織 公務員) 공직선발에 있어 특정분야에 대한 전문적 지식이나 기술 등이 요구되는 경우에 업무의 특수성을 고려해 전문계약직공무원을 채용하게 된다. 특히 전문계약직공무원은 경력이나 자격에 따라 분류하고 있다.

전문직 공무원(專門織 公務員) 국가나 지방자치단체와의 채용계약에 의해 일정한 기간 동안 전문연구분야와 특정분야, 그리고 기술업무에 종사하는 과학자 및 기술자 등에 해당되는 전문가를 의미한다. 이것은 1998년 국가공무원법의 개정으로 계약직 공무원 속에 포함되었다.

전문화의 원칙(專門化의 原則/principle of specialization) 조직의 각 구성원은 가능한 한 특정의 한정된 종류의 활동에 노력을 집중함으로써 숙련이나 전문적 지식의 습득을 용이하게 하고 그렇게 됨으로서 경영활동의 능률을 증진시킬 수 있다는 것이다. 전문화의 원칙에 따라 경영활동을 분할하여 부문을 편성해 나가는 부문화가 이루어지게 되고 업무분담과 구성원의 직무종류, 범위가 정해진다.

전보(轉補) 계급의 변화없이 직위만 바뀌는 것을 말한다. 이러한 이유로 전보는 동일한 계급내의 보직변경이라고도 한다. 전보의 목적은 동일한 직위에 장기간 근무함으로써 발생할 수 있는 무기력 현상을 방지하고 신진대사를 원활히 하여 조직효과성을 제고시키는 데 있다.

전복(顚覆/Subvesion) 헌법에 의하여 설치된 국가기관을 강압에 의하여 변혁시키거나 기능을 저하시키는 것을 말한다. 전복의 형태로는 국가전복과 정부전복이 있으며, 전복의 수단으로는 전위당 조직, 통일전선 구축, 선전과 선동, 파업과 폭동, 게릴라 전술, 테러전술 등이 있다.

전산망(電算網) 이는 각종 전산장비를 유선이나 무선으로 연결하여 데이터를 처리하거나 전송하는 조직망을 말한다.

전산실(電算室) 경찰청이나 각 경찰관서에서 온라인용으로 연결된 각종 전산장비의 운용과 전산자료가 종합적으로 보관되는 장소를 의미한다.

전산자료(電算資料) 데이터(Data)가 전산장비에 의해 입력돼 보관되고 있는 상태를 말한다. 이것은 자료가 입력되어 있는 디스켓, 자기테이프, 디스크 등 보조기억매체를 포함하고 있다.

전산조회시스템(電算照會시스템) 경찰청의 경우는 대형 컴퓨터시스템에 업무별 전산자료를 수록하고 프로그램을 작성하여 경찰서, 지구대, 파출소, 검문소에 데이터 통신회선으로 연결된 온라인 단말기를 통해 문자정보 자료인 주민등록, 범죄경력, 지명수배 등의 조회를 행할 수 있도록 시스템을 구축하고 있다.

전산화된 통계 이는 우리나라 전국의 경찰서에서 발생된 모든 사건 중 살인, 강도, 강간, 절도, 폭력, 화재, 교통사고다발지역 등 국민과 가장 밀접한 사건을 지도나 도표 혹은 그래프 등 다양한 정보를 제공하여 체감치안활동을 수립하고 경력배치 등에 널리 활용해 한눈에 파악이 가능하도록 만들어진 시스템을 말한다.

전속적 재판권(專屬的 裁判權) 한 · 미행정협정(SOFA)의 형사재판권의 하나로써 한 · 미 양국 중 어느 일방 국가의 법령에 의해서는 처벌할 수 있으나, 다른 일방 국가의 법령에 의해서는 처벌할 수 없는 경우에 처벌이 가능한 국가만이 배타적으로 형사재판권을 행사하는 경우을 말한다. ① 미군당국의 전속적 재판권: 미국의 안전에 관한 범죄를 포함하여 미국 법령에 의해서는 처벌할 수 있으나, 한국의 법령에 의해서는 처벌할 수 없는 범죄에 대해 가진다. ② 대한민국 당국의 전속적 재판권: 대한민국의 안전에 관한 범죄를 포함하여 우리나라 법령에 의해서는 처벌할 수 있으나 미국의 법령으로 처벌할 수 없는 범죄에 대해여 가진다.

전술정보(戰術情報/tactical intelligence 또는 operational intelligence) 작전에 임하는 일선 사령관이 전투기술면에 있어서 이용하는 군사적 행동에 관한 지식을 말한다. 전략정보와 구별된다. 전략정보가 국가의 기본적 종합정보인 데 비하여, 전술정보는 부문적이고 군사상의 정보라는 데에 특징이 있다. 전략정보의 기본적 방침 밑에서 세부적이고 기업적인 시행사항에 관한 지식인 점에서 구별된다.

특정전투관리를 위해 현재의 상태와 동향을 즉각적으로 파악하여 제시하는 등 특정 현안 해결을 위한 단편적이고 집약적인 정보라고 할 수 있다(문/황, 2010: 7).

전용차로 차의 종류 또는 승차인원에 따라 지정된 차만 통행 할 수 있는 차로를 말한다. 지방자치단체장은 원활한 교통을 확보하기 위하여 필요한 때에는 지발경찰청장 또는 경찰서장과 협의하여 도로에 전용차로를 설치할 수 있다. 예를 들어 고속도로의 경우 9인승 이상 승용자동차 및 승합자동차(승용자동차 및 12인 승 이하의 승합자동차는 6인 이상 승차한 경우)가 통해하는 전용차로가 있다.

전 · 의경(戰 · 義警) 작전전투경찰순경과 의무전투경찰순경으로 구분되며, 병역법 및 전투경찰대설치법에 의거하여 소정의 기초군사훈련을 마치고 대간첩작전 업무나 치안업무 보조요원(방범순찰대원 포함)으로 복무하기 위하여 각 부대 또는 경찰서에 편성된 자들을 말한다. 전투경찰(이하 전경)은 주로 전투경찰대 · 경찰서 112타격대 · 검문소 등에서 근무한다. 의무전투경찰순경(이하 의경)은 주로 기동대 · 방범순찰대 등에서 근무하고 있다.

전이법(轉移法) 다중범죄에 있어서 정책적 치료법의 하나이다. 이는 다중범죄의 발생징후나 이슈가 있을 때 국민들의 관심을 집중시킬 수 있는 경이적인 사건을 폭로하거나 대규모 행사를 개최하여 원래의 이슈가 상대적으로 약화되도록 하는 방법을 말한다. 예를 들어 대규모 집회가 예상되는 때를 맞춰 동일 시간대에 국제적인 행사(A매치 축구경기 등)를 개최하여 대규모 집회가 위축되도록 하는 방법이 대표적이다.

전자거래(電子去來) 이는 전자문서에 의하여 재화나 용역의 거래의 전부 혹은 일부가 거래되는 것을 의미한다. 최근 인터넷 쇼핑 등을 중심으로 활발하게 발달하였으며 우리 생활의 중심축을 이루게 되었다.

전자문서(電子文書) 국민 누구에게나 컴퓨터가 급속히 보급된 이후 전자문서가 대량으로 생산 · 활용되고 있다. 이는 컴퓨터 등 정보처리 능력을 가진 장치에 의하여 전자적 형태로 작성되어 송신, 수신 및 저장되는 일련의 정보들을 말한다.

전자문서교환(電子文書交換/EDI: electronic data interchange) 전자문서교환(EDI)은 기업, 단체 또는 공공기관 상호 간에 종이로 된 서식 대신에 전자문서를 데이터화하여 네트워크를 통해 쌍방이 직접 전송 신호로 주고받는 것을 말한다.

전자서명(電子書名) 이는 문자 작성자를 규정하고 문서에 표시된 내용이 본인에 의해 바르게 표시되었다는 것을 추인하는 서명과 동일한 기능을 가지는 서명자 식별 그리고 변조방지 목적으로 전자문서에 포함되는 기호 또는 부호를 의미한다. 오늘날 점차적으로 그 사용이 증가하고 있다.

전자충격봉 경찰공무원이 범죄자에게 전기충격으로 일시적 고통을 줌으로써 범인을 주춤하게 만들어 범죄의 발생을 억제하려는 것이다. 여러나라들이 이러한 전자충격봉을 만들어 내고 있는데 특히 영국에서 만든 전기식경봉은 길이 57.8

센티미터, 무게는 전지를 포함하여 0.54킬로그램에 달한다. 이 기기는 1.5볼트의 건전지 6개가 내장돼 있다. 사용시에 스위치를 작동시키면 6,000~7,000볼트의 전압을 발생시킨다. 전류는 매우 미약한 편인데 8.2밀리암페어 정도다. 이 기기의 전기는 피부표면을 흘러가는데 그치고 신체 안으로는 들어가지 않음으로써 상해를 주지 않는다는 특징을 지니고 있다. 전지를 계속 사용하려면 약 2시간, 1분간 스위치를 넣고 13분간 스위치를 끊는 단속적인 사용을 할 경우 약540회 정도 사용이 가능하다고 한다.

전자충격총 이 기기는 사람의 피부를 약간 정도 붉게 할 뿐 근육에 대해 근육, 맥박, 혈압, 심장박동 등에 이상이 없으며, 수많은 실험 결과 사람의 건강에 별로 크지 않다는 결과가 나타났다. 이러한 긍정적인 결과들에도 불구하고 미국의 버지니아주 소재 주립교도소에서 죄수가 전자충격총으로 인해 심장병으로 사망하는 사고가 발생한 이후 경찰당국은 그 대신 최루탄, 경찰봉 및 소형화기 등을 더 선호하게 되었다.

전직(轉職) 전직(轉職)은 정부조직 속의 한 직위에서 직무의 종류와 성격이 다른 직렬(職列)로 수평 이동하는 것을 말한다. 반면에 전보(轉補)는 조직 내의 한 직위에서 동일한 직급에 속하는 다른 직위로 보직(補職)을 변경하는 수평적 이동을 말한다.

전체법(全體法) 탐문수사시 질문방법의 하나를 말한다. "무엇이 수상한 점은 없었습니까?", "무엇을 했습니까?" 등으로 막연하게 질문하는 방법을 말한다. 장점으로는 암시나 유도가 되지 않아 자연스럽고 올바른 답변을 획득할 수 있으며, 단점으로는 답변에 대한 정리가 어렵다는 점이다.

전체추천제(全體推薦制) 공무원 임용후보자 추천에서 채용후보자 전체를 추천해 임용권자가 자유롭게 선발하도록 하는 제도이다. 임용후보자의 숫자가 적고 단시일 내에 모두 임용될 가능성이 있는 직종의 경우에 해당된다. 우리나라의 경우 종전에는 3배수 추천제를 도입했으나, 1973년에 이를 폐지하고 지금은 단순추천제와 특별추천제(선택추천제)를 채택하고 있다. 추천을 받는 채용후보자가 임용제청에 불응하거나 교육훈련에 불응할 때는 채용후보자로서의 자격을 상실하게 된다.

전투경찰대(戰鬪警察隊) 간첩의 침투거부, 포착, 섬멸, 기타의 대간첩작전을 수행하고 치안업무를 보조하기 위해 지방경찰청장 및 해양경찰청장 소속하에 설치된 특별경찰집행기관이다. 전투경찰대는 그 조직과 임무가 군대와 비슷하나 구성원이 군인이 아니라는 점과 주된 기능이 치안업무의 일환이라는 점에서 군대와 다르다. 1970년 12월 31일 법률 제2248호로 제정되었다.

전투경찰대설치법(戰鬪警察隊設置法) 1968년 1월 21일 김신조 등 무장간첩의 청와대 기습시도사건을 계기로 1970년 12월 31일 법률 제2248호로 설치되었다. 본문은 제1조(설치 및 임무), 제2조(조직), 제3조(전환복무대상자의 요청 및 추천), 제4조(경찰공무원법의 준용 및 특례), 제5조(징계), 제6조(소청), 제7조(전사상급여금), 제8조(보상 및 가료), 제9조(벌칙), 제10조(벌칙-판례), 제11조(벌칙적용대상자등), 제12조(시행령) 등으로 구성되었다.

전투경찰 폐지 2012년 6월 29일 병무청이 병역법 개정안을 관보와 병무청 홈페이지를 통해 입법 예고했다. 병무청은 이번에 입법 예고된 병역법에는 부정행위를 한 예술 · 체육요원의 편입 취소 근거를 마련하였다. 그리고 임의 배정에 의한 전투경찰 편입 제도를 폐지하고 의무경찰이 그 임무를 수행할 수 있도록 했다. 이밖에 군 전공의 수련 과정 이수자와 박사학위 과정 수학자의 전문 연구 요원에 대한 규제를 완화하는 방안도 내놓았으며, 통합방위사태 선포시 병력 동원 소집 대상자 일부를 소집할 수 있도록 근거도 마련했다. 이와 함께 법무사관후보생 등의 선발기준 및 절차에 대한 법적 근거도 마련했다. 기존에 없던 재징병검사 대상자 여비와 병사용 진단서 발급비용을 국고에서 부담해 병역의무로 인한 국민의 경제적 부담을 경감하는 방안도 마련했다. 특히 현역 입영자 중에서 전투경찰을 임의적으로 차출 · 배정함에 따른 병역 의무자 불만 해소 등을 위해 전투경찰 제도를 폐지한다. 이를 대신해 본인이 지원하는 의무경찰이 그 임무를 수행하도록 의무경찰의 임무에 '대간첩작전 수행'을 추가했다. 병역법 개정안의 입법 예고기간은 2012년 8월 8일까지다. 이미 경찰교육원에 들어와 훈련을 받던 전투경찰들은 2012년 3월 29일을 기해 더 이상 진행되지 않고 중단된 바 있다.

전환복무(轉換服務) 현역병으로 복무중인 자를 전투경찰순경 또는 교정시설경비교도의 임무에 종사하도록 그 자의 군인으로서의 신분을 다른 신분으로 전환하는 것을 말한다. 관련법령으로는 병역법 제24조(배정에 의한 전환복무)와 병역법 제25조(추천에 의한 전환복무)가 있다.

절도죄(竊盜罪) 타인의 재물을 절취함으로써 성립하는 범죄를 말한다. 절도죄의 미수는 처벌하지만 강도죄와는 달리 예비 · 음모는 처벌되지 아니하며 절도죄의 실행의 착수시기는 물색행위시이다. 절도의 수법 유형은 침입절도, 방치물절도, 날치기, 소매치기, 들치기, 부축빼기 등이 있다. 한편 절도사건의 수사단계는 피해신고 · 접수 및 처리 → 현장임검 → 현장보존 → 수사방침의 결정 → 수사방법이다.

점증모형(漸增模型/incremental model) 기존의 결정이나 대안의 토대 위에 그보다 약간 향상된 대안만을 부분적 · 순차적으로 채택하는 제한된 합리성을 전제로 실현 가능한 범위 내에서 대안을 탐색하려는 의사결정 이론모형이다. 인간의 지적능력의 한계와 의사결정 수단의 기술적 제약성을 인정하면서 실제의 의사결정이 언제나 합리적으로 이루어지는 것은 아니며, 의사결정을 위한 대안의 선택이 종래의 결정에서 점진적 · 부분적 수정으로 이루어지는 대충 그럭저럭 헤쳐 나가는 과정으로 이해하고 있다.

접견교통권(接見交通權) 피의자 또는 피고인, 특히 체포 또는 구속된 피의자(피고인)가 변호인이나 가족 · 친지 등 타인과 접견하고 서류 또는 물건을 수수하며 의사의 진료를 받는 권리를 말한다. 제도적 취지는 기본적 인권의 보장과 방어권의 보장이며, 법적근거는 헌법 제12조 제4항과 형사소송법 제34조이다.

접근통제(接近統制/Access control) CPTED의 주요 요소로서 지역 및 지역 내 건물에 수상한 사람이 침입하기 어렵게 담(wall)을 설치하는 것 등 잠재적 범죄자의 접근을 차단시키는 전략이다. 따라서 범죄를 저지를 목적으로 어떤 장소나 건물에 출입하려는 시도를 어렵게 함으로써, 범죄기회를 감소시키려는 노력으로 정의할 수 있다. 잠금 장치의 설치 및 활용, 방범창의 설치, 강화(방탄)유리, 침입방지 경보장치, 울타리설치, 안전금고 그리고 다른 장치들이 활용된다.

정기출처정보 정기적으로 정보를 취득할 수 있는 출처로부터 얻은 정보를 말한다. 정보입수의 시간적 간격이 일정하거나 정보입수의 시점을 정보요원이 통제하고 있는 경우이다. 이는 공개출처정보와 비공개출처정보로 나눌 수 있다. 일반적으로 정기출처정보가 우연출처정보에 비하여 출처의 신빙성과 내용의 신뢰성면에서 우위가 있다 할 것이다.

정년제도(停年制度) 정년제도란 경찰공무원법 제24조에 규정된 제도로서 고령으로 인한 능력감퇴를 막고, 동일계급에서 장기근무로 인한 인사 침체현상을 방지하며, 신진대사와 조직의 활성화를 기하여 경찰의 업무를 보다 효율적으로 수행할 수 있도록 하는 제도이다. 정년제도는 연령정년과 계급정년의 두 종류가 있다. 정년에 달한 달이 1월에서 6월 사이인 경우는 매년 6월 30일, 7월부터 12월 사이에 해당하는 경우는 12월 31일에 각각 정년퇴직한다. 경찰의 경우 치안총감과 치안정감의 경우는 경찰공무원법 제30조 제1항에 따라 연령정년과 계급정년의 적용을 받지 않는다.

정무직 공무원(政務職 公務員) 선거에 의해서 취임하거나 임명에 있어서 국회의 동의를 요하는 공무원, 감사원장, 감사위원 및 사무총장, 국회의 사무총장 및 차장, 헌법위원회의 상임위원 및 사무처장, 그리고 국무총리, 국무위원, 처의 처장, 장 · 처의 차관 또는 차장 · 청장(중앙행정기관이 아닌 청을 제외), 기획조정실장, 행정조정실장, 행정개혁위원회의 위원장, 부위원장 및 상임위원, 서울특별시장, 부산광역시장, 도지사, 차관급 상당 이상의 보수를 받는 비서관, 국가정보원장 및 차장, 기타 다른 법령이 정무직으로 지정하는 공무원을 들 수 있다.

정보(情報/intelligence) ① 수집된 정보를 평가, 분석, 종합 및 해석한 결과로서 얻어진 지식을 말한다. 그러므로 아직 평가해석되지 않은 정보의 자료가 되는 첩보라는 제일차적 지식을 결합하여 완성한 제2차적인 새로운 지식을 가리킨다. 따라서 정보는 항상 첩보의 개념을 떠나 존재될 수 없으며 국가의 목적 즉 정책적 사용 목적없이는 생산의 의의를 잃고 마는 것이다. 국가의 목적이나 사용상의 필요에 의한 국가방책에 만족할 수 없는 별개의 고립된 존재로서의 정보를 인정한다는 것은 무의미한 것이다. 새로운 지식을 창조한 것이 곧 정보이다.

② 「미합중국제일군사용어사전」(Dictionary of U.S. Militery Terms for Joint usage)에서는 정보를 "제외국, 혹은 일정한 작전구역의 일부분 혹은 그 이상의 면에 관한 것으로서 계획입안에 직접적으로 혹은 가능적으로 중요한 모든 입수가능한 자료를 수집하고, 평가하고 분석하고 종합하여 해석한 결과로서 산출되는 성과이다"라고 정의하고 있다. 이 정의에 의한다면 국가안전문제에 관련하는 많은 정부기관은 각기 그 기관의 장이 제기획에 관한 결정을 행하고 실천할 수 있도록 하기 위하여 각기관 독자의 정보를 필요조건으로 하는 것이 명백해진다. 정보는 정보추구의 과정을 내포하면서 동시에 성과를 얻는데 까지의 필연적인 요인을 갖추지 않으면 안 된다. ⇨ 첩보

정보경찰(情報警察/intelligence police) 국가의 안전을 침해하는 개인이나 단체 등의 불법행위를 예방수사하는 경찰을 말한다.

즉, 자국의 국체에 대한 안전보장과 사회공공의 질서를 유지하기 위하여 헌정의 부정, 소요, 폭동, 국체의 부인 · 파괴 · 변혁 등의 일체의 불법적이고 불순한 요소를 제거하기 위한 경찰활동이다. 정보경찰은 국가의 안전과 사회공공의 질서유지를 그 목적으로 하는 점에서, 사회의 안녕과 국민의 생명 · 재산의 보호를 목적으로 하는 일반경찰작용보다 차원이 높다. 따라서 정보경찰은 보다 국가적 차원에서 국민을 보호하는 깊은 배려와 충성심이 있어야 하는 것이며 그에 따른 사후적 결과책임을 져야 하는 중대한 사명의식을 가져야 하는 경찰인 것이다.

정보경찰의 특징(情報警察-特徵) 정보경찰이 일반경찰과 상대적으로 볼 때 그 차원의 정도와 가치의 비중에 있어서 크게 구별되는 업무상의 특징을 말한다. 대별하여 성질상의 특징과 수단상의 특징으로 나누어 볼 수 있다.

① 성질상의 특징 1) 목적: 일반경찰이 국민의 생명 · 신체 · 재산의 보호를 제1차적 목적으로 하는데 대하여, 정보경찰은 국가의 안전을 주된 목적으로 한다. 2) 활동지침: 일반경찰은 사후관리적 소극행정의 기능을 수행하여 범죄성립을 전제로 한 진압적활동인데 대하여, 정보경찰은 적극적 · 예방적으로 범죄를 그 성립 이전에 강제로서 예방하고 위해 요소를 사전에 제거함을 활동지침으로 한다. 3) 대상: 일반경찰은 주로 이미 발생한 위해 · 범죄를 그 활동 대상으로 하지만, 정보경찰은 주로 위해 · 범죄가 발생하기 전의 그 원인을 활동 대상으로 한다. 따라서 일반경찰의 대상범죄를 침해성적 범죄라고 한다면 정보경찰의 대상범죄는 위태성적 범죄라고 볼 수 있다. 4) 보호법익: 일반경찰의 보호법익은 개인의 생명 · 신체 · 재산의 안전인데 대하여, 정보경찰의 보호법익은 국가의 안전이다.

② 수단상의 특징 1) 업무의 비공개성: 정보경찰의 업무는 국가안보와 관련이 있으므로 비밀리에 수행되어야 목적을 달성할 수 있다. 따라서 정보활동의 내용은 비공개를 원칙으로 한다. 2) 신분의 비노출성: 일반경찰은 국민의 협조를 받아야 할 경우가 대부분이기 때문에 그 신분을 노출하여야 업무수행이 용이하지만, 정보경찰은 신분이 노출될 경우 업무수행이 곤란한 경우가 많다. 3) 업무과정의 불법성: 정

보활동에서는 첩보수집과정이나 목적실현 과정에서 국민에게 보장되어 있는 기본권을 침해하는 경우라도 국가안전보호를 위하여 상당성이 있을 때에는 국민의 기본권 침해를 무릅쓰는 업무 수행이 인용된다. 예컨대 비밀도청, 미행감시, 신문, 우편검열 등 비밀공작일반 등이 인용되는 것이다. 다만 불법성은 국민의 권리라는 입장에서 경찰비례의 원칙에 대한 필요한 최소한도에 국한되어야 한다.

정보공개청구권(情報公開請求權) 공공기관이 보유 · 관리하는 정보에 대한 국민의 공개청구 및 공공기관의 공개의무에 관하여 필요한 사항을 정함으로써 국민의 알권리를 보장하고 국정에 대한 국민의 참여와 국정운영의 투명성을 확보함을 목적으로 하는 제도이다. 따라서 모든 국민은 정보의 공개를 청구할 권리를 가지며, 외국인의 정보공개청구에 관하여는 대통령령으로 정하고 있다.

원칙적으로 공공기관이 보유하는 모든 정보가 그 대상이 되나, ① 다른 법률 등에 비공개사항으로 규정된 정보, ② 공개될 경우 국가안전보장 · 국방 · 통일 · 외교관계 등 국가의 중대한 이익을 해할 우려가 있다고 인정되는 정보, ③ 공개될 경우 국민의 생명 · 신체 및 재산의 보호 기타 공공의 안전과 이익을 현저히 해할 우려가 있는 정보, ④ 진행 중인 재판과 관련된 정보와 범죄의 예방, 수사, 공소의 제기 및 유지 등에 관한 사항으로서 공개될 경우 그 직무수행을 현저히 곤란하게 하거나 형사피고인의 공정한 재판을 받을 권리를 침해한다고 인정할 만한 상당한 이유가 있는 정보, ⑤ 감사 · 감독 · 검사 · 시험 등에 관한 사항으로서 공개될 경우 업무의 공정한 수행이나 연구개발에 현저한 지장을 초래한다고 인정할만한 상당한 이유가 있는 정보, ⑥ 당해 정보에 포함되어 있는 이름 · 주민등록번호 등에 의하여 특정인을 식별할 수 있는 개인에 관한 정보, ⑦ 법인, 단체 또는 개인의 영업상 비밀에 관한 사항으로서 공개될 경우 법인 등의 정당한 이익을 현저히 해할 우려가 인정되는 정보, ⑧ 공개될 경우 부동산투기 · 매점매석 등으로 특정인에게 이익 또는 불이익을 줄 우려가 있다고 인정되는 정보 등은 비공개 대상 정보로 규정하고 있다.

정보기관(情報機關/information agency, intelligence agency) 첩보, 방첩, 보안 및 기타 정보활동을 담당하는 국가기관을 말한다. 정보기관은 기능상으로 첩보수집기관, 정보작성기관, 보안기관으로 구분된다. 그러나 모든 정보기관이 모두 그렇게 명백히 구분되는 것은 아니며 어떤 기관은 수집과 작성기능을 동시에 수행하기도 한다. 일반적으로 정보기관이라 하면 정보작성기능을 수행하는 기관을 칭하며 이러한 기관은 수준에 의하여 국가정보기관, 부문정보기관, 군정보기관으로 대별된다.

정보배포의 원칙 정보배포에 있어서는 준수되어야 할 중요한 원칙으로서는 적당성, 적시성, 필요성을 들 수 있다.

정보생산단계(情報生産段階/intelligence production) 첩보를 처리하고 분석 및 판단하여 정보사용자에게 적절히 배포될 수 있도록 보고서를 작성하는 정보활동과정의 한 단계를 말한다.

정보생산에는 통상 첩보의 선택 · 기록 · 분석 · 종합 · 해석 등의 순환과정을 거치는 것이나 무수한 첩보와 자료로부터 작업이 이루어져야 하기 때문에 항상 일정한 순서에 의하여 진행되는 것은 아니며 거의 동시작용으로 이루어진다. ① 선택: 입수된 각종의 첩보 중에서 유용성과 적절성을 검토하여 필요한 자료를 가려내는 첩보처리의 기능이다. ② 기록 · 보관: 선택된 첩보를 유형에 따라 체계있고 순서있게 요소별로 분류하고, 사건별로 기록보관 한다. ③ 평가: 첩보의 출처 및 내용에 관하여 그 신뢰성과 사실성을 판정하는 것이다. ④ 분석: 평가된 첩보를 각급의 요소별로 분류하고 상호관련성을 발견하며 다른 사실과 비교하여 모순점을 보충하는 상호 확인적 재평가 과정이다. ⑤ 종합: 분석된 자료를 집대성하여 문제에 대한 해답을 얻기 위한 최종적 정리이다. 종합은 分析과 항상 분리된 작업이 아니며 동시적일 수도 있으며 고도의 기술적 창조력이 요망되는 작업이다. ⑥ 해석: 평가, 분석, 종합된 모든 생정보적 내용을 지식과 배경에 부합시켜 그 의의와 중요성을 결정하고 건전한 결론도출을 가능하게 하는 작업이다.

정보순환 국가가 정보활동을 효율적으로 수행하기 위해 정보기관들을 조직하고 그 정보기관들의 활동원칙 및 절차 등을 정립하여 놓은 상태를 체계라 한다. 이러한 정보체계 내에서는 정보사용자의 요구(input)에 의해 생산된 정보(output)가 다시 사용자의 요구의 형태로 정보기관으로 환류(feed-back)하는 특성을 발견할 수 있다. 정보기관의 활동이 요구, 수집, 생산 및 배포 등의 다양한 기능들에 의해서 유기적으로 연결, 수행되면서 환류를 통한 자동적 조정을 거치는 특성을 정보의 순환(intelligence cycle)이라고 한다(문/황, 2010: 25).

정보학자들의 견해들이 세부적 부분에서 차이를 보이고 있다. Mark M. Lowenthal에 의하면, 정보순환과정에 대해서 요구(requirement), 수집(collection), 처리/이용(processing and exploitation), 분석/생산(analysis and consumption), 배포/소비(dissemination and consumption) 그리고 환류(feed-back)를 제시하고 있다.

Bruce D. Berkowitz에 의하면, 요구와 임무의 발생(generation of requirements and tasking), 수집(collection), 분석(analysis), 배포(dissemination) 그리고 요청(request) 등으로 세분하고 있다.

Loch K. Johnson은 CIA의 분류를 참고하여 기획/관리(panning and direction), 수집(collection), 처리(processing), 분석/생산(analysis and production) 그리고 배포(dissemination)의 5단계를 제시하고 있다.

한편, 경찰정보이론에서의 일반적인 과정을 살펴보면, 정보의 요구, 이를 기초로 한 소요첩보의 수집, 수집된 첩보를 정보로 작성하여 생산하고, 작성된 정보를 사용자에게 배포하는 등 주요 4단계로 분류하고 있다.

정보요구단계(情報要求段階/requirement of intelligence) 첩보 수집활동에 있어서 정보사용자의 필요성에 의거하여 일정한 방향으로 첩보의 수집활동을 표시하는 단계이다. 정보요구단계에서 수행되는 기능은 ① 소요정보의 판단, ② 정보의 우선순위결정, ③ 정보의 수집계획, ④ 수집기관에 대 한 첩보수집요청, ⑤ 수집활동의 조정 및 감독으로 대별할 수 있다.

정보요구방법 정보의 요구하는 방법에는 전달하는 형식에 따라 구두로 하는 경우, 서면으로 요구하는 요구로 크게 나누어 볼 수 있다.

정보원(情報員) 수사기관에 종사하는 특정한 자에게 자신이 알고 있거나 의뢰받은 사항에 대하여 조사한 바를 주기적으로 알려주는 자를 말한다. 정보원의 유형으로는 ① 경제적인 보상대가, ② 경미한 범죄를 저지른 경우 본인의 면책조건, ③ 자신의 중요성을 높이기 위한 경우, ④ 범죄와 관련하여 위험한 상황에 직면하게 되리라는 염려 등이 있다.

정보의 구비요건(情報-具備要件/Possessing Requisite for Intelligence) 정보가 지녀야 할 요구조건으로서 정책결정에 자료적 역할을 다하기 위한 필요요건으로서 구체적으로는 정확성, 적시성 및 완전성을 말한다. ① 정확성(Accuracy): 정보작성에 있어서 최대로 정확한 지식으로 만들어 내는데 노력을 경주해야 된다는 것으로서 정보의 정확성을 유특하기 위해서는 정보의 요구자나 사용자 및 정보의 작성자나 보고자 등이 자기의 주관을 떠나서 객관적인 판단자료를 근거로 하여 작성하여야 한다. ② 적시성(Timeliness): 적절한 시기에 정보가 사용되어지도록 작성되어 있어야 한다는 말로서 이것은 정보의 절대적생명체이다. 정확하고 완전한 정보라 해도 너무나 시간에 늦어서 소용이 없게 된 때에 제시된다든지, 또는 현실적으로 필요성을 느끼지 않을 정도로 빨리 제시된다면 사용자에게는 그다지 사용가치가 없게 된다. 따라서 정보의 적시성은 첩보의 수집이나 작성시기가 아니라 사용자가 그 지식을 절실히 필요로 할 때에 알맞게 제공할 수 있어야 한다는 사용자의 소요시기를 기준으로 해서 적시성은 고려해야 한다. ③ 완전성(Completeness): 정보에서 강조되는 완전성은 절대적인 요건이 아니라 시간의 허용범위안에서 최대로 완전한 지식이 되어야 한다는 뜻이다. 여기서 완전이라 함은 단편적이거나 부분적인 지식이 아니라 필요한 정보에 관한 모든 사항을 망라하여 완전한 지식으로 묶어야 한다는 뜻이다.

정보의 배포(情報의 配布) 정보를 필요로 하는 대상(기관 또는 개인)에게 적절한 형태와 내용을 갖추어서 적시에 전파하는 것을 말한다. 정보 순환의 최종 과정이다. 정보의 배포에는 그 정보의 사용자뿐만 아니라 내부의 각 부서와 관계 정보기관에 전파하는 일도 포함된다. 정보가 효과적으로 이용되기 위해서는 최대의 효과를 발휘할 수 있도록 배포부서의 결정과 완전하고 능률적으로 배포할 수 있는 절차와 형태 및 시기를 충분히 고려하여야 한다. 배포단계에서 유의할 사항(정보배포의 원칙)은 다음과 같다. ① 적당성: 정보는 먼저 누구에게 전달할 것인가를 정하여야 한다. 이 같은 배포처의 결정에 기준이 되는 것이 적당성의 원칙이다. 적당성의 원칙을 알아야 할 원칙이라고도 말하며, 몰라야 할 대상에게는 알려서는 안되는 것이다. ② 적시성: 정보는 사용의 시기에 맞게 배포되어야 한다. 너무 빨리 전달하거나 너무 늦게 배포하는 것은 정보전달의 방법이 못된다. 이와 같은 적시성 의 원칙은 정보 운영에 있어서 보안과 효과를 극대화하기 위한 것이다. ③ 필요성: 배포처의 결정을 적절히 하였어도 정보의 양을 사용자의 능력과 상황에 맞추어 필요한 만큼 배포하여야 한다.

정보의 배포계획(情報의 配布計劃) 현재까지 무엇이 배포되었는가에 대한 총괄적인 기록을 말한다. 배포계획작성의 목적은 장차 무엇이 배포되어야 하는가에 대한 지침의 역할을 하게 되는 데 있다. 따라서 각 완성된 자료는 배포원에 의해서 파일에 보관되어야 하고, 그의 내용은 특별소인표(special Index)에 들어 있어야 한다.

정보의 요구방법으로서 '국가정보목표우선순위(PNIO)**'** 정보요구의 우선순위를 정하는 방법은 국가마다 다소 상이하다. 대부분의 경우 국가정보기관이 주관하여, '국가정보목표우선순위(Priority of National Intelligence Objectives: PNIO)'를 작성하게 된다. PNIO란 '국가안전보장이나 정책에 관련되는 국가정보목표의 우선순위'로서 정부에서 기획된 연간 기본정책을 수행함에 있어서 필요로 하는 자료들을 목표로 하여 선정된다. PNIO를 작성하는 데 있어서는 우선 정부 각부처가 각자의 임무수행을 위해서 필요한 정보의 내용의 대강을 정부에 보고하는 작업이 선행된다.

이후 이를 통해 취합된 정부 각부처 정보수요의 내용, 정보기관의 정보수집역량 등을 감안하여 우선순위를 결정하게 되는 것이다.

정보의 요구방법으로서 기타 정보요구(OIR) 국가의 정보목표의 우선순위는 PNIO에 의하여 결정된다. 그러나 각정부부처가 PNIO 결정에 참여하는 과정에서 미래에 발생할 모든 정보수요를 예측한다는 것은 불가능하다. 따라서 PNIO 결정 과정에서 미처 고려하지 못한 정보수요가 대두될 경우, OIR(Other Intelligence Requirements: OIR)의 필요성이 발생한다. 급변하는 정세의 변화에 따라 현재의 PNIO로서는 충족시키지 못하는 정보목표의 필요성이 대두되는 경우, 새로운 정보목표가 확립되어야 한다. 즉 OIR은 PNIO에 포함되지 않았거나 포함되어 있더라도 후순위의 요소로 취급되고 있어서 그 우선순위의 상향조정이 필요한 경우의 정보요구방법이다. 따라서 OIR은 PNIO에 우선하여 작성되어야 하는 정보목표인 것이다. OIR은 전국가적이며, 장기적인 정보목표라는 측면에서 일시적이고 국지적인 성격을 나타내는 SRI와 구별된다.

정보의 요구방법으로서 '첩보기본요소(EEI)**'** EEI(Essential Elements of Information)란 첩보의 기본요소라고 말할 수 있는 것으로서, 국가지도자 또는 정책수립가가 임무를 효과적으로 수행하기 위하여 우선적으로 필요로 하는 정보요구사항으로 정보수집계획서의 핵심을 이루는 기준이다. ⇨ 이이아이(EEI)

정보의 요구방법으로서 '특별첩보요구(SRI)**'** SRI(Special Requirement forInformation)는 특수보교요청이라 말할 수 있는 요구방법이다. 일반적인 기준 내용의 첩보를 요구하는 것이 아니라 어떤 수시적 돌발적 사항에 대하여 필요한 한계 내에서 임시적이고 단편적이며 특수지역적 특수 사건에 대한 단기적 해결을 위한

필요한 경우에 요구하는 명령수단이다(경전, 1970: 222). ⇨ 에스알아이(SRI)

정보의 질적 요건 어떠한 정보가 질적 요건을 갖추었느냐 하는 것을 평가하는 데는 여러 가지 기준이 이용될 수 있다. 이러한 평가의 기준들이 정보의 질적 요건의 내용적 측면이라고 할 수 있다. 일반적으로 논의되는 정보의 질적 요건에는 적실성(relevancy), 정확성(accuracy), 적시성(timeliness), 완전성(completeness), 객관성(objectivity) 등을 들 수 있다(문/황, 2011: 12-13).

정보의 특징 정보는 정확한 지식이며, 완전한 지식이다. 그리고 적시적인 지식이다.

정보통신망 정보통신망이란 유선, 무선, 광선과 같은 정보통신 수단에 의해 부호, 문자, 음향, 영상 등을 처리, 저장, 송신, 수신할 수 있는 정보통신의 조직 형태를 의미한다.

정보통신보안 이는 경찰정보통신 수단에 의하여 처리, 저장, 소통되는 정보를 보호하는 것을 의미한다. 그리고 외부로부터 해킹이나 도청 등에 대한 위협을 제거하기 위한 여러 가지 수단과 방법을 말한다.

정보통신보안기관 경찰청과 16개 지방경찰청에는 경찰정보통신보안업무를 취급하는 주무부서를 설치하여 관련업무를 취급하고 있다.

정보통신보안 시스템 일종의 정보통신 수단으로 경찰기관에서 생산, 처리, 저장, 송신과 수신되는 정보를 유출, 변조 및 훼손으로부터 보호하기 위한 일련의 암호장비, 암호자재, 암호프로그램 등을 말한다.

정보통신분임 보안담당관 경찰기관에서 정보통신보안 업무를 총괄하여 조정하고 통제하는 보안담당관으로 소속기관의 보안담당관을 보좌하는 역할을 수행한다.

정보통신시스템 부호, 문자, 음향, 영상 등으로 나타내는 모든 데이터들을 광이나 혹은 전자적 방식으로 수집, 가공, 저장, 전송하기 위한 기기 및 소프트웨어의 조직화된 일련의 체제를 말한다.

정보통신실 각 경찰관서에서 교환기, 주전산기 등 통신 및 전산장비, 전송장비 등이 설치운용 되는 장소를 의미하며 여기에는 전산실과 통신실 등도 설치되어 있다.

정보화 책임관 정보화책임관이란 경찰의 정보화와 이에 따른 행정개혁을 발전시키기 위해 각 기관에 정보기술의 도입 및 활용을 총괄적으로 책임지는 경찰관을 말한다.

정부예산안의 국회제출 정부는 확정된 예산안을 회계연도 개시 90일 전까지 국회에 제출해야 한다.

정부위원(政府委員) 각부 장관을 보좌하고 국회에 출석해 발언할 수 있는 정부 소속의 공무원을 말한다. 정부는 행정 각부의 차관 및 원(院), 처(處), 청(廳)의 장(長), 그리고 차관, 차관보와 실장 및 국장을 정부위원으로 임명해 국회에 통지한다. 정부위원은 국회나 그 위원회에 출석하여 국정처리상황을 보고하거나 의견을 진술하고 질문에 응답할 수 있으며, 국회나 그 위원회의 요구가 있을 때에는 출석·답변하여야 하고, 국무총리·국무위원이 출석요구를 받은 때에는 정부위원으로 하여금 출석·답변하게 할 수 있다.

정부조직법(政府組織法/the National Government Organization Act, the Law of Government Organization) 정부조직법은 국가 행정 사무의 통일적이고 체계적인 수행을 위하여 국가 행정기관의 설치, 조직과 직무범위의 대강을 정한 법률이다. 정부 개념은 입법부와 사법부를 제외한 협의의 정부인 행정부만을 말하며, 법률은 모두 4장 37조와 부칙으로 구성되어 있다.

정부참칭(政府僭稱) 합법적 절차에 의하지 않고 임의로 자기 멋대로 정부를 만들어서 진정한 정부인 것 처럼 사칭하는 것을 말한다. 예를 들어 국기, 국호사용, 헌법 등이 여기에 해당한다.

정부형태(政府形態) 국가의 권력구조가 어떠한 형태로 이루어져 있는 가에 대한 것으로서 정체라고도 한다. 정부형태는 국가형태를 전제로 한다. 대한민국은 국민을 중심으로 하는 공화국이 국가형태이다. 오늘날 대부분의 국가는 공화국인 까닭에, 국가의 기본질서의 문제도 국민의 국가형태의 문제는 정부형태를 중심으로 하여 고찰하게 된다. 정부형태에는 입법과 행정과의 관계의 여부를 기준으로 대통령제·내각책임제(또는 의원내각제)·회의제(또는 회의의 정체)로 구별한다.

정선순찰(汀線巡察/directed patrol) 가급적 관할구역 전부에 미칠 수 있도록 사전에 정하여진 노선을 규칙적으로 순찰하는 방법으로 인간에 대한 불신을 바탕으로 감독의 용이성을 위하여 순찰함에 일일이 싸인을 하도록 하는 방식이다. 순찰노선이 일정하고 경찰관 행동이 규칙적이므로 감독·연락이 용이한 반면에 근무자의 자율성이 저하되고 책임회피식 순찰이 될 위험이 있으며 범죄행위자들이 이를 예측하고 출현할 수 있다는 단점이 있다.

정식재판(定式裁判/a formal trial) 약식명령을 받은 피고인 또는 검사가 약식명령에 대하여 불복신청을 하였을 때와 즉결심판을 받은 피고인이 이에 불복신청을 하였을 때 법정 기간 안에 관할 법원에 대하여 청구하여 행하는 통상의 공판 절차에 의한 재판을 말한다. 정식 재판의 청구는 재판의 고지(告知)를 받은 날로부터 7일 이내에, 약식 명령에 대해서는 그 명령을 한 법원에 서면으로 제출하고, 즉결 심판에 대해서는 서면으로 경찰서장을 경유하여 소관 지방 법원 또는 지방 법원 지원에 청구한다.

정신병질(精神病質/psychopathic personality)　　지능 장애는 없으나 선천적으로 정서 · 의지 등 성격 면에 이상이 있는 상태를 말한다. 슈나이더(K. Schneider)는 "그 이상성(異常性) 때문에 스스로 괴로워하거나, 사회가 곤란을 겪고 있는 것을 이상 인격(異常人格)"이라고 정의한 바 있다. 정신병질은 성격이상 · 정신병적 성격 · 정신병증이라고도 한다. 정신병질의 분류에는 시대와 국가와 학자에 따라서 여러 분류법이 있으나 최근 미국의 분류법 DSM에 따르면 ① 망상성(妄想 또는 偏執) 인격장애, ② 정신분열성 인격장애, ③ 정신분열형 인격장애, ④ 히스테리성 인격장애, ⑤ 자기애적 인격장애(自己愛的人格障碍), ⑥ 반사회적 인격장애, ⑦ 경계성(境界性) 인격장애, ⑧ 회피성 인격장애, ⑨ 강박성 인격장애, ⑩ 피동공격성(被動攻擊性) 인격장애, ⑪ 혼합형 등으로 구분된다.

정신장애(精神障碍/mental disorder)　　심리나 행동에 나타나는 마음의 기능 부전. 정신의학적으로는 그 원인으로 유전적 원인에 기초되는 것으로 생각되는 내인성 정신장애, 신체적, 기질적 원인에 의거하는 기질성 정신장애, 심인에 기초되는 심인성 정신장애 등으로 구분하지만, 실제로 그 원인은 그다지 뚜렷하지가 않다. 오히려 복수의 생물학적 개체요인과 사회, 심리적 환경요인에 의해 복합적으로 일어나는 장애라고 할수 있다. 성격상의 강한 왜곡 때문에 사회를 괴롭히거나 자신이 고통받는 성격으로 전형적 성격장애 정신병과는 구별된다. 정신병(정신이상)은 일정한 시기에 발현, 내적 질환과정에 의해 일정한 경과를 거친다. 또한 정신병질은 그 특성이 생래성의 영속적인 상태, 유전적인 소질에 의하는 경우가 많아 정신장애와 구별된다.

정실주의(情實主義)　　공직임용은 개인의 능력이나 일정한 자격을 기준으로 하는 것이 원칙이나 인사권자가 개인적 친분관계를 임용기준으로 하는 인사 제도를 말한다. 정실주의는 정치적 이념이나 신조, 그리고 정당관계 등을 임용기준으로 하는 엽관주의와 구분된다.

정액(semen, 精液)**의 수집 · 채취요령**　　먼저 유동성 정액은 깨끗한 유리병에 넣어 얼음상자 등에서 저온상태를 유지하여 운반하면 부패가 방지된다. 부착정액(정액반)은 정액이 묻었다고 추정되는 의류, 휴지, 팬티 등은 정액 부착부위가 서로 접촉되지 않도록 깨끗한 종이를 사이에 끼워 포장을 해야 하며 반드시 증거물 전체를 손상시키지 말고 의뢰한다. 그리고 질액과 혼합된 정액은 여러개의 면봉을 준비하여 질 심층부위, 중간부위, 질 외벽 등을 고루 묻혀 내면 된다. 또한 질액과 혼합되어 있는 정액의 혈액형 추정 감별을 필요로 할 때는 반드시 피해자의 혈액을 약 1~2ml 채취하여 함께 의뢰한다.

정점임금제(頂點賃金制) 공직에 종사하는 공무원이 일정 연한에 도달하면 공무원의 임금을 삭감하는 대신 고용을 보장하는 제도를 의미한다. 현재 우리나라 공무원은 호봉제를 채택하고 있기 때문에 근무경력에 따라 개인의 능력과는 관계없이 급여가 증가하고 있다. 그러나 일부 선진국의 경우 정부 또는 지방자치단체, 민간기업 등이 연봉계약제를 도입하여 정점임금제를 도입하는 경우가 있다.

정직(停職) 직무수행을 일시적으로 정지시키는 중징계처분 중의 한 가지 종류이다. 정직처분을 받은 공무원은 신분을 보유하지만 직무에 종사하지 못한다. 정직기간은 1개월, 이상 3개월 이하이며, 정직기간 중에는 보수의 2/3를 감하도록 되어 있다. 또한 정직기간의 종료 후 18개월이 경과하지 않으면 시험승진과 심사승진의 대상에서 제외된다.

정차 또는 주차의 방법 등 정차(停車)란 운전자가 5분을 초과하지 아니하고 차를 정지시키는 것으로서 주차 외의 정지상태를 말한다. 주차(駐車)란 운전자가 승객을 기다리거나 화물을 싣거나 고장이나 그 밖의 사유로 인하여 차를 계속하여 정지상태에 두는 것 또는 운전자가 차로부터 떠나서 즉시 그 차를 운전할 수 없는 상태에 두는 것을 말한다. 도로교통법시행령(제11조)에 의해 정차 또는 주차의 방법 및 시간은 다음과 같다. ① 모든 차의 운전자는 도로에서 정차를 하고자 하는 때에는 차도의 우측 가장자리에 정차하여야 한다. 다만, 차도와 보도의 구별이 없는 도로에 있어서는 도로의 우측 가장자리로부터 중앙으로 50센티미터 이상의 거리를 두어야 한다. ② 여객자동차의 운전자가 승객을 태우거나 내려주기 위하여 정류소 또는 이에 준하는 장소에서 정차한 때에는 승객이 타거나 내린 즉시 출발하여야 하며 뒤따르는 다른 차의 정차를 방해하여서는 아니 된다. ③ 모든 차의 운전자는 도로에서 주차를 하고자 하는 때에는 지방경찰청장이 정하는 주차의 장소 · 시간 및 방법에 따라야 한다. ④ 정차 또는 주차를 하고자 하는 때에는 다른 교통에 방해가 되지 아니하도록 하여야 한다. 다만, 안전표지 또는 국가경찰공무원(전투경찰순경을 포함) 및 제주특별자치도의 자치경찰공무원이나 국가경찰공무원 및 자치경찰공무원을 보조하는 사람의 지시에 따르는 때와 고장으로 인하여 부득이 주차하는 때에는 그러하지 아니하다. 정차 및 주차가 금지되는 장소는 다음과 같다(도로교통법 제32조). ① 교차로 · 횡단보도 · 건널목이나 보도와 차도가 구분된 도로의 보도, ② 교차로의 가장자리 또는 도로의 모퉁이로부터 5미터 이내, ③ 안전지대가 설치된 도로에서는 그 안전지대의 사방으로부터 각각 10미터 이내, ④ 버스의 정류를 표시하는 기둥이나 판 또는 선이 설치된 곳으로부터 10미터 이내, ⑤ 건널목의 가장자리 또는 횡단보도로부터 10미터 이내, ⑥ 지방경찰청장이 도로에서의 위험을 방지하고 교통의 안전과 원활한 소통을 확보하기 위하여 필요하다고 인정하여 지정한 곳 등이다. 또한 ① 터널 안 및 다리 위, ② 화재경보기로부터 3미터 이내, ③ 소방용기계 · 기구가 설치된 곳, 소방용방화물통, 소화전 또는 소방용방화물통의 흡수구나 흡수관을 넣는 구멍, 도로공사를 하고 있는 경우 그 공사구역의 양쪽 가장자리 5미터 이내 등에 주차하여서는 아니 된다(도로교통법 제33조).

정착과정이론(settling down process theory) 시설수용경험이 재범동기를 억제한다는 Reckless의 이론으로 과거의 시설수용의 경험이 재범의 동기를 억제하거나, 교정의 결과 그 효과로 범행을 하지 않기 때문에 나이가 많은 집단의 범죄율이 낮아진다고 본다.

정찰국(偵察局) 인민무력성 소속으로 무장공비 양성 · 남파 · 요인암살 · 납치 · 파괴 등 게릴라 활동 및 군사정보를 수집하는 대남공작기구이다. 1983년 미얀마 아웅산 폭발사건과 1996년 강릉 무장공비침투사건을 주도했다.

정책실명제(政策實名制) 행정기관의 장은 주요 정책의 결정 또는 집행과 관련되는 사항을 종합적으로 기록 보존하여야 한다. 각 사항은 주요정책의 결정 및 집행과정에 참여한 관련자의 소속 · 직급 및 성명과 그 의견, 주요정책의 결정 및 집행과 관련된 각 계획서, 보고서, 회의 공청회 · 세미나 관련 준비자료 및 토의내용 등이다. 행정기관의 장은 주요 정책의 결정을 위하여 공청회 · 세미나 · 관계자회의 등을 개최하는 경우에는 개회일시 · 참석자 · 발언내용 · 결정사항 · 표결내용 등을 처리과의 직원으로 하여금 기록하게 하여야 한다.

정치경찰(情致警察/[英]political police [獨]politischer Polizei [佛]police politique) 국가조직의 안전에 대한 장해 또는 그 위험의 제거를 위하여 행하여지는 경찰작용을 말한다. 고등경찰이라고도 한다. 정치적인 집회 · 언론 · 출판 · 행진 · 집단적시위운동 등의 단속이 이에 속한다. 정치경찰은 보통경찰에 대하여 고등경찰, 수사경찰에 대하여 사찰경찰, 일반경찰에 대하여 비밀경찰이라고도 불리고 있으며 경찰을 사법경찰과 행정경찰로 양분한다면 주로 후자에 속한다. 이 경찰의 구체적 임무는 각종의 정치운동과 대중운동 및 기타 집회 · 결사의 규제와 억압, 언론 · 출판의 검열과 통제, 사상의 심사내지 세뇌공작 등이며 이들 수단을 통하여 현 집권체제의 안정을 꾀하는 것이다. 정치경찰이란 원래 독재 정권이 국민의 정치활동에 대하여 경찰력으로 감시 · 제한 · 억압함을 목적으로 하는 것이므로 자유주의와 민주사상을 정치이념으로 삼고 있는 근대민주주의국가에서는 원칙적으로 그 존립이 허용될 수 없다. 그러나 공산계열을 비롯한 많은 정당단체는 폭력과 파괴수단으로 국가변란을 꾀하는 것이 일반적 추세이므로 비록 민주국가일지라도 최종적으로 권력적 강제에 의존하지 않을 수 없는 한, 폭력에 대한 예방조치와 만일의 경우에 대비하기 위하여 정치경찰의 기구를 설치하여 질서파괴행위의 도발에 대한 대책을 강구하지 않으면 안 된다.

정치범 불인도의 원칙(政治犯 不引渡의 原則) 범죄인 인도 원칙(인도법 제9조)의 하나로서 인도 대상이 되는 범죄는 일반 범죄에 한하고, 정치범은 인도하지 않는다는 원칙을 말한다. 범죄인 인도법은 정치범에 대한 개념 규정이 없고, 인도의 예외 사항만 규정하고 있다. 한편 국가원수 암살을 비롯 항공기 불법납치, 집단학살, 전쟁범죄, 야만 · 약탈행위, 해적행위, 노예 · 인신매매, 마약거래, 인종차별, 고문 등은 예외로 규정하고 있다.

정치운동 금지의 의무(政治運動 禁止의 義務) 경찰공무원의 신분상의무 중 하나로 「국가공무원법」제65조에 의하면 공무원에 대해서는 정치적 중립성의 확보를 위해 일정한 정치적 목적을 가진 행위를 금지하고 있다. 공직자에게는 공무원의 기본적 인권과 행정의 정치적 중립성의 확보라는 양대 가치의 조정이 요구되는데, 「국가공무법」은 엄격한 제한을 유지하면서 공무원의 정치적 중립에 더 비중을 두고 있다.

정치정보(政治情報) 정치현상에 관한 사전 지식으로서 국가의 정치적 능력과 취약성 및 가능한 행동방안에 관한 지식을 말한다. 정치세계는 정치현상이 일어나고 있는 영역의 크기로 보아 크게 세 가지 정치권으로 나누어 볼 수 있다. ① 광역적 정치권으로 세계의 인류가 존재하고 있는 지구 그 자체이다. ② 중역적 정치권으로 지구상에 共存하는 국가 그 자체이다. ③ 협역적 정치권으로 각 국가의 정치적 상부층 또는 정치성을 띤 각 사회단체의 상부층이다. 이상의 정치권은 국가정보의 대상이고 현재 경찰정보가 다루고 있는 정치정보는 중역과 협역적인 정치권에 한한다. 그러나 우리나라는 자유세계의 대공최전선을 담당하는 반공국가로서 반공경찰의 상대국에 대한 정보수집과 외사경찰의 해외주재 활동 등으로 광역적 정치권에도 관여하고 있는 실정이다. 부언하면 국내정치분야는 국가권력구조와 세력의 소재, 국가이념 및 법률 기타 제도, 주요 정책결정기구, 국민들의 정치의식과 태도, 정치지도자 등을 그 내용으로 한다. 구체적으로는 국가의 독립, 헌법, 정체, 정부형태, 국가원수, 실권자, 대의기구 및 정당제도, 정부성향 등이다. 정치에 대한 기본정보는 정치이념, 제도, 구조, 과정, 주요 정치행위자, 이익집단 그리고 선거 등 광범위한 사항들을 포함한다. 한편 외교분야는 외교정책, 외교기구/국제기구, 주요국가와의 관계 그리고 외교행태 등이 포함된다. 구체적으로 외교관련 요소들은 UN 가입동향, 비동맹가입, 남북한과의 관계 등의 항목이 해당된다.

정치태업(政治怠業) 태업의 형태 가운데 심리적 태업의 하나로써 부당한 시책이나 정상적 개선 또는 부당하게 정치적 물의를 야기시킴으로써 전쟁수행능력에 영향을 미치게 하는 행위를 말한다.

정치활동(政治活動/political action) 정치적 상황의 변혁을 위해서 개인이나 집단이 행하는 직접적인 압력행위를 말한다. 실정법상 정치적 행동 · 정치적 행위 또는 정치운동 등의 용어로도 사용되고 있다. 그 방법은 다양한 것으로서 서명운동에서부터 물리력을 행사하는 것까지 포함된다. 정치활동은 일반적으로 대중의 정치운동의 일환으로서 행해지는 경우가 많으며 제도화된 절차를 통해서 행해지는 정치적 행위가 아니기 때문에 정치활동은 선거에 있어서의 투표 같은 것과는 구별된다. 또한 정치활동은 특수한 활동으로 간주될 가능성을 내포하는 것이며 특히 우리나라와 같이 민주주의가 성숙하지 못한 국가에서는 사실상 특수한 활동으로 간주되는 경우가 많다. 우리나라의 국가공무원법 등의 여러 법률은 공무원 · 교원 · 군인 · 국영기업체 의 직원 · 학생 등은 정당에 가입할 수 없으며 정치활동도 할 수 없다고 규정하고 있다. 그것은 이들의 엄정한 정치적 중립성을 확보함으로써 업무의 공정성 · 안정性 · 효율성을 고도로 유지하기 위한 것이다.

제안제도(提案制度/suggestion system) 조직구성원으로 하여금 경영관리상의 개선 방안에 대한 의견을 제출케 하여 그 방안이 업무의 능률향상과 합리화에 이바지할 수 있는 제안으로 채택되면 응분의 보상을 하는 제도이다. 제안제도는 조직 구성원의 참여 및 문제해결 능력의 증진과 사기 앙양에 기여한다. 이러한 제안제도의 효율적 운영은 경영의 민주화 · 능률화 · 경제화의 종합적 효과를 가져 올 수 있다. 제안제도는 1880년 스코틀랜드의 데니(Denny)가 처음 주장하였으며, 우리나라의 경우 1963년 국가공무원법이 개정될 때 제안제도를 일부에서 실시해 오늘에 이르고 있다. 제안제도의 종류에는 자유제안, 지정제안, 추천제안 등 세 가지가 있다. 경찰조직의 의 경우 운영 · 사무절차 등에 관한 개선의견 기타 창의적인 아이디어를 자발적으로 제출하여 하의상달을 통한 경찰행정의 과학적이고 합리적인 운영을 도모 할 수 있도록 하고 있다.

제주자치경찰기마대 제주자치경찰단은 2012년 2월에 기마대를 창설했다. 추진배경을 보면 특화사무 발굴 및 새로운 자치경찰의 발전방안이 필요했다. 제주자치경찰의 기마대발전위원회가 2011년 5월 30일 위촉되었는데 기마대의 효율적 운영을 위해 당연직 5명, 위촉직 7명 등 12명으로 구성되었다. 특히 자치경찰운영 등에 관한 조례의 일부개정을 통해 자치경찰기마대를 설치하고 운영한다는 조항을 삽입했다. 기마경찰대의 요원에 대한 교육훈련은 2011년 8월 10일부터 2012년 2월까지 이루어졌으며 기마대 창설은 2012년 2월 전격 이루어졌다. 이들이 하는 일은 기마순찰을 통한 관광경찰활동, 공항만 기마근무로 자치경찰 홍보 및 관광제주 이미지 제고, 의전 및 축제문화체육행사장의 질서유지 등이다. 특히 제주자치경찰단에서 기마대를 창설하는 목적은 말의 고장이라는 특색을 살리고 국가경찰과 차별화된 자치경찰만의 특화된 사무 수행이 가능하다고 평가되었다. 동시에 특화된 자치경찰상을 정립하고 관광경찰로서의 이미지를 제고하며 말산업 육성 등 도정발전에 기여하고자 한다. 한편 제주자치경찰기마대가 창설됨에 따라 그 기대효과는 다음과 같다. 즉 기마대 창설 후 주요관광지에서 관광객 보호활동을 함으로써 내 · 외국인에게 제주는 관광안전도시라는 브랜드 구축으로 관광객 유지에 일조한다는 점이다. 기마대 활동의 동영상 및 일간지 게재 등 적극적인 홍보를 통하여 전국적으로 제주가 말의 고장이라는 이미지로 다시금 자리매김함으로써 전국 승마인구의 제주유입 증대가 나타나고 제주 관광산업에 극대화를 꾀할 수 있다. 그리고 국가경찰과 구별되는 특화사무의 수행으로 도민뿐만 아니라 전 국민에게 자치경찰홍보효과가 기대된다. 또한 기존의 딱딱하고 규제하는 경찰이미지에서 도민에게 친절하고 봉사하는 자치경찰 이미지의 전환기회로 도민과 함께하는 자치경찰상을 확립할 수 있다. 일견 창설 초 예산부담에 비해 기대효과가 미약하다고 볼 수도 있다. 그러나 2000년 제주지방경찰청 기마경찰대가 창설되어 운영되다가 예산부족으로 폐지한 사례가 있어 다시 자치경찰에서 기마대를 창설하는 것이 타당한가에 대해 우려가 있으나, 당시에도 기마대 활동에 대해 도민, 관광객, 언론 등으로부터 매우 긍정적인 평가가 있었다. 또한 장기적인 관점에서 관광산업 활성화에 일조함으로써 제주도의 관광수입 증대 및 자치경찰 이미지 제고 등으로 투입예산 대비 창출되는 기대효과는 크다고 평가된다.

제주자치경찰기마대원과 양순주 단장외 간부진

제주자치경찰단의 담당업무

① 경찰정책과

자치경찰행정의 종합 기획 조정
자치경찰활동 목표 수립 및 활동상황
도의회 및 도지사 지시사항에 관한 사항
치안행정위원회 운영
자치경찰인사위원회 운영
자치경찰 제도개선 과제 발굴 추진
자치경찰공무원 교육훈련계획 수립 추진
국가경찰과의 업무협약 체결 추진
국가경찰과 응원 협력체제 유지에 관한 사항
자치경찰 인력 · 장비 운용계획 수립 및 운영
무기고 및 유무선 통신망 관리
자치경찰단 운영 홍보 및 대외협력 추진
기마대 의전, 축제 등 행사지원 계획수립
어린이교통공원 조성 및 운영에 관한 사항

② 주민생활안전과

주민생활안전사무 종합기획, 조정
생활안전을 위한 순찰 및 시설운영
주민참여 방범활동의 지원 및 지도

안전사고 및 재해재난으로부터의 주민보호
아동 · 청소년 · 노인 · 여성 등 사회적 약자 · 보호가 필요한 자에 대한 보호 및 가정 · 학교폭력 등의 예방
주민의 일상생활과 관련된 사회질서 유지 및 그 위반행위의 지도 · 단속
교통안전 및 교통소통에 관한 사항
교통법규위반 지도, 단속업무
주민참여 지역교통활동의 지원 및 지도
제주특별자치도 교통시설심의위원회 운영
공공시설 및 지역행사장 등의 지역경비에 관한 사항

③ 특별사법경찰과

특별사법경찰관리 직무 수행
유관기관 합동단속 및 민원사항 처리
관광객 보호 및 관광저해사범 단속
자동차손해배상보장법, 자동차관리법 위반사범 수사
관광 · 환경 등 특별사법경찰관리 직무관련 압수수색 · 조사 · 송치 등 사법절차 수행
공항 외국인 검색 업무 지원 근무
무사증 이탈자 적발 인계 · 인수
공항 각종 기초질서위반 사범 지도 · 단속

④ 주차지도과

주정차 과태료 업무 총괄 관리
체납차량 번호판 영치 총괄 관리
주정차 민원 관련 각종 계획 수립
각종 문화 · 축제 · 체육행사장 교통관리
모범운전자 등 과태료 감액 업무
불법 주 · 정차 지도 단속 업무 총괄
견인업체 지도 점검 및 관리

⑤ 서귀포지역경찰대

주민생활안전사무 종합기획 · 조정
주민참여 방범활동의 지원 및 지도
안전사고 및 재해재난으로부터의 주민보호, 아동, 청소년, 노인, 여성 등 사회적 약자 보호가 필요한 자에 대한 보호 및 가정,학교폭력 등의 예방
주민의 일상생활과 관련되 사회질서 유지 및 그 위반행위의 지도단속
교통안전 및 교통소통에 관한 사항
교통법규위반 지도단속업무
주민참여 지역교통활동의 지원 및 지도
공공시설 및 지역행사장 등의 지역경비에 관한 사항
주민봉사대 운영 관련 업무
행사 전담 교통관리 및 세연교, 성산항 치안활동

주.정차 단속관련 업무 지도. 관리 및 민원업무
각종 기초질서위반 사범 지도단속

⑥ **교통정보센터**
첨단교통관리
ITS센터 운영 및 광역화에 관한 사항
교통안전시설 유지관리에 관한 종합계획
버스.택시 승차대 시설 종합계획
교통신호기 설치 · 관리 및 유료도로 관리자에 대한 지시 사무
교통과학장비 설치 및 유지 · 관리에 관한 사항
교통방송국 설치지원에 관한 사항
BIS(버스정보화) 및 CNS(차량항법장치) 사업에 관한 사항 등이다(제주자치경찰단 내부자료 참조).

제주자치경찰단의 담당직무 「제주특별자치도설치및국제자유도시조성을위한특별법」에서는 제108조, 110조에 자치경찰의 사무 및 수행 방법에 대해 설명하고 있다. 제108조에 명시된 자치경찰의 사무를 살펴보면 주민의 생활 안전 활동에 관한 사무로는 생활 안전을 위한 순찰 및 시설 운영, 주민참여 방범 활동의 지원 및 지도, 안전사고 및 재해, 재난 등으로부터의 주민 보호, 아동 · 청소년 · 노인 · 여성 등 사회적 보호가 필요한 자에 대한 보호 및 가정 · 학교 폭력 등의 예방, 주민의 일상생활과 관련된 사회질서의 유지 및 위반 행위의 지도, 단속이 있다. 지역교통 활동에 관한 사무로는 교통 안전 및 교통 소통에 관한 사무, 교통법규 위반 지도 · 단속, 주민 참여 지역 교통 활동의 지원 및 지도, 공공 시설 및 지역 행사장 등의 지역 경비에 관한 사무를, '사법경찰관리의직무를행할자와그직무범위에관한법률'에서 자치경찰공무원의 직무로 규정하고 있는 사법 경찰 관리의 직무 등을 내용으로 하고 있다. 이 법에 따르면 자치경찰은 주민생활과 밀접한 생활 안전, 지역 교통, 지역 경비 사무 및 제주특별자치도 소관 특별 사법 경찰 관리의 직무를 수행하도록 한다. 또 국가경찰과의 역할분담에 대한 협약은 제주특별자치도지사와 제주특별자치도 지방경찰청장이 체결하되, 행정시장과 국가경찰 서장에게 각각 위임하여 처리할 수 있도록 하였다. 또한 지역 특성에 맞는 치안 서비스에 전념할 수 있고, 국가경찰과 자치경찰의 역할 분담을 통하여 치안 서비스의 수준이 향상될 것으로 기대하고 있다. 제주의 자치경찰은 2006년 7월 국내 자치단체로는 처음 출범하였으며, 국가경찰과 업무 협약을 체결하고 본격 활동에 나서고 있다. 협약 내용에 따라 제주공항과 성산 일출봉 등 9개의 주요 관광지, 민속5일장, 한라산 등산로, 문화축제 등 지역 행사장 등을 자치경찰의 중점 활동 장소로 하고 있다. 이는 출범 초기 적은 인력(38명)을 감안해 우선 관광 · 환경 분야에서 특화된 치안 서비스를 펴기로 한 것이다. 현재 제주특별자치도에서만 시범 실시되고 있는 자치경찰제는 전국적으로 자치경찰제를 도입하는 내용의 자치경찰법안이 통과되면 전면 실시될 예정이다.

제주자치경찰단의 변경된 계급장

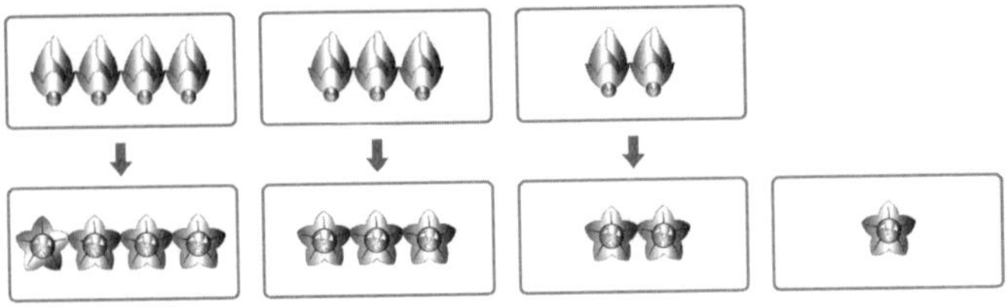

출처: 제주자치경찰단 자료.

제주자치경찰단의 CI 개발안

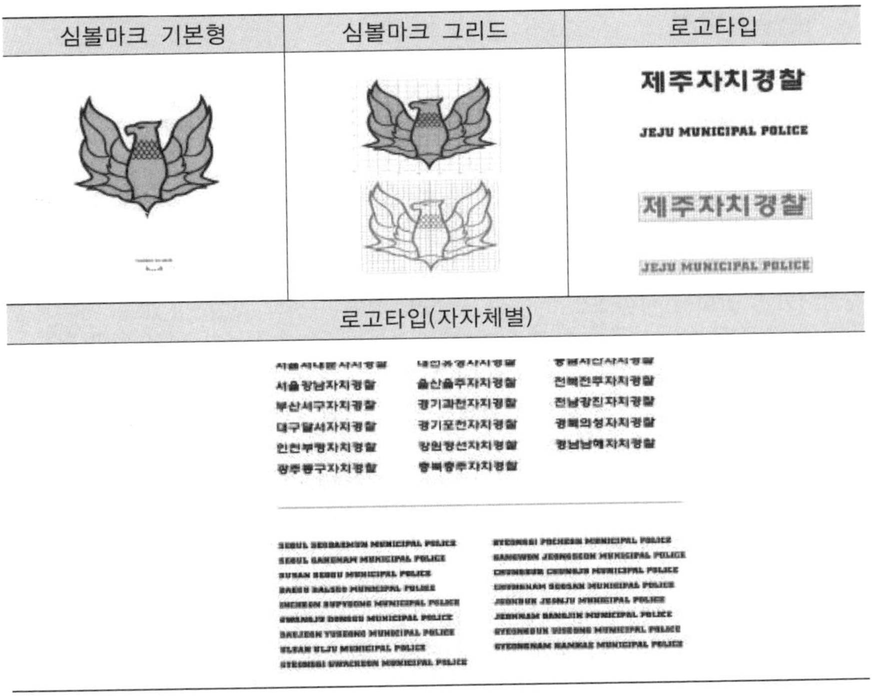

제주자치경찰단의 연혁

제주자치경찰단의 연혁을 보면 다음과 같다:

① 2006. 7. 1: 제주자치경찰 출범(국각경찰 특별임용 38명)

② 2007. 2.21: 1차 신임순경 45명 임용

③ 2008. 1.18: 부서 명칭 변경 경무팀 ⇨ 경찰정책팀(단) · 경찰행정팀(대), 관광환경팀 ⇨ 수사기획팀(단) · 수사팀(대)

④ 2008. 3. 5: ITS센터 자치경찰단 이관

⑤ 2008. 7. 1: 행정시 주정착 단속사무 이관

⑥ 2010.11. 8: 2차 신임순경 12명 임용
⑦ 2011. 1.18: 행정시 교통시설사무 이관, 부서명칭 변경 ITS ⇨ 교통정보센터, 공항팀 ⇨ 관광안전팀
⑧ 2011.11. 7: 3차 신규 자치경찰공무원 교육생 14명 교육('11.11~'12.3)
⑨ 2012. 1. 9: 통합 자치경찰단 출범(1단, 4과, 1지역대, 1센터, 11담당) 등이다.

제주자치경찰단(촬영: 신현기, 2009년 1월)

제주자치경찰단의 조직개편 제주자치경찰단은 2012년 1월 9일 기존의 팀장제도에서 과장체제로 전격개편하였다. 자치경찰단은 기존의 도지사 산하 부속기구에서 이 날짜로 도지사의 직속기구로 변경되었다. 이 기구의 개편으로 기존의 제주시경찰대와 서귀포시경찰대는 전격 폐지되었고 과체제로 변경됐다.

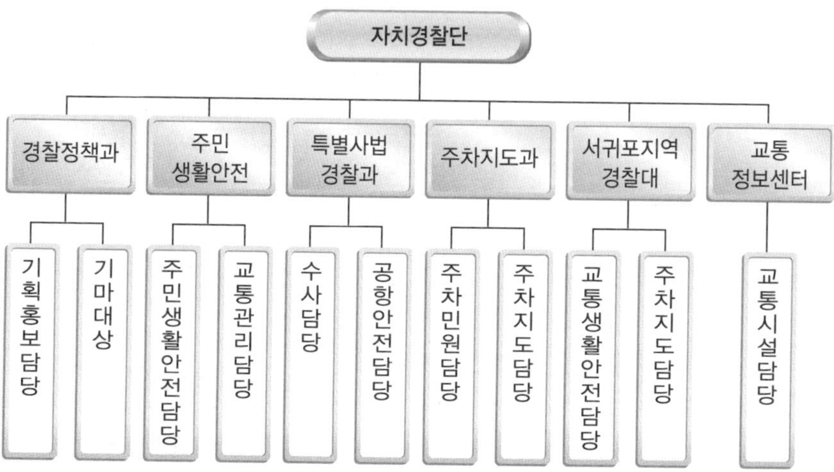

출처: 제주자치경찰단 내부자료.

제주자치경찰단의 조직구성도(2008년) 2006년 7월 1일 제주자치경찰단이 출범하던 당시 조직도는 '팀'제로 운영되었으나 2012년 1월에 '과'체제로 전격 개편되어 팀장이 과장으로 불리게 되었다. 2012년 개편된 새로운 조직도는 위 항목에서 자세히 볼 수 있다.

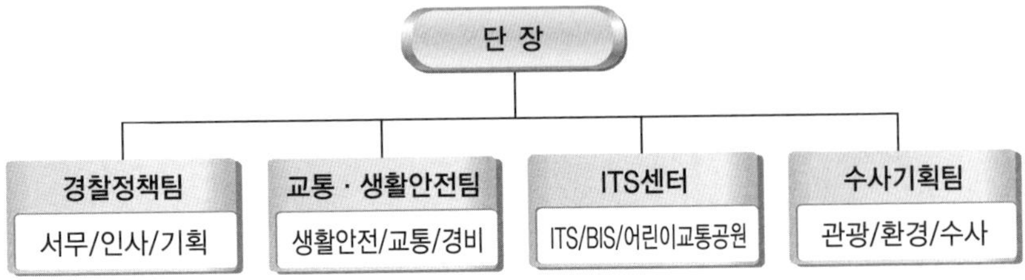

제주 · 서귀포 행정市에는 집행기구 성격의 '자치경찰대'를 설치.

[제주자치경찰대]

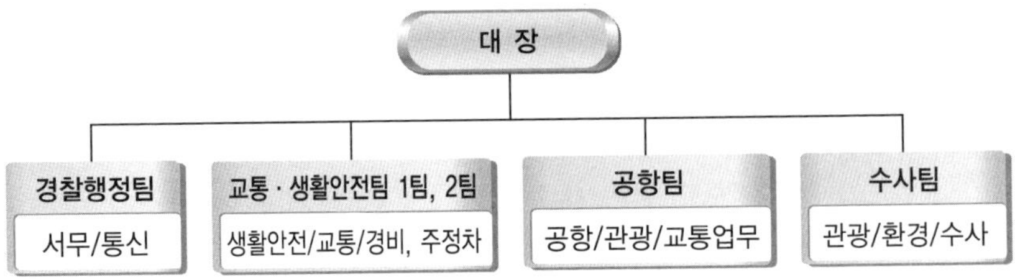

[서귀포시경찰대]

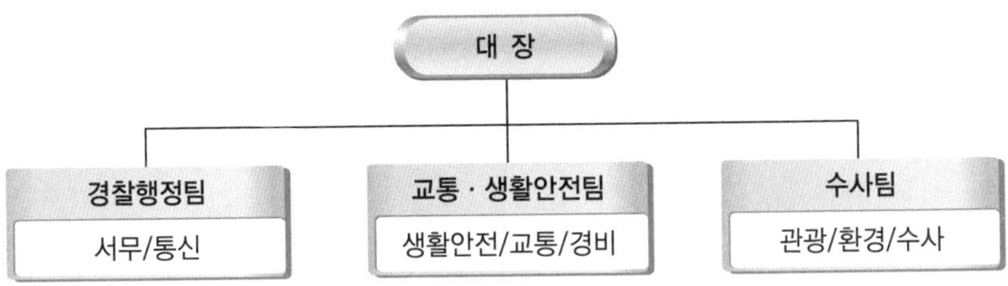

제주자치경찰단의 통신장비 2011년 현재 제주자치경찰의 장비는 기동장비가 31개(순찰차, 싸이카, 전기이륜차2, 승합 3, 승용 9), 무기류는 3 · 8권총 75개, 경찰장구 4종에 267개(가스분사기, 경봉, 수갑, 포승 등), 방범장비 4종에 394개(외근혁대, 구명장비 등), 채증장비 5종에 72개(디지털카메라, 캠코더 등), CCTV 331개, 구명장비 3종에 30개(구명환, 구명의 등)이 있고 통신장비로는 TRS 무전기 105개(고정식 3, 이동식 18, 휴대용 84), PDA조회기 26개(단 1개, 제주대 17, 서귀대 8) 등을 보유하고 있다.

제주자치경찰단 특별사법경찰 제주자치경찰단 소속의 특별사법경찰과의 특별사법경찰 분야별 수사전문 전담반 운영 현황을 살펴보면 다음과 같다. 제주시 지역은 1반(1개조 2명)이 산림 · 환경 전담반으로 운영되어 산지관리법, 폐기물관리법, 가축분뇨의관리및이용에관한법률 등 환경 · 산림 분야를 담당하고 있다. 그리고 2반(1개조 2명)은 식품 · 위생 등 전담반이 맡는데 식품위생법, 청소년보호법, 공중위생관리법 등 환경 · 산림 분야를 제외한 모든 분야이다. 나아가서 3반(1개조 2명)은 시내권 전담반(청소년보호활동 등)으로서 시내권 특성을 감안 하여 청소년보호활동 및 원산지 거짓표시 행위 중점 단속을 하고 있다. 여기서는 자관 · 자손법 전담반을 운영(특사경 2명)하고 있다. 한해 1,500건 이상 접수되는 자관 · 자손법위반 사건의 효율적인 업무처리를 위해 특사경 전담반을 운영(2011년도 1,488건처리) 하기도 했다. 이 밖에 서귀포시 지역의 경우 1개조 3명이 서귀포시를 동 · 서지역으로 구분해 지역별 격일제로 단속을 실시하고 있다. 특히 수사관별 산림 · 환경 · 관광 및 위생 부분으로 나누어 전담제 실시하고 있다.

자치경찰출범 이후 특별사법경찰과의 추진실적을 보면 다음과 같다. 즉 특별사법경찰업무를 담당하고 있는 제주자치경찰은 산림, 환경, 관광 등 17종 분야에 대한 수사사무를 수행하고 있다. 특히, 산림, 환경, 관광분야에 대하여는 계절별, 지역별 상황에 따라 기획수사를 실시하고 있다. 2006년 7월 출범 이후 현재까지 자치경찰 수사성과로는 환경분야 245건, 산림분야 298건, 관광분야 166건, 식품위생분야 291건, 비상품감귤 단속 1,836건, 교통 등 기타분야 7,389건 등 총 10,225건의 사건을 처리하였다. 그리고 제주자치경찰 출범 이전 도청산하 특별사법경찰의 2004년과 2005년 연평균 사건 송치 실적은 323건, 출범이후의 제주자치경찰 특별사법경찰의 연평균 송치실적 885건에 달했다(타부서실적제외).

제주자치경찰단 특별사법경찰의 사무 제주자치경찰의 사무는 법률상 고유사무와 업무협약체결사무로 나누어져 수행되고 있다. 즉 제주자치경찰은 17종의 특별사법경찰업무 이외에도 법률상 고유사무인 교통안전시설에 관한 사무 및 도지사와 제주지방경찰청장간 업무협약 체결사무로 제주국제공항 내 교통관리 및 관광객보호, 주요관광지 관광객보호 및 위반사범 예방, 단속, 한라산 등산객 보호 및 자연보호, 단체관광객 등 수송안전활동, 지역 문화활동 등의 경비 및 교통관리, 민속5일장 질서유지 및 교통관리 등을 수행 중이다. 2006년 7월 출범시부터 산림보호 · 국유림경영, 식품단속, 의약품단속, 문화재의 보호, 공원관리, 어업감독, 공중위생단속, 환경단속, 차량운행제한단속 및 도로시설관리, 관광지도, 청소년보호업무, 농 · 수산물 원산지 · 유전자변형 농수산물표시, 대외무역법상 원산지표시 단속, 농약 및 비료단속, 하천감시, 가축방역 · 검역, 무등록자동차정비업, 자동차 무단방치 및 강제보험 미가입 자동차운행 단속 등이 핵심업무들이며 추가로 축산물위생관리법, 친환경농업육성법 등이 2012년 4월 18일자로 제주특별사법경찰 업무에 추가되어 수행 중이다. 종합해 보면 제주자치경찰단 특별사법경찰의 수사권한은 법률상 고유사무인 관광, 환경, 산림 등 17종 59개 법률 분야에 한정되어 있다. 하지만 이 특별사법경찰업무 또한 일반사법경찰업무 못지않게 난이도가 매우 높은 분야이므로 주무관청은 물론이고 검찰 및 기타 자치단체들과도 항상 밀접한 유기적인 협조체제가 필요하다고 본다(신현기, 2012).

제주자치경찰단 특별사법경찰의 연혁 여러 번의 우여곡절 끝에 2012년 1월 9일 기구개편을 통해 통합 자치경찰단이 출범(1단, 4과, 1지역대, 1센터, 11담당)하게 되었다. 이러한 제주자치경찰단의 대대적인 조직개편을 통해 특별사법경찰과도 기존의 팀제에서 과(課)체제로 개명 및 공식 출범하게 되는 동시에 자부심을 가지고 특별사법경찰업무의 효율성을 위한 탄력을 더한층 받을 수 있게 되었다(신현기, 2012).

제주자치경찰법의 제정경위 제주특별자치도는 특별법에 따라 자치경찰단을 두고 있다. 2006년 7월 1일 「제주특별법」의 시행에 따라, 동법 제129조 제2항 제1호에 근거하여 국가경찰공무원 중에서 우선 37명을 특별 임용하였다. 이와 별도로 자치경찰단장을 임명하여 총 38명의 자치경찰공무원이 기간이 되어, 자치경찰공무원의 추가 선발 및 교육 · 업무체계 정비 등의 준비를 거쳐 2007년 2월 28일 83명의 대원으로 발대하였다.

제주자치경찰의 출범과정

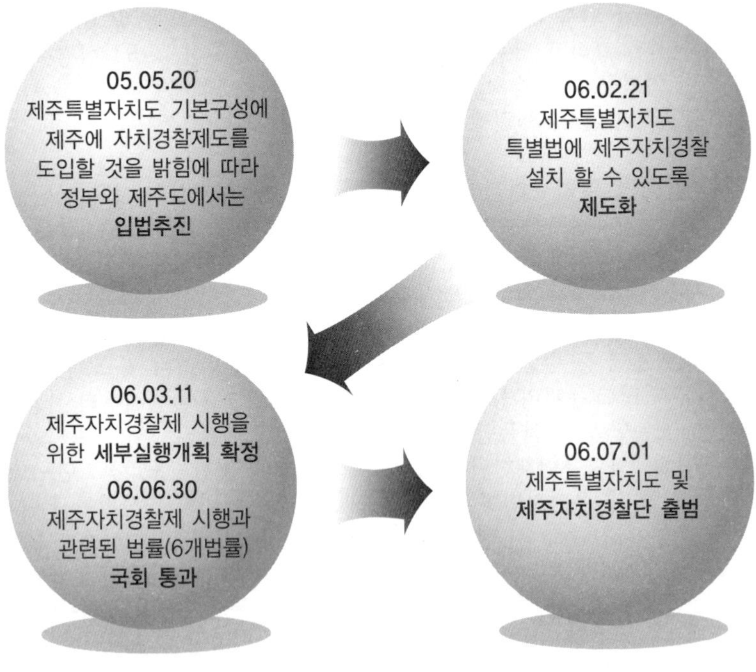

제주자치경찰제 도입배경 우리나라는 일제 36년의 식민통치하에서 1945년 8월 15일 해방되었고 같은 해 10월 21일 국가경찰이 창설되었다. 과도기로서 약

3년간 미군정의 통치를 받고 48년도에는 우리나라 이승만 초대정부가 세워졌다. 1950년 한국전쟁을 경험했고 남북한이 갈라져 이념적 대결을 지속해 오고 있다. 이러한 상황에서 강력한 중앙정부의 체제가 효과적인라는 주장이 설득력을 얻게 되었다. 이로 인해 경찰권이 오직 국가에 집중되었다. 이처럼 국가경찰 단일체제이다보니 분권과 참여라는 지방자치원리를 실천하지 못했다. 동시에 예산과 인력부족으로 주민들의 치안욕구에 적극 응대하지 못했던 게 사실이다. 결국 지방자치가 제대로 정착되기 위해서는 자치경찰제가 도입되어야 한다는 중대한 과제에 직면했다. 김대중 국민의 정부 출범과 동시에 실질적인 지방분권화에 주목하기 시작했고 본격적으로 자치경찰제의 도입논의가 활성화되었다. 2003년 2월 출범한 노무현 참여정부에서는 자치경찰제 도입을 위한 준비를 본격화했다. 마침내 2006년 7월 1일 제주특별자치도에서만 프랑스 자치경찰제 모형에 매우 가까운 자치경찰제도를 도입하게 되어 오늘에 이르고 있다. 그러나 프랑스의 경우는 시장 · 군수 · 구청장 차원의 기초단위에서 시행되지만 제주특별자치도의 경우는 도지사 차원에서 자치경찰단을 통해 시행되고 있는 점이 약간 다르다.

제지(制止) 경비수단의 하나로서 경찰관직무집행법 제6조(범죄의 예방과 제지)에 근거를 두고 있다. 제지란 경비사태를 예방 · 진압하기 위하여 가하는 강제처분으로서 세력분산 · 배제 · 통제 · 주동자 및 주모자의 격리 등을 행하는 직접적인 실력행사를 말한다.

제출인 환부의 원칙(提出人 還付의 原則) 수사기관이 압수물을 환부함에 있어서는 제출인(피압수자)에게 환부함을 원칙으로 하는 것을 말한다. 단, 압수물이 장물인 경우에는 피해자를 보호하기 위하여 일정한 요건하에 피해자 환부를 허용하고 있다.

Z이론 맥그리거의 XY이론이 지나치게 인간에 대한 가정을 단순화 시켰다는 비판과 함께 룬트슈테트(S. Lundstedt)는 자유방임형 또는 비조직형에 관한 Z이론을 제시하였다. Z이론은 인간이 조직규율의 엄격한 틀 속에서 구속받는 것을 좋아하지 않으며 자기의 개성을 가장 우선시 한다고 이해한다. 룬트슈테트의 Z이론에서의 관리자의 관리전략은 부하에게 최대한으로 자유를 보장해 주고 비조직적이고 자연발생적인 활동을 허용하며, 조직구성원이 구속감을 느끼지 않도록 느슨한 조직구상을 지향해야 하는 것이다. Z이론은 로우리스(D. J. Lawless)의 Z이론과 오우치(W. G Ouchi)의 Z이론이 있으며 각각의 내용은 상이하다.

제한통고(制限通告) 집회시위신청은 관할 경찰서 정보과에서 이루어진다. 집회신고서에 기재된 장소가 타인의 주거지역이나 이와 유사한 장소인 경우 그 집회시위로 인해 피해가 발생할 수 있다. 따라서 해당 거주자 또는 관리자가 재산、시설이나 사생활의 평온에 심각한 피해가 발생할 수 있음을 이유로 시설이나 장소의 보호를 요청할 수 있는 것이다. 이러한 경우 경찰에서 집회、시위를 제한하는 통고를 하는 것을 제한통고라고 부른다.

조례(條例/ordinance) 조례(條例)란 지방자치단체가 그 권한에 속하는 사무에 관하여 법령의 범위 내에서 지방의회의 의결을 통해 제정하는 자치 규범을 말한다. 따라서 조례는 주민의 대표로 구성되는 지방의회가 심의, 의결하는 지역법이며, 자주법으로 단순한 행정입법과는 다르며, 이는 일종의 법률(준법률)로서의 성격을 가지고 있다.

조례를 제정할 때에는 ① 비례의 원칙(과잉금지의 원칙), ② 평등의 원칙, ③신뢰보호의 원칙(소급입법금지의 원칙), ④명확성의 원칙, ⑤ 죄형법주의, ⑥조세법률주의, ⑦ 포괄위임금지의 원칙(조례와 규칙의 규율범위)를 위반해서는 안된다.

조리(條理/Natur der Sache) 조리는 극히 추상적일 뿐만 아니라 일정한 내용을 가진 것이 아니라 법질서 전체 또는 그 속에 흐르는 정신에 비추어 가장 적절하다고 생각될 경우에 끌어 쓰는 말이며, 일종의 자연법적 존재라고 할 수 있다. 따라서 조리는 경험칙 · 사회통념 · 신의성실 · 사회질서 · 형평 · 정의 · 이성 · 법의 일반원칙 등의 이름으로도 칭하여지는데, 일반적으로 사회인이 보통 인정한다고 생각되는 객관적인 원리 또는 법칙을 의미한다. 즉, 조리는 결국 사회생활에서 어떻게 행동하는 것이 정당한 것인가를 인간의 이성으로써 판단하여 얻은 결론이다.

우리나라는 원칙적으로 성문법 주의를 채택하고 있어 판례법이나 관습법 등은 최후 보충적으로 법원성을 가지게 된다. 그러므로 조리의 법원성 여부도 긍정설과 부정설이 오랫동안 대립되어 왔다. 하지만, 조리는 아주 보충적인 경우에 법원성이 인정된다고 보는 것이 다수설이다. 특히, 긍정설의 경우 우리 민법 제1조는 법률 또는 관습법이 모두 없는 경우에는 '…조리에 의한다'고 규정함으로써, 법이 없는 때에는 조리에 따라 재판하여야 한다는 오늘날 일반적으로 인정되어 있는 원칙을 분명하게 규정하였다. 또한 헌법 제103조는 '법관은 헌법과 법률에 의하여 그 양심에 따라 독립하여 심판한다'고 규정하고 있다. 따라서 민법 제1조와 헌법 제103조를 근거로 조리의 법원성을 인정하고 있다.

조사(調査/Investigation) 범죄사실을 확정하기 위해 피의자 및 사건 관계자들에게 질문하여 임의로 그 진술을 듣고, 사실의 진상을 발견하는 수사기관의 활동을 말한다. 조사의 중요성은 범죄의 진상을 가장 잘 알고 있는 자는 바로 범인 자신이므로 범인으로부터 사건의 진상을 명백히 하고, 자백을 획득할 필요가 있기 때문이다. 조사의 목적은 수사자료를 획득하고, 범인의 주관적 요건(고의, 동기, 목적 등)을 확인하며, 또한 피의사건의 진상을 명확히 파악하기 위하여 행하여지고, 수사한 결과로써 얻은 추정을 확인하는 데 있다.

조선주답헌병조령(朝鮮駐掘憲兵條令) 1910년 일본에 의해 공표된 것으로 이 조령에 의해 일본헌병이 조선에서 일반 경찰업부 담당할 법적 근거를 마련하게 되었다. 당시 헌병경찰은 의병활동 지역에 주로 배치되어 첩보의 수집, 의병의 토벌, 민사소송의 조정, 집달리 업무, 국경세관 업무, 일본어의 보급, 부업의 장려 등과 관련된 업무를 담당하였는데, 이를 뒷받침하는 대표적인 법적 근거가 「조선주답헌병조령」이다.

조직변경(組織變更/transformation) 회사의 동일인격은 계속 유지하면서 그 법률상의 조직을 변경하여 다른 종류의 회사로 하는 것을 말한다. 변경은 그 기구가 비교적 비슷한 회사 간에서만 허용된다. 즉, 인적회사(합명회사와 합자회사) · 물적 회사(주식회사와 유한회사)의 상호간에서만 인정한다. 대내적으로 총사원의 동의 또는 전원일치에 의한 총회의 결의를 요구하고, 대외적으로는 회사퇴권자를 해치지 않도록 하는 조치를 요구하고 있다. 또한 조직변경으로 인하여 회사가 동일성을 잃지는 않지만, 종류의 변경이 생기므로 해산과 설립의 등기를 하여야 한다. 즉 조직변경 전의 본래의 회사에 대한 해산등기와 변경 후의 새 종류의 회사에 관한 설립등기를 하여야 한다.

조직폭력범죄(組織暴力犯罪) 폭력행위등처벌에관한법률에 규정된 범죄를 범할 목적으로 구성된 단체 또는 집단에 의한 범죄를 말한다. 즉, 경제적 이득의 취득 목적하에 폭력을 주된 수단으로 하여 특정 다수인으로 구성되고 계층적 인적구조와 내부통솔체계를 갖춘 계속적인 집합체를 말한다. 조직폭력배의 특성으로는 목적성, 폭력성, 내부규율성 및 의형제적 체제, 활동무대의 존재, 계속성 · 상습성 · 계획성 등이 있다. 한편 조직폭력범죄는 범죄의 태양에 따라 일반폭력범죄, 지능폭력범죄, 도박범죄, 흉기범죄로, 생업 · 자금원 · 행동의 태양 등에 따라 조직폭력, 회사깡패, 폭력상습자 등으로 구분한다.

조직학습(組織學習/organizational learning) 학습은 변화와 환경을 지각하고 이에 대해 반응 및 행동하기 위해 새로운 행위 능력을 더하거나 기존의 것을 재조합하는 것을 의미한다. 이러한 학습은 개인, 집단, 조직 수준의 활동으로 이루어진다. 개별적인 학습행위가 조직의 전략적 목표와 연관되어 조직 내에 확산 · 공유되어 학습활동이 더 이상 개인에게 국한되지 않을 때 조직학습이라고 하며, 이는 학습이 조직 내에서 공간적으로 확대되는 것이다. 조직학습의 유형은 경험학습, 모방학습, 공유학습으로 구분된다.

조직효과성(組織效果性/organizational effectiveness) 체제로서의 조직의 능력을 활용하여 조직의 합의된 목표를 달성한 정도를 말하는 것으로 목표달성도가 기본적 구성요소이다. 조직효과성은 능률성, 조직성과, 조직의 건강성 등과는 구별되는 개념이다. 조직의 능률성과 건강성은 조직현상을 나타내는 특정한 국면을 지칭하는 것으로 조직 활동을 평가하는 내부적 기준이다. 반면에 조직효과성은 외부적 기준으로서 더 유용하며 내부적 기준도 포함하는 개념이다. 또한 조직효과성은 사후적 성질을 중심으로 하면서 과정적 · 사전적 의미가 내포되지만 조직성과는 사후적 성질만을 내포하므로 서로 구분되는 개념이다.

조회(照會) 범죄수사의 목적을 달성하기 위하여 미확인된 범죄의 의심있는 사실을 발견한 후에 평소 수집, 분석하여 놓은 자료와 대조 · 확인함으로써 범죄사실 등을 확실히 하는 것을 말한다. 조회의 종류에는 범죄경력조회, 지명수배 · 통보조회, 장물조회, 수법 · 여죄조회, 신원확인조회, 수배차량조회 등이 있다.

족윤적 감식(足輪的 鑑識)　　범죄현장, 범인의 대기장소, 기타의 장소에서 피의자가 유류한 것으로 추정되는 족적 · 타이어흔 · 공구흔 기타의 흔적을 말하며, 면밀하게 검사하면 고유의 특징을 발견할 수 있기 때문에 범죄수사자료 또는 범인 식별자료로서 널리 활용되고 있다. 족윤적 감식의 중요성은 현장에 대한 과학적인 분석이 더욱 중요한 명제가 되고 있기 때문이다.

종속이론(從屬理論)　　자본주의 선진국과 저개발국의 경제적 관계를 지배-종속관계로 규정하여 저개발국을 영원히 저개발에서 탈피할 수 없다고 주장하면서 정치 · 경제 · 사회 · 문화 · 사상 등의 모순을 비판하는것을 핵심으로 하고 있다.

종속적 지방경찰제(從屬的 地方警察制)　　경찰에 관한 모든 권한을 행사하고 전체 책임을 중앙정부가 전적으로 지게 되는 경찰제도다. 모든 경찰권을 중앙경찰이 지방경찰에 대해 지시와 통제를 함께 행사하는 것으로 국가경찰의 지시를 받은 지방경찰이 경찰권을 행사함으로서 경찰활동이 지방자치단체별로 이루어질 수 없다. 국가경찰의 체제속에 놓여 있기 때문에 지방경찰은 중앙경찰에 소속되어 자치적 요소는 전혀 없는 상태인데 한국, 핀란드, 덴마크, 스웨덴 등이 대표국가이다.

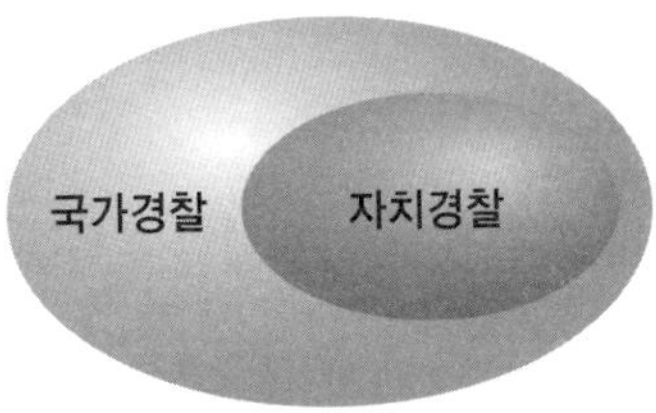

종적수사(縱的搜査)　　수사수단의 2방향의 하나로 수사자료에 의한 수사이고, 깊이 파고드는 수사로 수집된 특정자료의 성질 · 이동 · 특징 등을 깊이 관찰하여 도달하는 수사활동이다. 종류에는 장물수사, 유류품수사, 수법수사, 수배수사, 인상특징수사 등이 있다. 장점으로는 특정의 자료를 통한 집중적인 수사활동으로 신속하게 범인을 검거할 수 있으며, 단점으로는 한정된 자료로 판단을 그르칠 가능성이 많다는 점이다.

종합상황실　　1981년 7월 10일 통합상황실 운영규정에 의해 설치 · 운영되고 있다. 종합상황실은 국가비상사태 또는 긴급중요사태 등 치안상황이 발생한 경우 상황처리를 단일화하고 신속하고 정확한 상황파악과 조치로 이미 발생한 사태를 효율적으로 처리하기 위하여 경찰청과 지방경찰청 및 일선 경찰서에 설치하며, 24시간 운용된다.

종합적성검사(綜合適性檢査)　　경찰공무원으로서 경찰업무를 잘 수행할 수 있는 지원자의 소질 또는 잠재적 능력을 측정하려는 시험이다. 경찰관의 직무는 국민을 위한 봉사자로서 중요한 역할을 하기 때문에 지원자에 대한 정확한 평가와 소질 및 잠재력 능력을 측정하는 적성검사, 인성 및 가치관 등의 측정을 하는 것이 중요하다. 따라서 지원자의 성격, 자질, 정서적 · 심리적 상태 등 다양한 측정을 요하는 검사이다. 또 필기시험에서 알 수 없는 개인의 성품, 기질, 직무에 대한 전문성 등을 알 수 있고, 지원자가 제출한 서류를 확인하기 위한 신원조회 등을 실시한다.

종합판단(綜合判斷/net estimate) 아방(자국)의 능력 및 가능한 행동방책과 타방(타국)의 능력 및 행동방책을 논리적으로 비교분석하여 판단함을 말한다. 이는 국가정책수립자들에 의하여 판단되며 정보기관은 단순히 정보요소만을 제공할 뿐이다.

좌익(左翼) 급진주의적, 사회주의적, 무정부주의적, 공산주의적 경향의 인물 또는 단체를 가리키는 말로 우익에 대비되는 개념이다. 즉, 좌익이란 급격한 사회변화를 추구하면서 그 변화의 실현을 위해 폭력사용을 불사하고 기존의 권위나 전통을 부정하는 사상경향을 포기하거나 행동방식을 보이는 정치인, 지식인 및 그들의 집단이나 사상, 운동세력을 총칭하는 용어이다.

죄형법정주의(罪刑法定主義/Grundsatz nulla poena sine lege) 형법의 기본원칙인 죄형법정주의는 어떤 행위가 범죄로 되고 그 범죄에 대하여 어떤 처벌을 할 것인가는 미리 성문(成文)의 법률에 규정되어 있어야 한다는 원칙이다. 우리나라는 헌법 제12조 제1항에서 '누구든지 법률에 의하지 아니하고는 처벌을 받지 아니한다'라고 규정하고 있으며, 헌법 제13조 제1항에서는 모든 국민은 행위시의 법률에 의하여 범죄를 구성하지 아니하는 행위로 소추되지 아니 한다'라고 규정하고 있다. 또한 '형법' 제1조 제1항에서도 '범죄의 성립과 처벌은 행위시의 법률에 의한다'라고 규정하고 있는데, 이것 모두 죄형법정주의 원칙을 명확히 규정하고 있는 것이다.

죄형법정주의의 내용은 네 가지 정도로 압축된다. 첫째, 법률주의의 원칙(관습형법금지의 원칙)으로 범죄와 형벌이 성문의 '법률'에 의하여 규정되지 않으면 안된다는 것을 말한다. 둘째는 소급효금지의 원칙으로 형벌법규는 그 시행 이후에 이루어진 행위에 대해서만 적용되고, 시행 이전의 행위에까지 소급하여 적용될 수 없다는 것을 말한다. 셋째, 명확성의 원칙은 형법은 그 구성요건과 법적 결과를 명확하게 규정해야 한다는 원칙을 말한다. 영미에서는 '불명확에 의한 무효이론'이 판례에 의해 형성되어 있고, 우리 헌법재판소도 '범죄의 구성요건에 관한 규정이 불명확한 경우에는 죄형법정주의에 위배된다' 고 선언하고 있다. 넷째는 유추해석금지의 원칙인데, 유추해석이란 법률에 규정이 없는 사항에 대하여 그것과 유사한 성질을 가지는 사항에 관한 법률을 적용하는 것을 말한다. 즉, 죄형법정주의는 새로이 형벌을 과하거나 형을 가중하는 유추해석을 금지한다는 것이다.

주거범죄 최근 노인들의 절도가 유행하고 있다. 이는 노후대책을 위해 남의 물건을 절도하여 자기 집에다가 쌓아놓는 현상을 일컬어 생겨난 신종용어이다. 이전에는 생계형범죄가 유행했으나 이제는 인간의 생명연장이 현저하게 이루어졌고 미래의 노후를 걱정한 나머지 무작정 절도가 생겨나게 되었다.

주공작원(主工作員)　공작원의 종류 가운데 하나로써 공작관 밑에 위치하는 공작망의 책임자이며, 공작관의 명령시달에 의하여 자기공작망 산하 공작원에 대한 지휘와 조종의 책임을 담당하는 공작원을 말한다.

주관적 책임(主觀的 責任)　행정인이 자기가 맡은 임무나 역할들을 법규따라 성실히 수행해야 한다는 지각이나 동기를 뜻한다. 즉 주관적 책임을 개인이 자신의 양심이나 도덕성에 의해 자신의 책임을 인식하는 것을 의미한다.

주민등록법(住民登錄法)　시(특별시 · 광역시는 제외, 특별자치도는 포함) · 군 또는 구(자치구)의 주민을 등록하게 함으로써 주민의 거주관계 등 인구의 동태(動態)를 항상 명확하게 파악하여 주민생활의 편익을 증진시키고 행정사무를 적정하게 처리하도록 하는 것을 목적으로 하는 법률이다. 주민의 등록 또는 그 등록사항의 정정이나 말소는 주민의 신고에 의하며, 신고는 신고사유가 발생한 날로부터 14일 이내에 하여야 하고, 등록 의무자는 원칙적으로 세대주(世帶主)이다.

주민생활중심의 자치경찰제 조직도

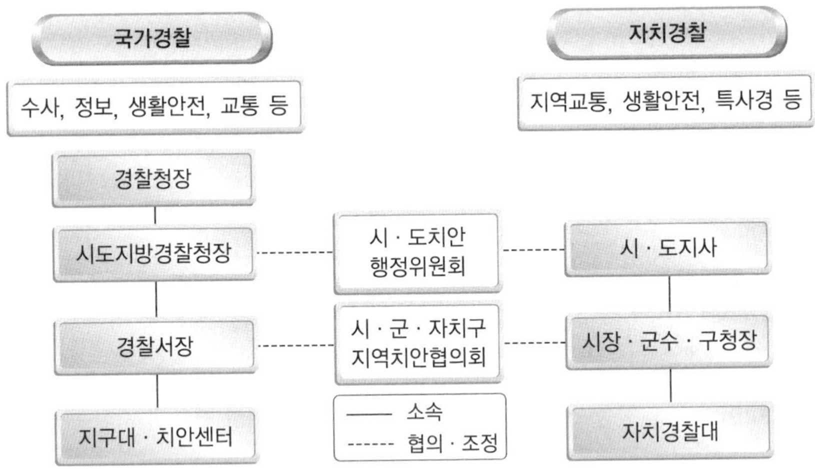

주방어지대(제2선)(主防禦地帶(第2線))　중요시설의 방호지대의 하나로써 시설 울타리를 연결하는 선으로 시설내부 및 핵심시설에의 적의 침투를 방지하여 결정적으로 중요시설을 방호하는 선을 말한다. 주방어지대에서는 방호시설물을 집중적으로 설치하고 고정초소근무 및 순찰근무로써 출입자를 통제하고 무단침입자를 감시한다.

주재소(駐在所/a police substation) 주재소는 일제 강점기 당시 순사가 머무르며 사무를 맡아보던 경찰의 최일선 기관으로 8 · 15 광복 이후에 지서(支署)로 변화하였다.

1910년 8월 일본은 한국을 강제로 식민지로 만들고, 한국에 대한 식민지 통치 기구로 조선총독부를 설치하였다. 일제는 한국에 대한 무단 통치를 위해 헌병 경찰 제도를 창설하여 무단 정치를 강행하였는데, 이 제도에 의거하여 일본 경찰과 헌병을 전국 방방곡곡에 설치한 헌병 분견소 · 경찰 주재소 · 파출소 등에 배치하여 한국인의 일상생활을 감시 · 감독하였다.

주전산기(Host) 이는 하나의 컴퓨터에 여러 대의 단말기가 연결되어 있는 컴퓨터 시스템에서 각 단말기를 관리하며 실제로 계산능력을 발휘하는 중앙처리장치를 가리키는 말이다. 즉 컴퓨터 본체를 의미한다. 그리고 개인용 컴퓨터가 컴퓨터 통신망으로 다른 컴퓨터에 연결되어 단말기와 같이 작동할 때 처리하는 컴퓨터를 말하며 동시에 주전산기는 프로그램, 파일 및 데이터베이스를 저장 및 제공하는 역할을 한다.

주 · 정차 단속담당공무원 교통행정과 관련되는 분야에서 근무하는 공무원 등 해당 지방자치단체에 근무하는 공무원으로서 주 · 정차 단속을 위하여 필요하다고 인정되어 시장 등이 임명하는 공무원을 말한다. 단속담당공무원은 제복을 착용하여야 하고, 제복의 종류, 만드는 방식과 지급 등에 관하여 필요한 사항은 특별시 · 광역시 또는 시 · 군(광역시의 군을 제외한다)의 조례로 정한다. 다만, 제복을 만드는 방식에 대하여는 지방경찰청장과 미리 협의하여야 한다.

주차위반 차의 견인 주차위반 차를 견인하고자 하는 경우에는 행정안전부령이 정하는 바에 의하여 '과태료 또는 범칙금 부과 및 견인대상차' 표지를 그 차의 보기 쉬운 곳에 부착하여 견인대상 차임을 알 수 있도록 하여야 한다. 경찰서장 또는 시장등은 차를 견인한 때부터 24시간이 경과되어도 이를 인수하지 아니하는 때에는 해당 차의 보관장소 등 행정안전부령이 정하는 사항을 해당 차의 사용자 또는 운전자에게 등기우편으로 통지하여야 한다.

준거집단(準據集團/reference group) 1942년 하이만(T. Heimann)이 제시한 개념으로 한 개인이나 집단이 스스로를 판단하고 바른 방향으로 정립하기 위하여 참고로 하는 기준으로서의 집단이다. 준거집단은 개인의 행위에 영향을 미치며 집단의 가치와 기준을 준거의 틀로서 받아들이게 될 때 그 집단은 준거집단이 된다. 학교집단, 노동자집단, 또래 집단, 사회집단 등이 그 예이다.

준경찰(準警察/Para-Police) 지역사회 경찰활동에서 비정규 경찰(Nonsworn Police)의 지위가 준경찰(Para-Police)의 지위로 전환되는 것을 고려하고 있다. 준경찰의 개념은 준전문가(Para-Professional) 사상에서 모델화한 것으로 전문가에 미치지 못하지만 일정 수준의 전문성을 갖춘 것을 의미한다.

준기소 절차(準起訴 節次)　검사의 불기소처분에 불복한 고소인 또는 고발인의 재정신청에 의하여 법원이 심판에 付하는 결정을 한 때에 공소제기가 있는 것으로 간주하는 절차를 말한다. 재판상의 준기소절차는 기소독점주의에 대한 예외로서 사법적 심사에 의해서 기소독점주의와 기소편의주의로 인한 검찰의 독단적 횡포를 방지하기 위해 인정한 절차이다. 현행법상 재정신청의 대상은 직권남용죄(형법 제123조, 제 125조)에 관한 불기소처분에 한한다(형사소송법 제260조의 ①).

준예산(準豫算)　준예산이라 함은 독일의 예산제도를 모방한 것이다. 준예산제도는 현재 우리나라에서 채택하고 있는 것으로 예산불성립시 예산집행을 하기 위한 예산제도 중 하나이다. 특히 준예산은 국회의 의결이 필요 없이 예산이 성립할 때까지 사용할 수 있다는 장점을 지니고 있다. 그렇다고 준예산이 다 허용되는 것은 아니다. 즉 지출할 수 있는 경비는 ① 헌법이나 법률에 의하여 설치된 기관 또는 시설의 유지 · 운영, ② 법률상 지출의무의 이행, ③ 이미 예산으로 승인된 사업의 계속을 위한 경비로 한정된다(헌법, 제 54조 3항).

준항고(準抗告)　재판장 · 수명법관의 일정한 재판과 검사 · 사법경찰관의 일정한 처분에 대해 그 법관소속의 법원 · 관할법원에 그 취소 · 변경을 구하는 불복제도이다. 준항고는 상급법원의 심판을 통한 구제수단이 아니므로 본래적 의미의 상소는 아니나 실질적으로 상소에 준하여 일반 항고의 절차를 많이 준용하고 있다.

준현행범인(準現行犯人)　현행범인은 아니지만 형사소송법에 따라 현행범인으로 간주되는 사람을 말한다. 「형사소송법」 제211조 2항에 따른 준현행범인은 범인으로 호창되어 추적되고 있는 자, 장물이나 범죄에 사용하였다고 인정함에 충분한 흉기 기타의 물건을 소지하고 있는 자, 누구임을 물음에 대하여 도망하려 하는 자, 신체 또는 의복류에 현저한 증적이 있는 자 등이다. 형사소송법 제212조에 의해 준현행범인 역시 현행범인과 마찬가지로 누구나 영장 없이 체포할 수 있다.

중성자 방사화 분석법(Neutron Activation Analysis)　중성자 방사화 분석은 총기사건에서 사수(射手) 감별, 체모의 동일성 판단, 환경오염 원인추정, 고고학적 연대 추정 등에 활용된다. 이 분석방법은 감도가 좋기 때문에 극미량 원소들의 분석이 가능하며 많은 원소들을 동에 분석할 수 있고, 또한 비파괴 분석이 가능하기 때문에 분석 후에 시료를 그대로 보존할 수 있다.

중앙경찰위원회(中央警察委員會)　1947년 11월 6인의 위원으로 구성된 조직으로 현재는 존재하지 않는다. 당시 이 위원회를 통래 중요 경무정책을 수립하고 심의결정 하였으며, 경찰관리의 소환 · 심문 · 임면 등에 대한 경찰통제가 시도되는 등 민주적 요소가 강화되었다.

중앙경찰학교(中央警察學校/central police academy)　2012년 현재 신임 경찰공무원을 교육 훈련 시키는 교육기관으로 순경채용에 응시해 합격한 순경 후보생은 중앙경찰학교에 입교해 약 8개월(32주)간 경찰교육을 받고 순경에 임용된다. 그러나 2011년에는 교육기간이 8개월로 늘어났으며 2012년부터는 10개월로 교육훈련을 늘리게 되었다. 그리고 2013년부터는 최고 12개월로 교육훈련 기간을 대폭 늘릴 예정이다. 강도 높은 훈련이 이루어지며, 전투경찰을 포함해 간부 후보생을 제외한 모든 비간부 경찰공무원의 임용권 교육을 담당하는 곳이다. 즉 순경과정, 101경비단, 전산, 경찰특공대, 여경요원 등을 대상으로 교육하며, 전 · 의경 교육은 신임 교육을 포함한 각종 전문교육과정을 전담하고 있다.

1987년 9월 18일 개교하여 신임순경에 대한 신임교육 및 전 · 의경 교육을 담당하고 있는 경찰교육기관인데 조직으로는 운영지원과, 교무과, 학생과로 구성되어 있다. 충북 충주시 수안보면 수회리에 소재하고 있다.

중앙선(中央線) 차마의 통행을 방향별로 명확하게 구분하기 위하여 도로에 황색실선 또는 황색점선 등의 안전표지로 표시한 선이나 중앙분리대 · 울타리 등으로 설치한 시설물을 말하며(도로교통법 제2조 5), 가변차로가 설치된 경우에는 신호기가 지시하는 진행방향의 가장 왼쪽의 황색점선을 말한다.

중앙행정기관(中央行政機關) 국가의 행정사무를 담당하기 위하여 설치된 행정기관으로서 그 관할권의 범위가 전국에 미치는 행정기관을 말한다. 중앙행정기관은 원칙적으로 정부조직법에 의해 설치된 부 · 처 · 청만을 의미하지만 개별 법률에 의하여 설치가 가능하다. 설치와 직무범위는 법률로 정해지며, 그 보조기관의 설치와 사무분장은 법률로 정한 것을 제외하고는 대통령령으로 정해진다(정부조직법 제2조 1항). 조직구성으로는 대통령령이 정하는 바에 의하여 그 기관의 장관 · 차관 · 차장 · 실장 · 국장(외국의 국장을 포함한다) 또는 부장 및 행정자치부의 본부장 밑에 정책기획, 계획입안, 연구 · 조사, 심사 · 평가 및 홍보 등을 통하여 그를 직접 보좌하는 담당관이 있다(정부조직법 제2조 4항).

중요시설 경비(重要施設 警備) 경비경찰의 활동 가운데 국가보안 목표로 지정된 중요 시설과 보안상 극히 중요하다고 인정되는 시설에 대하여 적이나 불순분자의 각종 위해행위로부터 시설을 보호하기 위하여 행하는 제반 활동을 말한다. 중요시설은 가 · 나 · 다급으로 분류되어 있다.

중요시설 경비시 고려사항(重要施設 警備時 顧慮事項) 일반적으로 중요시설 경비시 고려(착안)사항은 다음과 같다. ① 부여받은 임무의 중요성을 인식한다. ② 경계용 장비 및 기자재를 파악하고 작동상태(유무)를 확인한다. ③ 담당구역 주변의 각종 환경을 파악한다. ④ 적극적으로 경비를 실시한다. ⑤ 사건발생시 피의자(용의자)를 현장에서 검거한다.

중요시설 경비의 중요성(重要施設 警備의 重要性) 중요시설 경비는 평시에는 국가의 산업발전과 국력신장을 도모하고, 전시에는 전쟁수행능력을 뒷받침하므로 전시 · 평시를 불문하고 매우 중요하다. 중요시설 경비의 중요성은 다음과 같이 네 가지로 요약될 수 있다. ① 중요시설 손실예방은 새로운 자원생산의 보장, ② 시설의 경비는 전투력의 보호, ③ 중요시설은 국력과 국가기밀로 각 부분과 밀접한 관계, ④ 계획된(의도된) 파괴행위에 대한 방어 등이다.

중요지명 피의자 종합수배(重要指名 被疑者 綜合手配) 지명수배피의자 중 전국적으로 강력한 조직적 수사를 행할 필요가 있다고 인정되는 흉악중요범죄의 지명수배피의자에 대하여 경찰청의 중요지명피의자 종합수배서에 등재하여 행하는 수배이다.

중원대학교 경찰행정학과 중원대학교는 2008년 7월 교육부의 설립인가를 받아 2009년 3월에 개교했다. 경찰행정학과는 2011년 사회과학부 소속으로 출발해, 2012년 2학년에 44명이 배정되었다. 2012년 현재 경찰행정학과는 50명으로 증원되었고, 학부모집단위에서 학과모집으로 전환되었다. 앞으로 중원대학교 경찰행정학과는 경찰공무원과 다양한 분야의 국가공무원을 양성하는 학문적 메카로써 발전하여, 최고의 공직자를 양성하는 학과로 발전하게 될 것이다.

중점관심(重點關心/focal concerns) Walter Miller의 이론으로 하층문화 그 자체가 하나의 고유문화로 이것이 법규범과 충돌할 때 범죄가 발생한다고 본다. 구체적으로 Miller는 하류계층의 문화를 정의하는 독특한 가치체계를 연구하였는데, 이러한 것을 중점적 관심(focal concerns)으로 정의하였으며, 이에 대한 순응이 하류계층 사람들의 삶을 지배한다고 보았다.

그런데, 하류계층 사람들이 갖게 되는 관심의 초점은 Trouble(말썽), Toughness(강인), Smartness(교활), Excitement(흥분), Fate(숙명), Autonomy(자율) 등이며, 이에 대한 집착이 결국 비합법적이고 폭력적인 행동을 촉진한다는 이론이다.

중화이론(中和理論/Techniques of Neutralization Theory) 범죄자들이 관습적인 가치와 태도들을 지니고 있어 그 특정형태의 행동이 나쁘다는 것을 인정하지만, 자신들의 죄의식을 피할 수 있게 해주는 방식으로 그 행동을 정당화한다는 것이다. Matza와 Sykes는 그러한 행위를 설명하기 위해 다섯 가지의 중화의 기술을 제시했는데, 책임의 부인 · 가해의 부인 · 피해의 부인 · 비난자에 대한 비난 · 상위의 충성심에의 호소가 그것이다.

즉결심판(卽決審判) 범증이 명백하고 죄질이 경미한 범죄사건을 통상적인 형사소송절차에 의하지 아니하고 신속 · 적정하게 즉결하는 심판절차로 관할 경찰서장의 청구에 의해 지방법원, 지방법원지원 또는 시 · 군법원의 판사가 심판하는 특별형사소송절차이다.

즉결심판에 관한 절차법(卽決審判에 관한 節次法) 범증이 명백하고 죄질이 경미한 범죄사건을 신속 · 적정한 절차로 심판하기 위하여 즉결심판에 관한 절차를 정함을 목적으로 한다.이 법에 의하면, 지방법원, 지원 또는 시 · 군법원의 판사는 즉결심판절차에 의하여 피고인에게 20만원 이하의 벌금, 구류 또는 과료에 처할 수 있다. 즉결심판은 경찰서장이 관할법원에 이를 청구하며, 사전에 피고인에게 즉결심판의 절차를 이해하는데 필요한 사항을 서면 또는 구두로 알려주어야 한다. 즉결심판절차에 의한 심리와 재판의 선고는 공개된 법정에서 행하되, 그 법정은 경찰관서(해양경찰관서를 포함한다)외의 장소에 설치되어야 한다. 피고인이 기일에 출석하지 아니한 때에는 이 법 또는 다른 법률에 특별한 규정이 있는 경우를 제외하고는 개정할 수 없다. 다만, 예외적으로 벌금이나 과료를 선고하는 경우에는 불출석심판이 허용된다. 또한 즉결심판 결과 정식재판을 청구하고자 하는 피고인은 즉결심판의 선고 · 고지를 받은 날부터 7일 이내에 정식재판청구서를 경찰서장에게 제출하여야 한다.

즉시강제(卽時强制) 목전의 급박한 경찰상 장해를 제거하여야 할 필요가 있는 경우, 미리 의무를 명할 시간적 여유가 없을 때 또는 그 성질상 의무를 명하여서는 목적달성이 곤란할 때, 그리고 직접 국민의 신체 또는 재산에 실력을 가하여 경찰상 필요한 상태를 실현시키는 작용으로서 일종의 권력적 사실행위이다. 즉시강제는 경찰상 의무존재를 요하지 않고 의무불이행을 전제로 하지 않는다는 점에서 직접강제와 경찰상 장제집행과는 구별된다. 또한 즉시강제는 경찰상 필요한 상태를 실현하기 위한 목적을 갖는 점에서 정보나 자료의 수집을 목적으로 하는 경찰상 조사와도 구별된다.

즉응적 활동(卽應的 活動) 경비경찰의 특성 중의 하나로 다중범죄 · 테러 · 경호상의 위해나 경찰작전상황 등 경비사태는 항상 긴급을 요하며 국가적이나 사회적으로 중대한 영향을 미치므로 신속한 처리가 요구된다. 이를 위해 각 경찰서마다 편성되어 있는 112타격대는 대간첩작전 및 인명구조사건 · 집단소요사건 등 경비사태 발생시에 즉시 출동할 수 있도록 체제를 갖추고 운영되고 있다.

증원간첩(增員間諜) 간첩의 분류에 있어서 임무에 의한 분류 가운데 하나로써 간첩요원의 보충이나 유인 그리고 납치 등 인적자원의 확보를 위하여 파견되는 간첩을 말한다.

지구대(地溝帶) 기존의 파출소 3~4개를 하나로 묶어서 만든 제도로 2007년 현재 825개의 지구대를 운영 중이다. 지구대는 경찰 다수가 출동하여 범인을 체포하고 제압 할 수 있는 장점을 지니고 있다. 도시지역에서는 효율적이지만 농촌지역에서는 거리가 멀어 경찰이 출동하면 범죄가 이미 크게 확대되어 있어 효율적인 대처가 어렵다는 비판이 있다.

지구대 · 출장소의 설치(地區隊 · 出張所의 設置) 경찰청과그소속기관등직제 제44조(대통령령)와 경찰기관의조직및정원관리규칙 제10조(경찰청 훈령)에 의거, 지방경찰청장은 경찰서장의 소관사무를 분장하기 위하여 경찰서 소속으로 지구대를 설치하고자 할 때는 경찰청장의 승인을 받아야 한다. 지구대의 명칭 및 위치,

관할구역은 지방경찰청장이 정한다.

지능과 범죄(知能과 犯罪) 20세기 초반의 연구의 전제는 범죄자는 일반인보다 지능이 낮고, 지능이 낮은 것은 범죄의 원인이 된다는 것이다. 대표적으로 Goddard는 1914년 정신박약의 원인과 결과를 연구하면서 교정시설 내 수형자의 지능을 측정한 결과 평균 50%가 정신박약자라는 결과를 제시하였다. 따라서 모든 범죄자는 정신박약이고, 모든 정신박약자는 잠재적 범죄자이므로 범죄예방을 위해 범죄자의 단종(대인적 보안처분)을 주장했다. 그러나 이후 연구들에 의해서 정신박약이 10% 내지 20%인 것으로 판명되어 Goddard는 지능의 유전성과 동시에 교육에 의한 개선 가능성도 인정하였다. 최근 지능과 범죄 사이의 상관관계가 연구되어 Hirschi, Hindelang은 범죄, 비행의 예측에 있어서 지능지수가 인종, 사회계급보다 중요한 근거가 될 수 있다고 하였는데, 특히 지능이 낮은 자는 소년시절 학교적응이 어려워 낙제와 퇴학의 가능성 높고 이러한 이유로 비행이나 범죄를 저지를 확률이 높다고 주장하였다. Willson, Herrnstein 역시 낮은 지능은 범죄의 간접적 요인의 하나로 학교에서의 부적응과 관련이 있다고 주장하였다.

지능범(知能犯) 강력범에 대응하는 개념으로 통상 사회적 지위를 가진 자 또는 지능정도가 비교적 높은 자 등에 의하여 지능적 · 기술적으로 감행되는 범죄이고, 그 동기에 있어서 경제적 요소가 내재해 있는 범죄로 사기 · 횡령 · 배임 등이 대표적인 범죄로 법률상 개념이 아니라 수사편의상 분류된 실무상의 용어이다. 한편 지능범죄의 특징은 ① 계획성, ② 현출성, ③ 비교적 높은 신분, ④ 피해규모와 피해액 과다, ⑤ 증거인멸 등이다.

지령(指令/Directive) 비밀공작에서 많이 사용하는 용어로서 비밀리에 특정 대상자나 기관에게 특수한 행동이나 방침을 명령하는 것을 말한다.

지리감 수사(地理感 搜査) 사전적 의미에서의 지리감이란 어떤 곳의 지형이나 길 따위의 형편에 대한 느낌을 말한다. 범죄수사에 있어 지리감수사란 감별수사의 일종으로 사건발생장소 및 부근거주자, 혹은 범행장소의 지리적 사정에 익숙한 자 등에 대하여 범인을 발견하는 수사방법이다.

지리감 유무 수사의 판단자료는 주로 피해자, 참고인의 진술, 범죄현장과 그 주변의 지리적 · 환경적 상황관찰로 이어진다. 지리감은 범인과 범죄현장 주변과의 관계성이므로 피해자와 관계되는 연고감에 비해 수사대상도 많고 수사범위도 넓다. 연고감이 있는 사건은 대개 지리감이 있는 경우가 많으며, 특히 침입절도는 연고감이 있는 경우에는 거의 지리감이 있는 것이라고 추정할 수 있다.

지리정보시스템(GIS: Geographic Imformation System) 원래 군대에서 개발 활용한 시스템을 민간에 널리 활용하게 된 것이다. 즉 공간정보를 이용하여 지형 공간적인 분석을 하는 시스템이다. 공간에 관련된 자료를 컴퓨터에 입력, 저장, 관리, 분석, 표현하는 시스템으로 데이터베이스와 그래픽 처리를 위한 각종 리스트의 작성이나 도면 등 매우 다양하게 결과물을 만들어 내게끔 고안되어진 하드웨어, 소프트웨어 및 절차적인 시스템의 총칙을 말한다.

지명통보(指名通報) 특정한 피의자를 발견한 경우 그 피의자에 대한 출석요구를 의뢰하는 제도로서, '법정형이 장기 3년 미만의 징역 또는 금고, 벌금에 해당하는 죄를 범하였다고 의심할 만한 상당한 이유가 있고 수사기관의 출석요구에 응하지 아니하고 소재수사결과 소재불명인 자', '법정형이 장기 3년 이상의 징역이나 금고에 해당하는 죄를 범하였다고 의심되더라도 사안이 경미하거나 기록상 혐의를 인정키 어려운 자로서 출석요구에 불응하고 소재가 불명인 자'에 대하여 내려지는 처분이다.

한편, 지명수배는 특정한 피의자에 대하여 그의 체포를 의뢰하는 제도로서, '법정형이 사형 · 무기 또는 3년 이상의 징역이나 금고에 해당하는 죄를 범하였다고 의심할 만한 상당한 이유가 있어 체포영장 또는 구속영장이 발부된 자' 및 '지명통보 대상자중 지명수배의 필요가 있어 체포영장 또는 구속영장이 발부된 자'에 대하여 내려지는 처분이다. 다만, 긴급체포를 하지 아니하면 수사에 현저한 지장을 초래하는 경우에는 영장을 발부받지 아니하고 지명수배할 수 있다.

지명형 간첩(指名形 間諜) 간첩의 분류 가운데 활동범위에 의한 분류로서 특정한 목표와 임무를 부여받아 특수한 정보를 수집하도록 개별적으로 지명하여 파견된 간첩을 말한다.

지문(指紋/Fingerprint) 지두 장측부(掌側部, 지두내면)에 존재하는 피부가 융기한 선 또는 점으로 이루어진 문형을 말한다. 지문의 2대 특성은 만인부동(萬人不同)과 종생불변(終生不變)이다. 지문의 효용은 ① 피의자의 신원 및 범죄경력 확인, ② 지명수배자의 발견, ③ 변사자의 신원확인, ④ 범죄현장지문에 의한 범인의 신원판명, ⑤ 타인의 인적사항 도용방지, 각종 사건사고시 신원확인 기능 등이 있다.

지문자동검색시스템(AFIS: Automated Fingerprint Identification Systems) 범죄수법자료의 하나로서 개인의 인적사항 및 십지지문 등이 채취되어 있는 주민등록발급신청서를 고속의 대용량 컴퓨터에 이미지 형태로 입력하여 필요시 단말기에 현출시켜 지문을 확인하거나 변사자 인적사항 및 현장유류 지문 등을 자동으로 검색하여 동일인 여부를 확인하는 체계를 말한다.

지방경찰청(地方警察廳/provincial police agency) 우리나라는 16개의 지방경찰청이 있으며 지방경찰청을 관할하는 각 지방경찰청장은 경찰청장의 승인을 요하는 사항을 제외하고는 지방경찰청사무분장규칙을 제정하거나 개정하고자 할 때에는 경찰청장의 승인을 얻어 시행하고 있다. 서울지방경찰청을 제외하고 기타 지방경찰청장은 특정한 사무에 관하여 지방경찰청장 또는 지방경찰청 차장을 보좌하기 위해 경찰청장의 승인을 얻어 직할대를 설치 · 운영할 수 있다.

지방경찰청장(地方警察廳長) 지방경찰청은 지방에서의 치안에 관한 사무를 수행하며, 지방경찰청장은 경찰청장의 명을 받아 소관사무를 총괄하고, 소속공무원을 지휘 · 감독한다. 서울특별시지방경찰청장과 경기도지방경찰청장, 부산광역시지방경찰청장은 치안정감으로, 대구광역시 · 인천광역시 · 울산광역시 · 대전광역시 · 광주광역시 · 강원도 · 충청북도 · 충청남도 · 전라북도 · 전라남도 · 경상북도 · 경상남도 · 제주도의 지방경찰청장은 치안감으로 보하고 있다.

지방경찰청 차장(地方警察廳 次長) 지방경찰청장을 보좌하기 위해 서울특별시 · 부산광역시 · 대구광역시 · 인천광역시 · 울산광역시 · 강원도 · 충청북도 · 충청남도 · 전라북도 · 전라남도 · 경상북도 및 경상남도의 지방경찰청에 차장 각 1인을 둔다. 서울특별시지방경찰청과 경기지방경찰청의 차장은 치안감, 그 외의 지방경찰청 차장은 경무관으로 보한다. 지방경찰청장은 행정자치부령이 정하는 범위 내에서 차장(지방경찰청에 차장을 두지 아니하는 경우에는 지방경찰청장) 밑에 직할대를 둘 수 있다. 직할대의 장은 특정한 경찰사무에 관하여 지방경찰청장 또는 지방경찰청 차장을 보좌한다.

지방경찰청 하부조직 서울지방경찰청과 경기지방경찰청은 부 · 과 단위의 하부조직을 가지고 있고, 나머지 기타 지방경찰청은 과 단위를 하부조직으로 가지고 있으며, 부장은 경무관, 과장은 총경이 담당하고 있다. 서울지방경찰청은 경무부에 경무과 · 인사교육과 및 정보통신과를, 생활안전부에 생활안전과 및 생활질서과를, 수사부에 수사과 및 형사과를, 교통지도부에 교통안전과 및 교통관리과를, 경비부에 경비1과 및 경비2과를, 정보관리부에 정보1과 및 정보2과를, 보안부에 보안1과 · 보안2과 및 외사과를 두고 있다.

경기지방경찰청의 경우는 치안정감 밑에 치안감으로 제1차장과 제2차장을 두고 제1차장 밑에는 제1부, 제2부, 제3부가 있는데 각각 경무관이 맡아 그 장을 부장이라고 부른다. 제2차장은 의정부(경기북부지역)에 소재한 2청사를 책임지고 있다. 그 산하에는 생활안전과, 수사과, 경비교통과, 정보보안과를 두고 총경이 과장이다. 경기경찰청장 산하에는 2011년 6월 현재 41개의 경찰서를 설치운영 중에 있다. 경기지방경찰청을 제외한 기타 지방경찰청에 생활안전과 · 수사과 · 경비교통과 · 정보과 및 보안과 등 6개 과를 두고 있고, 부산지방경찰청에는 다른 도지방경찰청의 경비교통과 · 수사과 및 보안과에 속하는 사무를 각각 교통과와 경비과, 수사과와 형사과 및 보안과와 외사과로 나누어 9개 과에 분장하고 있다.

지방공무원(地方公務員) 지방자치단체로부터 임용되고, 지방자치단체에서 근무하는 공무원을 뜻한다. 또 지방공무원은 주로 지방의 자치사무를 하면서 보수 또한 지방자치단체로부터 받는다. 이것은 국가공무원에 대응하는 개념으로 볼 수 있다.

지방공무원법(地方公務員法/The Local Public Officials Act) 지방자치단체의 공무원에게 적용할 인사행정의 근본 기준을 확립하여 지방자치행정의 민주적이며 능률적인 운영을 도모함을 목적으로 1963년 제정된 뒤 2010년 3월 법률 제10147호까지 35차례 개정되었다. 총 12장으로 나누어진 전문 82조와 부칙으로 구성되어 있으며, 인사기관, 직위분류제, 임용과 시험, 보수, 복무, 신분보장, 권익의 보장, 징계, 능률, 보칙 등의 내용을 규정하고 있다.

지식정부(知識政府) 경제협력개발기구(OECD)가 정의하는 지식정부는 기업이 국내자원과 능력을 최대한으로 활용해 세계 시장에서 경쟁력을 향상시키도록 지원하는 협력자이다. 지식정부란 '지식기반 경제'를 이끌어 나갈 새로운 정부의 형태를 말한다. 지식경제에서 국가경쟁력의 핵심은 그 국가가 가지고 있는 지식자산을 어떻게 활용하느냐에 달려있다. 지식정부가 해야할 두 가지 핵심과제는 지식인프라와 제도적 기반을 만드는 일이다. 지식인프라란 사회 전반에 걸쳐 지식의 창조 및 확산을 촉진하기 위한 기반이다. 지식을 보다 많은 사람이 활용할 수 있도록 변환(표준화) 하고 동시에 이에 쉽게 접근할 수 있는 통로를 구축하는 것을 의미한다. 제도적 기반이란 지식의 창조 · 확산 · 활용에 장애가 되는 제반 사회제도를 개혁하고 지식사회형 인력양성을 위한 교육시스템을 갖추는 일 등을 포함한다.

GSG-9 독일의 특수부대로서 1972년 뮌헨올림픽 당시 검은 구월단에 의한 이스라엘 선수 테러사건 발생 후 창설되었다. 지휘반, 통신문서반, 전투반 등 3개반으로 편성되어 있으며, 주요임무로는 하이재킹(Hijacking), 열차재킹, 폭발물 처리, 중대한 테러사건을 담당하고 있다.

GHB(Gamma-Hydroxy Butrate) 향정신성의약품의 하나로 일명 '물뽕'이라고도 한다. 무색무취로 소다수 등 음료에 몇방울 타서 마시게 되면 10~15분 내에 약물효과가 나타나기 시작하여 3~4시간 지속된다. 약물효과로는 기분이 좋아지고 다소 취한듯 하면서도 몸이 처지는 듯한 느낌이 든다. GHB는 성범죄용으로도 악용되어 '데이트 강간약물'로 불리기도 한다.

지역경찰제(地域警察制/Local Police System) 지난 2003년 이후 실시되고 있는 지역경찰제는 이전의 파출소 3~4개를 통합하여 순찰지구대나 파출소, 치안센터 등으로 인력 및 조직 구조를 개편함으로써 관련 자원을 효율적으로 활용하고, 현장대응능력을 강화함과 동시에 지역사회와의 관계를 향상시키기 위한 일련의 경찰활동이다. 현행「지역경찰 조직 및 운영에 관한 규칙」 제2조와 제3조에서는 관할지역의 실태를 파악하여 그에 알맞는 활동을 하고, 항상 즉응체제를 유지하여 경찰업무 전반에 걸쳐 초동조치를 함으로써 주민생활의 안전과 평온을 확보함과 동시에 주민에 대한 적극적인 봉사 및 원활한 관계유지에 노력하기 위해 지구대, 파출소, 치안센터, 분소, 초소 등을 설치하도록 규정하고 있다.

지역경찰 조직 및 운영에 관한 규칙(地域警察 組織 및 運營에 관한 規則) 경찰청 훈련 제581호인「지역경찰 조직 및 운영에 관한 규칙」은 지역경찰의 효율적인 임무수행을 위하여 지역경찰의 조직 및 운영 기타 필요한 사항을 규정함을 목적으로 하는 규칙이다. 이 규칙은 순찰지구대, 파출소, 분소, 초소 및 소속 경찰관과 지역경찰업무 담당부서에 적용하며, 최근 2009년 12월 30일 최종 개정되었다. 당시 주요 개정내용으로는 치안센터 · 분소 · 초소의 명칭을 '치안센터'로 통일함에 따라 기존 「지역경찰 조직 및 운영에 관한 규칙」, 「낙도초소 근무규칙」, 「검문소 운영규칙」등에 분산되어 규정된 '치안센터'의 조직 및 운영에 관련된 내용을 「지역경찰 조직 및 운영에 관한 규칙」으로 통합하여 정비하고, 기존 「지역경찰 조직 및 운영에 관한 규칙」의 내용을 현실에 맞게 재정비함으로써 업무 효율성을 향상시키기 위함이었다.

지역공동체 관계(地域共同體關係/CR: Community Relation) 경찰홍보 수단의 하나로써 경찰관이 지역사회의 각종 기관 및 단체 그리고 주민들과 밀접하게 연락을 취하고 협조체제하에서 지역사회 구성원들이 요구하는 경찰활동을 펼치면서 주민과 직접 소통하는 것을 말한다.

지역사회 경찰활동(地域社會 警察活動/community police) 지역사회경찰의 기본개념은 경찰관과 시민의 접촉으로 지역사회의 무질서, 범죄, 지역사회문제를 발견, 해결해 나가는 것을 말한다. 지역사회경찰에서 중점은 시민과의 접촉이며, 시민과의 상호협력을 중요시 여기며 시민의 역할이 지역사회경찰제도에서 중요한 역할을 차지하고 있다. 시민은 지역의 주민뿐 아니라 상하를 구별하지 않고 지역사회 구성원들을 말한다. 지역사회경찰활동에서 필요한 요소는 기본체계에 의한 전략, 범죄와 삶의 질, 시민과의 공동활동, 신뢰증진, 권한공유, 문제 지향적 경찰활동, 지역사회경찰관(CPO: community policing officer), 전담관할구역 등이다.

지역사회 경찰활동의 구성요소(地域社會 警察活動의 構成要素) 크게 지역사회에 기초를 둔 범죄예방, 순찰활동의 개선, 경찰의 책임증대, 명령의 분권화 등 네 가지로 설명할 수 있다. ① 지역사회에 기초를 둔 범죄예방: 지역사회에 기초를 둔 범죄예방(Community-Based Crime Prevention)은 지역사회 지향적 경찰활동의 궁극적 목표이며 핵심내용이 된다. 그 가운데 이웃감시(Neighborhood Watch)는 지역사회에 기초를 둔 범죄예방의 중심이 된다. ② 순찰활동의 개선: 순찰활동은 비상사태에 대응하는 앰블런스와 같이 배치되기 보다는 일상적인 자신의 업무수행과정에서 항상 사람들과 대화를 함으로써 지역사회를 이해하고 非비상사태의 요청에도 대응하며, 지역사회의 모든 장소에서 나타날 수 있도록 가시적이어야 한다는 것이다. ③ 경찰의 책임증대: 경찰은 점차적으로 시민의 지원과 협력을 이끌어 내기 위해서는 시민이 무엇을 원하는 지를 받아들일 자세가 갖추어져야 함을 의미한다. ④ 명령의 분권화: 명령의 분권화(Decentralization of Command)는 지역사회 내에서 경찰활동을 극대화하고 이를 피드백할 수 있도록 하는 특별한 관련지식을 최대한으로 활용하기 위해서 필요한 것이다.

지역사회 경찰활동의 특징(地域社會 警察活動의 特徵) 학자들에 따라 다양하게 분류되고 있다. ① 시민참여와 의견수렴의 강조: 지역사회 경찰활동에서는 시민과의 협력은 물론 방범활동에 대한 시민의 의견수렴과 적극적인 참여를 강조한다. 이것은 경찰이 시민의 기대를 잘 파악하고 시민들의 다양하고 변화하는 기대에 관심을 가져야 하며, 주민들의 경찰에 대한 부정적인 시각을 긍정적인 시각으로 전환시켜 주어야 한다는 것이다. ② 업무영역의 확대: 경찰은 문제해결사(Problem Solver)로서 이전에 할 일이 나니라고 여겼던 일들을 제한없이 찾아서 해야 하므로 경찰관의 직무범위가 상당히 넓어 진다. ③ 업무의 우선순위와 평가기준: 지역사회 경찰활동은 지역사회를 불안케 하는 모든 문제를 최우선 순위에 둔다. ④ 문제중심 경찰활동 지향: 문제중심 경찰활동(Problem-Oriented Policing)은 경찰활동에 대한 불만족을 개선하기 위하여 대두된 것으로 경찰이 사건지향적이기보다는 문제지향적이어야 한다고 하면서 경찰이 너무 좁은 시야에서 특별한 사건위주로만 초점을 맞추는 대신에 이러한 반복적인 사건들로 이르게 되는 사회적, 지역적 문제를 해결하는데 좀 더 관심을 기울여야 한다고 주장한다.

지역사회 자치경찰서(Community-Oriented Substation) 1991년 미국 서부 Washington에 위치한 Spomane시 Terry Mangan 경찰청장은 경찰과 시민이 공조하여 지역사회내의 범죄율을 낮추고 삶의 질을 향상시키기 위한 방안으로 800여명의 자원봉사자로 구성된 지역사회 자치경찰서를 발족시켰다. 지역사회의 공공안전 증진을 위해 시민방범순찰대(Neighbor-on-Patrol Units)가 조직되어 학교주변 및 주택가를 중심으로 순찰활동을 벌였으며, 불법주차 단속 및 마약밀거래 단속활동을 하였다.

지원공작원(支援工作員) 공작원의 종류 가운데 하나로써 비밀활동을 수행하는 공작원과 조직체에 대해 공작에 필요한 물자와 기술 등을 지원하는 활동을 수행하는 공작원을 말한다. 지원공작원은 통상적으로 주공작원의 지휘와 조종을 받아 임무를 수행한다.

지정대리(指定代理) 직무대리의 한 종류로써 대리자가 확정되지 아니하는 경우로서 지정권자가 직무대리명령서를 교부하여 대리권자임을 표시하여 주는 것을 말한다. 지정대리의 순위와 절차는 다음과 같다. ① 기관의 장이 사고가 있을 때에는 직속 상급기관의 직원 중에서 직급순위에 따라 선임자를 대리자로 지정하여야 한다. ② 기관의 장 이외의 직원이 사고가 있을 때에는 기관의 장이 소속 직원 중에서 선임자를 대리할 자로 지정하여야 한다. ③ 과원의 사고가 있을 때에는 과장이 과원 중에서 지정하여야 한다.

지출(支出) 일반적으로 세출예산 및 기금운용계획의 집행에 따라 국고에서 현금 등이 지급되는 것을 의미한다. 우선 기획재정부장관은 지출에 관한 사무를 총괄한다. 경찰청을 책임지고 있는 경찰청장은 그 소관에 속하는 지출원인행위(국고금 지출의 원인이 되는 계약 및 기타의 행위)와 지출에 관한 사무를 총괄한다(국고금관리법 제19조). 통상 경찰청장은 소속 공무원에게 위임하여 지출원인행위를 하도록 진행하는 게 통례이다. 특히 경찰청에서는 경찰청장 또는 재무관이 그 소관에 속하는 세출예산 또는 기금운용계획에 따라 경찰예산을 지출하고자 하는 때에는 경찰청장이 임명한 공무원에게 지출원인행위 관계서류를 송부하여야 한다(국고금관리법, 제22조 1항).

지출의 특례 지출이란 배정받은 예산의 범위 내에서 지출원인행위부에 기재된 대로, 급부가 제공된 후에 국가재정 전산 시스템을 이용해서, 한국은행이 채권자의 금융계좌로 이체함으로써 완료되는 것이 원칙이며 그 절차에 따른다. 통상적으로 지출의 특례는 이런 절차를 부득이 지킬 수 없는 경우에 이용되는 것으로, 경찰과 관련되는 대표적인 예로 관서운영경비를 떠올릴 수 있다.

관서운영경비는 운영비, 특수활동비, 업무추진비, 여비, 외국에 있는 채권자가 외국에서 지급받고자 하는 경우에 지급하는 경비 등 지출의 절차를 준수하기 힘든 것으로 관서운영경비출납공무원이 교부하는 것이다(국고금관리법 시행령 제31 · 32조). 원칙적으로 정부구매 카드를 이용하여야 하나 그것이 불가능한 경우에는 계좌이체의 방법으로 지급하는 방식을 취하기도 한다. 다만, 국내여비를 비롯한 몇 가지 경우에는 현금으로 지급할 수도 있도록 허용하고 있다(국고금관리법 시행령 제36조).

지하운동(地下運動/underground-movement) 정치단체 또는 결사가 정부에 의해서 비합법화되거나 탄압을 받으면서도 비합법적인 조직을 결성해서 반정부운동을 전개하는 것을 말한다. 그와 같은 비합법적 조직을 지하조직이라고 한다. 지하운동에는 정치적 변혁을 목적으로 해서 정부를 전복하기 위하여 직접적으로 무력을 사용하는 방법과 국민 가운데서 그 운동의 협력자를 얻는 방법이 있다. 전자의 경우 쿠데타나 무장봉기의 형태로 나타난다. 후자에서와 같이 국민 가운데서 협력자를 얻는 방법은 그것이 성공하는 정도에 따라 지하운동의 활동영역이 확대되는 것이며, 이 경우 지하운동은 지하운동으로서의 성격을 반드시 갖는 것은 아니다. 다만 정부로서 볼 때 지하운동으로 간주된다. 제2차세계대전 중의 프랑스의 레지스탕스 운동은 그 전형적인 것이다. 일제시대에 항일투사들에 의해서 결성된 조직들에서 지하운동의 두 가지 방법을 모두 볼 수 있다.

지휘관 단일성의 원칙(指揮官 單一性의 原則) 경비경찰 조직운영의 원칙 가운데 하나로서 경비경찰조직은 한 사람의 지휘하에 움직여져야 함을 말한다. 이는 의사결정의 과정까지 단일해야 함을 의미하는 것이 아니라 의사결정은 다수에 의해 신중하게 검토한 후 결정을 하되 집행에 있어서는 단일성을 유지해야 한다는 것을 말한다.

직관주의(直觀主義) 선악의 구별은 직관적으로 파악된다는 설. 존재나 사실에 관한 인식으로부터 당위 혹은 가치에 대해 추리할 수 있다는 것에 동의하지 않는다. 인간의 행동 자체를 보고 나서 도덕적 가치를 판단하는 것이 아니라 인간의 어떤 행동에 관한 도덕적 가치판단이 인간의 마음 속에서 저절로 이루어진다고 한다. 직관주의자들은 인간의 본성이 도덕적이고 이를 시인 혹은 부인하는 평가능력이 있다고 주장한다. 그 능력이 이성이냐 도덕 감각이냐 견해의 차이는 있으나 인간을 도덕적 존재로 보는 점에서는 일치한다. 도덕에 관한 관념은 인간의 마음 속에 본래 존재한다는 것이다.

직권면직(職權免職) 공무원이 일정한 사유에 해당되었을 때 본인의 의사와는 관계없이 임용권자가 그의 공무원신분을 박탈하여 공직으로부터 배제하는 제도를 뜻한다(국가공무원법 제70조). 직권면직은 직제 및 정원의 개폐, 예산의 감소 등에 의해 폐직 또는 과원이 되거나, 공무원이 심신의 장애로 1년 이상 직무를 감당하지 못하게 되거나 근무성적이 극히 불량한 경우, 휴직기간 만료 후 직무에 복귀하지 않는 경우, 전직 시험 3회 이상 불합격자로서 직무수행을 위한 능력이 부족한 경우 등에 본인의 의사와는 무관하게 임용권자가 공무원의 신분을 박탈하여 공직으로부터 배제하는 제도이다. 직권면직도 징계위원회의 의견을 듣고 동의를 받아 강제퇴직시킨다는 점에서 징계처분의 하나로 볼 수 있으나, 국가공무원법상의 징계의 종류로 규정되어 있지 않다는 점이 해임 및 파면과 다르다.

직권휴직(職權休職) 국가공무원법 제71조 제1항에 따라 공무원이 다음과 같은 경우에 해당될 때 임용권자는 본인의 의사에 불구하고 휴직을 명하여야 한다. 예를 들면, 직권휴직은 신체적 혹은 정신상의 장애로 장기요양을 요할 때, 병역법에 의한 병역복무를 필하기 위하여 징집 또는 소집되었을 때, 생사 또는 소재불명, 기타 법률상 의무수행 등의 경우에 해당된다.

직무대리(職務代理) 공무원의 직급배정을 변경함이 없이 다른 직급의 업무를 수행하게 하는 것이다. 직무대리는 잠정적인 임용방법이다. 직무대리는 상위직급에 결원이 있을 때나 상급자의 유고시에 하급자로 하여금 그 업무를 임시로 대행하게 하는 방법으로 쓰인다. 이것은 겸임을 취할 때도 있고, 그러지 않을 때도 있다. 상급직위에 결원이 있는 경우, 하급자가 승진될 것을 전제로 하여 직무대리를 시키는 일도 흔히 있다. 직무대리는 시보임용과 비슷한 목적에 활용할 수 있으나, 배치의 불확정상태에서 오는 불이익도 있는 것으로 남용되지 않도록 주의해야 한다.

직무분석(職務分析) 다양한 직무의 특성에 관해 적절한 정보를 제공하고 보고하는 절차라고 할 수 있으며, 분석적인 방법에 의하여 직무의 내용을 한정짓는 요인을 서술하여 이를 조직적으로 제시 · 기록하는 것이다. 직무분석의 목적은 직무평가와 인사고과에 대한 기초자료를 제공하고 직무의 내용을 명확하게 함으로써 권한과 책임의 한계를 분명하게 하는 것이다.

직무수행권(職務遂行權) 경찰공무원은 자기가 담당하는 직무를 방해받지 아니하고 수행할 권리를 갖는다. 이를 방해하는 자는 형법 제136조와 제137조에 따라 공무집행방해죄에 의거해 처벌받게 된다.

직무평가(職務評價) 공직은 직위분류제의 수립과정에서 직무의 난이도, 책임도 등에 따라 직위의 상대적 가치 또는 비중을 기준으로 직위의 등급을 결정하는 것을 의미한다. 이와 반대로 직무분석은 직위를 직무의 종류에 따라 직군, 직렬, 직류 등으로 분류하고 있다.

직수아문(直囚衙門) 범죄자를 직접 구금할 수 있는 관청으로, 병조(兵曹)·형조(刑曹)·한성부(漢城府)·사헌부(司憲府)·승정원(承政院)·장례원(掌隷院)·종부시(宗簿寺) 등의 중앙관서와 관찰사(觀察使) 및 수령(守令)이 관장하는 지방 관청에서만 죄인을 직접 구금할 수 있었다. 이는 조선시대의 경찰권이 일원화되지 못했음을 의미한다. 조선 중기 이후에는 비변사(備邊司)·포도청도 직수아문으로 추가되었는데, 이 밖의 다른 관청이나 여러 군문에서는 일단 형조에 범죄사유를 통고한 다음, 승인을 얻은 뒤에야 구금할 수 있었다.

직업공무원제(職業公務員制) 국가는 국가의 공공의 안녕과 치안질서를 유지하기 위해 유능하고 젊은 인재가 공직에 들어와 공직을 천직으로 생각하고 국가에 봉사하는 것을 최고의 명예로 생각하고 긍지를 갖도록 동기부여를 하는 것이 중요하다. 따라서 직업공무원제도는 젊고 유능한 인재가 공직에 근무하는 동안 생애 보람을 느끼고 자기 직업을 천직으로 생각하고 자긍심 갖고 일할 수 있도록 공직관을 확고하게 심어주는 인사제도이다.

직위공모제(職位公募制) 경찰청에서 2003년부터 공정하고 투명한 보직인사를 위해 시행하고 있는 인사제도를 말한다. 직위공모제에는 자기소개서, 업무추진계획서, 연구실적 등 응모자들이 제출한 자료를 토대로 평가를 실시하여 해당분야의 역량을 고루 작춘 적임자를 선발하는데 목적을 두고 있다.

직위보유권(職位保有權) 경찰공무원은 국가공무원법 제32조의 5 제1항에 따라 계급에 상응하는 일정한 직위를 부여받을 권리를 가지며, 동법 제73조의 2에 따라 법에 정한 사유가 있는 경우가 아니고서는 직위를 해제당하지 아니하는 동시에 직위해제된 경우에도 그 해제사유가 소멸된 때에는 지체 없이 직위를 부여받을 권리를 갖는다.

직위분류제(職位分類制) 공무원의 직무 또는 직위에 기초를 두고 직무에 대한 종류, 난이도, 책임성, 전문성 등을 기준으로 공직을 분류하는 제도를 뜻한다. 직위분류제는 공직업무에 대한 종류, 난이도, 전문성 등의 형태에 따라 공직의 체계를 분류하는 것으로 시험, 임용, 보수 등에 대해서 합리적인 인사행정을 하기 위한 중요한 전제가 된다.

직위해제(職位解除) 국가공무원법 제73조의 2 제1항에 따라 공무원에 대하여 직위를 계속 유지시킬 수 없다고 판단되는 사유가 있는 경우에 공무원으로서의 신분은 보존시키되 직위를 부여하지 않는 임명행위를 말한다. 임용권자는 특정 공무원의 직무수행능력이 부족하거나, 근무성적이 극히 불량한 자 및 의결이 요구중이거나 형사사건 기소자 등에 대해서는 직위를 부여해서는 안된다 따라서 직무수행능력이 부족하거나, 근무성적이 불량한 자 등에 대해서는 3개월 이내의 기간 동안 대기를 명하게 되며(국가공무원법 제73조의 2 제3항), 대기명령을 받는 자에 대하여는 능력회복을 위한 교육훈련 등 특별한 조치를 취하여야 한다(국가공무원법 제73조의 2 제4항). 직위가 해제되면 직무에 종사하지 못하며 출근의무도 없다. 그리고 직위해제의 사유가 소멸되면 임용권자는 지체 없이 직위를 부여해야 한다. 그러나 이 기간 중 능력의 향상 또는 개전의 정이 없다고 인정된 때에 임용권자는 직권면직을 통하여 공무원의 신분을 박탈할 수 있다.

직장훈련(職場訓練/On the Job Trainning: OJT)　　경찰기관의 장이 중심이 되어 당해 소속 경찰공무원들의 직무수행능력을 향상·제고시키기 위한 계획하에 일상적인 경찰업무를 통해 시행하는 훈련과정을 말한다. 직장교육은 순경에서 경정까지만을 대상으로 하며, 학과교육과 술과훈련으로 나누어 실시된다. 학과교육에는 정신교육과 직무교육이, 술과훈련은 사격훈련과 무도훈련으로 나누어 실시된다. 장점으로는 실용적, 경비절약, 원만한 인간관계 유지가능 등이 있으며, 단점으로는 상관의 지도기술이 필요, 피훈련자의 수가 많을 경우에는 비능률적이다.

직접고객과 간접고객(直接顧客과 間接顧客)　　경찰경영에 있어서 고객만족의 하나로써 직접고객과 간접고객은 서비스가 전달되는 과정을 중심으로 분류한 것을 말한다. 직접고객이란 경찰서비스를 직접 받는 사람이며, 간접고객은 직접고객에 서비스를 제공함으로 인해 편익이나 불편을 받는 사람을 말한다. 예를 들면 음주단속의 경우 음주단속을 받는 사람이 직접고객이고, 음주단속으로 인해 교통의 불편을 느끼거나 사고위험의 감소를 느끼는 사람이 간접고객이다.

직통전화망(Hot-Line)　　전화의 교환대를 거치지 않고 2개의 특수지점 상호간에 전화회선을 구성하여 필요시 상호호출 통화하는 통신망을 의미한다.

진공금속지문채취기(VMD)　　지문채취에 쓰이는 방법의 일종으로증거물을 진공통에 넣고 진공상태에서 금과 아연을 증발시켜 증거물에 입힘으로써(도금형식) 유류지문을 현출하는 방법이다. 오래된 지문도 현출 가능하다.

진로양보의무(進路讓步義務)　　긴급자동차를 제외한 모든 차량의 운전자가 뒤에서 따라오는 차보다 느린 속도로 가고자 하는 경우에 도로의 우측 가장자리로 피하여 진로를 양보하는 것을 말한다. 진로양보의 차량의 원칙은 ① 비탈진 좁은 도로에서 자동차가 서로 마주보고 진행하는 경우에는 올라가는 자동차, ② 비탈진 좁은 도로 외의 좁은 도로에서 사람을 태웠거나 물건을 실은 자동차와 빈 자동차가 서로 마주보고 진행하는 경우에는 빈 자동차 등이다.

진술거부권 고지(陳述拒否權 告知)　　진술거부권이란 피고인 또는 피의자가 공판절차 또는 수사절차에서 법원 또는 수사기관의 신문에 대해 진술을 거부할 수 있는 권리를 말한다. 묵비권이라고도 한다. 피의자를 조사함에 있어서는 미리 다음 각 호의 사항을 알려 주어야 한다. ① 일체의 진술을 하지 아니하거나 개개의 질문에 대하여 진술을 하지 아니할 수 있다는 것(제1호), ② 진술을 하지 않더라도 불이익을 받지 아니한다는 것(제2호), ③ 진술을 거부할 권리를 포기하고 행한 진술은 법정에서 유죄의 증거로 사용될 수 있다는 것(제3호), ④ 신문을 받을 때에는 변호인을 참여케 하는 등 변호인의 조력을 받을 수 있다는 것(제4호). 진술거부건의 고지에 대해서는 인권보호를 위한 경찰관 직무규칙 제61조에 명시되어 있다.

진술서(陳述書)   피고인 · 피의자 또는 참고인이 스스로 자기의 의사 · 사상 · 관념 및 사실관계 등을 기재한 서면을 말한다. 진술서는 피고인 · 피의자 또는 참고인이 작성의 주체라는 점에서 법원 또는 수사기관이 작성하는 진술조서와 구별된다. 한편 진술서 · 자술서 · 시말서 등 명칭의 여하를 불문하고 작성된 시기와 장소도 크게 문제되지 않는다. 따라서 반드시 당해사건의 공판과 수사절차에서 작성된 것임을 요하지 않고 사건과 관계없이 작성된 메모나 일기 등도 포함될 수 있다.

진술조서(陳述調書)   수사기관이 피의자 아닌 자(피해자 · 참고인 등)의 진술을 기재한 조서를 말한다. 수사기관이 피고인의 진술을 기재한 조서도 진술조서에 해당한다. 피고인은 피의자가 아니기 때문이다. 진술조서의 작성은 임의수사의 일종이다.

진정(陳情/petition)   진정은 개인이 침해받은 권리를 구제하기 위해 관계기관에 일정한 조치를 요구하는 것으로 수사기관에 범죄사실을 신고하는 것도 포함된다. 진정은 검사가 조사를 하여 혐의가 있다고 판단되면 비로소 입건 되는 것으로(검찰사건사무규칙 141조) 수사기관에 고소장, 고발장을 제출하면 바로 입건이 되는 것과는 차이가 있다. 그러나 진정인이 특정인에 대하여 형사처벌을 받게 할 목적으로 허위 신고할 경우 무고죄의 책임을 지게 된다(형법 제 156조, 대법원 판례91도2127호).

질서유지선(秩序維持線/police line, boundary for the maintenance of order) 경찰통제선이라고도 한다. 주로 집회나 시위에 있어 공공질서를 유지하기 위해 최소한의 범위에 설정한 통제 구획선이다.

범죄 및 기타 치안수요에 대응하기 위한 말단의 최일선 경찰조직으로 초소에 배치된 지역경찰관은 지역경찰관리자가 지정한 근무를 수행한다.

현행 「집회 및 시위에 관한 법률」에 있어 질서유지선이란 관할 경찰서장이나 지방경찰청장이 적법한 집회 및 시위를 보호하고 질서유지나 원활한 교통 소통을 위하여 집회 또는 시위의 장소나 행진 구간을 일정하게 구획하여 설정한 띠, 방책, 차선 등의 경계표지를 말한다.

질서유지인(秩序維持人/order maintainer)   현행 「집회 및 시위에 관한 법률」에 의하면 집회 또는 시위의 주최자는 집회 또는 시위에 있어서의 질서를 유지하여야 하며, 집회 또는 시위의 주최자는 집회 또는 시위의 질서 유지에 관하여 자신을 보좌하도록 18세 이상의 사람을 질서유지인으로 임명할 수 있다.

질서유지인은 주최자의 지시에 따라 집회 또는 시위 질서가 유지되도록 하여야 한다. 또한 질서유지인은 참가자 등이 질서유지인임을 쉽게 알아볼 수 있도록 완장, 모자, 어깨띠, 상의 등을 착용하여야 하며, 관할경찰관서장은 집회 또는 시위의 주최자와 협의하여 질서유지인의 수(數)를 적절하게 조정할 수 있다.

질식사(窒息死) 질식이란 호흡에 의한 생리적 가스교환이 중단되는 상태를 말하며, 이로 인한 생명의 영구적 중단을 질식사라 한다. 법의학에서 질식사란 외호흡(폐호흡)과 내호흡(조직호흡)의 장애를 총칭하는 것으로 외호흡만의 장애에 의한 것을 외질식, 내호흡의 장애에 의한 것을 내질식이라 하며, 넓은 의미의 질식은 외질식과 내질식을 모두 포함하기 때문에 모든 죽음은 질식사라고 할 수 있다. 일반적으로 질식사는 거칠게 호흡하면서 격렬하게 움직이는 호흡곤란 단계, 의식을 상실하여 죽은듯이 보이는 정지상태, 대소변을 보고 현장상태를 바꾸기도 하는 경련상태, 약한 맥박만 뛰는 말기호흡 또는 무호흡상태, 사망의 단계에 이르는바 약 3~5분사이에 위와 같은 단계를 거친다. 질식사의 단계는 무증상기 → 호흡곤란기 → 경련기 → 무호흡기 → 종말호흡기이다.

집권화(執權化/centralization) 의사결정 권한이 중앙 · 상급기관 또는 조직의 상층부에 집중되는 것을 말한다. 집권화는 조직규모가 작거나 신설 조직일 경우, 조직의 활동이 획일성을 요구하거나 많은 비용과 예산이 소요될 때, 조직의 지도자가 강력한 리더십을 발휘하거나 부하들이 능력이 부족 할 때 또는 조직이 위기에 처한 경우에 조직관리에 유용하다.

집권화체제 국가경찰제도(執權化 體制 國家警察制度/centralized system) 경찰력이 중앙정부와 직접적인 통제 하에 놓이게 되는 체제를 의미한다. 집권화체제의 경찰제도하에서는 중앙정부가 법집행의 성공과 실패에 대한 직접적인 책임을 지게 된다. 집권화체제의 경찰제도는 전체주의 국가에서만 나타나는 것이 아니며 동시에 민주주의와 반드시 대립되는 것도 아니다. 집권화체제 경찰제도는 중앙집권적인 권력구조형태를 취하면서 개개 국민의 생명, 신체 및 재산에 대한 보호보다는 공공의 안녕과 질서 유지를 더 중요시하는 제도이다. 프랑스, 이탈리아, 핀란드, 이스라엘, 태국, 대만, 덴마크, 스웨덴, 한국 등이 이 제도를 취하고 있으며, 경찰의 조정이나 통제방식은 각 국가마다 약간의 차이가 있다.

집단사고(集團思考/groupthink) 응집력이 높은 소규모 의사결정 집단에서 대안의 분석 및 이의 제기를 억제하고 합의를 쉽게 이루려고 하는 심리적 경향을 말한다. 즉 집단구성원들이 대안에 대한 충분한 분석 및 토론이 없이 쉽게 합의하고 그 대안이 최선이라고 믿고 합리화하려고 하는 현상을 말한다. 집단사고는 의사결정 과정에 나타나는 '집단착각 현상'이다. 집단사고에 빠지게 되면 조직구성원들은 새로운 정보나 변화에 민감하게 반응하지 못해 상황적응 능력이 떨어지게 된다. 조직의 운명에 중대한 영향을 미치는 결정을 함에 있어 책임 있는 의사결정 집단이 오만과 편견에 빠져 크게 잘못된 결정을 함으로써 조직을 위기로 몰아넣는 의사결정으로 의사결정 집단이 강한 '우리(We) 의식' 속에 쌓여 있을수록 집단사고의 발생 가능성은 높아진다. 우리 의식이 강한 집단일수록 만장일치의 환상 속에 집단의 결정에 동조하지 않는 의견이나 태도를 배척하는 경향이 있기 때문이다. 권위주의적 리더가 존재할 때, 집단의 구성원들은 권위주의적 리더가 선호하는 대안에 대해서 반대하지 못하고 집단사고의 발생 가능성은 높아진다. 또한 집단사고는 의사결정의 중요도가 높을수록, 의사결정을 해야 하는 시간적 제약이 심할수록 발생 가능성이 높아진다.

집단추천제(集團推薦制) 공무원의 임용 추천시에 채용후보자를 성적 순으로 몇 개의 집단으로 나눈 뒤, 우수 집단부터 차례로 추천하는 방법을 뜻한다. 이 방법은 채용후보자들을 성적순으로 나누어 하나의 집단으로 거기에 소속된 후보자들을 한꺼번에 추천하는 방법이다.

집단행동 금지의 의무(集團行動 禁止의 義務) 경찰공무원의 신분상의무 중 하나이다. 「국가공무법」제66조에 의해 공무원은 노동운동 기타 공무 이외의 일을 위한 집단행동을 할 수 없다. 특히, 경찰공무원은 그 직무 등의 특성으로 노동3권(단결 · 단체교섭 · 단체행동권)을 가지지 못하는 것이 원칙이다.

집달리(執達吏) 지방법원 및 지원에 배치되어 재판의 집행과 서류의 송달 기타 법령에 의한 사무를 행하는 단독제의 독립기관으로 현재의 정식 명칭은 집행관(執行官)이다.

집행명령(執行命令) 법률이나 상위명령을 집행하기 위하여 필요한 시행세칙을 직권으로 발하는 행정부의 명령을 말한다. 집행명령은 헌법적 근거가 있어야 하나 법률의 위임은 요하지 아니하며 새로운 입법사항을 규정할 수 없다. 이는 법률이나 상위명령의 위임에 의하여 발하는 위임명령과는 구별되는 개념이다. 구체적으로 집행명령은 법령체계상 헌법 하위에 있다는 점, 법령체계상 법률 하위에 있다는 점, 위헌 · 위법여부를 대법원에서 최종 판단한다는 점, 행정부에서 발한다는 점 등은 위임명령과의 공통점이지만, 법률의 구체적 위임이 있는지의 여부에 있어 위임명령과 차이를 보인다.

집행벌(執行罰/Exekutivstrafe) 집행벌이란 이행강제금이라고도 하는 행정상 강제집행의 수단이다. 비대체적 작위의무 또는 부작위의무를 이행치 아니하는 경우에 그 의무자에게 심리적 압박을 가하여 의무의 이행을 간접적으로 강제하기 위하여 과하는 금전적 부담 또는 강제금을 말한다.

집행정지(執行停止/suspension of execution) 행정법상 행정처분의 일종이며, 행정소송(취소소송 · 무효 등 확인소송)이 제기된 뒤의 부수적 조치로서, 그 집행 또는 절차의 속행의 전부 또는 일부를 잠정적으로 정지하는 것을 말한다. 통상적으로 처분이나 집행 또는 절차를 밟으면서 발생하는 손해를 예방하기 위해서 긴급하다고 인정할 때 당사자가 신청하거나 직권에 의해 처분의 효력이나 그 집행 또는 절차를 밟는 행위 전체 또는 일부를 정지하기로 결정할 수 있다.

이와는 별도로 형사소송법상 형(刑)의 집행을 정지하는 것 역시 집행정지에 포함된다. 형사소송법에서는 사형의 집행정지(제469조), 자유형의 집행정지(제470 · 471조), 소송비용부담재판의 집행정지(제472조)에 관하여 규정하고 있다. 예컨대, 자유형(징역, 금고, 구류)의 선고를 받은 사람이 심신의 장애로 의사능력이 없는 상태일 때에는 검사의 지휘에 따라 심신장애가 회복될 때 까지 형의 집행을 정지한다.

집회(集會) 다수인이 일정한 공동목적을 달성하기 위하여 일정한 장소에 일시적으로 집합하는 것을 말한다. 따라서 다수인이 각기 다른 목적을 가지고 일정 장소에 집한한 경우 그것은 집회일 수 없다. 집회 및 시위에 관한 법률이 규제하는 것은 실외집회이다. 이 법에서 실외집회라 함은 천정이 없거나 사방이 폐쇄되지 않은 장소에서의 집회를 가리키는데, 실외집회라 하더라도 확성기의 설치 등으로 주변에서의 실외참가를 유발하는 집회는 실외집회로 간주하고 있다. 집회와 시위는 집회와 시위에 관한 법률에 의해 규제되고 또한 보호를 받는다.

집회 및 시위에 관한 법률(集會 및 示威에 關한 法律) 집회 및 시위를 보호하고 공공의 안녕과 질서를 유지함을 목적으로 한 법률을 말한다(1963법제1245). 집회 및 시위에 관한 법률은 모든 집회를 제한하려는 것이 아니라 합법적인 집회 및 시위를 보호하려는 데 그 제정목적을 두고 있다. 집회 및 시위가 평화적이고 또 자유스러운 분위기에서 개최되고 있을 대에는 폭행 · 협박 기타 어떠한 방법에 의하여서도 방해를 받지 않도록 이를 철저히 보호하고 있다. 따라서 폭행 · 협박 그 밖의 방법으로 평화적인 집회나 시위가 방해될 우려가 있는 경우에는 경찰의 보호를 요청할 수 있다.

그리고 집회나 시위의 사회적 영향력을 감안하여 필요한 최소한의 범위 내에서 그 자신과 장소 기타 준수사항 등을 규정하여 공공의 안녕과 질서를 유지시키려는 데도 그 제정 목적이 있다고 본다. 그러므로 만일 집회나 시위가 공공질서를 저해할 우려가 있는 경우에는 제약을 받을 수 밖에 없을 것이다. 즉 실외집회와 시위에 있어서는 48시간전에 관할경찰서장에게 신고하여야 하고, 일출전, 일몰후의 실외집회나 시위는 금지된다. 그리고 국회의사당 · 각급법원 · 대통령관저 · 국회의장공관, 중앙관서 등 주요공공건물 · 시설로부터 200m 이내에 있는 지점에서의 집회 · 시위도 금지하고 있다. 그 밖에 주최자 · 시위자의 준수사항 · 벌칙 등을 규정하고 있다.

집회시위 관리대책(集會示威 管理對策) 경비경찰은 헌법상 기본 이념에 충실하여 합법적이고 평화적인 집회는 최대한 보호하고 보장하며, 불법집회 · 시위에 대하여도 최대한 인내하면서 대응하되 묵과할 수 없는 폭력 · 과격행위 발생시에는 법과 원칙에 따라 단호하게 대처해야 한다. 이를 위해서는 ① 국민의 기본권 보장 차원의 집회시위 관리, ② 현장중심의 체계적인 집회시위 관리, ③ 입체적 집회시위 관리가 이루어 질 수 있도록 대책을 마련해야 한다.

집회시위자문위원회(集會示威諮問委員會) 「집회 및 시위에 관한 법률」제21조와 「집회 및 시위에 관한 법률 시행령」 제10조의 규정에 의하여 설치된 위원회이다. 위 법령에 의하면 집회 및 시위의 자유와 공공의 안녕질서가 조화되도록 하기 위하여 각급경찰관서에 각급경찰관서장에게 자문 등을 하는 집회 · 시위 자문위원회를 둘 수 있다. 위원장 및 위원은 변호사, 교수, 시민단체에서 추천하는 사람, 관할지역의 주민대표 등이며, 위원장 및 위원의 임기는 2년으로 한다. 위원회의 회의는 각급 경찰관서장의 요청에 따라 위원장이 소집하며, 재적위원 과반수의 출석으로 개의하고 출석위원 과반수의 찬성으로 의결한다.

징계(懲戒) 국가기관은 공무원의 부당한 위법행위에 대해서 조직구성원에 대해서 벌로 징계를 결정하고 실행한다. 징계는 해당 법규에 따라 이뤄진다. 징계는 단순히 처벌을 목적으로 하는 적극적 의미도 있으나, 앞으로 업무수행을 할 때 부당한 위법행위를 하지 못하도록 하거나 혹은 장기적으로 교정을 목적으로 하는 소극적인 의미도 있다.

징계면직(懲戒免職) 파면과 해임의 두 가지 종류가 있는데 징계위원회의 징계절차를 거쳐서 행하여야 한다.

징계위원회(懲戒委員會) 경찰공무원의 권리보장을 위한 위원회의 하나로써 경찰공무원에 대한 징계의결을 행하기 위하여 설치한 위원회를 말한다. 경무관 이상의 경찰공무원에 대한 징계의 의결은 국가공무원법에 의하여 국무총리 소속하에 설치된 징계위원회에서 행한다. 총경 이하의 경찰공무원에 대한 징계의 의결을 행하기 위하여 대통령이 정하는 경찰기관 및 해양경찰관서에 경찰공무원징계위원회를 둔다.

METROPOLITAN
ㅊ
경찰
POLICE

ㅊ

차도(車道) 연석선(차도와 보도를 구분하는 돌 등으로 이어진 선), 안전표지나 그와 비슷한 공작물로써 경계를 표시하여 모든 차의 교통에 사용하도록 된 도로의 부분을 말한다.

차로(車路) 차마가 한 줄로 도로의 정하여진 부분을 통행하도록 차선에 의하여 구분되는 차도의 부분을 말한다.

차마(車馬) 차마는 차와 우마를 가리키는데, 자동차, 건설기계, 원동기장치자전거, 자전거, 그리고 사람 또는 가축의 힘이나 그 밖의 동력에 의하여 도로에서 운전되는 것을 말한다. 다만, 철길이나 가설된 선에 의하여 운전되는 것, 유모차, 행정안전부령이 정하는 보행보조용 의자차 등은 제외된다. 자동차는 철길이나 가설된 선에 의하지 아니하고 원동기를 사용하여 운전되는 차(견인되는 자동차도 자동차의 일부로 본다)로서, 승용자동차, 승합자동차, 화물자동차, 특수자동차, 이륜자동차 등이다. 원동기장치자전거는 자동차관리법(제3조)에 의한 이륜자동차 가운데 배기량 125시시 이하의 이륜자동차와 배기량 50cc 미만(전기를 동력으로 하는 경우에는 정격출력 0.59㎾ 미만)의 원동기를 단 차이다. 우마는 교통, 운수에 사용되는 가축을 말한다.

차별적 강화이론(差別的 强化理論/differential reinforcement theory) Robert Burgess와 Ronald Akers의 차별적 강화이론은 범죄를 학습행위의 한 유형이라 판단하고, 차별적 접촉이라는 개념에 심리학적 학습이론을 결부해 설명한다. 이론에 따르면 사람들은 모든 비행행위를 배우는 것도 아니고 그렇다고 모든 법준수행위를 배우는 것도 아니다. 다만, 그 양극단 사이에서 적절한 균형을 취하는데, 이 균형은 고정되어 있으면서 부단히 새로 바뀐다는 것이다. 구체적으로 사람이란 자신의 행위결과 보상적인 행위는 지속하는 반면, 처벌되는 행위는 그만두게 되는데, 마찬가지로 범죄의 경우도 범행의 결과 자신이 보상된다면 범죄행위를 지속하게 된다는 것이다. 그런데, 사람들은 자신의 생활에 있어서 중요한 집단과 사람들과의 접촉을 통하여 자신의 행위를 평가하는 것을 배우게 되는데, 자신의 행위를 바람직하지 않다고 보기 보다는 좋거나 적어도 정당한 것으로 볼수록 그 행위에 가담할 가능성이 높다는 것이다. 결국 이론은 먼저 차별적 접촉 후 차별적 강화가 이루어지며, 이로 인해 범죄행위가 발생한다는 것이다.

차별적 기회이론(差別的 機會理論/differential opportunity theory) Richard Cloward와 Lloyd Ohlin의 '차별적 기회이론'은 일탈에 이르는 압력의 근원에 초점을 맞춘 Durkheim과 Merton의 아노미이론과 비행을 학습의 결과로 파악하는 Sutherland의 이론을 통합한 이론이다. 이들에 따르면 사회학적 또는 심리학적 요인으로 인하여 합법적 역할뿐만 아니라 비합법적 역할에 대한 각자의 접근 역시 한계가 있다. 즉, 합법적 기회가 차단되었다 하더라도 비행이 이루어지기 위해서는 비행소년이 되는 방법을 학습할 기회가 필요하다는 것이다. 이들은 하류계층의 비행이 범죄적(criminal), 갈등적(conflict), 은둔적(retreatist) 세 가지 차원에서 발생한다고 주장한다. ① 범죄적 유형은 청소년 범죄자에게 성공적인 역할모형이 될 수 있는 조직화된 성인범죄자들의 활동이 존재하는 지역에서 나타나는 것으로 성공목표에 대한 대안적인 접근수단을 제공하는 새로운 기회구조를 만들어낸다. 예컨대, 범죄적 집단의 정회원이 되도록 노력하고 그것을 통해 새로운 기회를 모색하는 것이다. ② 갈등적 유형은 안정적이고 조직화된 형태의 성인범죄자 활동이 발전되지 못하고 관습적 또는 범죄적인 청소년들을 위한 성인역할모형이 발전되지 못한 지역에서 나타나는 폭력지향적 비행행위이다. ③ 은둔적 유형은 주로 마약과 음주 등을 통하여 즐거움과 쾌락을 지나치게 강조하는 사람들로 구성되는데, 이들은 관습적, 비관습적 세계 어디에도 성공할 수 없기 때문에 이중실패자라고도 한다.

차별적 동일시(差別的 同一視/differential identification) 범죄가 반드시 친밀한 집단과의 직접적인 접촉으로 학습되는 것은 아니라는 비판에 따라 Glaser가 제안한 이론이다. 이론에 따르면, 실제로 반법률적 규정을 야기시키는 접촉을 하지 않는 사람이라도 그들이 그러한 반법률적 규정이 기대되는 사람과 자신을 동일시한다면 범죄행위가 가능하다는 것이다. 예컨대, 청소년들이 매스컴에 보도되는 범죄자를 동일시하여 모방하고 흉내내어 범죄를 학습하게 되는 경우이다.

차별적 접촉이론(差別的 接觸理論/Differential Association Theory) 사람들은 일탈유형과의 접촉을 통하여 일탈자로 되어 간다는 미국의 범죄학자 Edwin H. Sutherland의 이론으로, 왜 특정한 사람이 일탈적 행위유형을 학습하게 되는지를 설명한다. 범죄는 일반적인 행위와 마찬가지로 학습을 통해서 배우게 되고, 학습은 주로 친밀한 사람들과의 상호작용을 통해 일어난다는 것이 이 이론의 중심 내용이다. 그러므로 이 이론은 '차별적 교제'에 범죄의 원인을 둔다. 즉, 범죄행위의 사회화는 비범죄행위의 사회화와 비교하여 좋고 나쁨을 평가할 수 있는 것이 아니라, 단지 '다른 사회화'로 파악해야 한다는 것이다. 그는 구체적으로 개인이 범죄행위로 사회화하는 과정을 다음과 같이 설명하였다. ① 범죄행위는 학습되는 것이다. ② 범죄행위의 학습은 사람들간의 의사소통과정을 통해 일어난다. ③ 범죄행위의 학습은 주로 친밀한 집단 속에서 잘 일어난다. ④ 범죄행위가 학습될 때, 그 학습내용에는 범죄행위의 기술뿐 아니라 동기, 충동, 합리화 방법, 태도 등을 모두 포함한다. ⑤ 범죄동기나 충동은 현행 법률을 긍정적으로 정의하느냐, 아니면 부정적으로 정의하느냐에 따라 학습된다. 즉 어떤 사람은 법률을 반드시 지켜져야 할 규칙으로 정의하는 사람들 속에 있을 수 있으며, 반면 다른 사람은 법률을 위반하는 것이 바람직하다고 정의하는 사람들 속에 있을 수 있기 때문이다. ⑥ 법 위반에 대해 비우호적인 인식보다 우호적인 인식이 앞서도록 학습된 사람은 비행으로 나아간다. ⑦ 차별적 교제는 만남의 빈도 · 기간 · 우선성 · 강도 등에 따라 다양하게 나타난다. ⑧ 범죄적 또는 비범죄적 유형과 접촉하면서 범죄행위를 학습하는 과정은 일상생활 속에서 다른 행위의 학습과정에서 작용하는 기제들과 동일하다. ⑨ 범죄행위는 일반적인 욕구나 가치에 의해 일어나지만, 그러한 욕구와 가치가 범죄행위의 본질적 성격을 특징짓지는 않는다. 왜냐하면 비범죄적 행위도 그와 동일한 욕구 및 가치에 의해 이루어지기 때문이다.

차선(車線)　　차로와 차로를 구분하기 위하여 그 경계지점을 안전표지에 의하여 표시한 선을 말한다.

차의 등화　　모든 차의 운전자는 교통의 안전을 위하여 다음과 같은 경우 전조등 · 차폭등 · 미등과 그 밖의 등화를 켜야 한다. ① 야간(일몰후부터 일출전 시간)에 도로에서 차량을 운행하는 경우, ② 안개 · 강우 · 강설시에 도로에서 운행하는 경우, ③ 터널 안을 운행하는 경우, ④ 그 밖의 부득이한 사유로 도로에 차를 정차 · 주차시키는 경우 등이다. 운전자는 야간에 차가 서로 마주보고 진행하거나 앞차의 바로 뒤를 따라가는 경우에는 등화의 밝기를 줄이거나, 일시 등화를 끄는 등의 필요한 조작을 하여야 한다.

찬양 · 고무(讚揚 · 鼓舞)　　찬양이란 특정 또는 불특정인에게 반국가단체 등의 활동에 관하여 동경 · 추앙 · 숭배 · 칭찬의 뜻을 표명하는 것을 말한다. 고무란 반국가단체 등의 활동에 관하여 특정 또는 불특정인을 고려하여 사기를 진작시키는 것을 지칭한다.

참고인 조사(參考人 調査)　　참고인이란 사법경찰관으로부터 범죄수사상 필요에 의하여 일정한 장소에 출석을 요구받은 피의자 아닌 제3자와 시체검안, 해부, 감정, 통역 또는 번역을 위촉받은 자를 말한다. 참고인 조사란 일반적으로 참고인의 진술을 듣는 것을 말한다. 검사 또는 사법경찰관은 수사에 필요한 때에는 피의자가 아닌 자의 출석을 요구하여 진술을 들을 수 있으며, 이러한 경우 그의 동의를 받아 영상녹화를 할 수 있다. 참고인은 강제로 소환당하거나 신문당하지 아니하며, 진술조서를 작성한다. 참고인에 대해서는 진술거부권을 고지할 필요가 없다.

참수리사랑재단(Chamsuri Love)　　재단법인 참수리 사랑은 각종 범죄와 사고로부터 생명과 재산을 지키거나 사회질서를 유지하기 위해 활동하던 중 사망하거나 부상을 당한 사람에 대한 지원 등을 목적으로 설립된 법인을 말한다. 2007년 5월 29일 법인등기되었으며, 대표적인 지원업무는 다음과 같다. ① 각종 범죄와 사고로 부터 생명과 재산을 지키기 위해 근무 또는 이를 지원하던 중 사망하거나 부상을 당한 사람에 대한 지원, ② 국가의 안녕과 사회의 질서를 유지하기 위해 근무 또는 이를 지원하던중 사망하거나 부상을 당한 사람에 대한 지원, ③ 각종 범죄와 사고로 인해 생명, 신체 또는 재산상의 피해를 당한 사회적 약자에 대한 지원, ④ 범죄와 사고의 예방 및 진압 등을 수행하던 중 사망한 사람에 대한 각종 추모사업 및 이와 관련된 학술 연구의 지원, ⑤ 위 목적사업을 달성하기 위한 공익적 수익사업 등이다.

참여정부의 자치경찰제 모형 자치경찰법안은 지방행정과 치안행정의 연계성을 확보하고 지역특성에 적합한 치안서비스를 제공하기 위하여 국가경찰과 별도로 자치경찰을 창설할 수 있도록 함으로써, 국가전체의 치안역량을 강화하고 공공의 안녕과 질서유지를 보다 충실히 수행할 수 있는 제도적 기반을 마련한다는 데 목적을 두고 있었다.

결국 노무현 참여정부의 자치경찰제 안은 현행 국가경찰제 조직과 운영 시스템을 그대로 두면서 시군구청장 소속하에 직속기관으로 자치경찰대를 설치해 자치경찰이 방범순찰, 사회적 약자보호, 교통안전과 단속, 지역시설 및 행사경비, 사법경찰업무 등 주민생활과 밀착된 치안서비스를 수행하도록 하는 것이었다.

채증활동(採證活動) 각종 집회나 시위 및 치안 위해사태의 발생시에 정확한 진상파악과 위법자의 사법처리를 위한 증거자료의 확보 및 치안자료의 축적을 위하여 촬영 · 녹화 · 녹음 등의 방법으로 위법상황과 관련된 증거를 수집하는 활동이다.

채증시에는 범죄의 구성요건에 해당하는 행위에 중점을 두어 채증하며, 주동자 등 인문채증은 얼굴의 식별이 가능하도록 촬영해야 한다. 차량은 번호를 식별할 수 있도록 채증하고, 전경(全景)을 촬영하기 어려울 때에는 파노라마식으로 촬영하도록 한다. 또한 주요 부분은 반복하여 촬영하며, 사용된 주요장비 및 시위용품을 특정지을 수 있도록 해야 한다. 또한 채증자료는 신속히 판독하여야 한다.

책화제도(責禍制度) 고대국가시대 동예(東濊)의 법속으로 당시 동예사회에는 각 씨족마다 생활권이 정해져 있어 함부로 다른 지역에 들어가 활동할 수 없었다. 만약 한 읍락이 다른 읍락의 경계를 침범하였을 때 이를 변상하는 법속이다.

천연마약 천연마약에는 양귀비(Opium Poppy), 아편(Opium), 모르핀, 헤로인(Heroin), 코데인(Codeine), 테바인, 옥시코돈, 하이드로모르핀, 코카인, 크랙(Crack) 등이 있다. 양귀비는 1년생 식물로 지중해 연안과 소아시아가 원산지이다. 기원전 300년경부터 지중해 연안지역에서 지배되기 시작했고 태국과 중국, 중남미 지역으로 퍼져나가 전세계적으로 재배되고 있다. 특히 태국, 미얀마, 라오스 접경지역, 아프카니스탄, 이란, 파키스탄의 접경지 등에서 많이 재배되고 있다.

아편은 흔히 5월달에 양귀비가 적색, 백색, 자색 등의 꽃을 피우고 열매를 맺게 되는데 그 열매에 상처를 내어 받아낸 즙을 60℃ 이하의 온도에서 건조하게 되면 아편이 된다. 아편은 인간의 중추신경을 마비시키고 진정, 진통, 진해, 지사, 최면제, 마취보조제로 쓰인다. 이는 처음에 통증을 완화시키는 효과가 있고 그 후에는 내성이 생겨 점차 양을 많이 사용해야 하는 관계로 과다한 양을 필요로 하여 중독이 되며 매일 사용하지 않으면 안 되어 남용으로 이어진다. 아편 투여를 중단하게 되면 고통을 견디기 어려워지고 생리적인 균형의 파괴를 가져와 24시간마다 남용하게 되고 결국에는 영양실조, 전신쇄약, 식욕부진, 구토, 변비, 동공수축, 호흡장애, 혈압강하, 언어장애, 노동의욕 상실, 감정둔화 따위의 부작용이 나타난다.

모르핀은 1805년 독일의 화학자 프리드릭 제르튜르너(F. Sert rner)가 최초로 아편에서 분리해 내었다. 이는 그리스 신화에 나오는 꿈의 여신 모르베우스에서 모르핀이라는 이름이 생겨나게 되었고 오래될수록 검은색으로 변하며 냄새는 없으나 매우 쓴맛을 가지고 있다. 이는 아편에 물과 석회를 넣어 끓인 후 염화암모늄을 가하여 침전시키는 방법으로 얻어진다.

헤로인은 1874년 처음으로 합성된 성분으로 용감한, 강력한이라는 의미를 지닌 독일어의 헤로이쉬(heroisch)라는 단어에서 유래되었다. 양귀비 열매에서 채취한 생아편에 소석회, 물, 염화암모니아를 첨가해 혼합, 침전, 여과, 가열의 과정을 거쳐 모르핀 염기에 무수초산, 활성탄, 염산, 에테르 따위를 화학 처리해 만들어낸 천연마약으로 냄새가 없으며 흔히 백색, 연갈색, 암갈색의 분말형태이다. 이는 긴장, 분노, 공포를 억제해 도취감을 느끼게 해준다. 진통효과가 모르핀의 10배에 달하고 부작용과 중독성이 너무 커서 1940년대 후반부터 국제적으로 그 제조, 수입, 사용이 중단되기도 했다. 이는 1898년 독일의 바이엘사가 제조해 판매할 때의 제품명이며 마취제, 진통제, 진해제로서 호흡기능을 매우 강하게 마비시킨다. 독성이 강해 급성중독일 경우는 호흡마비가 오고 점차 배가시키지 않으면 듣지 않으며 사용을 중단하는 경우는 금단현상을 일으키고 불안, 불면, 고민, 침울해지며 구토, 발한, 발열, 설사, 식용부진, 맥박급박, 정신지둔 등의 현상이 나타나는 것으로 알려져 있다.

코데인(Codeine)은 메틸 모르핀으로도 불린다. 이는 아편 속에 약 0.7~2.5가 함유되어 있다. 이는 1832년 프랑스 약제사 포비케가 아편으로부터 분리했으며 진통작용만큼은 모르핀보다 우수하고 백색 결정성 분말로 쓴 맛이 있다. 코데인 약효의 강도는 모르핀의 6분의 1정도여서 마약남용자들이 잘 사용하지 않는다. 코데인은 정신적, 신체적 의존성과 금단증상을 가지고 있으나 모르핀이나 헤로인보다는 약한 것으로 알려져 있다. 코데인은 무취의 백색결정, 결정성 분말, 정제, 캡슐, 감기약과 같은 용액으로 만들어져 사용되고 있다.

테바인은 화학적으로 코데인이나 모르핀과 유사하다. 이는 진정효과보다는 흥분효과가 강하다. 초기의 효과는 불쾌감, 졸음, 시력감퇴, 생리작용 감퇴, 변비 등을 일으킨다. 너무 많이 남용하면 오심, 구토, 호흡억제로 인한 사망가능성이 있다. 이는 의학적 용도로 쓰이지 않고 하이드로코돈, 옥시코돈, 옥시모르핀, 날록손, 벤틀리의 합성물로 변환되어 활용되고 있다.

옥시코돈은 테바인을 원료로 합성되어 만들어진다. 코데인과 비슷한 마약이지만 약효는 코데인보다 강하고 의존성도 역시 강한 중독성 약물로 알려져 있다. 이는 중추신경계를 억제하는 진통작용을 하며 강한 중독성을 지니고 있다. 흡입시에 분별력을 잃으며 졸리고 호흡이 둔화되는 증상이 나타나는 것으로 알려져 있다.

하이드로모르핀은 마취성 진통제인데 정제나 주사약 형태로 사용된다. 모르핀보다 도취성의 지속기간은 짧지만 그 강도가 적게는 2배 많게는 8배까지 나타난다. 안정작용도 강한 것으로 알려져 있다.

코카인은 중미의 볼리비아, 페루, 콜롬비아 등의 고지대인 안데스산맥에서 자생하는 코카나무 잎에서 추출한 알칼로이드로서 세계적으로 가장 큰 문제가 되고 있다. 코카잎을 씹으면 사람의 점막으로 잎속의 알카로이드가 흡수되어 지각신경 말단을 자극하게 되고 피로감을 잊게 된다. 1873년에 의료용 진통제로 처음 사용되었고 오늘날에는 마취제로 많이 사용된다. 코카인은 약효가 빠르고 강력한 도취감에 빠지는 흥분효과가 강하다.

크랙(Crack)은 코카인과 탄산나트륨을 물에 희석하여 불로 가열한 후 냉각시켜 추출하는 백색결정체이다. 이는 코카인보다 약효가 몇배 높고 중독성이 강하다. 유리관에 넣어 가열해 연기를 흡연하는 데 약효가 신속하고 강렬한 것으로 알려졌다. 흡입하면 수초내에 사람의 뇌에 전달 되어 황홀한 기분이 들지만 약 15분 후에는 약효가 떨어져 다시 남용하고 싶은 충동을 느끼는데 그 정도가 코카인보다 크다고 한다.

철도특별사법경찰 특별사법경찰제도란 「형사소송법」 제197조에 따라 관할 검사장이 지명하는 일반직 공무원이 특정한 직무의 범위 내에서 단속계획을 수립해 단속과 조사, 송치 등의 업무를 수행하는 제도를 의미한다. 이는 전문화된 기능별로 전문성이 부족한 일반사법경찰관리로서는 직무수행이 불충분하기 때문에 그 효율성을 위해 전문적 지식이 정통한 행정공무원에게 사법경찰권을 부여하여 수사활동을 하도록 제도화 한 것이다(이상원 · 이승철, 2009: 237; 이재상, 2000: 171). 무엇보다 일반사법경찰관리의 수사권이 미치기 어려운 철도, 환경, 위생, 산림, 해사, 전매, 세무, 교도소 등 특정지역과 시설에 대한 수사나 조세, 마약, 관세사범 수사시 전문가에게 수사권을 위임하여 업무를 수행하도록 권한을 부여하고 있다. 특히 특별사법경찰은 크게 법률이 직접 사법경찰권을 부여한 특별사법경찰관리와 검사장의 지명에 의한 특별사법경찰관리로 나누어진다. 즉 검사장의 지명에 의한 특별사법경찰관리는 철도공안, 교도소, 구치소, 소년원, 보호 · 치료감호소, 산림보호, 국가보훈, 공중위생, 환경, 소방, 문화재보 등 상당히 많다. 특별사법경찰 제도가 일반사법경찰관리와 비교하여 형사소송법상의 권한에는 차이가 별로 없다. 다만 그 권한의 범위가 사항적 · 지역적으로 제한되어 있는 점이 다소 다르다. 철도공안직 공무원은 특별사법경찰로서 일반사법경찰과 그 직무범위 및 수사관할에서 구분된다. 첫째, 검사수사지휘 등 형사법을 따르는 것은 일반경찰과 동일하나 직무범위는 사항적으로, 그리고 수사관할은 지역적으로 제한된다. 이는 특별사법경찰제도의 특성에서 기인한다. 둘째, 2009년 12월 31일 철도공안사무소의 명칭이 철도특별사법경찰대로 변경되어 오늘에 이르고 있다. 이는 철도청이 한국철도공사로 민영화된 데 따른 것으로 새로 출범한 철도특별사법경찰대도 그 원래의 특성에 따라 관할 검사장의 지휘하에 직무를 수행해 나가고 있다(신현기, 2012: 48–49).

철도특별사법경찰의 계급 및 직급 명칭 철도특별사법경찰의 계급은 9급부터 4급으로 정해져 있다. 더 이상 승진은 불가능하다.

4급	5급	6급	7급	8급	9급
서기관	철도공안사무관	철도공안주사	철도공안주사보	철도공안서기	철도공안서기보
	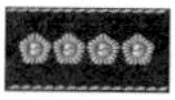	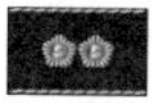		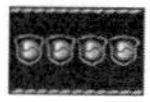	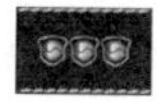

철도특별사법경찰의 법적 근거 철도특별사법경찰 직무취급(특별사법경찰권)의 근거는 첫째, 형법이다. 이에 따라 강·절도, 사기·공갈, 횡령, 폭행, 상해, 재물손괴, 방화·실화, 공무집행방해, 업무방해 등의 내용을 규율하고 있다. 둘째, 형사소송법 제197조(특별사법경찰관리)에서 찾을 수 있다. 산림, 해사, 전매, 세무, 군수사기관 기타 특별한 사항에 관하여 사법경찰관리의 직무를 행할 자와 그 직무의 범위는 법률로서 정하는 것으로 되어 있다. 이와 관련해서는 수사(조사), 현행범인체포, 구속영장신청, 압수수색, 압수물환부·가환부 신청, 검증·감정, 사건송치 등을 다루고 있다. 셋째, 사법경찰관리의 직무를 수행할 자와 그 직무범위에 관한 법률도 중요한 근거가 된다. 즉 제5조(검사장의 지명에 의한 사법경찰관리)에는 그 소속관서장의 제청에 의하여 그 근무지를 관할하는 지방검찰청검사장이 지명한 자 중 7급 국가공무원은 사법경찰관의 직무를, 8급·9급 국가공무원은 사법경찰리의 직무를 행한다고 명시되어 있고, 제5조 제11호(직무를 행할 자)에는 국토해양부와 그 소속기관에 근무하며 철도경찰사무에 종사하는 4급내지 9급의 국가공무원에 대해 규정하고 있다. 제6조 제9호(직무범위와 수사관할)는 소속관서 관할구역인 철도시설 및 열차안에서 발생하는 범죄로서 철도안전법에 규정된 범죄와 그 소속관할구역내 및 열차 안에서의 범죄에 관해 관리하는 것을 규정하고 있다. 넷째, 철도안전법인데 철도안전법위반(폭행·협박으로 철도종사자의 업무를 방해한자, 철도시설 및 차량손괴, 돌 그 밖의 위험한 물건을 던지는 행위, 선로장애 등)에 관해 직무를 수행하고 있다. 다섯째는 경범죄처벌법을 수행한다. 주로 경범(흡연, 인근소란·음주소란, 구걸부당이득 등)과 관련된 내용을 다룬다. 마지막으로 특별사법경찰관리집무규칙이다. 이는 「사법경찰관리의 직무를 행할 자와 그 직무범위에 관한 법률」에 의하여 사법경찰관리의 직무를 행하는 자의 범죄수사에 관한 집무상의 준칙을 명시하여 수사의 효율성을 높이고 인권침해를 방지함을 목적〈시행 2011.10. 6/ 법무부령 제752호〉으로 85조와 부칙으로 이루어졌다(신현기, 2012: 51-52).

철도특별사법경찰의 연혁 오늘날 철도특별사법경찰은 철도청 시절인 1961년 5월 5일 법률 제608호에 근거해 여객전무·차장에게 열차 현행범에 대한 사법권을 부여한데서 기인하고 있다. 2005년 1월 15일 국토부장관과 철도공사사장 간의 철도공안 운영에 관한 업무협약의 체결 그리고 1월 28일에는 국토부장관과 경찰청과의 수사업무한계협정의 체결이 있었다. 2008년 2월 29일에는 건설교통부가 국토해양부로 명칭이 변경되고 6월 13일에는 법률 제9109호에 따라 사법경찰관리의직무를수행할자와그직무범위에관한법률개정(철도안전법에 규정된 범죄와 그 소속관할구역 및 열차안에서의 범죄로 직무범위와 수사관할 개정)이 있었다. 2009년 12월 31일에는 대통령령 제21909호에 따라 국토해양부와 그 소속기관 직제 개정으로 기관 명칭의 개정(철도공안사무소 ⇨ 철도특별사법경찰대)이 이루어졌다.

철도특별사법경찰의 임무 철도특별사법경찰의 임무는 철도시설내 및 열차내 방범 · 치안활동에 집중하는 것이다. 우선 철도지역내 강 · 절도, 폭력, 성폭력 등 중요범죄 예방에 비중을 두고 있는데 그 내용은 관할구역 내에서 발생하는 각종 범죄의 방범 · 치안활동, 사건발생시 피해자 보호 및 신속한 범죄수사로 범인검거, 중요사건 발생시 전담하는 특별수사반 편성 · 운영 등이다. 또 하나는 관할구역내(전국 주요역) 순찰 · 방범활동이다. 즉 우범 · 취약지역의 순찰활동 강화로 여객보호 및 범죄예방, 대합실내 구걸, 노숙행위 등 여객의 불안요인 제거, 역구내 무단출입, 무단횡단 등 여객 안전사고 예방에 비중을 두고 있다.

철도특별사법경찰의 제도적 취지 현대사회의 구조는 점차 복잡 다양해지고 모든 분야에서 전문화를 요구하게 되었다. 형사사법 분야도 예외는 아니어서 수사기관인 일반사법경찰관리가 전문분야에 대한 범죄수사는 전문지식의 부족으로 인해 효과적이고 적정한 수사를 기대하기가 어렵게 되었다. 이를 해결하기 위한 제도로 각 전문분야의 업무에 종사하는 일반 행정공무원으로 하여금 전문분야에서 발생하는 범죄에 대해 사법경찰권을 부여받아 수사함으로써 국민에게 높은 수준의 치안서비스를 제공할 수 있도록 특별사법경찰제도를 운영하게 된 것이다(백창현, 2007: 279; 신승균 · 김종수, 2008: 8). 특별사법경찰제도는 일반사법경찰권이 미치지 않는 영역에서 운영되어 「사법경찰관리의 직무를 행할 자와 직무범위에 관한 법률」에 그 직무의 범위가 특수한 사항 또는 지역에 한정되어 있다는 점을 규정하고 있는데, 특별사법경찰관리의 유형을 나누어 보면 중앙의 행정부(예컨대, 재정경제부 국세청, 관세청, 문화관광부 문화재청 등)에 소속된 특별사법경찰관리와 지방자치단체(광역시, 시 · 군 · 구)에 소속된 특별사법경찰관리로 나눌 수 있다. 특별사법경찰의 종류는 교도소장, 소년원장, 산림청 공무원, 지방교정청 공무원, 식품의약품안전청공무원, 국토해양부 공무원, 문화재청 공무원, 계량검사 공무원, 세관공무원, 어업감독공무원, 광산보안관, 보건복지부 공무원, 환경부 공무원, 정보통신부 공무원, 지방국토관리청 공무원, 문화체육관광부 공무원, 국가청소년위원회 공무원, 농림수산식품부 공무원, 지식경제부 공무원, 농촌진흥청 공무원, 시군구 공무원, 근로감독관, 선장과 해원, 국립공원관리공단 임직원, 국가정보원직원, 군사법경찰관리 등이 바로 그것이다. 50여 종류에 달하는 한국의 특별사법경찰은 독일, 프랑스, 일본 등 선진 외국의 특별사법경찰과 비교해 볼 때 상당히 많은 수이며 그 원인은 그동안 특별사법경찰권이 그 원칙과 취지 등이 무시된 채 다소 무분별하게 부여되어온 것으로 보여진다(백창현, 2007: 277). 익히 알려진 바와 같이 우리나라 특별사법경찰제도를 위한 법령은 사법경찰관리의 직무를 수행할 자와 그 직무범위에 관한 법률 제1조(목적) 및 동 법률 제5조(검사장의 지명에 의한 사법경찰관리)에 그 근거를 두고 있다.

첩보(information) 목적을 가지고 의도적으로 수집된 자료들이 아직 분석, 정제되지 않은 상태를 의미한다. 첩보란 정보가 되기 전의 모든 사회적 현상을 말하는 것으로써, 부정확하고 단편적인 불규칙한 사실에 대한 견문이다. 그러므로 첩보란 모든 "보고 들은 것"이라 말할 수 있다.

첩보보고서(諜報報告書)　첩보수집 요구를 충족하는 첩보기관에서 입수한 첩보를 보고하는 보고서를 말한다. 보고서의 두서에는 수신과 참조, 문서번호, 보고서가 기록되어야 하고 본문에서는 제목과 6하 원칙에 의한 내용을 기록하고 첩보내용의 종합적 의견이나 건의사항을 명시하여 평가자의 보조자료로 한다.

첩보수집(諜報收集)　방첩활동의 기본자료를 확보하기 위해 적국이나 단체의 정세변화를 비롯 국가안전보장에 위해가 되는 각종 행위와 언동에 관한 첩보를 수집, 분석, 평가하여 정보를 작성하고 배포하는 일련의 행위를 말한다.

첩보수집계획(諜報蒐集計劃/information collection plan)　조직적이고 능률적인 첩보수집을 위한 논리적인 계획을 말한다. 첩보작성자는 요구하는 첩보에 관련된 첩보를 적시에 효과적으로 획득하기 위하여, 소요첩보를 결정하고 합당한 수집기관을 선택하여 필요한 시기 등을 고려한 일목요연한 계획을 수립하여 각 수집기관에 첩보를 수집보고하도록 요청하게 된다.

첩보수집단계(諜報蒐集段階)　첩보수집기관이 출처를 조직적으로 개척하여 요구되는 첩보를 획득하고 획득된 첩보를 필요로 하는 관계기관에 전달하는 정보 활동과정의 한 단계를 말한다. 첩보를 획득하는 방법에는 공개활동과 비밀활동의 두 가지 방법이 있다. 첩보수집단계에서 문제되는 것은 출처의 개척과 요구첩보의 입수, 획득하는 기술의 문제이며 동시에 입수첩보를 변모하지 않고 보안 및 능률을 유지하면서 여하히 생산기관에게 전달하느냐의 문제 등이다.

첩보의 공개출처(諜報의 公開出處)　첩보의 출처에 대해서 하등의 보호조치를 취하지 않더라도 폐쇄되지 않고 계속 첩보를 구할 수 있는 출처를 말한다. 예컨대, 신문 · 방송, 도서관 공식적인 외교경로 등이 이에 속한다. 첩보는 통상 80% 이상이 공개출처에서 입수되고 있다. ⇨ 첩보의 비밀출처

첩보의 비밀출처(諜報의 秘密出處)　첩보의 출처를 최대한 비밀로 해야 하는 경우를 말한다. 만약 출처가 노출되면 상대방의 방첩조치로 그 출처가 폐쇄되어 그 이상의 제보를 받을 수 없기 때문이다. 일반적으로 첩보의 20% 미만이 비밀출처에서 입수되며, 그 활용가치는 공개출처로부터 수집된 것보다 훨씬 높다. ⇨ 첩보의 공개출처

첩보의 선택(捷報의 選擇)　수집기관으로부터 입수된 첩보에 대하여 그 유용성과 적절성을 검토하는 첩보처리의 한 기능을 말한다. 즉 우선 수집된 첩보 중에서 무용한 것을 제쳐놓고 긴급성, 유효성, 신뢰성, 적용성 등을 제1차적으로 고려선택하는 단계로서 정보생산의 초기적 평가과정이라 할 수 있다.

선택의 최초작업은 첩보를 수집하고 전달하는 단계에서 수행되나 첩보처리에서의 선택은 보다 더 세밀하게 이루어지게 되며, 일견 사소하고 무가치한 듯한 자료가 정밀한 선택으로서 대단히 유익하고 중요성을 포함하고 있다는 것을 발견할 수 있다.

첩보출처(諜報出處) 첩보가 입수되는 곳을 말한다. 즉 모든 첩보가 획득되는 실질적인 원천을 말한다. 첩보의 출처는 사람이나 물건을 비롯하여 어떤 것도 될 수 있으나 대체로 정보활동에서 출처가 되는 것을 열거하면 인원 · 방송 · 유무선통신 · 간행물 · 외국상품 및 자료 지도 및 사진 등이다. 실무상 출처의 종류를 다음과 같이 나눌 수 있다.

① 근본적 출처와 부차적 출처: 근본적 출처란 첩보가 가장 시원적으로 존재된 경우의 출처이며 당해첩보가 발생하게 된 제1차적 출발점인 출처이다. 부차적 출처란 시원적인 출처에서 제2의 전달부서에 의하여 입수된 후 다시 나오는 출처를 말하며, 익서은 2차적 출처라고도 한다.

② 공개출처와 비공개출처: 공개출처는 첩보의 존재상태가 일반에게 공개되어 있는 경우이고, 비공개출처는 첩보의 존재상태가 비밀리에 보전되어 있는 경우이다. 신문 · 방송 · 간행물 등 공개출처의 것은 아무런 통제를 받지 않고 있는 상태에서 언제든지 입수할 수 있으며, 비공개출처는 수집기관이 특별한 공작을 통하여 입수하게 된다.

③ 정기출처와 우연출처: 정기출처란 첩보의 존재가 정기적 또는 주기적으로 발생하여 입수하는 시기도 또한 정기적으로 가능한 경우이다. 우연출처란 우발적으로 발생하는 사항에 대하여 수시로 입수할 수 있는 사항의 출처이다.

청렴의 의무(淸廉의 義務) 경찰공무원의 신분상 의무 중 하나로 어떠한 경우에도 증여를 하거나 증여를 받아서는 안 되는 의무를 말한다. 근거법률인 「국가공무원법」제61조와 「지방공무원법」제53조에서는 ① 공무원은 직무와 관련하여 직접 또는 간접을 불문하고 사례 · 증여 또는 향응을 수수할 수 없다. ② 공무원은 직무상의 관계 여하를 불문하고 그 소속상관에 증여하거나 소속공무원으로부터 증여를 받아서는 아니된다고 규정하고 있다. 또한 「공직자윤리법」에서는 재산등록 · 공개 제도를 규정하고 있으며, 「공직자윤리법 시행령」에서는 경사이상을 등록의무자로 규정하고 있다.

한편, 「헌법」 제46조에서는 국회의원의 청렴의무를 규정하고 있는바, ① 국회의원은 청렴의 의무가 있다. ② 국회의원은 국가이익을 우선하여 양심에 따라 직무를 행한다. ③ 국회의원은 그 지위를 남용하여 국가 · 공공단체 또는 기업체와의 계약이나 그 처분에 의하여 재산상의 권리 · 이익 또는 직위를 취득하거나 타인을 위하여 그 취득을 알선할 수 없다고 명시하고 있다.

청문감사관(聽聞監査官) 기존의 감찰계와 민원실을 통합하여 1999년 6월 도입한 제도로서 시민불편 해소 및 인권보호를 위해 수사 · 교통 · 생활안전 등 일체의 사건 · 사고 및 민원처리 과정에서의 경찰관의 불친절이나 부당한 업무처리 및 억울한 점이나 의문이 있는 민원을 처리하기 위해 마련된 제도이다. 1등급 경찰서의 청문관은 경정이나 경감으로 하고 부청문관은 경위가 맡고 2등급 경찰서에는 경감이 청문관이고 부청문관은 경위나 경사가 맡았다. 3등급 경찰서는 경위가 청문관을 맡도록 했다. 한편 경찰청은 경무관이 담당하던 것을 감사관 직위를 2010년 말에 민간에 개방하여 경찰사상 처음으로 민간인이 감사관에 임명되었다.

청소년(青少年/youth, adolescent, teenager, teen) 청년과 소년을 통칭하는 용어로 청소년 기본법에서는 9세 이상 24세 이하인 사람을 이르는 청소년이라 정의하고 있다.

청소년보호법(青少年保護法) 1997년 3월 7일 법률 제5297호로 제정된 법률로 청소년에게 유해한 매체물과 약물 등이 청소년에게 유통되는 것과 청소년이 유해한 업소에 출입하는 것 등을 규제하고, 폭력 · 학대 등 청소년유해행위를 포함한 각종 유해한 환경으로부터 청소년을 보호 · 구제함으로써 청소년이 건전한 인격체로 성장할 수 있도록 함을 목적으로 하는 법률이다. 이 법에서 '청소년'이라 함은 19세 미만의 자를 말한다. 청소년에 대하여 친권을 행사하는 자 또는 친권자를 대신하여 청소년을 보호하는 자, 사회 및 국가, 지방자치단체는 청소년이 청소년유해매체물과 청소년유해약물 등 및 청소년유해업소 · 청소년폭력 · 학대 등에 접촉이나 출입을 못하도록 필요한 노력을 하여야 하며, 청소년이 유해한 매체물과 유해한 약물 등을 이용하고 있거나 유해한 업소에 출입하고자 하는 때에는 이를 즉시 제지하여야 한다.

청소년선도(青少年善導) 소년을 건전 육성한다는 마음으로 소년의 비행을 방지하고 복지를 도모하기 위한 처우를 하는 활동이다. 즉, 장래 비행의 우려가 있는 대상소년을 발견하여 그 행위 · 원인 · 동기를 조사 또는 수사하여 그 결과에 대해 관계기관에 송치 · 통고, 소년에게 주의 · 조언 등을 하고 가정 · 학교 · 직장 등에 연락하여 지도상의 조언을 하는 등 그 소년의 처우에 관하여 가장 적절한 조치를 강구하는 활동을 말한다.

청원경찰(請願警察/Private Police Guards) 우리나라만의 독특한 제도로서 내 직장은 내가 지킨다는 자위 방범사상과 북한 정권의 남침 위협으로부터 국가기관의 중요 시설 등을 보호하기 1962년 청원경찰법 제정을 통해 시행되었다. 청원경찰은 청원경찰법에 따라 청원주가 일체의 경비를 부담하고 배치된 경비구역내에서만 경비업무를 수행할 수 있으며, 청원경찰의 직무는 경찰관직무집행법에 의한 직무를 수행하므로 불심검문, 보호조치, 위험발생의 방지조치, 범죄의 예방과 제지, 경찰장구의 사용, 무기의 사용 등을 할 수 있다. 청원경찰의 특수성에 따라 형법이나 법령에 의한 벌칙의 적용과 법 내지 대통령령으로 규정한 경우를 제외하고는 공무원으로 보지 않는다.

청원경찰의 대상시설(請願警察의 對象施設) 청원경찰의 대상시설은 ① 국가기관 또는 공공단체와 그 관리하에 있는 시설 또는 사업장, ② 국내주재 외국기관, ③ 기타 행안부령으로 정하는 시설 또는 장소이다.

청원휴직(請願休職) 국가공무원법 제2항에 의하면 공무원이 다음과 같은 사유로 휴직을 원할 경우에 임용권자는 휴직을 명할 수 있다. 예를 들면, ① 국제기구, 외국기관, 국내외의 대학과 연구기관, 또는 국가기관 및 대통령령이 정하는 민간기업 그 밖의 기관에 임시로 고용될 때, ② 해외유학을 하게 될 경우, ③ 연구기관, 교육기관 등에서 연수하게 될 경우, ④ 3세 미만 자녀 양육(육아휴직), ⑤ 임신 또는 출산휴직, ⑥ 장기요양부모 등을 위한 간호휴직(가사휴자제), ⑦ 외국에서 근무 및 유학 또는 연수하게 되는 배우자의 동반휴직 등이 이에 해당된다.

체제이론(體制理論/system theory)　조직을 전체 사회에 기능적으로 연관된 하나의 체제로 보며 체제의 유지변화에 관심을 두는 이론이다. 체제는 복수의 구성요소 또는 변수가 관계를 가지고 상호의존성, 계층성, 안정과 평형의 유지, 질서, 통일성 등이 존재하면서 환경과 끊임없이 영향을 주고 받는 실체 내지 전체를 말한다. 행정체제도 환경으로부터 영향을 받아 변동하고 환경에 영향을 미치는 작용을 반복하는 개방체제로서의 성격을 띄고 있다. 행정체제는 일반적 체제이론과 마찬가지로 환경으로부터 욕구, 지지, 반대와 같은 투입과 전환, 정책 산출, 행정개혁의 환류과정을 구성요소로 한다. 체제는 외부환경과의 상호작용유무에 따라 폐쇄체제(closed system)와 개방체제(opened system)로 구분한다.

체포(逮捕)　일반적으로 체포영장에 의한 체포라 함은 죄를 범하였다고 의심할 만한 상당한 이유가 있는 피의자를 사전영장에 의하여 단시간내 수사관서 등 일정한 장소에 인치하는 제도를 말한다. 체포는 수사초기에 피의자의 신병을 확보하기 위한 구속전단계의 처분으로 체포기간이 단기이고, 요건이 완화되어 있다는 점에서 구속과 구별된다.

체포술(逮捕術/Arrest Tactics, arrest technique)　체포(arrest)란 수사기관 등이 범죄의 혐의가 있는 사람의 신체활동의 자유를 빼앗는 것이다. 따라서 체포술이란 강력범이나 불법집회시위사범 등 검거현장에서 범인을 효과적으로 제압하기 위해 행하여지는 실력행사 즉, 목전의 범인을 제압 검거하는 기술이다.

체포영장에 의한 체포절차(逮捕令狀에 의한 逮捕節次)　체포영장에 의한 체포절차는 다음과 같이 진행된다. 체포영장신청서 작성→ 체포영장신청부 기재(사건번호, 신청일시, 신청자 관직 및 성명, 피의자 인적사항, 죄명, 유효기간) → 체포영장 신청 → 체포영장 청구 → 체포영장 발부 → 체포영장 제시 및 집행 → 범죄사실 고지 → 체포영장집행원부 기재 → 체포통지(24시간 내) → 구속영장 신청 또는 석방

체형이론(體型理論/somatotype theory)　범죄인류학과 정신병리학을 통합한 것으로 Kraepelin의 정신병질의 기본유형을 바탕으로 하여, 개인의 고유한 체격형이 그의 성격, 기질형과 밀접한 상관관계가 있다고 본다. Kretschmer, Schwab, Sheldon, CortesGlueck 부부의 연구가 대표적이다.

초동수사(初動搜査)　범죄사건 발생 또는 인지한 직후에 범인을 체포하고 증거를 확보하기 위하여 범죄현장을 중심으로 긴급하게 행하는 수사활동을 말한다. 초동수사의 내용은 주로 범죄현장을 중심으로 한 현장관찰, 범인검거, 수사자료 발

견 · 확보 등이다. 초동수사의 중요성은 범인을 현장에서 체포하는 것이 수사의 이상이며, 사건발생시간이 경과하면 할수록 범죄수사는 더욱 어려워 지는데 있으며, 목적은 범인의 체포, 수사 긴급배치, 참고인 및 그 진술의 확보, 사건당초의 상황의 확보에 있다.

초보운전자(初步運轉者) 처음 운전면허를 받은 날(처음 운전면허를 받은 날부터 2년이 경과되기 전에 운전면허 취소의 처분을 받은 경우에는 그 후 다시 운전면허를 받은 날을 말한다)부터 2년이 경과되지 아니한 사람을 말한다. 이 경우 원동기장치자전거면허만을 받은 사람이 원동기장치자전거면허 외의 운전면허를 받은 경우에는 처음 운전면허를 받은 것으로 본다.

초산은법(硝酸銀法) 지문채취에 쓰이는 액체법의 일종이다. 초산은용액과 증류수 혹은 알콜이나 아세톤을 혼합한 용액을 잠재지문 부위에 소질하거나, 잠재지문 부위를 이 용액에 담근 후 건조시킨 후 사진촬영하며 종이 · 나무에 찍힌 잠재지문의 채취에 쓰인다.

초소(哨所) 범죄 및 기타 치안수요에 대응하기 위한 말단의 최일선 경찰조직으로 초소에 배치된 지역경찰관은 지역경찰관리자가 지정한 근무를 수행한다.

촉법소년(觸法少年) 형벌법령에 저촉되는 행위를 한 10세 이상 14세 미만의 자로서 형사책임이 없는 자를 말한다.

촉탁수사(囑託搜査) 타 수사기관(타 경찰서 사법경찰관리)에에 일정한 사실의 수사를 의뢰하는 것으로 일종의 공조수사를 말한다. 일반적으로 촉탁수사에는 제한이 없으나, 수사의 성질상 직접 수사해야 할 필요가 있을 때에는 출장수사를 하여야 하고, 의뢰받은 관서에 수사를 강제할 수 없다.

총관(總管) 통일신라시대의 지방관직이다. 당시 통일신라의 지방통치의 기본이 된 것은 주 · 군 · 현 제도였다. 지방을 9주5소경으로 나누고 주에는 총관(總管)을 두고 소경에는 사신을 두었어 이들이 지방행정과 치안책임을 담당하도록 하였다. 주 밑에는 군(태수), 현(현령), 촌(촌장), 향 · 소 · 부곡 등을 두었다.

총체적 품질관리(總體的 品質管理/Total Quality Management) 총체적 품질관리 또는 전사적 품질관리라고도 불리는데, 소비자가 만족할 수 있는 재화와 서비스를 제공하기 위해 조직 내 품질개발과 유지 그리고 개선노력을 통합하는 효과적인 시스템을 말한다. 경찰조직에서도 TQM을 도입함에 있어서 치안서비스는 국민에 의해 정의된다는 명제를 간과해서는 결코 안 된다.

총포 · 도검 · 화약류 등 단속법(銃砲刀劍火藥類等團束法) 총포 · 도검 · 화약류 · 분사기 · 전자충격기의 제조 · 거래 · 소지 · 사용 기타 취급에 관한 사항을 규제하여 위험과 재해를 미리 방지하기 위하여 제정된 법률이다(1984.8.4. 법률 3743호). 총칙, 총포 · 도검 · 화약류 · 분사기 · 전자충격기의 제조 · 판매 등, 소지와 사용, 관리, 감독, 총포 · 화약안전기술협회, 보칙, 벌칙 등 8장으로 나뉜 전문 76조와 부칙으로 이루어져 있다.

최광의 정보　　정보(intelligence)가 곧 지식(knowledge)이라는 태도를 따른다. 미국의 CIA에서는 "우리를 둘러싼 세상의 모든 지식 또는 사전 지식"이라고 정보를 정의하고 있다. 물론 이러한 태도에서도 그 지식이 "미국의 정책결정자가 결정을 내리거나 행동을 취하는 데 있어서 전조"가 되는 것이라고 하여, 첩보와 구분하고 있다(문/황, 2010:9).

추가경정예산(追加更正豫算)　　예산의 형식상 분류 가운데 하나로써 예산성립 후에 생긴 사유로 인하여 필요한 경비의 부족이 발생할 때 본예산에 추가 또는 변경을 가한 예산을 말한다. 수정예산은 예산안을 국회에 제출한 후 국회의 심의 · 확정 전에 내용을 수정하는 예산인데 비해 추가경정예산은 예산성립 후에 발생한 사유로 예산금액을 추가하거나 변경시킨다는 점에서 차이가 있다.

출납정리(出納正理)　　결산은 수입 · 지출의 출납사무가 완결되어야 비로서 그 내용을 확정할 수가 있다. 따라서 1회계연도에 속하는 세입 · 세출의 출납에 관한 사무는 다음해 3월 31일까지 완결하도록 되어 있다. 이 기한을 출납정리 기한이라고 한다.

출입국관리(出入國管理)　　내 · 외국인의 출입국 및 외국인의 국내체류를 적절히 심사하고 관리함으로써 국가이익과 안전을 도모하려는 국가행정 기능이다.

출입국관리법(出入國管理法)　　법률 제10282호로 대한민국에 입국하거나 대한민국에서 출국하는 모든 국민 및 외국인의 출입국관리를 통한 안전한 국경관리와 대한민국에 체류하는 외국인의 체류관리 및 난민(難民)의 인정절차 등에 관한 사항을 규정함을 목적으로 한다.

측방전화　　경찰업무의 공조유지를 위해 인접 경찰서 간에 서로 업무연락을 할 수 있는 전화를 말한다. 예를 들어 지방경찰청간에 그리고 인근이나 타경찰서 간 또는 지구대 및 검문소 간에 서로 긴급업무용으로 활용되고 있다.

치기사범　　치기배란 치기하는 패거리 즉, 사람이 소지하고 있는 금품 및 물건을 눈치채지 못하게 또는 재빠르게 절취하는 패거리를 말한다. 치기배도 단순한 절도범의 수준을 벗어나 흉기를 휘두르는 등의 강력범의 양상을 띠고 있고, 특히 서민층의 부녀자, 노약자 등을 범행대상으로 한다는 점에서 그 악랄성을 엿볼 수 있다. 한편 소매치기범의 외형적 특징은 다음과 같다. ① 안경을 착용하는 사람이 적으며, 눈동자가 쉬지 않고 움직이고, 눈은 핸드백 등을 주시하므로 아래를 응시하는 경우가 많다. ② 한곳에 오래 서 있지 않고 끊임없이 주위를 배회하며, 무엇에 쫓기는 듯 바쁘고 걸음걸이가 빠르고, 경찰관이 따르는지 살피기 위해서 뒤를 잘 돌아본다. ③ 대부분 간편한 복장이다. ④ 시장 등에서 활동하는 소매치기는 다소 허름한 옷을 착용하고, 백화점 등 고급장소에서는 옷을 깔끔하게 착용한다.

치밀의 원칙(緻密의 原則)　방첩활동의 기본원칙 가운데 하나로서 적에 대한 정확한 판단과 전략 · 전술의 완전한 분석 등으로 보다 치밀한 계획과 준비로서 방첩활동을 수행해야 한다는 원칙을 말한다.

치안국(治安局)　1948년 8월 15일 대한민국 정부가 수립되고 정부조직법(법률 제1호)에 따라 미군정하의 경무부를 내무부가 인수하여 내무부의 일국(一局)으로서 설치된 조직이다. 이는 경찰조직이 부(部)에서 국(局)으로 격하된 것을 의미하며, 이는 일제하의 경찰에 대한 심리적 저항감 등으로 인해 경찰 약화론이 우세했기 때문이었다. 또 하나의 이유는 청산되지 않은 일본 관료 출신들이 정부조직법 제정에 참여하면서 일본정부의 과거의 행정조직을 모방하였기 때문이었다.

치안본부(治安本部)　1974년 8월 15일 영부인 저격사건을 계기로 경찰활동이 강화되면서 1974년 정부조직법을 개정하여 내무부 치안국을 내무부 치안본부로 개편하고 치안본부장을 차관급으로 승격시켰다. 그러나 치안본부는 여전히 내무부 산하기관이었기 때문에 중앙경찰 및 지방경찰은 내무부 및 시도지사의 보조기관으로 관청으로서의 지위를 갖지 못하였다. 그러나 지방경찰국이 생기면서 경찰국장 직급은 치안감으로 격상하였다.

치안상황실(治安狀況室)　각종 치안상황이 발생하는 경우에 상황실을 중심으로 신속 정확하게 파악, 유관기관과 각급 경찰기관 및 관련 부서에 전파 또는 초동조치를 행하는 종합상황관리기능을 수행하여 의사결정자의 정확한 판단 및 긴급지휘를 상시 보좌할 수 있는 '컨트롤 타워'의 기능을 수행한다. 「치안상황싱운영규칙」에 의하여 설치, 운영되고 있으며, 경찰청과 지방경찰청 및 경찰서, 기동단(기동대 포함), 경비단(전경대 포함)에 치안상황실을 설치하여 24시간 운용한다.

치안센터(治安center)　지역경찰제로의 개편과정에서 파출소를 지구대로 통 · 폐합 후 파출소로 운영되던 건물을 지역주민의 민원상담 등 편의를 위해 운영하는 곳으로 24시간 근무체제가 아닌 주간위주의 업무를 보는 민원상담전용 조직이다. 따라서 저녁시간에는 개방하지 않지만, 주간에는 1~2명 정도의 인원을 상주시켜 업무를 담당한다.

치안유지법(治安維持法)　일본제국 말기에 천황 통치 체제를 부정하는 운동을 단속하는 법률이다. 1925년 5월 12일에 시행되고, GHQ 점령 1945년 10월 15일 폐지되었다. 일본 역사상 가장 무자비한 폭력을 휘둘러 언론탄압법으로 악명 높은 법률로 일제 강점기기에 우리 국민을 탄압하기 위한 대표적인 법률이었다.

치안정책연구소(治安政策研究所) 치안정책연구소의 설립목적은 경찰의 치안역량 극대화와 조직의 안정적 운영을 위해 학문적 및 이론적으로 뒷받침하고 합리적 · 효율적인 중 · 장기발전 모델을 제시하는 동시에 치안수요 예측 및 대응방안제시로 21세기 경찰발전 기반을 조성하는 것이다.

치안정책연구소의 설립근거는 경찰대학설치법(시행 1980. 1. 1)〈법률 제3172호, 1979.12.28 제정〉 및 경찰청과 그 소속기관 직제(대통령령)에 근거하고 있다. 본 연구소의 업무분장으로는 치안에 관한 이론 및 정책의 연구, 치안에 관련되는 국내외 연구기관과의 협조 및 교류, 치안에 관한 국내외 자료의 조사 · 정리 및 출판의 간행, 통일과 관련한 치안분야의 연구, 국가안전보장과 관련된 연구, 기타 치안에 관한 교육에 관련되는 학술 및 정책의 연구 등이다. 그리고 치안정책연구소의 조직을 보자. 경찰청 소속 경찰대학 부속기구로 설치 · 운영되고 있는 치안정책연구소는 경무관이 소장을 맡고 있고, 기획운영과장은 총경이며 계장은 경정이다. 연구부장은 민간개방직으로 보하고 있다. 1부장과 2부장이 국내와 국제분야의 관련연구를 진행하고 있다. 그리고 연구관들은 현직 경찰관이나 민간인 연구관들로 운영하고 있다.

치안정책연구소는 운영업무와 기획업무를 수행하고 있는데 운영업무로는 문서, 보안, 인사 등에 관한 사항, 회계 청사유지 및 물품관리에 관한 사항, 연구소 홈 페이지 및 자료실 운영관리에 관한 사항, 기타 연구소 내 서무와 다른 연구실 업무에 속하지 않는 사항 등이다. 그리고 기획업무로는 연구소 중 · 장기발전 계획 및 홍보업무, 연구계획 수립 · 관리 및 세미나 개최에 관한 사항, 간행물의 인쇄 및 배포에 관한 사항, 국내외 연구기관과의 교류협력 등 섭외업무 등을 담당하고 있다.

치안정책연구소의 연구실적은 매우 높은 편이다. 연구소 산하에 현직 경감이나 경위들이 연구관으로 위촉되어 있으며 별도로 별정직 연구관들이 위촉되어 경찰관련 각 분야를 집중연구하고 있다. 이들은 매년 일정수의 연구결과물을 의무로 작성하여 평가받고 발표함으로써 경찰관련 연구발전에 기여하도록 의무지우고 있다. 이뿐만 아니라 치안정책연구소는 일정액의 예산을 확보하여 매년 4월경에 외부에 연구용역을 발주하고 있다. 매년 진행되고 있는데, 2008년~2011년까지 치안정책연구소가 발주한 외부 공개용역발주 건수는 평균 15~17건에 달한다(치안정책연구소 연구관과의 인터뷰 내용). 1건당 주제별로 용역의 액수는 조금씩 차이가 있지만 보통 과제들은 1,000만원에서 1,200만원 정도이다. 본 연구결과는 경찰행정학 관련 교수들이 대거 참여함으로써 경찰연구발전에 적지 않은 기여를 하고 있다고 평가된다. 또한 본 연구물을 치안정책연구소의 홈 페이지를 통해 대외 누구에게나 개방함으로써 사회에 기여하고 있다.

치안판사(治安判事/justice of the peace, magistrate judges) 영국에서 오래 전부터 지방의 덕망가가 치안유지와 형사재판을 맡아오던 관행에서 유래되어 주로 영미법계 국가들에 존재하고 있는 하급 재판관 제도로 대법관이 임명하여 일정지역의 치안유지를 담당한다. 당초에는 무보수 · 비상근 명예직으로 법률가가 아닌 사람이 치안판사의 역할의 수행하였지만, 오늘날 런던 등 대도시에는 7년 이상의 유경험 변호사 가운데 임명되는 유급 · 상근 치안판사가 존재하고 있다.

주된 활동은 형사사건이며 약식기소 범죄에 대하여는 제1심으로서 심리를 한다.

민사사건으로는 가사사건을 대부분 담당하며 행정적 권한으로 주류 판매 및 오락시설에 관한 면허의 부여 · 갱신을 맡고 있다. 미국에서도 주의 최하급 재판소로 치안판사재판소를 두고 있다.

치안행정협의회(治安行政協議會) 경찰법 제16조 제1항의 '지방행정과 치안행정의 업무협조 기타 필요한 사항을 협의 · 조정하기 위해 시 · 도지사 소속 하에 치안행정협의를 둔다'는 규정에 의거 설치되며, 치안행정협의회의 조직 · 운영 기타 필요한 사항은 대통령령으로 정한다고 규정되어 있다. 우리나라의 경우 국가경찰제도를 채택하여 운영되고 있는 관계로 경찰의 업무가 중앙에서 지시되고 조정되기 때문에 경찰과 지방자치단체와의 협력관계를 유지할 필요성에 따라 설치된 기구이며, 위원장을 포함하여 9인으로 구성되며, 협의회의 조직, 운영 기타 필요한 사항은 대통령령으로 정한다. 법적성격은 단순한 자문기구이다. 경찰과 지방자치단체의 협의와 조정 사항은 민방위와 재해대책 운영에 관한 사항, 지역주민과 경찰관의 협력과 요망사항, 질서확립운동을 비롯해 지역사회 주민운동의 효율적 추진에 관한 사항, 지역안정과 주민봉사에 관한 협의 사항 및 시 · 도지사 그리고 지방경찰청장이 협의가 필요하다고 요망하는 사항 등이다.

치오시안(Thiocyanate)**염법** 지문채취에 쓰이는 액체법의 일종이다. 벤지딘 · 루미놀 등의 용액을 분무하여 잠재혈흔 지문을 검출하여 사진촬영한다.

치외법권(治外法權/exterritoriality) 외국인이 체류하고 있는 국가의 국내법으로부터 면제되고 본국법에 따르는 국제법상의 권한을 말한다. 보통 면제권이라고도 하며, ① 형사재판권의 면제, ② 민사제판권의 면제가 있다.

침윤혈흔(浸潤血痕) 사건현장 땅바닥에 스며든 혈흔으로 혈흔(혈액)을 수집하거나 채취할 때에는 그 부분의 흙을 채취하여 그늘에서 건조시킨 다음 포장한다.

ㅋ

ㅋ

카리스마적 권위(charismatic authority) 개인의 특성에 주목한 리더십이론으로 1920년 막스베버(M. Weber)에 의해 제시된 것이다. 베버는 사회적 권위체제를 전통적 권위, 합법적합리적 권위, 카리스마적 권위로 분류하고 카리스마의 개념을 사용하였다.

카리스마란 말은 'gift'(신이 주신 재능)을 뜻하는 그리스어에 어원을 두고 있는 것으로 사람의 마음을 사로잡는 능력, 개성으로 상대방을 움직일 수 있게 하는 파워를 의미한다. 즉, 카리스마적 권위는 대중을 심복시켜 따르게 하는 지도자의 뛰어난 능력이나 자질을 의미하며, 추종자로 하여금 불가항력적으로 따르게 하는 천부적인 리더십 능력을 뜻한다.

칼 융(Carl Gustav Jung) 스위스의 정신과 의사로 정신분석의 유효성을 인식하고 연상실험을 창시하여, S. Freud가 말하는 억압된 것을 입증하고, '콤플렉스'라 이름붙였다. 분석심리학의 기초를 세우고 성격을 '내향형'과 '외향형'으로 나눴다.

Freud는 리비도를 성적 욕구에 한정하였으나, 또 다른 심리학자인 Jung은 모든 행동의 기초에 존재하는 심적 에너지로 일반화 시켰다. 심적에너지의 방향에 따른 인간의 행태를 외향성, 내향성으로 구분하였으며, 이 중 외향적인 자는 범죄와의 친화성이 크다고 주장하였다.

컴퓨터그래픽 컴퓨터를 이용하여 여러 가지 도안이나 설계 혹은 애니메이션을 제작하는 방식이다. 즉 컴퓨터만이 가진 새로운 조형적 표현수단이라고 할 수 있다.

컴퓨터 몽타주 합성기(Computer Montage System) 컴퓨터를 이용하여 몽타주를 작성하는 컴퓨터 시스템을 말한다. 즉 영상처리 기술과 컴퓨터 그래픽 기술을 융합한 시스템이다. 즉 얼굴형 그리고 각 부위별 자료를 데이터 베이스화 하여 용의자의 모습과 유사한 각 부위별 자료를 합성하여 보다 신속하고 편리하게 이미지를 구성하는 장비이다. 이것의 특징은 얼굴형태의 변형과 부분수정 그리고 편집 기능이 매우 다양하고 나이, 표정변환, 칼라변환 등이 매우 효과적이다.

컴퓨터범죄 컴퓨터 및 프로그램 · 데이터 등에 대해 행하여 지는 범죄 또는 각종 범죄행위에 컴퓨터를 사용하는 범죄로서 범법자가 자신의 행위에 대하여 거의 죄의식을 갖지 않으며 또한 지적인 스포츠로 생각하는 경향까지 띠는 범죄를 말한다. 컴퓨터범죄에 대한 행위자 측면의 특징은 ① 컴퓨터범죄의 행위자는 주로 컴퓨터 전문가 또는 경영내부인이 많다. ② 행위자의 연령이 낮으며 초범이 많다. ③ 전통적인 인적 · 재산적 손실을 주지 않기 때문에 죄의식이 희박하다. 한편 범행(행위) 측면에서의 특징은 ① 발각과 입증의 곤란, ② 반복성과 계속성, ③ 자동성과 광범성(원격성), ④ 범의 확정의 어려움 등이다.

Kansas City 예방순찰실험 미주리 주의 캔사스 시 경찰서에서 1972년 일상적인 예방순찰의 효과를 결정하기 위한 실험으로 캔사스 시내에 순찰구역을 5개씩 3개의 그룹으로 나누어 1구역은 사후 대응적으로, 2구역은 구역당 순찰차 한 대의 평균적인 수준으로 표준예방순찰을 하는 통제적 순찰로, 3구역은 사전예방적으로 실시하였다. 전체적으로 순찰차가 2~3배로 증가되었으나 각 구역의 범죄율, 경찰서비스의 전달 또는 시민의 안전감에 있어 별 영향이 없는 연구결과가 발표되었다.

코카인(Cocaine) 국소, 국부마취에 효과가 있어 치과나 이비인후과에서 코 수술등 성형에 널리 사용되는데 20~40분의 마취 효과가 있으며, 이를 오용 또는 남용하면 쾌락적인 흥분과 환각적인 경험을 일으킬 수 있다. 약의 강력한 각성 효과 때문에 인기가 많다. 적량 사용시에는 말이 많아지고 힘이 넘치며 피로감을 느끼지 못하나 다량 사용시에는 불안감을 일으킨다고 한다. 특히 황홀감에 대한 내성이 생기며 알콜, 진정제, 안정제, 아편 등에서 볼 수 있는 금단증상은 만성적인 코카인 남용자에게서는 관찰할 수 없지만 심리적 금단증상이 올 수 있다. 흡입방법으로 코카인은 주로 코로 흡입하며 코의 점막을 통해 흡수된 코카인은 15~40분 정도의 각성 및 가벼운 도취감을 느끼게 해 준다. 흡입방법 이외에 자주 사용되는 것은 아니지만 혈관주사를 사용하기도 한다〈http://www.conan21.com/xe/〉.

Quantico 그룹 1979년 미국 연방범죄수사국(FBI)의 제안에 의해 창설된 다자간 참여 경찰협력을 말한다. 이 그룹은 FBI 국립학교가 미국내 자치경찰의 간부는 물론 세계 각국 경찰간부를 대상으로 실시하는 형사정책교육과정을 이수한 경찰관을 대상으로 실시한 FBI 국립학교 동문회 조직을 발전적으로 재편한 것이며, Quantico라는 명칭은 FBI 국립학교가 소재하고 있는 미국 버지니아주 Quantico에서 따온 것이다.

쿨 미디어 정보의 정밀도가 낮아서 수용자의 높은 참여도를 요구하는 매체로 알려져 있다. 예를 들어 전화, TV, 만화 등이 대표적인 쿨 미디어이다.

크레디트(credit) 외신기사 머리에 발신 및 수신 통신사망 등을 밝히는 것으로 여기에는 기사의 신뢰성과 계약 관계를 명시하고 있다.

크랙(Crack)　　코카인에 베이킹 파우더를 섞에 단단하게 하여 담배형태로 피울 수 있게 만든 것으로 가격이 저렴하여 미국 흑인들이 애용하며 효과는 코카인과 비슷한 것으로 알려져 있다

Klinefelter 증후군　　성염색체 중 X염색체 수가 증가하는 경우로 XXY형, XXXY형을 총칭하고, 특히 XXY형(여성적 남성)이 문제된다는 이론이다. Klinefelter 증후군의 특징 중 신체적 특징으로는 고환의 왜소, 무정자증, 여성형 유방, 장신 등이며, 인격적 특징으로는 저지능, 반사회적 경향, 자신감 결여, 정신적 미숙이 나타난다. 범죄 성향은 동성애의 경향, 성범죄, 조폭범죄, 절도죄 등을 범하는 경향이 강하다. 그러나 선천적 이상임에도 불구하고 사춘기 이후가 아니면 이상이 나타나지 않는다.

키폰 시스템(Keyphone system)　　지휘관과 참모간 신속 · 정확하고 원할한 통신망을 확보할 수 있도록 지휘관이 일반 · 경찰 · 전용회선 등을 1대의 전화기에서 사용할 수 있는 시스템이다. 한국통신이나 하나로통신에서 부여받은 국선 전화번호로 걸려 오는 통화신호를 받아들여 내부에서 부여한 고유 내선번호로 전환해주는 장치를 말한다.키폰 시스템과 단말기를 이용해 통화전환, 보류, 회의 등 여러 가지 용도로 활용할 수 있다.

ㅌ

ㅌ

타액(saliva, Speichel, 唾液)**의 수집 · 채취요령** 타액이란 침, 즉 입속의 침샘에서 분비(分泌)되는 무색(無色)의 끈기 있는 소화액을 말한다. 범죄수사에 있어 타액은 유동성 타액과 부착으로 나뉜다. 유동성 타액은 깨끗한 유리병에 넣어 낮은 온도 즉 얼음상자로 운반하면 부패가 방지된다. 부착타액은 담배꽁초, 휴지 또는 헝겁 등에 부착된 타액으로 그늘에서 완전히 건조시킨 다음 포장해야 한다.

탐문수사(探問搜査) 범죄현장에서 범인의 것으로 추정되는 의류 · 신발 · 모자 등의 제조업체, 판매자 등을 찾아 소유자를 찾아 수소문하는 수사활동을 말한다. 탐문수사의 중요성은 "수사는 탐문에서부터 시작하여 결국 탐문으로 끝난다"라는 말과 같이 범죄의 동기 · 피해자의 선정 · 범죄용구의 입수 등 범행착수 전의 상황으로부터 장물전환의 처분 등 범행후의 동정에 이르기 까지 대부분이 탐문의 대상이 되는 것이기 때문이다.

태업(怠業/Sabotage) 국가의 방위력 또는 전쟁수행능력을 물리적 또는 심리적인 방법으로 파괴 또는 약화시키기 위하여 취해지는 모든 행위를 말한다. 태업의 대상은 다음과 같이 세 가지로 요약할 수 있다. ① 전략 · 전술적인 가치를 가진 것. ② 태업에 필요한 기구를 용이하게 입수할 수 있고, 접근이 가능한 것. ③ 일단 파괴되면 대체가 곤란한 것 등이다.

테러(terror) 사전적 의미로는 폭력수단을 사용하여 적이나 상대방을 위협하는 행위로 정의되고 있다. 일반적으로 공포를 뜻하는 사회심리학적 용어로 사용되어왔으나 우리나라에서는 테러리즘 또는 테러리스트의 준말로 상용되고 있다.

테러리즘(Terrorism) 테러리즘은 100여 가지로 정의되고 있으나 일반적으로 테러리즘이란 개인 또는 조직이 정치적 동기에서 특정국가나 그 국가의 이념을 공격하기 위하여 또는 그 국가의 정책변경이나 사실상태의 중단을 강요하기 위하여 폭력 · 무력을 사용하여 당해 국가의 외교관 등 국제적 보호인물 · 민간인 · 민간항공기 기타 시설 등을 살상 · 납치 · 파괴하는 행위를 말한다. 또한 중앙경찰학교의 정의에 따르면 테러리즘이란 "정치적인 또는 사회적 영향력을 증대하기 위한 목적으로 조직적이고 계획적으로 비합법적인 폭력을 사용하거나 위협함으로써 상징적인 불특정 다수에게 심리적인 공포심을 부여하는 행위"로 정의하고 있다.

테스크 포스(Task Force) 집단 사이의 관계가 복잡해지고 상호작용에 관계되는 집단이 많아 질수록 연결조정망의 통합능역에 한계가 있는바 이에 대안으로 등장한 조직형태로서 각종 문제와 관련된 각 부서를 대표하는 사람들로 구성되는 일시적인 조직을 말한다. 테스크 포스는 원래 일단 주어진 문제를 검토하고 해결책을 수립하는 역할에 그쳤으나, 근래에 와서는 해결책의 집행, 해결 및 책임을 지도록 하고 이에 필요한 모든 권한이 부여되는 성격을 띠고 있다. 테스크 포스는 문제해결을 위해 대부분 90일을 넘지 않도록 함으로써 문제를 집중적으로 해결한다는 독특한 특징을 지니고 있다.

통고처분(通告處分) 법률이 정하는 일정한 행정범(行政犯)을 범한 심증(心證)이 확실한 때에 그에 대한 벌금 · 과료 · 몰수 또는 추징금에 상당하는 금액을 일정한 장소에 납부하도록 통고하는 행정행위이다. 이는 정식재판에 갈음하여 간이 · 신속을 주안으로 하여 상대방의 동의를 조건으로 하는 준사법적(準司法的) 성질의 행정행위이다. 통고처분의 효과는 범칙자가 통고를 받은 날부터 소정의 기간 안에 통고된 내용을 이행함으로써 통고처분은 확정판결과 같은 효력을 발생하고, 그 결과 일사부재리(一事不再理)의 원칙이 적용된다. 그러나 소정의 기간 내에 범칙자가 통고내용을 이행하지 아니하면 당해 통고처분은 당연히 효력을 상실하고, 통고처분을 한 행정청은 지체 없이 고발하여야 한다.

통과사증(通過査證) 일반적으로 사증의 유효기간이 통상 15일로 되어 있다.

통솔범위의 원칙(統率範圍의 原則/principle of span of control) 한 상관이 직접 통솔할 수 있는 부하의 수는 한계가 있으므로 적정 수 이내로 제한해야 한다는 것으로 한 상사에게 보고하고 통솔 받는 부하의 수는 사무의 기술성, 안정성, 정밀성, 복잡성 등을 참고하여 조정한다. 또한 적정한 부하의 수는 감독자의 개인적인 능력의 차이나 직무내용, 부하의 능력, 의사소통의 난이도 등과 같은 구체적인 상황에 따라 그 범위를 달리 할 수 있다.

통신규약 국제적으로 회원국이 모여 통신장비와 네트워크간 접속이나 신호 소통에 관한 순서 및 절차를 정의한 통신규약을 말한다.

통신제한조치(通信制限措置) 과학기술의 발달에 따라 새롭게 등장한 수사기법으로 일정한 요건 하에서 대상자의 우편물을 검열하거나 전기통신을 감청하는 것을 말한다. 통신제한조치의 법적 성질은 개인의 사생활을 중대하게 침해한다는 점에서 강제수사로 보아야 한다는 것이 다수설이다.

통일전선부(統一戰線部) 노동당 계열에 소속되어 남북대화 주관, 조총련 및 해외교포 공작사업, 대남심리전 및 통일전선공작, 한민전(구국의 소리) 등을 담당하는 북한의 내남공작기구이다.

통일전선전략(統一戰線戰略) 북한의 대남 전략전술의 하나로써 대남적화 혁명을 위한 연합 · 동맹전략으로 남한 내의 학생과 지식인 등을 통한 투쟁을 기폭제로 하여 개인이나 단체 또는 반대노선과도 연합해 혁명세력을 결집해 궁극적으로 적화통일을 이루려는 전략을 말한다.

통합방위법(統合防衛法) 1997년 1월 13일 법률 제5264호로 제정되었다. 적(敵)의 침투 · 도발이나 그 위협에 대응하기 위하여 국가 총력전(總力戰)의 개념을 바탕으로 국가방위요소를 통합 · 운용하기 위한 통합방위 대책을 수립 · 시행하기 위하여 필요한 사항을 규정함을 목적으로 한다. 이 법에서의 '통합방위"란 적의 침투 · 도발이나 그 위협에 대응하기 위하여 각종 국가방위요소를 통합하고 지휘체계를 일원화하여 국가를 방위하는 것을 말한다.

통합방위 사태의 유형은 이 법 제2조에 의해 갑종사태, 을종사태, 병종사태 등으로 나뉜다. 먼저 갑종사태는 일정한 조직체계를 갖춘 적의 대규모 병력 침투 또는 대량살상무기(大量殺傷武器) 공격 등의 도발로 발생한 비상사태로서 통합방위본부장 또는 지역군사령관의 지휘 · 통제 하에 통합방위작전을 수행하여야 할 사태를 말한다.

을종사태란 일부 또는 여러 지역에서 적이 침투 · 도발하여 단기간 내에 치안이 회복되기 어려워 지역군사령관의 지휘 · 통제 하에 통합방위작전을 수행하여야 할 사태를 말한다. 끝으로 병종사태란 적의 침투 · 도발 위협이 예상되거나 소규모의 적이 침투하였을 때에 지방경찰청장, 지역군사령관 또는 함대사령관의 지휘 · 통제 하에 통합방위작전을 수행하여 단기간 내에 치안이 회복될 수 있는 사태를 말한다.

퇴직수당(退職手當) 1년 이상 재직 후 퇴직자 및 사망자에게 지급하는 프로그램이다. 계산공식은 (보수월액 × 재직년수별 지급비율)이다. 재직년수별 지급비율은 10/100 내지 60/100으로 하는데 5년 단위로 10, 35, 45, 50, 60%로 차등 적용한다.

퇴직연금(退職年金) 공무원은 20년 이상 재직하고 퇴직해야 연금을 받을 수 있다. 이 경우에는 유족에게도 지급된다. 그리고 최고한도액은 보수월액의 76/100으로 계산된다. 즉(월 보수액×50/100)+(보수월액×20년초과재직년수×2/100)이다. 여기서 보수월액은, 즉 보수월액=(년액+기말, 정근, 장기근속년액)/12이다. 1995년 12월 개정을 통해 1996년 1월 1일 이후 임명자는 60세(정년) 이후부터 사망시까지 지급하고 있다.

트레비 그룹(Trevi Group) 1975년 이탈리아 로마에서 개최된 오스트리아 등 8개국의 내무 및 법무장관회의에서 창설된 경찰협력기구를 말한다. Trevi라는 명칭은 국제적 테러리즘, 급진주의, 과격주의, 폭력(TREVI: International Terrorism, Radicalism, Extremism, Violence)을 의미하고 있으며 로마의 유명한 분수에서 그 이름을 따온 것이다.

트로이목마(Trojan horse) 프로그램 목적을 실행하면서 일부에서 부정한 결과가 나오도록 프로그램 속에 범죄자만이 아는 명령문을 삽입시켜 이용하는 방법으로 컴퓨터스파이와 관련된 수법으로 보기가 어렵고 컴퓨터의 프로그램 조작방법과 관련된 수법이다.

특기(特技) 경찰특기제도는 사회의 전문화에 따른 경찰조직의 전문화 필요성에 따라 제도화된 것으로서 일반특기과 전문특기로 구분된다. 일반경과는 일반특기와 전문특기를 부여받게 되지만 특수경과는 경과 그 자체가 전문특기에 해당되며, 일반적으로 특기는 경위이상 경정이하의 경찰관에게 주어진다. 특기부호는 첫째자리는 경과번호, 둘째자리는 일반특기번호, 셋째자리는 전문특기번호 등 3자리 숫자로 구성된다.

특별경찰집행기관(特別警察執行機關) 특별한 분야의 경찰작용에 관한 집행기관을 말한다. 특별경찰집행기관으로는 해양경찰청, 소방공무원, 전투경찰대, 헌병 등이 있다.

특별고등경찰(特別高等警察) 1911년 설치되어 제2차 세계대전이 끝날 때까지 존속한 일본의 비밀정치경찰이다. 흔히 '특고'라고 약칭되었으며, 한국에서는 고등경찰이라 불렀다. 사상 · 정치활동 · 언론 · 출판의 자유를 억제 감시하고 특히 독립운동가를 적발하고 민족정신을 말살하는 데 총력을 기울여 이른바 사상범에 대하여 잔악한 고문으로 악명이 높았다.

당시 1906년 일제가 서울에 그들의 통감부(統監府)를 설치하여 헌병경찰제도를 실시하면서 이와 같은 비밀정치경찰제를 도입하여 경무총감부의 기밀과에 첩보계(諜報係)와 고등경찰계를 두었으며, 삼일운동 이후 헌병경찰이 보통경찰제로 전환한 뒤에는 전국 각 경찰서에 고등경찰계를 두어 공포정치의 도구로 이용하였다.

특별교통안전교육(特別交通安全敎育) 교통법규 준수와 안전운전을 위한 교육으로 도로교통공단에서 실시한다. 다만, 현장체험교육은 경찰서장이 실시한다. 교육의 유형은 교통법규교육, 교통소양교육, 교통참여교육으로 구분된다. 첫째, 교통법규교육은 교통법규와 안전 등에 관한 교육으로서 교통법규의 위반 등으로 인하여 운전면허효력 정지의 처분을 받을 가능성이 있는 사람 가운데 교육받기를 원하는 사람에게 실시하는 교육을 말한다. 둘째, 교통소양교육은 교통사고의 예방, 술에 취한 상태에서의 운전의 위험 및 안전운전 요령 등에 관한 교육으로서 다음 중 어느 하나에 해당하는 사람에 대하여 실시하는 교육이다. ① 교통사고를 일으키거나 술에 취한 상태에서 운전하여 운전면허효력 정지의 처분을 받게 되거나 받은 사람으로서 그 처분기간이 만료되기 전에 있는 사람, ② 교통법규의 위반 등 가목에 따른 사유 외의 사유로 운전면허효력 정지의 처분을 받게 되거나 받은 사람 가운데 교육받기를 원하는 사람, ③ 운전면허효력 정지의 처분을 받게 되거나 받은 초보운전자로서 그 처분기간이 만료되기 전에 있는 사람, ④ 운전면허 취소의 처분을 받은 사람으로서 운전면허를 다시 받고자 하는 사람. 셋째, 교통참여교육은 교통단속현장 등에 실제로 참여하는 등의 교육으로서 교통소양교육을 받은 사람 가운데 교육받기를 원하는 사람에게 실시하는 교육이다. 다만, 과거 1년 이내에 동교육을 받지 아니한 사람에 한한다. 특별교통안전교육은 강의 · 시청각교육 또는 현장체험교육 등의 방법으로 4시간 내지 8시간의 교육을 실시한다. 교육의 내용은 ① 교통질서, ② 교통사고와 그 예방, ③ 안전운전의 기초, ④ 교통법규와 안전, ⑤ 운전면허 및 자동차 관리, ⑥ 그 밖에 교통안전의 확보를 위하여 필요한 사항 등이다.

특별사법경찰 일반적으로 특별사법경찰제는 「형사소송법」 제197조에 따라 관할 검사장이 지명하는 일반직 공무원이 특정한 직무의 범위 내에서 단속계획을 수립해 단속과 조사, 송치 등의 업무를 수행하는 제도로 이해된다. 특별사법경찰제의 시행을 위한 법적 · 제도적 뿌리를 살펴보면, 이는 전문화된 기능별로 전문성이 부족한 일반사법경찰관리로서는 직무수행이 불충분하기 때문에 그 효율성을 위해 전문적 지식이 정통한 행정공무원에게 사법경찰권을 부여하여 수사활동을 하도록 제도화 한 것이다. 특별사법경찰관은 4급~7급공무원에게 부여하고 있고, 특별사법경찰리는 8급~9급에게 부여해 주어 업무를 수행해 나가고 있다. 무엇보다 일반사법경찰관리의 수사권이 미치기 어려운 철도, 환경, 위생, 산림, 해사, 전매, 세무, 교도소 등 특정지역과 시설에 대한 수사나 조세, 마약, 관세사범 수사시 전문가에게 수사권을 위임하여 업무를 수행하도록 권한을 부여하고 있다. 하지만 이것은 하나의 예시적 규정에 불과하다는 사실이다. 그 이유는 2009년 3월 기준으로 법률신문에 따르면 중앙행정부처와 지방자치단체 932개 기관에 17,613명이 특별사법경찰관리로 임명되어 임무를 수행하고 있음을 알 수 있다. 우리나라의 특별사법경찰의 탄생 관련 연혁을 보면 다음과 같다. 우리나라에 특별사법경찰이 처음 창설된 것은 1956년이다. 우리나라의 특별사법경찰은 연혁적으로 볼 때 1956년 1월 12일 법률 제380호에서 출발하였음을 역사적 사료가 보여주고 있다. 다시말해 〈사법경찰관리의직무를행할자와그직무범위에관한법률〉이 제정된 것이다. 주목할 것은 시간이 흐르면서 상기 법률은 무려 50여 차례 이상 개정을 통해 특별사법경찰 및 그 직무범위가 상당히 확대되었다.

특별사법경찰관리의 종류 2012년 현재 법률이 직접 특별사법경찰 권한을 부여한 경우는 첫번째 표에서 보는 바와 같이 9개이며, 이 밖에 관할 검사장의 지명에 의하여 부여된 경우는 37개로 전체 46개 분야에 특별사법경찰이 존재하고 있다. 무엇보다 현행법상 특별사법경찰로써 직무가 부여되어 행사할 수 있는 자는「사법경찰관리의직무를행할자와그직무범위에관한법률」에 근거하고 있다. 이는 3가지 유형으로 분류되고 있다.

첫번째 유형은 자동적으로 직무를 수행할 수 있는 자이다. 이들은 지명을 요하지 않는 자로써 다음의 특수한 기관에 근무하고 있는 공무원들이 해당된다. 다시말해 이들은 법률이 직접 특별사법경찰권을 부여한 특별사법경찰리이다. 그 종류에 대해 나누어 보면 다음과 같다.

법률이 직접 사법경찰권을 부여한 특별사법경찰리
1. 교도소(소년교도소 · 구치소 또는 그 지소(支所), 소년원(소년분류심사원의 분원 또는 지원), 보호감호소 · 치료감호시설(또는 그 지소)의 장.

2. 출입국관리공무원(4급부터 9급)
3. 산림청과 그 소속 기관(산림항공관리소는 제외한다), 특별시 · 광역시 · 도(특별자치도를 포함한다. 이하 같다) 및 시 · 군 · 구(자치구를 말한다. 이하 같다)에서 산림 보호를 위한 단속 사무를 전담할 자로서 그 소속 기관의 장이 관할 지방검찰청검사장에게 보고한 임업주사 · 주사보 · 서기 · 서기보
4. 제6조의2「근로기준법」에 따른 근로감독관 등
5. 제7조 (선장과 해원 등) 해선(海船)[연해항로(沿海航路) 이상의 항로를 항행구역으로 하는 총톤수 20톤 이상 또는 적석수(積石數) 2백 석 이상의 것] 안에서 발생하는 범죄에 관하여는 선장, 항공기 기장, 선원근로감독관 등
6. 제7조의2(국립공원관리공단 임직원)
7. 제8조(국가정보원 직원) 국가정보원장이 지명하는 국가정보원직원
8. 제9조(군사법경찰관리) 군사법경찰관리로서 지방검찰청검사장의 지명을 받은 자
9. 제10조(자치경찰공무원)「제주특별자치도 설치 및 국제자유도시 조성을 위한 특별법」에 따른 자치경찰공무원 중 자치총경 · 자치경정 · 자치경감 · 자치경위 · 자치경사 · 자치경장 · 자치순경

두 번째 유형은 관할 지검장의 지명을 요하지 않으나 반드시 명단을 보고하는 국가공무원이다. 특히 특별사법경찰 중 관할 지검장의 지명을 요하지 않지만 명단보고를 요하는 특별사법경찰은 다음과 같다.

관할 검사장에게 명단만 보고하는 특별사법경찰
산림청과 그 소속기관, 특별시 · 광역시 · 도 · 및 시 · 군 · 구에서 산림보호를 위한 단속 사무를 전담할 자로서 그 소속기관의 장이 관할 지방검찰청검사장에게 보고한 임업주사 및 임업주사보는 사법경찰관의 직무를, 임업서기 및 임업서기보는 사법경찰리의 직무를 수행하는 경우 등

세 번째 유형은 해당 관서의 장의 제청에 의해 그 근무지를 관할하는 지방검찰청 검사장이 지명하는 자로서 위에서 기술한 2가지 유형 부분을 제외한 대부분이 여기에 해당한다. 예를들어 교도소, 산림청, 지방자치단체, 식품의약품안전청, 철도특별사법경찰, 국립학교, 국가보훈처 등에서 관련 업무를 담당하는 4~9급까지의 공무원 등이다. 이는 다음의 표에서 보여주는 바와 같이 무려 42개 종류에 달한다.

특히 관할 검사장의 지명에 의한 특별사법경찰은 다음과 같다.

관할 검사장의 지명에 의한 특별사법경찰리〈사법경찰관 4~7급〉, 사법경찰리 8~9급

1. 교도소 · 소년교도소 · 구치소 또는 그 지소의 장이 아닌 4급부터 9급까지의 국가공무원
2. 지방교정청에 근무하는 4급부터 9급까지의 국가공무원
3. 소년원 또는 그 분원의 장이나 소년분류심사원 또는 그 지원의 장이 아닌 4급부터 9급까지의 국가공무원
4. 보호감호소 · 치료감호시설 또는 그 지소의 장이 아닌 4급부터 9급까지의 국가공무원
5. 산림청과 그 소속 기관(산림항공관리소는 제외한다)에 근무하며 산림보호 · 경영 사무에 종사하는 4급부터 9급까지의 국가공무원

6. 특별시 · 광역시 · 도에 근무하며 산림 보호와 국유림 경영 사무에 종사하는 4급부터 9급까지의 국가공무원 또는 지방공무원
7. 시 · 군 · 구 또는 읍 · 면에 근무하며 산림 보호 사무에 종사하는 6급부터 9급까지의 국가공무원 및 4급부터 9급까지의 지방공무원
8. 식품의약품안전청, 특별시 · 광역시 · 도 및 시 · 군 · 구에 근무하며 식품 단속 사무에 종사하는 4급부터 9급까지의 국가공무원 및 지방공무원
9. 식품의약품안전청, 특별시 · 광역시 · 도 및 시 · 군 · 구에 근무하며 의약품 단속 사무에 종사하는 4급부터 9급까지의 국가공무원 및 지방공무원
10. 등대에서 근무하며 등대 사무에 종사하는 6급부터 9급까지의 국가공무원
11. 국토해양부와 그 소속 기관에 근무하며 철도공안 사무에 종사하는 4급부터 9급까지의 국가공무원
12. 소방준감이나 지방소방준감 이하의 소방공무원
13. 국립학교에 근무하며 그 학교의 실습림 및 관리림의 보호 사무에 종사하는 6급부터 9급까지의 국가공무원
14. 문화재청과 그 사무소 · 지구관리사무소와 출장소 · 현충사관리소 · 칠백의총(七百義塚) 관리소 · 세종대왕유적관리소 또는 특별시 · 광역시 · 도 및 시 · 군 · 구에 근무하며 문화재의 보호 사무에 종사하는 4급부터 9급까지의 국가공무원 및 지방공무원
15. 「계량에 관한 법률」에 따른 계량검사공무원
16. 「자연공원법」 제34조에 따라 공원관리청에 근무하며 같은 법에 따른 공원관리 업무에 종사하는 4급부터 9급까지의 국가공무원 및 지방공무원
17. 「관세법」에 따라 관세범(關稅犯)의 조사 업무에 종사하는 세관공무원
18. 「수산업법」에 따른 어업감독 공무원
19. 「광산보안법」에 따른 광산보안관
20. 국가보훈처와 그 소속 기관의 공무원
21. 보건복지부, 특별시 · 광역시 · 도 및 시 · 군 · 구에 근무하며 공중위생 단속 사무에 종사하는 4급부터 9급까지의 국가공무원 및 지방공무원
22. 환경부, 특별시 · 광역시 · 도 및 시 · 군 · 구에 근무하며 환경 관계 단속 사무에 종사하는 4급부터 9급까지의 국가공무원 및 지방공무원
23. 방송통신위원회, 중앙전파관리소 및 체신청에 근무하며 무선설비 · 전자파장해기기 · 전기통신설비 · 전기통신기자재 · 감청설비 및 영리목적의 광고성 정보에 관한 단속 사무에 종사하는 4급부터 9급까지의 국가공무원

23의2. 삭제 〈2009.4.22〉

24. 지방국토관리청 · 국도관리사무소, 특별시 · 광역시 · 도 및 그 산하 건설사업소 또는 도로관리사업소 및 시 · 군 · 구에 근무하며 차량운행제한 단속 사무 및 도로시설 관리 사무에 종사하는 4급부터 9급까지의 국가공무원 및 지방공무원
25. 문화체육관광부, 특별시 · 광역시 · 도 및 시 · 군 · 구에 근무하며 관광지도(觀光指導) 업무에 종사하는 4급부터 9급까지의 국가공무원 및 지방공무원
26. 문화체육관광부, 특별시 · 광역시 · 도 및 시 · 군 · 구에 근무하며 저작권 침해에 관한 단속 사무에 종사하는 4급부터 9급까지의 국가공무원 및 지방공무원
27. 여성가족부, 특별시 · 광역시 · 도 및 시 · 군 · 구에 근무하며 청소년보호 업무에 종사하는 4급부터 9급까지의 국가공무원 및 지방공무원
28. 농림수산식품부와 그 소속 기관, 특별시 · 광역시 · 도 및 시 · 군 · 구에 근무하며 다음 각 목에 규정된 사무에 종사하는 4급부터 9급까지의 국가공무원 및 지방공무원

가.「농수산물의 원산지 표시에 관한 법률」에 규정된 원산지 표시 등에 관한 단속 사무
나.「농수산물 품질관리법」에 규정된 농수산물에 관한 단속 사무
다.「친환경농어업 육성 및 유기식품 등의 관리 · 지원에 관한 법률」에 규정된 친환경농산물에 관한 단속 사무
라.「축산물위생관리법」에 규정된 축산물에 관한 단속 사무
마.「인삼산업법」에 규정된 인삼에 관한 단속 사무
바.「양곡관리법」에 규정된 양곡에 관한 단속 사무

29. 지식경제부, 특별시 · 광역시 · 도 및 시 · 군 · 구에 근무하며 「대외무역법」에 규정된 원산지 표시에 관한 단속 사무에 종사하는 4급부터 9급까지의 국가공무원 및 지방공무원
30. 지식경제부, 특별시 · 광역시 · 도에 근무하며 외화 획득용 원료 · 기재의 수입 및 사용목적 변경승인 업무에 종사하는 4급부터 9급까지의 국가공무원 및 지방공무원
31. 농촌진흥청, 농업과학기술원, 특별시 · 광역시 · 도 및 시 · 군 · 구에 근무하며 농약 및 비료 단속 사무에 종사하는 4급부터 9급까지의 국가공무원 및 지방공무원
32. 국토해양부, 특별시 · 광역시 · 도 및 시 · 군 · 구에 근무하며 하천 감시 사무에 종사하는 4급부터 9급까지의 국가공무원 및 지방공무원
33. 국토해양부, 특별시 · 광역시 · 도 및 시 · 군 · 구에 근무하며 개발제한구역 단속 사무에 종사하는 4급부터 9급까지의 국가공무원 및 지방공무원
34. 농림수산식품부, 국립수의과학검역원과 그 지원, 특별시 · 광역시 · 도 및 시 · 군 · 구에 근무하며 「가축전염병예방법」에 따라 가축방역관이나 검역관으로 임명된 4급부터 9급까지의 국가공무원 및 지방공무원
35. 시 · 군 · 구에 근무하며 무등록자동차정비업, 자동차 무단방치 및 강제보험 미가입 자동차 운행에 관한 단속 사무에 종사하는 5급부터 9급까지의 지방공무원
36. 국립식물검역소에 근무하며「식물방역법」제7조의2에 따라 식물검역관으로 임명된 4급부터 9급까지의 국가공무원
37. 국토해양부와 그 소속 기관, 광역시 · 도 및 시 · 군 · 구에 근무하며 해양환경 관련 단속 사무에 종사하는 4급부터 9급까지의 국가공무원 및 지방공무원
38. 특허청, 특별시 · 광역시 · 도 및 시 · 군 · 구에 근무하며 부정경쟁행위, 상표권 및 전용사용권 침해에 관한 단속 사무에 종사하는 4급부터 9급까지의 국가공무원 및 지방공무원
39. 특별시 · 광역시 · 도 및 시 · 군 · 구에 근무하며 여객자동차 운수사업 및 화물자동차 운수사업의 단속 사무에 종사하는 4급부터 9급까지의 지방공무원
40. 「도시공원 및 녹지 등에 관한 법률」 제20조에 따른 공원관리청에 근무하며 같은 법에 따라 도시공원 관리업무에 종사하는 4급부터 9급까지의 지방공무원
41. 병무청과 그 소속 기관에 근무하며「병역법」에 규정된 병역 기피 · 감면 목적의 신체손상이나 속임수를 쓴 행위에 관한 단속 사무와 징병검사 또는 신체검사 사무에 종사하는 4급부터 9급까지의 국가공무원
42. 농림수산식품부와 그 소속 기관, 산림청, 특별시 · 광역시 · 도 및 시 · 군 · 구에 근무하며 「종자산업법」및「식물신품종 보호법」에 규정된 품종보호권 침해행위의 조사 사무 및 종자의 유통 조사 등에 관한 사무에 종사하는 4급부터 9급까지의 국가공무원 및 지방공무원

특별사법경찰 시행기관 2012년 현재 우리나라에서 협의의 행정경찰기관에 속하는 정부부처의 중앙기관들은 대부분 특별사법경찰을 운영하고 있다. 법무부, 기획재정부, 국방부, 행정안전부, 문화체육관광부, 농림수산식품부, 지식경제부, 보건복지부, 환경부, 고용노동부, 여성가족부, 국토해양부 등이 그 대표적인 기

관들로 분류된다. 재미 있는 사실은 현재 외교통상부, 통일부, 교육과학기술부 등에서는 특별사법경찰제를 운영하지 않고 있다. 이들 기관에서는 그 업무수행상 굳이 도입할 필요가 없기 때문으로 보여진다.

이에 반해 엄밀한 의미에서 정부조직법상 부처에 들어가지 않은 스탭기구라고 볼 수 있는 대통령실, 국무총리실, 국립학교 등의 기관들에서도 특별사법경찰제가 시행되고 있다. 이들 기관에서는 특별사법경찰을 운영하면서 관세경찰, 환경경찰, 환경경찰, 문화경찰, 청소년경찰, 산림경찰이라는 명칭을 사용하고 있다. 또 하나 독특한 것은 항해중인 선장과 항공기를 운항하는 기장의 경우 분명 국가 및 지방공무원이 아닌 일반인의 신분임에도 불구하고 특별사법경찰로 지명되어 특별사법경찰의 업무를 수행하고 있다. 특히 특별사법경찰은 크게 법률이 직접 사법경찰권을 부여한 특별사법경찰관리와 검사장의 지명에 의한 특별사법경찰관리로 나누어진다. 즉 검사장의 지명에 의한 특별사법경찰관리는 철도공안, 교도소, 구치소, 소년원, 보호 · 치료감호소, 산림보호, 국가보훈, 공중위생, 환경, 소방, 문화재보 등 상당히 많다. 다시 한번 우리가 주목할 것은 특별사법경찰 제도가 일반사법경찰관리와 비교하여 형사소송법상의 권한에는 사실상 차이가 거의 없다는 사실이다. 다만 그 권한의 범위가 사항적 · 지역적으로 제한되어 있는 점이 다소 다르다는 점이다(신현기, 2012: 5-6).

한편 환경부 · 대검찰청(2005) 자료에 따르면 우리나라 특별사법경찰제가 1956년 제정되면서 검찰, 형무소, 소년원, 농림부, 전매청, 농림부 산림국 · 임업시험장 · 특별시 · 도 및 시군 산림보호 담당, 전매청, 보사부 마약, 등대, 선장 및 선원 등 10여개 부처에 공무원과 민간인으로 구성되어 업무를 시작했다. 2003년 정보통신부에도 특별사법경찰권이 부여되었다.

특별승진(特別昇進) 경찰공무원이 직무수행 중 전사하거나 순직한 자, 그리고 직무수행 중 현저한 공적을 세운 자에게 심사나 시험승진에 의하지 않고 1계급 특별승진제도가 있고, 경위 이하의 경찰공무원으로서 큰 공적을 세우고 전사하거나 순직한 자는 2계급까지 특별승진하는 제도를 실시하고 있다. 이러한 특별승진은 1년에 3회 정기적으로 이루어지는 것을 원칙으로 하지만, 경찰청이나 해양경찰청장이 필요하다고 인정하는 경우는 그때마다 수시로 이루어진다. 즉 전사자, 순직자, 간첩과 무장공비를 사살하거나 검거한 자의 특별승진은 수시로 이뤄진다. 경찰공무원의 특별승진에 관하여는 경찰공무원법 제14조(특별유공자 등의 특별승진) 제1항에 명백히 규정되어 있다.

특별억제(特別抑制/special deterrence) 일반억제이론이 잠재적 범죄자나 일반인에게 초점을 맞추고 있는 반면에 특별억제는 범죄자에 대한 제재를 통해 그 범죄자가 재범을 저지르지 않도록 하는 것이다.

특별예방(特別豫防) 범인에게 형벌을 부과함으로써 사회일반을 범죄로부터 예방하려는 것이 아니고, 그 범인이 다시 범죄에 빠지지 않도록 재사회화하는 것을 말한다.

특별지방행정기관(特別地方行政機關) 특정한 중앙행정기관에 소속되어, 당해 관할구역 내에서 시행되는 소속중앙행정기관의 권한에 속하는 행정사무를 관장하는 국가의 지방행정기관을 의미한다. 소속 중앙행정기관의 직접적인 지휘 · 명령을 받는 일선기관으로서의 특별지방행정기관에는 지방환경청, 지방국토관리청, 지방국세청, 지방병무청, 지방영림서 등이 있다. 경찰조직의 경우 합동 CP 치안상황을 효율적으로 관리하기 위하여 경찰 이외의 유관기관과 합동으로 운영하는 상황실이다.

특별채용(特別採用) 경찰공무원의 채용이 공개경쟁채용으로 부적당하거나 곤란한 경우 또는 특별한 자격을 가지고 있는 사람을 채용하고자 하는 경우의 채용방법으로 사용된다. 원칙적으로 경찰공무원의 채용은 공개경쟁시험에 의해 이뤄져야 하지만 현실적으로 모든 경찰공무원을 공개경쟁을 통해 필요한 자원을 확보하기 어려움이 있기 때문에 특별채용을 하고 있다. 특별채용은 다음과 같은 요건에 해당된 경우에 한해서 신규채용을 할 수 있다. 즉 경찰공무원법 제8조 제3항에 규정된 특별채용의 요건은 다음과 같다. 첫째, 퇴직한 경찰공무원을 퇴직한 날로부터 2년 이내에 퇴직시에 재직한 계급의 경찰공무원으로 재임용하는 경우. 둘째, 공개경쟁시험에 의해 임용되는 것이 부당한 경우에 임용예정 직무에 관련된 자격증 소지자를 임용하는 경우. 셋째, 임용예정직에 상응한 근무실적 또는 연구실적이 있거나 전문지식을 가진 자를 임용하는 경우. 넷째, 국가공무원법에 의한 5급공무원의 공개경쟁채용시험이나 사법시험법에 의한 사법시험에 합격한 자를 경정 이하의 경찰공무원으로 임용하는 경우. 다섯째, 국가공무원법 제85조의 규정에 의하여 재학중 장학금을 받고 졸업한 자를 임용하는 경우. 여섯째, 도서 · 벽지 등 특수지역에 근무할 자를 임용하는 경우. 일곱째, 외국어에 능통한 자를 임용하는 경우 등이 이에 해당된다. 현재 시행중인 경찰공무원의 특별채용은 외사 · 사이버 · 정보통신 · 범죄분석 · 범죄심리(경장), 특공대 · 경찰행정(순경) 등이 있다.

특별회계예산(特別會計豫算) 특정한 세입으로 특정한 목적에 충당하기 위한 예산을 말한다. 경찰의 특별회계예산으로는 경찰관서의 증 · 개축 등 시설관련경비는 국유재산관리특별회계, 자동차교통관리개선 등 교통관련경비는 자동차교통관리개선 특별회계, 책임운영기관 특별회계, 국유재산관리 특별회계 등에 따른다.

특별휴가(特別休暇) 현재 우리나라 공무원은 특별휴가로 인정하는 종류가 다양하다. 즉, 경조사휴가, 출산휴가, 여성보건휴가, 육아휴가, 수업휴가, 포상휴가, 장기재직휴가, 퇴직준비휴가, 재해구호휴가 등이 있다. 예를 들면, 경조사휴가는 결혼, 회갑, 출산, 사망, 탈상시 1일 내지 7일 범위 내에서 받는 휴가를 말한다. ① 경조사 휴가는 본인뿐만 아니라 배우자의 직계존속 등도 동일하게 특별휴가로 인정하는 제도이다. ② 출산휴가는 임신 중 여자공무원이 출산 전후에 90일간 받는 휴가를 뜻한다. ③ 여성보건휴가는 여자들이 매달 생리기와 임신한 경우 검진을 위해 매월 1일 받는 휴가를 의미한다. ④ 육아휴가는 생후 1년 미만의 유아를 가진 공무원이 하루 1시간씩 아이를 돌 볼 수 있도록 허용하는 제도이다. ⑤ 수업휴가는 한국방송통신대학에 재학 중인 공무원이 출석 수업에 참석하기 위해 휴가를 주는 제도이다. ⑥ 포상휴가는 훈장 · 포상 · 표창 등을 받거나 모범공무원으로 선정된 사람 또는 주요 업무를 성공적으로 수행한 사람이 받는 6일 이내의 휴가를 의미한다. ⑦ 장기재직휴가는 20년 이상 근무한 공무원이 재직 중 10일 간 받는 휴가를 말한다. ⑧ 퇴직준비휴가는 정년퇴직, 명예퇴직, 조기퇴직등으로 물러날 공무원이 퇴직 전 3개월 간 받을 수 있는 제도이다. ⑨ 재해구호휴가는 풍해 · 수해 · 화재 등의 재해로 해당 공무원과 재난지역에서 자원봉사활동을 하길 원하는 공무원이 받는 휴가 제도이다.

특성론적 접근(特性論的 接近) 성격을 다양한 성격특성의 집합으로 이해하여 각 성격특성의 검토로 개인의 성격 연구하는 것이다. 즉, 성격특성은 시간, 장소가 변해도 일관하여 개인의 행동으로 나타난다는 특징에 착안한 연구방법이다. 대표적으로 Glueck 부부는 비행소년 500명, 일반소년 500명 대상으로 Rorschach Test, 정신의학적 면접의 결과를 비교하여 비행소년에 공통되는 성격 연구한 바 있다. 또한 아이젠크는 행특성론적 접근을 심리학적 이론으로 정립하여 외향성과 신경증적 경향을 반사회적 행동과 관련이 있는 성격특성으로 지목하였다. 대표적 성격검사인 MMPI는 질문지법의 일종으로, 성격과 범죄와의 관련성 측정에 이용하고 있으며, 최근에는 profiling을 활용한 수사, 교정단계에서의 감정과 분류처우 등에 응용되고 있다.

특수경과(特殊警科) 「경찰공무원임용령」 제3조에 의하면 총경이하의 경찰공무원은 일반경과, 수사경과, 보안경과, 특수경과로 구분한다(다만, 수사경과 및 제보안경과는 경정이하 경찰공무원으로, 특수경과 중 운전경과는 경사이하 경찰공무원으로 한다). 이 가운데, 특수경과는, 해양경과, 운전경과, 항공경과, 정보통신경과로 나뉜다.

특수경력직 공무원(特殊經歷職 公務員) 국가공무원법상 보수 및 복무규정을 제외하고는 공무원법이나 실적주의 등의 획일적인 적용을 받지 않으며, 정치적 임용이 필요하거나 특수한 직무를 담당하는 자로서 그 임명에 있어 특수한 기준을 요하는 비직업공무원이다. 즉 직업공무원제의 적용을 받지 않는 경력직 공무원 외의 공무원을 말한다.

특수경비원(特殊警備員/special guards) 특수경비업의 허가를 받은 법인이 채용한 고용인으로 「경비업법」제2조 제1호에서 마목으로 정한 특수경비업무(공항 등 대통령령이 정하는 국가중요시설의 경비 및 노난, 화재 그 밖의 위험발생을 방지하는 업무)를 수행하는 자를 말한다. 특수경비원의 결격사유는 만 18세 미만 또는 만 60세 이상인 자, 금치산자, 한정치산자, 파산선고를 받고 복권되지 아니한 자, 금고 이상의 실형의 선고를 받고 그 집행이 종료되거나 집행이 면제된 날로부터 5년이 지나지 아니한 자, 금고 이상의 형의 집행유예 선고를 받고 그 유예기간 중에 있는 자, 금고 이상의 형의 선고유예를 받고 그 유예기간 중에 있는 자, 행정안정부령이 정하는 신체조건에 미달되는 자 등이다.

특수파출소(特殊派出所) 지방경찰청장은 접적지역 및 특별경계지역, 교통 · 지리적 원격지, 기타 특수한 치안수요지역 등의 사유가 있을 때에는 순찰지구대 아래 관할지역 내의 일정지역을 담당하는 특수파출소를 운영할 수 있다. 파출소장과 부소장 및 순찰요원을 배치할 수 있으며, 경찰업무 전반에 대한 초동조치 · 특수파출소의 각종 행정 및 예산, 장비, 시설 업무를 순찰지구대와 별도로 집행, 관리할 수 있다. 근무형태는 교대제 근무이며, 특수파출소장의 근무는 경찰서장이 월별 지정하고, 파출소장 유고시에는 지휘공백이 없도록 부소장에 대하여 지구대장(사무소장)이 근무감독 실시한다.

특정성의 원칙(特定性의 原則) 범죄인 인도조약(인도법 제10조)의 하나로서 인도의 대상이 되었던 범죄 항목에 대해서만 처벌해야 한다는 원칙을 말한다. 즉, 다른 명목의 범죄로 처벌하거나 제3국에 인도될 수 없다는 원칙을 말한다. 이 원칙은 요청국의 형벌남용권을 방지하기 위하여 채택된 것으로 범죄인의 인권을 중시하고 인도받는 요청국이 일반범죄로 인도받은 범죄인을 정치적인 범죄로 처벌하는 사례를 방지하려는 목적에서 제정되었다.

특정운전자의 준수사항 도로교통법(제50조)에서는 특정운전자의 의무사항을 제시하고 있다. ① 자동차(이륜자동차는 제외)의 운전자는 자동차를 운전하는 때에는 좌석안전띠를 매어야 하며, 그 옆좌석의 승차자에게도 좌석안전띠(유아인 경우에는 유아보호용장구를 장착한 후의 좌석안전띠)를 매도록 하여야 한다. 다만, 질병 등으로 인하여 좌석안전띠를 매는 것이 곤란하거나 행정안전부령이 정하는 사유가 있는 때에는 그러하지 아니하다. ② 자동차(이륜자동차를 제외한다)의 운전자는 그 옆좌석 외의 좌석의 승차자에게도 좌석안전띠를 매도록 주의를 환기하여야 하며, 승용자동차에 있어서 유아가 그 옆좌석 외의 좌석에 승차하는 경우에는 좌석안전띠를 매도록 하여야 한다. ③ 이륜자동차 및 원동기장치자전거의 운전자는 행정안전부령이 정하는 인명보호장구를 착용하고 운행하여야 하며, 승차자에게도 이를 착용하도록 하여야 한다. ④ 자전거의 운전자는 자전거에 어린이를 태우고 운행하는 때에는 그 어린이에게 행정안전부령으로 정하는 인명보호장구를 착용하도록 하여야 한다. ⑤ 운송사업용자동차 또는 화물자동차 등으로서 행정안전부령이 정하는 자동차의 운전자는 다음의 어느 하나에 해당하는 행위를 하여서는 아니 된다. ㉠ 운행기록계가 설치되어 있지 아니하거나 고장 등으로 사용할 수 없는 운행기록계가 설치된 자동차를 운전하는 행위, ㉡ 운행기록계를 원래의 목적대로 사용하지 아니하고 자동차를 운전하는 행위. ⑥ 사업용승용자동차의 운전자는 합승행위 또는 승차거부를 하거나 신고한 요금을 초과하는 요금을 받아서는 아니된다. ⑦ 자전거의 운전자는 행정안전부령으로 정하는 크기와 구조를 갖추지 아니하여 교통안전에 위험을 초래할 수 있는 자전거를 운전하여서는 아니 된다. ⑧ 자전거의 운전자는 술에 취한 상태 또는 약물의 영향과 그 밖의 사유로 인하여 정상적으로 운전하지 못할 우려가 있는 상태에서 자전거를 운전하여서는 아니 된다.

특정직 공무원(特定職 公務員) 법관 · 검사 · 외무공무원 · 경찰공무원 · 소방공무원 · 교육공무원 · 군인 · 군무원 및 국가정보원의 직원과 특수분야의 업무를 담당하는 공무원으로서 다른 법률에 의하여 특정직공무원으로 지정되는 공무원을 말한다. 특정직공무원은 공직의 분류에 있어서 경력직 공무원에 해당되며, 경력직 공무원은 다시 일반직 공무원과 특정직 공무원, 기능직 공무원으로 분류된다.

TBPE 시약 마약류 시약의 하나로 히로뽕(필로폰)을 그 대상으로 한다. 유의사항은 김치, 감기약, 커피 등에서도 양성반응이 나타나므로 유의해야 하고, 남용용의자를 증명하기 위해서는 증거물로 72시간 내(약 20ml)에 채취한 뇨(尿)가 가장 바람직하다.

팀경찰활동(team警察活動) 특정지역을 전담하는 작은 팀으로 경찰을 재편성하는 것을 말한다. 팀 당 인원은 보통 5~10명 정도로 구성되며, 각 팀은 순찰, 수사 및 기타 경찰 서비스를 제공한다. 팀은 사건 신고접수 단계에서부터 수사에 이르기까지 종합적으로 처리한다. 또한 대부분의 의사결정은 팀 내부 자체적으로 이루어진다. 팀 경찰활동은 지역주민들과 보다 인간적인 관계를 형성할 수 있고, 순찰기능과 수사기능을 통합함으로서 양 기능 사이의 유기적 통합이 가능토록 하며, 하급경찰관에게 의사결정권을 위임함으로써 명령체계를 단순하게 조정할 수 있으며, 일선 경찰관의 재량권을 확대시켜 주고 개인역량을 최대한 발휘하게 함으로써 직무만족도를 제고 할 수 있다는 장점이 있다.

팀제조직(team organization) 상호보완적인 소수가 공동의 목표달성을 위해 책임을 공유하고 문제해결을 위해 노력하는 수평적 조직이다. 팀제 조직은 기능중심, 계층제적 수직구조에서의 일과 사람이 획일적으로 정해지는 부(部) · 과(果)제의 모순에서 탈피하여 능력과 적성에 따라 탄력적으로 인재를 팀에 소속시키고 팀장을 중심으로 동등한 책임 하에 구분된 일을 하면서 상호유기적인 관계를 유지하는 조직형태이다. 팀제조직은 성과를 높일 수 있고 조직의 유연성을 제고하여 탄력적 운영이 가능하며, 창조적 학습과 인재육성이 가능하다는 장점이 있다.

ㅍ

ㅍ

파견근무(派遣勤務)　파견근무(派遣勤務)라함은 경찰공무원임용령 제30조에 따라 업무수행이나 행정지원, 연수, 기타 능력개발을 위해 다른 기관으로 이동시켜 근무하게 하는 것을 의미한다. 경찰공무원의 파견근무는 다음과 같은 경우에 해당된다. 즉 ① 국가기관 외의 기관이나 단체에서 이루어지는 국가적 차원의 사업을 수행하기 위하여 특히 필요한 경우 2년 이내에서 이루어진다. ② 다른 기관의 업무 폭주로 인하여 행정지원이 필요한 경우 2년 이내에서 이루어진다. ③ 관련 기관 사이의 긴밀한 협조를 요하는 특수업무를 공동으로 수행할 필요가 있는 경우 1년 이내 또는 1년의 범위 내에서 연장이 가능하다. ④ 소속 공무원의 교육훈련을 위해 필요한 경우이다. ⑤ 교육훈련기관의 교관요원으로 선발된 경우 1년 이내 또는 1년의 범위에서 연장이 가능하다. ⑥ 국내외의 위탁교육의 경우 1년 6개월 또는 6개월의 범위 내에서 연장이 가능하다.

파면과 해임(罷免과 解任)　파면과 해임은 공무원을 강제로 퇴직시키는 중징계 처분 중의 하나이다. 파면과 해임의 효과는 강제퇴직에 그치지 않는다. 파면이란 배제징계의 하나로써 경찰관의 신분을 박탈하는 징계처분을 말한다. 파면된 자는 향후 5년간 공무원이 될 수 없으며, 퇴직금은 5년 미만 근무자의 경우 1/4을 감액하며, 5년 이상 근무자의 경우에는 1/2을 감액한 후 지급한다. 해임은 파면보다는 약간 가벼운 처벌이나 강제퇴직 시키는 것은 동일하다. 해임의 경우에는 3년 동안 공무원으로 임용될 수 없다. 그러나 해임의 경우에는 연금법상의 불이익은 없으나, 파면의 경우에는 퇴직급여액의 1/2이 삭감(5년 미만 근무자에게는 퇴직급여액의 1/4이 삭감)되는 불이익을 받는다.

파출소(派出所/police substation)　경찰서 관할 소재지 내에 두는 최일선 치안행정 기관으로, 지역에 따라 파출소 혹은 지서로 부르며, 임시로 필요한 경우 경찰관출장소를 설치한다. 파출소는 특히 민중과 가장 가까운 거리에서 경찰의 촉각 역할을 수행하는 곳으로 도난신고, 피해신고, 유실물 · 습득물 · 매장물 등의 발견신고, 가출 · 미아 신고, 교통사고 신고 등 주로 신고와 관련된 업무를 수행한다. 그밖에 구역 내 순찰, 경찰허가 · 인가 신청의 수리(受理), 호구조사, 신원조회 및 기타 경찰 관련 제반 사고에 적절히 대응해 활동하는 한편, 정기적 · 임시적인 각종 행정 · 수사 · 정보 · 보안 등 경찰 일선업무를 행한다.

파트너 모델(Partner Model) 영국의 비교심리학자인 모간(Morgan)이 경찰-지역사회 자문위원회 설치에 관한 연구에서 자문집단이 형성될 수 있는 상호 배타적이지 않는 세 가지 모델 가운데 하나의 모델이다. 이 모델에서는 경찰과 시민간의 접촉의 중요성을 강조하고 범죄예방과 범죄수사 초기단계에 있어서 시민과 다른 유관 조직들이 합동으로 참여하는 것이 경찰에게 가장 바람직한 일이라고 강조한다. 즉, 경찰활동은 지역사회의 우선사항 · 긴급사항에 적합하도록 이루어 져야 하며, 대부분의 범죄문제를 인식하고 이를 해결하기 위해 공공협력을 이끌어 낼 수 있어야 한다는 것이다.

판단사무(判斷事務) 능력 및 독창력이 필요하고 사고와 탐색을 필요로 하는 정신 작업으로 대부분 관리적인 사무이다. 판단사무에 속하는 내용으로는 경영자나 각급 관리자가 행하는 결재사무, 계획입안사무, 제도고안이나 각종 행동 규범을 정립하는 법령 및 규칙 등의 기초사무, 내용의 분석 검토사무, 심사분석 사무, 조사확인 및 연구사무, 각종 통제 사무 등이다. 특히 사무관리의 참모적 기능에 속하는 직무분석, 직무평가, 사무표준화, 작업연구, 사무공정관리, 사무품질 및 사무원가 관리, 예산관리, 문서관리 등에 관한 사무는 판단사무에 속한다.

판단정보(← **예측정보**, speculative evaluative form of intelligence) 특정 문제를 체계적이며 실증적으로 연구하여 미래에 있을 어떤 상태를 추리 평가한 정보로서 미래에 대한 예측과 판단을 가능케 하는 해주는 평가, 판단형 정보를 말한다. 이는 과거와 현재를 바탕으로 하여 미래의 가능성을 예측한 평가정보이다. 시계열을 기준으로 할 경우, 미래에 해당하며 정책결정자에게 정책의 결정에 필요한 사전적인 지식을 제공하는 기능을 한다. 종합적인 분석과 과학적 추론을 필요로 함으로 분석형태에 따른 분류에 있어서 가장 정선된 형태의 정보라고 할 수 있다(문/황, 2010:23).

현상황에 대한 분석뿐만 아니라, 미래 상황에 대한 예측, 판단까지 포함하는 가장 정선된 정보라 할 수 있다. 국가안보 운영에 있어 정세예측과 판단은 가장 중심적 임무이다. 왜냐하면 예측은 손자병법에서 제시하는 선지(先知)의 역할과 같은 것으로 사태의 우발성을 최소화시킬 뿐만 아니라 일단 전개될 사태를 봉쇄하거나 통제하는 데 효과적으로 이용될 수 있기 때문이다. 예측/판단정보는 모든 사안에 대해서 이루지는 것은 아니다.

국가이익의 우선순위에 따라 중요한 전략적 핵심 사안들을 설정하고 이들 문제에 대한 예측작업이 이루어진다. 미국의 국가정보예측(National Intelligence Esitimate: NIE)보고서는 예측, 판단정보의 대표적 사례라고 할 수 있다(문정인외 17, 2006:30).

8조금법(八條禁法) 고조선 시대의 경찰제도와 관련된 대표적인 형법법을 의미한다. 팔조법금(八條法禁)이라고도 하며, 오늘날 까지 이른바 3조목이 전해 내려오고 있다. ① 살인죄: 사람을 죽인 자는 바로 죽인다(相殺以當時償殺). ② 상해죄: 남에게 상해를 가한 자는 곡물로 배상한다(相傷以穀償). ③ 절도죄: 남의 물건을 훔친 자는 남자인 경우 그 집의 노(奴)로, 여자인 경우 비(婢)로 되나, 스스로 속(贖)하려 하는 자는 오십만전을 내야 한다(相盜者男沒入爲基家奴 女子爲婢 欲自贖者 人五十萬). 이를 통하여 고조선 사회는 형벌법령을 집행할 만큼 어느 정도의 체제와 힘을 갖추고 있었고, 다만 오늘날과 같이 경찰과 재판 및 형집행 기능은 따로 분화되어 있지 아니하고 지배세력이 모든 권한을 행사했으리라는 추정을 할 수 있다. 또한 고조선시대에 이미 생명, 신체 및 사유재산의 보호사상이 있었음을 알 수 있다.

패러다임(Paradigm)　과학이나 세상을 지배하는 이론이나 세계관을 말한다. 경찰의 역할 변화는 거창한 세계관의 변화에 비교할만한 큰 변혁은 아니지만, 경찰의 역할에 대한 인식의 전환을 의미한다는 입장에서 세계관의 변화라고 할 수 있다.

패키지 프로그램　이미 프로그램을 만들어 놓은 상태에서 상업방송의 광고 스폰서에게 즉시 판매할 수 있는 상태에 있는 경우를 말한다.

평시경찰(平時警察)　평시의 경찰법규와 경찰조직에 의하여 행하여지는 경찰행정을 말한다. 이와 반대로 비상경찰은 천재지변이나 전시 · 사변 기타 국가 비상사태에 있어서 계엄법에 의하여 병력으로 공공의 안녕 · 질서를 유지하는 작용의 경찰행정을 말한다.

평정대상자(評定對象者)　근무성적체제가 객관적이고 과학적으로 확립하기 위해서는 평정대상자의 범위를 규정해야 한다. 평정대상자의 범위는 전체구성원 중에서 근무성적평정의 대상에 포함시킬 평정대상자의 범위이며, 또 하나는 동일평정서를 적용할 평정대상자의 범위에 속한다.

평정요소(評定要所)　일반적으로 근무성적평정요소는 실적과 개인과 관련된 것으로 나눌 수 있다. 개인의 실적 측면에서는 상급자가 하급자에 대하여 기대하고 바라는 것을 요구하는 업무의 내용과 수준을 얼마나 달성했는지 평가하는 것으로 업무의 질과 양을 평가하는 범주로 포함시키고 있다. 실적중심의 평정요소는 직무를 구성하는 명확한 과업을 평정범위에 포함시켜 객관적이고 과업목표중심의 평가를 할 수 있다. 또 인적 측면에서는 실적뿐만 아니고 개인에 대한 직무수행능력과 태도까지도 포함한다. 그리고 개인의 성장 가능성을 참작해 잠재적 능력과 태도를 평가하는 것을 중요한 기준으로 삼을 수 있다.

평정자(評定者)　근무성저의 평정자는 평정대상자의 근무성적을 평정하는 사람을 말한다. 근무성적의 평정자는 3인으로 하되, 제1평정자는 피평정자의 직속상급감독자, 제2평정자는 제1차평정자의 직속상급감독자, 제3차평정자는 제2차평정자의 직속상급감독자가 된다. 다만 경찰청장은 평정자를 평정하기 곤란하다고 인정할 경우에 다른 평정자를 정할 수 있다. 여기서 평정자는 평정대상자와 자주 접촉할 수 있고, 그들의 근무상황을 자세히 관찰할 수 있어야 한다. 그래야 평정자가 평정대상자의 직무와 책임의 구체적 내용과 직무수행의 기준으로서 요청되는 수준 및 자격정도를 잘 파악하고 평정대상자를 정확히 평정할 수 있다.

포도청(捕盜廳) 전국적으로 들끓는 도적의 횡포를 막기 위해 성종 2년 포도장제(捕盜將制)에 기원을 두고 처음으로 임시설치 되었으며, 중종 때 이르러 포도청이란 명칭이 등장하고 항구적 기관이 되었다. 포도청은 도적의 예방 및 체포를 위해 야간순찰, 기타 금조(禁條)에 저촉되는 행위를 적발하는 임무를 수행하였으며, 양반집의 수색과 여자도적 체포를 위해 '다모'라는 여자 관비도 있었다. 1894년 갑오경장과 함께 한성부에 '경무청'이 설치되면서 폐지되었다.

4D 낙인이론에서 주중하는 정책적 대안으로 비시설화(deinstitutionalization), 전환조치(diversion), 적법절차(due process), 비범죄화(decriminalization)로 구성된다.

포렌식 전문가 확보 경찰청은 민간 IT 전문가를 사이버수사요원으로 선발하고 있다. 그 밖에 해킹이나 암호 등 첨단분야의 석사와 박사의 고급인력을 매년 꾸준히 확보하여 전문수사역량을 확대해 나가고 있다. 특히 경찰청은 민간인 관련 학자들과 공동으로 포렌식 관련 학회를 창설하여 활발한 학술활동을 펼치며 이론과 실무를 겸비한 공동연구 망을 구축해 나가고 있다.

포섭(包攝) 공작원이나 정보기관이 공작상 필요되는 기관, 단체 또는 개인을 공작을 위하여 일하도록 가담시키는 것을 말한다.

폭력범(暴力犯) 폭행과 협박으로 위력을 과시하면서 상해 · 폭행 · 체포 · 감금 · 협박 · 손괴 · 공갈 · 퇴거불응 등의 범죄를 자행하는 자를 말한다. 실무상 구분으로는 사람의 신체에 대해 직접적, 간접적 유형력을 행사하는 범죄로 단순폭력, 집단폭력, 조직폭력, 가정폭력, 학교폭력 등으로 구분된다. 한편 폭력범죄의 특징은 ① 대상이 사전에 파악, ② 범행지역이 어느 정도 특정, ③ 범인은 대체로 폭력상습자, 폭력배 집단의 구성원, ④ 극히 잠재성이 강한 범죄, ⑤피해자층이 어느 정도 한정, ⑥ 대부분 면접범, 상습범

폭파사건(爆破事件) 화약류 기타 폭발물에 의한 고의적인 폭발사건이다. 폭파사건 발생시 사건분석의 3요소로는 폭발물의 형태, 폭발의 목표물, 희생자 현황이다. 한편 폭발사고수사의 특성은 ① 이화학 · 전기 · 건축 · 기상조건에 관한 광범위한 지식의 요구, ② 과실범이 대부분이나 고의범도 배제할 수 없어 수사방침결정이 중요하다. ③ 현장범위가 넓어 현장지휘자의 통제에 따른 현장관찰 · 검증의 반복이 필요하다. ④ 폭발 · 연소에 의한 화재와 소화활동에 의한 현장파괴로 채증활동이 극히 곤란하다.

폭파태업(爆破怠業) 태업의 형태 가운데 물리적 태업의 하나로써 TNT · 다

이너마이트 등 폭발물을 사용하여 목표물을 파괴하는 방법을 말한다. 폭파태업의 특징은 다음과 같다. ① 파괴가 즉각적이고 전체적이어야 할 때 사용한다. ② 목표물을 파괴하는 목적을 달성하기 위해 강한 절단력과 분쇄력을 필요로 할 때 주로 사용한다.

폴로워십(followership) 자기리더십과 관련되는 것으로 리더와 추종자(follower)의 관계에서 전통적 견해인 추종자를 수동적으로 보는 견해를 지양하고 능동적인 추종자의 역할과 함께 리더와 추종자들 간의 효과적인 상호작용을 강조한다. 켈리(Kelley)는 추종자를 효과적 추종자, 소외적 추종자, 양(洋), 예스맨의 네 유형으로 구분하고, 효과적 추종자(effective followers)를 지도자와 조직에 가장 유익한 존재로 파악하였다.

품목별 예산제도(Line-Item Budgeting) 예산을 기관별로 분류한 다음에 각 기관의 지출대상(품목)별로 소요경비를 표시하는 방식을 의미한다. 예컨대 특정 기관의 총예산을 인건비, 장비구입비, 유지보수비, 여비 등의 범주로 나누어 분류하여 작성하게 된다. 무엇보다 품목별 예산의 장점은 자금이 어디에 쓰이는지를 알 수 있게 해주는 동시에 대상별로 지출의 한도를 정해 주게 된다. 그 결과 따라 불필요한 예산의 지출이나 낭비를 방지하게 된다. 이에 반해 품목별 예산의 단점은 예산을 사용하여 실제로 무엇을 하는지에 대한 의미 있는 정보를 제공해 주지 못한다는 점이다. 또한 지출항목이 지나치게 세부적으로 구분될 경우에는 상황변화에 대응할 수 있는 탄력성이 결여된다는 문제점에 노출되어 있다.

Pompidou 그룹(Pompidou Group) 1972년 프랑스 퐁피두 대통령의 발안으로 창설된 다자간 참여 경찰협력으로 마약관련 범죄진압을 위한 협력을 그 목적으로 하고 있다. 1981년 스트라스부르크 회의에서 3단계에 걸친 마약예방 프로그램을 실시하기로 결의하였는데 3단계는 다음과 같다. ① 마약의 남용 전단계에서의 기초예방, ② 마약남용 시초단계에서의 중간예방, ③ 마약중독이 정착된 단계에서의 3차 예방

표제(表題) 이는 신문이나 잡지 및 책자의 표지에 쓰는 제목 따위의 내용을 압축해서 내세우는 제목을 가리키는 말이다.

표피박탈(表皮剝脫) 피부까짐이라고도 하며, 피부의 표피가 벗겨져 나가 진피가 노출되는 손상을 말한다. 예를 들어 넘어지거나 추락할 때 지면에서 밀리면서 형성(개갠상처), 자동차 바퀴에 깔려서 치인경우를 말한다. 피부까짐 자체는 표피만 벗겨져 나가는 것이므로 출혈이 일어나지 않으나, 타박력 · 압박력이 동반될 때는 타박상 · 찢긴상처 · 물린상처도 볼 수 있다. 피부까짐은 반드시 물체가 작용한 면의 형상과 작용방향에 일치하여 생기는 것이 특징이다.

품의제도(稟議制度) 조직의 하급자가 문서를 기안하여 관련부서에 회의 의

견을 수렴하는 한편 상급자의 결재를 차례로 얻어가는 업무처리 방식을 말한다. 품의제도는 양식화된 문서를 기안, 결재, 회의의 절차를 거치면서 관련 사안에 대한 의사결정이 이루어지고 그 결과가 문서로 기록 · 보존되는 제도를 말한다. 기안된 문서를 품의서라 하며 품의서에 서명하거나 도장을 찍는 것을 결재라 한다. 품의제도는 의사결정의 권한과 책임이 불분명하고 합리적 의사결정이 불가능하며, 자율성과 창의성을 저해하고 조직의 폐쇄성을 강화한다는 등의 단점이 지적되고 있다.

품질관리(品質管理/QC: Quality Control) 고도의 유용성을 가진 제품을 가장 경제적으로 생산하기 위한 실행계획을 작성하고 그 계획을 달성하기 위해 행하는 모든 활동을 말한다. 비용 면에서 품질과 원가의 최적 균형을 유지하는 것이라고 할 수 있다. 품질관리는 최근 사무관리, 정책분야 등에 적용되어 사용되고 있다. 사무품질관리는 의사결정자가 만족을 얻을 수 있도록 고도의 유용성을 지닌 정보를 가장 경제적으로 작성하기 위해 행해지는 모든 활동을 의미한다.

풍속범죄(風俗犯罪) 미풍양속을 해침으로서 성립하는 범죄이다. 형법 등 법률에 별도로 규정된 범죄는 아니고 미풍양속을 해치는 범죄의 총칭이다. 주로 성풍속을 해침으로서 성립한다. 간통죄, 음행매개죄, 음화반포죄, 음화제조죄, 공연음란죄 등이 대표적이다.

풍속사범(風俗事犯/a violation of public morals) 공서양속(公序良俗), 즉 미풍양속을 을 저해하는 사범으로 성매매행위, 사행행위, 음란행위 등이 있다. 또한 풍속사범의 단속이란 사회의 선량한 풍속을 유지하기 위하여 사회일반의 풍기 및 건전한 생활습관에 영향을 주는 행위를 금지 · 제한하는 경찰활동이다. 풍속사범을 단속하는 이유는 건전한 국민의 미풍양속을 보호함과 동시에 범죄발생의 가능성을 사전배제하자는 데 있다.

풍속영업(風俗營業) 「풍속 영업의 규제에 관한 법률」에 의한 "풍속영업"이라 함은 유흥접객업, 숙박업, 이용업, 목욕장업 중 대통령령으로 정하는 것, 「영화 및 비디오물의 진흥에 관한 법률」에 의한 비디오감상실업, 「음악 산업 진흥에 관한 법률」에 의한 노래연습장업 및 「게임 산업 진흥에 관한 법률」에 의한 게임 제공업 및 복합유통게임공업, 「체육시설의 설치 · 이용에 관한 법률」에 의한 무도학원업 및 무도장업, 기타 선량한 풍속을 해하거나 청소년의 건전한 육성을 저해할 우려가 있는 영업으로 대통령령이 정하는 것 등이다.

풍속영업의 규제에 관한 법률(風俗營業의 規制에 關한 法律) 1991년 제정된 뒤 2001년 5월 법률 제6473호까지 5차례 개정되었다. 이 법은 선량한 풍속을 해하거나 청소년의 건전한 육성을 저해하는 행위 등을 규제하여 미풍양속의 보존과 청소년보호에 이바지하려는 취지에서 제정된 법이다. 풍속영업의 범위를 유흥접객업, 숙박업, 특수목욕장업, 성인용 전자유기장업, 만화대여업 등으로 했다. 풍속영업자와 종사자는 선량한 풍속을 해하거나 청소년의 건전한 육성을 저해하는 행위를 할 수 없도록 하고 이를 위반하는 경우 벌칙을 부과하고 있다. 풍속영업의 허가관청은 허가 등의 내용을 경찰서장에게 통보하도록 하고, 경찰서장은 풍속영업자가 위법행위를 한 경우 그 사실을 허가관청에 통보하여 허가취소 등 필요한 조치를 할 수 있도록 하였다.

프라임타임(prime time) 이는 방송시간 중 가장 시청률이 높은 오후 7시부터 10시 30분까지 사이를 가리키는 것이다. 이것은 다른 용어로 골든아워(golden hour)라고도 불리고 있다.

프락치(Fraction) 공산당 기초조직에서 파생하여 타 조직 내부로 잠입하거나 다른 조직의 간부를 포섭하여 그 조직 내에서 정치적 지도성을 확보하려는 비밀활동조직을 말한다.

프랑스 경찰노조 이황우의 연구에 따르면 1995년 기준 프랑스의 경우 경찰관 84,000여명이 경찰자치노동조합연맹(FASP), 경찰부문별노동조합연합(USCP), 경찰독립연맹(FPIP), 사복경찰과 전국자치노동조합(SNAPC), 총경 상급간부노동조합(SCHF)에 가입하고 있다(이황우 외, 2003: 438). 이렇게 볼 때 프랑스 경찰은 2/3 이상이 노조에 가입하고 있는 셈이다. 이러한 결과는 프랑스 경찰조직에서 상하간에 의사소통이 부족하고 경찰공무원들의 불만을 들어주고 해소하여 줄 만한 제도적인 장치가 제대로 마련되어 있지 않은 데서 나타나는 현상이라고 평가하기도 한다.

프랑스 경찰의 노동3권 프랑스에서는 이미 1948년에 공무원의 노동3권이 국가로부터 인정되었다. 하지만 경찰공무원과 교정직공무원에게는 단체조직권과 단체교섭권만 인정하였다. 나머지 단체행동권은 엄격히 제한했다. 그 업무의 중요성 때문에 불허하게 된 것이다. 그럼에도 불구하고 다른 공무원과 형평을 맞추기 위해 이들에게는 단체행동권을 제한하는 대신 수당으로 보전을 해주고 있다.

한편 프랑스에서 경찰은 2001년 10월 봉급인상과 장비개선을 요구하며 1개월간 시위를 벌렸다. 이때 국민들로부터 높은 호응을 얻기도 했다. 국가로부터 경찰의 봉급인상과 장비개선을 얻어내는 순기능적 결과도 나타났다. 그러나 한편으로는 프랑스에서 노조가 지나치게 과격하다는 평가도 받고 있다.

프랑스 경찰의 특징 프랑스 경찰의 특징을 조직적인 측면에서 정리해 보면 전형적인 중앙집권적 경찰제도에 자치경찰제도를 부분적으로 가미하고 있다. 그리고 국가경찰은 도시지역을 담당하는 국립경찰과 농촌지역을 담당하는 군인경찰(내무부 소속)로 나뉘어 직무를 수행한다. 프랑스는 오직 기초자치단체 수준에서만 자치경찰이 존재하고 광역단위에서는 실시하지 않는다.

프랑스 뇌이시의 근무시간 프랑스의 경우 자치단체별로 자치경찰의 근무시간이 다르다. 즉 자치단체별로 예산과 인력의 여건을 고려하여 운영의 묘를 살리고 있다. 뇌이시의 자치경찰은 월요일부터 금요일까지는 오전 7:00~21:00까지, 토요일의 경우는 10:00~20:00까지 그리고 일요일의 경우는 09:00~19:00시까지 운영하는데 자전거나 오토바이 혹은 순찰차를 활용해 근무순찰을 하고 있다. 이와는 달리 프랑스 니스시 자치경찰의 경우는 24시간 동안 근무하는 방식을 취하고 있다(신현기, 2012: 111).

프랑스 뇌이시의 재정문제 뇌이시의 경우 100% 자치재정에 의해 운영되고 있다. 시민이 100% 자체적으로 비용을 부담해서 운영한다. 도차원에서는 보조금을 주는데 오직 순찰차량 등만 구입할 수 있다. 2004년에 뇌이시의 자치경찰예산은 전체 시예산의 1,15%인 114만 유로(Euro)였다. 투자경비는 53만 유로(전체예산의 0,12%)였다. 범칙금의 경우 국가가 모두 가져간다. 자치경찰은 별로 관심이 없는 실정이다. 자치경찰은 국가경찰의 보조자 역할에 그치기 때문에 상호간에 충돌은 없다. 왜냐하면 이들 간에는 상호 겹치는 것이 없다. 국가경찰에 대부분의 권한이 주어져 있다. 방범, 교통, 순찰의 경우 자치경찰 뿐 아니라 국가경찰에게도 권한이 있어서 자치경찰의 고유권한에만 해당되지 않는다. 시장 마음대로가 아니고 사법권(검사)에도 범죄는 관련되어 있어서 결국 검사나 도에도 관련되어 운영되고 있기 때문이다. 즉 교통질서의 경우 위반사항을 자치경찰이 관여하게 되고, 사고로 사망한 경우는 국가경찰이 관여하게 된다.

프랑스 자치경찰 프랑스의 지방행정 조직은 도지사 감독 하에 시 · 읍 · 면장이 있다. 이들은 선거에 의해 선출되고 경찰력 사용을 위한 규칙제정권을 행사할 수 있다. 이들의 소속 하에 있는 경찰이 바로 지방경찰이다. 이들은 국가경찰이 존재하지 않는 곳에서 치안유지를 담당한다. 프랑스 전국의 대략 1,000개의 지역에 3만여 명의 지방경찰이 활동하고 있다. 물론 부족한 경찰력은 군인경찰의 지원을 받아 충당하고 있다.

프랑스 자치경찰공무원의 채용 프랑스 자치경찰공무원의 선발은 국가가 운영하는 공직관리센터에서 자치경찰시험(일종의 자격시험)에 합격해야 한다. 이 합격증은 자기가 근무하고자 하는 기초자치단체(꼬뮨)에 가서 서류전형을 통과하고 최종적으로 채용이 이루어지는 과정을 밟는다. 프랑스 자치경찰이 채용된 직후에 바로 국가에서 운영하는 지방공무원 연수소에서 12개월간 교육을 수료하고 자기 소속의 자치경찰대에 배치되어 근무한다. 교육은 이론 50%이고 실습이 50%로 이루어지며 이들의 실습은 자치경찰, 국가경찰, 군인경찰 기관에 배치되어 이루어진다. 프랑스에서 자치경찰대장(Chef de police municipal)의 경우는 교육기간이 조금 긴편인데 이론 9개월 및 실무 6개월을 합해 15개월간의 수료 후 임명된다.

프랑스 자치경찰의 계급 자치경찰대장을 포함해 6개로 이루어져 있는데 자치경찰대장은 국가경찰을 퇴직하고 이직해 오는 경우도 종종 있다.

6개 등급
Chef de police municipal

brigadier−chef principal
brigadier−chef
brigadier
gardian principal
gardian

출처: 신현기, 「자치경찰론」(부평: 진영사, 2010), p.106.

프랑스 자치경찰의 봉급 파리 근교 뇌이시의 경우 자치경찰은 현재 보수에 만족하고 있다. 이들은 매달 2,000유로(Euro) 정도를 받고 있었다. 불만도 없고 국가경찰로 옮겨간 사례가 없다. 사기도 저하되지 않고 있는데 국가경찰이나 자치경찰이나 혜택이 비슷하기 때문이며 이는 그 나라의 문화적 현상으로 이해된다. 사진은 뇌이시의 자치경찰서 모습이다(신현기, 2010: 111).

프랑스 자치경찰의 사무 프랑스에서 자치경찰이 담당할 수 있는 업무는 극히 제한적이다. 이는 국가와 협약을 체결하여 조정되고 있다. 특히 지방자치법상 공공질서, 안녕, 안전과 위생의 유지임무를 수행하는 것이 핵심이다.

- 거리나 광장 등 공공장소의 통행안녕과 편리함에 관련된 것으로 청소, 청결, 장애물 제거, 붕괴위험 건물의 수선과 파괴, 건조물의 일부 추락으로 장애유발 가능한 창문 노출의 근지 등
- 거리에서 집단싸움, 공공집회 장소의 소란, 소란스런 모임, 소음, 거주자의 평온을 해하는 야간의 모임에 대한 모든 침해의 억제
- 시장, 공공의례, 경기, 카페, 교회, 그밖의 공공장소 등과 같은 집회장소의 질서유지
- 식료품점의 판매목적에 맞는 무게나 길이의 준수여부 감시
- 공해, 화재, 홍수, 산사태 등 자연재해, 유행성 전염병 등의 재앙이나 사고 등을 원조와 조치수단에 의한 응급조치권 및 상급행정의 개입요청 등으로 예방
- 공중도덕, 안전, 개인의 소유를 침해할 수 있는 정신적 장애에 빠진 사람에 대해 임시로 필요한 조치 이행
- 맹수나 유해한 동물의 방치로 야기 가능한 사건의 예방과 처리
- 주민의 주식보급을 보장할 수 있는 방식으로 빵집의 연간 휴무와 통제 등이다.

프랑스 자치경찰의 승진 인사위원회는 없다. 시장이 때가 되면 승진시킨다. 때에 이른 후보자는 시청이 주관하는 자격시험을 치러야 한다. 2년, 5년, 그리고 12년이 지나면 자치경찰의 장이 될 수 있는 자격이 주어진다. 물론 시험을 통해 최종적으로 이루어진다.

프랑스 자치경찰의 인사 프랑스 자치경찰공무원의 정원은 약 30,000여명으로 알려졌는데 이러한 수치는 자치경찰제를 도입하는 기초자치단체 지역이 계속 증가하면서 늘어나고 있는 실정이며 프랑스 자치경찰공무원의 신분은 지방공무원

인데 임명시에 도지사와 관할지역 지방검찰청장의 동의를 요한다.

프랑스 자치경찰의 인사교류 자치경찰과 국가경찰 간의 인사교류는 전혀 없다. 자치경찰의 인사에 관한 책임은 전적으로 시장의 권한에 속한다. 다만, 국가경찰이 사퇴하고 자치경찰의 장으로 옮길 수 있다. 그러나 자치경찰이 퇴직하고 국가경찰로 이동할 수는 없다. 경찰이 잘못한 경우 국가경찰이 처벌을 받는 기간은 불과 8일 이내인데 비해 자치경찰은 처벌받는데 6개월 가량 소요된다.

프랑스 자치경찰의 재정 프랑스에서 자치경찰의 재정은 자기 소속의 기초자치단체가 전적으로 책임지고 있다. 이는 프랑스에서는 자치경찰을 운영하기 위한 예산을 마련한 기초자치단체만이 자치경찰제를 실시할 수 있다는 것을 의미한다. 그래서 지역마다 자치경찰의 봉급도 전부 다르다. 그러나 기초자치단체에서 재정적 어려움이 발생하면 국고에서 어느 정도 보조해 주는 경우도 있다.

프랑스 자치경찰의 조직 프랑스에서는 자치경찰법에 따라서 모든 자치단체장은 국가가 임명한 도지사의 행정통제하에 자치경찰을 설치 · 운영할 수 있다. 프랑스의 기초자치단체(꼬뮨/ commune)는 약 36,779개에 이른다. 이 중의 기초자치단체 대부분은 인구가 200명에서 1,000여명 미만이다. 그러나 인구가 5,000명이 넘는 기초자치단체도 존재한다. 특히 인구가 5,000명이 넘는 대부분의 기초자치단체에서는 자치경찰을 설치 · 운영하고 있다. 주목할 것은 프랑스에서 자치경찰채용은 자치단체의 규모, 재정자립도, 시장의 치안정책 등에 따라서 다르며 또한 자치경찰 업무의 범위도 매우 다양함을 보여주고 있다. 프랑스 자치경찰에서 한 두명을 운영하는 기초자치단체가 무려 64%나 차지하고 있다.

프레스(press) 오늘날 흔히 우리의 대중매체인 신문, 잡지, 라디오, TV를 의미한다. 사실 19세기 프레스는 인쇄매체에 국한되었으나 1930~40년대에 라디오와 영화 뉴스가 포함되었다. 그 후 50년대에 영화뉴스 대신 TV해설자, 사진기사, 전문기호가까지도 포함하여 총칭하게 되어 오늘에 이르고 있다.

프레스킷(press kit) 통신사의 보도자료 묶음을 의미한다.

프로이드(Freud) 오스트리아의 신경과 의사로 정신분석 아론의 창시자이다. Freud의 정신분석이론에 따르면 superego의 과잉발달이 죄의식을 크게 만들고 이 죄의식 때문에 범죄가 일어나게 된다. 따라서 형벌의 부정과 철폐를 주장하고, 신경증적 범죄자의 경우에는 무죄가 되어 의학적 치료와 보호처분을 요하게 된다.

프로포폴(Propopol) 전세계에서 가장 많이 쓰이는 정맥 주사용 마취제로 일명 수면마취제로 불린다. 이는 우유빛을 띠고 있어 일명 우유주사라고도 불린다. 내시경 시술이나 전신마취를 하지 않고 환자를 재워서 간단한 수술을 할 경우에 주로 사용되고 있다. 마취 유도 시간이 비교적 짧고 마취에서 잘 깨어나 간편하게 사용할 수 있는 약품이다. 특히 약물주입을 끊으면 환자가 빠르게 회복하는 특징을 가지고 있다. 그러나 사람에게 과다 투입하면 민감한 체질의 경우 호흡과 혈압이 급속히 떨어져 위험에 빠지며 사망에 이르기도 한다.

플러시(flush) 매우 큰 뉴스가 발생한 경우 계약된 신문사나 방송국에 신속하게 속보하는 것인데, 신문사는 호외(號外)를 발행하는 경우로 이어진다. 그리고 방송국은 즉시 임시뉴스를 내보내는 상황으로 변한다. 어떤 통신사들은 플러시를 블레틴(bulletin)이라는 뜻으로 사용하기도 한다.

피라미드형(Pyramid 形) 간첩망의 형태 가운데 하나로써 간첩밑에 주공작원 2~3명을 두고 주공작원은 그 밑에 2~3명의 행동공작원을 두는 조직형태이다.

피선거권(被選擧權) 「공직선거법」 제16조에 따르면, 선거일 현재 5년 이상 국내에 거주하고 있는 40세 이상의 국민은 대통령의 피선거권이 있다. 이 경우 공무로 외국에 파견된 기간과 국내에 주소를 두고 일정기간 외국에 체류한 기간은 국내거주기간으로 본다.

또한 25세 이상의 국민은 국회의원의 피선거권이 있으며, 선거일 현재 계속하여 60일 이상 당해 지방자치단체의 관할구역 안에 주민등록이 되어 있는 주민으로서 25세 이상의 국민은 그 지방의회의원 및 지방자치단체의 장의 피선거권이 있다. 이 경우 60일의 기간은 그 지방자치단체의 설치 · 폐지 · 분할 · 합병 또는 구역변경에 의하여 중단되지 아니한다.

피의자신문조서(被疑者訊問調書) 수사기관이 피의자를 신문하여 그 진술을 기재한 조서를 말한다. 수사기관이 작성한 피의자 신문조서에 대한 신용성의 보장이 법관의 면전에서 작성한 면전조서에 비하여 현저히 약하다고 하지 않을 수 없다. 따라서 형사소송법은 피의자신문조서에 대하여는 일정한 요건 아래 증거능력을 인정하고 있다. 한편 피의자신문조서 증거능력 인정요건은 ① 적법한 절차와 방식에 따라 작성될 것, ② 실질적 진정성립이 인정될 것, ③ 특신상황 인정될 것 등이다.

피의자유치 및 호송규칙(被疑者留置및護送規則) 1991년 7월 31일 제정된 경찰청 훈령 제62호이다. 이 규칙은 피의자(피고인, 구류자 및 의뢰입감자 포함)의 유치 및 호송의 적정을 기하기 위하여 필요한 사항을 규정함을 목적으로 하며, 처우의 적정을 통해 피의자의 인권보장에 최선을 다하기 위한 것이다.

피터의 법칙(Law of Peter) 근무성적의 단점으로 실적에 따른 승진이 되풀이되면 현직위의 일을 제대로 감당하지 못하는 사람들만 조직의 각 계층에 남게 된다는 법칙을 말한다. 무능력의 법칙이라고도 한다.

피해자 없는 범죄(Victimless Crimes) 전통적 범죄와는 달리 피해자와 가해자의 관계가 분명치 않다는 점에서 피해자가 없는 것으로 간주하여 전통적 범죄의 개념과 구분하려는 것이다. 그러나, 엄격한 의미에서는 어떠한 종류의 범죄일지라도 피해자가 없는 범죄는 있을 수 없다. 즉, 가해자와 피해자와의 관계에서 볼 때 성매매, 마약, 성적 도착 등과 같이 동일범죄의 가해자가 동시에 피해자가 되어 전통적 가해자와 피해자의 상대적 관계가 형성되지 않는다거나 또는 대규모의 기업범죄와 같이 범죄의 피해자가 특정인이 아닌 불특정 다수인이어서 가해자와의 관계가 분명치 않은 경우를 일컫을 수 있다.

피해자학(被害者學/victimology)　피해자와 범죄자의 상과관계, 피해자와 형사사법시스템과의 상관성, 피해자와 매스미디어, 경제, 사회운동 등과의 상관성 들을 통하여 개인의 피해자화(victimization)의 원인 및 피해자의 권리, 피해자 지원 정책 등을 연구하는 학문이다.

피해자학이 본격적으로 연구되기 시작한 것은 2차대전 이후인데, 특히 1956년 이스라엘의 변호사 Beniamin Mendelsohn이 그의 논문 「생물 · 심리 · 사회학의 새로운 분야-피해자학(Une Nouvelle Branche de la Science Bio-psycho-sociale: Victimologie)」에서 처음 사용한 용어인 'Victimologie'를 '피해자학'이라 번역하여 사용하면서부터 피해자학의 개념이 발전하였다.

이후 1970년대 들어 유럽과 미국에서 범죄피해자 또는 피해자학이라는 용어와 개념이 많이 등장하였고, 이러한 연구의 활성화는 피해자의 권리 및 지위에 관한 다양한 운동으로 이어지게 되었다.

피해촉발이론(victim precipitation theory)　피해자가 범죄피해를 당함에 있어 자신이 능동적, 수동적으로 촉발요인을 제공한다는 이론이다. 능동적 촉발은 피해자가 도발적으로 행동하고, 협박하거나 자극하는 말을 사용하거나, 선제공격하는 등의 행위로 인해 범죄피해를 당하는 것이다. 수동적 촉발은 피해자가 무의식적으로 공격자를 위협하거나 자극하는 행동을 보임으로써 범죄피해를 야기하는 것이다.

피해통보표(被害通報表)　범죄수법자료의 하나로서 피해사건이 발생하여 범인이 누구인지 판명되지 않았을 때 해당사건의 피해자, 범인의 인상 · 신체 · 기타 특징, 범행수법, 피해사실, 용의자 인적사항, 피해품 등 수사자료가 될 수 있는 내용을 수록한 기록지 또는 이를 전산입력한 것을 말한다.

필적감정(筆跡鑑定)　개인에 따라 항상성과 희소성이 존재하며 이를 전제로 하여 자료와 대조자료(文字) 사이의 동일여부를 식별하는 감정을 말한다. 진필과 모방필적을 구별하는 기준은 유연성, 지속성, 주저흔과 미세한 떨림이다.

METROPOLITAN
POLICE
ㅎ
경찰
POLICE

하우스오르간(機關紙, 社報/house organ)　　정기간행물의 한 유형으로 정부기관이나 정당, 각종 사회단체나 기업체 등에서 발행하는 신문이나 잡지 형태가 있다. 대표적인 것으로는 기업체에서 발행하는 사보(社報)를 들 수 있는데, 이는 대외용인 사외지(社外誌), 대내용인 사내지(社內誌) 및 대내외 겸용의 혼합지(混合誌)이다. 이 중 사외지(社外誌)를 PR지라고 한다. 이와 같이 사보(社報)나 PR지 같은 기업이나 단체가 발행하는 비매품의 인쇄물을 말한다. 사보는 사내의 커뮤니케이션을 도모하기 위한 것이며, PR지는 소비자, 거래선, 주주 등과의 커뮤니케이션을 도모하기 위한 것이다.

하의상달식 의사전달(下意上達式 意思傳達/bottom-up communication)　　하급자가 상급자에게 의사를 전달하는 방식으로써 보고, 제안제도, 직원의 의견조사, 면접 등이 해당된다. 보고는 규칙성 · 내용 · 방법에 의해 여러 유형으로 분류 될 수 있다. 하의상달식 의사전달의 문제점으로 지적 될 수 있는 것이 보고의 왜곡이다. 보고의 왜곡은 상향적 의사전달과정에서 객관적인 사실 그대로를 상관에게 전달하지 않는 경우에 발생하는 것이다.

학교교육(學校敎育)　　신임 및 재직경찰관에 대하여 경찰대학과 경찰연수원, 중앙경찰학교, 경찰수사연수원 등에서 실시하고 있는 교육훈련을 말한다. 학교교육은 대상에 따라 신임교육, 필수교육, 선발교육으로 구분한다.

학습조직(學習組織)　　조직을 학습시스템으로 이해하고 조직 내에 있는 구성원들이 지식, 기술, 정보를 나누고 학습하여 조직 내부의 활동으로 바꿈으로써 새로운 변화에 적응하고 살아가는 학습에 의한 조직을 말한다. 학습조직이 되기 위해서는 사명감과 비전의 설정, 공유된 리더십과 참여, 실험을 장려하는 문화, 조직의 경계를 지식을 전파 할 수 있는 능력, 팀워크와 협동을 갖추어야 한다.

학제적 접근방법(學制的 接近方法/interdisciplinary)　　학제적 연구방법이라고도 하며 이는 공통의 연구 대상에 대해 다수의 이질적인 접근법이 있는 경우 여러 가지 접근 방법을 대표하는 기존 방법의 경계선을 없애고 관련된 여러 학문의 협력에 의해 공통에 접근하는 연구방법을 의미한다. 각 학문 간에는 특수성이 있기 때문에 하나의 이론으로서 통합할 수는 없으나 인간행동을 연구함에 공통점을 도출함으로써 각각의 학문을 연구 · 통합하는 것은 가능할 수 있다. 이와 같이 어떤 목적을 달성하기 위해 각기 다른 학문의 공통점을 관련시켜서 통합하는 연구방법을 학제적 연구방법이라 한다. 학제적 연구방법의 장점은 상호 상이한 학문에 공통점을 찾아 비교함으로서 새로운 것을 얻을 수 있고 이러한 학문 간의 공통점을 찾음으로서 각각의 학문 사이에 의사소통이 잘 이루어지며, 또한 각 학문 사이에 응용 할 수 있는 범위의 확대가 가능하다는 점이다.

한국경찰사무 위탁에 관한 각서(1910. 6. 24) 일본의 육군대신 데라우치가 통감으로 부임하면서 체결한 것으로, 이에 의해 한국의 경찰권은 완전히 상실되었다.

한국경찰연구학회(韓國警察硏究學會) '99년 3월, 국가권력의 대행자나 단순한 행정관료의 모습이 아닌, 시민이 원하고 시민을 위한 경찰을 추구하는 여러 뜻있는 학자, 시민, 경찰실무자들의 노력에 의해 '시민을 위한 경찰발전 연구회'라는 이름으로 탄생하였다. 권위적이고 형식적인 학회의 모습이 아닌, 보다 민주적이고 진취적인 학회를 지향하는 경향에 맞추어, 각지의 젊은 경찰학 교수들, 경찰관들 그리고 경찰을 사랑하는 시민 등 14명의 발기인이 1999. 1. 30. 서울교대 앞 'cafe 포럼'에 모여 학회창립을 결의하는 등 본 학회의 탄생에 많은 노력을 하였고, 1999년 3월 5일 서울 스칸디나비아클럽에서 창립총회를 개최함으로써 열린 학회, 토론하는 모임으로서의 본 학회가 설립되게 되었다.

제1대 문성호 회장이 1999년 3월에 취임하여 1년간 학회발전의 초석을 닦았으며 제2대 및 제3대 최응렬 회장, 제4대 표창원 회장, 제5대 서보학 회장의 노력과 정진을 이어받아 제6대 신현기 교수가 2004년부터 2007년까지 학회를 이끌었다. 또한 점차 높아지는 경찰 및 관련 분야에 대한 관심을 보다 학문적인 논의의 장으로 수렴하기 위한 노력의 일환으로 2002년 3월부터 학회명칭을 '한국경찰발전연구회'로 개칭하였으며 학회지 발간, 학회규정 정비 등 보다 발전된 학회의 외양을 갖추는 계기를 마련하였다. 한발 더 나아가 2003년 서보학 회장이 취임하여 학회명칭을 연구회가 아니라 학회로 개정하게 되었는데 그것이 바로 '한국경찰발전연구학회'인 것이다. 이후 2009년 1월 '한국경찰연구학회'로 학회 명칭을 개정하여 명실상부한 형사사법분야 및 경찰학 분야의 주도적 학회로서의 위상정립을 위해 노력해오고 있다.

이러한 과정은 모두 본 학회 회원들 상호간의 민주적 토의와 결정과정을 통해 이루어진 것이었으며 본 학회의 회원은 현재 국내외 경찰관련 학과 교수 및 학생, 법조계, 경찰관, 그리고 일반 시민 등 300여명에 이르고 있다. 2004년에 취임한 신현기 회장은 본 학회지를 2006년 12월 28일 학술진흥재단의 등재후보지로 선정되도록 했으며 현재 권위 있는 학진등재후보 학술지로 자리잡았다. 그리고 2008년 1월부터는 제10대 회장으로 동국대 임준태 교수가 취임하여 학회에서 발간하는 한국경찰연구를 학술진흥재단의 등재지 선정을 위한 1차평가를 통과하여 명실공히 한국에서의 경찰학, 범죄학 분야의 내실있는 학회로의 자리매김을 하였다.

2010년 1월부터는 제11대 회장으로 관동대 이영남 교수가 취임하여 학회의 정통성을 기반으로한 학문적 기반의 확대와 내실을 도모하여 역량있는 신진학자와의 공감대 형성을 위한 새로운 발걸음을 내딛어 이끌었다. 2012년부터는 한남대 이창무 교수가 12대 회장에 선임되어 학회가 발전을 거듭하고 있다.

한국경찰의 홍보 역사 크게 1991년 경찰청 개청 이전과 이후로 나누어진다. 우선 전북경찰 중심으로 경찰청 출범 전 경찰홍보의 변천과정을 살펴보면 전북경찰이 최초로 공보업무를 시작한 것은 1947년 3월 6일 경무부 훈령 제 1호에 의거 제6관구 경찰청(현재 전북경찰청) 직속으로 공보실이 설치되면서부터이다. 당시 경찰업무에 있어서 민경협력이 중요하였고, 이를 위해 전국 관구청장 직소에 공보실이 설치되었다. 공보실은 공보에 관한 기획 실무를 담당하였으며, 1947년 3월 20일에는 미군정법령 제 136호에 의해 [신문 및 기타 정규 간행상 허가에 관한 건]이 개정되면서 출판업무까지 담당하였다. 출판 신청을 기존의 상무부장에서 조선정부공보부장으로 개정하였기 때문이다. 그러나 혼란이 가중되었던 전북경찰 초기의 공보실은 그 권한만큼의 독자적인 영역을 확보하진 못하였다. 그 후 1948년 8월 15일 대한민국 정부수립과 함께 제 6관구경찰청은 도지사 산하의 전라북도 경찰국으로 격하되면서 공보실도 경무과 소속의 공보계로 축소되기에 이른다. 1961년 5. 16 군사쿠데타 이후에는 경무과 소속의 공보계가 다시 경무계소속의 공보반으로 격하되었다. 이로써 공보기능은 사실상 유야무야한 상태에 이르렀고, 단지 치안국과 서울시경의 공보기구만이 계속 존속하고 있었다. 그 결과 경찰의 홍보업무는 활발하지 못하였고, 경찰홍보기사 보도나 언론기관과의 유대관계 유지가 더욱 어렵게 되었다. 1989년 8월 7일 전라북도경찰국과의 공보반이 경무과의 공보계로 신설되기까지, 공보업무는 경무계 경사급 1명이 공보전담자로 배치되어 경무계의 일반 업무와 병행 실시하고 있었다. 그러나 1980년 후반에 접어들면서 소극적인 홍보에서 탈피한 적극적인 경찰홍보가 요구되었고, 그 결과 1989년 8월 7일 공보계가 신설되면서 경감 1명과 경사 1명으로 독자적인 홍보활동을 시작한 것이었다. 경찰청 개청 이전의 이러한 경찰홍보조직은 그 중요성에 비해 독자적인 영역을 갖추지 못한 상태에서 단지 소극적인 경찰홍보활동만을 수행해 왔다.

그러나 1990년 이후 경찰이나 정부는 국민에게서 비난을 받게 되는 경향이 빈번해져 이와 같은 공격으로부터 자신을 보호하고 대중과 우호적인 관계를 유지해야만 경찰의 성장. 발전이 이루어질 수 있다는 생각이 점차 확산됨에 따라 홍보에 대한 관심이 고조되었고 독자적인 홍보 기능은 1991년 경찰청 개청과 함께 시작되었다. 1991년 8월 1일 경찰청이 1차장 4관 7국 5심의관 9담당관 11과로 정식 출범하였고, 서울지방경찰청에 1차장 7부 2담당관 17과 7직할대를 두고 각 지방경찰청에 차장제를 신설하였으며, 공보. 감사당당관 등 2담당관을 신설하였다. 경찰청 발족이후 홍보기능이 강화되어야 한다는 인식이 대외적으로 확산되면서 경찰청 발족이전 과단위로 머물러 있던 홍보기능이 경찰청장 직속으로 청장을 보좌하는 공보관으로 승격되었다. 즉 경찰청에는 경무관 1인을 공보관으로 보하였고, 공보담당관(총경) 1인을 두었으며, 지방경찰청에는 경정인 공보담당관을 두어 공보기능을 강화하였다. 2005년 4월 21일에는 공보라는 명칭을 홍보로 바꾸어 홍보담당관실로 개칭되었다.

한국경찰학회(韓國警察學會) 한국경찰학회는 이황우 교수 등이 중심이 되어 '한국경찰학회' (The Korea Association of Police Science)를 1998년 10월 24일 창립했다. 이 학회는 다음과 같이 학회 창립목적을 밝히고 있다. 즉 "정부수립 50년이 지나는 동안 우리 정부와 사회 각계는 비약적인 성장을 이루어 왔으며, 경무국으로 시작했던 우리 경찰도 이제 15만 가족으로 구성된 방대한 조직으로 커다란 발전을 이룩했습니다. 또한 경찰활동의 과학화를 도모하는 경찰학이라는 학문이 우리나라에 소개된지도 벌써 30여년이 지났습니다. 그동안 국립대학인 경찰대학이 설립되었고, 사립대학으로서 동국대학교를 비롯한 50여개 대학에 경찰행정학과가 설치되었으며, 경찰청 치안연구소의 경찰제도개선 연구과제에 참여한 학자들이 이룬 학문적인 발전이나 노력도 크다고 하지 않을 수 없습니다. 이에 학계와 실무계의 학문적 성과를 통합하고 의견과 정보를 교환할 수 있는 장으로서 '한국경찰학회'(The Korea Association of Police Science)를 1998년 10월 24일 창립하였습니다"(한국경찰학회 홈 페이지 참조). 2012년 한국경찰학회의 회장은 원광대 한상암 교수이며 부회장은 배철효, 신현기 교수 등이 맡고 있다.

한국공안행정학회(韓國公安行政學會) 1987년 11월 28일 우리나라 경찰행정학 연구분야에서는 최초로 동국대 이황우 교수 등이 중심이 되어 발족되었다. 학술지는 1991년 12월에 가서야 한국공안행정학회보라는 이름으로 창간호를 발간했다. 이 학회는 다음과 같이 그 설립취지를 밝히고 있다. 즉 "한국공안행정학회는 경찰행정, 형사사법, 교도행정, 소방행정, 민간경비, 범죄학 등에관한 이론과 실제를 연구하여 이 분야의 학문적 토대를 굳건히 하고자 하는데 있습니다" 등이다. 본 학회의 또 다른 주요기능은 "회원들의 연구성과를 발표하는 장을 제공하고 연구내용이나 방향에 대해서 기탄없는 의견을 교환하고 회원들의 공동 관심사와 이익을 위하여 활동하는 것입니다. 따라서 본학회는 공안행정 제 분야의 연구조사를 통하여 한국공안행정의 발전에 기여함을 그 목적으로 하고 있습니다"라고 밝히고 있다. 이 학회의 홈 페이지는 http://ka-pc.or.kr/이다.

한국민간경비학회(韓國民間警備學會) 한국민간경비학회는 1999년 12월 1일 동국대 이윤근 교수가 중심이 되어 창설되었다. 2010년 12월 14일 제7대 회장에 배철효 교수가 취임하여 2011년 12월 한국연구재단의 등재후보지로 만들었다. 이 학회는 다음과 같이 설립립취지를 밝히고 있다. 즉 "새롭게 열린 21세기는 국민의 '삶의 질'을 최우선으로 하는 사회가 될 것입니다. 이러한 사회는 인력과 예산상의 한계를 가진경찰력만으로는 이루기 힘든 것이 사실입니다. 우리나라의 민간경비는 양적 성장 뿐만 아니라 질적인 면에서도 단순한 인력경비를 탈피하여 최신 과학장비와 첨단 컴퓨터 시스템을 활용하는 기계경비, 신변보호, 호송경비, 특수경비 등 괄목한 성장을 이루었습니다. 따라서 경찰력이 민간경비와의 상호 파트너쉽을 형성하는 새로운 치안패러다임으로 점증하는 치안수요에 대비해야 할 것입니다. 주지하듯이 각국의 민간경비산업의 발전과정을 보면 경제발전, 소득증가에 따라서 민간경비 수요가 증가하고, 관련학계에서 새로운 이론의 소개와 법적, 제도적 정비를 강구하며, 민간경비업체에서 새로운 기술을 도입하고 업종의 다양화를 이루었습니다. 이러한 시대적 요청에 부응하기 위하여 사회질서를 유지하고 국민의 생명과 재산을 보호하는 치안서비스의 한 축으로서, 민간경비산업의 미래를 조망하고, 민간경비산업의 발전방향을 제시하고자 2000년 12월 19일 한국민간경비학회가 창립되었습니다". 이 학회는 명실상부 한국민간경비학 분야의 핵심연구학술단체로 자리매김하었다.

한국 사법 및 감옥사무 위탁에 관한 각서(1909. 7. 12) 한국의 사법경찰권을 포함하는 사법권과 감옥사무가 일본으로 넘어가게 된 불평등 각서이다.

한국유럽경찰학회(韓國유럽警察學會) 한국과 유럽경찰을 연계해 집중적으로 연구하기 위해 신현기, 임종헌, 박승훈, 김재주, 양현호, 전준석, 김태수 등이 중심이 되어 2012년 8월 1일 발족되었다. 세계적으로 영미법계 및 대륙법계 경찰제도의 종주국이라고 할 수 있는 영국, 미국, 캐나다, 호주, 독일, 프랑스, 스페인, 이태리, 스웨덴 등을 꼽을 수 있는데 특히 유럽국가들이 주종을 이루고 있다. 이들 외국의 경찰제도를 보다 체계적으로 연구하고 이들 국가들의 경찰조직과 한국경찰조직들과의 밀접한 상호 협력을 유지하며 향후 공동학술세미나 등을 발전시켜 나갈 목적으로 학회가 창설되었다. 유럽국가들 중 40여개 국가를 집중 연구하여 비교경찰학의 선구자적 역할을 수행하고 있다.

한국자치경찰연구원(韓國自治警察研究員) 행정안전부로부터 2008년 8월에 설립인가를 받아 서울중앙지방법원에 등기를 완료한 (사단법인) 한국자치경찰연구원은 우리나라 자치경찰의 정체성을 집중적으로 연구하기 위해 창설되었다. 신현기, 박억종, 이만종, 이영남, 박동균, 안영훈, 임종헌, 이상열, 조성택, 곽영길, 이정덕 교수 등이 이사진으로 참여해 개원하게 되었다. 한국자치경찰연구원 연혁은 2008년 5월 6일 18시 서울 용산 동자동 12번지 〈하노이의 아침〉 식당에서 창립총회가 개최되었으며 법인사무소는 서울시 관악구 인헌동 180-535호이다. 2008년 8월 1일 행정안전부 장관 (사단법인)한국자치경찰연구원 설립허가 받았다. 2008년 8월 19일 서울중앙지방법원 관악등기소에 등기완료〈법인등록번호: 114321-0031834〉했다. 2007년 11월 이후 한국자치경찰학회와 공동 학술회의(2007 겨울 이후 현재까지)를 지속적으로 개최하고 있다. 특히 (사단법인) 한국자치경찰연구원은 우리나라의 아름다운 섬 제주에서 2006년 7월 1일 자치경찰제를 전격 도입하기 훨씬 이전부터 우리나라 자치경찰제의 정착을 위해 많은 연구를 진행한 자치경찰의 중심적 대표 연구기관이다. 본 연구원은 2007년 11월에 한국자치경찰학회를 창설한 핵심 멤버들이 중심이 되어 2008년 8월 행정안전부장관으로부터 사단법인 인가를 받아 자치경찰연구를 위한 선구자로 우뚝 서게되었다.

한국자치경찰학회(韓國自治警察學會) 한국연구재단에 등록된 전국규모의 학술단체로 신현기(초대 학회장), 박억종, 이영남, 이만종, 박동균, 이상열, 곽영길, 조성택, 임종헌, 안영훈, 이정덕 등이 중심이 되어 2007년 10월 창설되었다. 시민이 원하고 시민을 위한 경찰을 추구하는 여러 뜻있는 학자, 시민, 경찰실무자들의 노력에 의해 창설된 것이다. 2006년 7월 1일 제주특별자치도에서 우리나라 최초로 자치경찰제가 시작되었다. 이는 노무현 참여정부의 훌륭한 노력의 결과로 평가된다. 한국자치경찰학회는 1991년 우리나라의 지방자치제가 실시된 이후 아직까지 국가경찰제만 유지하고 있는 우리나라에 지방자치 이념에 맞게 자치경찰제가 도입되어야 한다는 정체성을 살리는 데 주력하고 있다고 한다. 2012년 현재 전세계적으로 50여 개 국가에서 자치경찰제가 시행 중에 있다. 한국자치경찰학회는 매년 2회의 정기학술회의와 연 2~3회의 자치경찰연구라는 학술지를 발행하고 있다. 특히 춘계학술세미나는 자치경찰의 본고장인 제주자치경찰단을 방문해 공동학술회의를 개최함으로써 우리나라 자치경찰제 도입 및 학술연구에 선구자적 역할을 담당하고 있다.

한국치안행정학회(韓國治安行政學會) 한국치안행정의 이론과 실제를 연구하기 위해 설립되었다. 2003년 12월 창립총회를 위한 제1회 학술회의를 개최하였다. 한국자치경찰경비학회라는 이름으로 출범한 본 학회의 제1대 회장은 허원구 교수가 맡아서 학회의 기초를 다졌다. 3대와 4대 회장은 안경렬 교수가 맡았고 2008년 2월 학회명칭을 한국치안행정학회로 개명했으며 배철효 교수가 제5대와 6대 회장을 맡아 협회를 이끌었다. 2009년 12월에는 학술지인 「한국치안행정논집」이 한국연구재단의 등재후보지로 선정되었다. 2010년 1월 박동균 교수가 제7대 회장에 취임하였다. 이어서 박동균 회장은 2011년 제8대 회장, 2012년 제9대 회장에 추대되어 한국치안행정학회의 토대를 완전히 구축함으로써 우리나라 경찰 관련 학회 중 가장 영향력 있는 학회라는 명성을 얻었다.

한국테러학회 2008년 2월 1일 한국에서 테러에 대한 전문연구를 본격화하기 위해 이만종, 신현기, 이영남, 박억종, 박동균, 이상열, 조성택, 임종헌, 안영훈, 곽영길, 이정덕 교수 등이 중심이 되어 창립총회(제1대 이만종 회장취임)를 가졌다. 이 학회는 2008년 2월 23일 학술진흥재단에 등록완료(이만종 회장) 했으며 2008년 7월 5일 제1회 춘계학술세미나(국민대)를 개최하여 매년 1회의 학술세미나와 테러연구라는 학술지를 연 2회 발간하며 한국테러연구의 선구자 역할을 하고 있다(사이트: http://www.ka-ts.or.kr 참조).

한국특별사법경찰학회(韓國特別司法警察學會) 2012년 1월 우리나라 특별사법경찰학 분야를 연구하기 위해 신현기, 유용봉, 이영남, 박억종, 이만종, 안영훈, 신관우, 이상열, 곽영길, 남재성, 남윤삼, 박경태, 신호진, 양현호, 윤상호 등이 중심이 되어 창설되었다. 2012년 1월을 기해 전국규모 학회로 한국연구재단에 등록되었으며 매년 2회의 학술회의와 연 2회의 「특별사법경찰연구」라는 학술지를 발행하며 우리나라 특별사법경찰 분야의 권위 있는 학술활동을 전개하고 있다. 특별사법경찰제도란 「형사소송법」 제197조에 따라 관할 검사장이 지명하는 일반직 공무원이 특정한 직무의 범위 내에서 단속계획을 수립해 단속과 조사, 송치 등의 업무를 수행하는 제도를 의미한다. 이는 전문화된 기능별로 전문성이 부족한 일반사법경찰관리로서는 직무수행이 불충분하기 때문에 그 효율성을 위해 전문적 지식이 정통한 행정공무원에게 사법경찰권을 부여하여 수사활동을 하도록 제도화한 것이다. 무엇보다 일반사법경찰관리의 수사권이 미치기 어려운 철도, 환경, 위생, 산림, 해사, 전매, 세무, 교도소 등 특정지역과 시설에 대한 수사나 조세, 마약, 관세사범 수사시 전문가에게 수사권을 위임하여 업무를 수행하도록 권한을 부여하고 있다. 특히 특별사법경찰은 크게 법률이 직접 사법경찰권을 부여한 특별사법경찰관리와 검사장의 지명에 의한 특별사법경찰관리로 나누어진다. 즉 검사장의 지명에 의한 특별사법경찰관리는 철도공안, 교도소, 구치소, 소년원, 보호 · 치료감호소, 산림보호, 국가보훈, 공중위생, 환경, 소방, 문화재보호 등 그 분야가 50여 종류에 달한다.

한 · 미행정협정(SOFA: Status of Forces Agreement) 주한미군의 지위에 관하여 1967년 7월 9일 한국과 미국 양국이 체결한 '대한민국과 미합중국간의 상호 방위조약 제4조에 의한 시설과 구역 및 대한민국에서의 미합중국군대의 지위에 관한 협정'을 말한다. 그 법적 성격은 조약이다. SOFA는 정의, 시설과 구역에 관한 조항, 출입국, 통관과 관세, 선박과 항공기의 기착, 항공교통 관제 및 운항 보조 시설, 과세, 형사재판권, 청구권, 보안조치, 협정의 효력발생, 협정의 개정, 협정의 유효기간 등이 규정되어 있다.

한 · 미행정협정(SOFA) **사건 발생시 처리요령** ① 피의자 동행 → ② 기초사실 조사 → ③ 미군당국에 통보 → ④ SOFA사건 발생 보고(24시간 이내 관할지검에 보고) → ⑤ 신병인도 → ⑥ 피의자 조사 등이다.

한 · 미행정협정(SOFA) **적용 대상자** ① 미합중국군대의 구성원: 대한민국 영역 안에 주둔하고 있는 미합중국의 육 · 해 · 공군에 속하는 현역군인(주한미대사관에 근무하는 주한 미 군사고문단원은 제외), ② 군속: 미합중국의 국적을 가진 민간인으로서 대한민국에 주둔하고 있는 미국군대에 고용되어 근무하거나 또는 동반하는 자(대한민국에 통상적으로 거주하는 자와 초청계약자는 제외), 대한민국 및 미국의 이중국적자와 제3국의 국민이라도 미국정부에 고용되어 한국에 파견된 자는 본 협정에 의한 군속으로 간주, ③ 가족: 미합중국 군대의 구성원 또는 군속의 가족 중 배우자 및 21세 미만의 자녀, 부모 및 21세 이상의 자녀 기타 친척으로 생계비의 반액 이상을 미합중국 군대의 구성원 또는 군속에 의존하는 자, ④ 초청계약자: 미합중국법에 의하여 설립된 법인이나 미합중국 내에 통상적으로 거주하는 자의 고용원 및 그의 가족으로서 주한 미군 등의 군대를 위하여 특정된 조건하에 미합중국 정부의 지정에 의한 수의계약을 맺고 대한민국에서 근무하는 자 등이다.

한사군 시대 경찰(漢四郡 時代 警察) B.C 108년 한(漢)의 침략으로 고조선에는 한사군(漢四郡)이 설치되어 A.D 313년까지 지속되었다. 한은 군현경정리(郡縣卿亭理)의 행정체제를 취하여 군에는 문관과 무관을 두고, 현에는 현장 밑에 위를, 경에는 유요를 두어 도적을 막는 일을 담당하게 하였으며, 정에는 정장(亭長), 리에는 리괴(里魁)를 두어 풍속을 담당하게 하였다. 이로써 경찰기능이 어느 정도 정비되어 한(漢)의 사군(四郡)지배의 수단으로 이용되었으며, 위와 유요 및 정장에게는 각각 5병(활 · 창 · 방패 · 검 · 갑옷)이 주어졌는데 이들이 오늘날의 경찰기능을 담당하였다.

한세대학교 경찰행정학과 한세대학교 경찰행정학과는 2007년 교육부의 학과신설을 위한 인가를 받아 2008년 3월에 개설되었다. 경기도 군포시 당정동 604-5에 위치하고 있으며 최초 40명으로 출발하여 2012년 현재 4명의 경찰간부후보생과 180여명의 비간부 경찰공무원을 배출하였다. 한세대 경찰법무대학원은 2003년에 개원하여 현재까지 200여명의 경찰공무원들이 경찰학 석사학위를 취득하였다(총동문회장 1대 장기현, 2대 양현호). 2009년 3월에는 경찰학 박사과정이 설치되어 2012년 현재 30여명 이상이 경찰학 박사과정을 밟고 있으며 2012년 2월 21일 최초로 경찰학 박사 1호(박승훈, 예비역 해병대 준장)를 배출하였다. 박승훈 박사의 지도교수는 신현기 교수가 맡았고 박사학위심사위원으로는 유용봉, 윤민우(심사위원장), 신현기, 박동균(대구한의대), 배철효(수성대) 교수가 참여했다. 2012년 6월 현재 한세대 경찰학 박사과정의 원우들은 강봉철(해병대 2사단), 김재주(해병헌병단), 김태수(경기지방경찰청), 윤상호(한세대), 이상훈(해병 2사단), 이정희(해병 헌병단), 전준석(경찰교육원), 곽영걸(중앙경찰학교), 김재화(종로경찰서), 주양선(송파경찰서), 오정석(금천경찰서), 문재명(공군헌병단), 장승수(인천연수경찰서), 조세희(광진경찰서), 최용석(한세대), 최준선(사단법인 세계실전검도연합 총재), 현세준(경찰수사연수원), 김시록(해병대사령부), 김주한(중앙경찰학교), 최봉영(안산단원경찰서), 장기현(신안산대), 박해주(분당경찰서), 배철수(수성대), 배상흠(경기경찰청), 윤호연(인천남동경찰서), 윤호연(인천연수경찰서), 강동주(인천남동경찰서), 문정신(한국소비자단체협의회), 박주현(서울지방경찰청) 등이다.

한외마약(限外痲藥) 이는 일반의약품에다가 마약성분이 미세하게 혼합된 약물인데 신체적 혹은 정신적 의존성을 일으킬 염려는 없다. 따라서 감기약 등에 활용되는 합법의약품이다. 그러나 약간이나마 마약성분이 함유되어 있는 관계로 약국에서는 판매기준량을 정한 규정에 따라 판매장부 등을 비치하며 통제하도록 하고 있다.

할거주의(割據主義/sectionalism) 관료제의 구조적 특성 때문에 조직구성원들이 자신이 소속된 기관과 부서만을 생각하고 다른 부서에 대해 배려하지 않는 편협한 태도를 취하는 소속 이기주의를 의미한다. 할거주의의 경우 타과 · 국 · 부처 등에 대한 일반적인 배려가 없어 부서 간의 상호 조정 · 협조가 곤란하다.

함정수사(陷穽搜査) 형사소추를 제기할 목적으로 개인으로 하여금 그가 기도하지 않은 범죄를 하도록 유발하는 공무원 또는 각급 요원의 행위를 말한다. 즉, 수사기관이 신분을 숨기고 범죄를 교사한 후 범죄의 실행을 기다렸다가 범인을 체포하는 수사방법을 말한다. 함정수사는 수사기관이 사술 · 계략 등을 이용하거나 하수인(정보원)을 사용하여 범죄를 유발케 하고, 그 실행을 기다려 범인을 검거하는 수사방법이다.

합동순찰(合同巡察/Combination patrol) 존슨대통령의 연구 자문지구였던 법집행및사법행정위원회의 제안으로 미국 전역에서 채택되었던 3인조 순찰방식을 말한다. 팀의 활동은 지휘하는 책임자 1명, 순찰 · 수사 · 교통 등의 경찰업무를 수행하는 정규경찰관 1명 그리고 경찰의 직무수행을 보조하는 민간인 1명이 하나의 팀으로 지역사회에 파견되어 자율과 책임의 원칙에 따라 법집행과 질서유지 임무를 수행하는 근무방식을 말한다. 한편 합동순찰의 요소로는 ① 순찰의 지역적인 안정성, ② 일주일에 7일, 하루 24시간 동안에 한 지역에 임무를 부여받은 모든 경찰관들 사이의 긴밀한 내부 대화, ③ 합동순찰대 구성원들과 지역사회 사이의 최대한 대화 등이다.

합리모형(合理模型/rational model) 의사결정자가 고도의 합리성과 이성에 따라 행동하고 결정한다는 관점에서 하는 의사결정모형이다. 합리모형은 조직의 목표를 달성하기 위한 가장 합리적인 최적의 대안이 선택되도록 노력하는 데 중점을 두고 있다. 합리적 의사결정은 전체 사회 가치의 우선순위와 대안 선택의 기준이 정해져 있으며, 인적 물적 자원이 충분하고 의사결정자가 대안의 결과를 정확히 알 수 있는 예측능력과 비용 · 편익의 효과를 계산할 수 있는 지적 능력을 가지고 최선의 대안을 선택 할 수 있다는 것을 전제한다. 또한 의사결정을 합리적으로 이끌 수 있는 의사결정체제가 존재한다는 것 등을 전제한다.

합리적 경제인관(合理的 經濟人觀/rational economic man) 고전적 경제이론에 입각한 인간관으써 인간을 합리적 · 타산적 · 경제적인 존재로 보고 있는 인간모형이다. 인간은 경제적 유인들에 의해 좌우되며 자기이익의 극대화를 추구한다는 것이다. 합리적 경제인관 인간모형에서의 관리자는 공식조직, 경제적 유인, 통제 등에 의한 능률적 업무수행을 중요시 하며 직원의 사기에 대한 책임은 부차적이다.

합리적 선택이론(rational choice theory) 합리적 선택이론에 의하면 범죄를 저지르는 행동은 어떠한 방식으로든지 가해자에게 이익이 되는 쪽으로 이루어지게 된다. 따라서 합리적 선택의 관점은 범행동기를 충족시킬 수 있는 기회들을 범죄자에게 제공하는 특수한 환경 안에서 특별한 동기가 부여된 범죄자가 어떻게 범죄를 선택하는 가에 대하여 이해하는 것이라 할 수 있다(임준태, 2003:81). 이러한 관점에서 보면 범죄자도 범죄행위에 착수하기에 앞서 우선적으로 범죄행위로 인한 사회적 파장이나 행위를 통해 얻을 수 있는 이익, 형사사법기관에 적발될 가능성, 처벌의 종류와 내용, 정도 등을 판단한다고 볼 수 있다.

합의의사록(合意意思錄) 한 · 미행정협정(SOFA)의 후속문서로서 "미합중국 법률의 현상태 하에서 미합중국 군당국은 평화시에는 군속 또는 가족에 대하여 유효한 형사재판권을 가지지 아니한다"고 규정하여 미합중국 군당국이 행사하는 형사재판권이 일정한 범위 내에 한정됨을 명시하고 있다.

핫 머니(hot money) 국제금융시장을 이동하는 등기자금을 말한다. 각국의 등기금리의 차이, 환율의 차이에 의한 투기적 이익을 목적으로 하는 것과 국내 통화불안을 피하기 위한 자본도피 등 두 종류가 있다. 그 특징으로서는 자금이동이 일시에 대량으로 이루어진다는 점, 금이 유동적인 형태를 위한다는 점을 들 수 있다. 따라서 핫 머니는 외환의 수급관계를 크게 동요시켜 국제금융시장의 안정을 저해한다. 유러달러(Eurodollars)가 전형적인 핫 머니의 성격을 나타내 보이며 거액의 투기자금으로서 국제금리 및 통화안정에 크게 영향을 주고 있다. 또한 국제금융시장뿐 아니라 투기적 이익을 노리고 국내시장을 이동하는 단기자금도 핫 머니라 일컬어진다.

항공장비 경찰항공대에서 관리 · 운용하는 헬리콥터(이하 "헬기"라 한다)와 그 운용에 필요한 부수장비로, 헬기로는 단발헬기와 쌍발헬기가 있고, 부수장비로는 시동발전기, 항공기 견인차, 견인봉, 화물 고리, 인양기, 구조망, 화물망, 물탱크, 대지방송장비, 탐조등, 진동측정장비, 헬기용 카메라, 엔진 세척기, 열풍기, 기타 부수장비 등이 있다〈경찰장비관리규칙 제 179조 참조〉.

해부(解剖) 검안만으로 사인 또는 사망의 종류를 추정할 수 없어 좀더 구체적인 검사가 필요한 경우 시체를 해부하여 내부장기 및 조직의 절개 · 채취가 가능한 시체검사를 말한다. 해부의 종류에는 ① 병리해부: 질병에 의해 사망한 경우 그 사인을 확실히 하기 위해 시행되는 부검이다. ② 행정해부: 범죄와 관련되어 있지 않은 것이 확실한 변사체 특히 행려사망 · 전염병 · 재해사고로 인한 사망의 경우 그 사인을 알아내기 위하여 실시한다. ③ 사법해부: 범죄와 관련되었거나 또는 관련되었을 가능성이 있는 변사체에 대한 부검으로 법의부검이 이에 해당한다.

해쉬쉬(Hashish Mineral Oil) 대마초로부터 채취한 대마수지를 건조시켜 여러 형태로 제조한 것을 말한다. 이는 갈색, 연갈색, 암갈색, 흑색 따위의 덩어리이다. 일반적으로 1킬로그램의 해쉬쉬를 얻기 위해 약 30킬로그램의 대마초를 가공하여야 한다. 알콜, 설탕, 꿀, 향료등을 타서 주로 마신다. 미네랄 오일도 마리화나보다 10배 이상 다행감(Euphoria)을 느끼게 해 준다〈http://www.conan21.com/ xe/〉.

해양경찰가

1절

내 조국을 지키는 마음이 넘쳐 바다와 하늘따라 한정이 없이 우리는 밤낮으로 달려갑니다. 이겨레의 역사여 평안하소서 해와 달과 별들과 한친구 되어 우리들 해양경찰 여기 있나니

2절

우리들의 소원은 겨레의 평화 보다 더 큰소원은 겨레의 번영 그래서 우리들이 바다지키니 겨레여 하는 일에 꾸준하소서 해와 달과 별들과 한친구 되어 우리들 해양경찰 여기 있나니

해양경찰 강령

충성: 어떠한 고난에도 굴하지 않고 헌신하는 국가에 대한 충성심
정신: 경찰관으로서 양심에 따라 공정하게 법을 집행하는 의로운 정신
임무: 해양질서 유지와 해양환경보전의 임무
자기개발: 공복으로서 무한한 봉사와 부단한 자기개발에 대한 각오
등이다(해양경찰청 홈 페이지 참조).

해양경찰계급 경찰청의 경우와 같이 동등하게 순경, 경장, 경사, 경위, 경감, 경정, 총경, 경무관, 치안감, 치안정감, 치안총감으로 구성되어 있다. 해양경찰간부후보생의 경우 현재 치안정감까지 승진하는 기록도 존재한다. 그러나 아쉽게도 아직까지 해양경찰 자체적으로 해양경찰청장을 배출하지 못하고 있다. 이는 시스템상의 문제에 기인한다. 즉 해양경찰청장의 경우도 경찰청의 사례와 같이 제도적으로 대통령에게 복수추천이 이루어져야 하는데 해양경찰청의 경우 현재까지 치안정감이 1명에 그치고 있다. 다시 말해 2명 이상의 치안정감이 복수추천되어야만 해양경찰청 자체에서 청장이 임명될 수 있는데 아직은 불가능한 상태다. 따라서 현재까지는 경찰청에서 해양경찰청장이 배출되고 있다.

해양경찰서 해양경찰청은 산하에 동해지방해양경찰청, 서해지방해양경찰청, 남해지방해양경찰청을 두고 있다. 그 산하에 속초, 동해, 포항, 울산, 완도, 목포, 군산, 태안, 부산, 통영, 여수, 제주, 서귀포해양경찰서가 있으며 이와 별도로 인천의 특수성으로 인해 인천해양경찰서가 독자적으로 설치 · 운영되고 있다. 특별히 인천해양경찰서는 서해지방해양경찰청에 소속되지 않고 곧바로 해양경찰청 소속으로 운영되고 있다. 2011년 4월에는 평택해양경찰서가 새로이 신설되어 그 숫자가 15개로 늘어났다.

해양경찰서장 우리니라 해양경찰서장은 해양경찰청장의 지휘와 감독을 받는 하급경찰관청에 해당한다.

해양경찰연구소 해양경찰 업무지원 및 해양환경 개선을 위한 연구개발 등 다양한 분야의 연구활동을 통해 해양경찰의 선진화, 과학화, 전문화에 기여하고자 2007년 3월 22일 해양경찰청 소속기관으로 정식 출범했다. 해양경찰연구소는 효율적 업무수행을 위한 장비개발, 해양범죄 · 사고 과학수사 지원체제 구축, 오염물질 감식 · 분석능력 제고, 해양배출 오염물질에 대한 체계적 대응, 해양배출폐기물 관리 및 배출해역 해양환경 오염도 조사 등 해양경찰의 업무 역량 강화를 위해 노력해 나가고 있다(http://www.kcg.go. kr/main/user). 그 역사가 길지 않아 아직 연구결과가 많지는 않지만 향후 해양대국을 달성하는 데 있어서 중요한 역할을 담당할 것으로 보인다. 2010년 6월 1일을 기해 2007년 3월 22일 신설되었던 해양경찰연구개발센터가 해양경찰연구소로 명칭이 변경되었다.

해양경찰의 마크 해양경찰청에 따르면 해양경찰의 마크에 대한 설명을 그대로 인용하면 다음과 같이 설명하고 있다. '오늘날 대한민국 해양의 수호자로서의 역할을 다하고 있는 해양경찰의 모습을 천연기념물 제243호 흰꼬리수리와 전통 원형방패로 형상화하였습니다. 전통 방패와 흰꼬리수리의 넓은 날개는 대한민국의 해양과 국민을 보호하는 의미를 담고 있으며 역동적으로 비상하는 흰꼬리수리를 통해 보다 적극적으로 국민에게 봉사하겠다는 해양경찰의 다짐을 표명하였습니다. 흰꼬리수리는 몸길이의 2배가 넘는 큰 길이의 날개를 가진 독수리로 신속한 구조로 대한민국 해상을 관할한다는 점, 오랜 비행은 오랜시간 떠있는 함정, 또한 우리나라 해안가에서 서식하는 텃새로 해경의 역할을 대변하는 독수리입니다. 전통 방패안의 삼태극 문양은 대한민국과 국민을 상징하며, 이를 감싸고 있는 팔괘는 충(忠), 신(信), 용(勇), 인(仁), 의(義), 예(禮), 지(知), 덕(德)의 해양경찰이 지향하는 가치 개념을 상징합니다. 독수리 꼬리의 나누어진 6면은 해양경찰청의 주요업무인 해양주권 수호와 해양자원 보호, 해상안전망 개선으로 안전한 해양활동의 강화, 범죄없는 바다를 위한 해양치안 확보, 깨끗한 바다를 위한 해양보호 활동, 창의적 업무수행으로 선도하는 해양경찰 구현, 효율적 운영자원으로 해양경찰 역량강화 등을 의미합니다. 꼬리와 선체사이에는 해양을 상징하는 닻을 간접적으로 표현하고 있습니다. 독수리 꼬리부분의 삼각형은 3면의 바다로 둘러 싸여 있는 대한민국 해양을 힘차게 전진하는 함정의 선수를 나타내고 있습니다'라고 밝히고 있다.

출처: http://www.kcg.go.kr/main/ index.jsp(검색 2011. 08. 10).

해양경찰 장비 해양경찰장비는 함정, 항공비, 복제 등으로 구성되어 있다. 해양경찰청이 활용하고 있는 함정들의 종류는 다음과 같다.

1. 함정

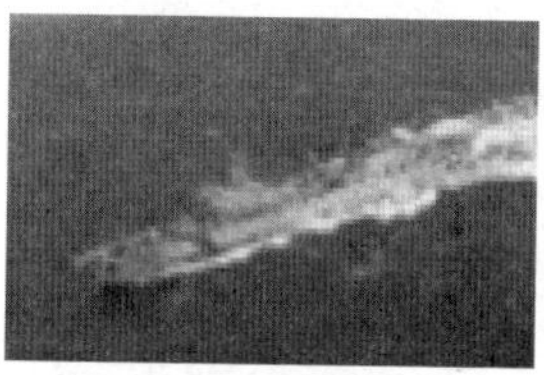

5000톤급

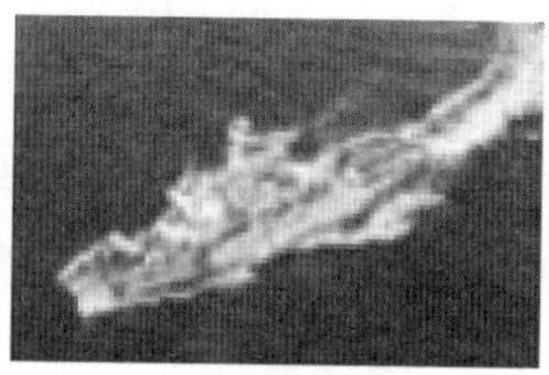

3000톤급

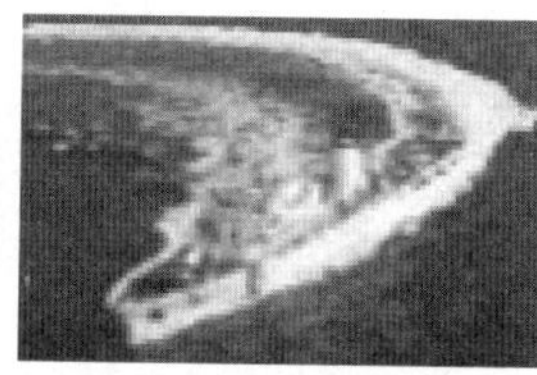

1500톤급

1000톤급

500톤급

300톤급

250톤급

100톤급

2. 항공기

해양경찰청이 활용하고 있는 항공기 종류는 다음과 같다.

CL-604

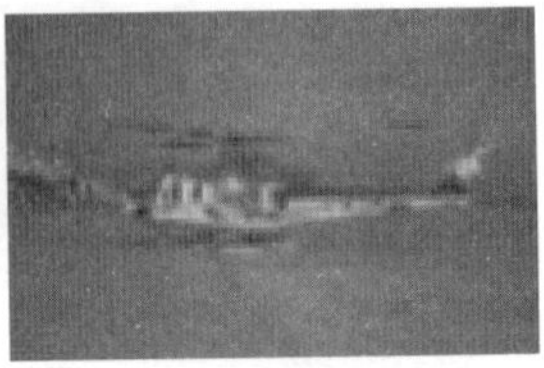

BELL-412SP

KA-32C

AS565MB

3. 복제

해양경찰이 활용하고 있는 복장의 종류는 다음과 같다(해양경찰청 홈 페이지 참조).

정복

근무복

기동복

파카

122해양구조대

해양경찰청(海洋警察廳) 해상경비, 해난구조, 해상구조, 해양오염의 감시 및 방제사업 등 해상에 있어서의 경찰에 관한 업무를 관장하는 중앙행정관청이다. 해양경찰청은 1인의 청장을 두며 치안감으로 보하며, 하부 조직으로 공보 담당관을 둔다. 경찰공무원법 제6조 제1항 단서 조항에 의거 국토해양부 장관의 제청으로 국무총리를 경유하여 대통령이 임명한다. 정부조직법 제7조와 제44조에 따라 국토해양부 장관의 지휘를 받아 해양경찰의 중요정책을 수립한다. 해양경찰청은 1953년 12월 1일 내무부 치안국 소속 해양경찰대를 신설한 것을 시작으로 1996년 8월 8일 해양수산부 외청으로 독립하였다. 조직구조는 본청에 1차장, 6국(2관,4국), 23과(16과, 5담당관, 1인, 1팀)을 두고, 소속기관 중 부속기관으로 해양경찰학교와 해양경찰연구개발센터, 해양경찰청비창, 지방행정기관으로 전국에 3개 지방청, 1개 직할서, 13개 해양경찰서를 두고 있으며, 해양경찰서 예하에 74개 파출소, 245개 출장소 및 경비구난함정, 형사기동정, 방제정, 구난헬기 등을 보유하고 있다.

해양경찰청 소속기관 동해지방청 관할하에 속초해양경찰서, 동해해양경찰서, 포항해양경찰서, 울산해양경찰서가 설치되어 있고 서해지방청 소속하에는 완도해양경찰서, 목포해양경찰서, 군산해양경찰서, 태안해양경찰서, 평택해양경찰서가 그리고 남해지방청에는 부산해양경찰서, 통영해양경찰서, 여수해양경찰서, 제주해양경찰서, 서귀포해양경찰서등이 설치운영 중이다. 특이한 것은 인천해양경찰서의 경우는 별도로 독립되어 설치운영 중이다. 2011년 현재 해양경찰서의 총수는 15개로 이루어져 있다.

해양경찰청의 법적용 해양경찰청은 우리나라 해양에서의 경찰 및 오염방제에 관한 일련의 사무를 관장하기 위해 국토해양부 장관 소속으로 해양경찰청을 두도록 정부조직법 제37조 제3항에 규정되어 있다. 해양경찰청장은 치안총감으로 보해지는데 국토해양부장관의 제청으로 국무총리를 거쳐 대통령이 임명하고 있다. 우리나라 해양경찰청은 협의의 행정경찰기관이 아니고 경찰청과 같은 보통경찰기관이다. 해양경찰청은 '경찰법'이 적용되지 않고 '해양경찰청과 그 소속기관직제'의 적용을 받고 있다. 그렇지만 해양경찰청은 경찰공무원법, 경찰관직무집행법, 경찰직무응원법은 적용받고 있다(강용길, 2010).

해양경찰청의 응용아이템 해양경찰청은 응용아이템을 다음과 같이 밝히고 있다.

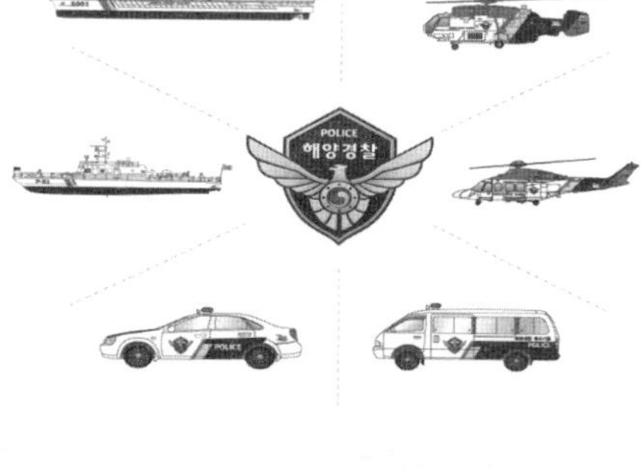

해양경찰청장 우리나라 해양경찰청장은 협의의 행정경찰기관이 아니라 마치 경찰청과 같은 보통경찰기관으로 되어 있다. 다만 경찰법이 적용되지 않고 해양경찰청과 그 소속기관직제의 적용을 받도록 되어 있다. 우리나라 해양경찰청장은 국토해양부 장관의 지휘·감독을 받아 관할구역 안의 소관 사무를 관장하고 소속공무원 및 경찰기관의 장(長)을 지휘하고 감독하는 시스템으로 유지된다.

해양경찰청 조직 해양경찰청은 본청에 1차장, 6국(2관, 4국), 23과(16과, 5담당관, 1인, 1팀)을 두고, 소속기관 중 부속기관으로 해양경찰학교와 해양경찰연구개발센터, 해양경찰청비창, 지방행정기관으로 전국에 3개 지방청, 1개 직할서, 14개 해양경찰서를 두고 있으며, 해양경찰서 예하에 74개 파출소, 245개 출장소 및 경비구난함정, 형사기동정, 방제정, 구난헬기 등을 보유하고 있다.

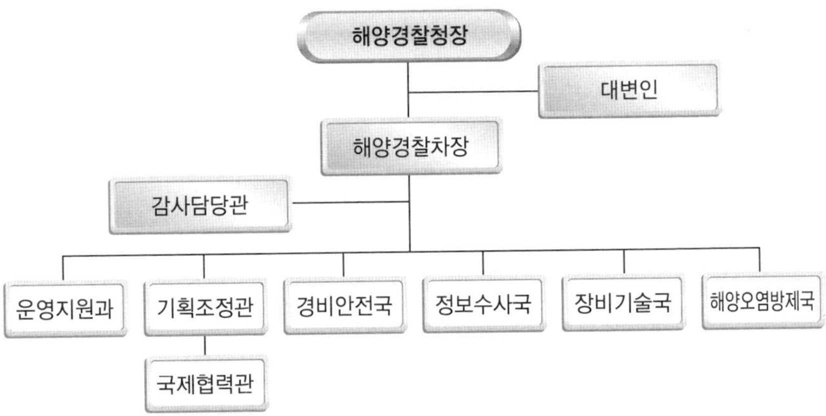

출처: http://www.kcg.go.kr/main/ index.jsp(검색: 2011. 08. 10).

해양경찰청 직속기관 해양경찰학교, 해양경찰연구소, 정비창 등으로 이루어져 기능하고 있다.

해양경찰학교(海洋警察學校/Korea Coast Guard Academy) 21세기 해양경찰비전 달성을 위한 전문교육기관으로 2004년 5월 6일 개교하여 2007년 12월 28일 천안캠퍼스로 이전하여 현재에 이르고 있다. 교육목표는 ① 국가에 충성하고 국민에게 봉사하는 해양경찰, ② 전문성과 실무능력을 갖춘 해양경찰, ③ 세계최고 수준의 미래지향적 해양경찰 등이다. 교육과정으로는 기본교육, 신임경찰교육, 전문교육, 수탁교육 등을 담당하고 있다. 해양경찰학교는 '미래를 여는 해양경찰교육의 요람'이라는 목표를 가지고 있으며 해양경찰 직원들의 실무능력 향상을 위한 전문교육, 경정·경감·경위·경사기본교육, 신규채용 경찰관을 대상으로 신임교육, 신임전경교육 등을 실시하고 있다. 해양경찰학교는 우수교원 확보를 위해 교수요원 공모제도 도입하여 시행 중에 있다. 해양경찰학교의 교육과정에는 직무전문교육과정, 직급별 기본교육과정, 신임교육과정, 신임전경교육과정 등을 운영하고 있다. 직무전문교육과정은 해상경비 및 안전, 범죄단속, 오염방제 등 실무위중의 교육을 실시하여 이른바 현장중심 직무교육의 극대화를 기하고 있다. 특히 중국어선의 불법조업단속 대비 실습교육, 수상인명구조, 피의자 신문조서 등 수사서류 작성실습, 정보상황보고서 작성 등 실무에 적용되는 교육을 시행함으로써 향후 배치시에 곧바로 현장에 투입할 수 있도록 만전을 기하고 있다. 직급별 기본교육과정은 기본소양과 지휘능력배양에 중점을 두고 있다. 이어서 신임교육과정은 신임경찰관들을 위해 투철한 국가관과 공직윤리관 등을 비롯해 기본소양 등 체험위주의 인성향상 프로그램, 기초체력, 무도, 수상인명구조 훈련을 통해 강인한 해양경찰양성에 만전을 기하고 있다(해양경찰백서, 2010: 377).

해양경찰헌장 우리는 해양 민족의 기상과 전통을 계승하여 우리의 바다를 지키는 자랑스러운 대한민국 해양경찰이다. 우리는 국민의 자유와 권익을 보호하고 국가의 안정과 번영을 추구하며 나아가 인류평화에 이바지하는 역사적 사명을 지니고 있다. 이에 우리는 맡은 바 책임을 완수할 것을 다짐하며 우리의 나아갈 길을 밝히고자 한다.

해양지방경찰청장 우리나라 국토해양부 소속하의 해양지방경찰청장은 해양경찰청장의 관장사무를 분장하기 위하여 해양경찰청장 소속하에 지방해양경찰청을 두고 있는데 동해해양지방경찰청, 서해해양지방경찰청 및 남해해양지방경찰청이 바로 그것이다.

해임(解任) 경찰관 징계 가운데 중징계(배제징계)의 하나로써 경찰관의 신분이 박탈되는 징계처분을 말한다. 해임된 자는 3년동안 공무원으로 임용될 수 없으며, 연금법상 불이익은 없으며, 퇴직금액은 전액 지급받을 수 있다.

해커(Hacker) 원래 해커는 컴퓨터에 남보다 색다른 강한 집착과 흥미를 가지고 몰두하는 사람을 의미한다. 핵(hack)이란 '도끼로 잘게 쪼개다'라는 뜻을 가지고 있다. 이는 나쁜 의미로 남의 컴퓨터에 불법으로 들어가서 정보를 빼내거나 혼란을 일으키는 사람들을 지칭하고 있는데 사안에 따라 범죄자로 처벌 받게 된다.

해킹(Hacking) 타인의 컴퓨터 시스템에 무단으로 침입하여 정보를 빼내거나 프로그램 등을 파괴하는 것으로 흔히 고의성이 있는 경우를 의미한다. 여기에는 단순침입, 사용자 도용, 파일 등 삭제변경, 자료유출, 폭탄스팸메일, 서비스 거부공격 등이 있다. 그리고 해킹 이외에 악성프로그램 유포행위가 사이버테러형 범죄에 속한다. 악성프로그램에는 악성 애드웨어와 스파이웨어가 있다.

핵심계층(核心階層) 북한주민의 분류 가운데 하나로써 정규 당원을 비롯하여 김정일에게 충성을 다하는 계층을 말한다.

핵심지대(제3선)(核心地帶(第3線)) 중요시설의 방호지대의 하나로써 시설의 가동과 기능에 결정적인 영향을 미치는 지역에 대한 최후방어선이다. 주요 핵심부는 위장 또는 지하화되어 구별할 수 없도록 조치가 이루어져야 하며, 특히 항상 경비원의 감시하에 통제가 이루어질 수 있도록 방호벽 · 방탄망 · 적외선 · CCTV 등 방호시설물을 설치하여야 한다.

행동공작원(行動工作員) 공작원의 종류 가운데 하나로써 공작목표에 대하여 실제로 첩보수집 및 기타 공작업무를 수행하는 공작원을 말한다. 행동공작원은 통상적으로 주공작원의 지휘와 조종을 받아 임무를 수행한다.

행렬조직(行列組織/matrix organization) 프로젝트 조직과 기능조직을 합한 형태로서 직능부서의 장들은 지휘계열의 권한을 가지고 소속 전문가들을 수직적으로 연결시킨다. 각 직능의 전문가들은 다시 수평적으로 어떤 프로젝트에 배치되며, 배치는 프로젝트 관리자와 직능부서의 장과 긴밀한 협조로 이루어진다.

행불자(行不者) 실종아동 등 · 가출인 중 합동심의회의 결과 범죄와 관련되어 수사에 착수한 대상자를 말한다.

행위책임(行爲責任) 스스로의 행위나 자신의 보호 · 감독 하에 있는 사람의 행위로 인해 공공안녕이나 공공질서에 대한 위해나 장애를 야기한 경우에 발생되는 책임이다. 이때의 행위는 적극적 작위뿐 아니라 부작위 포함된다. 반면에 행위책임과 구별되어 설명되는 상태책임은 물건이나 동물의 소유자, 점유자 또는 사실상 지배권 행사자가 당해 물건의 상태나 동물의 행위로부터 야기된 경찰상의 위해에 대해서 지는 책임을 말한다.

행정각부(行政各部/administrative branches) 정부의 구성단위로서 대통령 또는 국무총리의 지휘 또는 통솔 하에 법률이 정하는 소관 사무를 담당하는 중앙행정기관을 말한다. 행정각부는 대통령과 행정부에 속하는 행정권을 그 하부기관으로서 헌법과 법률이 정하는 바에 의하여 대통령의 통솔 하에 집행한다. 행정각부의 장은 국무위원이 되며, 국무총리의 제청으로 대통령이 임명한다. 국무위원이 아닌 자는 행정각부의 장이 될 수 없다. 그러나 행정각부의 장관이 아닌 자라도 국무위원은 될 수 있다. 행정각부의 장이 아닌 국무위원을 무임소국무위원(minister without portfolio)이라 하며 정무장관이라고도 한다. 행정각부의 설치 · 조직과 직무범위는 법률로 정한다.

행정경찰과 사법경찰(行政警察과 司法警察) 경찰이 수행하는 목적에 따라 구분한 경찰의 종류를 말한다. 행정경찰은 공공의 안녕과 질서를 유지하는 권력작용으로서 실질적 의미의 경찰을 의미하며, 행정법규의 적용을 받는다. 이에 반해 사법경찰은 범죄를 수사하며 범인을 체포하는 권력작용을 의미하며 형사소송법 제196조에 따라 검사의 지휘를 받고 있다.

행정경찰장정(行政警察章程) 한국경찰 최초의 경찰작용법으로서 경무청의 설치와 함께 경찰작용의 근거법으로 제정된 것이 행정경찰장정이다. 이는 '제1절 총칙, 제2절 총순의 집무장정, 제3절 순검의 직무장정, 제4절 위경죄의 즉결장정, 제5절 순검의 선용장정' 등 5개 절로 이루어져 있다. 행정경찰장정은 경찰의 목적과 경찰관의 복무요령, 경찰범의 기결 및 순검의 채용방법을 일괄해서 표명한 헌장이라 할 수 있는데 이는 일본의 행정경찰규칙(1875)과 위경죄즉결례(1885)를 혼합하여 한문으로 옮겨 놓은 것에 불과하였다. 여기에는 영업, 소방, 위생, 신문잡지 등의 광범위한 사무가 포함되어 있어 경찰업무 영역의 광범성 및 직무규정의 포괄성 등 근대국가에서 흔히 나타나는 경찰업무와 일반행정과의 미분화현상을 엿볼 수 있다.

행정구제(行政救濟) 행정작용으로 자기의 권리 및 이익이 침해되었거나 침해될 것으로 주장하는 자가 행정기관이나 법원에 손해전보, 원상회복 또는 당해 행정작용의 취소·변경을 청구하거나, 기타 피해구제 또는 예방을 청구하고, 이에 대하여 행정기관 또는 법원이 심리하여 권리, 이익 보호에 관한 판정을 내리는 것을 말한다.

현대 사회에서는 각종 행정활동으로 침해될 가능성이 있는 국민 권익에 대한 사전적·사후적 구제와 관련된 법치주의가 더욱 강하게 요구되고 있다. 따라서 우리 법에서는 행정작용에 의하여 국민이 받은 손해나 손실의 전보(塡補)에 관한 국가보상(國家補償)과 행정기관의 행위 효력에 관한 쟁송을 중심으로 하는 행정쟁송을 행정구제의 대표적 방법으로 규정하고 있다. 또한 최근 중요성이 더해가는 행정상의 민원 내지 고충 처리도 새로운 뜻의 행정구제라 할 수 있다.

한편, 이와 관련된 법률로는 행정소송법(行政訴訟法)과 행정심판법(行政審判法)이 있다. 이 두 법률은 행정의 합법성과 국민의 권익보호를 지향하는 실질적 법치주의를 목적으로 하는 법률로서 이 법률을 통상 행정구제법(行政救濟法)이라고 한다.

행정규칙(行政規則) 행정기간에 의하여 정립되는 법규로서의 성질을 가지지 않은 추상적 명령이다. 이는 행정조직내부관계에 의한 것이므로 일반국민의 권리, 의무에 관한 것을 정하는 것은 아니다. 따라서 외부적인 구속력과 위법성은 없으며, 단지 내부 책임만이 문제가 된다.

행정규칙의 성질은 준법규성설이 통설이다. 즉, 행정규칙은 행정조직 내부의 사항에 국한되고 대외적으로 아무런 관계가 없는 한, 그 법규성은 시인되어야 한다는 것이다. 종류로는 내용에 의한 분류에 따라 ① 근무규칙, ② 조직규칙, ③ 영조물 규칙, ④ 행위통제 규칙으로 나뉘며, 형식에 의한 분류로는 ① 훈령, ② 지시, ③ 예규, ④ 일일명령 등으로 구분된다.

한편, 행정규칙은 행정기관이 법령의 개별적·구체적 수권 없이 그의 직무권한의 범위내에서 재량이 인정된 경우에 제정할 수 있다. 그러나 국민의 권리 의무에 관한 사항을 규정할 수 없으며(사항적 한계), 법령과 상급기관의 행정규칙에 위배되지 아니하는 한도 내에서(법규상 한계), 규율목적에 적합(목적상 한계)해야 한다.

행정규칙의 성립요건은 주제, 내용, 형식, 절차요건을 갖추어 관계인에게 통보 또는 게시됨으로써 효력이 발생되며, 위반의 효과는 위법이 아니고, 법규성의 문제도 아닌 단순부당의 문제로 귀결된다. 또한 외부적 효력에 대하여 법적 구속력이 없으며, 행정규칙의 하자가 명백하면 무효이다.

행정대집행법(行政代執行法) 행정관청에 의해 직접명령되었거나 또는 법률에 의거한 행정관청의 명령에 의한 행위로서 타인이 대신하여 행할 수 있는 행위를 의무자가 이행하지 아니하는 경우 다른 수단으로써 그 이행을 확보하기 곤란하고 또한 그 불이행을 방치함이 심히 공익을 해할 것으로 인정될 때에는 당해 행정관청은 스스로 의무자가 하여야 할 행위를 하거나 또는 제삼자로 하여금 이를 하게 하여 그 비용을 의무자로부터 징수할 수 있다. 이와 관련 행정대집행법은 법률 제9968호로 행정의무의 이행확보에 관하여 따로 법률로써 정한 것을 말한다.

행정응원(行政應援/Verwaltungshilfe) 대등한 행정관청 상호간에 일방이 직무집행상 필요한 특정행위 또는 일반적 협력을 타방의 요청에 의하여 또는 자발적으로 타방관청의 권한행사에 협력하는 것을 말한다. 이는 일반적으로 협조응원, 사무의 촉탁 및 근무응원으로 나눌 수 있으며, 경찰응원(경찰직무응원법), 소방응원(소방법), 군사응원(위수령) 등과 같이 법령에 특별한 규정이 있는 경우는 물론, 법령에 규정이 없는 경우에도 할 수 있다. 특히 법령에 규정이 있을 때에는 요구받은 관청은 이를 거절하지 못한다.

행정입법(行政立法) 행정주체(국가, 지방자치단체)가 법조의 형식으로 일반적 · 추상적 규범을 정립하는 작용 또는 이에 의해 정립된 규범을 말한다. 일반적이라는 것은 불특정 다수인에게 적용된다는 의미이고 추상적이라는 것은 불특정 다수의 사례에 반복적으로 적용된다는 의미이다.

19C까지도 행정입법은 복위임금지의 원칙에 의해 국회의 입법권을 침해하여 권력분립의 원칙에 어긋나는 것으로 인식되었다. 그러나 20C 이후 행정기능의 확대 강화로 말미암아 행정입법은 현대행정의 필요불가결한 것으로 인식되고 있다. 따라서 행정입법은 행정기관의 입법이라는 점에서 의회입법원칙의 예외에 해당한다.

행정입법에는 국가행정권에 의한 입법과 지방자치단체에 의한 자치입법이 있다. 국가행정권에 의한 입법은 다시 법규성 여부에 따라 법규명령과 행정규칙(행정명령)으로 구분되고, 자치입법은 제정주체에 따라 「조례」와 「규칙」, 「교육규칙」으로 구분된다. 특히, 국민의 권리 · 의무에 관한 법규의 성질을 가진 법규명령 외에 법규의 성질을 가지지 않는 행정규칙도 포함되는 것이 통설이다.

행정자치부 자치경찰제실무추진단 2004년 9월 16일 제54회 국정과제회의에서 노무현 대통령은 전폭적인 지지를 표명했고 이어서 누가 향후 자치경찰제를 주도할 것인가가 과제로 등장했다. 법안 통과, 시범실시, 본격 실시 등에 관한 과제를 주도해야 할 조직설립을 위한 과제를 담당하겠다는 주장이 정부혁신지방분권위원회, 경찰청, 행정자치부 간에 발생하였다. 결국에는 2004년 11월 15일 대통령 훈령 제131호로 자치경찰제실무추진단 운영규정이 공포되었으며 2005년 1월 10일 제1대 추진단장이 임명되었다. 2011년까지 제9대 단장이 임명된바 있다.

행정쟁송(行政爭訟) 행정법상 법률관계에 있어서의 다툼을 심리, 판정하는 절차를 말한다. 즉, 행정쟁송은 위법부당한 행정작용으로 인하여 그 권익의 침해를 받은 자로 하여금 직접 그 효력을 다툴 수 있게 하고, 일정한 판정기관이 그에 대한 유권적 판정을 내리도록 하는 것을 말한다.

넓은 의미로는 행정기관에서 심판하는 행정심판과 법원에서 심판하는 행정소송의 2가지를 포함하나, 좁은 뜻으로는 행정심판만을 의미한다. 행정소송은 행정법규의 적용에 관한 분쟁에 대하여 제3자적 지위에 있는 법원의 재판절차에 따라 판단하는 정식쟁송을 말한다. 반면에 행정심판은 행정청의 위법 · 부당한 처분 그밖에 공권력의 행사 · 불행사 등으로 인한 국민의 권리 또는 이익을 침해받은 국민이 행정기관에 제기하는 제도이다.

행정활동에 대한 권리구제라는 측면과 행정통제라는 두 가지 측면을 동시에 갖고 있어 국민의 권리이익의 보장이라는 관점에서 볼 때 상당히 실효성이 있다.

향정신성의약품(向精神性醫藥品) 인간의 중추신경계에 작용하여 문제를 일으키게 되는데 만일 오용, 남용할 경우에 현저한 위해가 있다고 인정되는 의약품을 말한다. 즉 오용 및 남용시 인체에 현저한 위해를 가할 수 있는 물질이다. 약리작용에 따라 환각제, 중추신경 흥분제(각성제), 억제제(진정제) 등으로 구분된다.

허가(許可) 법령에 의하여 일반적으로 금지되어 있는 행위를 특정의 경우에 특정인에 대하여 해제하는 행정처분이다. 법령상으로는 허가 · 면허 · 인가 등의 용어가 함께 사용되고 있으나, 이들은 단지 국민의 자유활동에 과해졌던 제한을 해제하고 그 자유를 회복시키는 행위일 뿐, 새로이 권리를 설정하는 특허나 다른 행위의 법률적 효과를 보충하는 인가와 구별된다. 다만 특정인에게 허용되는 것이기 때문에 사실상 독점적 이익이 보장되며, 이해에 영향을 미치게 되는 경우가 많으므로 허가과정에는 여러 규제조치가 취해지고 있다. 따라서 허가를 받지 않고 금지된 행위를 하면 대개는 처벌을 받게 되는데, 허가를 받지 않았다는 이유로 그 사법상의 효력이 부인되는 일은 없다.

헌병경찰제도(憲兵警察制度) 1910년부터 1919년까지 식민초기에 이루어지던 경찰제도이다. 당시 초대 총독인 데라우치는 통치방침으로서 질서유지를 언명하고 이를 위하여 헌병경찰제도를 실시하였는데, 1910년 9월 10일 헌병경찰활동의 법적 근거인 조선주답헌병조령(朝鮮駐劄憲兵條令: 칙령 343호)에 의해 헌병이 신분을 유지한 채 일반치안업무를 담당할 수 있도록 하였다. 헌병경찰제도에 의해 중앙의 경무총감에는 주한헌병사령관이, 지방 각 도의 경무부장에는 각 도의 헌병대장이 임명되었다. 그 밑에 헌병기관이 640개소, 경찰기관이 480개소, 헌병은 2,109명, 경찰관은 5,693명이 있었으며 그 수는 해마다 증가되었다. 일반경찰관이 주로 개항장이나 도시에 배치된 데 대하여, 헌병은 주로 군사경찰상 필요한 지역이나 의병활동지역 등에 배치되었다. 이렇게 전국적으로 배치된 헌병은 첩보수집, 의병토벌, 검사직무대리, 범죄의 즉결, 민사소송조정, 도살가축 검역, 납세의무의 독려, 산림감시 등 광범위한 활동을 하였다. 한국인의 하찮은 언동도 단속의 대상이 되었고 특히 지방에서는 한국민의 생사여탈권을 쥐고 있었다. 특히, 칙령을 통해서 경무총장, 경무부장에게 경찰명령권이 주어져 세계에서 유래없는 강력한 경찰체제가 형성되었다.

헌병정치(憲兵政治) 군대내부의 질서유지와 범죄수사를 주된 임무로 하는 헌병이 정치의 도구가 되어 일반국민을 억압 · 통제하는 것을 말한다. 군국주의화와 더불어 나타나는 공포정치의 한 형태로서 일본의 파시즘에서 그 전형을 발견할 수 있다. 한국에 대한 식민지통치나 대륙침략과정에서뿐 아니라 국내정치에 있어서도 일본은 헌병과 군부에 영합한 경찰, 특히 특고경찰의 폭력적인 탄압을 통해 지배권을 유지해 왔으며 이와 같은 헌병정치는 제2차세계대전의 태평양전쟁 당시 동조영기 내부에서 최고조에 달했었다. 우리 나라의 경우에 있어서 자유당 집권 당시 헌병이 정치에 관여한 일이 더러 있었으나 이를 헌병정치라 할 수는 없다.

헤로인(Diacetylmorphine) 모르핀으로 만들어진 마약의 일종으로서 한번 손을 대면 끊기 어려운데 습관성과 중독성이 매우 강한 마약의 일종이다. 1874년 영국의 화학자인 C.R.A.Wright가 만든 것으로 호흡기계통의 안정제로서 큰 인기를 끌고 있다. 당시 서구 유럽은 항생제의 발명 전으로, 폐렴과 결핵에 대한 치료약으로 인기를 끌고 있으며 독일의 Bayer사에서 Heroin이라는 상표로 이 마약을 판매하기 시작했다.

헤즈볼라(Hizbollah) 1982년 레바논에서 형성된 급진적 시아파 조직으로 아랍어로 신의 정당(Party of God)을 뜻한다. 1983년 레바논 베이루트 주재 미대사관과 미해병대를 향해 폭탄을 실은 트럭으로 공격해 막대한 피해를 입혔다.

현용정보(現用情報/current reportorial form of intelligence) 모든 대상의 동태를 현재의 시점에서 객관적으로 기술한 정보를 말한다. 시사정보 또는 현행정보, 현장정보 등으로 표기하는 사람도 있으나 현용정보로 통일 되고 있다. 기본정보가 과거의 계통적 지식인데 대하여 현용정보는 정책담당자, 의사결정자에게 그 때 그 때의 동향을 알리기 위한 정보로서 가변성이 많으며 즉각적으로 사용되는 현재 사실인 점에서 긴급성을 갖는다. 따라서 현용정보는 생정보, 메모, 구두상황설명, 일일정보, 정기정보 등으로 처리된다. 현용정보는 시사정보, 수시정보, 정기정보 등으로 분류된다. ① 시사정보: 어떤 사실의 일부 또는 전부가 표면화 하여 시사성을 띤 사건에 대한 정보이다. 따라서, 정보사항이 비록 현재 계속되는 것이라도 그것이 시사성을 갖지 못하면 시사정보라고 하지 않는다. ② 수시정보: 전체 사항을 종합 · 평가한 것이 아니라, 어떤 사상의 현상태에 관한 일시적이고 단편적인 정보이다. 즉 그때 그때의 현실에 관한 정보이다. 일명 적시정보라고도 한다. ③ 정기정보: 일일 · 주간 · 월간 · 분기 · 연간 등의 일정한 기간을 시점으로 해서 발생한 모든 사상의 동태를 종합적으로 취급한 정보이다. ⇨ 기본정보

현장감식(現場鑑識) 범죄가 행하여진 장소나 범죄의 의심이 있는 장소에 임하여 현장상황과 유류되어 있는 여러 가지 자료에 관찰, 사진촬영, 지문채취 등을

합리적으로 수행하고 과학적으로 검토하여 사건의 진상을 확인 · 판단하며, 범죄와 범인을 결부시킬 수 있는 자료를 수집 · 채취하여 수사자료화함으로써 범죄를 증명함에 충분한 증거자료로서 활용할 수 있도록 한 현장에서의 수사활동을 말한다. 현장감식의 중요성은 최근 자백의 신빙성에 대한 엄격한 해석과 철저한 증거주의가 중시되고 있으므로 현장감식을 통해 더 많은 수사자료를 수집 · 분석 · 감정하는 것이 중요하다. 현장감식의 가치는 ① 수사방침을 제시, ② 범인의 발견 또는 진범여부의 판별, ③ 공소유지의 법정증거물로 활용한다.

현장관찰(現場觀察) 범죄현장에서 범행에 직 · 간접적으로 관련되어 있는 유 · 무형의 자료를 발견 · 수집하기 위하여 범죄현장의 상황이나 물체의 존재 및 상태를 관찰하는 것을 말한다. 현장관찰의 중요성은 수사방침의 결정과 범죄현장의 복원이 불가능하기 때문이다. 현장관찰의 목적은 ① 범죄사실의 확인, ② 수사자료의 수집, ③ 범행현장의 보존 등이다.

현장보존의 원칙(Scene Preservation) 범죄수사의 3대 원칙(3S) 가운데 하나로 범죄현장을 '증거의 보고'라고 표현한다. 현장에는 범죄사건의 결정적인 증거가 되는 지문, 혈흔, 체모, 체액, 사체 등이 유류되어 있는데, 자연적인 요인이나 인위적인 요인에 의해 변질될 수 있다. "사건의 실마리는 현장에 있고, 해답도 현장에 있다". "사건이 안풀릴때는 현장을 다시 가라". "현장을 보지 않은 자는 사건에 대해 말하지 말라"라는 등의 표현은 현장의 중요성을 강조한 말들이다.

현장지휘본부(現場指揮本部) 재해 · 재난의 발생 시 인명구조 · 교통관리 · 피해복구 등 각종 경찰활동을 효과적으로 수행하기 위해 사고현장 부근에 설치되는 지휘본부(지휘관: 경찰서장, 지방청장, 차장)를 말하며, 모든 경찰활동은 현장지휘본부를 중심으로 현장지휘관의 지휘에 따라 이루어지게 된다.

혈액(血液/Blood Stains) 유동액 상태로 인체 혈관 내를 흐르는 붉은색을 띠는 일종의 액상(液狀)의 조직을 말한다. 보통 어른 몸무게의 약 1/12을 차지한다. 붉은색을 띠는 것은 적혈구 중에 있는 혈액소(헤모글로빈)에 의한 것이다. 노출된 혈액은 곧 응고현상을 보이며 건조상태로 변한다.

혈액형의 종류(血液型의 種類) 혈액형을 처음 발견한 것은 1901년 란트스타이너(Landsteiner)가 사람의 혈액에서 ABO식 혈액형을 발견하였고, 그 후 역시 란트스타이너(Landsteiner)가 1927년 그의 동료와 함께 MN식(M, N, MN 등 3개 종류)을, 1940년에는 Rh식 혈액형(C, c, D, E, e 등 5개 종류)을 발견하였다. 최근 범죄사건에는 ABO식 혈액형은 물론이지만 MN식, Rh식 혈액형 감정의 필요성이 부쩍 늘었다.

혈중알코올농도 이는 내쉬는 숨 중에 포함된 알코올의 양으로 단위는 mg/ℓ로 표시하고 있다. 흔히 주기(酒氣) 때의 알코올농도는 0.25mg/ℓ 이다.

혈흔(혈액)**의 수집 · 채취요령** 먼저, 유동혈액은 깨끗한 유리병에 담아 외부로 새어나지 않도록 마개를 견고하게 닫는다. 침윤혈흔은 사건현장 땅바닥에 스며든 혈흔은 그 부분의 흙을 채취하여 그늘에서 건조시킨 다음 포장한다. 한편, 부착혈흔 중 의복, 천 등에 부착된 혈흔은 혈흔 부착부의를 원을 그려 표시하고 깨끗한 종이를 사이사이에 끼워서 혈흔이 다른 부위와 겹치지 않도록 포장하며, 흉기 등에 부착된 혈흔은 칼날이든, 손잡이든 부착부위를 건조시킨 다음 깨끗한 비닐로 혈흔부위에 너무 밀착되지 않게 포장한다. 또한 부착혈흔 중 손톱에 부착된 혈흔은 가능한 한 손톱 끝부분에서 안쪽으로 적당한 길이로 잘라 비닐종이에 싸서 포장한다. 단, 피해자의 손톱을 너무 깊게 자르면 흔히 피해자의 혈흔이 묻어 나오므로 범인의 혈흔 검출은 불가능 할 수 있으므로 주의가 필요하다.

협박죄(脅迫罪) 사람을 협박하여 의사결정의 자유를 침해하는 것을 내용으로 하는 범죄로 피해자의 명시한 의사에 반하여 논할 수 없는 반의사불벌죄이다. 협박죄의 보호법익은 개인의 의사결정의 자유이다. 한편 구별개념은 협박이 고지된 폭행과 시간적, 장소적으로 별개의 것으로 인정되거나 협박이 가해진 폭행보다 무거운 법익을 침해하는 것을 내용으로 하는 것이면 폭행죄와 협박죄의 경합범이 되지만, 폭행할 것을 고지한 후 폭행한 경우에는 협박이 폭행이 폭행에 흡수되어 폭행죄만 성립한다.

협의의 경찰홍보 경찰에서 행하고 있는 일련의 활동이나 업무 등과 관련된 사항들을 유인물, 팜플렛, 언론매체 등을 통해 경찰목적 달성에 유리한 환경을 조성하는 행위를 말한다. 프랑스 파리권역에 위치한 뇌이시 경찰서의 경우는 매달 지역에 어떤 범죄가 발생했었는지, 시민이 신종범죄에 어떻게 대처해야 하는지 등에 관한 경찰정책을 알려주고 있다. 이는 협의의 경찰홍보 차원으로 이해되며 생활안전 영역에서 큰 효과를 거두고 있다.

협의의 정보 광의의 정보 중에서 첩보와 구별한 지식을 일컫는다. 즉 협의의 정보는 정보를 기초로 목적적 사용상의 필요한 지식만을 의미하게 된다. 첩보를 평가 해석하여 작성된 지식이 협의의 정보이며, 학술상의 개념이다.

정보를 방첩분야나 범죄정보와 구별하여 개념 정의하는 태도가 이에 해당한다. 정보는 곧 대외정보(foreign intelligence)를 의미하게 되며, '외국의 정부와 그 정부조직, 외국의 조직, 외국인 등의 능력, 의도, 활동에 관한 첩보'를 의미한다.

입장에서는 일반적으로 '정보란 국가의 정책결정을 위하여 수집된 첩보를 평가, 분석, 종합 및 해석한 결과로 얻은 지식'이라고 정의할 수 있다(문/황, 2010:10).

형사사법 공조 조약(Treatyon Mutual Legal Assistance in Criminal Matters) 협정 당사국간에 형사사건에서의 협조와 상호 공조를 통하여 범죄의 예방 · 수사 · 기소 · 진압에 있어서 양국의 효율성을 증진하기 위하여 체결하는 협정이다. 협정을 맺은 국가간에는 형사범죄의 수사, 기소 및 재판절차와 관련해 상호 협조를 제공해야 하고, 공조의 피요청국은 공조요청이 정치적 범죄에 해당하거나 공조 이행이 피요청국의 주권과 안보 및 공공질서를 침해할 우려가 있는 경우와 같이 공조를 거절하거나 연기할 정당한 사유가 있는 경우에만 공조를 전체적으로 또는 부분적으로 거절하거나 연기할 수 있고, 이에 따르는 사유를 요청국에 통보해야 한다.

공조의 대상에는 '사람의 소재 또는 동일성의 확인', '서류의 통지 및 송달', '서류, 그 밖의 기록 및 정보의 제공', '증거물의 제공', '피요청국에서 관계인으로부터 증거 및 진술의 획득', '요청국에서 구금된 자 또는 제3자가 증언에 협조할 수 있도록 조치하는 것', '부동산 수색을 포함한 자산의 수색 및 압수', '범죄취득물 관련 공조 조치' 등이 포함되며, 범죄가 발효 이전에 발생했다 해도, 조약의 발효 이후에 제출되는 모든 공조 요청에 적용된다.

우리나라는 2012년 현재 미국과 프랑스, 캐나다 등 20개국과 형사사법 공조 조약을 체결하고 있다.

형사재판권(刑事裁判權/criminal jurisdiction) 어떤 범인에 대한 범죄사실을 인정하여 형벌 등의 처분을 과할 수 있는 권한을 말한다. 이 권한은 헌법 제101조에 의해 국가에 속하며, 법원이 이를 행사한다.

그런데, 「외교관계에 관한 비엔나협약」 31조 1항에 의해 외교관은 접수국의 형사재판권으로부터 면제되며, 외교관의 형사재판권으로 부터의 면제는 사적 행위, 공적 행위의 구별 없이 모든 행위에 미치는 절대적인 것으로 규정하여 외교관에 대한 형사재판권의 면제를 인정하고 있다. 한편, 「한미행정협정, SOFA: The ROK-US Agreement on Status of Force in Korea」 제22조에 의하면, '주한 미국군대의 구성원 · 군속 및 그들의 가족이 한국 내에서 죄를 범한 경우에 그것이 미국법령에 의해서는 처벌할 수 있으나 한국법령에 의해서는 처벌할 수 없는 범죄(미국의 안전에 관한 범죄 포함)일 때에는, 미국이 전속적(專屬的) 재판권을 행사할 권리를 가지도록 규정하고 있다. 또한 한국법령에 의해서는 처벌할 수 있으나 미국법령에 의해서는 처벌할 수 없는 범죄(한국의 안전에 관한 범죄 포함)일 때에는, 한국이 전속적 재판권을 행사할 권리를 가지도록 규정하고 있다.

형식적 의미의 경찰(形式的 意味의 警察) 형식적 의미의 경찰이란 정부조직법이나 경찰법 등과 같은 보통경찰기관에 부여되어 있는 임무나 과제 등을 달성하기 위해 행하여지는 일련의 경찰활동을 지칭하는 말이다. 즉 실질적인 성질 여하를 불문하고 실정제도상 경찰기관(경찰청, 지방경찰청, 경찰서, 파출소 등)의 권한에 속하는 모든 작용을 의미한다. 예를 들어 순경에서 치안총감까지 보통경찰집행기관이 일반통치권을 기초로 국민에게 명령하고 강제하는 권력작용뿐 아니라 범죄수사와 범인검거를 위한 사법경찰권에 의한 일련의 형사작용도 형식적 의미의 경찰에 해당된다.

호송(護送) 즉결인 · 형사피고인 · 피의자 또는 구류인 등을 검찰청 · 법원 · 교도소 또는 경찰서 등으로 연행하기 위하여 이동하면서 간수하는 것을 말한다. 호송은 방법에 따라 직송과 체송으로 구분하며, 내용에 따라 이감호송, 집단호송, 왕복호송, 비상호송으로 구분한다.

호흡중 알코올농도 흔히 단위 혈액(mg) 중에 함유된 알코올의 양(mg)을 말한다.

혼돈이론(混沌理論/chaos theory) 불규칙적이고 무질서한 현상의 배후에 감추어져 있는 규칙성을 찾는 이론이다. 현대사회는 무질서, 불안정, 다양성, 비형평성, 비균형성 등의 특징을 지니고 있다. 혼돈이론에서는 모든 체제들은 끊임없이 요동치는 종속적인 체제들을 포함하고 있으며, 환경으로부터의 위기가 증가함에 따라 항상성의 유지가 곤란한 분기점에 이르면 과거와는 다른 혁신적 방법으로 조직을 운영해야만 한다. 혼돈이론은 환경에 대한 조직의 수동적 적응, 구조적 타성으로 인한 유지 · 보존 과정의 한 형태로서의 관료제를 극복 할 수 있는 한 방법으로서 새로운 동태적 질서에 의한 자지조직화를 통한 혁신을 제시하고 있다.

혼잡경비(混雜警備) 각종 기념행사 · 경기대회 · 공연 · 종교행사 그리고 명절시에 귀성 · 귀경인파 등이 일시에 모인 미조직(未組職)된 군중에 의하여 발생되는 자연적인 혼란상태를 사전에 예방 · 경계하고, 위험한 사태가 발생한 경우에는 신속히 조치하여 더 이상 확대되는 것을 예방하는 경비경찰활동을 말한다. 즉, 혼잡경비란 각종 행사시에 발생할 수 있는 미조직(未組職) 군중의 혼잡사태를 예방, 경계하고 혼잡사태가 발생할 경우 이를 진압하기 위한 경찰활동을 말한다.

혼잡경비 군중정리의 원칙(混雜警備 群衆整理의 原則) 다음과 같이 네 가지 원칙이 있다. ① 밀도의 희박화: 가능한 많은 사람이 모이는 것을 회피해야 한다. ② 이동의 일정화: 군중들을 일정한 방향과 속도로 이동시킴으로써 혼란을 방지하고 군중들이 주위의 상황을 파악할 수 있도록 여건을 조성하여 안정감을 갖도록 해야 한다. ③ 경쟁적 사태의 해소: 질서를 지키면 남보다 손해를 볼 수 있다는 분위기를 느껴 남보다 먼저 가려고 하는 심리상태로 인해 군중들이 조급하게 움직이는 사태(상황)를 해소하기 위하여 순서에 따라 질서있게 움직일 수 있도록 유도해야 한다. ④ 지시의 철저: 사태가 혼잡할수록 상세하고 계속적인 안내방송으로 지시를 철저하게 함으로써 혼잡사태를 정리하여야 한다.

혼잡경비의 검토사항(混雜警備의 檢討事項) 혼잡경비에 있어서 사전에 충분한 상황과 내용을 검토하여야 하며 검토사항은 다음과 같다. ① 현지 치안상태 및 집회목적 파악, ② 집회장소의 지리적 조건과 시설에 대한 안전성 확보, ③ 수용능력 예측과 동원경력 산정, ④ 집회시간과 교통량 예측에 의한 교통관리, ⑤ 출입구 및 비상출입구 확보, ⑥ 집회일시와 기상조건 고려, ⑦ 안내방송 시설 확인, ⑧ 집회장소 내 · 외부의 안전성 확보, ⑨ 입장자의 제한조건과 좌석 구분, ⑩ 행사시 정전에 대비한 발전시설 확인, ⑪ 주최측 및 유관기관과의 충분한 사전협의

혼잡경비 활동상의 주의사항(混雜警備 活動上의 注意事項) 대략적으로 다음과 같이 네 가지로 구분할 수 있다. ① 적절한 부대배치: 현지(현장)상황에 적합한 경비부대를 편성하여 배치하고 예비대의위치결정과 합동지원요령을 명시해야

한다. ② 냉정한 임무수행: 어떠한 돌발사태에도 동요됨이 없이 냉정한 자세로 임무를 수행해야 한다. ③ 적정한 통제: 군중의 통제에 있어 군중들의 반발과 항의를 야기시키는 경우가 있으므로 상황에 맞는 적정한 통제가 필요하다. ④ 기상조건에 따른 대비: 갑작스런 기상변화에 대비하여 대피시설을 확보하여야 한다.

혼합책임(混合責任) 경찰책임의 원칙에 있어 다수인의 행위 또는 다수인이 지배하는 물건의 상태로 인해 하나의 질서위반 상태가 발생했거나 행위책임과 상태책임이 중복하여 질서위반상태가 발생한 경우이다. 이 경우 누가 경찰책임을 질 것인지가 문제되는데 다수설은 경찰책임자와 책임정조의 결정은 경찰기관의 성실한 재량에 맡길 수 밖에 없다고 한다.

홍보의 모형 홍보학자인 Grunig과 Hunt에 따르면 홍보는 역사적으로 4가지 모델을 거쳐서 발전해 왔다고 한다. 첫째는 언론을 이용한 정보의 제공과 자신에게 유리한 주장의 메시지의 배포가 주된 홍보활동인 언론대행모델이다. 이 모델은 공중에게 전달하는 메시지의 진실 여부를 떠나 수단과 방법을 가리지 않고 언론의 흥미 유발과 보도거리를 이용한 언론 보도가 PR 활동의 주된 관심사로서, 과장과 왜곡보도도 서슴지 않았고 언론을 이용해 자신을 알리거나 홍보할 수 있는 정보와 뉴스를 제공하는 데 중점을 두었던 PR 활동이라고 할 수 있다. 둘째는 20세기 들어 대기업이 생기고 노조 세력이 커지면서 나타난 공공정보 모델이다. 이는 조직의 진실을 좀 더 많이 알리는데 PR 활동의 주된 목표를 두었다. 다시 말해 조직체가 알리고자 하는 메시지를 공중에 대한 고려 없이 되도록 많이 알리고자 했다. 셋째는 1, 2차 세계대전이후 조직 간의 경쟁체제 이후 나타난 쌍방 불균형 모델이다. 이 모델은 공략해야 할 공중을 세분화하고 목표를 뚜렷이 정하고 과학적인 설득방식을 동원하여 PR 하는 방식으로 언론대행 모델의 설득 전략이 직관적이고 감정적이라면 이 모델의 설득전략은 과학적이라는 점에서 다르다. 또한 이 모델에서 조직과 공중간의 커뮤니케이션은 쌍방적이다. 하지만 피드백은 일방적 또는 불균형적이다. 즉 이 모델은 공중의 태도와 행동을 최대한 변화시키려고 계획하는 반면 PR을 실행하는 조직체의 변화는 상대적으로 미약하고 조직체에게만 유리하다고 할 수 있다. 마지막으로 쌍방균형 모델은 공중의 이익과 조직의 이익이 서로 수렴, 합치되는 목표를 가지고 있다.

화상사(火傷死) 화상이란 넓은 의미로는 고열이 피부에 작용하여 일어나는 국소적 및 전신적 장애를 말하며, 좁은 의미로는 화염, 뜨거운 고체 및 직사광이나 복사열에 의한 손상을 의미한다. 화상사는 대부분 사고성(事故性)으로 화재에 의한 화염(火焰) 또는 뜨거운 물에 데어 발생한다. 화상의 4단계는 다음과 같다. ① 1도 화상: 물집(수포)는 형성되지 않으나 표피가 벗겨질 수도 있으며, 홍반성화상이라고 한다. 이는 표재성으로 표피에 붉은색 반점(紅斑)만 보이는 현상이다. ② 2도 화상: 물집이 형성되고 물집주위에 붉은색 반점을 볼 수 있으며, 특히 이를 물집성(水疱性) 화상이라 한다. ③ 3도 화상: 조직이 응고성 괴사(壞死)에 빠지며 외견상 건조하고 회백색을 띠며 물집을 형성하지 않으며, 전신의 1/3 정도의 3도 화상을 입으면 약

50% 정도가 사망하는 것으로 보고 있다. ④ 4도 화상: 피부 및 그 하방의 조직이 탄환되는 것으로 뜨거운 액체로 인한 화상의 경우에는 나타나지 않는다.

화염법(火炎法) 지문채취에 쓰이는 방법의 일종으로 벤젠 · 송진 · 유지 · 양초 등을 태울 때 생기는 연기를 접촉시켜 검출하여 사진촬영하거나 셀로판테이프 등으로 채취하는데, 금속에 찍힌 잠재지문의 채취에 쓰인다.

화이트칼라범죄 정치 · 경제적으로 명망이 높은 사회적 지위에 있는 사람들이 그 직무수행의 과정에서 행하는 지능적 범죄를 말한다. 화이트칼라범죄의 특징은 다음과 같다. ① 일반범죄보다 죄의식이 희박하다. ② 피해가 일반국민에게 간접적으로 파급되기 때문에 일반적으로 크게 죄악시 되지 않기 때문에 사회의 비난강도가 약하다. ③ 증거인멸이 쉽고 수법이 교묘하다. ④ 사회의 신용을 파괴하고 국가의 경제성장을 해친다. ⑤ 전통적인 범죄에 비하여 그 피해나 손해가 광범위하고 그 규모가 크고, 그 결과 범죄로 얻는 이익도 매우 크다. ⑥ 피해자가 불특정 집단이고, 그로 인한 법 침해사실이 현실로 드러나지 않는 경우가 많으므로 암수범죄가 많다.

화이트 트라이앵글(White Triangle) 마약류관련 국제범죄조직의 하나로 필로폰은 전통적으로 일본(소비) · 대만(원료) · 한국(제조) 등 극동아시아 지역에서 주로 생산 · 소비되어 이 지역을 화이트 트라이앵글지역이라 한다. 최근에는 중국 운남성과 중앙아시아 지역이 새로운 아편생산지로 부각되고 있다.

환각물질(幻覺物質) 인체에 유해한 화학물질에 해당한다. 환각물질은 누구든지 흥분, 환각 및 마취의 작용을 일으키게 한다. 그 대표적인 것은 톨루엔, 초산에틸, 메칠알코올, 신나, 접착제, 부탄가스 등이다. 부탄가스에는 프로판, 노르말부탄, 이소부탄 등이 함유되어 있어 뇌에 작용함으로써 마취성 기능장애와 흥분작용을 일으키는 물질이 함유되어 있다.

환각제(Hallucinogenic Drugs) 지각 · 사고 · 감정 변화와 느낀 바를 왜곡하는 것(착각)에서 다른 사람이 느끼지 못한 물체를 느끼는 것(환각)까지의 변화를 유발시키는 물질을 의미한다. 환각제는 감각의 자극강도는 높이지만 종종 경험한 것에 대한 반응을 상실시킨다. 환각제로는 클라비켑스 푸르푸레아(Claviceps purpurea)에서 얻을 수 있는 LSD-25(d-리세르그산디에틸아미드), 미국 남서부와 멕시코에서 자라는 페요테선인장(Lophophora williamsii)의 활성성분인 메스칼린, 특정 버섯의 멕시코종인 프실로키베 멕시카나(Psilocybe mexicana)와 스트로파리아 쿠벤시스(Stropharia cubensis)의 버섯에서 만들어지는 실로시빈과 실로신이 있다. 그외에도 두꺼비의 피부에서 분리한 부포테닌과 근동과 지중해 지역에 자라는 식물의 씨껍질에서 얻을 수 있는 하르민, 합성화합물인 d-메틸트립타민(DMT)과 디메톡시페닐에틸아민, 삼(Cannabis sativa)의 잎이나 가지의 끝부분에서 얻을 수 있는 수지인 카나비스, 즉 마리화나 등이 있다〈http://enc.daum.net/dic100/contents〉.

환경범죄학(environmental criminology) 생태학적 수법을 사용하여 범죄와 환경과의 관계를 연구했던 1920년대의 시카고학파가 환경범죄학의 원류라고 전해지며, 1970년대 후반 Paul J. Brantingham과 Patricia L. Brantingham 에 의해 새로이 등장하였다. 특히, 1970년대 중반 이후 재조명되어 건축학과 도시계획 전문가로부터 환경범죄학이 재시작되었으며, 1970년대 후반부터 1980년대에는 미국을 중심으로 환경설계를 통한 범죄예방(Crime Prevention Through Environmental Design), 영국에서는 상황적 범죄예방(Situational Crime Prevention) 등이 연구되었다. 따라서 환경범죄학이란 범죄 기회를 감소시킬 목적으로 건물이나 지역 등의 주변 환경 이 지니는 범죄 유발요인을 분석함으로써 범죄환경의 설계관리를 제기한 새로운 범죄학을 가리킨다. 따라서 환경범죄학에서는 특정한 범죄가 일어난 장소와 범죄유형을 이해하고 설명하기 위해 범죄가 발생하는 범주를 연구한다.

환경설계를 통한 범죄예방(CPTED: Crime Prevention Through Evironmental Design) '건축환경의 적절한 설계(design)와 효과적인 사용(use)을 통해 범죄 불안감과 발생범위를 줄이고 삶의 질을 증대시키는 기법'을 의미하는 것으로, 도시 건축적으로 공간계획 및 시설디자인 등을 통해 범죄 발생기회를 사전에 제거하는 등 범죄발생과 범죄에 대한 불안감을 저감시키는 일련의 예방대책을 포괄하고 있다. 환경설계를 통해 범죄를 예방할 수 있다는 것은 특정 범죄의 경우 발생유형을 분석하면 뚜렷한 시공간적 패턴이 존재한다는 사실에 기인하고 있는데, 이러한 범죄는 대부분 발생 지역의 상황적인 요인들에 영향을 받는 것으로 알려져 있다. 전통 범죄학에서는 범죄를 '가해자에 의한 불법적인 행위'로 규정하고 범죄자에 초점을 두고 있다면, CPTED를 포함하는 이른바 환경 범죄학에서는 '범죄자와 피해자가 동시에 특정장소에서 벌이는 역동적 이벤트'로 규정함에 따라 범죄가 발생하는 환경적 요인에 더욱 초점을 두고 있는 차이가 있다. CPTED의 기본원리는 감시와 접근통제에 기반하고 있는데, 자연적, 기계적, 조직화된 감시와 접근통제로 구분할 수 있다. 자연적인 감시와 접근통제는 주로 계획 및 디자인 기법으로, 조직화된 감시와 접근통제는 기계 및 인적 경비시스템으로 이루어진다. 또한 CPTED의 현장적용을 위한 전략은 감시강화, 접근통제, 영역성강화, 명료성증대, 다양한 행위지원, 유지관리의 6가지로 요약할 수 있다. 현재 CPTED는 각각의 주거단지, 상업업무시설, 학교, 다중이용시설 등 건축물과 도시공간에 맞춤형 전략으로 활용되고 있다.

활동지원(活動支援/Activity support) CPTED의 요소 중 하나인 활동지원은 레크리에이션 시설의 설치, 산책길에 벤치(bench) 설치 등 당해 지역에 일반인들의 이용을 장려하여 '거리의 눈(眼)'에 의한 감시기능을 강화하는 것이다. 공적 공간에서 합법적 활동을 지원하는 것은 범죄를 억제하는 데 도움이 된다.

회계연도 개시 전의 예산배정 때로는 회계연도의 개시 전에도 예산을 배정할 수 있다(제43조 3항). 예컨대 외국에서 지급하는 경비, 교통이나 통신이 불편한 지역에서 지급하는 경비, 각 관서에서 필요한 부식물의 매입경비, 범죄수사 등 특수활동에 소요되는 경비, 여비 등(동법 시행령 제16조 5항)이 여기에 해당되므로 이는 경찰예산과도 밀접히 관련된다.

회복적 사법(回復的 司法/Restorative Justice)　　회복적 사법의 관점에서는 범죄를 국가에 대한 공격 행위로 이해하는 것이 아니라, 개인이 다른 개인에게 해를 끼친 피해 행위로, 다른 사람과의 관계를 위반한 것으로 개념화한다. 따라서 회복적 사법은 피해자와 가해자 또는 지역사회 구성원, 사법기관 관련자 등 범죄사건 관련자들이 화해와 조정을 통한 사건해결과정에 능동적으로 참여하여 피해자 또는 지역사회의 손실을 복구하고 관련 당사자들의 재통합을 추구하는 일체의 범죄대응 형식을 말한다.

회색선전(灰色宣傳/Gray Propaganda)　　출처를 밝히지 않고 행하는 선전을 말한다. 회색선전은 선전이라는 선입관을 주지 않고 효과를 얻을 수 있다는 장점이 있으나, 적이 회색선전이라는 것을 감지하여 역선전을 할 경우 대항이 어렵고 출처를 은폐하면서 선전의 효과를 거두기 어렵다는 단점이 있다.

회합 · 통신(會合 · 通信)　　국가보안법 제8조에 규정된 것으로서 반국가단체나 국외의 공산계열에 이익이 된다는 것을 알면서도 그 구성원 또는 그 지령을 받은 자와 회합 또는 통신 기타의 방법으로 연락을 하거나 금품을 제공받음으로써 직 · 간접으로 이익을 제공하는 행위를 말한다.

횡단보도(橫斷步道)　　보행자가 도로를 횡단할 수 있도록 안전표지로써 표시한 도로의 부분을 말한다.

횡령죄(橫領罪)　　타인의 재물을 보관하는 자가 그 재물을 불법적으로 영득(가로챔)하는 행위를 하는 범죄를 말한다. 영득행위설이 통설과 판례로 불법영득의사가 있어야 본죄가 성립하고, 과실범이 없다. 업무상 횡령에서는 재물의 보관이 피의자의 업무에 따른 것일 것, 즉 사회생활의 지위에 따라 계속적으로 종사하는 일 그것으로서써 생계를 이어나간다든가, 그것을 보관하는 것이 업무의 주된 애용이 아니라도 된다. 한편 횡령죄의 주체는 ① 타인의 재물을 적법하게 점유 보관하는 자만이 주체가 되는 신분범, ② 부동산명의수탁자, ③ 명의신탁된 토지의 보상금 수령자, ④ 수표의 할인의뢰를 받은 자 등이다. 황령행위는 ① 소비횡령, ② 과대횡령, ③ 착복횡령, ④ 매각횡령, ⑤ 예입횡령 등이다.

횡적 수사(橫的 搜査)　　수사수단의 2방향의 하나로 자료수집을 위한 수사이며 폭을 넓혀 나가는 수사를 말한다. 즉, 널리 범행에 관계있는 모든 자료의 발견 · 수집을 목적으로 하는 수사활동을 말한다. 종류에는 현장관찰, 탐문수사, 행적수사, 미행 · 잠복감시, 수색, 감별수사 등이 있다. 장점은 광범위한 자료수집으로 사건의 신중한 판단 및 수사의 확실성을 기할 수 있으며, 단점으로는 노력과 시간의 관점에서 볼 때 비경제적이다.

효율성(效率性/efficiency) 일반적으로 투입과 산출의 비율을 의미한다. 경찰활동에 있어서는 음주단속의 예를 들면 인력과 시간, 장비 그리고 시민들의 불편 등을 투입비용으로 환산하고 음주운전 측정건수나 음주운전 단속건수를 산출로 환산하여 음주운전단속의 효율성을 계산한다고 볼 수 있다.

후튼(E. A. Hooton) Goring의 주장을 반박하고, 범죄인 가계를 인정함으로서 Lombroso를 지지하였다. 연구결과 수형자와 일반 시민에 대한 인류학적 조사연구 결과 양 집단간에 33가지 비교항목 중 19가지 항목에서 범죄인과 일반인은 중대한 신체적 차이를 발견하였다. 따라서 범죄자는 신체적, 사회적으로 정상인보다 열등하므로 현대의 경쟁사회에서 성공적으로 적응하기 힘들기 때문에 범죄를 범할 수 밖에 없다고 주장하고, 범죄인의 신체적 특징과 범하기 쉬운 범죄유형을 제시하였다.

훈령(訓令) 지시문서의 일종으로 상급기관이 하급기관에 대하여 상당한 장기간에 걸쳐 그 권한의 행사를 일반적으로 지시하기 위하여 발하는 명령을 말한다. 훈령 중에서 하급관청의 신청 또는 문의에 의하여 발하는 명령을 지령이라고 한다. 훈령은 행정의 예방적 감독수단의 하나이다.

휴대폰조회기(PDT) 경찰조회망과 상용 이동통신망을 연결하여 업무용 전화뿐만 아니라 각종 조회를 실시간으로 행할 수 있는 기구를 의미한다. 조회업무는 수배자, 수배차량(4륜, 2륜), 차대번호, 면허 등 다양하다. 일반적으로 PDA는 교통외근 근무자와 지구대 근무자들이 사용하고 있다.

휴직(休職) 일시적인 공무원의 직무를 일정 기간 떠나 있는 것을 뜻한다(국가공무원법 제73조의2 제1항). 휴직중 공무원은 공무원으로서의 신분을 보유하나 직무에 종사하지 못한다. 임용권자는 특정한 사유가 있어 공무원 본인이 원할 때나, 사정에 따라 본인의 의사에도 불구하고 휴직을 명할 수 있다. 본인이 원할 때 휴직이 가능한 경우에는 국제기구 또는 외국기관에 임시로 고용되거나, 국내외 교육기관 및 연구기관에서 연수하거나 유학하게 된 때로 한정되어 있다. 휴직은 직위해제와는 달리 제재적 성격이 없음이 특징이다. 휴직기간은 병역복무 및 외국기관에 고용되는 경우를 제외하고는 사유에 따라 3개월 내지 2개월으로 규정되어 있다. 휴직기간 중 그 사유가 소멸된 공무원은 30일 이내에 임용권자에게 신고해야 하며, 임용권자는 지체 없이 복직을 명하여야 한다. 또 휴지기간이 만료된 공무원이 30일 이내에 복귀 신고를 하면 당연히 복직된다.

흑색선전(黑色宣傳/Black Propaganda) 출처를 위장하고 행하는 선전을 말한다. 적국 내의 백색선전인 것처럼 위장하고 행하므로 적국 내에서도 행할 수 있고 목표에 대해 즉각적이고 집중적인 선전을 할 수 있다는 장점이 있으나, 출처에 대한 노출을 피하기 위해 많은 주의가 요구되고 정상적인 통신망을 이용할 수 없다는 단점이 있다.

흡입(吸入)　　마약류를 연기, 가스, 수증기 등으로 화학적 변화를 시킨 후 입이나 코를 통해 사람의 폐속으로 들여 마시는 일련의 행위를 말한다.

히로뽕(필로폰/philopon)　　이는 각성제의 일종인데 히로뽕이 인체에 들어가면 대뇌에 대한 강력한 흥분작용을 일으킨다. 이를 남용하는 경우 사람들은 불면, 환각 등의 중독현상을 나타내게 된다. 매우 위험한 환각작용을 일으키는 특징을 지니고 있다.

연구진 약력

• 신현기
독일 국립 München대학교(행정학 박사)
현재 한세대학교 경찰행정학과 교수

• 박억종
세종대학교 일반대학원(행정학 박사)
한세대학교 경찰행정학과 연구교수 역임
현재 국민대학교 평교원 경찰행정학과 교수

• 안성률
국민대학교 일반대학원(행정학 박사)
현재 한세대학교 경찰행정학과 연구교수

• 남재성
동국대학교 일반대학원(경찰행정학 박사)
현재 한라대학교 경찰행정학과 교수

• 이상열
광운대학교 일반대학원(행정학 박사)
현재 한국복지사이버대 경찰행정학과 교수

• 임준태
독일 국립 Freiburg대학교(법학 박사)
연세대학교 일반대학원(법학 박사)
현재 동국대학교 경찰행정학과 교수

• 조성택
단국대학교 대학원(행정학 박사)
현재 선문대학교 경찰행정법학과 교수

• 최미옥
국민대학교 일반대학원(행정학 박사)
현재 인천대학교 위기관리연구센터 연구교수

• 한형서
독일 국립 Speyer 행정대학원(행정학 박사)
현재 중원대학교 경찰행정학과 교수

〈책임연구원, 전임연구원, 공동연구원 순〉

경찰학사전

2012년 11월 20일 초판 인쇄
2012년 11월 25일 초판 1쇄발행

편저자 신 현 기 외
발행인 배 효 선

발행처 도서출판 法 文 社

주 소 413-756 경기도 파주시 문발동 526-3
등 록 1957. 12. 12 / 제2-76호 (윤)
TEL 031) 955-6500~6 FAX 031) 955-6525
e-mail (영업): bms@bobmunsa.co.kr
(편집): edit66@bobmunsa.co.kr
홈페이지 http://www.bobmunsa.co.kr

조 판 법 문 사 전 산 실

정가 35,000원 ISBN 978-89-18-02394-6